The
Complete Works
of
Yu Wujin

俞 吾 金 全 集

第 13 卷

散 论 集

（Ⅰ）

读书治学

俞吾金 著

北京师范大学出版集团
BEIJING NORMAL UNIVERSITY PUBLISHING GROUP
北京师范大学出版社

2.40 - H2.42 POLITICAL HISTORY
.42 POLITICAL HISTORY
THE POPULAR FRONT
The Signal Was Spain
NEW TIMES
The Early Victorians
J.F.C. Harrison
OUT OF CONTROL
Underdog Brighton
ROBIN PAGE

俞吾金教授简介

俞吾金教授是我国著名哲学家，1948年6月21日出生于浙江萧山，2014年10月31日因病去世。生前任复旦大学文科资深教授、哲学学院教授，兼任复旦大学学术委员会副主任暨人文学术委员会主任、复旦大学学位委员会副主席暨人文社会科学部主席、复旦大学国外马克思主义与国外思潮研究中心（985国家级基地）主任、复旦大学当代国外马克思主义研究中心（教育部重点研究基地）主任、复旦大学现代哲学研究所所长；担任教育部社会科学委员会委员、教育部哲学教学指导委员会副主任、国务院哲学学科评议组成员、全国外国哲学史学会常务理事、全国现代外国哲学学会副理事长等职；曾任德国法兰克福大学和美国哈佛大学访问教授、美国Fulbright高级讲座教授。俞吾金教授是全国哲学界首位长江学者特聘教授、全国优秀教师和国家级教学名师。俞吾金教授是我国八十年代以来在哲学领域最具影响力的学者之一，生前和身后出版了包括《意识形态论》《从康德到马克思》《重新理解马克思》《问题域的转换》《实践与自由》《被遮蔽的马克思》等在内的30部著作（包括合著），发表了400余篇学术论文，在哲学基础理论、马克思主义哲学、外国哲学、国外马克思主义、当代中国哲学文化和美学等诸多领域都有精深研究，取得了令人瞩目的成就，为深入推进当代中国哲学研究做出了杰出和重要的贡献。

《俞吾金全集》主编

汪行福　吴　猛

《俞吾金全集》编委会（按姓名拼音排序）

柴　杰	陈利权	陈立旭	方　珏	葛欢欢
郝　鹏	胡云峰	江雪莲	蒋小杰	孔　慧
李革新	李　欣	李昕桐	李　元	梁卫霞
林　晖	刘　芳	刘　珂	鲁绍臣	马迎辉
潘非欧	阮　凯	史凯峰	汪俊昌	汪行福
汪秀丽	王凤才	文学平	吴　猛	奚颖瑞
徐英瑾	杨　威	郁建兴	岳泽民	曾德华
张　娜	张双利	张雪魁	张艳芬	张云凯
赵明哲	赵青云	钟　锦		

本卷编校组

钟 锦　李 欣　李革新

序　言

　　俞吾金教授是我国哲学界的著名学者，是我们这一代学人中的出类拔萃者。对我来说，他既是同学和同事，又是朋友和兄长。我们是恢复高考后首届考入复旦大学哲学系的，我们住同一个宿舍。在所有的同学中，俞吾金是一个好学深思的榜样，或者毋宁说，他在班上总是处在学与思的"先锋"位置上。他要求自己每天读150页的书，睡前一定要完成。一开始他还专注于向往已久的文学，一来是"文艺青年"的夙愿，一来是因为终于有机会沉浸到先前只是在梦中才能邂逅的书海中去了。每当他从图书馆背着书包最后回到宿舍时，大抵便是熄灯的前后，于是那摸黑夜谈的时光就几乎被文学占领了。先是莎士比亚和歌德，后来大多是巴尔扎克和狄更斯，最后便是托尔斯泰和陀斯妥耶夫斯基了。好在一屋子的室友都保留着不少的文学情怀，这情怀有了一个共鸣之地，以至于我们后来每天都很期待去分享这美好的时刻了。

　　但是不久以后，俞吾金便开始从文学转到哲学。我们的班主任老师，很欣赏俞吾金的才华，便找他谈了一次话，希望他在哲学上一展才华。不出所料，这个转向很快到来了。我们似乎突然发现他的言谈口吻开始颇有些智者派的风格了——这一步转得很合适也很顺畅,正如黑格尔所说,智者们就是教人熟悉思维,以代替"诗篇的知识"。还是在本科三年级,俞吾金就在《国内哲学动态》上发表了他的哲学论文《"蜡块说"小考》,这在班里乃至于系里都引起了不小的震动。不久以后,他便在同学中得了个"苏老师"(苏格拉底)的雅号。看来并非偶然,他在后来的研究中曾对智者派(特别是普罗泰戈拉)专门下过功夫,而且他的哲学作品中也长久地保持着敏锐的辩才与文学的冲动;同样并非偶然,后来复旦大学将"狮城舌战"(在新加坡举行的首届国际华语大专辩论赛)的总教练和领队的重任托付给他,结果是整个团队所向披靡并夺得了冠军奖杯。

本科毕业后我们一起考上了研究生,1984年底又一起留校任教,成了同事。过了两年,又一起考上了在职博士生,师从胡曲园先生,于是成为同学兼同事,后来又坐同一架飞机去哈佛访学。总之,自1978年进入复旦大学哲学系以来,我们是过从甚密的,这不仅是因为相处日久,更多的是由于志趣相投。这种相投并不是说在哲学上或文学上的意见完全一致,而是意味着时常有着共同的问题域,并能使有差别的观点在其中形成积极的和有意义的探索性对话。总的说来,他在学术思想上始终是一个生气勃勃地冲在前面的追问者和探索者;他又是一个犀利而有幽默感的人,所以同他的对话常能紧张而又愉悦地进行。

作为哲学学者,俞吾金主要在三个方面展开他长达30多年的研究工作,而他的学术贡献也集中地体现在这三个方面,即当代国外马克思主义、马克思哲学、西方哲学史。对他来说,这三个方面并不是彼此分离的三个领域,毋宁说倒是本质相关地联系起来的一个整体,并且共同服务于思想理论上的持续探索和不断深化。在我们刚进复旦时,还不知"西方马克思主义"为何物;而当我们攻读博士学位时,卢卡奇的《历史与阶级意识》已经是我们必须面对并有待消化的关键文本了。如果说,这部开端性的文本及其理论后承在很大程度上构成了与"梅林—普列汉诺夫正统"的对立,那么,系统地研究和探讨国外马克思主义的立场、观点和方法，就成为哲学研究（特别是马克思主义哲学研究）的一项重大任务了。俞吾金在这方面是走在前列的，他不仅系统地研究了卢卡奇、科尔施、葛兰西等人的重要哲学文献，而且很快又进入到法兰克福学派、存在主义的马克思主义、弗洛伊德主义的马克思主义、结构主义的马克思主义，等等。不久，哲学系组建了以俞吾金为首的当代国外马克思主义教研室，他和陈学明教授又共同主编了在国内哲学界影响深远的教材和文献系列，并有大量的论文、论著和译著问世，从而使复旦大学在这方面成为国内研究的重镇并处于领先地位。2000 年，教育部在复旦建立国内唯一的"当代国外马克思主义研究中心"（人文社会科学重点研究基地），俞吾金自此一直担任该基地的主任，直到 2014 年去世。他组织并领导了内容广泛的理论引进、不断深入的学术研究，以及愈益扩大和加深的国内外交流。如果说，40 年前人们对当代国外马克思主义还几乎一无所知，而今天中国的学术界已经能够非常切近地追踪到其前沿了，那么，这固然取决于学术界同仁的共同努力，但俞吾金却当之无愧地属于其中的居功至伟者之一。

当俞吾金负责组建当代国外马克思主义学科时，他曾很热情地邀请我加入团队，我也非常愿意进入到这个当时颇受震撼而又所知不多的新领域。但我所在的马克思主义哲学史教研室却执意不让我离开。于是他便对我说：这样也好，"副本"和"原本"都需要研究，你我各在一处，时常可以探讨，岂不相得益彰？看来他对于"原本"——马克思哲学本身——是情有独钟的。他完全不能满足于仅仅对当代国外马克思主义的各种文本、观点和内容的引进介绍，而是试图在哲学理论的根基上去深入地理解它们，并对之开展出卓有成效的批判性发挥和对话。为了使这样的发挥和对话成为可能，他需要在马克思哲学基础理论的研究方面获得持续不断的推进与深化。因此，俞吾金对当代国外马克思主义的探索总是伴随着他对马克思哲学本身的研究，前者在广度上的拓展与后者在深度上的推进是步调一致、相辅相成的。

在马克思哲学基础理论的研究领域，俞吾金的研究成果突出地体现在以下几个方面。第一，他明确主张马克思哲学的本质特征必须从其本体论的基础上去加以深入的把握。以往的理解方案往往是从近代认识论的角度提出问题，而真正的关键恰恰在于从本体论的层面去理解、阐述和重建马克思哲学的理论体系。我是很赞同他的这一基本观点的。因为马克思对近代哲学立足点的批判，乃是对"意识"之存在特性的批判，因而是一种真正的本体论批判："意识在任何时候都只能是被意识到了的存在，而人们的存在就是他们的现实生活过程。"这非常确切地意味着马克思哲学立足于"存在"——人们的现实生活过程——的基础之上，而把意识、认识等等理解为这一存在过程在观念形态上的表现。

因此，第二，就这样一种本体论立场来说，马克思哲学乃是一种"广义的历史唯物主义"。俞吾金认为，在这样的意义上，马克思哲学的本体论基础应当被把握为"实践—社会关系本体论"。它不仅批判地超越了以往的本体论（包括旧唯物主义的本体论）立场，而且恰恰构成马克思全部学说的决定性根基。因此，只有将马克思哲学理解为广义的历史唯物主义，才能真正把握马克思哲学变革的实质。

第三，马克思"实践"概念的意义不可能局限在认识论的范围内得到充分的把握，毋宁说，它在广义的历史唯物主义中首先是作为本体论原则来起作用的。在俞吾金看来，将实践理解为马克思认识论的基础与核心，相对于近代西方认识论无疑是一大进步；但如果将实践概念限制在认识论层面，就会忽视其根本而首要的本体论意义。对于马克思来说，至为关键的是，只有在实践的本体论层面上，人们的现实生活才会作为决定性的存在进入到哲学的把握中，从而，人们的劳动和交往，乃至于人们的全部社会生活和整个历史性行程，才会从根本上进入到哲学理论的视域中。

因此，第四，如果说广义的历史唯物主义构成马克思哲学的实质，那么这一哲学同时就意味着"意识形态批判"。因为在一般意识形态把思想、意识、观念等等看作是决定性原则的地方，唯物史观恰恰相反，要求将思想、意识、观念等等的本质性导回到人们的现实生活过程之中。

在此意义上，俞吾金把意识形态批判称为"元批判"，并因而将立足于实践的历史唯物主义叫做"实践诠释学"。所谓"元批判"，就是对规约人们的思考方式和范围的意识形态本身进行前提批判，而作为"实践诠释学"的历史唯物主义，则是在"元批判"的导向下去除意识形态之蔽，从而揭示真正的现实生活过程。我认为，上述这些重要观点不仅在当时是先进的和极具启发性的，而且直到今天，对于马克思哲学之实质的理解来说，依然是关乎根本的和意义深远的。

俞吾金的博士论文以《意识形态论》为题，我则提交了《历史唯物主义的主体概念》和他一起参加答辩。答辩主席是华东师范大学的冯契先生。冯先生不仅高度肯定了俞吾金对马克思意识形态批判理论的出色研究，而且用"长袖善舞"一词来评价这篇论文的特点。学术上要做到长袖善舞，是非常不易的：不仅要求涉猎广泛，而且要能握其枢机。俞吾金之所以能够臻此境地，是得益于他对哲学史的潜心研究；而在哲学史方面的长期探索，不仅极大地支持并深化了他的马克思哲学研究，而且使他成为著名的西方哲学史研究专家。

就与马哲相关的西哲研究而言，他专注于德国古典哲学，特别是康德、黑格尔哲学的研究。他很明确地主张：对马克思哲学的深入理解，一刻也离不开对德国观念论传统的积极把握；要完整地说明马克思的哲学革命及其重大意义，不仅要先行领会康德的"哥白尼式革命"，而且要深入把握由此而来并在黑格尔那里得到充分发展的历史性辩证法。他认为，作为康德哲学核心问题的因果性与自由的关系问题，在"按照自然律的因果性"和"由自由而来的因果性"的分析中，得到了积极的推进。黑格尔关于自由的理论可被视为对康德自由因果性概念的一种回应：为了使自由和自由因果性概念获得现实性，黑格尔试图引入辩证法以使自由因果性和自然因果性统一起来。在俞吾金看来，这里的关键在于"历史因果性"维度的引入——历史因果性是必然性的一个方面，也是必然性与自由相统一的关节点。因此，正是通过对黑格尔的精神现象学、法哲学和历史哲学等思想内容的批判性借鉴，马克思将目光转向人类社会发展中的历史因果性；但马克思又否定了黑格尔仅仅停留于单纯精神层面谈论自然因果性和历史因果性的哲学立场，要求将这两种因果性结合进现实的历史运动中，尤其是使之进入到对市民社会的解剖中。这个例子可以表明，对马克思哲学之不断深化的理解，需要在多大程度上深入到哲学史的领域之中。正如列宁曾经说过的那样：不读黑格尔的《逻辑学》，便无法真正理解马克思的《资本论》。

就西方哲学的整体研究而言，俞吾金的探讨可谓"细大不捐"，涉猎之广在当代中国学者中是罕见的。他不仅研究过古希腊哲学（特别是柏拉图和亚里士多德哲学），而且专题研究过智者派哲学、斯宾诺莎哲学和叔本华哲学等。除开非常集中地钻研德国古典哲学之外，他还更为宏观地考察了西方哲学在当代实现的"范式转换"。他将这一转换概括为"从传统知识论到实践生存论"的发展，并将其理解为西方哲学发展中的一条根本线索。为此他对海德格尔的哲学下了很大的功夫，不仅精详地考察了海德格尔的"存在论差异"和"世界"概念，而且深入地探讨了海德格尔的现代性批判及其意义。如果说，马克思的哲学变革乃是西方哲学范式转换中划时代的里程碑，那么，海德格尔的基础存在论便为说明这一转换提供了重要的思想材料。在这里，西方哲学史的研究再度与马克思哲学的研究贯通起来：俞吾金不仅以哲学的当代转向为基本视野考察整个西方哲学史，并在这一思想转向的框架中理解马克思的哲学变革，而且站在这一变革的立场上重新审视西方哲学，特别是德国古典哲学和当代西方哲学。就此而言，俞吾金在马哲和西哲的研究上可以说是齐头并进的，并且因此在这两个学术圈子中同时享有极高的声誉和地位。这样的一种研究方式固然可以看作是他本人的学术取向，但这种取向无疑深深地浸染着并且也成就着复旦大学哲学学术的独特氛围。在这样的氛围中，当代国外马克思主义的研究要立足于对马克思哲学本身的深入理解之上，而对马克思哲学理解的深化又有必要进入到哲学史研究的广大区域之中。

今年10月31日，是俞吾金离开我们10周年的纪念日。十年前我曾撰写的一则挽联是:"哲人其萎乎,梁木倾颓;桃李方盛也,枝叶滋荣。"我们既痛惜一位学术大家的离去,更瞩望新一代学术星丛的冉冉升起。十年之后,《俞吾金全集》由北京师范大学出版社出版了——这是哲学学术界的一件大事,许多同仁和朋友付出了积极的努力和辛勤的劳动,我们对此怀着深深的感激之情。这样的感激之情不仅是因为这部全集的告竣,而且因为它还记录了我们这一代学者共同经历的学术探索道路。一代人有一代人的使命,俞吾金勤勉而又卓越地完成了他的使命:他将自己从事哲学的探索方式和研究风格贡献给了复旦哲学的学术共同体,使之成为这个共同体悠长传统的组成部分;他更将自己取得的学术成果作为思想、观点和理论播洒到广阔的研究领域,并因而成为进一步推进我国哲学学术的重要支点和不可能匆匆越过的必要环节。如果我们的读者不仅能够从中掌握理论观点和方法,而且能够在哲学与时代的关联中学到思想探索的勇气和路径,那么,这部全集的意义就更其深远了。

吴晓明
2024 年 6 月

主编的话

一

2014年7月16日，俞吾金教授结束了一个学期的繁忙教学工作，暂时放下手头的著述，携夫人赴加拿大温哥华参加在弗雷泽大学举办的"法兰克福学派对资本主义的批判"的国际学术讨论会，并计划会议结束后自费在加拿大作短期旅游，放松心情。但在会议期间俞吾金教授突感不适，虽然他带病作完大会报告，但不幸的是，到医院检查后被告知脑部患了恶性肿瘤。于是，他不得不匆忙地结束行程，回国接受治疗。接下来三个月，虽然复旦大学华山医院组织了最强医疗团队精心救治，但病魔无情，回天无力。2014年10月31日，在那个风雨交加的夜晚，俞吾金教授永远地离开了我们。

俞吾金教授的去世是复旦大学的巨大损失，也是中国哲学界的巨大损失。十年过去了，俞吾金教授从未被淡忘，他的著作和文章仍然被广泛阅读，他的谦谦君子之风、与人为善之举被亲朋好友广为谈论。但是，在今天这个急剧变化和危机重重的世界中，我们还是能够感到他的去世留下的思想空场。有时，面对社会的种种不合理现象和纷纭复杂的现实时，我们还是不禁会想：如果俞老师在世，他会做如何感想，又会做出什么样的批判和分析！

俞吾金教授的生命是短暂的，也是精彩的。与期颐天年的名家硕儒相比，他的学术生涯只有三十多年。但是，在这短短的三十多年中，他通过自己的勤奋和努力取得了耀眼的成就。

1983年6月，俞吾金与复旦大学哲学系的六个硕士、博士生同学一起参加在广西桂林举行的"现代科学技术和认识论"全国学术讨论会，他们在会上所做的"关于认识论的几点意见"（后简称"十条提纲"）的报告，勇敢地对苏联哲学教科书体系做了反思和批判，为乍暖还寒的思想解放和新莺初啼的马克思主义哲学新的探索做出了贡献。1993年，俞吾金教授作为教练和领队，带领复旦大学辩论队参加在新加坡举办的首届国际大专辩论赛并一举夺冠，在华人世界第一次展现了新时代中国大学生的风采。辩论赛的电视转播和他与王沪宁主编的《狮城舌战》《狮城舌战启示录》大大地推动了全国高校的辩论热，也让万千学子对复旦大学翘首以盼。1997年，俞吾金教授又受复旦大学校长之托，带领复旦大学学生参加在瑞士圣加仑举办的第27届国际经济管理研讨会，在该次会议中，复旦大学的学生也有优异的表现。会后，俞吾金又主编了《跨越边界》一书，嘉惠以后参加的学子。

俞吾金教授1995年开始担任复旦大学哲学系主任，当时是国内最年轻的哲学系主任，其间，复旦大学哲学系大胆地进行教学和课程体系改革，取得了重要的成果，荣获第五届全国高等学校优秀教学成果一等奖，由他领衔的"西方哲学史"课程被评为全国精品课程。在复旦大学，俞吾金教授是最受欢迎的老师之一，他的课一座难求。他多次被评为最受欢迎的老师和研究生导师。由于教书育人的杰出贡献，2009年他被评为上海市教学名师和全国优秀教师，2011年被评为全国教学名师。

俞吾金教授一生最为突出的贡献无疑是其学术研究成果及其影响。他在研究生毕业后不久就出版的《思考与超越——哲学对话录》已显示了卓越的才华。在该书中，他旁征博引，运用文学故事或名言警句，以对话体的形式生动活泼地阐发思想。该书妙趣横生，清新脱俗，甫一面世就广受欢迎，成为沪上第一理论畅销书，并在当年的全国图书评比中获"金钥匙奖"。俞吾金教授的博士论文《意识形态论》一脱当时国内博士论文的谨小慎微的匠气，气度恢宏，新见迭出，展现了长袖善舞、擅长宏大主题的才华。论文出版后，先后获得上海市哲学社会科学优秀成果一等奖和国家教委首届人文社会科学优秀成果一等奖，成为青年学子做博士论文的楷模。

俞吾金教授天生具有领军才能，在他的领导下，复旦大学当代国外马克思主义研究中心 2000 年被评为教育部人文社会科学重点研究基地，他本人也长期担任基地主任，主编《当代国外马克思主义评论》《国外马克思主义研究报告》《国外马克思主义与国外思潮译丛》等，为马克思主义的国际交流建立了重要的平台。他长期担任复旦大学哲学学院的外国哲学学科学术带头人，参与主编《西方哲学通史》和《杜威全集》等重大项目，为复旦大学成为外国哲学研究重镇做出了突出贡献。

俞吾金教授的学术研究不囿一隅，他把西方哲学和马克思哲学结合起来，提出了许多重要的概念和命题，如"马克思是我们同时代人""马克思哲学是广义的历史唯物主义""马克思哲学的认识论是意识形态批判""从康德到马克思""西方哲学史的三次转向""实践诠释学""被遮蔽的马克思""问题域的转换"等，出版了一系列有影响的著作和文集。由于俞吾金教授在学术上的杰出贡献和影响力，他获得各种奖励和荣誉称号，他是全国哲学界首位"长江学者奖励计划"特聘教授，在钱伟长主编的"20 世纪中国知名科学家"哲学卷中，他是改革开放以来培养的哲学家中的唯一入选者。俞吾金教授在学界还留下许多传奇，其中之一是，虽然他去世已经十年了，但至今仍保持着《中国社会科学》发文最多的记录。

显然，俞吾金教授是改革开放后新一代学人中最有才华、成果最为丰硕、影响最大的学者之一。他之所以取得令人瞩目的成就，不仅得益于他的卓越才华和几十年如一日的勤奋努力,更重要的是缘于他的独立思考的批判精神和"为天地立心、为生民立命"的济世情怀。塞涅卡说:"我们不应该像羊一样跟随我们前面的羊群——不是去我们应该去的地方,而是去它去的地方。"俞吾金教授就是本着这样的精神从事学术的。在他的第一本著作即《思考与超越》的开篇中,他就把帕斯卡的名言作为题记:"人显然是为了思想而生的;这就是他全部的尊严和他全部的优异;并且他全部的义务就是要像他所应该的那样去思想。"俞吾金教授的学术思考无愧于此。俞吾金教授以高度的社会责任感从事学术研究。复旦大学的一位教授在哀悼他去世的博文中曾写道:"曾有几次较深之谈话,感到他是一位勤奋的读书人,温和的学者,善于思考社会与人生,关注现在,更虑及未来。记得15年前曾听他说,在大变动的社会,理论要为长远建立秩序,有些论著要立即发表,有些则可以暂存书箧,留给未来。"这段话很好地刻画了俞吾金教授的人文和道德情怀。

正是出于这一强烈担当的济世情怀,俞吾金教授出版和发表了许多有时代穿透力的针砭时弊的文章,对改革开放以来的思想解放和文化启蒙起到了推动作用,为新时期中国哲学的发展做出了重要贡献。但是,也正因为如此,他的生命中也留下了很多遗憾。去世前两年,俞吾金教授在"耳顺之年话人生"一文中说:"从我踏进哲学殿堂至今,30多个年头已经过去了。虽然我尽自己的努力做了一些力所能及的事情,但人生匆匆,转眼已过耳顺之年,还有许多筹划中的事情没有完成。比如对康德提出的许多哲学问题的系统研究,对贝克莱、叔本华在外国哲学史上的地位的重新反思,对中国哲学的中道精神的重新阐释和对新启蒙的张扬,对马克思哲学体系的重构等。此外,我还有一系列的教案有待整理和出版。"想不到这些未完成的计划两年后尽成了永远的遗憾!

二

俞吾金教授去世后，学界同行在不同场合都表达了希望我们编辑和出版他的全集的殷切希望。其实，俞吾金教授去世后，应出版社之邀，我们再版了他的一些著作和出版了他的一些遗著。2016年北京师范大学出版社出版了他的《哲学遐思录》《哲学随感录》《哲学随想录》三部随笔集，2017年北京师范大学出版社出版了《从康德到马克思——千年之交的哲学沉思》新版，2018年商务印书馆出版了他的遗作《新十批判书》未完成稿。但相对俞吾金教授发表和未发表的文献，这些只是挂一漏万，远不能满足人们的期望。我们之所以在俞吾金教授去世十年才出版他的全集，主要有两个方面的原因。一是俞吾金教授从没有完全离开我们，学界仍然像他健在时一样阅读他的文章和著作，吸收和借鉴他的观点，思考他提出的问题，因而无须赶着出版他的全集让他重新回到我们中间；二是想找个有纪念意义的时间出版他的全集。俞吾金教授去世后，我们一直在为出版他的全集做准备。我们一边收集资料，一边考虑体例框架。时间到了2020年，是时候正式开启这项工作了。我们于2020年10月成立了《俞吾金全集》编委会，组织了由他的学生组成的编辑和校对团队。经过数年努力，现已完成了《俞吾金全集》二十卷的编纂，即将在俞吾金教授逝世十周年之际出版。

俞吾金教授一生辛勤耕耘，留下650余万字的中文作品和十余万字的外文作品。《俞吾金全集》将俞吾金教授的全部作品分为三个部分：(1)生前出版的著作；(2)生前发表的中文文章；(3)外文文章和遗作。

俞吾金教授生前和身后出版的著作（包含合著）共三十部，大部分为文集。《俞吾金全集》保留了这些著作中体系较为完整的7本，包括《思考与超越——哲学对话录》《问题域外的问题——现代西方哲学方法论探要》《生存的困惑——西方哲学文化精神探要》《意识形态论》《毛泽东智慧》《邓小平：在历史的天平上》《问题域的转换——对马克思和黑格尔关系的当代解读》。其余著作则基于材料的属性全部还原为单篇文章，收入《俞吾金全集》的《马克思主义哲学研究文集(上、下)》《外国哲学研究文集(上、下)》以及《国外马克思主义研究文集(上、下)》等各卷中。这样的处理方式难免会留下许多遗憾，特别是俞吾金教授的一些被视为当代学术名著的文集(如《重新理解马克思》《从康德到马克思》《被遮蔽的马克思》《实践诠释学》《实践与自由》等)未能按原书形式收入到《俞吾金全集》之中。为了解决全集编纂上的逻辑自洽性以及避免不同卷次的文献交叠问题(这些交叠往往是由于原作根据的不同主题选择和组织材料而导致的)，我们不得不忍痛割爱，将这些著作打散处理。

俞吾金教授生前发表了各类学术文章400余篇，我们根据主题将这些文章分别收入《马克思主义哲学研究文集(上、下)》《国外马克思主义哲学研究文集》《外国哲学研究文集(上、下)》《马克思主义中国化研究文集》《中国思想与文化研究》《哲学观与哲学教育论集》《散论集》(包括《读书治学》《社会时评》和《生活哲思》三卷)。在这些卷次的编纂过程中，我们除了使用知网、俞吾金教授生前结集出版的作品和在他的电脑中保存的材料外，还利用了图书馆和网络等渠道，查找那些散见于他人著作中的序言、论文集、刊物、报纸以及网页中的文章，尽量做到应收尽收。对于收集到的文献，如果内容基本重合，收入最早发表的文本；如主要内容和表达形式略有差异，则收入内容和形式上最完备者。在文集和散论集中，对发表的论文和文章，我们则按照时间顺序进行编排，以便更好地了解俞吾金教授的思想发展和心路历程。

除了已发表的中文著作和论文之外，俞吾金教授还留下了多篇已发表或未发表的外文文章，以及一系列未发表的讲课稿(有完整的目录，已完成的部分很成熟，完全是为未来出版准备的，可惜没有写完)。我们将这些外文论文收集在《外文文集》卷中，把未发表的讲稿收集在《遗作集》卷中。

三

《俞吾金全集》的编纂和出版受到了多方面的支持。俞吾金教授去世后不久,北京师范大学出版社就表达了想出版《俞吾金全集》的愿望,饶涛副总编辑专门来上海洽谈此事,承诺以最优惠的条件和最强的编辑团队完成这一工作,这一慷慨之举和拳拳之心让人感佩。为了高质量地完成全集的出版,出版社与我们多次沟通,付出了很多努力。对北京师范大学出版社饶涛副总编辑、祁传华主任和诸分卷的责编为《俞吾金全集》的辛勤付出,我们深表谢意。《俞吾金全集》的顺利出版,我们也要感谢俞吾金教授的学生赵青云,他多年前曾捐赠了一笔经费,用于支持俞吾金教授所在机构的学术活动。经同意,俞吾金教授去世后,这笔经费被转用于全集的材料收集和日常办公支出。《俞吾金全集》的出版也受到复旦大学和哲学学院的支持。俞吾金教授的同学和同事吴晓明教授一直关心全集的出版,并为全集写了充满感情和睿智的序言。复旦大学哲学学院原院长孙向晨也为全集的出版提供了支持。在此我们表示深深的感谢。

《俞吾金全集》的具体编辑工作是由俞吾金教授的许多学生承担的。编辑团队的成员都是在不同时期受教于俞吾金教授的学者,他们分散于全国各地高校,其中许多已是所在单位的教学和科研骨干,有自己的繁重任务要完成。但他们都自告奋勇地参与这项工作,把它视为自己的责任和荣誉,不计得失,任劳任怨,为这项工作的顺利完成付出自己的心血。

作为《俞吾金全集》的主编,我们深感责任重大,因而始终抱着敬畏之心和感恩之情来做这项工作。但限于水平和能力,《俞吾金全集》一定有许多不完善之处,在此敬请学界同仁批评指正。

汪行福　吴　猛

2024 年 6 月

目 录

1979 年

治学心得 /003
读书散论 /009

1983 年

要善于限制自己 /021

1984 年

读《形而上学》断想 /029

1985 年

破除"观念崇拜" /037
学术论战应当遵守对等规则 /039
从"文不如其人"说起 /043
建议建立无定向研究室 /045
西方哲学史研究的新结晶
　　——推荐《西方哲学史》 /047

1986 年

从罗马帝国的"大逆法"说起　/051

阅读的拆解意识　/055

书名里的"述"字　/057

1987 年

提倡和发扬研究新生活的热情　/061

衡量我的计算尺是将来
　　——谈谈《思考与超越——哲学对话录》一书的写作　/062

1988 年

贯穿胡曲园学术论著的主线——辩证法　/069

1990 年

《国外马克思主义哲学流派》序言　/073

1991 年

永葆开放的心态　/077

访德散记　/078

1992 年

掣巨鲸于碧海　纳须弥于芥子
　　——《胡曲园哲学论集》读后　/091

1993 年

去蔽与求知　/105

面向世界,在国际学术界确立自己的新形象　/109

读书益心智　/111

1994 年

走出黑格尔迷宫的领路人
　　——怀念姜丕之教授　/115

市场经济导向下的社会科学　/118

作为一个学者　/121

《休谟思想研究》推荐序　/123

现实促使我研究邓小平思想　/128

1995 年

杨福家的人生哲学
　　——读《追求卓越》一书有感　/135

文明思维的彼岸
　　——列维-布留尔的《原始思维》　/137

原始人的双重生活
　　——马林诺夫斯基的《巫术　科学　宗教与神话》　/143

《寻找新的价值坐标——世纪之交的哲学文化反思》
　　后记　/149

《俞吾金集》(1995)自序　/151

《文化密码破译》自序　/161

《马克思主义社会理论》推荐序　/164

1996 年

反映复旦人生活的一面忠实的镜子　/169

1997 年

深入当代新生活　正确理解马克思
　　——复旦大学哲学系主任、博导俞吾金教授接受本报记者访问　/173
坚持学术规范　繁荣学术事业　/176
辞典应力求内容完整　/178

1998 年

《复旦学报》——青年理论工作者的摇篮　/183
走过二十年，走过春天
　　——在改革开放中追求哲学研究的新境界　/185
我拾起了曾被碾碎的　/192
回归生活　超越自我　/195
《俞吾金集》(1998)自序　/210
走向边缘
　　——《恍惚的世界——200部电影中的精神疾病案例分析》推荐序　/219

1999 年

创造性思维三题议　/225
《二十世纪哲学经典文本》总序　/231

2000 年

学术领域应该是最圣洁的 /241
不在场的在场 /246
理论探索的一面旗帜 /251
也谈学术规范 /253
学术创新的前提 /260

2001 年

传承与创新 /269
新世纪呼唤理论大师 /275
批评的变质与重建 /280
为理论创新营造良好的环境 /283
新世纪的新希望 /287

2002 年

散步与阅读 /291
如何重写西方哲学史 /293
"诺贝尔情结"之我见
　　——兼论学术创新的前提 /298
也谈学术规范、学术民主与学术自由 /301
不断地超越自我 /306
《国外马克思主义哲学流派新编(西方马克思主义卷)》
　　第二版序言 /310
"与当代学术大师对话丛书"总序 /315
《现代性现象学——与西方马克思主义者的对话》后记 /325

2003 年

一篇"批判者和思想者"的论文
　　——《理论思维与工程思维》评介　/329
学术上的推进,还是学术上的应景　/331
学术平均主义有失公正　/335

2004 年

以学科建设推动马克思主义研究　/339
世界中国学研究的重大转折　/342
学术规范的灵魂是学术创新　/344
文科学术期刊建设之我见　/349
《从康德到马克思——千年之交的哲学沉思》后记　/353
《现代科技与哲学思考》推荐序　/356

2005 年

如何写好毛泽东　/361
学术创新和学术规范中的历史意识　/368
"做学问"与"找差异"　/373
关键词与潜台词　/376
告别"自说自话"的时代
　　——社会转型与学术研究方式的嬗变　/379
我的哲思天空　/385
《重新理解马克思——对马克思哲学的基础理论和当代
　　意义的反思》后记　/393
《西方哲学通史》总序　/396

《维特根斯坦哲学转型期中的"现象学"之谜》推荐序　/401
《理解之思——诠释学初论》推荐序　/406

2006 年

百尺竿头，更进一步　/411
美学应该追问有关美的讨论对人的生活存在具有什么
　　意义　/412

2007 年

走向自觉反思阶段的人文社会科学　/417
问题意识：创新的内在动力　/423
经典解读中的内在张力　/429
《杜威、实用主义与现代哲学》前言　/433
《国外马克思主义研究报告 2007》主编的话　/435

2008 年

我们也需要这样的西方哲学著作　/441
复旦学思传统的真实写照
　　——《光华文存——〈复旦学报〉（社会科学版）复刊 30 周年
　　论文精选》序　/443
中国学者应有的使命和担当意识　/447
学术论著如何提升自己的质量？　/449
《国外马克思主义研究报告 2008》主编的话　/452
"当代国外马克思主义研究丛书"总序　/457

2009 年

对学术要有敬畏之心　/463
动力与平衡机制·哲学对话·马克思主义政治哲学　/466
我的西方哲学研究之路　/470
《国外马克思主义研究论丛》第一辑主编的话　/478

2010 年

《生活与思考》自序　/485
《俞吾金讲演录》前言　/489

2011 年

思想家究竟到哪里去了　/493
《共识与冲突》推荐序　/497

2012 年

用自荐和专家推荐推选原创作品　/505
"代表作"制度改变了什么　/507
文化大发展要求我们提升理论研究质量　/510
中国学术走向世界正当其时　/512
狂飙为我从天落
　　——写在《被遮蔽的马克思》出版之际　/515

2013 年

西方文明出路何在　/521
开马克思主义哲学与西方哲学对话的先河　/526
新时期更需要"理想型编辑"　/528

2014 年

构建实践哲学的中国话语体系　　/533
这个时代没有超越马克思　　/535
哲学家之怪有圣人之质　　/538
《当代哲学经典·西方哲学卷》总序与本卷选编说明　　/542

2016 年

应该重视学术规范的建设　　/555
严谨治学立身，自主创新报国　　/558
创建新的精神家园　　/560
《哲学遐思录》前言　　/563

附　录

1987 年

江山代有才人出
　　——访青年学者俞吾金　　/569

1997 年

俞吾金博士访谈录　　/573

1988 年

寻求马克思主义哲学之根
　　——访中年学者俞吾金　　/581

1994 年

走向历史与现实的纵深处
——俞吾金教授访谈录 /591

1997 年

行为方式的深层思考
——俞吾金教授访谈 /603

2000 年

重视对哲学基础理论的研究
——俞吾金教授访谈 /609

2004 年

寻找自我,实现自我
——俞吾金教授的治学道路 /625

2007 年

俞吾金:我的读书之路 /633

2009 年

如何看待马克思主义的当代意义
——复旦大学"长江学者"俞吾金教授访谈 /643

综合、创造与启蒙
——俞吾金教授访谈录 /655

2010 年

时代的哲学沉思与学术创造
　　——访俞吾金教授　　/689
学术如何大众化
　　——对话复旦大学学术委员会副主任、哲学学院教授
　　　俞吾金　　/700

编者说明　/707

1979年

治学心得[①]

在我们这个时代，一切都显得肤浅，甚至连学术研究也染上了这种"肤浅病"。这种"肤浅病"经常引发的一个幻觉是：印刷出来的铅字就是学问，而在这个年头，又有哪个从事学术研究的人没有编纂或撰写过几部著作呢？"著作等身"仍然是一个有效的恭维词，然而，遗憾的是，学术腐败却仍未杜绝。

在我们看来，要克服这种"肤浅病"，第一，对学术研究和前贤应该有敬畏之心。众所周知，一个人即使要成为一个鞋匠，恐怕也需要三年见习期，难道学术研究就那么容易，浏览几本相关的导论，就可以随心所欲地撰写自己的著作？第二，学术研究一定要克服浮躁情绪。一方面，学者本身要耐得住寂寞，与其临渊羡鱼，不如退而结网；另一方面，研究单位也要耐得住寂寞，不要投资一点科研经费下去，就立马向研究者索取成果，仿佛向自动售货机里塞进硬币，就有权利向它索取一罐可乐一样！最后，学术研究一定要扬长避短，讲究方法，把有限的精力投入自己最感兴趣的研究课题中，切莫滥用自己的聪明，否

[①] 原载《宝钢战报》1979年7月13日和8月10日。收录于俞吾金：《哲学随感录》，北京师范大学出版社2016年版，第389—394页。——编者注

则,很难避免"竹篮打水一场空"的结局。

一、走楼梯的启示

一般来说,住在楼上的人总是少不了要走楼梯的,而大凡走楼梯的人,又很少去关心楼梯的级数。有哪个人愿意去数楼梯的级数呢?除非他甘冒被人当作傻瓜的风险。正是这样的心理造成了一种思维的定势和行为的定势,以致人们上上下下数十年,对从楼下到自己居住的楼层的楼梯的级数仍然是不甚了了。然而,对于一个有心人来说,他只要数一次,就毕生不会忘记楼梯的级数了。

我们发现,在现实生活中,存在着两种不同的实践方式:一种是盲目实践,即我们上面提到的"只走不数";另一种是自觉的实践,即我们上面提到的"既走又数"。这就启示我们,光强调实践活动的重要性还是不够的,更重要的是,要把实践和自觉的认识紧密地结合起来。如果实践活动和自觉认识处在分离的状态下,在实践时随波逐流,不动脑子;在认识时又脱离实践,沉湎于不切实际的幻想中,那就很难在思考和行动中取得有效的成果。

把实践活动和自觉的认识紧密地结合起来,也就是说,要善于做"有心人"。这对于学术研究来说,具有特别重要的意义。所谓"有心",也就是要对周围的一切保持高度的敏感性和批判意识。如果研究者不处在这种"有心"的状态下,尽管他天天都在观察他所研究的对象,但他可能什么也看不见,这才是"视而不见"这个成语的深层含义;尽管他天天都在倾听各种不同的研究见解,但他可能什么也听不见,这才是"听而不闻"这个成语的深层含义。

无论是自然科学发展的历史,还是社会科学发展的历史,都向我们表明,在学术研究上要成为一个真正富有独创意识的人,就必须做这样的"有心人"。据说,牛顿从苹果落地受到启发,发现了万有引力定律;

瓦特通过对水沸腾时蒸汽能顶开壶盖的现象的深入思考，发明了蒸汽机；马克思从对司空见惯的商品的分析着手，揭示出资本主义社会的发展规律。而大多数人之所以对苹果落地、沸腾的水顶开壶盖、商品买卖等现象熟视无睹，不能做到有所思索、有所发现、有所发明和有所创造，一个很重要的原因就是他们的观察和实践活动通常是盲目的。正如法国生物学家巴斯德所说："在观察的领域里，机遇只偏爱那些有准备的头脑。"

综上所述，在学术研究中，只有自觉地做一个"有心人"，事事处处保持新鲜的感受意识和批判意识，创造性才不会衰退和钝化。

二、光线与精力

一般来说，太阳光线在散射的状态下发出的热量并不是很强烈的。然而，如果我们用一面聚光镜把散射的太阳光线集中在焦点上，那就能达到较高的温度，甚至能使纸片燃烧起来。人的精力也和太阳光线类似，如果处在"散射"的状态下，就很难达到一定的热量。只有把精力高度集中起来，深入钻研一方面的学问，才有可能取得原创性的成果。可遗憾的是，在现实生活中，许多人做学问却缺乏这种"咬定青山不放松"的韧性，相反，却盲目地跟着自己的兴趣转：今年忙着学外语，准备出国；明年又去学绘画，希望自己在艺术上有所造就；后年又去开公司，做生意；等等。结果是爱一行，干一行，丢一行。轻则事倍功半，浪费精力，重则蹉跎一生，一事无成。在这个意义上可以说，一个人要在短暂的人生道路上有所造就，就一定要集中自己的精力，努力去做自己愿意做而又有能力做好的工作。

德国诗人歌德认为，他生活的时代乃是一个"片面性的时代"。他这样写道："有人说得很对，人的才能最好是得到全面发展，不过这不是人生来就可以办到的。每个人都要把自己培养成为某一种人，然后才设法去理解人类各种才能的总和。"①在他看来，一个人希望自己全面发展的主观愿望是好的，但在一个分工越来越细的时代，个人的全面发展又是不可能的。个人应该钻研一方面的学问，先成为"某一种人"，然后再在这个基础上去扩充自己的知识，了解更多的东西。在歌德的秘书爱克曼看来，歌德在总结自己的治学经验时，非常重视集中精力的问题。歌德说过："说到究竟，最大的艺术本领在于懂得限制自己的范围，不旁驰博骛。"有一天他对爱克曼说："我自己在许多不属于我本行的事物上浪费了太多的时间。我一想到维迦写了多少剧本，就觉得自己写的诗作实在太少了。我本来应该更专心地搞自己的本行才对。"另一回，他又说："假如我没有在石头上费过那么多的工夫，把时间用得节省些，我就很可能把最珍贵的金刚钻拿到手了。"②

歌德在年轻的时候确实浪费过许多时间，他因为不同意牛顿的看法，而对颜色理论进行过深入的研究，也对人的颅骨的结构做过认真的探索，也参与主办过一些刊物，而这些活动花去了他大量的时间。所以，晚年的歌德总是不断地告诫爱克曼：

> 你得随时当心不要分散精力，要设法集中精力。三十年前我如果懂得这个道理，我的创作成就会完全不同。我和席勒在他主编的《时神》和《诗神年鉴》两个刊物上破费了多少时间呀！现在我正在翻阅席勒和我的通信，一切往事都栩栩如在目前，我不能不追悔当时干那些工作惹世人责骂，对自己没有一点好处。有才能的人看到旁人做的事总是自信也能做，这其实不然，他总有一天会追悔浪费精力。你卷起头发，只能管一个夜晚，这对你有什么好处？你不过是把一些卷发纸放在你的头发里，等到第二个夜晚，头发又竖直了。③

---

① [德]爱克曼辑录：《歌德谈话录》，朱光潜译，人民文学出版社1978年版，第78页。
② 同上书，第80页。
③ 同上书，第48页。

在歌德看来，从事研究工作的人，特别是有才能的研究者面临的最大的危险是滥用自己的聪明，自信别人会做的事情，自己一定也能做好。于是，把自己的精力分散地使用在各种不同的活动中，却忘记了一个最浅显的真理，即自己的生命和精力都是有限的。等到上了年纪，明白这个真理时，无论是自己的精力，还是原创性的意识都已经衰退了，甚至枯竭了。这难道不是对天才本身的一种杀戮吗？

无独有偶，哲学家黑格尔在治学中也抱有与歌德同样的见解，他在《小逻辑》一书中这样写道：

> 一个志在有大成就的人，他必须，如歌德所说，知道限制自己。反之，那些什么事都想做的人，其实什么事都不能做，而终归于失败。世界上有趣味的东西异常之多：西班牙诗、化学、政治、音乐都很有趣味，如果有人对这些东西感觉兴趣，我们决不能说他不对。但一个人在特定的环境内，如欲有所成就，他必须专注于一事，而不可分散他的精力于多方面。①

在黑格尔看来，分散精力乃是治学之大敌。只有把自己有限的精力集中起来，用到最必要的地方去，才有可能做出辉煌的事业。

歌德和黑格尔的话都是深得三昧的经验之谈，在我们这个知识和信息爆炸的时代具有特别重要的意义。当然，强调集中精力，钻研一方面的学问，并不等于对面上的知识都可以弃之不顾。实际上，人文社会科学的知识就像金字塔，只有塔基宽大，塔尖才能高耸入云。在这里，重要的是把自己决心钻研的领域和仅限于一般了解的领域严格地区分开来；重要的是，不迷失在所谓"知识渊博"的丛林中。其实，古希腊哲学家赫拉克利特早就告诫我们："博学并不能使人智慧。"②只有由博返约，

---

① ［德］黑格尔：《小逻辑》，贺麟译，商务印书馆1980年版，第174页。
② 北京大学哲学系外国哲学史教研室编译：《古希腊罗马哲学》，生活·读书·新知三联书店1957年版，第22页。

才可能在某个领域里有创造性的发现。

马克思早就告诉我们，一切节约归根到底都是时间性上的节约。记得鲁迅先生也说过，浪费他人的时间，无异于谋财害命。在这个意义上可以说，集中精力也就是节约时间。我们必须清醒地意识到，节约时间，不驰心旁骛，并不是一件简单的事，因为我们毕竟不是单纯的理性存在物，本能、情感、欲望和情绪不断地分散着我们的注意力，而丰富多彩的现实生活每一分钟都在诱惑我们，试图把我们引向感性享受的世界。在这样的情况下，要把我们的精力数年、数十年地集中在对一门学问或一个问题的研究上，那就需要一种特殊的精神聚光镜——意志。历史和实践都告诉我们，事实上，只有具有坚忍不拔的意志力的人，才有可能在学术研究上取得伟大的成就。

读书散论①

做学问的人自然不可能不读书。对于那些不愿意读书的人来说,读书几乎是一种精神苦刑。在阳光明媚的春天里,大自然到处生气勃勃,难道还有比枯坐在书房里更痛苦的事情吗?然而,对于那些嗜书如命、读书如沐春风的人来说,读书不啻是一种精神上的追求,更是一种情感上的享受。在世界上,难道还有谁比那个伴随着淡淡的墨香,聚精会神地阅读一本企盼已久的新书的人更幸福吗?正如张五常先生所说:"黄金我所欲也,美人亦我所欲也,但对我来说,两者之乐,皆不及读书。书可不是为了'黄金屋'或'颜如玉'而读的。"②这种超功利的读书感受,非书痴莫能体悟。下面是我断断续续写下的一些读书体会。

一、读书高潮

我小时候是很顽皮的,直到初中三年级的时

---

① 原载《宝钢战报》1979年9月20日和11月9日。载《新民晚报》2000年1月22日,题为"书缘"。收录于俞吾金:《哲学随感录》,北京师范大学出版社2016年版,第376—384页。——编者注

② 张五常:《随意集》,社会科学文献出版社2001年版,第37页。

候,心才渐渐收拢,对所学的功课产生了兴趣。至于确立自觉读书的思想则是在高中二年级。那时候,我的家境并不好,全家7口人,只有父亲一个人工作,家庭负担比较重。但只要我口袋里有零钱,心里就痒痒的,就到福州路去逛旧书店。

记得当时对我的思想产生重要影响的是李致远先生撰写的《马克思和列宁的学习方法》一书。读了这本书,我不但很钦佩马克思的博学,而且对哲学产生了强烈的兴趣。于是,我从旧书店里"淘"到了一大批哲学书,似懂非懂地看了起来。这是我的第一次读书高潮。但那时候由于没有名师指点,看的书很杂,也没有明确的读书目的。

1968年秋进入上海电力建设公司工作后,由于工作的流动性质,在全国各地建电站,单位里连个图书馆都没有,借不到任何书,我只能在工作之余"啃"汉语词典。有一次,我在工作中受了伤,右手手腕骨折,在家中休息了四个月。当时我住在南京路西藏路口,离上海图书馆很近。我在那里读了四个月的书,浏览了《马克思恩格斯全集》,特别是马克思的《资本论》。这部著作的研究方法在我脑海里留下了深刻的印象。这是我的第二次读书高潮。

1977年考入复旦大学后,文科阅览室里丰富的藏书,特别是古典文学、哲学方面的藏书深深地吸引了我,真有点"刘姥姥进大观园"的味道。除了上课以外,我整天"泡"在阅览室里,从古希腊的埃斯库罗斯、索福克勒斯、欧里庇德斯和阿里斯托芬一直读到俄国的托尔斯泰、契诃夫、肖洛霍夫和美国的德莱塞等现当代的作家;还读了相当数量的古典哲学名著,从而大大地开阔了眼界,充实了思想。这是我的第三次读书高潮。

1988年,我作为联合培养的博士生到德国法兰克福大学哲学系进修。在著名教授伊林·费切尔的指导下研读法兰克福学派的著作。当时我住在法兰克福大学的学生宿舍里,这里的环境非常幽静,也没有外人来干扰,确实是读书的好地方。我在这里"啃"了一些德文的原著,主要是法兰克福学派的著作,也读了海德格尔的一些著作,因为我一度想以他的哲学思想作为我的博士学位论文研究的课题。与此同时，我也阅读了一批中国古代的哲学典籍。这是我的第四次读书高潮。这个时期的"充电"为我以后的哲学思考奠定了基础。

1995年9月，我出任复旦大学哲学系主任。由于行政工作十分繁忙，很少有时间能够静下心来读书，直到1999年5月卸任后，我才重新获得安安静静读书的机会，从而进入我的第五次读书高潮。我希望，这次读书高潮能够一直延续下去，直到我离开这个世界为止。

我发现，在我的生活中，许多事情都可以将就，许多习惯都可以改变，但唯独不能改变的却是读书。在家里，每天我都要在书架前逗留一段时间，这里翻翻，那里看看，或把架子上的书调整一下，不这样做，就像丢掉了魂似的。我的书房四周都是书架，书架上的每一层都可以放两排书，我习惯把已经读过的书放在里面一排，把未读过的书放在外面；晚上，临睡前，总要坐在床上看一会书。到外面去参加会议、出差或做任何一件事情，我的包里总是放着书。有时明明知道今天不会有空余时间读书，但不放上一本书，心里总觉得缺了什么东西，不踏实。

在市场经济大潮的冲击下，有时不免感叹自己"百无一用是书生"，但想到自己读过那么多的好书，想到读书时的那种快感，心理上也就渐渐地变得平衡了。当然，在读书中，绝不要相信"开卷有益"，读书必须有选择，必须循序渐进，必须记住古希腊哲学家德谟克利特的告诫："不要企图无所不知，否则你将一无所知。"[①]

二、与书结缘

谁都不会否认，我们这个时代已是电脑和光盘的时代。但对于文科

[①] 北京大学哲学系外国哲学史教研室编译：《古希腊罗马哲学》，生活·读书·新知三联书店1957年版，第113页。

教师，特别是博士生导师来说，与书结缘，仍然是人生道路上一个绕不过去的话题。文科导师们常常戏称书是"第一夫人"，尽管这种说法可能会伤害妻子们的自尊心，但几乎没有人会否认它说出了真理。就我自己的体验来说，买书、读书、搬书和写书几乎构成了我的日常生活。

先说买书。要买书就先得掌握书的信息，而要掌握书的信息，就必须经常阅读《读书》《中华读书报》《文汇读书周报》等报刊，了解出版的动态，甄别书的版本和内容的优劣。虽然这些资料是第二手的，但就早有定论的传统经典书系来说，基本上不会有什么偏差，只要出版社可靠、文字校勘和印刷质量好就行了。但就当代人的专著和译著来说，变数很大，不得不在书店里实地进行考察。一般来说，专著要看其书名、目录是否蕴含新见，注释和参考书目是否有重大的遗漏；译著要看其是否是信得过的名家名译；等等。对于我来说，买书的真正困难并不在这里，倒是在书的价格和体积上。目前书价之高，已成僵局，也没有什么可以议论的了。至于书的体积，对于住房并不宽敞的我来说，同样是一种威胁。我心里很清楚：每买进一本书，我的活动空间就要减去这本书的体积。但只要见到好书，还是会不顾一切地买下来。读书人最大的快乐莫过于在阴雨绵绵的下午，独自伴着茶香，在书房里翻阅期盼已久的、刚买到手的好书。此情此景，非书痴莫能体会。有趣的是，书买得多了，我与书的距离反而变远了。由于地板上、过道里、顶柜上、卧室里到处都堆满了书，有时要找一本书得花九牛二虎之力。妻子爱干净，见到我的书不断地向书房外扩张，难免会抱怨几句。我自己也觉得过意不去，表示无论如何要扔掉一些书。但事到临头，新书是买进来了，旧书还是不舍得扔。有时狠下心来扔在废纸堆里，一会儿又捡了回来。妻子看着我这副割舍不下的模样，只好宽容地耸耸肩。

接着说读书。读书自然比买书要辛苦得多。特别是读康德的《纯粹理性批判》、黑格尔的《精神现象学》、海德格尔的《存在与时间》这类书，非下苦功夫不可。在有条件时，最好直接阅读原著，面对面地与大师交流。由于翻译中常常蕴含着误读，所以必须留意原著的各种版本和译本。比如，康德在世时，《纯粹理性批判》已出了两个德文版。他去世后，英语国家至少出版过四个有影响的英译本。深入地研究康德，就必须正视不同的版本和译本存在的差异。对于博士生导师来说，读书的任务特别繁重。在一般的情况下，博士生读过的书，导师应该读过；博士生没有读过的书，导师也应该读过。不然的话，如何指导学生呢？当然，导师不可能在任何情况下都做到这一点，但一个有责任心的导师一定会努力去做，以便与博士生进行深入的对话。

再说搬书。古人说："书到用时方恨少。"这句话似乎还未把读书人的窘境充分地表达出来。我在这里至少还可以加上一句话："书到搬时方恨多。"搬家，既是我所期盼的，又是我所害怕的。期盼的是更大的空间；害怕的是搬书，担心书会破损、遗失或散乱。随着书籍的不断增加，这种恐惧的心理也与日俱增。不久前的搬家（这是我进复旦大学后的第五次搬家）又一次弄得我狼狈不堪。由于新居离旧居很近，我决定自己先用自行车慢慢地搬。有一天晚上，我把四捆书放在书包架上，刚起步，书就倒到一边去了，我只好下车推。谁知推了一阵，连书带车都翻倒在地上，脚也扭伤了。正在走投无路之际，幸亏一位好心的路人帮忙，才挨到新居。搬家后，我在家中忙了差不多两个星期，才把这些书分门别类地安放到书架上。女儿以嘲讽的口气问我："老爸，你还想再搬家吗？""不。"我苦笑着摇摇头。

最后说写书。买书、读书、搬书当然都不是目的，真正的目的还是借助前人和同时代人的成果来从事自己的研究。研究的结果除了论文就是书。与买书、读书和搬书比较，写书远为艰苦，但这种艰苦却会被出书时的喜悦所冲淡。记得我从1986出版处女作《思考与超越——哲学对话录》以来，迄今已出版个人专著11部，其中的甘苦也只有自己知道了。自从1993年被国务院学位办批准为博士生导师以来，我就暗暗地下了决心："今后要用更严格的标准要求自己，没有新见的著作和论文绝不拿出去发表。"前两年，蒙复旦大学出版社的抬举，把我和骆玉明教授确定为"签约作者"，意思是：我们写什么书，复旦大学出版社就可以出什么书。这个消息在《文汇报》上发表后，其他出版社的朋友纷纷来电询问："俞吾金，你还能给我们写书吗？""当然能，"我说，"我完全是自由的。"事实上，复旦大学出版社也并没有正式与我们签约，但出版社的诚意使我很感动。在做系主任期间，我欠了一屁股书债，卸任后，总算有时间来偿还债务了。

唉，真是说不尽的书缘！

三、在德国逛书市

书呆子逛书店，当然并不是什么新奇的事情。令我自己也始料不及的是，这种书呆子习气在德国竟然达到了一发而不可收的地步。[①]

歌德大学的所在地法兰克福是个商业城市，其商业活动的活跃气氛也在离市中心不远的歌德大学校园里反映出来。每天上午十点左右，许多书商在大学食堂周围的空地上摆起了流动书摊。一到中午休息的时间，这些书摊前便挤满了人，其中大多数是本科生、研究生，少数是教师。偶尔，也能见到一些德高望重的老先生流连忘返于书摊之前。书摊上陈列着由各种不同的文字写成的书，如英文、德文、法文、意大利文、西班牙文，甚至也有用中文写成的书。当然，大量的书还是用德文写成的。这里既有刚出版就流入旧书市场的新书，也有20世纪初，甚至19世纪出版的珍本。书商们大多有文化修养，有的甚至有很好的专业知识或懂几门外语。他们开出的书价一般都是比较合理的。当然，也有少数极有价值的书会滑过他们的眼皮。有时候，当我在书摊上发现一本卖得十分便宜而又极有价值的书时，那种突然袭来的惊喜的感觉似乎不亚于淘金者骤然发现金砂。

[①] 由于歌德大学是法兰克福市最重要的大学，所以人们也常常把它称作"法兰克福大学"。闻名遐迩的"法兰克福学派"就是在歌德大学社会研究所的基础上形成的。

我差不多天天去大学听课或到哲学系的图书馆里去看书。中午，在大学食堂里吃完午饭，照例在书摊前消磨一段时间。我留心的当然主要是哲学书。德国不仅是诗和音乐的王国，也是哲学的王国。从康德以降，德国哲学的天空一直是群星璀璨的。当那些平时在国内几乎见不到的哲学大师们的著作映入眼帘时，那种强烈的诱惑是可想而知的。起先，考虑到囊中羞涩，我的收书计划是很小的，后来实在敌不过那些书籍的诱惑力，收书计划膨胀得越来越大，像柏拉图、康德、黑格尔、谢林、尼采、叔本华、布洛赫、阿多诺、霍克海默等人，几乎都收了全集。比如，《黑格尔全集》有20卷，新书售价380马克。我一本一本地"淘"，终于花150马克收齐了全集。有一次，我见到了一本寻觅已久的法依欣格的名作《仿佛哲学》（*Die Philosophie Des ALS OB*），是1924年出版的，标价贵了一些，要25马克。我爱不释手，但身上只有13马克50芬尼。正在进退两难之际，那书商知道我是学生，破例把书卖给了我。那天，虽然倾囊而出，步行回家，心里却甜滋滋的。

由于经常逛书市，渐渐和这些书商建立了友谊。他们了解我"淘"书的目标和兴趣后，经常会事先把我感兴趣的哲学方面的一些好书给我留下，价钱上也给我一些优惠。他们还为我介绍了分布在法兰克福市各区的旧书店，特别是离歌德大学不远的"卡尔·马克思书店"。这家书店给我留下了深刻的印象。在那里，我只花20马克就买了一套1990年新版的《马克思恩格斯选集》（德文版），还买到了法兰克福学派的不少成员的重要著作。每次我到其他城市去旅游或开会的时候，也总要光顾那些地方的书市，但其他城市的书市和规模似乎都不如法兰克福。由于不断地逛书店，我的藏书在不知不觉中不断地增加着。桌子上、床铺上、柜子上、地上都堆满了书，这就使我住的本来就很小的单人学生宿舍变得更加局促了。偶尔想起《新概念英语》一书中那个把书全部铺在地上当地毯，并经常趴在地上"读地毯"的年轻人，不禁哑然失笑。到1990年秋回国时，我几乎望书兴叹了，足足忙了一个多星期，才把不知不觉间买下的700多本书搬到邮局里装箱寄出。5公斤一箱，竟装了39箱！以致邮局里的一位工作人员和我开玩笑说:"您把德国文化都运到中国去了。"

现在,每当我凝视着书柜里这些整整齐齐地排列着的德文书的时候,总会回忆起在法兰克福逛书市时的情形,这些书也为我的研究工作打开了新的视野。

四、读书要讲究方法

记得英国哲学家培根曾经说过:"跛足而不迷路能够赶过虽健步如飞但误入歧途的人。"这句话十分形象地说明了读书方法的重要性。方法对头,虽形同"跛足",实际进度并不慢。反之,如误入歧途,尽管看上去"健步如飞",实际上却慢如蜗牛。由此可见,读书方法是不容轻视的。

首先,读书要有选择。世界上无限丰富的书籍和个人有限的精力之间永远存在着一个无法回避的矛盾。一个人即使倾其一生的精力,所读之书在数量上也必定是十分有限的。《基督山伯爵》中的法利亚长老曾经对爱德蒙·邓蒂斯说:"一个人只要有一百五十本精选的书,则对人类一切的知识就各门各类都可齐备了。"这种说法虽然有点夸张,但说出了读书一定要有选择的道理。如果"乱点鸳鸯谱",见一本就读一本,是不会有什么结果的。当然,要做到有选择地读书,就必须先确定读书的主攻方向。方向一旦确定,可读可不读的书就坚决不读,把精力全部集中到自己的研究方向上。只要持之以恒,便会收到意想不到的效果。

其次,读书要勤做笔记。渊博的知识就像高耸入云的摩天大楼,不是一天就能建造起来的,而是有一个长期积累的过程。正如荀子所说的:"不积跬步,无以至千里;不积小流,无以成江海。"荀子说的正是这个道理。康德一边读书,一边随时写下自己的读书心得,有时甚至写在商品的提货单或发票上;黑格尔从小喜欢读书,每读一本书,都做卡片摘录，经过数十年积累，知识十分渊博，写出了包罗万象的《哲学全书》，其常识之广博，至今令后人惊叹不已；马克思读书也十分重视做笔记，《资本论》的写作旁征博引，言必有据。有人形容马克思的思想就像一艘升火待发的军舰，只要一接到命令，就能驶向任何港口。毋庸讳言，这都是大量读书笔记积累的结果。有些人书读得不少，但却怕做读书笔记，时间一长也就忘了，或至少是记不全了。一到使用，往往连资料的出处也找不到，只好作罢。以这样的方式读书，也是不会有什么收获的。俗话说，好记性不如烂笔头。读书一定要勤做笔记。

最后，读书还要从良师。常有这样的事情：你在读书中冥思苦想无法解决的问题，求教于知音，往往一席话，甚至三五句话就会使你茅塞顿开。学问，学问，一学二问。"问"者，就教于人也。韩愈曾著《师说》，专门阐述从师的重要性。虽然有些天赋高的人在学习时能够做到"无师自通"，但在通常的情况下，从良师毕竟能使人们少走许多弯路。

高尔基说："书籍是人类进步的阶梯。"只要勤奋学习，讲究方法，功夫不会有负于苦心的人。

1983年

要善于限制自己[1]

太阳光线在散射时发出的热量是很微弱的，但如果用一面聚光镜把光线集中在一个焦点上，那就能达到较高的温度，甚至会使纸片燃烧起来。

人们精力的使用也与此相似，如果处在"散射"的状态，就很难达到一定的"热量"；只有把精力集中起来，在宽厚扎实的基础上，锲而不舍地钻研一个方面的学问，才有可能达到一定的造诣。集中精力，也就是要合理地安排自己的时间，严格地限制自己的学习范围和兴趣，绝不心猿意马，见异思迁。当今，我们正生活在一个科学技术日新月异的时代里，每日每时，丰富多彩的生活和各种各样的书刊都在"诱惑"着你。在这样的环境中，限制自己就具有特别重要的意义。

我是 1966 届高中毕业生，进大学前在厂里工作了十年。那时，我酷爱文学，热衷于写小说。1977 年招生制度改革后，我考入了复旦大学。谁知"大门"进对了，"小门"却"走错"了。我被录取到哲学系，可是我对哲学并没有多大的兴

---

[1] 原载上海市高教局研究室编：《大学生谈学习方法》，华东师范大学出版社 1983 年版，第 47—51 页。收录于俞吾金：《文化密码破译》，上海远东出版社 1995 年版，第 361—364 页。收录于俞吾金：《生活与思考》，复旦大学出版社 2011 年版，第 29—32 页。——编者注

趣。怎么办？我决定"身在曹营心在汉"，继续走自己的路。于是，我一头扎进了文科阅览室，如饥似渴地读起外国古典文学名著来。从古希腊阿里斯托芬的喜剧，一直读到俄国大文学家列夫·托尔斯泰的小说。在短短一年多的时间里，我读了 150 多本小说，做了近 10 本学习札记，并动手写了 3 篇小说。结果，我的精力分散了，专业课的学习却处于被动应付的局面。班主任发现这一情况后，多次找我谈心，从哲学战线后继乏人的现状一直谈到文科大学生肩负的重任，勉励我正确处理个人兴趣和专业之间的关系，立足专业，为繁荣哲学而努力。老师的诱导深深地触动了我，我开始怀疑起自己的"平行线战术"（文学和哲学并行不悖）来了。恰好在这个时候，我接触到两本书。

一本是爱克曼辑录的《歌德谈话录（1823—1832 年）》。在这本书中，歌德反复强调，一个有造就的人"最大的艺术本领在于懂得限制自己的范围，不旁驰博骛"[1]。歌德多次告诫他的秘书爱克曼说："你得随时当心不要分散精力，要设法集中精力。"[2]歌德在晚年回顾自己的学习、创作生涯时，非常感慨地说："假如我没有在石头上费过那么多的工夫……我就很可能把最珍贵的金刚钻拿到手了。"[3]另一本是黑格尔的《小逻辑》。在这本书中，黑格尔进一步概括并发挥了歌德的治学方法。他这样写道：

> 一个志在有大成就的人，他必须，如歌德所说，知道限制自己。反之，那些什么事都想做的人，其实什么事都不能做，而终归于失败。世界上有趣味的东西异常之多：西班牙诗、化学、政治、音乐都很有趣味，如果有人对这些东西感觉兴趣，我们决不能说他不对。但一个人在特定的环境内，如欲有所成就，他必须专注于一

---

[1] ［德］爱克曼辑录：《歌德谈话录》，朱光潜，人民文学出版社 1978 年版，第 80 页。
[2] 同上书，第 48 页。
[3] 同上书，第 80 页。

事，而不可分散他的精力于多方面。①

至此,我开始省悟到,这两位文化巨人的治学方法,集中到一点,就是要善于限制自己。这使我受到了很大的启发,我终于下决心搁下了文学,把它仅仅作为一种业余爱好保留下来,而把主要精力全部扑到哲学上。

新的烦恼又随之而来了。哲学本身也是一门内容丰富的科学,它包括马克思主义哲学原理、逻辑、自然辩证法、美学、中国哲学史、外国哲学史等一系列学科。这些学科都是相互联系、相互渗透的。想孤立地把其中一门学科搞深搞透是不可能的,这就要求搞哲学的人要具备广博的基础知识。但从另一方面看,这些学科中的任何一门都拥有巨大的信息量,都可以耗尽一个人的毕生精力。因此,如果不深入地钻研其中的一门学科,而在所有的学科上平均使用力量的话,势必分散精力,一事无成。我经过充分的考虑,决定把自己的兴趣放在外国哲学史这门学科上,并尽一切努力把基础打得更宽厚、更扎实一些。一方面要讲"专",要限制自己;另一方面又要讲"博",要融会贯通。这个关系究竟如何处理呢?我采取了以下的办法。

1. 建立一个合理的专业学习的知识结构

经过分析,我发现,要掌握外国哲学史这门学科,至少必须同时掌握以下四门学科:马克思主义哲学原理和原著选读、西方哲学史原著选读、英语、世界通史。这四门学科中,忽视任何一门,都会直接影响到外国哲学史的学习。因此,我把这四门学科加上外国哲学史统称为专业学习的知识结构。特别在刚开始啃外国哲学史的阶段,我把自己的精力和时间绝大部分用在这些学科上。这样一来,我就在较短的时间内掌握了外国哲学史这门学科,并把这门学科建立在一个必要的、有一定广度的基础知识面上。

---

① [德]黑格尔:《小逻辑》,贺麟译,商务印书馆1980年版,第174页。

2. 把研究的领域和了解的领域严格地区分开来

所谓"研究的领域",也就是深入进行探索,并撰写学术论文的领域。所谓"了解的领域",就是限于一般的阅读和思索,并能通晓其基本原理和发展史的领域。我把研究的领域限定为外国哲学史,同时把了解的领域规定为以下的学科:西方美学史、西方伦理学史、基督教史、自然科学史、逻辑史、西方经济思想史、政治法律思想史、近代心理学史等。这些学科,在内容上与外国哲学史息息相关,不了解、不关心是不行的。比如,熟悉和了解近代心理学史,对于研究笛卡尔以来的西方近代哲学史具有特别重要的意义。当然,要熟悉那么多的学科,在短时间内是有困难的。因此,我制订了一个较长的计划,决定在五年左右的时间内逐步攻下它们,以便给外国哲学史的研究提供一个尽可能广博而又扎实的基础。总之,我体会到,无目的的"博"是无用的,正如古希腊哲学家赫拉克利特说的:"博学并不就是智慧。""博"只有为"专"服务才是有价值的,了解的领域只有服从于研究领域的需要才是有意义的。

3. 节约每一分钟的时间,为形成博专结合的知识体系而努力

对于个人来说,生命是有限的,知识却是无限的。要想在某个方面有所造就,就一定要节约尽可能多的时间,集中加以使用。所谓限制自己,在某种意义上说,也就是要合理地安排和利用自己的时间。我采取的具体措施如下。

(1)严格控制和电影、电视、文学作品接触的时间,只准自己看那些报上介绍的、比较好的作品或对熟悉外国哲学史有较大帮助的作品(如电影《拿破仑在奥斯特里茨》)。

(2)接受、借鉴别人的治学经验和方法。这样常常可以少走弯路,节省大量时间,用到刀口上去。我在学习一门新的学科前,总要请教在这方面有造诣的老师,听听他们的意见,该读哪些书,按照怎样的顺序来读,这样对自己是非常有帮助的。

由于我把自己的精力严格地限制在外国哲学史这门学科内,比较正确地处理了博与专的关系,思考深入了,也就有了自己的见解。从1980

年9月到1982年3月这一年半时间内,我在《哲学研究》《学术月刊》《复旦学报》等期刊上连续发表了9篇哲学论文,计5万余字,并被《国内哲学动态》期刊吸收为通讯员。与此同时,我又考取了本校外国哲学史研究生,主攻德国古典哲学。

在新的学习环境中,我又重新回味了歌德、黑格尔的治学方法,决心在不断开拓自己的知识面的基础上,由博返约,对外国哲学史,尤其是德国古典哲学作出更深的思索和研究;同时,尽快把第二外语——德语搞上去,以便写出质量较高的学术论文,为推进和发展我国的科学事业尽自己的一点微薄之力。

1984年

读《形而上学》断想[①]

还是在中学读书的时候，我就对哲学，尤其是欧洲哲学怀有浓厚的兴趣。柏拉图、亚里士多德、笛卡尔、康德、黑格尔这些伟大的名字常常在我心头回旋。我渴望读他们的书，但"文化大革命"使我的渴望成了泡影。当时，我以为我和哲学是永远绝缘的了。但奇迹居然出现了，1978年初，当我在单位里工作了将近十年之后，我又考入了复旦大学哲学系。我怀着狂喜的心情走进了图书馆的开架书库。书架上，琳琅满目的图书似乎在向我招手，我的整个心灵都被它们吸引住了。我贪婪地搜索着、寻觅着，终于，在哲学类的书架上，我发现了一本旧版的精装的《形而上学》。我怀着崇敬的心情，小心地把它抽了出来，随手翻阅起来。可是它的内容太艰深了，一连串专门化的术语在我眼前跳跃，我还读不懂呀。我轻轻地叹了一口气，重新又把它放回到书架上，但心中却暗暗地发了一个誓：有朝一日，我一定要读懂它！

进校两年后，听了欧洲哲学史的专业课，我才明白，《形而上学》这部伟大的著作在整个欧洲

[①] 原载《书林》1984年第5期。收录于俞吾金：《寻找新的价值坐标——世纪之交的哲学文化反思》，复旦大学出版社1995年版，第413—417页。——编者注

哲学史上占据着极为重要的地位。它不仅是欧洲历史上第一部系统的哲学史著作，而且也正是在这部辉煌的巨著中，亚里士多德首次提出了"第一哲学"的概念，为哲学规定了明确的研究对象。从此，哲学开始作为一门独立的学科而站立起来了。这些认识使我对《形而上学》这部著作的兴趣更浓厚了。不久，当班里布置写学年论文的时候，我毅然决然地选择了亚里士多德。记得那是在炎热的暑期里，我浑身冒汗，但仍坚持一遍遍地读着《形而上学》，琢磨着那些艰深的语词的确切含义。终于，我觉得我的认识有所加深了。于是，我以这本书为主要材料，写成了《亚里士多德认识论探讨》一文，后来发表在《复旦学报（社会科学版）》1981 年第 3 期上。这么一来，我的兴趣和命运似乎更紧密地和《形而上学》联系在一起了。

前年，商务印书馆重版的《形而上学》一出，我赶紧买了一本。学习之余，我常常浏览它，每读一次，总会冒出一些新的感受和想法来。好在我是随手记下的，不妨整理出来，以与读者交流。

一

翻开《形而上学》，开宗明义的第一句话是："求知是人类的本性。"①这句话看来很简单、很平常，可是它却深刻地概括了亚里士多德以前的古希腊哲学家们如饥似渴的求知欲望。古希腊的第一个哲学家泰勒斯有一次聚精会神地观察天象，不小心脚下踏空，跌入土坑内，被哲学史家们传为美谈。智者派哲学家普罗泰戈拉竟花了整整一天的时间和伯利克里一起讨论，究竟是标枪，是掷标枪的人，还是主持竞技的人，应对一个被标枪刺死的人的死负责。苏格拉底总是穿着褴褛的衣服，光着脚到处走，和各种各样的人争辩，以追求真理和知识。有一次他站在

---

① ［古希腊］亚里士多德：《形而上学》，吴寿彭译，商务印书馆 1959 年版，第 1 页。

露天思考问题出了神,居然一动不动地站了一天一夜。被马克思和恩格斯称为"经验的自然科学家和希腊人中第一个百科全书式的学者"①的德谟克利特则公开宣称:"哪怕只找到一个原因的解释,也比成为波斯国王要好。"这种可歌可泣的求知热情曾经唤起了多少后人的崇敬和共鸣!

我想,亚里士多德写下这行不同凡响的名句时,不也正道出了他自己孜孜不倦的求知热情吗?记得马克思曾写过一段评价他的非常精彩的话:"亚里士多德的深思熟虑,令人非常惊讶地揭示了最细致的思辨问题。他是一个特殊的探宝者。无论什么地方涌出了通过丛林奔向峡谷的活泉,亚里士多德的魔棍都会毫不错误地指向这股活泉。"②联想起古人的这种百折不回的"探宝"精神,我常常感到内心激动不已。今天,我们有这样好的学习条件,难道不应该激发起更强烈的求知欲,干出一番轰轰烈烈的事业来吗?!

二

在《形而上学》第二卷第一章的开头,亚里士多德饶有兴趣地谈起对自然真理的探索和追求。他循循善诱地告诫人们,要想不花力气,直接进入真理的殿堂是不可能的,只有善于"集思广益",细致地分析、借鉴前人和同时代人的各种见解,才能获得真理。其实,亚里士多德在哲学上提出的著名的"四因说"就是全面地总结前人思想成果的一个范例。集思广益、博采众长,确实是做学问的不二法门。特别是在当今世界里,随着科学分支的增多和边缘学科的崛起,科学的整体化趋向与日俱增。在这样的条件下,研究学问如果不"集思广益",难免有孤陋寡闻、闭门造车之嫌。瑞士心理学家和哲学家皮亚杰所创立的发生认识论之所以在

---

① 《马克思恩格斯全集》第3卷,人民出版社1960年版,第146页。
② *Marx/Engels Gesam tausgabe*,Abteilung I, Band I, Berlin: Dietz verlag, 1975, S. 107.

国际上引起了广泛的重视，就是因为皮亚杰组织了一个由心理学家、科学史家、逻辑学家、数学家、控制论专家、语言学家等组成的高质量的研究中心。事实上，不"集思广益"，不组织起有质量的专业队伍，要想在任何重大的理论问题上有所突破，从而赶上和超过世界先进水平都是不可能的。在焕发我们文明古国的精神面貌，大力发展科学技术现代化的今天，我们切不可忘记了亚里士多德的这一古训。

三

"凡愿解惑的人宜先好好地怀疑；由怀疑而发为思考，这引向问题的解答。人们若不见有'结'，也无从进而解脱那'结'。"① 这是我从《形而上学》第三卷第一章中工工整整地抄录下来的一段含义隽永的话。这段话对于有志于哲学，喜欢在抽象的思辨中遨游的青年人来说，无疑是不可多得的箴言。

由怀疑而发思考，由思考而求真理，从而创立起不朽的理论，这在人类思想史上是不乏其例的。德国古典哲学的创始人康德，原来信奉莱布尼茨的独断的唯理论哲学，可是，休谟的怀疑主义思想却把他从"独断的迷梦"中惊醒过来，使他开始以批判的眼光重新审察唯理论哲学，从而独辟蹊径，创立了至今还有着重大影响的"批判哲学"；马克思如果缺乏卓越的怀疑精神，也就根本不可能从官方思想家编织的无数谎言、幻想、假象背后揭示出人类社会，尤其是资本主义社会的运动规律；而科学巨匠爱因斯坦不也正是从马赫的怀疑论思想中受到启发，从而大胆地突破了牛顿经典力学的窠臼，创立了惊世骇俗的相对论吗？

当然，怀疑和怀疑主义从来是不相同的。怀疑主义否定一切，如同一个全身瘫痪的人，永远也站不起来，而怀疑则是积极的，它诱导人们

---

① ［古希腊］亚里士多德：《形而上学》，吴寿彭译，商务印书馆1959年版，第37页。

去思考，去解"结"，去探索宇宙万物的底蕴，以便获取真理，正如但丁在《神曲》中所写的：

> 在真理的脚边冒出了疑问，
> 象嫩芽冒出了地面；就是这东西推动着我们
> 越过重重的山脊直登最高的顶峰。①

四

在《形而上学》中，我们既可看到亚里士多德对真理孜孜不倦的追求，也可看到他的迷惘、彷徨和失足之处。在第四卷第八章的结尾处，当他谈到事物的运动时，写下了这么一段话："宇宙间总该有一原动者，自己不动，而使一切动变事物入于动变。"②这个"原动者"，在亚里士多德看来，不过是神的别名罢了，或者毋宁说，是他为了摆脱无穷尽的思维劳苦而幻想出来的一个偶像罢了。亚里士多德当然不会知道，他的迷误竟成了僧侣主义的发祥地。僧侣主义者扼杀了亚里士多德学说中活生生的东西，而使其中僵死的东西永垂不朽。正如罗素所愤怒地控诉的那样：特别是从中世纪后期起，亚里士多德的权威差不多和基督教会一样地不容置疑，亚里士多德在科学方面也正如在哲学方面一样，成了进步的障碍，因此，"自起十七世纪的初叶以来，几乎每种认真的知识进步都必定是从攻击某种亚里士多德的学说而开始的"③。在这里，罗素不仅深刻地描绘了亚里士多德学说的历史悲剧，而且也说出了一个非常剀

---

① [意]但丁：《神曲·天堂篇》，朱维基译，上海文艺出版社1962年版，第32页。
② [古希腊]亚里士多德：《形而上学》，吴寿彭译，商务印书馆1959年版，第82页。
③ [英]罗素：《西方哲学史》上卷，何兆武、李约瑟译，商务印书馆1963年版，第209页。

切的真理,那就是,我们应该准确地、全面地看待历史上任何哲学家的思想。如果僧侣主义者不神化亚里士多德的学说,不把他抬得那么高的话,人类思想史也许可以免去几个世纪的迷误,伟大的牛顿也许不会重复"原动力"的蠢话。

其实,伟大的哲学家或科学家并不就是超凡入圣的神人,他们和普通人一样,也有大脑和四肢,也会犯错误甚至干蠢事。他们虽然有着卓越的洞察力,但又必然有时代和历史的局限。正如恩格斯在评价德国的两位文化巨人时说的那样:"歌德和黑格尔各在自己的领域中都是奥林帕斯山上的宙斯,但是两人都没有完全脱去德国的庸人气味。"[①]尊重伟人而不神化伟人,学习名著而不迷信名著,不正是我们在求学的路途上应该时时记取的至理名言吗?

[①] 《马克思恩格斯全集》第21卷,人民出版社1965年版,第310页。

1985年

破除"观念崇拜"[1]

所谓"观念崇拜",就是说,人们不是在开拓新生活的过程中不断创造与之相适应的新观念,而是把那些本就是非科学的,或者虽然在历史上起过积极作用,但今天已经过时了的观念,视作神圣不可侵犯的权威和至高无上的价值标准,用它去量度、规范、裁剪活生生的、丰富多彩的现实生活。

从社会主义、共产主义建设的实际出发,从全人类的根本的、长远的利益出发,这才是真正的、最高的价值标准。一切观念、原则、模式都必须在它面前为自己的存在辩护或放弃存在的权利。因此有必要强调指出,不破除"观念崇拜",不把人们从僵化的思想方式中解放出来,我们的理论就缺乏生命力,我们的事业就缺乏创造性。实践屡屡证明,每当我们破除一次"观念崇拜",我们的国家生产力就大解放一次,人民群众的心情就大舒畅一次。

一切真心实意赞成并愿意投身于这个潮流的哲学工作者,都理应从经济实践出发,剔除那些完全过时了的陈腐的观念,为那些部分适

---

[1] 原载《文汇报》1985年1月25日,作者吴晓明、俞吾金等,《新华文摘》1985年第4期全文转载。载《高校德育研究》1985年第1期。——编者注

用的观念注入新的内容和新的生命。我们特别欢迎那些从改革的伟大实践中科学地抽象出来，因而深刻地表现着现实生活并预示未来的新观念。

学术论战应当遵守对等规则[1]

"真理面前人人平等。"几经折腾,再回顾当年"二月提纲"中喊出的这个口号,一切有良心的理论工作者无不感慨万千。现在恐怕不会再有这个命题的公开反对者出现了。但是,在我们这个具有古老的封建传统和"文化大革命"的遗迹尚需彻底清扫的国度,要使这一口号真正变为学术界的事实,还需要经过长期的努力。恩格斯在总结与杜林的论战时曾经说过,必须"遵守文字论战所应遵守的一切规则"[2]。遵守学术论战的对等原则,就是在学术政策和学术道德上对学术自由的一种保证。它包括确认论战双方在地位、手段上的对等,以及对论战的性质、与社会背景联系的理解上的对等。

一、论战双方的地位对等

在不同的学术、理论、学派的学术争论中,有真假之争、是非之争、内容和形式是否优美完备之争。但是,论战双方在所处的地位上是平等

---

[1] 原载《解放日报》1985 年 3 月 20 日,作者周义澄、俞吾金等。——编者注
[2] 《马克思恩格斯全集》第 20 卷,人民出版社 1971 年版,第 12 页。

的，没有一种学说或学派享有先定的优越地位。这里只有一条起跑线。任何一种学说都只能从理论本身的真理性、逻辑和形式上的完美性上同其他学说进行比较和竞争，不能借助非学术的力量来建立对其他理论学派的优势。马克思主义哲学无疑是当代不可超越的哲学体系。但是马克思主义在非马克思主义的学说面前，仍然需要用平等的讨论和争论来发展自己。任何自命为马克思主义拥有者和追随者的观点，都没有权利当然地、不言自明地凌驾于其他学说和理论之上。马克思主义必须而且能够以自己理论的彻底性来说服人，来掌握群众，从而在总体上超过其他意识形态。至于在世界各国以及我们国内的马克思主义理论争论范围之内，更不能允许某些人以马克思主义的"裁决者"自居，似乎真理全在他手中，可以不参加平等的学术争论。应当消除这样一种怪现象：同样一种观点，昨天出于"小人物"之笔被视为离经叛道的"一派胡说"，今天出于"理论权威"之口就被奉为意义深远的"金玉良言"。其实，任何一个人在学术争论场地上都是享有同等权利的"运动员"，唯有千百万人的社会实践才是"裁判官"。

二、论战手段、方式对等

学术论战的方式具有多个层次，或内部讨论，或口头发言，或未定文稿，或公开论著。学术论战必须在同一层次上进行。如果论战的一方在学术会议上发表了自以为不够成熟的观点，无意见诸文字，或者虽有文字而不准备公开发表，那么，论战的另一方也只能在相应的学术会议上与之讨论，而不能用别的方法进行单方面批判。如果一方只在内部刊物上发表了自己的未定文稿，那么另一方就不能在公开刊物上进行批判。更不能借助学术界外部的力量，倚仗优越于对方的地位和手段对论敌进行制裁。

三、论战的性质、范围对等

如果说在学术争论中偷换概念和论题是一切正直的学者感到厌恶的事，那么，出于非学术的原因曲解论战的性质或随意更换争论的范围，更应被视为一种劣迹。学术问题就是学术问题，不能任意转换为伦理问题或政治问题。有些大学生、研究生曾经说，在学术讨论中不怕别人说你"错"，就怕人家说你"狂"。说你错，是学术是非问题，可以在讨论中逐步明了。即使真的错了，也可以在探索中修正和完善自己的观点。说你"狂妄"，则是一个非学术方面的道德评价问题，这意味着你目空一切，无视师长。在师道尊严礼义之邦，这是一个不大不小的罪名。至于将学术问题进而升级为政治问题所造成的恶果，更是人所共知的。当然，通过前几年的拨乱反正，总结经验教训，把学术问题直接等同于政治问题的现象已不多见。但是借助构筑各种"连续性的桥"，把学术问题演变为政治问题的现象还是有的。其实，学术论战只能就学术而论学术。如果一些人在虔诚地探求学问，另一些人却总高人一等，善察风起于"青蘋之末"，紧拉"阶级斗争"之弦，期待着新的"七斗八斗"运动的到来，那么，只能给中国学术的发展带来灾难。

四、论战的社会背景对等

回忆一下老一代马克思主义者对待论敌的态度是有裨益的。恩格斯在《反杜林论》第二版序言中说，他"很想修改某些叙述"，但并未修改。除了没有时间外，"我的良心也不允许我作任何修改"。因为"本书是部论战性的著作，我觉得，既然对方不能修改什么，那我这方面也理应不作任何修改"。① 普列汉诺夫在《论一元历史观之发展》第二、三版序言中也说:"我并不认为有权力去更改我的论据中的任何东西……在论战性的著作底内容上作任何更改,就是说,用新的武器去反对论敌,而迫使他用旧的武器应战。"②

任何学术论战都是历史的产物,必须尊重历史。我们应当从具体的时间、地点和历史条件出发,评价某种学术观点提出的实际背景,不要用变化了的情势去测度和苛求以往的某些学术观点和学术争论。

马克思主义创始者们昭示于我们的学术风格,既有审视一切、批判一切的严峻,又有虚怀若谷、兼收并蓄的谦逊。无论对待持不同意见的同志,还是理论上的对手,他们的态度总是平等的,他们严守文字论战的一切规则。作为诚实地追求真理的文人雅士,我们没有任何理由不遵守学术论战的对等规则。自由与纪律相对待,论战规则也是纪律。正如没有各种竞赛规则,运动场上任何一块金牌都无法获得一样,没有学术论战的规则,学术的自由与繁荣也会成为一句空话。

---

① 《马克思恩格斯全集》第20卷,人民出版社1971年版,第11页。
② [俄]普列汉诺夫:《论一元论历史观之发展》,博古译,人民出版社1949年版,第9页。

从"文不如其人"说起[1]

宋代大文豪苏东坡在《答张文潜书》中谈到子由时说:"其为人深不愿人知之,其文如其为人。"从此以后,"文如其人"一语广为流传,一般用来指文章的风格和作者性格的相似,在更广泛的意义上,也指作者和文章在基本观点、基本思想倾向上的一致,等等。

笔者在和社会上的一些名人学者及他们的作品接触的过程中发现,"文如其人"的情形是有的,但"文不如其人"的情形也不乏其例,断断不可小觑。有的学者,你读他的文章或专著,会觉得它们四平八稳,老气横秋,但如果有机会私下里和他聊聊,又会觉得他的思想非常活跃,甚至非常激进,简直判若两人。一个读者如果笃信"文如其人"的格言,喜欢以文断人的话,一定是很迂腐的。这种"文不如其人"的现象,不仅在某些名人学者的身上有,在一些中青年学者的身上也不同程度地有所表现,值得引起我们的高度重视。

笔者认为,之所以产生这种"文不如其人"的现象,主要有两方面的原因。一是社会方面的原

---

[1] 原载《文汇理论探讨(内稿)》1985年第7期。收录于俞吾金:《文化密码破译》,上海远东出版社1995年版,第56—57页。——编者注

因，即缺乏充分的学术民主和学术宽容的气氛和环境。尽管有关部门一再重申"双百方针"，但学术讨论中一出现新观点，轻者被贬为标新立异，重者则被斥为离经叛道，甚至用行政手段进行干预。不少理论工作者仍然心有余悸，一篇原来很有创见、很有棱角的文章写出后，"磨"了又"磨"，"圆"了又"圆"，自己已先把它搞得曲曲折折的了，送到出版单位后，编辑又"圆"上一"圆"，到正式发表时，早已弄得面目全非：一点点信息夹杂在大量的套话和废话中，真有点"千呼万唤始出来，犹抱琵琶半遮面"的味道。读者必须花费大量时间，挤掉大量"水分"，才能悟出其中的一点真谛来。这与其说是阅读，不如说是猜谜。二是个人方面的原因，有些作者为了少惹麻烦，喜欢用"春秋笔法"委婉曲折地表达自己的思想，结果文风上变得晦涩难懂。作者和作品明显地变得疏远，甚至格格不入。当然，也有极少数既无理论良心，又无道德责任感的作者，只要文章可以发表，观点转一百八十度也无所谓。这就有点像契诃夫笔下的"变色龙"了。这种"文不如其人"的情形如果在一个人身上偶尔出现，还情有可原，如果一而再，再而三地出现，反倒又成了"文如其人"了，即作者和文章一样，都是反复无常的。这就应该受到谴责而不仅仅是蔑视了。

笔者呼吁，这种"文不如其人"的现象再也不能继续下去了。否则，学术繁荣，理论兴旺不过是空谈。笔者希望，整个学术界都来关心这个问题，创造尽量好的民主空气来杜绝这种现象，同时，把理论工作者人格的建设作为精神文明建设中的一项重要工作来抓。

记得马克思曾经说过，当一个人能够说出他心里想说的东西时，一定是很愉快的。笔者此时的心情正是如此。

建议建立无定向研究室[1]

笔者不久前碰到一位刚毕业留校的物理学博士研究生，谈起专业和科研问题，他不免感慨系之："专业是对口了，可我的主要兴趣是研究物理学前沿的一门新兴的交叉学科，但选题得不到批准，实验经费更不用说了，搞科研真难呀。"

他的肺腑之言引起了我的深思。人们普遍认为，对于一个知识分子来说，专业对口是最大的乐事。殊不知，问题还有另一方面，对于一些有开拓性、创造性的知识分子来说，过分强调专业对口反会束缚乃至窒息他们的创造力。

为什么呢？因为我们讲的"专业"仍奠基于老的分类方法。20世纪以来，随着自然科学的飞速发展，学科之间的渗透愈益频繁地表现出来。一大批交叉学科从常规专业之间的空白地带中生长出来，动摇、冲击着常规学科之间的壁垒。在这样的态势下，仍然固守常规的专业分类法，并在此基础上强调专业对口，势必把一大批富有创新能力的知识分子的积极性束缚在陈旧课题的教学和研究中，乃至耗完他们一生的精力。回顾一下20世纪以来的科学发展进程，不难发现，自

---

[1] 原载《文汇报》1985年9月9日。收录于俞吾金：《文化密码破译》，上海远东出版社1995年版，第288—289页。——编者注

然科学和社会科学领域中的绝大部分交叉学科都是西方国家的学者率先提出或创立的。这一事实本身就足以表明，我国大专院校和研究所中陈旧的、尚未更新的专业分类在多大程度上阻碍了科研工作者的积极性和创造性。

当然，我的意思并不是要把旧的专业统统打破，这是不现实的，也是无益的。旧的专业的分类也有它的历史的合理性，它的改变也将是一个长期的过程。问题是，怎样做到不妨碍一大批富有创造潜力的知识分子去占领科学的前沿阵地，去开拓新的领域呢？

笔者建议，在有条件的大专院校和研究所建立一种无定向研究室。所谓无定向研究室，是一种过渡性质的研究室，即整个研究室不规定统一的研究方向。条件是，进入无定向研究室的人员必须提出新学科研究方面的重大选题，而这些选题在他们原来所在的研究室或教研室中又无法加以研究。然后，由有关专家对这些课题申请者的科研能力和他们提出的课题的可行性和价值进行审定。如确有价值，且有一定的成功把握，就可让他们进入无定向研究室，提供一定的科研经费，创造一定的条件，让他们在若干年的时间内摆脱其他一切事务，潜心研究提出的课题。这些课题可以由一个人研究，也可以由几个人合作研究。通过这样的途径，可以使科研人员的积极性得到充分发挥，并流入到更有价值、更需要的地方去。

如果上述研究产生了重大成果，创立了国际上还未提出的新的学科，那就可以以这门新学科命名一个新的研究室，研究者则从无定向研究室退出，去组建这一新的研究室，迅速扩大它的成果。笔者认为，开拓新学科并不是国外学者的特权。建立无定向研究室，正是为了使我国知识分子的创造性在质的方面得到最好的发挥。

西方哲学史研究的新结晶[1]
——推荐《西方哲学史》

由复旦大学哲学系教授全增嘏(已故)主编的《西方哲学史》继上册于1983年出版后，下册也已于最近问世。

这部一百多万字的两卷本巨著有一些明显的特点。

首先是内容齐全。这本书大胆地改变了把西方哲学史的下限止于费尔巴哈的传统写法，把它一直延伸到20世纪的法兰克福学派，从而囊括了现代西方哲学的主要思潮，为读者提供了两千多年来西方哲学思潮的完整图景。其次是体例不拘。在介绍、评述哲学家和哲学学派的思想时，不简单地套用传统的"两观两论"（"世界观、认识论、方法论、社会历史观"）的模式，而是尊重哲学家本人的思想结构和哲学学派本身的特点与思想发展的内在逻辑，从实际出发来进行评述。比如，对黑格尔哲学，就按黑格尔本人的体系构架（逻辑学—自然哲学—精神哲学）来阐述，对他的精神哲学作了比较详尽的介绍，从而使读者对黑格尔哲学体系的概况获得一个完整的了解。最后

---

[1] 原载《解放日报》1985年10月30日。——编者注

是见解新颖。著作中有不少地方体现了编写者对西方哲学史的新的思考和探索。如对现代西方哲学,作具体分析,以求借鉴其积极的合理的东西。在对现代西方哲学来龙去脉的分析上,也提出了自己的独特见解,认为现代西方哲学是沿着实证主义(科学主义)、反理性主义(人本主义)、宗教和思辨唯心主义这三条彼此有别但又相互交织的路线演化的。这部著作还努力反映当代西方哲学研究中的新成果,在存在主义一章中增加了海德格尔、雅斯贝尔斯两节,在结构主义一章中增加了拉康、福柯两节,等等。

1986年

从罗马帝国的"大逆法"说起①

在古罗马的法律中,"大逆法"这个名称很早就出现了。它是为治"大逆罪"而设立的。所谓"大逆罪",指的是军队的背叛或发动人民进行叛乱等特别严重的罪行。"大逆法"明文规定只惩罚行动,言论是无罪的。罗马帝国初期,奥古斯都为了维护自己的统治,对"大逆法"作了新的解释,即它也可以用来惩罚思想上、文字上的所谓"诽谤罪"。当时著名的演说家卡西乌斯·谢维路斯就是因为抨击了罗马的一些首要人物,被奥古斯都放逐到克里特岛。奥古斯都开的这个先例,在他的后继者提比略、卡里古拉、克劳狄乌斯、尼禄等人的统治下终于酿成了一场焚毁一切的大火。

"大逆法"所治的思想罪和文字罪主要指人们在诗歌、戏剧、演说,甚至私下谈话中对皇帝的不敬言论。被控犯了"大逆罪"的人,轻则被流放,重则被判处死刑。其财产大多被没收,其中部分归控告者所有。由于发现和指控"大逆罪"可以获益,罗马的许多卑鄙无耻的小人都成了职业

---

① 原载《杂家》1986 年第 6 期,笔名"于文"。收录于俞吾金:《寻找新的价值坐标——世纪之交的哲学文化反思》,复旦大学出版社 1995 年版,第 432—435 页。收录于俞吾金:《生活与思考》,复旦大学出版社 2011 年版,第 61—63 页。——编者注

的侦探和告密者。许多正直的、优秀的人物先后成了"大逆法"的牺牲品。在提比略当政时期,这种恐怖的局面达到了令人发指的地步。为了陷害当时罗马的著名骑士提齐乌斯·撒比努斯,控告者们想方设法取得了他的信任,然后怂恿他说一些对皇帝不满的话,并让三个元老躲在天花板上偷听以取得罪证。撒比努斯于是被控为"大逆罪"而处死。正如塔西佗所指出的:"这一行动在罗马引起了极大的忧虑和惊恐,人们对他们最亲最近的人都表示了彻底的沉默;人们回避见面,不愿交谈,同样害怕朋友的以及陌生人的耳朵;即使是无声的,没有生命的东西,诸如墙壁的屋顶,也都被人投以怀疑的目光。"①

在"大逆法"的恐怖的阴影中,罗马人的道德迅速地沉沦下去,出于害怕被控以"大逆罪"的缘故,罗马的官员,甚至连权倾朝野的元老院元老,都对皇帝竭尽阿谀奉承之能事,争先恐后地提出一些令人作呕的建议来颂扬皇帝的功绩。据说罗马皇帝提比略离开元老院的时候,总是习惯于用希腊语说:"多么适于做奴才的人们啊!"②在尼禄当政的时候,人们对"大逆法"的恐惧已到了麻木的程度。儿子控告父亲,妻子控告丈夫,成了司空见惯的事情。"大逆法"不仅可以惩罚人们的言论和思想,而且还能惩罚人们的表情。当荒淫无耻的尼禄充作优伶在台上演出时,台下有大量密探注意着人们的表情。尼禄不仅杀死了他的老师塞内加,而且杀死了他的弟弟和母亲。"大逆法"的实施,不仅使罗马帝国的文化艺术的发展遭到了严重的摧残,不仅使人们的道德普遍堕落并陷于虚伪,而且使其政治生活成了一连串阴谋和杀伐的代名词。

历史常常有惊人的相似之处。当熊熊燃烧的"秦火"焚毁先秦典籍的时候,"百花齐放、百家争鸣"的学术空气早已荡然无存了。虽然汉朝出现了"今文经派"和"古文经派"的争论,但这充其量不过是儒学母腹中的一次蠕动而已。中国历代王朝也都有治"思想罪"或"文本罪"的,尤其是

---

① 《塔西佗〈编年史〉》上卷,王以铸、崔妙因译,商务印书馆1981年版,第256页。
② 同上书,第186页。

在清朝统治者兴起的"文字狱"中，人们一次又一次地窥见了历史的阴影。这就告诉我们，在当前新文化的建设中，不断地清除专制主义的影响具有何等重要的意义。

无数事实告诉我们，如同空气是人生存的根本条件一样，自由探讨和争鸣的气氛，相互理解和宽容的气氛，也是思想文化事业得以生存和发展的根本条件。在这里，我们不打算重复那些人所共知的道理，只想谈谈学术上的宽容问题。中外历史，特别是罗马帝国初期实行"大逆法"的那段历史告诉我们，要真正达到学术宽容的境界，除了法律上的保障外，尤其要处理好以下两方面的关系。

一是处理好领导者和专家在学术上的关系。谁都不会否认，在某些学术问题上，特别是较多地关涉到政治的学术问题上，领导者和专家之间会产生分歧。在这种情况下，领导者究竟是以自己的权势或行政手段去压服专家，还是以平等的态度与之讨论，这是一个至关重要的问题。从历史上看，能够宽以待人的领导者绝不是绝无仅有的。据《晋书》记载，晋武帝司马炎与右将军皇甫陶论事，发生了争执。散骑常侍郑徽上表，要求治皇甫陶的罪。武帝听后很生气，说："谠言謇谔，所望于左右也。人主常以阿媚为患，岂以争臣为损哉！"①他不但赞扬了皇甫陶敢于提出不同意见的做法，而且立即罢了郑徽的官。这种以阿媚为患、以争臣为益的见解，表明了晋武帝的宽容博大的胸怀。在现代文明社会中，领导者更要尊重学术自由，敢于倾听学术上的不同意见。没有这一条，学术上相互尊重、相互理解的宽松气氛是不可能形成的。

二是要处理好专家和专家之间在学术上的关系。在中国，历来有"文人相轻"的说法，这实在是知识分子的一种陋习。事实上，学术界的许多乱子都是知识分子自己先闹出来的，最后吃苦头的还是知识分子自己。总结这方面的经验教训，我觉得搞学问一定要有雅量，特别是要善于倾听、容纳不同意见。休谟是近代英国的著名学者，他在治学上就很

---

① （唐）房玄龄等：《晋书·帝纪第三·武帝》。

有雅量。据说,英国的另一名学者华莱士曾就古代人口问题写文章攻击休谟,他的作品付印时,他正好不在,休谟就主动负责替他看清样,并监督印行;法国哲学家卢梭很钦佩休谟的气度;有人曾写一首歌攻击卢梭,卢梭就替人家卖这首歌。同样,意大利著名学者克罗齐在学术上也是很大度的。葛兰西青年时期受克罗齐影响很大,后来又对他进行了激烈的批判,甚至扬言要写一部《反克罗齐论》。但葛兰西去世后,当他的遗著《狱中书简》出版时,克罗齐十分赞赏,建议授予文学奖。搞学问,需要的正是这样博大的胸怀和气度。对于个人来说,没有这一条,学术上很难有大的造就;对于整个文化和学术事业来说,没有这一条,也不会有大发展。正如罗马"大逆法"的实施过程所告诉我们的,尤其当学术问题和政治、经济利益纠缠在一起时,学术上的不宽容只能导致学术自身的毁灭。

历史一再昭示我们,没有宽松的气氛,没有宽容的气度,学术本身是不可能兴旺发达的。在这一点上,我们既要向上层人士呼吁,向每个普通人呼吁,更要向自己呼吁,坚持从自己做起。正如克罗齐所说的:"历史存在我们每一个人身上。"①

---

① [意]贝奈戴托·克罗齐:《历史学的理论和实际》,傅任敢译,商务印书馆1982年版,第14页。

阅读的拆解意识[1]

从某种意义上说，书是一把双刃的刀：人们在书中获得某种知识，同时也受到这种知识的束缚；书本能够激发一个人的创造力，也能够窒息一个人的创造力。

笔者以为，在阅读中，要做到既增进智慧，又避免被已学到的东西束缚头脑，就需要确立起一种拆解意识。拆解不同于人们常说的消化。消化旨在理解所阅读的书本，它是指向对象的；拆解则力图跳出自己已获得的，并已内化为心中权威的知识结构，它是指向阅读者本人的。拆解意识是创造性阅读、创造性实践的前提。爱因斯坦如果不能拆解他在早年的阅读中已获得的牛顿经典力学理论，他是不可能提出惊世骇俗的相对论的。

拆解意识既然如此重要，那么如何去获得它呢？

（1）面向经典著作。叔本华说过："谁要是向往哲学，就得亲自到原著那肃穆的圣地去找永垂不朽的大师。"[2]在经典著作中往往蕴含着作者强

---

[1] 原载《解放日报》1986年7月18日。收录于俞吾金：《文化密码破译》，上海远东出版社1995年版，第356—357页。——编者注

[2] ［德］叔本华：《作为意志和表象的世界》，石冲白译，商务印书馆1982年版，第19页。

烈的拆解意识,亦即我们通常说的突破性见解;常常能给阅读者以极大的启发。确立拆解意识,不仅要读本专业范围内的典籍,而且要努力关心其他领域的最新成果,认真研读其他领域中的著作。皮亚杰甚至认为,创造的秘诀就是读其他领域的著作。当你这样做的时候,你就超越了自己专业的狭小眼界,拆解了自己趋于僵化的知识结构,注入了新的创造的血液。拆解意识的最根本的障碍是深藏于阅读者无意识心理层次中的本民族的文化密码。要拆解并跳出这种本位文化,就要善于在阅读中浸入其他文化区域。比如,黑格尔逻辑学中的基本概念"无",就是在阅读东方佛教典籍的基础上引入的。

(2)面向生活。归根结底,阅读者的拆解意识来源于生活本身。任何书本都是落后于生活的。生活本身不断向前发展,并不断提出新的问题。经常注意并思索这些新问题,就能不断地拆解并更新自己从书本上获得的趋于僵化的知识结构。另外,阅读者从书本中获得的知识大多是自成系统、自圆其说的,单纯从理论上很难拆解它们。比如,你在阅读中一旦接受了黑格尔的逻辑学体系,就很难从内部拆解它,但你把逻辑学和生活进行对照,就有了拆解它的突破口,就会发现黑格尔的泛逻辑主义把人给淹没了。

总之,读书是一种双重的劳动,不能光想着获得什么,还要经常想着破除什么。没有拆解意识,任何创造性的阅读都是不可能的。

书名里的"述"字[①]

大凡读书,人们都比较注重书的内容,而往往忽略了对书名的批评性思考。其实,书名多系著者的精心之作,是很值得探究一番的。

比如,常见到这样的书名:《简述某某学派的思想》《某某人学说述略》《某某理论述评》等。对这样的书名,人们已经见怪不怪。但就在这个简简单单的"述"字底下,却蕴含着许多意味深长的东西。

述者,记述、陈述之谓也。述也有另一义,即遵循、按照。这两层意思并不相悖,合在一起,即有客观地陈述的含义。总之,述要求把被述的对象客观地复制出来。在这个意义上,述的工作颇有点像照相师的工作。

首先,述者常常满足于在"旧靴子"中打转。不用说,被述的对象,不论是人物、学派还是某种思潮,总是先于述者而存在的。述者总是面对过去的。当然,面对过去并不等于一定陷入过去而无法自拔。问题在于,述者心目中的真正兴趣是什么。如果他回顾历史,目的只是拂去历史肖像上的灰尘,那他就只能是历史的俘虏,这使我

[①] 原载《北京日报》1986年8月22日。收录于俞吾金:《文化密码破译》,上海远东出版社1995年版,第358—359页。——编者注

们很容易想起巴尔扎克笔下的巴黎古董收藏家；如果他的真正的兴趣是在今天，在现实生活本身，那他深入历史，不过是为了借用先辈的服装，来演出新剧目。但许多述者都把客观地述介过去作为著书立说的标的，这样当然也就很难从中超拔出来了。

其次，述者往往逃避创造性的研究。既然述者的目的是复制出历史的蜡像，那么，任何创造性的研究就都是多余的了。述者既不需要深入地探究被述对象中的深层的东西，也不需要从今天的生活出发，创发出被述对象中所没有或只是作为萌芽状态存在的东西。述者大多追求形似而不注意神似。总之，述成了目的，被述对象成了偶像。在一些述介国外思潮、人物和学派的著作中，写作几同于翻译，这倒也足以蒙蔽一些不懂外文的读者了。总之，既然打出的旗号（书名）是述，也就只要做些表面文章，不需要潜入被述对象的深处去劳神费力地进行研讨了。总之，只要述不是自谦之词，就或多或少的是对创造性研究的规避。

最后，述者大多丧失了自己的主体性。所谓客观性的陈述，也就是叫述者跳出或干脆抛弃自己的主体性去迁就对象。说得严重一点，这是生者对死者的迁就，是生命对化石的迁就。主体性的表现集中在其风格上。一旦主体性丧失，风格也就丧失了。这样一来，述者自己证明自己是多余的，追求纯客观记述的逻辑结果是述者对自己的取消。现在出版的不少教科书大同小异，千篇一律，看不出不同述者的不同风格，就是对客观陈述的过度崇拜引起的。

我这里之所以把这个问题作为一种倾向提出来，不过是出于这样一种愿望：希望见到更有见地的，更富于创造性和个人风格的作品。让这种述的意识渐渐淡化吧！

1987年

提倡和发扬研究新生活的热情[1]

也许是由于职业习惯,我特别喜欢读《新论》上刊登的理论文章。自《新论》创刊以来所登的文章,不管是关于经济体制改革的,还是关于观念和理论改革的;也不管是关于党的建设的,还是关于精神文明建设的,都有一个共同的特点,那就是"新"。因为这些文章所思考、所探讨的,都是近几年来四化建设和改革进程中出现的重大问题。

《新论》充满了研究新生活的热情,洋溢着一种可贵的探索精神。这种热情和精神,在当前的理论研究中,正是特别需要加以提倡和发扬的。当然,《新论》的有些文章在内容和形式上还不够"活泼",这是可以在今后的努力中进一步提高的。愿《新论》常新,成为我国理论界的一块有影响的阵地。

---

[1] 原载《解放日报》1987年2月11日。——编者注

衡量我的计算尺是将来
——谈谈《思考与超越——哲学对话录》一书的写作[①]

拙著《思考与超越——哲学对话录》于1986年9月出版后，引起了不少读者的兴趣。最近，还有一些读者陆续写信来询问这本书的构思和写作的情况。正巧《书林》杂志的编辑同志也希望我谈谈撰写这本书的一些体会与感想。于是，我做成了这篇文章，也算是对读者的热情关怀的一种回报吧！

《思考与超越——哲学对话录》一书从构思、写作到修改定稿，前后花了一年多的时间，真正伏案写作的时间不过三四个月，主要是在前年的第二个学期中完成的。那个学期我的教学任务不太重，因而有了比较充裕的时间来写这本书。

我为什么要写这本书呢？又为什么要采用对话的形式进行写作呢？回想起来大概是出于这样的一些原因。一是已出版的哲学论著大多是以传授哲学知识为目的的。这样的著作当然是需要的，但读者也需要另一类著作，那就是能激发人

[①] 原载《书林》1987年第6期。收录于《书林》杂志编辑部编：《历史：经由我们的眼睛——我和我的书》，知识出版社1989年版，第182—188页。收录于俞吾金：《寻找新的价值坐标——世纪之交的哲学文化反思》，复旦大学出版社1995年版，第475—479页。——编者注

们的创造力和智慧的著作。康德说，他并不教学生哲学，而是教他们哲学地思考。在他的目光中，学习哲学是为了成为一个有智慧的人，而不是成为一个接受知识的容器。二是若干年来，我一直在思考生活和哲学中出现的一些问题，零零星星地写过一些短论，做过一些札记，很希望通过一种比较系统的方法，把这些心得写出来，虽然它们都是一些很肤浅的东西，但只要能激起人们的思考，唤醒人们对常识的质疑的能力，多少还是有点价值的。三是在改革和开放中出现了许多新观念、新见解，有必要运用马克思主义的观点，对这些新东西作出比较科学的分析，贬斥一些似是而非的见解，褒扬一些真正有价值的新东西。四是想创造出一种比较活泼的形式和风格，哲学著作不能全都板着脸，一副老学究的样子。《思考与超越——哲学对话录》的写作之所以采取对话的形式，就是希望在风格上作一些新的尝试和探索。

总之，这本书的主旨是倡导一种思考的、创新的、探索的精神。它希望读者明白，哲学本身就是智慧的结晶，就是对人的才智的一种启迪和诱发。而通过哲学的途径来获得智慧无疑是一条艰辛的路。多年来的学习、研究和思考使我体会到，要真正地踏上哲学的智慧之路，必须做到"三个面向"。

一、面向哲学大师的著作

恩格斯曾经说过，要锻炼思维能力，就得系统地学习哲学史，而哲学史主要是由大哲学家的著作构成的。以西方哲学史为例，柏拉图、亚里士多德、托马斯·阿奎那、笛卡尔、洛克、休谟、康德、黑格尔、叔本华、胡塞尔、海德格尔、维特根斯坦等都是大师。这些哲学大师的思维都是精细的、深刻的、充满创造力的。一般来说，不了解某个大哲学家，一个人的思想就只能停留在他之前。这特别适合于柏拉图、笛卡尔、康德这样划时代的哲学家。

当然，一个人的精力是有限的，不可能对所有的大哲学家的思想都作出深入的研究。比较可行的方法是，在了解哲学史的基础上，对某个哲学大师的思想进行深入的钻研。正如雅斯贝尔斯所说的："我们可以说，在任何一种伟大著作中，都可以找到一切东西。我们可以透过一种伟大著作而在哲学的整个领域中向上进展。凭借对某一卓越的毕生巨构所作的彻底研究，我就可以找到一个中心。从这个中心以及向这个中心，每一件事物都能被光明照彻。其它一切工作也都被援引到这个研究工作的里面来。同时我们也能由此而在整个哲学史中获得一个皈依的方向。"①雅斯贝尔斯在这里指出了一条智慧之路。事实上，那些不认真研读大哲学家的著作，而又异想天开地致力于新体系构造的人，是不可能真正获得成功的。只有经常重温哲学大师的著作，才能激起创造性的灵感和火花。

二、面向重大的理论问题

面向大哲学家，潜心地研读经典著作，实际上也就是面向重大的理论问题。任何哲学著作总是提出问题，解答问题。一般来说，大哲学家的著作总是针对重大理论问题而写的。当然，一个大哲学家的著作可能会涉及哲学中一系列重大的或基本的问题。我们如能抓住其中的一个或若干个问题深究下去，就能紧紧地把住哲学潮流的主脉，不至于在一些无关紧要的枝节问题上迷失方向。

这里不妨举一个例子。王云五先生的学识十分渊博，他读书的范围非常之广，好奇心似乎是无边无际的，然而，他苦于自己的学习和思考没有系统。后来，胡适劝他提出一个中心问题来作专门的研究，这样一来，所学的东西就会有系统了。胡适说："有一个研究问题作中心，则一切学问，一切材料都有所附丽。"②王云五先生后来照此方法治学，果

---

① ［德］雅斯培：《智慧之路》，周行之译，志文出版社 1977 年版，第 232 页。
② 《胡适的日记》上册，中国社会科学院近代史研究所中华民国史研究室编，中华书局 1985 年版，第 158 页。

然取得了较大的成果。事实上，胡适本人也是用这样的方法治学的。他对中国哲学史的研究，也是从一个个大问题入手的。一个人学习哲学，如果光是为了积累一些知识，而不深入地去思考哲学家们提出的问题，特别是重大的问题，那他获得的知识就是一堆纷然杂陈的东西，一堆死的教条，只有问题能把各种各样的知识凝聚起来，使之成为活生生的东西，成为有用的知识。

三、面向生活

归根结底，一切重大的理论问题都来源于生活。只有紧贴生活，不断地思索生活中出现的各种现象，特别是一些重大的事情，才能在哲学探索上保持明确的方向并获得永恒不息的推动力。德国历史学家斯宾格勒强调说："我认为测验一位思想家的价值的是他对他自己的时代中的重大事实的眼光。只有这一点才能决定：他是否只是一个擅长定义与分析、设计体系和原则的聪明的建筑师，他的著作或直觉是否表达了时代精神的呼声。一个不能同样领会和掌握现实的哲学家决不会是第一流的哲学家。"[1]

对于哲学的探索和智慧的锻炼来说，生活之所以显得特别重要，是因为生活是一种不断向前发展的、充满活力的、不定型的东西。一方面，理论体系总是受逻辑限制的，而生活则不可能局限在某种既定的逻辑框架内，它总是以自己的发展冲破那些不合实际的观念和逻辑形式的束缚，辨明自己的存在权利。著名画家梵高就向自己提出过这样的问题："谁是主人，是逻辑还是我？是逻辑为我存在呢，还是我为逻辑而存在？"[2]在思想上，只有永远对生活保持开放的人，才真正是充满活力

---

[1] [德]奥斯瓦尔德·斯宾格勒：《西方的没落——世界历史的透视》，齐世荣、田农、林传鼎等译，商务印书馆1963年版，第68—69页。
[2] [美]珍妮·斯东、欧文·斯东：《亲爱的提奥——凡高书信体自传》，平野译，四川人民出版社1983年版，第101页。

和智慧的。马克思主义的经典作家之所以把生活、实践的观点作为哲学的基本观点，也正是看到了生活对于理论研究的极端重要性。另一方面，与理论相比，生活总是超前的。而理论的形成、书籍的出版总需要一段时间。比如，今天的生活在已出版的任何著作中都是找不到的。当然，就理论的预见性而言，它也有某种超前性，但这种超前性正确与否，仍然只能在未来的生活中得到验证。生活不仅是智慧的源泉，而且也是观念的永恒的校正者和仲裁者。

当然，我在《思考与超越——哲学对话录》一书中要说明的还有更深层的东西。那就是哲学不光要提高人的智慧，而且要净化人的精神境界。我很赞成冯友兰先生说过的这段话："按照中国哲学的传统，它的功用不在于增加积极的知识（积极的知识，我是指关于实际的信息），而在于提高心灵的境界——达到超乎现世的境界，获得高于道德价值的价值。"[①]如果像人们通常所误解的那样，把哲学理解为获得知识的工具和手段，那么，学习哲学可以使人聪明起来，但不一定能使人变得高尚。要努力提高人的精神境界、道德观念和人格的力量，这才是《思考与超越——哲学对话录》一书关心的更深层的问题。

最后还需说明的是，这本书并不是严格意义上的学术著作，它不过是我在学习哲学的过程中随手写下的一些心得和体会。无论是我的理论思考也好，学术探讨也好，都远远地超出了这本书所论及的问题。记得去年我曾在《北京日报》上发表过一篇题为《书名中的"述"字》的文章，在那篇文章中，我主张，理论研究和著书立说应当淡化"述"的意识，增加"论"和"评"的观念。我自己正在朝这个方向努力。我今后的研究计划是比较大的，从这一计划来看，我目前所做的工作，包括《思考与超越——哲学对话录》的撰写，都还仅仅是理论上的准备和尝试。总之，衡量我的计算尺既不是过去，也不是现在，而是将来。

---

① 冯友兰：《中国哲学简史》，涂又光译，北京大学出版社1985年版，第8页。

1988年

贯穿胡曲园学术论著的主线——辩证法[①]

哲学家、复旦大学教授胡曲园已届84岁高龄，仍勤于治学，提携后生。他的全部学术论著都贯穿着一条辩证法的主线。

早在1957年，他在《学术月刊》上先后发表了《对立的统一是辩证法的核心》和《再论对立的统一是辩证法的核心——答舒炜光同志》这两篇重要论文，批评了苏联哲学家亚历山大洛夫和罗森塔尔等对待辩证法的错误态度，因为他们把辩证法片面地归结为对立面的斗争，忽视了对立面的统一。他强调，这种理论上的失误必然会"在现实的斗争中，把认识上的矛盾（差异），扩大成阶级对立，进而把阶级对立扩大成政治阴谋，最后走上扩大肃反的道路"。这既表明了他坚持真理的勇气，也表明了他对现实生活的深刻认识。

在关于辩证法所作的大量论述中，胡曲园尤其注重它的客观性。正是从这样的见解出发，先生于20世纪70年代末期在《复旦学报》等刊物上连续撰文，提出了"真理没有阶级性"的科学结论。他又在《形式逻辑》一书和其他论文中，对形式逻辑和辩证逻辑的关系作出了独到的说明，一反理论界把辩证逻辑和形式逻辑对立起来，对形

[①] 原载《社会科学报》1988年2月18日。——编者注。

式逻辑采取轻视乃至否定态度的时弊,强调形式逻辑的基本规律是对客观事物的质的相对稳定性的一种正确的反映。

胡曲园对辩证法的倚重还表现在他的哲学史研究中。在中国哲学史上,他特别推崇《老子》,他在解释时,别伪求真,力辟把《老子》中的"无"解为"虚无"的旧说。老子云:"三十辐,共一毂,当其无,有车之用。"①明明是说车轮(有)之所以能用是因其有对立面轮孔(无)使然,"无"内在于"有"中,可见"无"并不是"虚无"。此说发前人之所未发,真可谓功不在禹下了。

---

① 《老子·十一章》。

1990年

《国外马克思主义哲学流派》序言[①]

20世纪50年代以来,马克思主义在世界范围内得到了更为广泛的传播与迅猛的发展,名著迭起,学派林立,精彩纷呈,蔚为壮观。无论是东方还是西方,无论是发展中国家还是发达国家,马克思主义均成为研究的热点。尽管苏联、东欧不少国家本身出现了这样那样的困难,但马克思主义仍在不断地发展,西欧、北美工业发达国家,由于出现了种种新矛盾而使马克思主义的著作得到了前所未有的读者。即使一向视马克思主义为洪水猛兽的台湾地区,出版商亦竞相出版马克思主义的研究著作来适应时代潮流。其风之盛,可见一斑。思想借材料才能启动,而材料越接近实际,也就越能回答现实中提出的问题。我们要坚持马克思主义,就要研究马克思主义,研究马克思主义的新发展,研究国外对于马克思主义的新的研究状况,研究马克思主义与当代社会现实结合后形成的各种流派。通过这种研究,开拓新视野,发展新思维,形成新观念,在更高水平上,在更丰富的实践经验中,推进马克思主义

[①] 原载俞吾金、陈学明:《国外马克思主义哲学流派》,复旦大学出版社1990年版,作者俞吾金、陈学明。收录于俞吾金、陈学明:《国外马克思主义哲学流派新编(西方马克思主义卷)》,复旦大学出版社2002年版。——编者注

的发展。为此，我们编写了《国外马克思主义哲学流派》一书，作为复旦大学哲学系"当代国外马克思主义哲学"课程的教材。

有感于当前马克思主义研究中存在的不研习原著，而根据第二手资料抄来抄去、断章取义、偏执一词的浮浅的学风，我们决定反其道而行之，立足于第一手资料，原原本本地介绍各个流派的代表作，以求反映它们原始的、真实的观点，便于读者阅读原著、独立思考，在此基础上形成自己的准确判断。舛误不当之处，敬祈学界同仁赐教。

1991年

永葆开放的心态[1]

也许是出于职业习惯吧,《新论》是我最爱读的报纸专刊之一。我觉得,《新论》最鲜明的特点在于它始终保持着一种开放的心态。第一,它善于迅速地对生活中,尤其是改革开放中出现的新问题、新观念作出反应,并把它们上升到理论的高度;第二,它善于把握每一时期理论研究的动向和中心问题,并积极地参与、推进对这些问题的讨论;第三,它善于捕捉国际上出现的种种新思潮,有分析、有评论地介绍给读者;第四,它敢于坚持"双百方针",以平等的姿态开展理论学术上的争鸣和讨论;第五,特别难能可贵的是,它敢于扶植新人,敢于发表中青年理论工作者在哲学、经济、政治、法律、科学等领域中提出新观点、新见解的理论文章,从而使一些学有成就的年轻人脱颖而出,为理论界注入了新鲜血液。

值此《新论》创刊 500 期之际,我祝愿它永远保持开放的心态和探索的精神,为我国理论事业的繁荣和发展作出新贡献。

---

[1] 原载《解放日报》1991 年 1 月 30 日。——编者注

访德散记[1]

笔者是以联合培养博士生的身份去联邦德国法兰克福大学哲学系进修的。从1988年10月初离境到1990年9月底回国,在那里差不多生活了两年的时间。在此期间,整个国际形势,尤其是苏联和东欧的局势发生了巨大的变化,而两德统一作为这一变化的大端,尤其引人注目。笔者深深感受到时代大潮的冲击和启迪。

作为联邦德国商业经济中心和交通枢纽的法兰克福坐落在幽静的美茵河边。老城区古老的大教堂和新建区浅色的高层银行大厦相映成趣;遍布全城的地铁网,川流不息的小汽车和令人目不暇接的百货商场的华丽的橱窗,给人一种繁华、整洁而又秩序井然的感觉。法兰克福大学离市中心不远,像联邦德国的许多大学一样,它也是没有围墙的,它的教学楼、图书馆、研究所覆盖着一大片城区。无论从建校历史、师资力量或科研成果上来比较,法兰克福大学都算不上是佼佼者,然而在它的一座并不十分引人注目的建筑物——"社会研究所"里,却诞生了蜚声海内外的

---

[1] 原载上海中西哲学与文化交流研究中心:《文化传统辩证——时代与思潮》(5),学林出版社1991年版,第253—263页。收录于俞吾金:《寻找新的价值坐标——世纪之交的哲学文化反思》,复旦大学出版社1995年版,第507—516页。收录于俞吾金:《生活与思考》,复旦大学出版社2011年版,第98—105页。——编者注

"法兰克福学派"。

如今,"法兰克福学派"的创始人霍克海默和阿多诺早已长眠地下,"社会研究所"也已嬗变为咨询、研究具体社会问题的专门机构。这一学派的后起之秀大多在法兰克福大学的社会学系和哲学系任教。比如,在我国理论界已有一定影响的哈贝马斯教授和阿尔弗雷德·施密特教授都在哲学系任教。笔者曾怀着拳拳之忱聆听过前者开设的题为"20世纪美学思潮"的讲座,也聆听过后者开设的"唯物主义史""马克思的《1844年经济学哲学手稿》"等课程。虽然由于语言上的障碍,笔者经验到一种不甚了了的缺憾,但却深切地感受到了那种以平等的、开放的心态来探索理论和现实问题的令人振奋的精神氛围。特别令人难忘的是,在哈贝马斯授课的教室里,总是挤满了大学生和研究生。有时听课的人实在太多了,以致不得不临时从哲学系的小教室转移到主教学楼的梯形大教室中。哈贝马斯因为有生理缺陷,讲话口齿不清,听起来十分费力,可是听众的热情并不因此而稍减。那种盛况,凡是经历过的人都会留下难忘的印象。

笔者是应法兰克福大学社会学系和哲学系教授、著名的马克思主义研究专家伊林·费切尔的邀请到联邦德国进修的。费切尔教授主要研究社会哲学和政治哲学,在不严格的意义上,有人也把他视为"法兰克福学派"的基本成员之一。如果不注重从形式上看问题的话,至少他的思想和"法兰克福学派"是深有渊源的。他特别推崇的是霍克海默和阿多诺的理论,建议笔者要认真阅读《启蒙辩证法》《否定的辩证法》《工具理性批判》等著作。确实,这些著作不仅是理解"法兰克福学派"的批判理论和社会哲学的钥匙,也是把握当代西方人的文化心态的重要线索。

在未出国之前,笔者已把自己的博士学位论文题目初定为"意识形态论",副标题是"作为批判理论的唯物史观"。凑巧的是,费切尔和阿尔弗雷德·施密特恰恰在1988年的冬季学期一起开设了"意识形态概念史"的讨论班。不用说,这个讨论班为笔者的研究提供了很好的导引。讨论班所涉及的内容是十分丰富的,从培根的《新工具》、霍尔巴赫的

《自然的体系》,经费尔巴哈的《基督教的本质》、马克思的《德意志意识形态》、尼采的《偶像的黄昏》等,一直下溯到霍克海默关于意识形态问题的论文。在听课的过程中,笔者参阅了不少这方面的论文和著作,越来越坚信研究意识形态这一课题的重要性。在研究唯物史观时,人们常常忽略了马克思为建立这一全新的哲学理论所做的"清扫地基"的工作——批判当时的意识形态。事实上,马克思的意识形态批判理论是任何一种真正的、严肃的社会科学研究的前提。当代德国和法国学者对意识形态问题的研究多得益于马克思早期的重要著作《德意志意识形态》。

如同德国古典哲学曾执当时世界各国哲学思潮的牛耳一样,当代德国哲学也扮演着同样的角色,这尤其表现在当代德国哲学与当代法国哲学的密切关系中。在法兰克福,笔者曾见到一本由一位德国学者撰写的论述当代法国哲学的著作。这部著作把拉康归属为弗洛伊德主义,把福柯归属为尼采主义,把德里达归属为海德格尔主义,把阿尔都塞归属为马克思主义。这就等于说,当代法国哲学整个地处于德国哲学的笼罩和影响之下。从时下德国各种哲学杂志所讨论的哲学问题到书店里所陈列的学术著作来看,弗洛伊德的心理分析理论、胡塞尔的现象学方法、海德格尔的基本本体论、伽达默尔的哲学解释学、普莱斯纳的人类学、法兰克福学派的批判理论、哈贝马斯的交往理论、生态学等都是一些热门的研究课题。尽管不少学者乐意把英美分析哲学和欧洲大陆的人本主义哲学称作"两种文化",但从当代不少德国学者的身上,依然可以见到他们对英美分析哲学的浓厚兴趣和批判的识见。比如,法兰克福大学哲学系的另一位著名教授阿培尔就曾对美国哲学家皮尔士肇始的哲学思潮进行过精深的研究。顺便指出,阿培尔教授今年已退休,校方专门为他举行了退休仪式,法兰克福大学的校刊也辟出专栏介绍了他在哲学研究中取得的卓越成就。当代德国哲学还努力从自己的传统中汲取灵感,莱布尼茨、康德、费希特、谢林、黑格尔、叔本华、费尔巴哈、马克斯·韦伯、齐美尔、狄尔泰等名字,对于哲学系学生来说,都是十分熟悉的。法兰克福人则对他们的先哲叔本华怀着一种特殊的感情,因为叔本华曾在这里诞生,他的学说起先遭人冷落,后来却引起了巨大的反响。法兰克福有一个叔本华研究会,经常举行叔本华学术思想的讨论会。德国同事告诉笔者,叔本华的墓就在离市中心不远的城市公墓中。我饶有兴趣地去参观了城市公墓。墓区很大,出乎我意料的是,叔本华的墓位于一个并不显眼的角落里。没有耀眼的大理石墓碑,也没有试图彪炳于后世的那种显赫的声势,进入眼帘的仅仅是一只灰色的、粗糙的石棺,它几乎整个掩埋在地下,露出来的只是石棺的顶部,上面用花体德文镌刻着叔本华的名字:Arthur Schopenhauer,在石棺的四周,围着一圈修剪过的、矮矮的冬青树,仅此而已。叔本华的墓一如他的为人,显得孤独,然而正是他告诉我们,孤独是一种伟大的感情,没有它,也就没有真正意义上的自由。

德国是一个善于进行理论思维的民族,尽管哲学系研究生在获得博士学位之后经常会面对失业或找不到称心的工作的窘境,但普通市民都具有浓厚的哲学兴趣和相当高的理论素养,并对哲学家们怀着深深的敬意。我在乘火车旅行时,常和同一车厢中的德国人聊天,他们可能是医生、技术人员、退休职工或从事其他职业的人,但一谈起哲学,都神采飞扬,并对中国人到这里来学习哲学表现出惊讶和关切。特别有趣的是,在海德堡,与皇宫遗址所在的山峰相对峙的另一座不知名的山上,有一条蜿蜒曲折的"哲学家之路"。小路两旁,绿树掩映,芳草萋萋,更衬出小路本身的宁静和幽远。在小路的一侧,立着一块德国著名诗人荷尔德林咏家乡的诗碑。此情此景,不禁使人缅怀起德国哲学先师们"上穷碧落下黄泉"的可贵的求索精神。

在这里还值得提及的是,德国人对中国这块神秘的土地及它的传统的哲学文化所表现出来的那种强烈的、经久不衰的热情和兴趣。在德国人的家庭中,只要有四个小孩的话,他们都习惯于戏称其中的一个小孩为"中国人"。这也许是对应于这样的一个事实,即中国的人口基数是如此之大,以致在地球上每四个人中就有一个是中国人。在联邦德国的许多大学里,都设有"汉学系""中国问题研究所""中国文化讨论班"等机构。法兰克福大学的汉学系正好在哲学系的楼上，在汉学系的图书馆里，陈列着不少来自中国的中文著作。许多中国留学生到那里去借书看。在那里也常可遇到有志于汉学研究的德国学生，他们乐意操着生硬的中国话"你好"与中国人打招呼。我的导师费切尔教授对中国文化不仅感兴趣，而且也有较深入的研究。如果我没有记错的话，他在20世纪70年代就编过一本图文并茂的书，题目叫《从马克思到毛泽东》。今年夏季学期，我和他一起在法兰克福大学社会学系开设了题为"马克思主义在中国的接受和发展"的讨论班，并多次和他讨论中国传统政治文化与现代化的关系问题。

1990年10月3日是两德统一的日子，笔者虽然已离开了德国，未能目睹这一壮观的历史场面，但几乎经历了两德统一的整个风云变幻的过程。1989年初，我曾随法兰克福大学旅游团去柏林。当时，联邦德国和民主德国仍然处在严重的对峙状态中。当我站在狭窄的通道中等待民主德国海关人员检查护照时，心里不禁涌起一丝淡淡的惆怅。当时，高大的柏林墙还横亘在两个德国之间，阻断着人们的往来。我在柏林墙边停留了很久。在涂满了五颜六色的线条和图像的柏林墙墙脚下，经常可见到鲜花和花圈，那是为试图越过柏林墙而遭民主德国警方枪杀的人而设的，在花圈的挽联上，通常写着死难者的姓名、年龄和越境的时间。我还站在墙边的瞭望台上向民主德国方向张望，在柏林墙的民主德国一侧，留着一大片开阔地，布着铁丝网，开阔地后面是高高的瞭望塔，上面站着荷枪实弹的士兵。戒备如此森严，以致我无法想象，那些越境者是如何接近柏林墙的。从1989年的春夏之际起，不断听说有些民主德国的人试图通过东欧另一些社会主义国家进入联邦德国，在联邦德国寻求政治避难。同时，在民主德国不断地举行各种示威游行。昂纳克和克伦茨相继倒台，不久，德国统一社会党在选举中失去了它的执政党地位。特别令世人瞩目的是那年年底柏林墙的拆毁。从那时起，两德统一几乎成了德国人第一个日常话题。在拆毁柏林墙的日子里，两德人民几乎天天处在狂欢之中。在最初的激动过去之后，人们开始渐渐地冷静下来，思考统一中必然要遭遇到的一些具体问题。从 1990 年年初以来，报纸上开始连篇累牍地讨论两德统一后的国名问题，首都设在何处的问题，货币统一和联邦德国马克和民主德国马克的比价问题，等等。与此同时，设在两德之间的各种边界检查站也先后被拆除。在汉堡、西柏林、法兰克福、慕尼黑等城市，每天都有大批民主德国人涌来参观游览。民主德国人驾驶的大多是车身小、造型笨拙的人民牌汽车，和联邦德国人的豪华的奔驰牌轿车形成鲜明的对照。在联邦德国的一些旅游胜地，常常可遇到热情健谈的民主德国老人，也许他们乐意在这里重温童年时代的旧梦。

在德国统一的问题上，民主德国人和联邦德国人通常抱着不同的想法。在东欧的社会主义阵营中，民主德国是生活水平最高的国家，但与联邦德国人的富裕生活比较起来，仍然是十分寒碜的。因此，民主德国人把统一理解为今后过更好的生活的开端。与此相反的是，联邦德国人则把统一理解为联邦德国人对民主德国人的救济，甚至扬言统一是用钱买来的。看到联邦德国政府经常把大笔大笔的钱用去救助民主德国，一些联邦德国人也多少有些抱怨。尽管如此，联邦德国的政治家们仍然看到了统一的巨大的政治意义和潜在的经济意义。1990 年年初以来，由于大量联邦德国商品进入民主德国市场，民主德国的许多公司、工厂相继破产，失业人数急剧上升。据说联邦德国的大资本家先是作壁上观，然后准备廉价把这些已倒闭或濒于破产的企业买下来，以便为商品的生产和推销打开新的市场。笔者曾请教过联邦德国的一些经济专家，他们都倾向于认为，两德统一后，总要经过四五年时间的经济结构和布局的调整，一旦民主德国的经济已完全适应市场经济的环境，整个德国的经济又将出现新的飞跃。在民主德国马克和联邦德国马克的统一中，联邦德国马克不但没有贬值，反而继续升值，由此足见德国经济发展的潜力和前景。在德国人欢欣鼓舞的同时，欧洲邻国却对两德统一抱着一种复杂的心理。一方面它们希望德国强盛，希望欧洲统一；另一方面，它们又对第二次世界大战记忆犹新，害怕德国的崛起会导致新的灾祸。不管如何，德国的统一已经实现了。曾几何时，有人估计两德统一需要 10 年时间，但德国人又一次以利索的行动宣告了这类预言的破产。历史将给德国当代的政治家们记下光辉的一笔。

与西欧诸邻国比较，联邦德国是管理得最好的国家之一。这并不是说，它作为发达国家，没有下列社会问题，如吸毒、犯罪、失业、环境污染、住房紧缺等，关键在于它能通过民主政体的运作，疏通各种渠道，及时地解决冒出来的社会问题。在联邦德国的电台和报刊上，总是充斥着各种社会问题，甚至在为外国人学习德语编写的教材上，也连篇累牍地讨论着社会问题。这样做的目的无非是引起大家的关心，以寻求有效的解决途径。在法兰克福、汉堡等大城市中，笔者曾多次目击示威游行的队伍，印象尤深的则是法兰克福大学学生的罢课和游行。其主要理由是法兰克福大学的学生宿舍数量太少，远远不能适应学生的需要，许多学生不得不出昂贵的租费去租用私人住宅。那是发生在 1989 年年初的事情，法兰克福大学的学生会组织已贴出告示，要求全体学生罢课，向校方请愿。当时，费切尔教授和阿尔弗雷德·施密特教授正在举办"意识形态概念史"的讨论班。有一次讨论班未开始时，哲学系的一个学生领袖站起来演说，希望在座的学生离开教室，参加罢课。阿尔弗雷德·施密特教授则发表了不同的看法，大意是：想参加罢课的学生可以离开，不想走的人可以留下，继续参加讨论班。结果，有一部分学生跟着那个学生领袖走了，余下来的人继续听课。后来，罢课形势变得严重了，大楼里的电梯、教室都被学生封了起来，甚至连会议厅也给学生占领了。于是，警方出面干预，校长发表了与学生进行对话的演说，并采取了一些相关的措施来解决学生在请愿中提出的问题，学生风波才渐渐地平息下去。这种情形很容易使人联想到 1968 年在法国和联邦德国等国家爆发的声势浩大的学生运动。

法兰克福大学有一幢 33 层楼的建筑物，既是大学的主要教学楼之一，也是许多系、所的所在地。笔者有一次去听课，刚在第 9 层的一个教室里坐下来，突然整幢大楼里响起了紧急铃声，接着传来声音，说大楼里出现了意外情况，要求所有的人立即离开。当时，电梯十分拥挤，我们只能沿着旁边的小楼梯走下来，聚集在大楼前的草坪上。刹那间，草坪上站满了人，大家都朝楼上张望，议论纷纷，怀疑是否有人在大楼里放了定时炸弹。等了半个小时，什么事情也没有发生，于是，大家重又涌上了大楼。这类插曲，也是令人难忘的。

与联邦德国的其他城市比较起来，法兰克福的治安情况不能说是很好的，问题较多的地方主要是火车总站的地下车站和飞机场。在这些场所，来往的人比较复杂，时有偷窃现象发生。晚上，一些流浪汉和吸毒的人或醉汉经常在这些地方过夜，向行人乞讨钱或香烟。据说，这里具有犯罪意向的人，大多数是外国人而不是德国人。尽管德国的社会问题专家对犯罪的问题有近乎夸张的说法，但每个在联邦德国生活过的外国人都会有这样的印象：那里的治安情况是很好的。

在联邦德国生活期间，我最大的嗜好是逛旧书店。德国的书价之贵是人所共知的。举例来说，阿多诺全集的精装本(20卷)价格1000马克以上，黑格尔的全集(20卷)即使是简易本，也索价380马克。比较起来，旧书要便宜得多。当然，那些已绝版的旧书价格反而比新书更高，不过毕竟是少量的。有时，偶尔在旧书店里见到一本自己正在寻找的著作，那种心情并不亚于有所发现的淘金者。在法兰克福大学的新食堂面前，摆满了私人的小书摊，我每天中午在食堂里吃完饭，总爱到这些书摊旁去转转。此外，每周我总有一两次去逛大学附近的一家著名的旧书店——卡尔·马克思书店。这里有一个专柜，陈列着马克思、恩格斯的著作，当然也有其他各种哲学、文学、艺术、自然科学等专柜。在这里，我只花25马克就买了一套民主德国出版的6卷本的《马克思恩格斯选集》。买旧书，一定要肯花时间去跑，但即使有这种锲而不舍的精神，仍然有不尽如人意之处。有些真正热门的著作，如胡塞尔、海德格尔、哈贝马斯、德里达、福柯等人的著作，是很难在旧书店或旧书摊上发现的，偶尔见到一两本，也只能是捷足者的"猎获物"；另外，旧书一般都是不系统的，买了这本，落下那本，是常有的事情，有些实在买不到的书,仍然要到新书店里去配。如果旧书、新书都买不到,或者能买到,但价钱太贵,我就到哲学系图书馆里把书借出来,拿去复印。最便宜的复印价格是5芬尼一张,缺点是复印资料分量重,携带尤其不方便。就这样,断断续续地,先后买了700多本书。像柏拉图、康德、黑格尔、谢林、叔本华、阿多诺、霍克海默、维特根斯坦、恩斯特·布洛赫等重要的哲学家,我都买了全集;另一些人物,如笛卡尔、尼采、齐美尔、德里达、福柯、雅各布森、胡塞尔、海德格尔、雅斯贝尔斯、哈贝马斯、马尔库塞、阿尔弗雷德·施密特、伽达默尔等,我都收了他们的主要著作。由于经常去买书,和那些书店或书摊的老板结下了很深的友谊。他们一见我,就向我推荐各种哲学书籍,有时还特意替我保留几本我很需要的书,在价格上也总是给我些优惠。

特别使我难忘的是,我在买康德全集时所遇到的情景。康德全集共12卷,是我最感兴趣的著作之一。起先,我打算买旧书,可经常能见到的只是《纯粹理性批判》,且多是破旧不堪的。在回国前一天,我下决心到法兰克福大学的新书店里去买康德全集。除了这套全集外,我还另外配了几本其他的重要著作,一算,要260马克。这时,我的钱差不多全换成了美元,口袋里只有300马克,这些钱包括我尚未付掉的电话费、到机场的车费和尚需保留的书籍寄费。算来算去,要差五六十马克。书店老板知道我的窘境,并了解到我明天就要回国时,破例地只收了我200马克。我望着全新的、散发着书香的康德全集,眼睛不由湿润了。当我在邮局里付清最后一箱书——第39箱书的邮费时,我才明白,我总共买了195公斤书。难怪有的留学生和我开玩笑说:"老俞,你简直在掠夺德国文化!"我只能一笑了之。

在德国,利用节假日外出旅游,自然也是很有兴味的事情。我去过柏林、汉堡、科隆、波恩、慕尼黑、海德堡等城市,总的印象是:这些城市都很美丽,很整洁,尤其是慕尼黑,城区小河里的水清澈见底,令人惊讶。德国人的工艺思想是有口皆碑的。你会觉得,周围的每一棵小草、每一块石头都是经过精心安排的。在城里,到处都是公园或小森林。周末，人们常爱到这些地方散步、聊天或阅读报刊，也有全家骑着自行车出来玩的。老人们通常牵着狗出来溜达，并怀着一种近乎天真的快乐，用目光追随着他们的那些在草地上飞快地奔跑着的小宠物。

在民主德国的城市里，人们见到的却是一番不同的景象。今年9月，我随法兰克福大学的旅游车去了德累斯顿和莱比锡。这两个城市的污染都很严重，特别是德累斯顿，素有"易北河畔的佛罗伦萨"之美称，确实，在德累斯顿的艺术馆里，人们能发现拉斐尔、铁相、鲁本斯、伦勃朗等著名画家的真迹，然而，遗憾的是，几乎城里所有的高层建筑或古建筑，甚至连建筑物上的雕像，都覆盖着一层黑油。在德累斯顿皇宫内院里，当我见到原本洁白的小天使和女神的群像都漆黑一团时，心里真不是滋味。也许是民主德国人的整个生活刚刚适应市场经济的轨道的缘故，人们还无暇去顾及这些建筑物和艺术品的命运。在莱比锡这个民主德国的著名文化城中，乘电梯、上厕所、寄放衣服都得花钱。真所谓无钱寸步难行。我站在莱比锡的卡尔·马克思大学前的小广场上，脑海里不禁浮起了这样一个问题：如果5年后我再有机会到这里来，这里又将是怎样一番情景呢？记得老年黑格尔说过，历史的进步通常是以某种恶的东西为媒介的。假如人们既沉湎于生活世界本身，又竭力追求真善美合一的理想境界，那么他们又如何走出这个令人困惑的怪圈呢？

1992年

挈巨鲸于碧海　纳须弥于芥子
——《胡曲园哲学论集》读后[①]

几经曲折，胡曲园教授的《胡曲园哲学论集》终于由学林出版社于1991年出版了。胡曲园教授年事已高，于病榻之侧，见到这部期盼已久的论集，不免感慨系之。

胡曲园教授是我国哲学界著名的前辈学人之一。他于1924年考入北京大学文学院德国文学系。当时的北京大学乃新思想新文化的摇篮，特别是在听了李大钊讲授的唯物史观的课程和读了陈望道先生翻译的《共产党宣言》后，为了探求救国救民的真理，他毅然转向哲学专业，并于1927年加入了中国共产党，走上了坎坷曲折而又充满希望的革命道路。20世纪30年代中期，他和艾思奇、胡绳等人一起参加了地下党组织的哲学研究小组，艾思奇的《大众哲学》正是在小组成员的多次讨论中修改定稿的。1937年起，胡曲园教授在上海法政学院、复旦大学等院校讲授哲学概论、中国哲学史、中国社会思想史、逻辑学等课程，1940年主编《哲学杂志》。他讲授的课程和发

[①] 原载《复旦学报(社会科学版)》1992年第4期，作者俞吾金、吴晓明。收录于俞吾金:《寻找新的价值坐标——世纪之交的哲学文化反思》，复旦大学出版社1995年版，第421—431页。——编者注

表的大量论文都努力运用马克思主义哲学分析中国的现实问题，指明中国社会进步的方向，从而产生了广泛的社会影响。中华人民共和国成立后，胡曲园教授创建了复旦大学哲学系，在教学园地里筚路蓝缕、辛勤耕耘，培养了一批又一批的优秀人才。从20世纪50年代后期起，由于"左"的思潮的影响，胡曲园教授的学术观点多次遭到不公正的批判，尤其在"文化大革命"中，他蹲牛棚，下干校，备尝艰辛，但他对马克思主义的信念虽九死而未悔，"四人帮"倒台后，他已年迈体衰，但奖掖后学仍孜孜不倦。特别难能可贵的是，他晚年的学术见解一如以前，思虑精审，立论不徇流俗，同行争相宝之。

收入《胡曲园哲学论集》的25篇论文忠实地记录了胡曲园教授从20世纪50年代起到90年代初的思路历程。他畛域广泛，对马克思主义哲学、中国哲学、西方哲学、逻辑学等均有精深的研究。这些论文显示了作者对真理的孜孜不倦的追求，今日读来仍有拨云见日、耳目一新之感。本文主要想就《胡曲园哲学论集》中胡曲园教授关于马克思主义哲学、中国古代社会和老子的研究谈一些读后感，以飨读者。

一

胡曲园教授认为，马克思主义哲学不是理论上的教条，而是行动的指南，如果把经典作家的著作当作教条来背诵，那是毫无意义的，因为这样做并不能说明和解决中国的任何实际问题。正是从这样的见解出发，他十分重视对马克思主义哲学的基础部分——唯物辩证法的研究，因为唯物辩证法正是马克思主义的活的灵魂，是人们观察、分析和解决各种实际问题的指南。

从对恩格斯和列宁著作的深入解读和领悟出发，胡曲园教授强调，对立统一是唯物辩证法的核心。"对立统一"本来就要求人们既要看到对立面之间的排斥和斗争，又要看到对立面之间的渗透和关联。然而，

《联共(布)党史简明教程》第四章第二节却不是这样全面地理解和解释唯物辩证法的核心和实质的,"在阐述辩证法的全文中,从头到底没有说明恩格斯和列宁常说的:'对立的同一'、'对立的统一'、'对立的渗透'等等原理,而能为他们所接受的只有'对立的斗争'。(国内若干哲学家也有同样的情形。)"①诚如胡曲园教授指出的,"对立的斗争"是唯物辩证法的矛盾学说的一个基本的方面,但不能以偏概全,用它来取代整个矛盾的学说。现实世界,特别是现实的社会生活是无限丰富的、充满矛盾的,其中有些矛盾是对抗性的,有些矛盾是非对抗性的;即使是对抗性的矛盾,在一定的历史条件下,矛盾双方的渗透或联合也是可能的。如果把对立的斗争理解为对立面之间的唯一联系,不分场合地、盲目地强调斗争的至上性,不但会违背经典作家关于具体问题具体分析的教导,曲解马克思辩证法的实质;还会在社会生活中导致严重的后果,因为"那就很有可能,在现实的斗争之中,把认识上的矛盾,扩大成为阶级对立,进而把阶级对立扩大成为政治阴谋,最后走上扩大肃反的道路。因为这种抽象的教条会使我们在斗争中模糊了人民外部矛盾和内部矛盾之间的,根本矛盾和非根本矛盾之间的界限,不能解释事物的质的多样性,不能解释一种质变为他种质的现象"②。后来,反右派斗争的扩大化印证了他于1957年初在《对立的统一是辩证法的核心》一文中写下的这段话,显示出他理论上的卓越的洞察力,也表明他从不空谈理论问题,总是努力把理论问题放在一定的历史背景中来讨论。

在把辩证法理解为辩证逻辑的基础上,胡曲园教授十分重视对形式逻辑和辩证逻辑关系的探讨。在1987年发表的《略论形式逻辑和辩证逻辑的一致》一文中,他批评了康德对形式逻辑的错误看法。康德认为,形式逻辑只管形式,不管内容。按照这样的理解方式,形式逻辑

---

① 胡曲园:《胡曲园哲学论集》,学林出版社1991年版,第3—4页。
② 同上书,第5页。

就成了完全主观的、绝对空虚的、从外面附加到事物上去的东西。胡曲园教授认为，形式逻辑绝不是纯粹主观的、完全空虚的东西，它是有自己的客观基础的，它反映的是事物的质的稳定性（事物在运动发展中的相对静止的一面）以及事物之间的最基本、最一般、最简单的关系。

胡曲园教授写道："形式逻辑的任务就是肯定我们思想中事物的质的确定性，识别我们思想中事物的相互区别性，保证我们对事物的认识前后不相矛盾。"①而保证思想活动得以顺利展开的同一律、排中律、矛盾律，也反映出事物在现实运动中的质的相对稳定性。人的知性所要认识的正是事物的这一方面。所以黑格尔把形式逻辑叫作知性逻辑是有道理的，但黑格尔把形式逻辑与知性形而上学混同起来了，一谈同一律、矛盾律、排中律，他就认为形式逻辑否认客观事物的运动变化，否认客观事物之间的差异、联系和矛盾。事实上，形式逻辑虽然不能表述辩证思想，但并不排斥辩证逻辑，真正否认事物的运动变化和事物之间的差异与矛盾的乃是知性形而上学。

知性形而上学那种静止的、片面的、机械的观点是与辩证逻辑相对立的。只要把形式逻辑与知性形而上学严格区别开来，人们就会发现，形式逻辑与辩证逻辑是一致的：一方面，辩证逻辑是以形式逻辑（知性逻辑）作为基础的，即使辩证逻辑讲"亦此亦彼"，其前提也是先确定什么是"此"，什么是"彼"。"如果不首先肯定'此'就是'此'，'彼'就是'彼'，找出'由此达彼'的统一关系，而硬是'此'就是'彼'，那就是不充分的，甚至可能陷于诡辩。"②另一方面，只停留在形式逻辑上也不行，它不能说明事物发展的全过程，不可能认识到客观的、具体的、作为过程展开的真理。辩证逻辑必须以形式逻辑为前提；形式逻辑必须前进到辩证逻辑。这就是两者的一致性。只有把握这两者的一致性，才能把握

---

① 胡曲园：《胡曲园哲学论集》，学林出版社1991年版，第59页。
② 同上书，第60页。

事物之间的全面的关系及事物运动变化的本质。

胡曲园教授强调形式逻辑和辩证逻辑的一致性，强调后者须以前者为基础，不但从理论上廓清了人们对形式逻辑的种种误解，因而具有深远的理论意义，而且也有着重要的现实意义。多年来，我国理论界和实际工作中存在的一个严重的问题是，或只谈辩证法（辩证逻辑），不谈形式逻辑，从而在理论上导致了诡辩的结果，在实际工作中则出现了政策多变（无稳定性）等现象；或只讲形式逻辑，不讲辩证逻辑，不从实际条件出发，不了解历史的现实进程，凡事只从抽象的概念出发。只就对象作出简单的、僵硬的劈分，就是这种倾向的典型表现。

另外，从形式逻辑与知性形而上学的区别出发，胡曲园教授不囿旧说，对公孙龙子的逻辑学说作出了新的、令人信服的说明。今人在评价公孙龙子的逻辑学说时，多斥其为形而上学的诡辩，斥其缺乏辩证法思想等，实际上是把公孙龙子对形式逻辑的同一律的坚持误解为形而上学。这种误解，也包含着对马克思主义辩证法的误解，即认为辩证法可以摆脱形式逻辑的基础而为所欲为地发挥作用。胡曲园教授对公孙龙子的研究不光是为了纠正古人和今人对公孙龙子逻辑思想的误解，而且也为了阐明下列更重要的问题，即究竟如何正确地理解马克思主义辩证法，如何正确地运用马克思主义辩证法来研究哲学史。发表于1983年的《先秦逻辑大师——公孙龙》，像胡曲园教授的专著《公孙龙子论疏》一样，虽然很少在字面上提到唯物辩证法，但处处表现出他对辩证法的实质、界限及它与形式逻辑关系的精深见解。

比如，有人把《公孙龙子》中的"彼彼止于彼，此此止于此"①的正确的形式逻辑见解误解为"形而上学诡辩"，又把《墨子》中的"则彼彼亦且此此"②误断为"亦此亦彼"，肯定《墨子》有辩证法观点，从而把《墨子》与公孙龙子对立起来。其实，"则彼亦且此此"和"彼彼止于彼，此此止

---

① 《公孙龙子·名实论》。
② 《墨子·经说下》。

于此"同样是在维护形式逻辑中的同一律。比如,有人把公孙龙子关于"白马非马"的逻辑命题斥为割裂个别与一般关系的形而上学诡辩。胡曲园教授批评了这种违背辩证法具体问题具体分析的本意的态度,指出:"白马非马"中的"非"不应当理解为全称否定意义上的"不是",而应理解为"别于"或"异于"。可见,"白马非马"是从形式逻辑上来强调"白马"和"马"这两个概念在外延和内涵上的差异。只有认识这样的差异,进一步的辩证思维才不会流于诡辩,所以,"白马非马"并没有割裂个别与一般的辩证关系,反而为我们认识这种辩证关系创造了必要的前提。

综上所述,胡曲园教授对马克思主义哲学的灵魂——唯物辩证法的研究是卓有见地的。这些见解从今天看来,仍是我们领悟马克思主义哲学的重要门径。

二

胡曲园教授以马克思关于亚细亚生产方式的理论为指导,对中国古代社会的性质提出了新的见解,在国内学术界引起了强烈的反响。

首先,胡曲园教授分析了中国古代社会(夏、商、周)的经济基础,提出了中国古代社会不存在奴隶社会的振聋发聩的新见解。在发表于1987年的那篇题为《从〈老子〉说到中国古代社会》的著名论文中,他从老子在《道德经》中描绘的"小国寡民"的理想社会出发,指出这样的理想社会正是中国古代社会存在过的井田制,而这种井田制正是马克思在分析亚细亚生产方式时所说的农村公社制度。在马克思看来,这种制度具有两重性,既是原生的社会形态(以公有制为基础的社会)的最后阶段,同时又是向次生的社会形态(以私有制为基础的社会)过渡的阶段。胡曲园教授认为,始于夏代,在商代和西周时期获得大发展的中国古代社会的井田制也正具有这样的两重性:一方面是公社成员共同占有和利用土地;另一方面,最高统治者又是所有土地的最高的、真正的所有者,因而公社的一部分产品必须以贡赋的形式上缴。

不少学者忽略了中国古代井田制的这种两重性，只看到其向私有制过渡的方面，并把奴隶存在和殉葬的现象夸大化了，从而断言夏、商、周，尤其是商、周是奴隶社会。胡曲园教授对这种20世纪30年代以来就流行的见解提出了批评。他认为，判断一个社会的性质不应该以某些偶然的因素为根据，而应以该社会的生产的主要承担者在生产过程中所形成的社会关系为根据。他指出，在夏、商、周时代，奴隶的数量是很少的，并且主要是在家庭内劳动，既不直接参加田里的生产劳动，也不直接参加战争，在社会性生产中占主导地位的始终是农村公社的农民，公社农民当然不是奴隶，因而不能轻率地断言夏、商、周是奴隶社会。更何况，根据马克思的研究，原始公社的解体有多种多样的形式，不能把奴隶社会看作原始公社解体的唯一结果。胡曲园教授说："我们研究历史不能套用一个公式，不能千篇一律地认定原始社会解体之后，接着的都是奴隶社会。"①这一见解无疑为中国古代社会的研究打开了新的天地！

其次，从恩格斯的"两种生产"的理论出发，胡曲园教授分析了人的生产对中国古代社会的巨大影响，特别是从周代以来形成的以血缘关系为基础的宗法等级制度，对中国社会的发展产生了何等重大的障碍作用。20世纪30年代，苏联理论界曾指责恩格斯的"两种生产"理论是历史二元论，否认人的产生在历史发展的早期对社会生活的决定性影响。胡曲园教授认为，在中国古代的夏、商、周时期，伴随着井田制的实行，小规模的家庭公社已经成立，家庭不仅是两性生活的组成单位，也是社会生产的组成单位，家庭对内是公有，对外是私有，公社按时把土地分配给农民耕种，农民向国家缴纳一定的贡赋。国家在夏、商时期还只是初具规模，到了周灭商后，"它把血缘的纽结和公社的劳动秩序结合起来，又把血缘的纽结和军事政治的职权结合起来，形成了以血缘为

---

① 胡曲园：《胡曲园哲学论集》，学林出版社1991年版，第232页。

基础的统治系统"①。周代规定王位由嫡长子继承,他是同姓诸侯的最高家长,也是政治上的共主,掌握国家的军政大权。周天子的庶子分封为诸侯,诸侯的庶子分封为卿大夫,其亲疏职责,都根据血缘关系来定,周礼确定的也正是这种关系。儒家歌颂周礼,崇拜周公,提倡"亲亲,尊尊,孝悌,仁义"的学说,正是对这一社会现实的反映,也正是对人类自身的生产关系制约历史发展的具体说明。

最后,通过对中国社会中普遍地、长久地存在的崇古思想的分析,胡曲园教授阐明了井田制生活对中国文化的重大而深远的影响。他先分析了先秦诸子,尤其是老子、孔子、墨子、孟子等人的思想,从中抉出了"崇古"这一共同的思想倾向。然后,又指出中国社会每次改朝换代,几乎都发生是否实行井田制的争论;陶潜的《桃花源记》、康有为的《大同书》都以井田制生活为蓝本。由此可见,崇古、复古、尊古的实质是对井田制社会的眷恋,对公有制生活的肯定。中国传统文化的这一思想基调既表明了中国古代社会存在着具有公有制性质的农村公社,人们背着沉重的历史包袱,从而使商品经济和私有制一直得不到长足的发展,中国社会一直处在停滞不前的静止状态中,也为中国人易于接受马克思主义的社会主义理论提供了文化前提。胡曲园教授指出:

> 从社会发展史来看,任何崇古复古的思想都是错误的,没有前途的,可是在中华民族几千年的历史文化中连续不断地保留了这样一种对人民一片热忱的传统,我认为是很可喜的。这种情况,也许正是东方社会所以长期停滞不前的反映,但是它却为后来的中国知识分子易于接受马克思主义思想打下了良好的心理基础。②

在这里,胡曲园教授使用了一种由意识向先前的社会存在逆溯的方

---

① 胡曲园:《胡曲园哲学论集》,学林出版社1991年版,第242页。
② 同上书,第238页。

法，这种方法不仅为我们揭开中国古代社会的奥秘提供了一把钥匙，也为中国传统文化乃至一切文化的研究提供了一种普遍有效的方法论原则。因此，胡曲园教授关于中国古代社会研究的论文发表后，在学术界激起了巨大的反响。胡曲园教授这方面的研究成果不仅具有开创性的、久远的理论意义，而且对于发扬中华民族的优秀的文化传统，建设有中国特色的社会主义社会具有紧迫的现实意义。

三

胡曲园教授在研究中国古代社会性质时十分重视对老子的研究，而且在研究中国哲学发展史时，也在老子的思想上用力最多，这不仅因为老子的思想，尤其是他的辩证法思想十分丰富，而且因为老子作为中国哲学的源头之一，对中国哲学的发展具有重大影响。对其思想的理解关系到对整个中国哲学史的理解。胡曲园教授的老子研究不迷信古人，不盲从今人，阐幽发微，别伪求真，卓然成一家之言。

首先，胡曲园教授驳斥了把老子的思想归结为唯心论的流行观点，肯定老子的思想是唯物论。他在1959年发表的《论老子的"道"》一文中，回顾了历史上早已存在的关于老子思想的性质的争论，认为韩非子、司马迁、王充等人都肯定老子的思想具有唯物论的性质，随着魏晋玄学的兴起和佛教的进入，把老子思想解释为以虚、无为核心的唯心论的见解逐渐占了上风。西方学者黑格尔在《哲学史讲演录》中把老子的"道"理解为精神性的东西，这一见解不仅影响了现当代西方的哲学家，也对现当代中国的哲学家产生了较大的影响。在20世纪80年代发表的《〈老子〉不是唯心论》《再论老子的"道"》等论文中，胡曲园教授进一步回顾了"文化大革命"期间，老子的思想被"一边倒"地认作唯心论的情形，指出：把老子的思想理解为唯心论是没有根据的，在老子的学说中，"道"包含着世界本质的两个方面——精气及其运动规律，简单地说，"道"就是精气的运行。在当时的历史条件下,老子像古希腊最初的哲学家一样还不能把世界的本体概括为"物质一般",但他的精气论表明,他的哲学是朴素唯物主义的。

其次,胡曲园教授指出,在老子的学说中,"无"是一个特别重要的概念,凡是认老子的思想为唯心论的人,都或多或少地误解了"无"的含义。他们认为老子说的"天下万物生于有,有生于无"①中的"无"是在没有任何"有"之先的一个"虚无",有了这个虚无才有万物,这说明老子的道就是虚无。胡曲园教授驳斥说,老子说"有生于无",目的是用其辩证法思想来说明万物的生成,那一切现实的"有"都包含着它们的反面因素"无",所以只有把"无"理解为对"有"的否定,才能充分表示老子对于万物生成的朴素的唯物论的观点。

胡曲园教授特别分析了老子"三十辐共一毂,当其无,有车之用。埏埴以为器,当其无,有器之用。凿户牖以为室,当其无,有室之用。故有之以为利,无之以为用"②这段话,令人信服地指出,车轮、陶器、房屋之所以能给人便利,就是靠着"无"(空洞、凹处、门窗空间)的作用。这里的"有"离不开"无",否则就没有了"有"的作用;同样地,这里的"无"也离不开"有",否则"无"就不能存在。老子还说:"谷神不死,是谓玄牝。玄牝之门,是谓天地根,绵绵若存,用之不勤。"③在这里,老子把天地比喻为一个母性生殖器,一切都是从这个虚空里产生出来的。古人对于万物生成的这种看法,都是根据人类或动物的繁衍而推论出来的。正如《易传·系辞传》中说"男女媾精,化生万物",亦即万物的生长变化都是精气在虚空中的活动引起的,老子说的"有生于无"应当从这样的角度去理解。

在肯定老子关于"有""无"的辩证关系的基础上,胡曲园教授又批评了老子辩证法思想的缺点。老子没有把"有""无"这对范畴从相互矛盾的

---

① 《老子·四十章》。
② 《老子·十一章》。
③ 《老子·六章》。

关系中展开、深化，没有看到统一中的斗争是推动事物向前发展的力量，而是从物质的某种存在形态和属性（如柔弱）上去找根据，所以在《道德经》五千言中，差不多都是强调"虚寂""卑下""谦虚""不争"（帛书作"有争"）等，认为只要守着事物的反面，就不会在事物的发展中遭到失败。老子不仅讲"反者道之动"，还强调"弱者道之用"①，从而形成了人们对道的消极理解。

最后，在肯定老子的思想是唯物论且具有丰富的辩证法见解的基础上，胡曲园教授还主张从总体上以更积极的态度来看待《道德经》。老子不是主张"无名"吗？这不仅在哲学上解决了名实关系的根本问题，而且在现实生活中也具有积极的斗争意义。因为在春秋战国之际，中国社会正处在剧烈的变动中，旧的统治摇摇欲坠，新的力量不断生长。在这种情况下，儒家为了维护旧的统治，拼命主张"正名"，要求"君君臣臣父父子子"，借以挽回灭亡的命运，而老子的"无名"正是对儒家的"正名"思想的一个有力的批判和否定。老子说："大道废，有仁义。智慧出，有大伪。"②乍看上去，是在鼓吹愚民政策，实际上是对儒家的仁义和礼制思想的批判，应当把这段话与他说的"失义而后礼"、"夫礼者，忠信之薄，而乱之首"③等联系起来看，就能明白老子对以儒家为代表的贵族文化的强烈憎恨乃是这些话所要表达的主要含义，因而在当时的历史条件下是有一定积极意义的。在过去，老子的思想虽然以"清静无为"为特征而流行于上流社会，可是社会下层却一直把它作为"替天行道"的旗帜。马王堆出土的帛书《道德经》之所以把"德经"放在"道经"之前，按胡曲园教授的看法，很大的可能是因为《德经》号召人民反抗，从而引起秦末起义农民重视的缘故。

综上所述，胡曲园教授的老子研究去伪存真，抉发详备，实为不移之至论。回顾中华人民共和国成立以来的老子研究，不能不推其为

---

① 《老子·四十章》。
② 《老子·十八章》。
③ 《老子·三十八章》。

重镇。

《胡曲园哲学论集》语言简明朴素,行文平允流畅,但其立意之高远,见解之精深,显示出"掣巨鲸于碧海 纳须弥于芥子"的伟力。胡曲园教授立言,既不作枝节之论,又不为蹈空之谈,而是字字切中肯綮,句句落到实处,足见其学问之博大精深,人格之高洁清奇,令后学肃然起敬,翕然从之。正如徐若木先生在给胡曲园教授的信中所说的:"研读先生所颁近作,愈觉义深味醇,不胜高山仰止之感。"此可谓知言。由此观之,先生之言不妄,先生之道不孤,先生于病榻之侧亦可慰平生也。

1993年

去蔽与求知[1]

《意识形态论》是我的博士学位论文，它的责任编辑是上海人民出版社哲学编辑室的李卫先生。新书预告去年就已发表了，然而，直到最近李卫才告诉我，这本书马上可以和读者见面了。在出版学术著作"难于上青天"的今天，听到这个消息，还是感到欣慰的。

凡经历过"文化大革命"的惊涛骇浪的人，一听到"意识形态"这一概念，便以为是在讨论政治问题了。这实在是一种误解。其实，这一概念无论是在它的最早的创制者——法国哲学家特拉西那里，还是在其卓越的批评者——黑格尔、费尔巴哈和马克思那里，都主要是一个哲学的概念。诚然，政治法律思想作为具体的意识形式包含在意识形态之中，但是，把意识形态和政治等同起来是毫无根据的。意识形态作为各种具体的意识形式的综合体，乃是哲学在探讨社会历史问题时必然要涉及的一个基本概念。

把意识形态概念确定为我的博士学位论文研究的课题，并不是我的草率决定，而是经过我的

---

[1] 原载《书城》1993年第1期。收录于俞吾金：《寻找新的价值坐标——世纪之交的哲学文化反思》，复旦大学出版社1995年版，第480—483页。收录于俞吾金：《生活与思考》，复旦大学出版社2011年版，第127—130页。——编者注

一番深思的。记得古希腊哲学家亚里士多德在《形而上学》一书中开宗明义地指出:"求知是人类的本性。"①然而,求知却不是一项轻松的工作。通常的求知者只想着要获得什么,并不懂得单纯的获得同时也是自我之丧失。一个人获得的愈多,他的自我的丧失也就愈严重,真正的、不丧失自我的求知过程必定同时也是一个去蔽的过程。中国先秦时期的哲学家荀子就强调去蔽在求知中的重要作用。比如,他批评惠子是"蔽于辞而不知实",庄子是"蔽于天而不知人"②,等等。按杨倞的注释:"蔽者,言不能通明,滞于一隅,如有物壅蔽之也。"③如果用现代的语言来表达,去蔽似乎就是除去脑子里某种先入为主的偏见。

有趣的是,近代西方哲学家在脱离经院哲学的母胎时也十分重视哲学的去蔽使命。培根的"四假相说"和法国启蒙学者对"偏见"的批判,都被当代西方学者认为是意识形态批判学说的先声。当然,最先把"蔽"与意识形态、"去蔽"与"意识形态批判"联系在一起的还是马克思和恩格斯。在《德意志意识形态》一书中,马克思在谈到历史科学分为自然史和人类史时写道:"我们所需要研究的是人类史,因为几乎整个意识形态不是曲解人类史,就是完全撇开人类史。意识形态本身只不过是人类史的一个方面。"④在这里,马克思提到了意识形态对人类史真相的遮蔽作用。事实上,不先行地批判意识形态,即完成"去蔽"的过程,人类社会历史运动的客观规律是不可能被发现的。后来,马克思逝世后,恩格斯在《在马克思墓前的讲话》中所要阐明的也正是这一点。他说:"正像达尔文发现有机界的发展规律一样,马克思发现了人类历史的发展规律,即历来为繁茂芜杂的意识形态所掩盖着的一个简单事实:人们首先必须吃、喝、住、穿,然后才能从事政治、科学、艺术、宗教等等。"⑤这就

---

① [古希腊]亚里士多德:《形而上学》,吴寿彭译,商务印书馆1959年版,第1页。
② 《荀子·解蔽》。
③ (清)王先谦撰:《荀子集解》,沈啸寰、王星贤点校,中华书局1988年版,第386页。
④ 《马克思恩格斯全集》第3卷,人民出版社1960年版,第20页。
⑤ 《马克思恩格斯全集》第19卷,人民出版社1963年版,第374页。

告诉我们,马克思主义学说正是在去意识形态之蔽的过程中形成并发展起来的。任何求知者在他对自己漂浮于其中的、该时代的意识形态的实质获得批判性的识见之前,他在人类社会历史领域里的求知活动都不可能是卓有成效的。当他沾沾自喜地使用"我认为""我发现""我主张"这样的表述句时,这里的"我"始终是个抽象的、无意义的词,"我"的实际含义乃是它所从属的意识形态。也就是说,"我"作为自己的知识或见解表述出来的东西不过是意识形态。在我认识意识形态的实质之前,我是不可能真正地站在现实之上的,我只是漂浮在意识形态中。在这个意义上可以说,人乃是在意识形态中之在者。无怪乎法国哲学家阿尔都塞说:人本质上是一个意识形态动物。(Man is an ideological animal by nature.)德国哲学家海德格尔称真理为"无遮蔽状态",法兰克福学派的社会批判理论的核心则是意识形态批判,足见马克思的意识形态批判学说对当代哲学界的巨大影响。

意识形态研究作为一种前提性的研究,引起了我莫大的兴趣。1988年10月,我以联合培养博士生的身份赴法兰克福大学进修,真想不到,我的导师伊林·费切尔教授正和法兰克福学派的著名学者阿尔弗雷德·施密特一起举办"意识形态概念史"的讨论班。令我吃惊的是,参加讨论班的竟有四五十人之多,足见大学生和研究生们对这个问题的热切的关注。讨论班每周一次,延续了一个学期,从培根的《新工具》一直讲到尼采的《偶像的黄昏》和帕累托的《普通社会学纲要》。这一讨论班大大地打开了我探讨意识形态问题的视野;在和费切尔教授的多次讨论中,我进一步深化了对意识形态问题的思考;并开始着手搜集这方面的资料,还随手写了一些札记。

1990年10月回国后,我突然发现,在国内哲学界,意识形态问题的探讨仍然是一个十分敏感的问题。在一段时间里,我想打退堂鼓,但想起费切尔教授的鼓励,想起国内哲学界在这个问题的研究上尚无一部专著出版,最后还是下决心回到这个题目上来。我的导师胡曲园教授虽重病缠身,但仍多次勉励我完成对这一课题的研究。1991年夏秋之际,我终于完成了这篇论文的写作，同年 12 月通过了论文答辩。在阅卷和答辩的过程中，这篇论文得到了冯契、陶德麟、孙伯鍨、夏基松、刘放桐、辛敬良等博士生导师和其他教授的一致好评。但我自己觉得，它还存在不少缺点，某些重要环节也未充分展开，只能等今后有机会时再弥补了。

想不到，这个机会很快地来临了。由于这部书稿得到了上海市马克思主义学术著作出版基金的赞助，它很快就为上海人民出版社接受了。李卫是一位十分称职的责任编辑，1992 年春节他就是在阅读这部书稿中度过的，这使我很感动。然而，更令我感动的是，他还就这部书稿的结构提出了修改意见。他的意见提得很合理，我马上接受了。就我本人来说，也想在它出版之前再做一些修改，以便尽可能地把一些我想表达，而在原稿中又未完全表达出来的看法写出来。一个月后，当这部书稿的修改工作臻于完成时，费切尔教授寄来了他为这部书稿撰写的长篇序言，我立即把它译成了中文并交给了出版社……

尽管这部书稿还有一些不尽如人意之处，但它一躺到印刷台上，就不再仅仅是属于我的了，我也无权拿回来再继续润色了。这就像苹果一旦从树上掉下就和树分离一样。我不知道这本书会有什么样的命运。也许，在当前如潮水般奔涌而来的商品经济中，这本书根本就不会引起人们的注意。然而，我还是确信，在我们这个文化传统悠久的国家里，人们的理论兴趣和追求是不会完全泯灭的。如果有人接受这本书的一个基本的见解，把"去蔽"看作"求知"的必要的组成部分的话，那么本书的作者就没有什么可遗憾的了。

面向世界，在国际学术界
确立自己的新形象[①]

随着中国对世界经济市场的加入，随着上海不断的国际化，《学术月刊》也面临着一个如何加强国际上的学术交流，在国际文化发展的大背景下重新定位的问题。

我认为，《学术月刊》要在国际文化发展的大舞台上确立自己的地位，首先要打破狭隘的地域观念，确立面向世界、探讨世界性学术问题的新思路。学术问题，尤其是关系到人类生存和发展的重大的学术问题是没有国界的，对这些问题的探讨必须打开《学术月刊》的视野，使之跟上时代前进的步伐。

其次，为了增强国际学术交流，《学术月刊》编辑部可与国际著名学者，尤其是汉学家建立联系。在他们访问中国时，邀请他们到编辑部讲学，有选择地刊登他们的一些新的、重要的学术论文；在条件成熟时也可召开国际学术讨论会；在国外研究人员和留学人员中确定一些熟悉各国文史哲经前沿发展情况的人为通讯员，及时了解

[①] 原载罗竹风等：《面向时代　弘扬学术——扩版试刊笔谈》，《学术月刊》1993年第8期，第11页。——编者注

国际学术信息，加强与国际学术界的对话。

再次，充分发挥国内研究当代各种国际学术问题的专家队伍的作用。有选择地聘请一些在各研究领域中比较知名的学者担任编委或通讯员的工作，定期或不定期地交流学术信息，及时地了解高校和各科研机构前沿性的研究课题，特别是硕士生和博士生的研究课题；开辟专栏，组织专家撰写介绍国外最新学术流派发展趋向的论文；尽可能快地捕捉住国际学术界关注的热点问题，并通过"访谈录""座谈会纪要""专题论文"等不同的方式着力于这些问题的讨论和探索。比如，目前国际学术界关注的问题有：市民社会与市民文化心态、现代化和发展（包括现代性和后现代性）、科学技术和意识形态的关系、当代新儒学的本质及其发展趋向、人的生存与人权、亚太经济圈的前景等。对国际国内学术界共同关注的热点问题，不但可以通过讨论会、征文的方式汇集优秀论文，甚至可采用专辑的方式出版，以深化对这些问题的探讨。

最后，《学术月刊》在形式上也应国际化。不光要配上英文的刊名和目录，而且应当留出一定的篇幅为重要的学术论文做英文摘要；同时，也应逐步地和国外重要的学术刊物建立刊物互赠关系，在国际学术界确立自己的新的形象。

《学术月刊》是国内第一流的学术刊物，我作为它的老作者和老读者，殷切地希望它能适应改革开放的大潮，自觉地面向世界，走向世界，成为国际上第一流的学术刊物。

读书益心智[①]

正如一个人的书法的水准在很大程度上取决于他对中国文化的学养是否深厚一样，一个辩论队员的临场应对的好坏也在很大程度上依赖于他的知识积累是否厚实，读的书是否多。在新加坡参加辩论赛时，我方复旦大学队员引经据典，妙语连珠，引起了新加坡人的广泛的兴趣。《联合早报》的一名记者问我，队员们的这些"妙语"是不是临时准备起来的，我笑着回答她："如果有时间在这里举行一个诗词朗诵会的话，我们队员脑袋里装着的诗词至少可以朗诵半天。"她听了有些疑惑，我进一步向她解释：我们这些队员大多在父母亲的熏陶下从幼年起就读了不少书，背了不少古典诗词和范文，这方面的基础他们早在家庭教育中已经打下了。听到这些，那位记者露出了满意的、赞许的神情。

俗话说，冰冻三尺非一日之寒。在与队员们（包括候补队员）接触的时间里，我发现他们一个个都是"书迷"。他们的读书习惯都是小时候在家里养成的，有趣的是，他们看的书都比较杂，知识面也比较宽。姜丰和蒋昌建爱读文学著作，严

[①] 原载《解放日报》1993年12月16日。收录于俞吾金：《文化密码破译》，上海远东出版社1995年版，第360页。——编者注

嘉和何小兰倾心于历史和哲学方面的读本，季翔和张谦则常在武侠小说中锤炼自己的想象力。在与台湾大学辩论队辩论"人性本善"的题目时，季翔就轻车熟路地引证了金庸《天龙八部》中的"四大恶人"，引得时任新加坡副总理李显龙畅怀大笑。

　　读书，不光有益于辩论，也有益于青少年的健康成长。希望父母在家中为子女营造出一个个"读书小天地"，促使他们在精神上健康地成长，成为对人民和国家有用的人。

1994年

走出黑格尔迷宫的领路人[①]
——怀念姜丕之教授

黑格尔作为德国古典哲学的集大成者留下了极其丰富的理论遗产,马克思主义的经典作家无一不是这一伟大遗产的辛勤的开掘者。然而,由于黑格尔著作的晦涩和艰深,我国的不少哲学爱好者或是不敢贸然地进入黑格尔迷宫,或是进入了却在里面迷失了方向。姜丕之教授是引导人们走出黑格尔迷宫的领路人。

从 20 世纪 50 年代中期起,姜先生已把黑格尔引为知己,开始认真研读黑格尔的著作。近四十年来,他撰写并出版了一系列学术论文和著作,运用马克思主义的立场和观点,对黑格尔的著作做了大量的诠释和探讨。当我们这辈人对哲学,尤其是黑格尔的哲学产生兴趣的时候,姜先生的论著成了我们最好的启蒙读物之一。

我和姜先生相识差不多已有十年的时间。1982 年初,从复旦大学哲学系毕业后,我又开始攻读西方哲学史德国古典哲学方面的硕士学位。当时,由于大量阅读德国古典哲学方面的资料,对姜先生心仪已久,也有许多疑难的问题要

[①] 原载《文汇报》1994 年 2 月 27 日。——编者注

向他请教，只是无缘拜见。1984年6月，我完成了硕士学位论文《黑格尔的理性概念》，我的导师尹大贻教授要我邀请姜先生来参加论文答辩。这样一来，我就和姜先生有了交往，据说姜先生早年参加革命，长期从事党的新闻工作，担任过许多重要的领导工作，后来转向理论研究，又成绩斐然。但是，姜先生从不以学界前辈自居，他奖掖后学，不遗余力，循循善诱，令人茅塞顿开。姜先生待人至诚处还表现在治学方向上总是严格要求我们，对我们论文的阅读也十分仔细，批评也很直率，从不拐弯抹角，每次拜访姜先生，从如何做人到如何做学问，都会有许多收获。

1991年11月，在导师胡曲园教授、辛敬良教授和德国法兰克福大学费切尔教授的指导下，我完成了博士学位论文《意识形态论》，又有幸邀请姜先生担任答辩委员。记得那天到姜先生家去听取他对我的论文的意见，他提出了不少意见，这些宝贵的意见后来成了我修改论文的重要依据，姜先生还把他的新著《黑格尔迷宫的路标》赠送给我。在那次谈话中，姜先生也不无感慨地谈起了目前出版学术著作的艰难，对学术界的现状表示忧虑，然而，先生研究、阐发黑格尔哲学的意趣却并不因此而受挫。相反，先生还表示，在有生之年一定要把这方面的工作进行下去。先生对黑格尔真可谓情有独钟。

1992年年底，我像往常一样给姜先生发出了贺年卡，不久后，却接到了姜师母打来的电话，告诉我姜先生因患胃癌住进了华东医院。这个消息对我来说太突然了，因为在我的印象中，姜先生虽然已届古稀之年，身体却是很健康的。大年夜下午，我去华东医院看望姜先生，当时他还住在南楼，虽已做了胃切除手术，但气色和精神都很好。先生见到我十分高兴，说起话来滔滔不绝，床头上还堆放着不少书，足见先生研读之勤，令后学肃然起敬。

从那次会面以后，我因忙于新加坡辩论赛的训练工作，一直抽不出时间去看望姜先生。1993年9月23日，当我踏进姜先生住的新病房以后，猛然发现，先生十分消瘦，又发着高烧，精神很委顿，与以前的模样相比，简直判若两人。姜师母还告诉我，他身上的癌细胞已转移至肝脏……一种不祥的预感紧紧地抓住了我，我在心中暗暗地为他祝愿，希望他能战胜病魔。然而，仅仅隔了一个月，在10月24日下午1:05，他的心脏停止了跳动。在他的书桌上，整整齐齐地放着一部他在与疾病的斗争中写下的手稿《黑格尔〈精神现象学〉提要》。当噩耗传来时，接连几天我都未从悲痛中摆脱出来，姜先生的音容笑貌时时浮现在我的眼前，激励我去探索德国古典哲学，去继承他未竟的事业。

市场经济导向下的社会科学[①]

随着现实生活的发展，人们越来越深刻地认识到蕴含在邓小平理论中的思想解放的巨大力量。就主要之点而论，邓小平理论完成了观念上的"四个破除"和"四个确立"：一是从理论上破除了"两个凡是"的教条主义观念，确立了实践是检验真理的唯一标准的思想路线；二是从政治上破除了"以阶级斗争为纲"的传统观念，确立了"以经济建设为中心"的新的政治路线；三是从经济上破除了"社会主义等于计划经济，资本主义等于市场经济"的形而上学观念，确立了"社会主义市场经济"的新概念；四是从国际关系上破除了"战争不可避免"的机械论观念，确立了"和平与发展是当代世界的两大主题"的新的战略眼光和外交路线。

在这"四个破除，四个确立"中，第三个"破除"和确立是最为重要的，其影响也是最为深远的。从"计划经济"的导向转换为"市场经济"的导向，不仅使人们从事事听命于上面的指令的"计划人"转变成积极、主动地参与社会生活的"市场人"，不仅使经济体制和社会政治体制发生了巨

[①] 原载《学术月刊》1994年第4期。收录于俞吾金：《文化密码破译》，上海远东出版社1995年版，第283—285页。——编者注

大的变化,而且对整个社会科学研究的现状和前景产生或正在产生着深刻的影响。这种影响主要表现在以下三个方面。

第一,在市场经济的导向下,社会科学的整体结构发生了重大的变化。表现之一是基础性的、抽象的理论学科(如哲学、史学、文学理论、美学、语言学、逻辑学等)地位的下降和应用性学科(如管理科学、会计学、对外贸易、外语、秘书学、行政学、实用法学、实用经济学等)地位明显上升。要了解这方面的变动,只要看看每年大学招生中各专业的报考情况就可以了。从今后发展趋向看,商学、法学和管理科学将上升为社会科学中最热门的学科。表现之二是哲学不再是整个社会科学中的中心学科,它越来越被推向边缘,而原来处于边缘地带的经济学则成了引人瞩目的中心学科。这种变化也是题中应有之义。随着市场经济的发展,努力揭示并把握其运作规律的经济学,尤其是实用经济学自然愈来愈多地成为人们关注的中心。事实上,所有其他社会科学(包括哲学)如要在市场经济的新的条件下重新走向繁荣的话,它们首先也必须懂得经济学的话语,领悟经济发展中必然产生出来的种种社会问题,并通过对这些问题的研究和解决,重新从边缘向中心移动。表现之三是原来一些完全受冷落的学科,如宗教、文物考古和鉴赏、旅游、古文化研究等被发展着的市场经济所激活,也处在不断崛起的过程中。

第二,在市场经济的导向下,社会科学的各门学科的研究都发生了范式上的重大变化。完全可以说,以前的社会科学研究都处在"以阶级斗争为纲"的主导性范式的制约下,各门社会科学关注的中心问题都是阶级斗争。比如,哲学关心的是唯物主义和唯心主义两条路线的斗争,是真理的阶级性,是奴隶创造历史还是英雄创造历史等问题;文学关心的是文学艺术作品的政治特征,是作家的政治倾向和作品如何以典型的手法来反映阶级斗争等问题;史学关心的是农民起义,是"让步政策"和"清官政治"的批判等问题;经济学关心的是如何批判资本主义,如何揭示"剥削"的实质等问题;政治学关心的是国家是暴力统治的机关、政治就是阶级斗争等问题。诸如此类,不一而足。诚然,阶级斗争以及与此相关的上述问题，在一定的范围内进行探讨是有意义的，但必须看到，我们面对的根本问题是如何把经济建设搞上去的问题。在邓小平所倡导的"以经济建设为中心"的社会主义市场经济模式中，各门社会科学的主导范式都发生了根本性的变化。现在，各门社会科学关注的不再是任意扩大化的阶级斗争问题，而是在市场经济运作过程和社会转型过程中必然产生出来的许多重大的问题，如市场经济中的宏观调控问题，金融财政问题，产权和股份制问题，国有企业的出路问题，国家、集体、个人利益之间的关系问题等；如社会文化转型中的传统文化与现代化的关系问题，市民社会和市民文化问题，经济发展和道德建设的问题，精神文明建设和物质文明建设的关系问题，民主政治和法制建设的问题等。正是这些在市场经济导向下不断涌现出来的新的重大的问题，完全更新了各门社会科学研究的问题，并把它们的发展置于"以经济建设为中心"的新的主导范式之下。

第三，在市场经济的导向下，与国际上的对话与沟通已成了各门社会科学的共同心态。以往的社会科学研究虽然在一定的范围内与国际上有所交往，但从总体上看，仍然带有关门研究的特征。这主要是基于过去对世界局势和时代特征的过于悲观的估计。确定和平与发展是当前时代的主题，这就为社会科学研究的现代化和国际化创造了条件。近年来，内地与香港、台湾文化学术交流的发展，国人对"诺贝尔文化现象"的关注和研究，中国与欧美、东南亚等国家文化联系的发展，都表明中国的社会科学已处在新的生长点和起跑线上。正如中国将走向世界一样，中国的社会科学也将走向世界，在世界舞台上扮演重要的角色。

作为一个学者[1]

我是恢复高考后复旦大学的第一批本科生，1984年获得硕士学位，至今已经十年了。十年来不敢说取得了多少成就，只能说一脚深一脚浅地走过来之后，对作为一个学者的人生有了一些感触。

做一个学者的选择并不是一次就能完成的，学者其实始终都在选择。生活中有太多的诱惑，困惑和声名都可能使学者迷失方向。当然不是说"下海"或者从政之类的选择与选择治学有高下之分，我只是说学者有他自己的人生位置，要站稳它就必须能够抵御各种诱惑。各种社会活动、会议、刊物约稿都可能吸引一个人的注意力，使他偏离原来的研究方向，在这种情况下，不受"诱惑"，甘坐冷板凳，沿着自己确定的方向锲而不舍地努力下去就特别重要。

我要感谢复旦大学出版社的签约制度，它使我有了"撰写什么、出版什么"的自由，这在很大程度上解除了我专心治学的后顾之忧。经过多年思考之后，现在我准备提出自己在理论上的一些新的想法。我认为学者的重要任务是在理论上创

---

[1] 原载复旦大学《南区人报》1994年11月18日。收录于俞吾金：《文化密码破译》，上海远东出版社1995年版，第378—379页。——编者注

新，因为先有理论创新，然后才会有历史研究的新视角。我觉得自己有义务对马克思哲学和中国文化的研究尽一点绵薄之力。这里有很多有意义的问题，我愿意为它付出十年、二十年的时光。初步设想要写五部书，从西方写到中国，其中第一本《物与时间》是提纲挈领式的。我希望经过思考能说出一些真正属于自己的新的东西。

在某种意义上，理论思考和创新乃是学者的存在方式，学者通过这种方式对社会作出贡献。当然，批判和建设是理论研究不可或缺的双翼，在坚持理论思考的相对独立性的同时，理论也应该对社会和历史发展发挥积极的建设性作用，过分甚至刻意追求背离社会的批判性立场也不是理论发展的正确方向。但是，不可否认，活跃在当今社会舞台中心的是经理、律师、商人等。学者，尤其是人文学者，的确处在一种边缘地位。然而，作为对"文化大革命"中那种"理论家"呼风唤雨的情况的反拨，现在人文学者退隐到社会边缘的现象不能不说是一种进步，可以说真正的学者正是要通过这种退隐方会产生。汤因比说过，唯有退隐，方能复出。学者唯有在专心致志的、深入的理论思考中准确把握时代、历史的脉搏，并把其真知贡献给社会，他才可能离开边缘，重返中心。

《休谟思想研究》推荐序[1]

放在我们面前的这部厚厚的著作是阎吉达同志在完成了《贝克莱思想新探》（复旦大学出版社1987年版）后撰写的又一部力作。阎吉达同志长期从事英国经验论哲学的教学和科研工作，为了深入地把握英国经验论哲学演化的脉络，他研究的视野从不囿于一隅，而是扩展至整个西方哲学史，对从古希腊哲学至当代西方哲学的发展线索了然于心，然后由博返约，在占有大量第一手资料的基础上，精研英国经验论哲学，其见解见诸文字，提挈纲维，开示蕴奥，宛然成一家之言，屡屡得到同道的好评。

如果说，西方哲学史是一个巨大的思想宝库的话，那么，英国经验论哲学则是这一宝库中最引人注目的藏宝柜之一，而在这个藏宝柜中，休谟的思想犹如一颗硕大无比的钻石，发射出耀眼的光芒。记得怀特海曾把全部西方哲学看作柏拉图思想的注脚，而雅斯贝尔斯则干脆把那个产生伟大思想的时代称为"轴心时代"，仿佛以后时代的哲学家就像詹姆士笔下的那只松鼠，只知道围绕一棵树而不停地奔跑下去。这里显然有着夸张

---

[1] 原载阎吉达：《休谟思想研究》，上海远东出版社1994年版，作者刘放桐、俞吾金。——编者注

的热情。平心而论，西方哲学史是由一连串大思想家的名字构成的，他们是：柏拉图、亚里士多德、奥古斯丁、托马斯·阿奎那、笛卡尔、休谟、康德、黑格尔、尼采、胡塞尔、海德格尔、维特根斯坦……谁又能谈论哲学史而把这些名字撇在一边呢？在这一连串名字中，休谟是特别令人瞩目的。这不仅因为休谟是英国经验论哲学的集大成者，就像黑格尔是德国古典哲学的集大成者一样，而且休谟以无比明晰透彻的思路把整个经验论哲学引向极端，从而也为以后哲学的发展指明了一条走出迷津的道路；因为休谟以怀疑论者的姿态审视了传统哲学提出的一系列重大的问题，通过对因果关系的必然性的否定，从根本上摧毁了传统形而上学大厦的基础，使同时代的一大批哲学家陷入迷茫和恐慌之中。那种情形很容易使我们联想起席勒笔下的华伦斯坦公爵夫人的担忧：

> 哦，我的丈夫！你总是在营造营造，
> 已经高出了云表，依然在想更高更高，
> 全不念到这狭隘的地基不能支持
> 那眩晕飘摇的营造。①

休谟的怀疑主义不仅让康德从莱布尼茨-沃尔夫式的温馨的独断论的迷梦中惊醒过来，从而影响了整个德国古典哲学的发展，而且也为肇始于孔德的现当代的实证主义思潮和滥觞于罗素、维特根斯坦、摩尔等人的语言哲学打开了思路。休谟的影响是无与伦比的。记得雅斯贝尔斯曾经说过，任何一个伟大的哲学家都通向哲学本身，这句话同样适合于休谟。

然而，更愿意沉湎于直觉和思辨中的中国哲学界在潜意识中有一种对英国经验论哲学，尤其是休谟哲学的漠视。想要明了这一点，只要看看我们的出版物就行了。对休谟研究的第一手、第二手的资料的翻译是

---

① ［德］席勒：《华伦斯坦》，郭沫若译，人民文学出版社 1955 年版，第 317 页。

如此之少,研究的专著和论文又是如此之少,这和休谟在西方哲学史上的重要地位是完全不相称的。根据目前已有的中文资料,很难完整地勾勒出休谟的整个理论形象。在这种情形下,阎吉达同志的这部专著的出版就具有重要的意义。

这部专著虽然篇幅较大,但读来却无松散冗长的感觉,反倒留下了这样一个很深的印象,即它是作者一气呵成的。作者撰写它虽历经数载,但它似乎是一个突然降生的婴儿,显示出整体的生命感。至少在以下这些方面,这部专著给我们提供了极为有益的启示。

第一,倡导了对重要哲学家进行全面的个案研究的方法。胡适认为,研究哲学要臻于既能拿斧头又能拿绣花针的境界是很困难的。所谓"拿斧头",就是从大处着眼,对整个哲学史了然于胸,并能作出恳切的批评;所谓"拿绣花针",就是从小处着眼,能对一个哲学家或某一个哲学问题,作出细致深入的分析。胡适自己治学,既能"拿斧头",编写《中国哲学史大纲》,又能"拿绣花针",撰写《章实斋先生年谱》和《戴东原的哲学》,这是值得我们深思的。在我国的西方哲学史研究中,一个令人担忧的现象是:"拿斧头者"居多而"拿绣花针者"偏少。诚然,当我们在欣赏一幅画时,从总体上把握这幅画的结构是必要的,然而,对它的细节的把握也是必不可少的。忽视了图画的细节,我们对整体画面的领悟也必然会失之浮泛和粗浅。在今天,如何进一步深化对西方哲学史的研究?我认为,对重要的哲学家进行全面的个案的研究是一条重要的途径。

阎吉达同志的这部专著对休谟进行了全面的研究,这一研究既集矢于休谟的基本哲学思想,又广泛涉及他的政治、经济、历史、伦理、美学和宗教学说,使读者对休谟的整个思想有一个全面的了解。事实上,不了解休谟的其他思想,也不可能对他的哲学思想有透彻的领会,因为一方面,休谟对其他学问的研究都是以其哲学思想作为出发点的;另一方面,其他学问的研究又进一步深化了他的哲学思想。值得注意的是,阎吉达同志对休谟的研究,不光涉及他的全部学说,而且涉及他的性格、气质和整个生活经历。他在爱丁堡大学的中途辍学和孜孜不倦的自学生涯，他谋取教授职务的多次失利和生活上的一度困厄，他在《人性论》出版上的挫折和追求真理的无限勇气，他在学术研究上的真知灼见和在获取巨大成功后表现出来的庸人气息，他的独身和对社交的广泛兴趣，他对卢梭的真诚和因卢梭的忘恩负义而引起的巨大的痛苦和愤慨……所有这些生活中的经历和逸事，连同休谟的学说一起，向读者展示出一个有血有肉的哲学家的形象。写到这里，我们会很自然地联想起萨特在对历史人物的研究中所倡导的"前进—逆溯"的方法。按照这一方法，我们的研究不但要揭示出历史人物生活的社会条件、时代背景和阶级归属，而且要揭示出他们生活中的"微分"和种种偶然的事件，以便完整地再现出历史人物的光彩。阎吉达同志的专著在这方面做出了可贵的尝试。

第二，把对休谟的研究和对整个西方哲学史的研究结合起来。阎吉达同志从不把休谟看作一个游离于西方哲学史发展之外的、抽象的和自我封闭的点来进行研究，他既注重对休谟本人思想的考察，又主张把休谟的全部思想放在历史的流变中来剖析其承上启下的关系和历史地位。比如，在分析休谟关于两种知识的理论时，作者既分析了休谟的先行者培根、笛卡尔、斯宾诺莎、莱布尼茨、洛克等人的知识理论对休谟的影响，又论述了休谟的知识理论对康德、维特根斯坦、石里克、卡尔纳普、波普尔等人的巨大影响。又如，在论述休谟的伦理思想时，作者对它和霍布斯、卡德沃思、坎伯兰、洛克、克拉克、莎夫茨伯利、曼德维尔、哈奇森、巴特勒、贝克莱等人的伦理思想作了类比研究，从而清楚地展示了休谟伦理思想的起源、本质和热点问题，使读者对其伦理学说在整个西方伦理学史上的地位和作用获得一个清晰的概念。这种论述方法历史感强，分析透彻，说理细致，极易吸引读者的注意力并引起读者的共鸣。

第三，对休谟思想的评价注重科学性，不作踏空之论。在以往的休谟哲学的研究中，存在着一种从当时英国阶级斗争的状况和哲学中的两条路线的斗争出发，简单地去评价休谟哲学的倾向。阎吉达同志认为，这种简单化的做法必然导致对休谟研究的误导。他主张，对休谟的哲学、政治、经济、历史、伦理、美学和宗教思想的积极的和消极的因素要作出历史的、全面的、实事求是的分析，既要坚持马克思主义的基本立场和方法，又要防止简单化。在深入钻研有关资料的基础上，他还提出了一些新的见解。如许多哲学史家（包括我国出版的西方哲学史方面的教科书）都认为《人性论》是休谟在法国完成的，阎吉达同志通过对休谟书信的深入研究，指出《人性论》中的"论知性"和"论情感"部分是在法国完成的，而"道德学"则是在休谟返回英国后完成的，从而纠正了史家的一个错误。在对休谟各方面思想的评价中，这部专著不但切中肯綮，而且多有新见，从中可以见出作者深厚的功底和学术上的涵养。

综上所述，对于有志于西方哲学史研究的同道来说，阎吉达同志的这部著作是值得一读的。当前，在商业大潮的冲击下，能坐住"冷板凳"而致力于学术研究的人愈来愈少了。然而历史早已启示我们，一个民族的真正繁荣是离不开学术和思想的助力的。我们殷切地希望，有更多更好的学术作品问世，为我们的现代化营造一种高雅的、充满希望和活力的精神氛围。

是为序。

现实促使我研究邓小平思想[①]

拙著《邓小平——在历史的天平上》(23万字,上海人民出版社1994年版)面世后,不少友人都向我提出了同一个问题:你的专业是西方哲学,怎么倒研究起邓小平的思想来了,是不是赶时髦呀?我只能笑着加以否认。

我想,我之所以研究邓小平,首先是出于对现实问题的关注。1992年春,邓小平的南方谈话打破了当时思想界万马齐喑的沉闷局面,为改革开放带来了新的生机。有感于理论界的某些人对邓小平的这些谈话的深远意义的领悟不够,我在《复旦学报》《学术月刊》等刊物上发表了《唯物史观的四个里程碑:从马克思到邓小平》《邓小平与中国当代文化范式的转变》《邓小平——开拓马克思主义的新境界》《关于唯物史观及其历史命运的思考》等论文,目的是结合马克思主义整个思想发展史,来阐发邓小平的思想,尤其是他的南方谈话的理论意义和现实意义。通过这些论文的撰写,使我初步萌发了专门写一部著作来论述邓小平思想的念头。

其次,多年来,我的主要学术兴趣虽然集中在西方哲学上,但通过对西方马克思主义思潮的

[①] 原载《书城》1994年第12期。——编者注

研究，也逐步扩展到对当代马克思主义思潮的全方位的探讨上。邓小平的思想作为"当代中国的马克思主义"自然而然地引起了我的关注。事实上，邓小平的富于原创性的理论思想早已引起了国际学术界的注意。不仅具有广泛国际影响的美国《时代》周刊数次把邓小平作为封面人物来介绍，而且不少知名的政界人物称他为20世纪最伟大的政治家之一。有的学者有感于邓小平在中国经济，尤其是农村经济发展方面的巨大功绩，建议授予邓小平诺贝尔经济学奖。这一席卷世界范围的"邓小平热"表明，作为当代中国人，特别是从事理论研究的学者，对邓小平思想取漠视的态度是不应该的。当代中国的不少学人虽然接受了时下流行的许多新思潮和新见解，但在他们的潜意识的层面上，其文化心态仍然是十分传统的。比如，他们都具有考古的热情，一谈先秦诸子、秦皇汉武、魏晋风度和宋明理学，便眉飞色舞；一谈起同时代的、经常在身边发生的事情，便觉兴趣索然，仿佛最有价值的都是淹没在历史尘埃中的东西，而正在发生的事情反倒是没有什么价值的。这种研究热情的误置和"考今"兴趣的弱化或许可以说是有着悠久的文明传统的中国学人身上的一种陋习。我想，作为学者是不能漠视现实的，真要是失了现实这一"源头活水"，那学术著作写得再多，又有什么意义呢？

最后，还必须提一下，真正促使我下决心撰写这部著作的是我的朋友邵敏。作为上海人民出版社的年轻的编辑，邵敏的与众不同之处在于他的非凡的识力和巨大的工作热情。他对哪些选题重要，哪些不重要，具有一种敏锐的直悟能力；一旦确定了选题，他就会以一种高度的责任感"叮"住你，直到你交出使他满意的文稿为止。在我动笔写《邓小平——在历史的天平上》一书之前，我和他已有过三次合作，第一次的结晶是《思考与超越——哲学对话录》一书；第二次的结晶是《问题域外的问题——现代西方哲学方法论探要》一书；第三次则是《毛泽东智慧》一书。1992年秋冬之际，《毛泽东智慧》一书完稿后，邵敏问起我今后的写作计划，记得我当时谈了一些想法，也说到自己对邓小平的"客串式的"研究，并希望撰成一书等。谁知说者无心，听者有意。不久以后，邵敏就给我来电,叫我尽快拿出一个具体的写作提纲来。提纲拟出后,很快就被通过了。这就促使我尽快地收集、阅读一些有关的文献,并安排出时间来写这本书。

然而,好事多磨,偏偏我1992年下半年的教学任务十分繁重,还要指导六名研究生,几乎很少有空暇时间,直到1993年春节期间才开始拿起笔来。到1993年3月,我已写完这本书的导论"重新认识邓小平",并开始写第一章"从历史深处走出来"。当时,由于《邓小平文选》第三卷尚未出版,邓小平于1989年以后所作的许多重要论述都只能到各种报刊上去找,写起来感到很吃力。然而,这还算不了什么,当一件更紧迫的事情落到我肩上时,我不得不放下了自己的笔。

事情是这样的。1993年8月,首届国际大专辩论赛将在新加坡举行,学校领导指定我担任辩论队的领队兼教练。这样一来,我就不得不扔下已经写了5万字左右的书稿,全身心地投入了辩论队员的训练工作之中。经过数个月的艰苦训练,复旦大学辩论队终于在新加坡力挫群雄,夺得了团体冠军和最佳辩手两项最高奖。本来,我以为,回国以后可以退回到书房里去了,谁知新加坡辩论赛在国内引发了"辩论热",从研究生、大学生、工人乃至小学生都卷入了这股热潮之中。于是,各种采访、稿约、来电、来信雪片似的压来。一直忙到1994年春节前,我才完全脱出身来。

本来我以为,关于邓小平的这本书已经拖掉了,邵敏或许已把我这个作者忘记了。没有想到,他依然像牛蛇一样紧紧地盯着我,丝毫不放松。我一度打过退堂鼓,想撒手不干了,可是,邵敏那种不温不火而又锲而不舍的精神深深地打动了我。在1994年的春节期间,我终于下决心摒弃了各种杂务,在书房里坐了下来。如果说,这一年多的拖延也有它的好处的话,那么,原来一直困扰着我的资料问题倒是自然而然地化解了:一方面,各家出版社都推出了一批邓小平思想研究的专著,尤其是毛毛(萧榕)出版的《我的父亲邓小平》一书提供了大量的第一手资料;另一方面,《邓小平文选》第三卷也面世了,这就为反复领悟邓小平思想的真谛提供了极好的材料基础。

坐下来后我做的第一件事情是先把旧稿找出来重新审阅了一遍,我发现,还应该把一年来新发现的一些信息和资料补充进去。于是,又花了数天的时间把已完成的旧稿通体修改了一遍。然后,沿着原来已定的思路,一口气写下去。总体思路虽无大变,变动还是有的。一方面,在原定的第二章"在僵化的思想世界上打开缺口"中补充了邓小平对一些常见的思想倾向,如无政府主义、官僚主义、封建主义的批判,从而进一步透显邓小平思想上拨乱反正的艰巨性;第三章"站在新的地平线上"增加了对邓小平的教育思想、管理思想、军事思想等的论述,从而使邓小平的返本开新的举措得到全面的展开。另一方面,新增加了第四章"塑造新的人格形象",通过一系列生动的事例,全面地展示了作为"另一种理想主义者"的邓小平的丰满的人格形象。

在整个写作期间,邵敏都没有打电话来催我,但这似乎有点"欲擒故纵"的味道,他愈是宽容,我愈是强烈地感受到写作的紧迫性和巨大的压力。我只是凭着一股冲动,不停地写下去,1994年3月15日,我终于为这部书稿画上了最后一个句点。从1月17日动笔,到3月15日完稿,足足花了两个月的时间。然而,出乎我意料的是,邵敏的速度更快,仅仅花了两个月不到的时间,书稿的清样已经印出来了。5月22日,我把校对后的清样寄回给邵敏,他在电话中胸有成竹地对我说:"8月份见书。"以后的一切正如邵敏的预言那样顺利。当我用手抚摸着这本装帧精美的著作时,深深地感受到我的朋友邵敏为此而付出的艰辛的劳动。

对毛泽东和邓小平的研究只是我在探索当代中国文化这一新的、未知领域中所做的一部分工作,而严格地说起来,这还只是我"客串"的研究领域,我真正的研究领域乃是西方哲学,尤其是德国古典哲学、现代西方哲学和西方马克思主义这一"三角区"。我于1993年出版的《意识形态论》和《生存的困惑——西方哲学文化精神探要》可以说是这方面研究的小小的产物,然而,我的真正的研究计划还没有开始实施。如果说,人的一生的展现可以喻为"图穷匕见"的话，那么，我敢断言，我迄今已发表的作品都还算不上是"匕"。

人生是短暂的，让我们埋首于我们所喜爱的工作吧！

1995年

杨福家的人生哲学
——读《追求卓越》一书有感[1]

作为复旦大学的第五任校长,杨福家教授以其科学家的坦诚和执着、教育家的涵养和奉献、领导者的远见和胆识赢得了全校师生的爱戴。不久前,他的近著《追求卓越》面世。这本书收集了他自1978年至1994年所写的各类文章50篇。这些文章虽然有感而发,却掷地有声,充满了睿智和激情。

少年时期的杨福家最爱读的著作是奥斯特洛夫斯基的《钢铁是怎样炼成的》。这部书的作者关于人不应当碌碌无为、虚度年华的那段名言使他懂得了什么样的人生才是真正有意义的。后来,当他成为复旦大学物理系的青年教师,多次到丹麦玻尔研究所进修时,又受到了哥本哈根精神的强烈熏陶。尤其是玻尔经常引用的著名童话家安徒生的一句话——丹麦是我出生的地方,是我的家乡,是我心中的世界开始的地方,深深地震撼了他的心,激起了他对自己的祖国的无限的热爱。所以,当友人问他:"您能用一句话来概括您的人生哲学吗?"杨福家回答说:"让祖国在世

---

[1] 原载《新民晚报》1995年9月13日。——编者注

界上发出更灿烂的光辉。"

正是这种以创造和奉献为主旋律的人生哲学使杨福家教授的生活道路显得不同凡响。当他在核物理的研究中获得突出的成就,从而被选为中国科学院院士,受到国外著名高校和研究机构的竞相聘请时,他一一婉拒,因为他心中的目标是使中国核物理研究走向世界的前列;在他的领导下,复旦大学正在采取各种措施,向世界一流大学的宏伟目标前进。

黑格尔说:"平庸的东西是持久的,并且最终统治着世界。"①杨福家教授全部生活就是与平庸作斗争,就是追求卓越。在不断的创造和奉献中实现人生价值。

---

① [德]黑格尔:《自然哲学》,梁志学、薛华、钱广华、沈真译,商务印书馆1980年版,第52页。

文明思维的彼岸
——列维-布留尔的《原始思维》①

孔德、泰勒以来的大部分人类学家都坚持文明思维与原始思维的同质性，肯定这两种思维只有量的差异，而无质的区别。法国人类学家路西安·列维-布留尔（Lucien Levy-Bruhl，1857—1939）在《原始思维》一书中提出了截然不同的见解，他强调原始思维是一种"原逻辑的"（prélogique）思维，它与文明思维有质的不同。列维-布留尔的新见解为我们揭开原始思维之谜提供了极有价值的启示。

何谓原逻辑思维呢？列维-布留尔回答说："它不是反逻辑的，也不是非逻辑的。我说它是原逻辑的，只是想说它不象我们的思维那样必须避免矛盾。它首先是和主要是服从'互渗律'。"②"互渗律"的实质在于任何两重性都被抹杀，在于主体违背着矛盾律，既是他自己，同时又是与他互渗的那个存在物。比如，原始人常把自己和其影子互渗或等同起来，认为自己的影子一旦受到侵犯，也就是自己的人身受到了侵犯。菲吉人认

---

① 写于1987年3月，收录于俞吾金：《文化密码破译》，上海远东出版社1995年版，第202—207页。——编者注

② ［法］列维-布留尔：《原始思维》，丁由译，商务印书馆1981年版，第71页。

为，踩了谁的影子就是对谁的极大的侮辱。又如，原始人还常把现实和梦境等同起来，如果梦见自己的住房被火烧掉了，他就认为这是神的旨意和命令，因而期待自己的住房真的烧起来。此外，把人互渗或等同于各种各样的动物、植物，更是层出不穷。总之，对文明思维来说是矛盾百出的东西，对原始思维来说却是切实可行的。

就其可能性而言，互渗是无限多样的，但在特定的原始部落中，互渗的双方又都是相对确定的，或者说，互渗并不是任意的，而是有明确方向的，似乎在原始人的心中藏着一本特殊的密码本，它规定着互渗的方向。这个密码本是什么呢？列维-布留尔称它为"集体表象"。所谓"集体表象"，也就是由一定的宗教信仰、语言、风俗、情感组成的混合物。这种混合物是彻底社会化了的，是世代相传的，任何原始人在思维上都不是独立的，他从出生的时候起，就受到"集体表象"的支配。"作为集体的东西，这些表象是硬把自己强加在个人身上，亦即它们对个人来说不是推理的产物，而是信仰的产物。"①

从上可知，原始人的原逻辑思维也就是在"互渗律"的基础上，在"集体表象"的支配下进行的一种思维活动。那么，这种思维活动究竟有哪些具体的特征呢？从列维-布留尔的大量论述中，我们可以看到如下特征。

第一，综合性。文明思维在作出综合之前总是先作出分析，先了解、整理、条理化各种事实、材料。而"原逻辑思维本质上是综合的思维"②，它拒斥任何分析。这是因为集体表象乃是每个原始人头脑中的综合的思维模式。在集体表象中，包含着原始人对周围世界的总的看法。用现代语言来说，这是一个给定的、不可违背的世界观。它如此根深蒂固地左右着原始人的思维活动，以致他们很少去分析事物，很少去重视经验的作用。甚至当原始人头脑中的集体表象和经验发生冲突时，

---

① ［法］列维-布留尔：《原始思维》，丁由译，商务印书馆1981年版，第17—18页。
② 同上书，第101页。

他们也宁可舍弃后者而服从前者。

第二，具体性或直观性。列维-布留尔强调说："在原始人那里，思维、语言则差不多只具有具体的性质。"①原始人的思维构成了一个极为丰富的宝藏，而"这个宝藏则整个地或者差不多整个地以直观的形式表现在语言本身中"②。在原始人的思维中，虽然也有手、耳、足等概念，但与文明人的概念完全不同，列维-布留尔称之为"心象概念"，并把它看作一种完全特殊化的东西。原始人所想象的手或足永远是某个特定人的手或足，这个人是与这个手或足同时被叙述出来的。③ 我们所考察的社会越原始，"心象概念"在其中的统治地位就越强。这尤其表现在原始人的计数方面，原始人总是把数和具体的对象联系在一起。原始思维的具体性或直观性还表现在手势语言的盛行中。

第三，在文明人的眼光中，因果之间有某种稳定的、内在的联系，但对原始人来说，这种关系是可以随意设想出来的，甚至可以把风马牛不相及的东西拉扯在一起。例如在刚果，世居民族有一次把旱灾归咎于传教士的帽子和长袍；在新几内亚，流行病的根源被认为是隐藏在传教士餐厅里挂着的维多利亚女王的肖像中。原始人看不到自然界发生的真正的因果律，他们所看到的到处是神秘的互渗。

第四，在原始人的视野中，周围世界的每个存在物、每种自然现象都是神秘的。列维-布留尔通过大量研究得出结论说："原始人的思维本质上是神秘的。"④特别有趣的是把数神秘化的现象。在原始人那里，头十个数几乎无一不具有神秘的意义。比如，印第安人一直认为 10 是一个神圣的数；在爪哇，5 是一个神圣的数；在中国、印度等地，7 是一个神秘的数字；等等。

第五，稳定性。列维-布留尔指出："这种思维是稳定的、停滞的、

---

① [法]列维-布留尔：《原始思维》，丁由译，商务印书馆 1981 年版，第 414 页。
② 同上书，第 168 页。
③ 同上书，第 162 页。
④ 同上书，第 412 页。

文明思维的彼岸 · 139

差不多是不变的,不但在其本质因素上而且也在其内容上,乃至在其表象的细节上都是这样。"①

从原逻辑思维的特征可以看出,它与文明思维是判然有别的。那么,原始人的原逻辑思维是如何过渡到文明人的逻辑思维的呢?列维-布留尔肯定了下列因素的作用。

第一,个体意识的崛起。随着社会生活的发展,不少原始部落开始选定具体的人,如首领、巫医等充当神秘力量的"容器"和互渗的媒介物。这样一来,神圣的人和物与世俗的人和物之间便产生了裂痕和分离。大多数世俗的人对神秘的互渗逐渐失去了兴趣,个体意识逐渐觉醒,与这一过程同步的是以互渗律为基础的集体表象的瓦解。这就为原始思维向文明思维的过渡创造了条件。

第二,知觉经验和矛盾律的楔入。在集体表象瓦解的同时,智力的认识因素,特别是知觉经验在这些表象中占有越来越重要的地位。在神秘的互渗和预定的关联变得最弱的地方,不附加任何神秘因素的客观关系开始袒露在人们的眼前。列维-布留尔写道:"当原始民族的思维成长到比较能让经验进得去,这时,这种思维也变得对矛盾律比较敏感了。"②于是,原始思维中的原逻辑部分逐渐减少,而其中的逻辑部分则迅速发展起来。

第三,概念的"沉淀"。知觉经验和矛盾律的楔入伴随着概念的变化。心象概念渐渐让位于抽象概念。概念越是明确,越是固定下来,它们的分类也越是清楚,矛盾律的作用也越来越大;反之亦然。然而,列维-布留尔坚持,概念的进化和"沉淀"是一个长期的过程,抽象概念并不能完全摆脱原逻辑的神秘因素:"概念仿佛是它的先行者——集体表象的'沉淀',它差不多经常带着或多或少的神秘因素的残余。"③

第四,想象力的飞跃。列维-布留尔把休谟的名句"任何东西可以产

---

① [法]列维-布留尔:《原始思维》,丁由译,商务印书馆1981年版,第102页。
② 同上书,第442页。
③ 同上书,第446页。

生任何东西"作为原始思维的座右铭。确实,对原逻辑思维来说,没有一个古怪的念头、一种远距离的作用是不可想象的。原始人的想象力可以任意驰骋,不受任何成规的束缚。这种想象力具有两面性:既创造出了许多荒谬的、虚假的观念,又为原始人逐步摆脱这种观念创造了条件。既然人们的想象力能创造并改变神话,也就可能有朝一日用科学的文明的思维来取代神话。当然,想象力是和上述因素一起起作用的。

列维-布留尔关于原始思维及其与文明思维的重大差别的论述,可以启发我们思考下列问题。

第一,对哲学史的探讨光局限在有文字记载的历史中是不够的。比如,对古希腊哲学的剖视一定要深入原始思维之中。古希腊哲学的直观性和综合性,毕达哥拉斯哲学对数的崇拜,都可以在原始思维中找到雏形。要真正地把握文明史,必须先理解史前史。在探讨人类思维发展规律时,历史主义应该获得更宽阔的视界。

第二,在文明思维的发展中,尽管科学的、理性的、逻辑的思维占主导地位,但是神秘主义的思潮总是或隐或现地伴随着这种科学的思维,在欧洲中世纪和当代西方的人本主义哲学中表现得尤为明显。这表明,原始人的原逻辑思维仍然是文明人无法完全挣脱的一具精神枷锁。文明人并不是从宙斯的脑子里突然降生出来的,他们不仅在物质上承继了原始人的创造和发明,而且在思维上也承袭了原始人的传统。正如列维-布留尔宣称的:"实际上,我们的智力活动既是理性的又是非理性的。在它里面,原逻辑的和神秘的因素与逻辑的因素共存。"[1]

第三,原始思维与文明思维的对立能否简单地归结为社会化思维与个体化思维的对立?列维-布留尔倾向于对这个问题作肯定的回答,而笔者则持不同的看法。其实,沿着"集体表象"这一现象探索下去,就应该看到,文明人的思维也远不是纯粹个人的,它同样是一种社会化的思维;在文明社会中,人们常常使用的是另一个概念,即"意识形态"

---

[1] [法]列维-布留尔:《原始思维》,丁由译,商务印书馆1981年版,第452页。

(idéologie)。在结构主义的马克思主义者阿尔都塞那里，这个概念被看作人一生下来就落入其中的"襁褓"。当然，文明社会的"意识形态"与原始社会的"集体表象"是有重大区别的，但它们有否共同的地方呢？这个问题可供读者诸君思考。

总之，列维-布留尔以独特的见解为我们打开了一个崭新的思维探索的领域。在这个领域里，有不少新的东西等待我们去发掘，也有不少疑虑等待我们去澄清，去解决。

原始人的双重生活
——马林诺夫斯基的《巫术 科学 宗教与神话》①

在聚讼纷纭的人类学学说中，英国著名的人类学家、功能学派的开山大师马林诺夫斯基（B. K. Malinowski，1884—1942）的见解是特别引人注目的。如果说，法国人类学家列维-布留尔把原始人的全部生活都推入神秘的、不清醒的状态之中，那么，马林诺夫斯基则强调，原始人的生活是两重的：既有神秘的、迷狂的一面，也有理智的、科学的一面。在《巫术 科学 宗教与神话》一书中，他开宗明义地指出："一切原始社会，凡经可靠而胜任的观察者所研究过的，都很显然地具有两种领域：一种是神圣的领域或巫术与宗教的领域，一种是世俗的领域或科学的领域。"②

先看巫术与宗教。马林诺夫斯基认为，对于原始人来说，"巫术纯粹是一套实用的行为，是达到某种目的所取的手段"③。巫术的三位一体是术士、仪式、咒语，其中咒语则是巫术的最核

---

① 写于1987年7月，收录于俞吾金：《文化密码破译》，上海远东出版社1995年版，第208—213页。——编者注
② [英]马林诺夫斯基：《巫术 科学 宗教与神话》，李安宅译，中国民间文艺出版社1986年版，第3页。
③ 同上书，第53页。

心的部分。原始人的巫术有各种各样的形式,如恋爱巫术、战事巫术、祛除灾难的巫术、咒人巫术等。这里特别值得一提的是咒人巫术,即黑巫术。原始人的巫术师通常将一个有尖刺的骨头或木棍,用模仿的形式向所要加害的人的方向刺去、投去或指着,其意图是要把那个人置于死地。在仪式的进行中,巫术师不但要将骨标或木标指向对方,而且要狂热地将它刺出去,刺入假想敌人的伤口后,又猛烈地搅动,反转,然后拔出。巫术师的全部动作都带着一种迷狂的色彩,从而给别人以强烈的感染。

在原始人那里,巫术的进行是非常严格的,特别对于巫术师来说,他的行为必须符合种种禁忌,如果触犯了禁忌,巫术就会失效。另外,有巫术,也有反巫术。一个巫术师可以咒人生病,另一个巫术师则可以通过另一套咒语使生病的人重新恢复健康。实际上,禁忌和反巫术是使巫术永远立于不败之地的借口。如果巫术碰巧成功了,它就作为一种特例被融入原始人的传统之中,世世代代地传下去;如果巫术失败了,那就可归咎于对禁忌的违背或反巫术所起的作用。总之,在原始人那里,巫术是一种包含直接目的的、实用的工具,它帮助原始人渡过各种各样的难关,使他们保持精神上的平衡与自信力。正如马林诺夫斯基所说的:"巫术底功能在使人底乐观仪式化,提高希望胜过恐惧的信仰。"①

与原始巫术比较,原始宗教是更为复杂的,它包括万物有灵论、图腾制、拜物教等,泰勒把原始宗教全部推入万物有灵论的坩埚之中,显然夸大了原始人的抽象思维能力。马林诺夫斯基认为,原始宗教并不是像现代人所设想的那样,是一种玄思的东西,而是紧贴着原始人的生活的、十分粗浅的信仰。这尤其表现在拜物教和图腾崇拜中。

在原始人那里,宗教的最显著的特点是,它是一种公共性质的集会与仪式,是一种群众性的活动,一个部落或一个地方的人共同崇拜圣物

---

① [英]马林诺夫斯基:《巫术 科学 宗教与神话》,李安宅译,中国民间文艺出版社1986年版,第77页。

或神祇，一致地祈祷、行祭、祈吁、谢恩，乃是宗教仪式的原型。为什么原始宗教总是采用这种公开的、集体的方式来进行的呢？马林诺夫斯基作了如下的解释：首先，由全部落一起举行典礼，会产生一种神圣的、威严无比的空气；其次，在原始社会，无法律可言，宗教在很大程度上成了约束每个人的纪律、道德观念。这种约束要起作用，自然所有的人都要参加祈祷和祭奠的仪式；最后，任何宗教都有一个特点，即其教义是不能篡改的。原始宗教既无典籍可据，就只能靠集体人的记忆来传递下去。

马林诺夫斯基强调，宗教对原始人的生活起着重大的和积极的作用。人类不得不在死亡的阴影下生活，死亡是原始宗教的一个最重要的根源。原始人不愿承认死是生命的尽头，由此而产生了灵魂不死的观念。这一观念构成原始宗教意识的核心，然而其根本在于求生的情感与欲望，而不在于原始的哲学与玄思。马林诺夫斯基的下述见解是很深刻的："构成灵的实质的，乃是生底欲求所有的丰富热情，而不是渺渺茫茫在梦中或错觉中所见到的东西。宗教解救了人类，使人类不投降于死亡与毁灭。"①在他看来，宗教是上天对人类的无上的赐予之一，正因为有了宗教信念，人类才没有屈膝于死亡，而选择了生命的延续，并在与大自然的搏斗中取得了越来越辉煌的胜利。

现在我们来看原始人的另一个世界——世俗的世界以及科学在这个世界中的巨大作用。马林诺夫斯基说："宗教以外，尚有甚么？原始生活底'世俗'界是甚么？这是引起近代人类学底纠纷现象的第一问题。"②原始人不仅生活在巫术和宗教中，而且也生活在一种科学的态度中。比如，在农业上，原始人不但善于辨别土壤种类，而且善于选种选地，及时种植、耕耘和收获，他们也有很多关于气候与季节的知识；在渔业上，他们不仅善于制造独木舟，懂得材料、技术、动力学的某种原理与

---

① ［英］马林诺夫斯基：《巫术 科学 宗教与神话》，李安宅译，中国民间文艺出版社1986年版，第33页。

② 同上书，第9页。

平衡，而且有成套的航驶原理和丰富的捕鱼经验。事实上，原始人如果光虔信巫术与宗教，缺乏一个科学态度的话，他们的生活是一天也延续不下去的。

原始人生活在一个双重的世界中，这一双重的世界具体表现为由巫术、宗教和科学构成的"三角形星座"。在这个特殊的"星座"中，巫术起着媒介的作用。一方面，巫术与宗教都导源于原始人感情上的紧张，特别是对死亡的恐惧，但两者也有区别，巫术背后的目的是直截了当的，宗教的目的则是间接的，是不能一下子窥见的；另一方面，巫术又与科学相近，作为实用的工具，两者都和原始人的经验密切相关，然而，它们也是有区别的。马林诺夫斯基写道："凡是有偶然性的地方，凡是希望与恐惧之间的情感作用范围很广的地方，我们就见得到巫术。凡是事业一定，可靠，且为理智的方法与技术的过程所支配的地方，我们就见不到巫术。"①科学是一种理智的活动，而巫术则是对理智暂时还无法认识的东西，如气候的变化、人体的生老病死及其他种种偶然的东西的人为的祛除，其心理因素是为了获得一种安全感。

当巫术、科学与宗教交融在一起，在原始人类中代代相传时，便构成了传统。马林诺夫斯基认为，"在原始状态之中，传统对于社会有无上的价值，所以再也没有社会分子遵守传统更为重要的了"②。在原始人的心目中，传统之所以显得特别重要，是因为：一方面，原始人所获得的科学知识和风俗信仰，都是列祖列宗惨淡经营得来的，如不保存起来，便会丧失殆尽；另一方面，传统是一种实在的势力和根深蒂固的价值观，它的文化功能是使团体团结，这归根结底是原始人生存的需要。

那么，传统究竟是通过什么样的载体传递下去的呢？马林诺夫斯基告诉我们，主要是靠神话。"简单地说，神话底功能，乃在将传统溯到荒古发源事件更高、更美、更超自然的实体而使它更有力量，更有价

---

① ［英］马林诺夫斯基：《巫术 科学 宗教与神话》，李安宅译，中国民间文艺出版社1986年版，第122页。
② 同上书，第23页。

值,更有声望。"①他关于神话的一个极为重要的思想是:神话并不是象征的,而是实用的。神话"不是闲话,而是吃苦的积极力量;不是理智的解说或艺术的想象,而是原始信仰与道德智慧上实用的特许证书"②。原始人的两重生活在神话中得到了生动的体现。这就告诉我们,研究原始人的神话与传说,乃是我们揭开史前社会之谜的一把钥匙。

马林诺夫斯基的《巫术 科学 宗教与神话》一书为我们研究原始文化和当代文化提供了许多有益的启示。

首先,把原始人的生活划分为世俗界和神圣界极为重要。对原始文化的研究,如果光停留在神圣界,或干脆用神圣界去吞没世俗界,原始人和文明人之间便失去了联结的纽带,文明人在科学知识的积累和发展中获得的巨大成果便成了无源之水、无本之木。事实上,文明人继承了原始人的两重生活,康德把人类理性划分为理论理性与实践理性,也就承认了科学与宗教信仰各自在人心中的不可或缺的地位与作用。当代西方文化中人文主义思潮与科学主义思潮的两分更典型地显露出文明人的两重生活。所不同的是,在原始人的生活中,神圣界是占统治地位的,在文明人的生活中,世俗界则是占统治地位的,即使现代人文主义思潮中的某些非理性主义者,把理性贬抑得非常厉害,但他们阐述自己学说的语言却完全是理性化的。世俗界和超世俗界的两重性是人性的永恒的冲突之一。

其次,原始人的传统和神话并不是闲来无事的诗词、空中楼阁式的想象和漫无边际的象征,而是原始人生活中"实用的特许证书"。原始人是出于生存的考虑来创造神话以保留传统的,如果忽视这一点而光强调神话的想象力和象征性,那就是用文明人的思想去改铸古代人了。因此,在研究神话时,重要的是揭示出它和原始人生活之间的内在联系,而不单纯地把它作为文学作品加以欣赏。

---

① [英]马林诺夫斯基:《巫术 科学 宗教与神话》,李安宅译,中国民间文艺出版社1986年版,第127页。
② 同上书,第86页。

最后，对原始文化的研究不能停留在纸面上，而必须深入原始人的实际生活中去。人类学家的知识不应满足于传教士的庭院、旅行家的笔记和政府机关的档案，"他应该走到村子里去，应该看土人在园子、海滨、丛林等处作工，应该跟他们一起去航海，到远的沙洲，到生的部落，而且观察他们在打渔，在交易，在行海外仪式贸易"[①]。这段话实际上说出了功能学派方法的要旨。马林诺夫斯基称这样的人类学为"露天的人类学"，他自己对东部新几内亚等处就进行了数年的实地考察。事实上，人类学要获得真正的进步，就必须进行实地研究。这一见解和方法为我们研究中国的原始文化提供了有价值的引导。

---

① ［英］马林诺夫斯基：《巫术　科学　宗教与神话》，李安宅译，中国民间文艺出版社1986年版，第128页。

《寻找新的价值坐标
——世纪之交的哲学文化反思》后记[①]

在学术研究不景气、学术著作出版十分艰难的情况下,这部著作得以结集出版,首先要感谢复旦大学出版社前社长张德明(现任上海教育电视台台长)和出版社总编辑高若海;也要感谢本书的责任编辑、我的师兄陈士强副教授,他在繁重的编辑工作的间隙中,搁下了手头正在撰写的《佛典精解续编》,牺牲了不少休息时间,认真仔细地审读了全部书稿,并订正了书稿中的一些疏漏之处,遂使本书得以顺利出版。

在这部书稿中,除了"导论"部分是新写的外,所收的53篇论文(其中也包括一些读书札记和短小的谈话录)均已在报刊上发表过。当然,这些论文只是我已发表过的全部论文中的一小部分,特别是我关于西方哲学研究的主要论文均未收入,因为编辑这部书稿的主要着眼点是思想性,在思想性的基础上再兼顾学术性。另外,出于篇幅上的考虑,我也未把已出版的学术著作中的有关章节收进去。我想,这是应该给读者说

---

① 原载俞吾金:《寻找新的价值坐标——世纪之交的哲学文化反思》,复旦大学出版社1995年版,第531—532页。——编者注

明的。

  这部书稿中收入的论文记录了十多年来我对一些重大的理论问题、文化问题和社会问题的思索。从今天的眼光看来,其中有些观点已失之偏颇了。然而,既然文本已经出版,即已经完成了社会化的过程,作者也就无权再修改它们了。我在这里想说明的只是,作者还在继续他自己的思索。每一个熟悉哲学这门学科性质的人都知道,对于哲学研究来说,重要的不是提供一个现成的答案,而是努力以准确的方式提出问题。事实上,也只有在不断的创造性的思考中,人类的精神才能永远保持活力。

《俞吾金集》(1995)自序[①]

这本论文集收录的是我在1980年到1995年这个时间跨度中写下的论文的一部分。从这些论文中,读者可以约略窥见我从本科生到硕士生再到博士生和博士后思想发展的大致线索和痕迹。从今天的眼光看来,这本论文集中收录的某些论文是十分幼稚的,另一些论文则充满了青年人的激情但又缺乏缜密的理论思考。可是,既然苹果已经从树上掉下来,它们也就超越了仅仅从属于苹果树的关系,易言之,我已经无权修改这些论文了。更何况,认识到过去的幼稚正是思想不断发展和更新的一个标志。我又如何保证,我今天视为成熟的想法在10年后就一定不是幼稚的呢?这样想来,我也就释然了。

为便于阅读起见,我把这些论文分为五个部分:一是"当代中国文化研究",探讨的核心问题是中国传统文化和现代化的关系问题,以及由此问题而引申出来的一系列问题,如路与道、理与欲、历史评价与道德评价等关系问题;二是"一般哲学理论研究",主要围绕"什么是哲学?"的元问题展开,力图更新对哲学的理解,从而重新解

[①] 原载俞吾金:《俞吾金集》,黑龙江教育出版社,1995年版。收录于俞吾金:《俞吾金集》,学林出版社1998年版,第6—15页,题为"关于哲学研究的反思"。——编者注

释哲学研究中出现的一些重大问题，如认识观、自由观、发展观等；三是"西方哲学研究"，主要体现出对西方哲学演化的内在逻辑和哲学家的思维方式的关注，如《试论斯宾诺莎哲学的深层结构——范畴辩证法体系》探索了斯宾诺莎哲学的深层思维结构；四是"西方马克思主义研究"，主要从文化和意识形态的视角出发，对葛兰西、霍克海默、阿尔都塞和哈贝马斯等人的思想作出了新的思考和阐释；五是"马克思哲学理论研究"，从对生活世界的本质的领悟出发，对马克思主义哲学理论中的一些重大问题提出了新的见解，如意识考古学方法、人化自然辩证法、本体论思想、社会人类学思想和马克思主义的第四个来源与第四个组成部分等。

应该指出，上述五部分的划分是勉为其难的。在某种意义上，人类思维所作出的任何分类都是对生活世界的整体性的一种破坏，但为了理解，我们又不得不经过分类这个思维的炼狱。所以重要的是，在读解这些文本时，要始终保持着对生活世界的整体性的把握和领悟，从而也注意到这些文本之间的相互联系。还需要指出的是，在每一个部分中，论文的排列大致上是以出版时间的先后为序的。这样排列，从内容上看来，似乎显得有些杂乱，但却便于读者把握住作者思想演化的脉络。

在对本论文集的情况作了一个简要的说明之后，我倒更愿意谈谈我在整理这些论文时萌生出来的一些想法。

首先，我发现，从我进大学后系统地学习哲学开始到今天，我对哲学的兴趣和理解已发生了很大的变化。这一变化主要表现在以下三个方面。

一是从对哲学的方法论和认识论的关注转向对哲学的本体论的关注。从完整的哲学视野来看，本体论、认识论和方法论都是不可分割地联系在一起的，按照奎因思想的逻辑，既不存在无本体论承诺的认识论和方法论，也不存在不蕴含认识论和方法论的本体论。然而，比较起来，本体论的先行澄明对于哲学研究来说却是根本性的前提。哲学好比是一棵树，如果认识论和方法论是树枝和树叶的话，那么，本体论则是树根和树干。过去我们的哲学研究大多着眼于认识论和方法论，是因为我们预设了一个前提，即本体论问题已经解决，而这种解决又是通过单纯否定的方式来实现的。也就是说，我们干脆废弃了本体论的提法，而用世界观这一概念取而代之。然而，认为改换一下名词就能改变事物的本质乃是人类天真的诡辩法。在哲学研究中，我们永远无法逃避本体论承诺。这种逃避必然产生的结果是：我们从不去思索哲学本身的基础和前提，而只是在枝叶上消耗时间，这也正是当代中国只有哲学史家而无哲学家的一个原因。由于哲学家们专心致志地埋首于认识论和方法论的探索，哲学成了无根的浮萍。所以，它在"文化大革命"中堕落为诡辩也就不值得奇怪了。由此看来，当前哲学研究的任务并不是急于在细节上进行铺张，倒是需要认真地反观哲学自身，从哲学和生活世界以及世界精神的新发展的本质联系中来澄明其本体论前提，从而把整个哲学思维（包括认识论和方法论的研究）提高到一个新的水平上。

　　二是从对哲学学理的抽象关注转向具体关注。所谓"抽象关注"，就是仅仅就学理来探讨学理；所谓"具体关注"，就是从意识的意向性出发，既关注学理的逻辑层面，又关注学理所指称的社会历史层面。细细地反思起来，这种"抽象的关注"并不是无源之水，它源于我们竭力逃避而又不自觉地加以依赖的抽象本体论。抽象本体论或表现为抽象唯物主义，即满足于世界统一于物质的空谈，抽去一切物质的东西的社会历史内涵；或表现为抽象唯心主义，即满足于精神是世界的本原和基础的说教，抽去一切精神和观念的社会历史内涵。在当今世界，前者必然导致"拜物教"，后者则必然导致"观念崇拜"。前者只看到物与物之间的关系，看不到这些关系背后隐藏的人与人之间的社会关系；后者只看到观念与观念之间的继承或消解关系，看不到这些关系背后隐藏着的社会历史变迁。同样，"具体的关注"也不是无本之木，它源于具体的本体论。我把这种本体论称为生存论的本体论。这种本体论的最基本的原则是历史性，它要求我们在对经验世界的一切现象的探究中，先行地澄明这些现象的社会历史条件。比如，一定的物质财富，在古代社会中不过是物质的财富,在现代社会中它就可能转化为资本。乍看上去,资本仅仅是物质的东西,实际上它蕴含着现代社会的人际关系,因而绝不能脱离社会历史条件来抽象地谈论物质财富或资本。又比如,中国学者最喜欢谈论"天人合一"①的观念,视其为中国哲学的最重要的遗产之一,然而,必须指出,在不同的历史条件下,这一观念具有不同的社会历史内涵。在传统社会中,"天人合一"指称的是自然经济基础上的田园诗画(如老子的"小国寡民"、陶渊明的桃花源等);在现代社会中,"天人合一"指称的是以科学技术、工业和商业的发展为媒介的人化自然。所以,如果在现代中国社会(正在进行工业化和现代化)中,有人不加具体分析地,特别是以撇开工业化的方式来谈论"天人合一"的观念,他赞赏的就仅仅是自然经济基础上的田园诗画。易言之,他的兴趣并不在于说出"天人合一"这一抽象的观念,而在于表达一种反工业化的浪漫主义的社会情绪。总之,只要我们立足于生存论的本体论,而不是立足于抽象的唯物主义(物质本体论)或抽象的唯心主义(精神本体论),我们就会从历史性出发去透视一切现象,而不仅仅满足于在抽象学理争论的圈子中打转。

三是从对主体性的探讨转向对主体间性的探讨。一段时间以来,主体性的探讨乃是我国哲学界的一个热点,不少学者在探究这个问题时虽然十分强调主体作为现实的人所处的普遍的社会联系,但这方面的强调常常是一种形式化的、标签化的东西,他们真正感兴趣的仍然是鲁滨孙式的个体主体性。这可以从两个侧面看出来。第一个侧面是:学者们常常把中国哲学理解为人生哲学,理解为个人践履一定的道德观念的理论学说。殊不知,按照海德格尔的看法,人生在世的基本事实乃是"共在"(Mitsein),换言之,人的本质并不是人本身,而是人的社会。因此,脱开社会哲学来讲人生哲学,人生哲学就成了无根的浮萍。张岱年先生在《中国哲学大纲》"再版序言"中说:

---

① 在中国哲学中,"天"有多种不同的含义,在这里,我们主要把"天"理解为自然的对应词。在这个意义上,谈论"天人合一"也就是谈论人与自然合一的观念。

> 本书的范围以宇宙论、人生论、致知论(认识论)为限,对历史观未涉及,现在看来,更是一个显著的缺欠了。①

这是张先生的自我批评,表明他已意识到社会历史观的重要性,然而这段话中的"涉及"一词也表明张先生的这种意识还是远远不够的。只要读一读张先生的《中国哲学史方法论发凡》就会知道,他是把一般唯物主义(抽象的唯物主义)作为历史唯物主义的基础来看待的。所以,即使张先生把历史观写进《中国哲学大纲》,他也会把它放在致知论的后面,从而构成宇宙论、人生论、致知论、社会历史论的格局。按照我的看法,这样的格局只是增加了这本书的篇幅,却丝毫未改变它的根本思路。对于中国哲学来说,社会历史观绝不是某种只需要附带"涉及"的、像邮票一样贴上去的东西,而应该成为我们全部研究的起点。换言之,新格局应是:社会历史论、人生论、致知论、宇宙论。不先行地澄明社会历史论的出发点,我们对人生论、致知论和宇宙论的考察就有可能失去真正批评的见识。第二个侧面是:学者们常常满足于无批判地谈论康德的道德学说。殊不知,康德这方面的学说也正是从理想状态中的个体主体出发的,因此,这种道德观念本质上也是抽象的、非现实的。所以,注重社会现实的黑格尔喜欢谈伦理,并把伦理视为抽象法和道德的统一。易言之,黑格尔不是从个体主体,而是从家庭、市民社会和国家所必然蕴含的主体间性出发来谈论道德观念的,因而他谈论的不是抽象的、应然的东西,而是具体的、现实的东西。胡塞尔晚年对主体间性的强调和哈贝马斯的交往理论对主体间性的倚重都表明,"主体性热"必然转化为"主体间性热",从而转化为对市民社会及法律、伦理、宗教、政治等主体间性的游戏规则的研究。

其次,我认识到,哲学研究主要不是像绕着轮子打转的松鼠一样,不断地去追逐新的东西,如建立什么管理哲学、决策哲学、经济哲学、

---

① 张岱年:《中国哲学大纲》,中国社会科学出版社1982年版,第2页。

道德哲学、宗教哲学等,或仅仅满足于无批判地译介国外的各种学术思潮①,而是应经常地反观哲学自身,思索"什么是哲学"的元问题。如果抽象地看,这是一个古老的、陈旧的,因而也是无味的问题;如果具体地看,则是一个常问常新的、每个历史时代都可能提供不同答案的、有趣的问题。只要我们浏览一下哲学史的话,就会发现,这个问题有各种截然不同的答案:人们或把哲学理解为爱智,或理解为对人生意义的探讨,或理解为关于世界观的学问,或理解为对自然科学和社会科学研究成果的概括和总结,或理解为语言和逻辑的分析活动,或理解为对荒诞现象的研究;如此等等,不一而足。我觉得,所有这些回答都未真正返回到对哲学根基的反省上,而要返回到根基上,我们必然要择取生存论的本体论的立场。从这一立场出发,人类生存在世界上②乃是我们解答一切问题(包括"什么是哲学"的问题)的前提,而从这一前提出发,我们必须改变哲学元问题的提法。"什么是哲学"这种提问的方式本身就预设着知识论哲学的前提。这种哲学把哲学理解为知识或学问,在"哲学就是关于世界观的学问"这类回答中,这种倾向表现得十分明显。其实,即使在某些哲人把哲学理解为对人生意义的探讨时,他们仍然没有离开知识论哲学的基地,因为他们通常是在超越的层面上(如冯友兰先生在天地境界中)来思索人生的意义,忘记了这方面的思索应从哲学的根基处开始。那么,怎么改变问题的提法呢?我认为,从生存论的本体论出发,我们应当这样提问:"哲学的意义是什么?"这种提问方法突显了哲学和生存着的人类之间的内在联系,从而促使提问者从人类的生存活动

---

① 准确地译介国外的学术思潮和作品当然是必要的,在某种意义上可以说,我们在这方面的工作还做得很不够,但仅仅停留在译介上是不够的。有些学者喜欢不断地追逐新思潮,搬弄新名词,从而显示出自己在不断地思。其实,这种追逐显示出来的恰恰是反面的东西,即思之丧失。

② 在哲学研究中,"世界"概念是人们思索得最少的概念,这正应了黑格尔的名言:"熟知非真知。"通常,当人们谈论人与世界的关系、人对世界的看法(如世界观)时,已把人和世界割裂开来,把人看作放入世界的某种东西。其实,世界就是人的生存活动的展示方式,海德格尔的"在世之在"(Sein in der Welt)的概念很好地说明了人和世界的这种交融性。

出发来规定哲学的内涵。亚里士多德在《形而上学》中谈到哲学时指出：

> 这类学术研究的开始，都在人生的必需品以及使人快乐安适的种种事物几乎全都获得了以后。这样，显然，我们不为任何其它利益而找寻智慧；只因人本自由，为自己的生存而生存，不为别人的生存而生存，所以我们认取哲学为唯一的自由学术而深加探索，这正是为学术自身而成立的唯一学术。①

亚里士多德的过失在于从知识论哲学出发，把哲学研究从与人类生存活动的内在联系中剥离出来。殊不知，不仅哲学所探究的问题受制于人类的生存需要，甚至连哲学本身是否能作为"唯一的自由学术"归根到底也是由人类的生存状况来决定的。哲学并不是闲来无事的诗词，它的每一声叹息都是从人类生存活动的深渊中发出来的。从苏格拉底、柏拉图和亚里士多德肇始的知识论哲学，直到19世纪的马克思和叔本华那里才遭到有力的批判，而在20世纪，"生活世界"和"日常生活"的概念则成了哲学家们的口头禅，尤其是在海德格尔那里，哲学和人类生存活动之间的内在联系被紧密地建立起来了。在这个意义上，我们可以说，哲学的意义是为人类的生存活动提供指导。基于这样的理解，哲学的内涵也就是被规定了：哲学是对人类生存活动意义的澄明，换言之，哲学的基本使命是破解人类生存活动之谜。应该从这样的前提出发来探究人的本性、自由和人的希望。

再次，我体会到，在当前的哲学研究中，哲学的消解功能比建设功能显得更为重要。人是被抛掷到这个世界上来的。人在刚出生的时候还不过是一个自然存在物，人是经过教化，即社会化而转变为社会存在物的。人之所以必须经过教化，乃是为了得到社会认同，从而获得进入社会的许可证。人通过教化而学会语言，获得各种知识，从而到了一定的

---

① ［古希腊］亚里士多德：《形而上学》，吴寿彭译，商务印书馆1959年版，第6页。

年龄后，达到了我们通常所称道的所谓"独立思维能力"。其实，这里的独立性无非是一种虚假的外观。人们容易陷入这样的幻觉，即他们的思考是充分自由的，他们可以思考自己愿意思考的任何问题。然而，他们显然忘记了，他们的思考赖以进行的语言和基本概念，他们赖以评判一切现象的信念和常识，都是从教化过程中接受过来的，而一般来说，教化所体现的通常是一个时代的意识形态的主导精神，而意识形态的基本特征之一是掩蔽性。这就告诉我们，教化既说出了一些东西，又掩蔽了另一些东西。如果我们的思维仅仅活动在教化允许我们活动的范围之内，那就是说，它并不是独立型的，而完全是依赖型的。真正独立的倒是教化所引入的意识形态本身，而人们不过是意识形态的容器而已。这样看来，真正要达到独立思维的境界并非易事。

从哲学的眼光看来，乐于建造哲学体系绝不是独立思维的确证，倒是缺乏这种思维的一个标志。因为比建造哲学体系更为重要的是先清扫思想的地基。如果这一地基还处在被掩蔽的状态下，那么，这种建造必然是劳而无功的。所以，与其说建设功能是独立思维的确证，毋宁说消解功能才是独立思维的真正的体现。

我这里说的哲学的消解功能并不是皮相地对一些流行见解作出批评乃至否定，而是要对已通过各种教化的途径接受过来的、视之为想当然的见解作出批评性的反思。这一反思的基本对象可以罗列如下：

第一，隐藏在意识形态的深处而又对其整个发展具有范导作用的问题框架；

第二，通过一定的意识形态的过滤而显示出来的传统文化的基本观念；

第三，从一定的意识形态中透显出来的，描述并阐释整个生活世界的基本概念；

第四，依据一定的意识形态和传统文化知识而形成起来的社会形态观念，这一观念又制约着人们对时代和时间概念的理解；

第五，人们用以表达思想的语言和语言所遵从的逻辑。

当然，要对上述五个方面作出批评性反思绝非易事，然而却并不是不可能的。一方面，人们要能深入地观察生活，认识生活世界的现实和本质，这样也就获得了透视一切观念的东西的参照系；另一方面，人们需要不断地阅读各文化系统的大思想家的著作，通过与他们的对话，获得一种超卓的思维能力。没有这两方面的天赋和努力，不但不能批评和消解什么，也不能建设和创造什么。

最后，我感悟到，我们正处在社会转型和古今中外文化大交汇的关键时刻。从历史上看，我们已成功地回应了印度佛教文化的挑战，而这一次，我们能否成功地回应西方文化的挑战呢？现在下结论当然还为时过早，然而，作为当代中国的知识分子，尤其是人文知识分子，我们所企求的不正是中国文化对西方文化的积极回应——融合中西文化的长处，扬弃中西文化的短处，从而使中国文化以更博大的生命力量出现在世界舞台上吗？而要对西方文化的挑战作出积极回应，那就需要几代乃至几十代知识分子作出艰苦卓绝的努力。而这种努力既不在于东拼西凑、粗制滥造地去编撰各种各样的、大部头的词典①，也不在于把传统文化中的各种典籍简单地翻印出来；既不在于急功近利地、不讲质量地翻译国外，尤其是西方的各种文本，也不在于在学术文化研究上不断地追逐新思潮、新名词，搞所谓"轰动效应"。重要的是坐下来，经过深入的、长时间的思考，深刻认识当前生活世界的本质和发展趋向，并通过和中外大思想家文本的深入对话，拿出既有理据又有思想性的理论著作来。重要的不是转述别人的思想，而是说出自己的思想；不是显示自己学到了多少知识，而是说出自己对这些知识的批评性见识。借用汤因比的语言来说，只有退隐才能复出，如果整天以"社会良心"自居，征引一些半生不熟的新名词，颐指气使地评判一切，那么，这绝不会促进学术

---

① 在当代中国学术界，编词典乃是一种流行病。依笔者看来，编词典可以编出职称来，但无论如何编不出思想来。中国缺乏真正的思想词典。这类词典既是词典，同时又是著作，比如，伏尔泰的《哲学辞典》就是这样。为什么我们就不能突破词典仅仅是工具书这一传统的见解呢？

的进步。相反，知识分子，尤其是人文知识分子，越是不事张扬，潜心于自己的理论研究，并能拿出真正有分量的作品来，就越能得到全社会的尊重。

记得古希腊德尔斐神庙的伟大神谕是："认识你自己。"然而，"你"并不是一个单独的称谓，"你"是相对于"我""他（她）""你们""我们""他们（她们）"而言的。在未认识"你"的普遍的社会联系之前，"你"始终不过是一个空的胡桃壳。此外，这里的"认识"也牵涉到两个方面：一方面，"认识"必须以语言为载体，而语言不是私人的，只可能是社会的；另一方面，"认识你自己"的主体是"你"，"你"在能够认识自己之前必定已有某种先入之见。这样一来，"认识你自己"的命题就转化为"认识你的先入之见"，而这种先入之见正是通过社会化而获得的。所以，"认识你自己"也就是认识你在生存活动中必然地或偶然地所遭遇到的一切。真正地说来，你不是你自己，你就是你的社会、你的世界。而两千多年来，我们在这方面的思索又取得了多少进展呢？所以，我们应当尽量避免那种"空疏的傲慢"，自甘寂寞地坐回到自己的书房中去，写出一些自己愿意写而又有能力写清楚的东西出来。

《文化密码破译》自序[1]

收进本书的作品大部分是已在报刊上发表过的，而且大多是短小精悍的随笔或评论类作品，是我在十多年的时间里断断续续写下的。我在整理这些作品时，把它们重读了一遍，感到如果今天再来写同样的题目，一定会写得更有深度；也发现在另一些作品中尚作为萌芽状态出现的东西正是我今天思考的中心问题。正是借助本书的汇编，我重新回顾、反思了自己的学思历程，看清了今后用力的方向。

本书由"文化篇""哲学篇""改革篇"和"综合篇"组成。在"文化篇"中，有我为《解放日报》撰写的题为"文化密码破译"的连载，也有为《文汇报》撰写的题为"世说新语"的连载和其他一些文化思想随笔。在"哲学篇"中，既有探讨一般哲学问题的短论和考证、辨伪式的短文，也有对西方哲学家进行个案研究的学术论文。在"改革篇"中，不仅有针对改革中出现的各种理论和社会问题的评论，也有对道德问题的专论。至于"综合篇"的内容，顾名思义，自然是更多样化了：既有文艺评论方面的散论，又有读书方面的心得，还有参与国际大专辩论赛的一些感悟。在每篇的

---

[1] 原载俞吾金：《文化密码破译》，上海远东出版社1995年版。——编者注

篇末,都附上了一些综述、动态或访谈型的文字,聊可充作了解各篇内容的补充材料。

还需要加以说明的是,我之所以把"文化密码破译"作为本书的书名,是基于下面的考虑。近年来,谈文化已成为国人的时髦。一方面,"文化"概念成了一个大杂烩,什么东西都可以被套上文化的面具而乔装打扮起来;另一方面,"文化"概念成了一个防空洞,凡是在政治、哲学、法律、宗教等领域中难以讨论的问题,统统都被置于"文化"的标题之下。其实,这种外观上轰轰烈烈的所谓"文化热",不仅暴露出各个学术领域研究上的贫乏,而且暴露出我们对"文化"概念的理解是何等肤浅。"文化密码破译"的宗旨是探寻文化现象中蕴藏着的深层内涵,使之上升到意识的层面上。

"文化密码破译"不仅要诉诸对人们日常生活中的行为方式的分析,而且要诉诸作为传统的日常生活的表现的日常语言的剖析。晚年的维特根斯坦从对理想语言的向往转向对日常语言的研究,他强调,语言就是语言游戏,而语言游戏就是一种生活形式,这是卓有见地的。然而,维特根斯坦就此止步了,他没有接纳并消化自德国历史学派诞生以来所开启的一个基本思想,即日常语言折射出人类的全部社会历史生活。日常语言中的语词和句子的意义不光取决于语言游戏的Context,即上下文,还取决于传统社会的日常生活先入为主地赋予语词和句子的社会的、人文的内涵。比如,就语词而言,"男"字是用得非常普遍的,今人在语言游戏中仅仅从性别上去理解它的意义。但如果我们诉诸这个字的人文的、历史的内涵,情形就大不相同了。许慎在《说文解字》中解释此字时写道:"男,从田力,言男子力于田也。"一个"男"字已透显出中国传统的农耕社会的历史风貌。就句子而言,如"人非圣贤,孰能无过"也是用得很普遍的,今人的语言游戏只限于对它的表层意义的理解,即人总是要犯错误的。但从它的历史的、深层意义上来看,它蕴含着一个完全相反的思想,即圣贤是不会犯错误的。如果我们不领悟这个句子的深层含义,就会不自觉地去维护古代或现代的迷信。"文化密码破译"在某种意义上说，就是要超越今人所热衷的肤浅的文化讨论和语言游戏，力图显示出，而且是批判地显示出文化和日常语言的深层的人文历史内涵。

  当然，我坦然承认，限于我所从事的西方哲学专业，我还没有时间系统地去破译中国传统文化的密码，但我很希望学界同仁一起来从事这方面的研究工作，从而真正地把文化讨论引向深入。

《马克思主义社会理论》推荐序[①]

放在我们面前的这部著作是瞿铁鹏博士继《马克思社会研究方法论》一书(博士学位论文修改而成)后撰写的又一力作。如果说,他的前一部著作偏重从哲学上来探讨马克思的社会理论的话,那么,他的后一部著作,即放在我们面前的这部著作则更偏重从社会学的角度来研究并阐发马克思的社会理论。我们认为,这部著作具有如下的特点和优点。

首先,从作者的研究对象和范围就可以看出,他对马克思学说的本质精神有着深刻的领悟和把握。为什么这么说呢?因为在不少马克思的研究者看来,马克思的社会理论不过是马克思把一般唯物主义理论运用到社会历史领域的结果。按照这种见解,马克思通过对社会历史的研究而创立的历史唯物主义理论只是他全部学说的一个结果而不是它的基础和出发点。这种理解方式不仅磨平了历史唯物主义和旧唯物主义之间的本质差异,而且实际上贬低了马克思在哲学和社会学理论上的划时代创造。《马克思主义社会理论》恰恰跳出了这种传统理解方式的窠臼,始终把历史

[①] 原载瞿铁鹏:《马克思主义社会理论》,上海社会科学院出版社 1995 年版,作者金顺尧、俞吾金。——编者注

唯物主义视为马克思研究和透视其他一切问题的出发点，从而也把社会理论作为马克思全部学说的基础和核心加以探究。要说明这一点，我们只要举一个例子就可以了：作者把"社会存在"概念作为他探讨马克思的全部社会理论的入手处，在作者看来，"社会存在"既是哲学概念，又是社会学概念，而这一概念的最本质的含义就是物质生活的生产和再生产。不领悟这一点，对马克思社会理论的研究就会误入歧途。正是这个入手处的择定，显示出作者卓越的理论眼光。

其次，作者是在深入研究和充分吸收当代社会学研究的优秀成果的基础上来反观马克思的社会理论的，因而作者的全部论述都富于时代气息，并始终占据着当代社会学理论的制高点。如引入哈贝马斯的交往行为理论来分析马克思的意识、意志和交往行为的关系；引入阿尔都塞的结构主义理论和曼海姆的知识社会学的理论来探讨马克思的意识形态学说；引入迪韦尔热的政治社会学理论来剖析马克思的阶级意识学说；引入吉登斯的社会学理论来阐述马克思的阶级、阶级结构和阶级冲突的学说；等等。作者运用各种社会学理论，特别是以哈贝马斯和吉登斯为代表的当代社会学理论，既无牵强附会之处，也无斧凿砍削之痕，而是信手拈来，融入作者对马克思社会理论的评述之中。还须指出的是，作者对这些新的社会学理论也不是采取盲从的态度，而是实事求是地肯定其理论贡献，指明其局限性，处处显示出作者作为一个青年社会学理论家的独立思考。

再次，作者从理清基本概念出发来探讨马克思的社会理论也是别具一格的。之所以说是别具一格，是因为作者未从教科书体系的生产力和生产关系、经济基础和上层建筑这样的概念出发，而是结合社会学研究的特定思路，列出了社会生活类型、劳动范畴、社会关系、共同体联系和社会联系等新概念，并从这些新概念出发，全面展示马克思社会理论的整体风貌。这种先澄明基本概念，然后展开论述的表达方式也贯穿在这部著作的每一章的论述之中。读来令人感到思路清晰，条理分明。

最后，特别需要指出的是，本书对马克思社会理论的研究采取了结构分析和历史分析相结合的方法。从 20 世纪 20 年代末开始,卢卡奇、葛兰西等学者侧重于从历史的角度研究马克思的社会理论,而阿尔都塞、普兰查斯等学者又偏重从结构的角度来研究马克思的社会理论,由此构成了两种研究方法的对立。阿尔弗雷德·施密特的《历史与结构》一书就力图把这两种研究方法统一起来。本书的作者借鉴了这方面研究的最新成果,既重视从共时的、静态的视角来分析马克思的社会结构理论,又重视从历史的、动态的视角来分析马克思的社会演进理论,从而恢复了马克思社会理论的本质精神。

总之,本书的探索取得了可喜的成绩。当然,作者在论述劳动范畴时,如能进一步引申出异化劳动和物化(包括类物教)的问题,并把马克思作为主要考察对象的生产劳动(现代社会创造剩余价值的劳动)概念与非生产劳动概念区分开来,从而从四种生产(物质资料生产、人的生产、精神生产和社会关系生产)出发来论述马克思的社会理论的话,全书在结构上还会更严谨一些。当然,这不过是我们的一孔之见,也不一定是对的,只是提出来供作者参考罢了。

在学术研究日益萧条的情况下,阅读瞿铁鹏的这部著作乃是一种真正的理论享受。我们也把这部著作推荐给广大读者,希望引起他们的关切和理论兴趣。

1996年

反映复旦人生活的一面忠实的镜子[1]

《复旦》校刊自复刊以来已经出版了400期。即使按照比较保守的计算方法，假设每期有两万字篇幅的话，这400期就已经达到800万字了。这个天文数字既显示出这份小报顽强的生命力，又显示出复旦人办事的认真和韧性，即锲而不舍的复旦精神。

多年来，我已经养成了读报的习惯。就我比较喜欢的小报而言，除了《新民晚报》和《文汇读书周报》外，恐怕就是《复旦》了。如果过了一段时间而没有见到《复旦》的话，总觉得心中缺了什么东西。为什么会产生这种感觉呢？因为《复旦》是复旦人的报纸，是反映复旦人世界的一面忠实的镜子。它有一种无形的力量，把复旦人吸引在它的周围。作为复旦人，我们都会关心下面这些问题：复旦大学校园里正在进行哪些重要的活动？复旦大学的老专家和学校领导正在思考什么问题？复旦大学各系、所的负责人和中青年学者正在研究什么问题，他们有哪些富于创意的新的学术著作和学术论文问世？复旦大学的莘莘学子的学习情况如何，在他们中流行的新观念是什么，他们的困难、希望和成绩是什么？复旦大学

---

[1] 原载《复旦》校刊1996年3月12日。——编者注

正在开展哪些国际文化交流活动，又有哪些专家到复旦大学来讲学了？复旦人在拼搏中又获得了哪些新的成就？……所有这些复旦人关注的问题，只要拿起《复旦》，就会找到答案。所以，每当我读《复旦》的时候，一种亲切的、温馨的感觉总会油然而生。

  《复旦》带给我们的这份亲切和温馨，还不仅仅在于它为每个关注着复旦大学发展和命运的复旦人打开了一扇信息之门，更重要的是，它在思想感情方面起到了一种十分重要的沟通作用。一是使学校领导与全校师生沟通起来，使上情迅速下达，而下面发生的情况也能很快地为学校领导所了解，从而及时地作出决策。二是使教师与学生沟通起来，教师能够及时地了解到学生正在思考的问题和愿望，学生也能及时地了解到教师正在从事哪些研究，从而推动教学相长局面的发展。三是使学校后勤部门与全体师生沟通起来：一方面，教师和学生能理解后勤部门工作的辛苦；另一方面，后勤部门也能及时了解教师和学生的需要，并努力为他们的工作和学习创造更好的条件。总之，《复旦》是复旦人的伴侣，衷心祝愿它青春常驻。

1997年

深入当代新生活 正确理解马克思
——复旦大学哲学系主任、博导俞吾金教授接受本报记者访问[①]

当前,学术界一股重新学习认识马克思主义的热潮正在兴起。许多学者纷纷深入学习马克思的《资本论》等经典著作,结合当前中国现实进行了富有积极意义的研究。如何看待这一现象,如何正确理解马克思的思想,本报记者特地走访了复旦大学哲学系主任、博士生导师俞吾金教授。

问:俞教授,您发表了不少关于正确理解马克思的文章,时下对马克思原著研究热的兴起是基于什么样的背景,为什么学术界会出现这样一种需求?

俞:20世纪90年代初发生的苏联解体、东欧剧变,使西方一些学者轻易断言"马克思主义已经死亡",这在某种程度上造成了理论界的思想混乱。实际上,这一事件只能表明,马克思所创立的学说在某些国家已被严重教条化和僵化了。因此,失去了生命力的并不是马克思学说,而是这种学说的教条式的赝品。从这个意义上说,苏联解体、东欧剧变为我们返回到马克思,

---

① 原载《社会科学报》1997年1月16日,采访者为该报记者段钢。——编者注

正确理解他的学说,尤其是他的哲学思想提供了契机。

其实,只要认真考察一下马克思主义发展史,了解一下当代社会生活和精神氛围,我们就会发现,正确理解马克思绝不是少数理论家的主观臆想,而是当今世界客观的、历史的要求。第一,正确理解马克思正是马克思本人的要求,马克思在世时,他的思想就曾经受到各方面的曲解,从俄国米海洛夫斯基的胡乱引用到爱森纳赫派充满理论错误的《哥达纲领》,马克思对他们对自己的误解都坚决给予了批判。第二,正确理解马克思也是20世纪以来随着马克思手稿和遗稿的不断发现和发表而必然引发出来的客观要求。以往,人们理解马克思主要通过恩格斯、普列汉诺夫、列宁、斯大林等人的著作。马克思手稿和遗稿的发现像打开了一个新的理论宝藏,其中除众所周知的《资本论》《共产党宣言》外,最值得重视的是《黑格尔法哲学批判》《1844年经济学哲学手稿》《德意志意识形态》《1857—1858年经济学手稿》,以及马克思晚年的人类学笔记:《马·柯瓦列夫斯基〈公社土地占有制,其解体的原因、进程和结果〉一书摘要》《路易斯·亨·摩尔根〈古代社会〉一书摘要》《亨利·萨姆纳·梅恩〈古代法制史讲演录〉一书摘要》等。这些手稿的发现和出版必然引发后来学者对马克思理论框架的认真反思。

问:当代社会生活的发展是否在某种意义上也提出了重新正确理解马克思的这一要求?

俞:是的,这也是第二次世界大战以来已发生重大变化的社会生活本身提出的客观要求。从第二次世界大战到海湾战争和南斯拉夫内战,从俄国十月革命到苏联解体、东欧剧变,从法西斯主义的崛起、失败到新纳粹党的复兴和国际恐怖主义的蔓延,从西方经济危机到亚太经济勃兴,从基础科学的突破到航天、计算机信息等技术的巨大发展,从对自然的掠夺性开发到生态环境、能源危机频频发生,从军火买卖到吸毒、艾滋病的流行,从英美分析哲学、欧洲大陆人本主义哲学的兴起到解构主义、后现代思潮的普遍流行,从对严肃音乐、高雅艺术的追求到大众化流行音乐等的泛滥,这期间发生了翻天覆地的重大变化,正是这些重大变化促使那些对马克思怀有浓厚兴趣的学者回过头去重新理解马克思,其中形成了形形色色的新马克思主义思潮,诸如以匈牙利学者卢卡奇为代表的"西方马克思主义",以法国学者吕贝尔为代表的"西方马克思学",以捷克学者科西克为代表的"东欧新马克思主义",以苏联学者科普宁为代表的"认识论主义学派"等。

问: 今天重新进行马克思理论的研究,在方法论上应该有哪些地方值得注意?

俞: 理解马克思,要正视解释学上的几个误区。第一,要反对把自己理解的马克思学说文本僭越为马克思的文本本身,进而拒斥他人对马克思的理解。第二,要警惕对马克思理解模式的僵化教条化,只有这样才能努力接近马克思学说的本真精神。"回到马克思那里去"这样一句口号,从表层意义看,我们正走向马克思,而从深层意义看,我们正使马克思走向我们,以便我们对今日生活世界的兴趣能够通过对马克思学说的叙述而一起叙述出来。

总之,重新理解马克思,不仅要认真地解读马克思主义的全部文本,而且要深入地领悟理解者置于其中的生活世界的本质。不懂得现在,就不能正确理解过去。正是在这个意义上,马克思有句名言:人体解剖是猴体解剖的钥匙。

坚持学术规范 繁荣学术事业[①]

《学术月刊》自创刊以来已经走过了40个年头。在40年的风风雨雨中,它不但变得成熟了,而且通过自己坚持不懈的努力,在我国诸多学术刊物中赢得了很高声誉。我是《学术月刊》的老读者、老作者,也是它举行各种学术会议时经常参加的人,所以我对《学术月刊》及它的编者都有比较多的接触和了解。我觉得,《学术月刊》作为饮誉海内外的学术刊物具有如下特点。

第一,坚持刊登高品位、高格调的学术论文。从20世纪50年代后期起到整个"文化大革命"期间,我国学术事业受到严重摧残,学术规范受到严重破坏。流风所至,也影响到各种学术刊物的办刊宗旨及对论文的选用。在这样的情况下,《学术月刊》的编者们并没有去"赶时髦",而是坚持发表严肃的、有独到见解的学术论文,从而为我国的学术园地保留了一方净土。改革开放以来,在商品大潮的冲击下,不少刊物纷纷"下海",或是让出一部分篇幅来刊登编辑部可以从中获利的所谓"论文",或是热衷于刊登各种花花绿绿的广告,而《学术月刊》不但不为所动,继续保持自己的高格调和高品位,而且还扩了版,补

[①] 原载《学术月刊》1997年第2期。——编者注

充了英文目录，从而为发展我国的学术事业拓展出更多的空间。虽然《学术月刊》的编者依然两袖清风，但他们得到了全国学术工作者的景仰。

第二，积极贯彻"双百方针"，开展学术上不同见解、不同流派之间的争鸣。《学术月刊》在开展这方面工作时，坚持了三条原则。一是不为尊者讳。不论是哪一位名家的作品，当有人撰文与之商榷时，只要言之有据，言之成理，就刊登出来，供读者赏析。二是不埋没无名者。即使是从未在刊物上发表过论文的作者，只要其商榷文章自成一家之言，也提供版面让它发表。对商榷文章不打棍子、不扣帽子，倡导平等对话的学术氛围。这样的商榷文章对学者之间的相互切磋，对学术事业的发展和繁荣自然会起到积极的推动作用。

第三，为潜心学术研究的青年学者提供版面，鼓励他们在学术上早日脱颖而出。就我自己而言，还在本科读书时，就已在《学术月刊》上发表论文。这些论文从今天的眼光看来，不免显得有点稚拙，但在当时，因为有一定的新见解而得到了老编辑的热情肯定。回想起来，我当时正是在《学术月刊》《复旦学报》等刊物的一些老编辑的热情关怀和帮助下，才坚定不移地走上学术研究的道路的。在这个意义上可以说，《学术月刊》不仅发表了许多高质量的、优秀的学术论文，而且也以"传帮带"的方式培养了一大批青年学者，从而使我国的学术事业后继有人。

第四，采取多种方式加快学术信息的传播。一是开辟介绍国外最新学术思潮的专栏；二是对国内外新近出版的、有创见的学术专著发表书评；三是每年第一、二期刊登去年学术研究情况的综述，既对去年学术研究的状况进行回顾和总结，又为新一年的学术研究提供了前瞻性的、指导性的意见。由于《学术月刊》刊登的文章品位高、信息量大，因此《学术月刊》得到了广大理论工作者的青睐。

四十而不惑。《学术月刊》创刊40年来所走过的历程启示我们，只有坚持学术规范，遵循学术发展的客观规律，我国的学术事业才能真正地繁荣起来。衷心祝愿《学术月刊》在今后的发展中取得更好的成绩。

辞典应力求内容完整①

由伊丽莎白·迪瓦恩等编写的《20世纪思想家辞典——生平·著作·评论》②以其涵盖面宽、信息量大、参考资料丰富而具有一定的学术价值。但我认为,这部辞典存在的最大的不足之处是在内容上缺乏它的书名所应当包含的某种完整性。

首先,这部辞典从时间跨度上看是不完整的。它初版于1983年,也就是说,它的最新资料至多涉及20世纪80年代初,这样一来,20世纪的最后20年完全逸出了辞典编写者的视野。但既然书名是"20世纪思想家辞典",这难道不是一个很大的缺憾吗?有人也许会辩解说:这里使用的"20世纪"并不是一个严格的概念,它涉及的思想家的生活和工作的跨度是从19世纪50年代到20世纪80年代,实际上已超过一个世纪。我觉得,这种辩解是苍白无力的,无论如何,"20世纪"是一个十分确定的概念,如果要把它模糊化,那就应当改动辞典的名字,比如把它称作《现代思想家辞典》,并在前言中说明"现

---

① 原载《浙江日报》1997年3月10日。收录于俞吾金:《哲学遐思录》,北京师范大学出版社2016年,第351—353页,题为"评《20世纪思想家辞典》"。——编者注

② [英]伊丽莎白·迪瓦恩等编:《20世纪思想家辞典——生平·著作·评论》,贺仁麟总译校,上海人民出版社1996年版。

代"一词的时间跨度。否则，不论人们如何辩解，这部辞典在时间上的不完整性总是一个不争的事实。

其次，这部辞典从地域跨度上看也是不完整的。入选这部辞典的大部分思想家是西欧和北美人，亚洲、拉丁美洲的思想家只占很小的比例，非洲则一个也没有。就以我们最熟悉的中国而言，像毛泽东、邓小平、陈独秀、鲁迅、胡适、冯友兰、熊十力、钱锺书这样具有世界性影响的思想家也均未入选，就足见这部辞典的编写者的局限性了。如果这部辞典的名字叫《20世纪西欧北美思想家辞典》，那在地域问题上就无可厚非了，但既然辞典的书名未明确地指明地域，那就表明它的实际地域是指整个世界。这部辞典在收词范围中所表现出来的地域上的严重的不均衡性启示我们，辞典编写者的思想出发点仍然是斯宾格勒、李约瑟和其他西方学者多次批评过的"欧美文化中心论"。显然，以这样的观念作为出发点，是很难全面地勾勒出20世纪思想家的整体图景的。

最后，这部辞典在其已确定的收词范围内也是不完整的。比如，在20世纪的小说家方面，收入了美国小说家苏珊·桑塔格，却未收入法国小说家普鲁斯特(1871—1922)、爱尔兰小说家乔伊斯(1882—1941)和奥地利小说家卡夫卡(1883—1924)，而这三位未收入的小说家却对20世纪西方文学的发展产生了巨大的影响。尽管苏珊·桑塔格在美国乃至国际文学界拥有一定的影响，但其影响是无法与这三位未收入的大师相比的。另外，在介绍人物的具体思想时也缺乏完整性。比如，法国哲学家阿尔都塞影响最大的著作是《保卫马克思》。但作者只是从这本论文集中的一篇论文《矛盾与多元决定》出发来论述他的思想，且未提到他的另一部重要著作《读〈资本论〉》，这就给人以一种支离破碎的感觉。

辞典应追求内容上的某种完整性。当然，这种完整性并不是绝对的，即使在整个20世纪过去之后，我们来编一本20世纪思想家辞典，也难免会有疏漏之处，因为许多历史人物就是盖棺也未必能论定。然而，无论如何，相对地追求某种完整性，总会使一部辞典拥有更大的权威性，从而拥有更多的读者。

1998年

《复旦学报》——青年理论工作者的摇篮[①]

《复旦学报》作为复旦学人辛勤耕耘的学术园地，素以思想活跃、戛戛独造、不逐时流、不骛时尚见重于海内外学术界。记得访美期间，我在哈佛大学、哥伦比亚大学等学校的图书馆里都见到过它。事实上，只要踏进美国任何一所大学的文科阅览室，我总会自觉不自觉地追寻它的芳踪。每当我从书架上捧起它时，一种特别亲切的感觉就会油然而生，难忘的记忆就会像潮水般地涌来……

1978年初，当我作为高考招生制度恢复后的第一届大学生走进复旦大学校园时，刚刚复刊的《复旦学报》对于我们来说还是一个高不可攀的学术殿堂。大学三年级时，我试着写哲学论文，处女作是《"蜡块说"小考》。在西方哲学史研究中，一般认为是亚里士多德最早在认识论上提出了"蜡块说"的比喻。我在阅读柏拉图的《泰阿泰德篇》时，发现这个比喻已经出现，因而写了一篇4000字左右的考证性的论文。当时我还是一个默默无闻的青年学生，生怕自己的文章不受重视，复写了两份，连原稿在内分别寄给了《哲学研究》《国内哲学动态》和《复旦学报》编辑部，想

[①] 原载《复旦学报(社会科学版)》1998年第6期。——编者注

试试自己的运气。结果《国内哲学动态》最早复信给我，表示愿意发表此文。谁知不久后，另外两家刊物也都来信表示了同样的意思。我连忙给《哲学研究》去信，说明我的论文已被其他刊物接受；同时也到《复旦学报》编辑部去表示歉意。当时接待我的老师都说没有关系，并鼓励我继续写一些有新意的论文。

不久，我就写了一篇短论文，题目是《克拉底鲁是智者派哲学家吗?》，发表在《复旦学报》1981年第2期上。以后便一发而不可收，20年中，在《复旦学报》上发表了24篇论文，还有幸成了《复旦学报》的编委。除了积极为《复旦学报》撰稿外，我有时也参与一些新栏目的策划。如近年来由《复旦学报》、复旦大学出版社和复旦大学发展研究院联合策划并举行的系列性学术研讨会就在学术界产生了一定的反响。

回顾20年来的学思历程，我深深地感到，我的理论生命正是从《复旦学报》开始的。每当我有新的想法，而这些想法又有充分的理据时，《复旦学报》编辑部的老师们总是热情地鼓励我把它们写出来，在《复旦学报》上发表。这种循循善诱、奖掖后学的古道热肠正是20年来推动我不断地进行理论探索的巨大力量。愿《复旦学报》在新世纪里成为更多的青年理论工作者的领路人，为理论学术的繁荣贡献更大的力量！

走过二十年,走过春天
——在改革开放中追求哲学研究的新境界[①]

今年是党的十一届三中全会召开后的第20年,也是改革开放全面推进的第20个年头。这20年,留下了我学术生涯不平凡的足迹,我原是1966届高中毕业生,"文化大革命"的爆发一度粉碎了我进大学深造的美好梦想。1968年秋,我被分配到上海电力建设公司,在那里工作了将近10年。1977年,高考招生制度恢复后,我考进了复旦大学哲学系,从此走上了漫长艰辛的理论探索的道路。回顾20多年来走过的治学道路,我深切地感受到,正是改革开放的实践以及在这一实践的过程中出现的新问题、新观念和新思潮,成了我孜孜不倦进行理论思索的原动力,也使我领悟哲学真谛的思想境界不断地得到提高。

一、一场大讨论引出思想大解放

当时校园里的学习空气特别浓厚,同学们的学习积极性十分高涨。教室里、宿舍里、走廊上

[①] 原载《解放日报》1998年9月9日。——编者注

和被称为"南京路"的校园主干道两侧,贴满了学生自己编写的"学习园地",形式活泼,观点新颖,吸引了许许多多的读者。每天晚上,一到夜自修的时间,各个阅览室里都灯火通明,稍稍晚到一点的人就找不到位置,只好望"书"兴叹。我当时也是利用一切时间拼命读书。当我在阅览室的书架上见到那么多我喜爱读的外国古典文学名著时,就像刘姥姥进大观园一样,有一种喜不自胜的感觉。

1978年5月,正当我如饥似渴地阅读着索福克勒斯、但丁、莎士比亚、莫里哀、歌德等大师的作品时,一场滥觞于《光明日报》特约评论员的文章《实践是检验真理的唯一标准》的大讨论终于把我引出了书斋。记得我们的讨论是在宿舍楼前的草坪上进行的,大家的发言都十分踊跃,争论也非常激烈,但也不乏这样的共识:这场讨论实际上是一次规模空前的思想解放运动。也正是通过这场讨论的洗礼,我认识到,认真读书,努力补课,把"文化大革命"中失去的时间补回来是必要的,但也不能为了补课而补课,为了读书而读书,重要的是把自己的理论学习与现实生活紧密地联系起来,是努力关注、思考并解决改革开放中出现的重大问题。

关于真理标准问题的讨论廓清了思想上的迷雾,把人们从"两个凡是"的教条中解放出来。在这个基础上,十一届三中全会召开了。全会毅然决然地抛弃了"无产阶级专政下继续革命"的"左"的理论和"以阶级斗争为纲"的"左"的方针,强调要把工作重心转移到现代化建设上来。全会的精神使我深受鼓舞,也促使我对哲学研究的落后现状作出反思。

由于历史的原因,当时我们学习的哲学教材都是按照苏联模式编写的,这些教材虽然在传播马克思主义方面起过一定的作用,但对哲学本质和功能的理解存在着不少问题,如片面地把哲学理解为"阶级斗争的工具"。既然我们抛弃了"以阶级斗争为纲"的错误理论,那么,我们对哲学的本质和功能是否应作出新的思考呢?作为本科生,我当时书还读得很少,对哲学研究的改革也提不出系统的看法。我只是觉得,在改革开放这一新的历史背景下,我应当尽量多读一点书,为这方面思考打下基础。由于我对西方哲学文化比较有兴趣,所以开始大量地阅读这方面的著作。记得我发表的第一篇哲学论文是《"蜡块说"小考》,探讨的是古希腊哲学中的认识论问题,我的学士学位论文是《试论柏拉图哲学的基本特征》,全文发表在《复旦学报(社会科学版)》上,并被《中国哲学年鉴(1983)》作为重点论文之一进行介绍。当时我用力的主要方向虽然是西方哲学,但一直关注着哲学基础理论和马克思主义哲学教科书体系的改革。

二、冲破学术研究的沉闷空气

1983年,在一次讨论自然科学和认识论关系的全国性哲学会议上,我们几位研究生提出了一个《关于认识论改革的提纲》(以下简称《提纲》),对传统的哲学教科书体系进行了批评,主张在融合当代自然科学和人文社会科学研究新成果的基础上,构建新的认识论理论。《提纲》引起了争论,这在学术研究上本来是很正常的。记得马克思就说过,真理是由争论确立的,历史的事实是在矛盾的清理中被陈述出来的。但少数思想上"左"的人力图从政治上给这场争论上纲上线,在一段时间内给我们造成了一定的思想压力。但当时我们坚信,传统哲学教科书体系的改革是阻拦不住的,《提纲》提出的一些新观点或迟或早会被我国哲学界所接受。1984年年底,我完成了题为《黑格尔的理性概念》的硕士学位论文并留系任教。这时候,改革开放的形势进一步明朗化了。于是,我们在复旦大学3108教室举办了"哲学与改革系列演讲",前后十五讲,历时一个月,场场爆满,盛况空前,听众里三层外三层地把整个教室围得水泄不通,甚至连窗台和讲台上都站满了人。每次讲座结束,听众还会向演讲者提出好多问题,久久不愿散去。1985年1月28日,《解放日报》在第1版上以较大的篇幅报道了这次系列演讲的情况,并在题为《冲破一下学术研究的沉闷空气》的评论员文章中指出:"在党的十一届三中全会精神鼓舞下,广大理论工作者冲破'左'的枷锁,坚持实事求是原则,努力独立思考,为发展马克思主义理论,活跃学术研究和讨论的空气,推动四化建设,作出了自己的重要贡献。"这使我们深受鼓舞,我们联名在报刊上发表了一系列呼吁哲学研究进行改革的论文。我自己在这个阶段也进入了写作的高峰,发表了《我们要使哲学讲汉语——读改革与哲学的使命》《哲学研究要提倡发散式思维》《哲学的常识化和常识的哲学化》《关于哲学改革的思考》等一系列论文。1986 年,我出版了第一部著作《思考与超越——哲学对话录》,并开始在职攻读博士学位。原本我读的是西方哲学,但由于博士生导师全增嘏教授遽归道山,我转到了马克思主义哲学博士点胡曲园教授的门下,这使我把西方哲学与马克思主义哲学的研究结合起来。1988 年,我出版了第二部著作《问题域外的问题:现代西方哲学方法论探要》。有趣的是,在 1988 年 5 月 2 日这一天,我同时在《光明日报》和《人民日报》上发表了两篇篇幅较大的论文——《论两种不同的自由观》《论改革开放与民族精神的转换》。1988 年 7 月 23 日,《解放日报》发表了新华社记者的长篇通讯《他们,搏击于改革大潮之中》,充分肯定了我们在哲学研究改革上所做出的成绩。在某种意义上可以说正是改革开放解放了我们的思想,给了我们新的理论生命。

三、目光投向邓小平理论

1988 年 10 月,我启程访问法兰克福大学哲学系。在两年时间里,我目睹了两德合并的全过程,同时在伊林·费切尔教授的指导下,我认真研读了法兰克福学派的一些著作,对意识形态理论产生了强烈的兴趣,计划把它作为博士学位论文研究的课题。回国后,我一度犹豫,当时国内学术界十分沉闷,而意识形态的问题又太敏感了。但考虑再三,我还是选择了这个课题,一来我已经就这个课题积累了丰富的资料并做了长期的思考;二来马克思的《德意志意识形态》使我认识到,哲学反思不达到意识形态这个层面，必定是不甚了了的。既然下了决心，博士学位论文《意识形态论》也就撰写出来了，伊林·费切尔教授还为它写了长篇序言。当然，我得承认，这部著作或多或少地带着那个时期沉闷空气的某种痕迹。1991年2—3月，《解放日报》先后发表了皇甫平的三篇文章《做改革开放的"带头羊"》《改革开放要有新思路》和《扩大开放的意识要更强些》，打破了沉闷的空气，引起了强烈的社会反响。当然，这些文章也遭到了来自"左"的方面的围攻。1992年1—2月，邓小平在南方谈话中强调："改革开放迈不开步子……要害是姓'资'还是姓'社'的问题。"①"中国要警惕右，但主要是防止'左'。"②"计划经济不等于社会主义……市场经济不等于资本主义。"③"判断的标准，应该主要看是否有利于发展社会主义社会的生产力，是否有利于增强社会主义国家的综合国力，是否有利于提高人民的生活水平。"④南方谈话打破了当时歧路亡羊的僵局，使改革开放上了一个新台阶。人们把它称作继真理标准讨论后的第二次思想解放。

当我从报纸上了解到邓小平南方谈话的内容时，确实有如沐春风的感觉。一方面，它极大地激发了我进行理论创造的勇气。当时，我与另一位老师合作的《国外马克思主义哲学流派》的书已经出版，我又撰写并出版了《生存的困惑——西方哲学文化精神探要》和《毛泽东智慧》两书，而《意识形态论》出版后，也先后获得了上海市哲学社会科学优秀成果奖（1986—1993）一等奖和国家教委首届人文社会科学优秀著作一等奖。另一方面，我也萌发了一个念头：应该使邓小平南方谈话的精神为更多的人所了解，从而扩大这场思想解放运动的影响。于是，我在《复旦学报》等刊物上发表了《唯物史观的四个里程碑——从马克思到邓小平》《邓小平与中国当代文化范式的转变》《邓小平——开拓马克思主义的新境界》

---

① 《邓小平文选》第3卷，人民出版社1993年版，第372页。
② 同上书，第375页。
③ 同上书，第373页。
④ 同上书，第372页。

《发展才是硬道理——邓小平发展理论初探》等论文,结合马克思主义思想发展史来阐明邓小平思想,尤其是他的南方谈话的理论意义和现实意义。也正是这些论文的写作使我开始酝酿一个新的想法,那就是撰写一部论述邓小平思想的专著。

然而,好事多磨。1993年初,当我刚动笔写《邓小平——在历史的天平上》这部专著时,学校领导希望我担任首届国际大专辩论赛复旦大学辩论队的教练兼领队。这样一来,我就不得不放下刚开始写的书稿,全身心地投入了辩论队员的挑选和训练工作。经过数月的艰苦训练,复旦大学辩论队终于在新加坡力挫群雄夺得了团体冠军,我辩论队中有辩论队员荣获最佳辩手奖。本来,我以为,回国以后可以退回到书房里去了,谁知新加坡辩论赛在国内引发的辩论热一浪高过一浪,各种采访、稿约、来电和来信雪片似的压过来,一直忙到1994年春节前我才完全脱出身来。于是,我一口气完成了《邓小平——在历史的天平上》一书的写作。《邓小平——在历史的天平上》出版后不仅在上海人民出版社、上海市委宣传部和华东地区图书评比中获奖,而且获得了第五届全国青年读物一等奖。有人问我:你的专业是西方哲学,怎么会研究起邓小平的思想来?我笑着回答:为了推进思想解放运动。确实,我是这样做的,也是这样想的。

正是在邓小平南方谈话的基础上,党的十四大报告明确地提出了建立社会主义市场经济体制的宏伟目标。1995年9月,我出任复旦大学哲学系系主任的工作,积极推进人才培养目标、课程体系、科研项目方面的改革,努力使哲学系的工作适应市场经济发展的需要。我系的教师和学生还与解放日报社联袂举行了上海市再就业工程实施情况的调查,并出版了《奇迹是如何创造出来的——关于上海市再就业工程的研究报告》一书,这既表明了我们对现实生活的积极参与,也体现出我们在市场经济背景下采取的新的建系方针。我自己也努力从哲学上反思市场经济中出现的各种问题,出版了《文化密码破译》《寻找新的价值坐标——世纪之交的哲学文化反思》《俞吾金集》等著作。1997年5月,受学校的委托,我带了复旦大学的15名学生参加了瑞士圣加仑举行的第27届国际经济管理研讨会，主编并出版了《跨越边界——复旦学子走向国际学术舞台纪实》一书。

四、新的思考：为第三次思想解放做些什么

但是，前进的道路是充满曲折的。在计划经济向市场经济转变的过程中，特别是在国有企业的改革中，所有制问题又凸显出来，关于"公"与"私"关系的一些"左"的错误见解阻碍着改革开放的进一步深入。1997年，江泽民同志在党的十五大报告中对公有制经济的含义作出了新的解释，从而为经济体制和政治体制改革的深入扫清了道路。人们把党的十五大报告称作第三次思想解放。从1997年9月到1998年4月，我在美国哈佛大学哲学系做访问学者，在这期间我一直思考着一个问题：作为理论工作者，我们能为第三次思想解放，为经济体制和政治体制改革的深入做些什么？我的答案是：应当加强对经济哲学、政治哲学、法哲学和文化哲学的研究。所以，目前我正抓住一切时间阅读这些方面的著作，以便对现实问题作出新的思考。

回顾20多年走过的治学道路，我深深地感受到，理论是灰色的，而生活之树常青。正是这段时期的极为丰富的生活为我们的理论思考插上了双翼，而理论思考也只有把现实生活中出现的问题放进自己的视野，才不会迷失方向或流于空谈。中国的改革开放和现代化的道路将是漫长的，随着科学技术的发展和经济体制改革的深入，失业、社会保障、廉政、金融安全、知识经济、国企改革、地方保护主义、社会治安、精神文明建设等许多问题都变得尖锐起来，政治体制和法制改革的重要性和紧迫性也越来越明显地表现出来。我们只有努力关注现实生活，认真学习新的知识，不断提高思想境界，才能跟上时代的步伐。

我拾起了曾被碾碎的[1]

大概是在读高二时,我偶然地从一个同学手里借到了李致远先生写的一本小册子《马克思和列宁的学习方法》。这本书写得很通俗,里面有不少动人的小故事。这本书深深地吸引了我,使我对哲学这门玄虚高妙的学问产生了兴趣。

1966年5月,"文化大革命"开始了。学校里发下来《毛主席语录》,要我们学习。我看到林彪在"再版前言"中把毛泽东思想称作"顶峰",感到不理解。因为我从哲学书上了解到,任何真理都是绝对真理与相对真理的统一。所谓"顶峰"也就是没有发展了,怎么可能?我在班里的小组讨论会上说出了自己的困惑,但有的同学把我的想法向工作组做了汇报,结果工作组竟采取突然袭击的方法,组织全班同学的讨论会对我进行围攻,说我在毛泽东思想上"有观点问题",企图把我打成反革命。当时我还只有17岁,思想上很苦恼:为什么我满怀真诚地追求真理,却遭到了这样的回报?我突然觉得,一种有价值的东西在我心中被碾碎了,但我说不清它是什么。"文化大革命"期间,我成了一名普通工人。

1977年是我人生道路上的重要转折点。恢

---

[1] 原载《中国青年报》1998年12月20日。——编者注

复高考制度后，我走进复旦大学哲学系。不久，实践是检验真理的唯一标准的大讨论开始了。记得我们班里的讨论是在宿舍楼前的草坪上进行的，大家的争论也非常激烈。这次讨论是一次规模空前的思想解放运动，正是通过这场讨论的洗礼，我认识到，认真读书，努力补课，把"文化大革命"中失去的时间补回来是必要的，而更重要的是把自己的理论学习与对现实生活的关心紧密地联系起来，从理论上、精神上为我们这个伟大民族的振兴贡献自己的力量。

真理标准问题的讨论廓清了思想上的迷雾，把人们从"文化大革命"的错误观念和"两个凡是"的教条中解救出来。在这个基础上，党的十一届三中全会召开了。我们党毅然决然地抛弃了"以阶级斗争为纲"的"左"的政治路线，强调要把工作重心转移到现代化建设上来。全会的精神使我深受鼓舞，也促使我对哲学研究的落后现状作出反思。由于历史的原因，当时我们学习的哲学教材都是按照苏联模式编写的。这些教材虽然在传播马克思主义哲学方面起过一定的作用，但对哲学本质和功能的理解存在着不少问题，如片面地把哲学理解为阶级斗争和政治斗争的工具；片面地强调哲学是认识论和方法论，不重视哲学基础理论的研究；等等。既然我们抛弃了"以阶级斗争为纲"的错误提法，那么对哲学的本质和功能是否应当作出新的思考呢？作为本科生，我当时的哲学书还读得很少，对哲学研究的改革也提不出系统的看法。我只是觉得，在改革开放这一新的历史大潮的冲击下，我应当认认真真地学好哲学，为这方面的思考打下扎实的基础。这样一来，从中学时代起就已埋藏在我心中的哲学研究的热情重又萌动起来，我开始把主要精力转移到哲学学习和研究上来。

1988年10月，我以联合培养博士生的身份访问法兰克福大学哲学系。1990年回国后，我感到学术界的空气很沉闷。小平同志的南方谈话打破了当时的思想僵局，使改革开放上了一个新台阶。人们把它称作真理标准讨论后的第二次思想解放。当我从报纸上了解到南方谈话的内容后，确实有一种如沐春风的感觉。一方面，它极大地激发了我进行理论创造的勇气。在《国外马克思主义哲学流派》一书出版后，我又相继撰写并出版了《意识形态论》《生存的困惑——西方哲学文化精神探要》《毛泽东智慧》等著作。另一方面，我也萌生出一个念头：应该使邓小平南方谈话的精神为更多的人所了解，从而扩大这次思想解放运动的影响。于是，我在《复旦学报》等报刊上发表了一系列论文，结合马克思主义思想发展史来阐明邓小平理论，尤其是他的南方谈话的历史意义和地位。也正是这些论文的写作使我开始酝酿一个新的想法，那就是撰写一部论述邓小平理论的著作。《邓小平——在历史的天平上》这部著作出版后，引起了较大的反响。有人问我：你的专业是西方哲学，怎么研究起邓小平的理论来？我笑着回答：为了推进思想解放运动。确实，我是这么做的，也是这么想的。

正是在邓小平南方谈话的基础上，党的十四大明确地提出了建立社会主义市场经济体制的宏伟目标。1995年9月，我担任了哲学系系主任的工作，积极推进人才培养目标、课程体系和科研方向等方面的改革，努力使哲学系的工作适应市场经济的发展并与国际接轨。我自己也努力从哲学上关注、反思市场经济中出现的各种问题，撰写并出版了《文化密码破译》《寻找新的价值坐标——世纪之交的哲学文化反思》《俞吾金集》等著作。从1997年9月到1998年4月，我在美国哈佛大学哲学系做访问学者，通过听课、讲课、交流、访问等一系列活动，我益发深切地感受到，应当加强对政治哲学、法哲学和道德哲学的研究。事实上，也只有加强这方面的研究和思考，才可能为思想解放做一些有益的事。

回顾二十多年来的治学道路，我深深地感受到歌德早就为我们揭示的真理：理论是灰色的，而生活之树是常青的。而理论思考也只有把现实生活中出现的问题纳入自己的视野，才不会迷失方向或流于空谈。

回归生活　超越自我[1]

一、童年回忆

我出生在浙江省萧山县(今杭州市萧山区)河上镇下门村。下门村依山傍水,风光秀丽。村里住着百余户庄稼汉,大部分姓俞,世世代代过着日出而作、日落而息的农耕生活。母亲楼芝芬,小学文化程度,外婆家在离下门村有 15 里之遥的楼家塔。父亲俞永生,与祖父一起在上海工作。当时我有一个姐姐,一个弟弟,与祖母、母亲一起生活在乡下,隔壁住的是小伯、小婶婶一家。据母亲后来告诉我,我出生时有九斤多重,在地板上铺了床单接生。她一生出我就昏过去了。当时大家七手八脚去抢救她,竟把我忘了。等到想起我时,发现我不见了。原来我滚到床底下去了,嘴巴里还吮着自己的小拳头!

我家有一个菜园子,周围用竹栅栏围着,里面有一棵高高的银杏树。菜园旁边是一个池塘,水清清的,能看到柳条鱼悠然自得地在水里游泳。夏天的傍晚,月色朦胧,我喜欢倚在祖母的

---

[1] 原载文林、海焘主编:《中国新一代思想家自白》,九州图书出版社 1998 年版,第 462—482 页。——编者注

身边。她一边用蒲扇赶着周围的蚊子,一边慢悠悠地给我讲各种传闻。她说她年轻时,也是在大热天的一天中午,正坐在竹椅上迷迷糊糊地打瞌睡,突然有什么东西掉到了膝盖上。她睁眼一看,不由得惊叫起来,原来是一条大花蛇从梁上掉下来盘在她的膝盖上。她并没有为难那条蛇,据说蛇的降临是一个好的征兆。我小时候很顽皮,不是在池塘里或附近的小河里戏水,就是在菜园子里捉蟋蟀或和小伙伴一起到山上去采野杨梅。记得有一次到外婆家去玩,娘舅带着我骑在牛背上,我再也不愿意下来,为此大哭大闹了一场。还有一次,我在自己家门口玩,一个小伙伴把一根竹竿掉到井里去了。竹竿竖在井里,我把身体扑到井台上去拿,手够不到。不知怎么一用力,竟一个倒栽葱掉进了井里。那个小伙伴不叫人来救我,却一溜烟地逃走了。井水虽然不很深,但却淹没了我,当时又是秋冬季节,水很凉。我在水中挣扎了一会,终于抓住了井壁上的石块,使身体浮出了水面。于是,我开始高声喊救命,但由于喊声是从井里发出的,外面不容易听到。也许是我命不该绝,当时我的姐姐正好从家里出来玩,她隐隐约约地听到我的喊声后,找到井口边,发现我掉在井里,她吓得尖叫了一声,马上回去搬救兵。母亲见我这个模样,急得哭起来了,还是小伯比较冷静,他放下一把梯子,从井里把我抱了出去。后来小伯告诉我,我当时冷得全身发抖,但不知道哪来的力气,双手仍然紧紧地抓住石壁,像壁虎一样贴在井壁上。

由于我实在顽皮,母亲怕我闯祸,在我虚龄7岁时就把我送进了学堂。我小时候是左撇子,上学前,母亲叮嘱我写字一定要用右手,我居然一下子就改过来了。有趣的是,直到现在我还习惯于用左手做好多事情,但写字却始终是用右手。当时的小学和私塾差别不大,老师讲课时,讲台上放着一把长长的木尺,如果谁不认真听或做小动作,老师就可以用这把尺打他或她的手心。我小时候实在太贪玩了,上课时又爱与同学说话,所以挨过好几次打。有一次课间休息,我和其他同学一起挤在一架滑梯的平台上。突然,上课铃响了,不知身后哪个同学推了我一下,我从平台上掉了下来,一下子摔昏过去了。母亲闻讯后,哭着把我抱回家中。当时农村里没有什么医生,她请村里一个人人都很敬重的、会巫术的老太太替我看病。那个老太太盛了一碗水,点起了一炷香,拿出一柄木剑舞了一阵。按照她的意思,我的病是什么鬼怪附在身上引起的,现在她已经把它赶走了,只要我把那碗漂着香灰的水喝下去,就会渐渐地好起来。母亲哄着我喝下那碗水以后,我在床上又躺了一天,居然恢复如前,后来母亲对我说,我的名字"吾金"也是这位老太太替我取的,因为我缺"金",所以名字中就加上了一个"金"字。我的名字的好处是重复率低,迄今为止我还没有碰到一个与我同名的人,坏处是人们常把我的名字与皇帝出行时的仪仗棒"金吾"混淆起来。最有趣的是,有一次,学术界的一位同行问我:"金吾伦是不是你的笔名?"我只好笑着回答:"如果是我的笔名,我恐怕早已是著作等身了。"

1957年,我10岁那年,与姐姐、弟弟一起,随母亲搬迁到上海。住在国际饭店后面的一条小路——白河路上。那条路铺的是石子,两旁全是石库门房子,每个门洞子里都住着五六户人家,又嘈杂又拥挤,楼梯又陡又窄。我起先不习惯,吵着要回去,结识了邻里一些新朋友后,也就渐渐地安下心来。在上海的小学里读书,由于我满口都是浙江土话,同学们都叫我"乡下人"。好在小孩学语言比较快,不久我就学会了听、说上海话和普通话。但说起来难为情,直到现在我的普通话还是打折扣的,总有一些字音咬不准,从小学拼音的女儿就常常讥笑我。小学里的情形差不多全忘了,只有两件事还深深地留在我的记忆中。一件是,因为我顽皮,上课不听讲,成绩在班里总是中下的水平。在六年级(上)语文期末考时,我写了一篇作文,写的是住在白河路上的一个送牛奶的老人,他原来是复员军人,在抗美援朝前线作过战,经常给我们讲故事。这篇作文写得很感人,语文老师给它打了高分,还在班上做了介绍,但下课后他把我叫到办公室,用怀疑的眼光盯着我,问我这篇作文是不是抄来的,我觉得受了侮辱,很气愤地加以否认。另一件是,凤阳路第二小学在一条弄堂里,有一处有一个葡萄架,架子是用又粗又长的毛竹搭起来的。在六年级(下)毕业考地理的那天早晨,我到学校后发现时间还早，就想在葡萄架的毛竹上"拉单杠"，结果手一滑跌到地下，把右手腕摔断了。我被一个校工背着送进隔壁的同济医院，右手上了石膏。家里人都替我着急：毕业考和升学考怎么办？我在前面说过，我从小时候起就有用左手做事的习惯，这样一来，左手又有了新的用武之地。结果，我用左手补了毕业考，通过了升学考，进入了上海市第六十二中学。由于升学考作文的题目也是写人，我把六年级（上）的那篇文章原封不动地搬了上去，结果得了 94 分，但我的数学考得并不理想，只得了 50 多分。初一、初二时我仍然很贪玩，到初三时我才肯静下心来读书。当时我各科的成绩都比较好，特别是数学，我能做各种难题，同学们不懂时常来问我。我的姐姐比我高两个年级，正在光明中学就读。我当时的目标也是考到光明去，结果如愿以偿。

二、高中对哲学产生兴趣，差点被打成反革命

光明中学是上海黄浦区的重点中学，其特点是注重文科，学习空气也比较浓厚。高中有五个班，两个班学英语，三个班学俄语，由于我初中学的是俄语，理所当然地被分在一个俄语班里。大概是在读二年级时，我偶然地从一个同学手里借到了李致远先生写的一本小册子《马克思和列宁的学习方法》。这本书写得很通俗，里面有不少动人的小故事。如马克思长年累月地在伦敦图书馆里读书，双脚在地上磨出了坑；马克思非常博学，以致李卜克内西说，马克思的思想就像一艘升火待发的军舰，接到命令以后可以驶向任何海域；恩格斯的思想非常敏锐，马克思说他"机灵得像个鬼"；等等。这本书深深地吸引了我，使我对哲学这门玄虚高妙的学问产生了兴趣。当时，适逢政府动员职工家属下乡，母亲带着两个出生不久的小弟弟到乡下去了，家里全靠父亲的薪金维持生计。我穿的衣服都是打补丁的，平时几乎没有什么零用钱，但我把可以省的钱都省下来了，福州路旧书店的书比较便宜，成了我经常光顾的地

方。我从那里买回了列宁的《哲学笔记》、艾思奇主编的《辩证唯物主义与历史唯物主义》等书,似懂非懂地阅读起来。在读书中产生了好多问题,去请教其他同学,他们也说不清楚。在光明中学的老师中,也没有专门研究哲学的,所以许多疑问只能留在心中。

在高中三年级的时候,也许是想早点自立,替家中解决一些经济困难,我给自己确定的目标是报考医科大学,但我对哲学的兴趣却与日俱增。当时我做梦也没有想到,这种兴趣会给自己带来麻烦。1966年5月,"文化大革命"开始了。学校里发下来《毛主席语录》,要我们学习。我看到林彪在"再版前言"中把毛泽东思想称作"顶峰",感到不理解。因为我从哲学书上了解到,任何真理都是绝对真理与相对真理的统一。所谓"顶峰"也就是没有发展了,怎么可能?我在班里的小组讨论会上说出了自己的困惑,但有的同学把我的想法向工作组做了汇报,结果工作组竟采取突然袭击的方法,组织全班同学的讨论会对我进行围攻,说我在毛泽东思想上"有观点问题",企图把我打成反革命。当时我还只有17岁,思想上很苦闷:为什么我满怀真诚地追求真理,却遭到了这样的回报?我突然觉得,一种有价值的东西在我心中被碾碎了,但我说不清它是什么。从此,我开始变得沉默了,成了"文化大革命"中的"逍遥派"。我想起了"读万卷书,行万里路"的古训,除了数次出去串联,领略祖国的大好河山外,一直躲在家里读书。然而,遗憾的是,由于没有名师指点,书读得很杂乱,也没有什么长进。

三、当工人的经历

从1967年10月到1968年4月,我和其他几位同学暂时被分配到上海轮船公司的战斗87号轮上做水手。战斗87号是一条万吨轮,已过了服役期,据说是以废铁的价格从国外买进来的。甲板上到处都是由铁锈形成的空洞,我们每天的主要工作就是用油毛毡和沥青补这些空洞。此外，水手长也教我们如何打绳结，如何放锚链，如何抛缆绳，等等。在我工作的这段时间内，战斗 87 号一直没有机会启航，但我跟着油轮大庆 20 号去了连云港和秦皇岛。在渤海湾遭遇到七级大风，饱尝呕吐之苦。在这段经历中，印象最深的还是在见到一望无际的大海时产生的那种特别的感受：万顷波涛犹如历史的大潮把我胸中的块垒冲洗得无影无踪，它既使我看到了自己的渺小，也使我懂得了宽容的伟大。

1968 年 9 月，我被分配到上海电力建设公司第一工程处锅炉工地当安装钳工。报到才一个月，就接受了奔赴四川渡口攀枝花支援三线建设的任务。坐了两天三夜的火车到昆明后，又乘了三天汽车才到达目的地。正在建设中的 502 电站竟紧靠着奔腾不息的金沙江！我们都住在临时搭建起来的工棚中，四面大山环绕，真正可以说是"开门见山"。这里的生活很艰苦，什么东西都是用汽车运进来的，一年四季食堂里供应的都是海带和卷心菜，然而这里的一切都给人以新鲜的感觉：据说这里沉睡着足足可以开发数百年的铁矿和煤矿。德国发动两次世界大战靠的是鲁尔地区，而中国只要把攀枝花建设好了就可以应付任何战争。我们有时到少数民族聚居的地方去赶集，有时乘车到山城渡口去闲逛，有时兴致勃勃地去登山，有时跳进金沙江里去游泳。生活的丰富多彩冲淡了它本身的艰苦性。这段经历对于我来说也是弥足珍贵的，它既使我看到了祖国的广袤和落后，也使我认识到民族振兴的潜力和艰难。

一年后，502 电站主体工程完工，我回到了上海。先后在上海炼油厂、高桥热电厂、江苏望亭电厂、金山石化总厂等处安装新的发电机组。在这段时间里，有两件事值得一提。一是 1972 年在高桥热电厂施工时，我出了工伤事故——右手手腕骨裂，在家中休息了约四个月。在这四个月中，我天天泡在离家不远的上海图书馆里，粗略地阅读了《马克思恩格斯全集》。当时在理解上虽然不甚了了，但马克思见解的深刻性和辩证的思维方法在我脑海里留下了难以磨灭的印象。二是从 1973 年开始我调到政宣组工作，直到 1977 年考进大学前我尝试着写过各种体裁的东西，如调查报告、总结、新闻报道、通讯、报告文学、小说、散文、诗歌、理论文章、评论等。这种写作上的长期锻炼为我以后从事哲学研究打下了扎实的基础,然而,在单位里一些爱好文学的同事的影响下,我当时的兴趣已从哲学转向文学,特别是短篇小说的创作,并已发表了一些作品。

四、人生重要转折:卷入中国的哲学变革

1977年是我们国家发展的重要转折点,也是我的人生道路上的重要转折点。高考招生制度恢复后,进大学深造的梦想又复活了。权衡下来,我与理科各专业已很疏远,于是决定报考文科。对复旦大学我心仪已久,在表上依次填了以下四个系:新闻系、中文系、哲学系、历史系。并注明,其他系和其他学校都不去。我这种多少有点傲慢的、只填一个学校的态度居然没有遭到拒绝,但报应还是有的,我被录取到第三个志愿——哲学系。虽然我从中学时期起就喜欢哲学,但也许是前面提到过的"文化大革命"初期的那场遭遇伤透了我的心,我与文学之间的关系倒是越来越亲近了。进了复旦大学,当我在文科阅览室的书架上发现那些我渴求已久的、整整齐齐地排列着的西方古典文学名著时,我激动得失声惊叫起来。要知道,当我在上海电力建设公司工作时,根本找不到一本这样的书,当时我唯一的读物就是《新华字典》!发现了这个秘密以后,我从此就"泡"进了阅览室。我如饥似渴地阅读着,从埃斯库罗斯、索福克勒斯、欧里庇德斯到阿里斯托芬,从但丁、莎士比亚、莫里哀到塞万提斯,从薄伽丘、乔叟、弥尔顿到拉伯雷,从笛福、拜伦、雪莱到狄更斯,从伏尔泰、福楼拜、斯汤达到巴尔扎克,从雨果、左拉、莫泊桑到罗曼·罗兰,从歌德、席勒、海涅到卡夫卡,从托尔斯泰、果戈理、屠格涅夫到陀思妥耶夫斯基,从哈代、马克·吐温、德莱塞到海明威,等等。我不仅在阅览室里阅读,而且也把书借出来在课堂上阅读,并做了十几本硬面抄的笔记。数年后在我出版的第一部哲学专

著——《思考与超越——哲学对话录》中,我之所以能征引大量的文学艺术作品,其源盖出于当时的"疯狂的阅读"。

当我沉湎于古典文学作品时,正是一场关系到国计民生的大讨论,即真理标准的大讨论把我引出了书斋。记得我们班里的讨论是在宿舍楼前的草坪上进行的,大家的发言十分踊跃,争论也非常激烈,但也不乏如下共识:《光明日报》的这篇文章是有来头的,这次讨论是一次规模空前的思想解放运动。正是通过这场讨论的洗礼,我认识到,认真读书,努力补课,把"文化大革命"中失去的时间补回来是必要的,然而也不能为了补课而补课,为了读书而读书,重要的是把自己的理论学习与对现实生活的关心紧密地联系起来,努力探索、思考并解决改革开放中出现的重大理论问题,从理论上、精神上为我们这个伟大民族的振兴贡献自己的力量。

真理标准问题的讨论廓清了思想上的迷雾,把人们从"文化大革命"的错误观念和"两个凡是"的教条中解救了出来。在这个基础上,十一届三中全会召开了。全会毅然决然地抛弃了"以阶级斗争为纲"的"左"的政治路线,强调要把工作重心转移到现代化建设上来。全会的精神使我深受鼓舞,也促使我对哲学研究的落后现状作出反思。由于历史的原因,当时我们学习的哲学教材都是按照苏联模式编写的。这些教材虽然在传播马克思主义哲学方面起过一定的作用,但对哲学本质和功能的理解存在着不少问题,如片面地把哲学理解为阶级斗争和政治斗争的工具;片面地强调哲学是认识论和方法论,不重视哲学基础理论的研究;等等。既然我们抛弃了"以阶级斗争为纲"的错误提法,那么对哲学的本质和功能是否应当作出新的思考呢?作为本科生,我当时的哲学书还读得很少,对哲学研究的改革也提不出系统的看法。我只是觉得,在改革开放这一新的历史大潮的冲击下,我应当认认真真地学好哲学,为这方面的思考打下扎实的基础。这样一来,从中学时代起就已埋藏在我心中的哲学研究的热情重又萌动起来,我开始严格地限制自己阅读文学著作的时间,并中止了自己正在写作或修改的一些短篇小说,把主要精力转移到哲学学习和研究上来。由于我当时对西方哲学，特别是古希腊哲学比较感兴趣，所以开始废寝忘食地研读这方面的著作。记得我发表的第一篇哲学论文的标题是《"蜡块说"小考》，探讨的是古希腊哲学中的认识论问题；我的学士学位论文的题目是《试论柏拉图哲学的基本特征》，全文发表在《复旦学报（社会科学版）》上，并被《中国哲学年鉴（1983）》作为重要论文之一进行介绍。为了进一步提高自己的理论修养，我在本科毕业后又开始攻读西方哲学硕士学位。虽然我用力的方向主要是西方哲学，但我一直关注着哲学基础理论的研究和马克思主义哲学体系的改革。

1983年春，在桂林召开的"现代自然科学与马克思主义认识论讨论会"（桂林会议）上，我们六位研究生提出了一个《关于认识论改革的提纲》（以下简称《提纲》），对传统的哲学教科书体系进行了批评，主张在融合当代自然科学和人文社会科学新成果的基础上，建构新的认识论理论。《提纲》在会上宣读后引起了激烈的争论。在学术研究中，这本来是很正常的。记得马克思就说过，真理是由争论确立的，历史的事实是在矛盾的清理中被陈述出来的。然而，树欲静而风不止，少数思想上"左"的人力图从政治上给这场学术争论上纲上线。这种错误的做法在一段时间内给我们造成了一定的精神压力，当时我是研究生班的班长，受到的压力更大，但我们坚信，传统哲学教科书体系的改革是任何力量都阻拦不住的，《提纲》提出的一些新观点早晚会被我国哲学界所接受。1984年底，我完成了题为《黑格尔的理性概念》的硕士学位论文并留系任教。这时候，改革开放的形势进一步明朗化了。于是，我们组织了十多位本系的青年教师和研究生，在复旦大学最大的阶梯教室——3108教室举办了"哲学与改革系列演讲"。前后15讲，历时一个月，场场爆满，盛况空前。听众里三层外三层地把整个教室围得水泄不通，甚至窗台上和讲台周围都站满了人。许多学生、机关干部从很远的地方赶来听讲。每次讲座结束后，听众还会向演讲者提出好多问题，久久不愿散去。1985年1月18日，《文汇报》率先报道了这次系列讲座的情况；1月28日，《解放日报》又在第1版上以较大的篇幅进行报道，并加上题为《冲破一下学术研究的沉闷空气》的评论员文章。这使我们深受鼓舞,我们联名在报刊上发表了一系列呼吁哲学研究改革和进一步解放思想的论文,如《论学术自由》《经济体制改革与破除"观念崇拜"》《略论哲学改革中的若干问题》《真理存在于各派学说之中》《论"双百方针"的理论基础》《论战中的对等原则》等论文。我自己在这个阶段也进入了写作的高峰,发表了《我们要使哲学讲汉语——谈改革与哲学的使命》《关于哲学改革的思考》《哲学的常识化与常识的哲学化》《哲学研究要提倡发散式思维》《论改革开放与民族精神的转变》等论文。1986年,我出版了第一部著作《思考与超越——哲学对话录》,并开始在职攻读博士学位。当时我希望读的是西方哲学,但由于博士生导师全增嘏教授遽归道山,我转到了马克思主义哲学博士点胡曲园教授门下。这使我更热衷于把马克思主义哲学与西方哲学的研究结合起来。1988年,我出版了第二部著作《问题域外的问题——现代西方哲学方法论探要》,并开始与另一位教师合著《国外马克思主义哲学流派》一书。1988年7月23日,《解放日报》发表了新华社记者的长篇通讯——《他们,搏击于改革大潮之中》,充分肯定了我们几年来在哲学研究改革上做出的成绩。事实上,到那时候,传统哲学教科书体系的改革已成为大家的共识,我们以前在《提纲》中提出的一些基本观点已为大家所普遍接受。通过对这段时间的坎坷经历的反思,我体会到,追求真理不光需要眼光,还需要勇气。对认准了的真理就要百折不回地坚持下去。同时我也认识到,要在一些重大的理论问题和现实问题上系统地发表自己的见解,我还得认认真真地读书和学习。

  1988年10月,我以联合培养博士生的身份访问法兰克福大学哲学系。在两年时间里,我目睹了两德合并的全过程,同时在导师伊林·费切尔教授的悉心指导下,认真研读法兰克福学派的著作,特别是在参加了费切尔教授和阿尔弗雷特·施密特教授联合举办的题为"意识形态概念史"的讨论班以后,我对意识形态问题产生了强烈的兴趣,计划把它作为博士学位论文研究的课题。在一般的情况下,人们总是习惯于从政治上来理解意识形态这个概念,很少从哲学上对它进行反思。但从哲学上看，人乃是意识形态动物，而意识形态乃是一个国家在一定历史时期的总观念。在一般的情况下，当人们说他们在意识形态之外时，实际上他们总是在某种意识形态之内；反之，当他们认识到自己置身于意识形态之内时，他们的视野很可能已超越了某种意识形态。马克思和恩格斯合著的《德意志意识形态》表明，哲学反思不达到意识形态的层面上，要获得真知灼见是不可能的。此外，在参观访问德国各地时，我从其第一流的高速公路联想到中国哲学的最高概念"道"的初始含义"路"，从"道"的概念在其发展中初始含义的失落联想到海德格尔对"路"的重视（海德格尔在其后期著作中不光频繁地使用"路"这一概念，而且其著作的标题也常以"路"命名，如 Holzwege、Wegmarken、Unterwegs zur Sprache、Das erste Feldweggespräch 等），并联想到哈贝马斯的"交往行为理论"，从而对中国哲学精神的本质及其振兴获得了新的理解。这种理解今后当然是要见诸文字的，但目前还没有提到议事日程上。

五、关注现实，推进思想解放

1990 年回国后，我感到学术界的空气很沉闷。事实上，1989 年下半年后，"左"的思潮就重新抬头了，人们又开始无休止地纠缠于姓"社"姓"资"的问题，改革开放的步伐明显地放慢了。1992 年 1—2 月，邓小平在南方谈话中对"左"的思潮进行了严厉的批评，提出了一系列新的、重大的想法。南方谈话打破了当时的思想僵局，使改革开放上了一个新台阶。人们把它称作真理标准讨论后的第二次思想解放。当我从报纸上了解到南方谈话的内容后，确实有一种如沐春风的感觉。一方面，它极大地激发了我进行理论创造的勇气。在《国外马克思主义哲学流派》一书出版后，我又相继撰写并出版了《意识形态论》（博士学位论文）、《生存的困惑——西方哲学文化精神探要》、《毛泽东智慧》等著作。另一方面，我也萌生出一个念头：应该使邓小平南方谈话的精神为更多的人所了解，从而扩大这次思想解放运动的影响。于是，我在《复旦学报》等报刊上发表了《唯物史观的四个里程碑——从马克思到邓小平》《邓小平与中国当代文化范式的转变》《邓小平——开拓马克思主义的新境界》《发展才是硬道理——邓小平发展理论初探》等论文，结合马克思主义思想发展史来阐明邓小平理论，尤其是他的南方谈话的历史意义和地位。也正是这些论文的写作使我开始酝酿一个新的想法，那就是撰写一部论述邓小平理论的著作。

然而，好事多磨。1993年年初，当我刚开始动笔写《邓小平——在历史的天平上》这部著作时，学校领导希望我出来担任首届国际大专辩论赛复旦大学辩论队的教练兼领队。这样一来，我就不得不扔下刚开始撰写的书稿，全身心地投入辩论队员的训练工作中。经过几个月的艰苦训练，复旦大学辩论队在新加坡力挫群雄，夺得了团体冠军，我辩论队中有辩论队员获最佳辩手奖。本来，我以为回国后可以退回到书房里去了，谁知新加坡辩论赛在国内引发的辩论热一浪高过一浪，各种采访、稿约、来电、来信雪片似的压过来；另外，我还与王沪宁教授一起主编并出版了《狮城舌战——首届国际大专辩论会纪实与评析》和《狮城舌战启示录——怎样造就优秀的辩才》两书，一直忙到1994年春节前我才基本上脱身出来。于是，我静下心来，一口气完成了《邓小平——在历史的天平上》一书的写作。《邓小平——在历史的天平上》出版后，引起了较大的反响。有人问我：你的专业是西方哲学，怎么研究起邓小平理论来？我笑着回答：为了推进思想解放运动。确实，我是这么做的，也是这么想的。

正是在邓小平南方谈话的基础上，党的十四大明确地提出了建立社会主义市场经济体制的宏伟目标。1995年9月，我出来担任哲学系系主任的工作，积极推进人才培养目标、课程体系和科研方向等方面的改革，努力使哲学系的工作适应市场经济的发展并与国际接轨。我系还与解放日报社联袂举行了上海市再就业工程实施情况的调查，并出版了《奇迹是如何创造出来的——关于上海市再就业工程的研究报告》一书。

这既表明了我们对现实生活的积极参与，也体现出我们在市场经济的背景下采取的新的建系方针。我自己也努力从哲学上关注、反思市场经济中出现的各种问题，撰写并出版了《文化密码破译》《寻找新的价值坐标——世纪之交的哲学文化反思》《俞吾金集》等著作。1997年5月，受学校委托，我带领复旦大学的15个学生参加了在瑞士圣加仑举行的第27届国际经济管理研讨会，主编并出版了《跨越边界——复旦学子走向国际学术舞台纪实》一书。

当然，前进的道路是充满曲折的。在由计划经济向市场经济转变的过程中，特别是在国有企业的改革中，所有制的问题又凸显出来，关于"公"与"私"关系的一些错误见解阻碍着改革开放的进一步深入。然而，可喜的是，党的十五大报告对公有制经济的含义作出了新的解释，从而为经济体制和政治体制改革的深入发展扫清了道路。正是在这个意义上，人们把党的十五大报告称为第三次思想解放。从1997年9月到1998年4月，我在美国哈佛大学哲学系做访问学者，通过听课、讲课、交流、访问等一系列活动，我越发深切地感受到，应当加强对政治哲学、法哲学和道德哲学的研究。虽然我在几年前就已经有了这方面的想法，但访美使我感觉到了这方面想法的紧迫性。事实上，也只有加强这方面的研究和思考，才可能为第三次思想解放做一些有益的事。

回顾20多年来的治学道路，我深深地感受到歌德早就为我们揭示的真理：理论是灰色的，而生活之树是常青的。正是这段时期的极为丰富的现实生活为我们的理论思考插上了双翼，而理论思考也只有把现实生活中出现的问题纳入自己的视野，才不会迷失方向或流于空谈。哲学对现实生活的关注不同于实证科学，后者只是一味地向外追求，结果使精神像一个打破了的瓷瓶，成了满地碎片。哲学注重的是对现实生活的反思，是把思维引回到关于人类生存的基础性问题上，并通过对这些问题的解答，引导人类的精神向上发展。哲学研究的道路是坎坷的，然而，唯其如此，我们在收获时才会感受到更多的欢乐。

六、中国社会面临的最重要的问题是什么呢？

对于处在改革关键阶段的中国社会来说，它面临的最重要的问题是什么呢？我认为，要回答好这个问题，必须先对思维方式中的一些错误倾向进行矫正。倾向之一是"泡沫化"，即把研究的触角伸向各种细小的问题，结果是：蹲下来满地蚂蚁，站起来什么也看不见。倾向之二是"夸大化"，即把所有的问题都看作重要的问题，结果本来很重要的问题反倒变得轻飘飘的了。倾向之三是"主观化"，即凭自己的主观好恶判定哪些问题是重要的或不重要的。对这些错误倾向进行矫正后，或许我们可以这样回答：在当前的发展阶段，政治体制的改革已上升为最重要的问题。有些经济学家喜欢沉湎在这样的幻觉中，认为可以从纯粹经济学的角度出发解决当代中国社会面临的问题，实际上这是不可能的，因为重大的经济问题都关联到政治体制。有些政治问题研究专家则沉湎在另一种幻觉中，认为政治学就是行政管理学，政治体制问题就是行政管理体制问题。显然，这种理解方式也是不正确的。也许我们应该读一读欧洲启蒙时期的思想家的作品，才能对政治体制改革的内涵获得准确的理解。但我想，关于这方面的问题的讨论应当留给那些能理解什么是政治学，并且又有勇气对这些问题进行探讨的政治学研究方面的人才。

作为一个哲学研究者，我还想说几句与我的专业有关的话。我认为，在当今的哲学研究中，比较普遍地存在着一种我称之为"观念实在论"的错误见解。这种见解把观念理解为实在的东西，认为只要少数知识精英接受或抛弃了什么观念，现实生活也就随之而改变了。比如，只要少数人意识到"西方话语霸权主义"是错误的，在现实生活中所有的话语就都是平等的了。其实，乍看起来，观念什么都是，但如果它不能转变为现实的力量，它就什么都不是，它不过是一个轻飘飘的胡桃壳罢了。凭主观想象去夸大观念的重要性是幼稚的。比如，现在谈得很多的就是"世纪之交"的概念,好像每两个世纪交会时一定会有惊天动地的事件发生一样。事实上,不同世纪的划分只不过是一种人为的、机械的划分,历史并不会把它的重大事件都安排在世纪之交的时刻才发生。又如,现在"创造"概念也是满天飞,甚至连拙劣的模仿也叫创造。人们把这个概念糟蹋到这种地步,以致这个词除了说明使用者的无能外,什么也不能说明。我认为,在当前的哲学研究上,重要的不是搬用那些半生不熟的新名词,而是要认识到观念与实在的巨大差距。我把这种现象称为"观念的异化",即人们不能用通常的观念去认识现实生活的本质,这样反倒会把其本质严密地掩盖起来。这就告诉我们,只有退回到真实的生活中去,理论上的新思考才是可能的,新思考的表现不是漂浮在新术语中,而是立足于真实生活的基础上。所谓"退而结网",关键是一个"退"字,但不是退回到封闭的书斋生活中去,也不是退回到那些无聊的概念游戏上去,而是退回到真实的生活世界中去:

> 这里是罗陀斯,就在这里跳跃吧;
> 这里是玫瑰花,就在这里跳跃吧!

《俞吾金集》(1998)自序[①]

人贵有自知之明。但要真正做到"自知",并非易事。古希腊哲学家苏格拉底说:"我知道,我什么也不知道。"从西方哲学史上看,也许没有一句话比这句多少带点夸张的话更富于自知之明了。然而,细细地想来,似乎又不尽然。先从逻辑上看,既然我"什么也不知道",那就不能使用"我知道"这样的提法;反过来说,当我使用"我知道"这样的提法时,我绝不可能"什么也不知道"。由此可见,"我知道,我什么也不知道"这句话在逻辑上就是自相矛盾的。事实上,当我知道我什么也不知道的时候,我已经知道了某种东西。换言之,我已获得了某种特殊的认识。再从语言上看,既然苏格拉底对别人说出了这句话,那就表明,在说话之前他就"知道":第一,语言是可以表达思想的;第二,一个人用语言表达出来的思想是可以为别人理解的。显然,如果他真的"什么也不知道"的话,就必定连这两点也不"知道"。在这种情况下,他就只可能 keep silence(保持沉默),不可能说任何话。因为既然他不"知道"语言可否表达思想,也不知道一个人的语言可否被另一个人所理解,那么他说话又有什么

[①] 原载俞吾金:《俞吾金集》,学林出版社1998年版。——编者注

意义呢？可见，"我知道，我什么也不知道"这句名言不但不能说明苏格拉底有自知之明，反而表明他对自己是蔽而不明的。

无独有偶，中国古代思想家孔子也说过一句几乎人人皆知的名言："己所不欲，勿施于人。"在中国哲学史上，这句话也可以说是"贵有自知之明"的名言了。事实上，孔子以后的不少学人都把这句话理解为儒家学说的精髓，并终身行之。但认真地推敲起来，这句话不但缺乏自知之明，而且简直就是"自我中心论"的典型表现。何以言之呢？说起来也很简单，因为"己所不欲，勿施于人"实际上就是推己及人：我不愿意做的事情，也不能强令别人去做。应该说，这层意思大致上还是过得去的。然而，孔子忽略了这句话还蕴含着另一层意思，即"己所欲，施于人"。这层意思就变得非常危险了。如果自己的欲望是善良的，"施于人"问题还不大；如果是邪恶的，"施于人"就太危险了。况且，"己所欲，施于人"是一种典型的、以自我为中心的权力话语。也许可以说，在孔子的《论语》中，没有一句话比这句话更深刻地显示出儒家学说的历史局限性，也没有一句话比这句话更多地受到近世的人们的赞扬。可见，"己所不欲，勿施于人"不但不能证明孔子有自知之明，反而暴露出潜藏在他意识深处的权力意志。

从我们上面所举的两个例子可以看出，要真正地达到自知之明是非常困难的。所以，法国人有这样的谚语："人人都在他人身上主持公道。"这句谚语还说得比较委婉，而中国人的谚语就显得直截了当了："当局者迷，旁观者清。"这简直有点宿命论的味道了。这两句谚语的意思是说，要在自己身上主持公道，即清醒地对待自己，绝不是一件轻松的事。在某种意义上，出版社给作者出文集，既是对作者的信任，又是对他有否自知之明的考验。也就是说，要看看作者能否对自己的学术成果做出比较客观的、公正的判断。这个考验对于我来说，即使不是致命的，至少也是严峻的。因为我连"知人"都做不到，又何言"自知"？而当我审视自己的学术作品时，还面临着另一重困难，即1995年我已出版了三部文集：《寻找新的价值坐标——世纪之交的哲学文化反思》（复旦大学出版社)、《文化密码破译》(上海远东出版社)和《俞吾金集》(黑龙江教育出版社)。因此,从读者的利益出发,我希望尽量不要重复。否则,我就冒了双重地失去自知之明的危险,即既不能对自己的论文的优劣作出合理的判断,又不能充分顾及读者的利益。

使我感到欣慰的是,尽管繁忙的工作占去了我不少的时间,但出于对理论问题的强烈兴趣,我不仅没有停止笔耕,反而因为没有整块的时间撰写大部头著作,倒把更多的时间投入学术论文的写作中。粗略地计算了一下,近两三年来,我已发表和未发表的学术论文和思想随笔加起来竟有五六十篇之多。于是,我从中选出了三十六篇;又从以前的西方哲学史研究论文中选出了两篇:一篇是《论智者哲学的历史地位》,另一篇是《略论黑格尔哲学体系的范围》。这两篇论文成于 20 世纪 80 年代,也是有新见和现实意义的,况且至今尚未收入文集之中。此外,还从《寻找新的价值坐标——世纪之交的哲学文化反思》一书中选出了"导言"部分,这实际上是一篇讨论哲学文化问题的独立的论文;从《俞吾金集》(1995,黑龙江教育出版社)中选出了"自序",删去了它的开头部分,并给它安上了"关于哲学研究的反思"的标题。考虑到这本文集的"马克思哲学研究"部分在内容上的完整性,又把《重新理解马克思哲学与黑格尔哲学的关系》一文收入了这本文集之中。这样全书共有四十一篇论文和随笔,大致反映出近两三年来我对哲学问题的总体上的思考。

我不知道我对论文和随笔的选择是否达到了自知之明的境界,只能说我已经朝着这个方向努力了。我挑选的主要标准有以下三条:第一,要有新见,以介绍为主的论文不在考虑之列;第二,要思想性与学术性并重,纯粹学术性的、考证性的文字也不收入;第三,要有相对的完整性,通过一组组主题各异的论文,勾勒出我对相关研究领域的总体上的见解,不给读者留下以偏概全的印象。

我之所以把选择的重点放在近两三年来撰写的论文中,是因为这些论文蕴含着我对一系列重大理论问题的思考,而这些问题在当今哲学文化的探讨中是无法回避的。在文化研究方面,古今中外的价值观念纠缠在一起，我们究竟作何选择，而正确选择的前提又是什么，这是我们必须认真加以思索的。众所周知，哲学乃是文化的核心，而人们在研究哲学时，却总是自觉地或不自觉地陷入自然主义的态度，即仿佛哲学的含义对每个人来说都是自明的，不需要去反思"什么是哲学"的元问题。事实上，忽视对哲学元问题和一般哲学问题的反思，也就把哲学理论上可能开辟出来的任何创新之路都堵塞起来了。在西方哲学研究方面，人们的兴趣大多集中在现代西方哲学上，而对西方哲学史往往采取漠然视之的态度。其实，对西方哲学史的了解越深入，对近代西方哲学与现代西方哲学之间的重大差异的认识也就越透彻，从而对现代西方哲学的思考也就越自由。在我国哲学界，占支配地位的仍然是近代西方哲学的思维方式，尤其是笛卡尔主义的思维方式。虽然当代不少学者使用的是最新的哲学术语，但他们的哲学思维本质上还停留在近代的水平上。这种思维方式也表现在对马克思哲学的研究中。人们常常从近代哲学的思路出发去理解并解释马克思哲学，事实上，马克思哲学是从属于现代西方哲学的。马克思哲学的问题域比起近代西方哲学的问题域来说，有一个根本性的转变。马克思赋予哲学、实践、历史、世界、物质、时间、空间、价值、唯物主义等基本概念以崭新的内容，而要深刻地认识这个转变，就要认真地探讨马克思与黑格尔、费尔巴哈乃至整个西方哲学史之间的关系。收进本文集的论文力图站在当代生活世界和哲学思维的高度上对这些问题作出新的思考。我选择这些论文的标准是思想性加学术性，但比较起来，我把思想性放在更突出的位置上，因为对于我们置身于其中的这个急剧变动的时代来说，在思想上提出问题比在学术上对某个具体的问题进行深入细致的论证具有更重要的意义。

近年来，哲学研究似乎出现了复兴的征兆：报考高等院校哲学专业的本科生和研究生的人数有了一定的回升；哲学专著的出版已不像以前那么困难了；国外哲学的新思潮也不断地被介绍进来。在我看来，与其说这种外观上的繁荣是哲学复兴的一个征兆，不如说是对哲学危机的一个遮蔽。事实上，今天的哲学研究面临着种种危机。

表现之一是历史意识的衰退。我这里说的历史意识乃是主体对自己置身于其中的生活世界的本质的深刻的反思和把握。在普通人，特别是青年人那里，历史已成为一个遥远的过去，一个渺不可及的彼岸世界，一种可有可无的奢侈品。不少青年人用两三千个常见的汉字、夸张的广告语言和港台地区及西方国家的数个或数十个明星的名字与歌词构筑起自己的整个精神世界。在这个世界之外，一切都黯然失色，一切都微不足道。至于历史，就像一个孀居无靠的老妇人，完全是多余的了。不要说是古代史或近代史，就是20世纪的历史事件，如第二次世界大战、中国的辛亥革命和五四运动，甚至"文化大革命"也被逐出了记忆之外。记得法国思想家帕斯卡尔曾经说过："人是会思想的芦苇。"这个著名的比喻暗示我们，人的精神世界必须植根于整个人类历史文化的"土壤"之中。它的根扎得越深，它本身也就越有力，其内涵也就越丰富。然而，对于努力把历史从记忆中驱逐出去的当代人来说，这个比喻似乎失去了它的诗意的感召力和现实的合理性。面对着当代人，或许我们更应该说："人是浮萍。"众所周知，浮萍是无根基的，总是处在漂浮的状态下，而人的思想或精神一旦失去了历史之根，也就会处于飘荡无定的状态中。在这个意义上不妨说，当代人在精神上是缺乏深度的，而且由于习惯于故弄玄虚，他们的肤浅显得更为触目。

在当代中国学者那里，我们见到的仿佛是一种相反的情形——历史主义情结的泛滥。几乎可以说，翻开任何一部当代的学术著作，其大部分的篇幅都在对所要探讨的问题作历史的回顾与起点的追溯。似乎作者所要讨论的问题并不重要，重要的倒是这个问题本身的历史。乍看起来，这种历史主义情结乃是历史意识普遍存在的一个确证，实际上恰恰相反，这种现象正是历史意识全面丧失的一个标志。为什么这么说呢？因为在这样的论著中，作者真正关注的并不是自己的历史性，即自己置身于其中的当今生活世界的本质，从而为自己的历史主义态度建立一个坚实的基础，而是对问题的起点和历史的碎屑的无休止的追寻，就像一只忙忙碌碌的松鼠，不停地向起点方向奔跑。在这里起作用的不是实质性的历史态度,而是形式主义的历史态度。或许可以说,这种普遍的历史主义的情结乃是中国人崇拜祖先的传统观念在学术思考上的一种折射。这种历史的回顾越多,作者离自己所要探讨的问题就越远。所以,这种回顾绝不是思考,而是对思考的回避。这样说并不意味着对历史主义的研究方式取一概排斥的态度。我只是限于指出,这种方式的运用是有前提的,这一前提就是对自己的历史性的先行的澄明。历史性是历史主义的生命和灵魂。在历史性未澄明之前,换言之,在自觉的历史意识确立之前,历史主义不过是经验主义者的语言游戏而已。也正是在这个意义上,马克思反复强调,人体解剖是猴体解剖的先导。不能理解今天的人是无法描述过去的。所以,历史意识本质上乃是一种哲学意识。一旦失去了这种意识,即使一个人整天埋头读历史著作,长年累月地思考历史的问题,孜孜不倦地谈论历史的经验与教训,他本质上仍然是一个缺乏历史意识的人。

表现之二是批评意识的匮乏。之所以造成这样的结果,从观念上看,是因为人们没有把两种不同类型的批评区分开来。一种是文化专制主义意义上的批评,这种批评实质上是蛮横无理的专断,即宣布与自己的观点有冲突的其他一切观点都是谬误。凡是经历过"文化大革命"的人都领略过这种类型的批评。无疑地,对这种类型的批评我们必须加以拒斥,但拒斥这种批评并不意味着我们将放弃一切形式的批评。事实上,洗澡水和婴儿是不能一起泼出去的。另一种是多元文化意义上的批评。这种批评才是真正的批评,它是在学术自由的基础上展开的,而它本身的宗旨又是为了促进学术文化事业的健康发展和繁荣。值得注意的是,我们在这里提到的是"学术自由",而不是"学术民主"。如果倡导"学术民主",就会有一个少数服从多数、下级服从上级的问题。于是,在肯定的意义上,学术研究就会蜕化为权力话语;而在否定的意义上,批评将会失去自己的生存条件,因为有时候学术上的真理会掌握在少数人手里,而这少数人又有可能与权力是相分离的。所以,唯有倡导学术自由,真正的批评才可能出场。历史和实践一再告诫我们,没有后一种批评,学术文化事业的发展就会失去活力。事实上,学术文化上的真正的多元状态是在批评中发展起来的,无批评的多元状态只不过是一种虚假的、形式上的多元状态。同样地,从观念上看,也要把两种不同类型的宽容区分开来:一种是对媚俗的、低级趣味的文化作品乃至文化垃圾的宽容,这种宽容本质上是无原则的放纵;另一种是对具有独立见解和风格的学术文化作品的宽容,这才是真正意义上的宽容。如果说,没有后一种宽容就不会有学术文化事业的繁荣的话,那么,只有前一种宽容,学术文化事业必然会陷入危机之中。真正的批评意识与真正的宽容意识总是同步发展的。

从现实上看,批评意识的匮乏乃是超功利的、追求真理的独立意识匮乏的一个确证。当批评以短视的、私人的利益和关系为出发点时,它不但不可能高瞻远瞩,而且必然变形为单纯的形式,变形为无原则的恭维。于是,我们见到的是下面这样的怪圈:作者迎合读者,读者顺从评论者,评论者吹捧作者。这样做的结果是:除了"批评"这个词还存在之外,批评本身已荡然无存。毋庸讳言,一旦失去了像鲁迅、尼采这样伟大的批评家,一个社会的学术文化是不可能取得健康发展的。这就启示我们,批评意识的重建已成为当务之急。

表现之三是学术规范的欠缺。无论是学术教学、学术讨论、学术职称的晋升,还是学术作品的撰写、出版和评价,都有一定的非学术因素的参与,缺乏应有的学术严格性和严肃性。人所共知,做一个技术工人,还得经过严格的考核才能上岗。但有趣的是,竟然人人都认为自己有资格来谈论哲学,谦虚一点的人则谈论哲理,仿佛中国人一生下来就是哲学家似的。作为大学哲学系的教师,我常常收到一些中年人或青年人寄来的论文,他们的哲学史知识几乎等于零,但居然敢于声称创立了什么哲学体系,一劳永逸地解决了宇宙、社会发展的所有难题。这些论文使我感到愤怒,因为它们的作者对人类几千年来的思维的劳作毫无敬畏之心,仿佛哲学只是一门愚人自由地运用想象力的艺术。

之所以造成这种局面,原因之一是所谓"工具论"(哲学是政治斗争或阶级斗争的工具）观念的泛滥。诚然，在有利益冲突的社会中，哲学会与政治斗争会产生一定的联系，但这并不等于说哲学就是政治斗争的工具。"工具论"从根本上否认了哲学作为一门独立学科应有的尊严。在我国，人文社会科学的院士制度还未建立起来，对于哲学和政治学来说，甚至连博士后流动站的建立都还是悬而未决的问题。这种现象难道还没有透显出"工具论"观念的深远影响吗？原因之二是所谓"哲学的通俗化"。无疑地，哲学的某些具体命题是可以借用通俗的语言和形象的比喻来说明的，但哲学作为一门系统性的、高度抽象的学问却不可能整个地被通俗化。如果哲学完全能用日常语言的术语来表达，那它就失去了存在的理由。犹如高深的自然科学理论，如爱因斯坦的相对论无法通俗化一样，哲学的通俗化也是一个神话。这个神话创造了许多自以为是的、可笑的哲学家，他们完全不懂学术规范，只读了一两本哲学概论之类的书，便颐指气使地对所有的哲学问题发表"真知灼见"。一旦这样的"真知灼见"成了权力话语，后果就更不堪设想了。总之，哲学要建立严格的学术规范，要成为一门真正独立的学科，就要敢于宣布自己不是工具，而是目的；不是每个人的学问，而是少数人的学问。

表现之四是研究态度的浮躁。在市场经济唤醒了主体意识和利益上的想象力之后，浮躁几乎成了哲学研究者的普遍病症。对真理的追求让位于对金钱的崇拜，对哲学的敬畏让位于对理论的蔑视。哲学陷入了前所未有的困境之中。一方面，哲学空前规模地被实证化了。以前人们谈论的是"种菜哲学""养猪哲学"，现在人们谈论的是"管理哲学""经营哲学"，每个在市场经济中获得成功的人都成了一个准哲学家。而那些真正从事哲学基础理论研究并有创见的学者，由于其学术成果不能直接转化为市场价格而被视为无能的人。哲学在空前的意义上被贬值了，然而人们却庆幸它在应用中获得了新生。诚然，我们也赞成，应当在一定的哲学观念的指导下去研究现实问题，但这种研究本质上属于实证科学的范围。哲学关注实证科学，但并不等于要把自己还原为实证科学，消散在实证科学之中。相反，哲学的工作是把现实生活和实证科学中出现的问题提升到哲学的层面上加以反思。哲学绝不是实证科学的女仆,相反,它是为实证科学提供思想前提的。另一方面,能坐住"冷板凳",潜心探寻哲学理论宝藏的研究者越来越少了,触目可见的是一些耐不住寂寞的学者对一些半生不熟的新术语的搬用、对新思潮的追逐。他们力图表明自己在不断地思考,实际上却是借此而不断地逃避思考。他们读尼采,就成了尼采主义者;读海德格尔,就成了海德格尔主义者;读德里达,就成了德里达主义者。总之,阅读什么就信奉什么,研究什么就追随什么。在他们的论著中,什么都有了,就是没有自己的观点。在浮躁的驱动下,学者们造成的只是哲学表面上的繁荣,哲学成了克雷洛夫笔下的"磨光的金币"。在这个讲究包装的时代里,纸币已经取代黄金,现象已经消灭本质。哲学空前地被肤浅化了。

认识到哲学面临的种种危机,目的正是振兴哲学。完全可以说,当代人所具有的知识及其在生活中所感受到的东西远比历史上的任何一个时代更为丰富。在这个意义上可以说,当今时代已为像老子、孔子、庄子、孟子这样伟大的思想家的诞生提供了历史性的"土壤"。当代人应当努力克服浮躁的情绪,从世俗世界的种种诱惑中超拔出来,以前所未有的热情,执着地追求真理,写出无愧于我们这个时代的伟大作品来。如果当代人的肩膀承担不了这样的重荷,那么该归咎的就不是世界的纷乱,而是自己的平庸了。

走向边缘

——《恍惚的世界——200部电影中的精神疾病案例分析》推荐序[①]

人类思维面临的一个基本的悖论是：人类总是思考着蕴含作为思考者的自身在内的整个世界，世界乃是一个生生不息的流动。然而，人类的思考总是通过概念来进行的，概念乃是对整体的、流动着的世界的切割、划分和凝固化。不应该说，这种概念对世界的切割、划分和凝固化是无意义的，恰恰相反，在对具体现象、问题的描述和解析中，概念起着十分重要的作用。然而，在肯定概念的积极作用的同时，我们也必须认识到，概念的消极作用也同样是惊人的，尤其当我们从总体上来认识世界时更是如此。如前所述，我们试图认识的世界是一个流动着的、作为过程展现在我们面前的世界，这个世界具有自己独特的生命力，但我们一诉诸概念，这个活生生的世界就被肢解了，世界的本质被永久性地掩蔽起来了。我们运用概念的目的是认识世界，但一进入这一认识过程，世界就离我们远去了。要言之，

---

① 原载舒伟洁、昂秋青：《恍惚的世界——200部电影中的精神疾病案例分析》，复旦大学出版社1998年版。收录于俞吾金：《散沙集》，人民出版社2004年版，第73—79页。收录于俞吾金：《生活与思考》，复旦大学出版社2011年版，第179—182页。——编者注

在我们着手认识世界之前,世界已变得不可认识了。

回顾一下与科学发展史相伴随的学科分类史,我们就会对上面提示出来的、植根于人类思维深处的悖论有一个深刻的体悟。严格意义上的科学发展史是从17世纪开始的,但到20世纪,已经出现了一系列的所谓"边缘学科"(interdisciplines),如"历史地理""生物化学""物理化学"等。其实,我们是无权把这些学科称为"边缘学科"的,因为我们所要认识的世界既无中心,也无边缘。"中心"与"边缘"这样的提法是我们通过概念强加给世界本身的。举例来说,在描述科学发展史的传统的语境中,我们把生物与化学都命名为"中心学科",这样一来,介于生物和化学之间的研究领域自然就只能被理解为"边缘学科"了。类似于此的语言游戏都导源于概念在切割世界时的肤浅性和任意性,以及被这样的切割不断强化起来的凝固性。

尽管我们力图通过对概念局限性的检讨,通过对"中心"与"边缘"对立的解构,为认识真实的世界开启一条通道,但我们得坦然承认,以"中心"与"边缘"的对立为基本特征的传统话语仍然牢牢地支配着相当一部分人的思想。要说明这一点,也许只需指出现实生活中的一种常见的现象就可以了,即人们总是热衷于把新成立的机构,甚至研究机构命名为"中心"。这种趋之若鹜的现象体现出来的正是普通人思维的无批判性。普通人的思维总是心甘情愿地活动于传统话语规定的"中心"的框架内,而将蔑视一切传统的话语视为"边缘"的领域。所以,在思维中,只有少数具有深厚批判力的思想家才能穿破传统话语框架的襁褓,把不为普通人注意的"边缘"领域纳入自己的视野中。在这方面,像弗洛伊德、福柯这样的思想家堪称典范。如果说,精神病人相对于理智健全的正常人来说是边缘人的话,那么,弗洛伊德研究的正是这种边缘人的心理机制;如果说,性、暴力、犯罪、监狱、医院对于正常的社会状态来说是边缘状态的话,那么,福柯思考的正是这样的边缘状态。在这个意义上或许可以说,超越传统话语框架也就是走向边缘,把那些为传统话语和学科分类所忽视的问题带到"中心"地带来。

《恍惚的世界》这部著作的难能可贵之处在于，它的作者大胆地探索了作为人的边缘状态——精神疾病、作为艺术的边缘状态与展现精神病人的心理机制和行为方式的电影之间的内在联系，从而把很少为人注意的这两个边缘领域带到思考的"中心"。细心的读者一定会注意到，这两个边缘的领域虽然关涉的都是精神病人，却是两个异质的领域。精神疾病涉及医学，属于科学研究的范围；电影涉及艺术，属于艺术探讨的范围。如果说，科学要求一种严格的、冷静的和有条理的表达方式的话，那么，艺术要求的则是富有审美情趣的、形象生动的和满怀激情的表达方式。本书的叙事风格恰恰体现了这两种不同的表达方式的完美结合。从科学叙事的角度看，作者心仪的是精神分析法。众所周知，这一分析方法在其发展中显示出丰富的内涵。弗洛伊德比较重视的是对精神病人的个体精神分析，并把这一分析一直追溯到婴儿阶段，他关于"俄狄浦斯情结"的理论始终带着半神话的神秘色彩；荣格的精神分析方法没有局限在对个人心理发展史的考察上，他提出了"集体无意识"的学说，从而把精神分析推进到一个新的阶段；弗洛姆则把精神分析方法与社会学的研究方法结合起来，力图揭示出精神疾病及其心理紊乱的社会成因。作者在本书中对这一分析方法的运用真可谓达到了炉火纯青的地步，从而大大提高了叙事的可信度。从艺术叙事的角度看，作者具有较高的审美境界。全书涉及电影史上与精神疾病密切相关的 227 部影片，但作者并没有面面俱到地介绍这些影片的情节、人物、背景，而是以独特的审美眼光，把那些既有审美价值，又在对精神疾病的分析上具有典型意义的片段抽取出来，并通过形象的叙事语言，使之展现在读者的眼前。至于我国观众比较熟悉而在这方面研究中又具有经典意义的一些作品，如《爱德华大夫》《失去的周末》《精神变态者》《飞越疯人院》《雨人》《阿甘正传》等，作者都进行了深入而细致的评述，不仅使读者增加了这方面的知识和感受，而且给他们的想象力留下了广阔的余地。

　　从表面上看，精神疾病向电影艺术的渗透是在市场经济和票房价值的推动下进行的。事实上，我们也无法否认电影艺术在这方面的动力机制,但仅仅看到这一点是近视的。一方面,这里有着各种不同的动机。有的编导把精神病人的形象搬上银幕,是为了使更多的人能理解并关心这些边缘人;也有的编导试图通过电影艺术这一形象的手法,揭示这些边缘状态的社会成因;也有的编导则潜心于对人性的新维度的开掘。正是在这些动机的驱迫下,人类对自身的认识也不断地深化。另一方面,从受众的角度来看,这些影视作品不仅引起了对精神疾病的注意,而且也唤起了对这些边缘人的深切的人文关怀。本书的作者是精神科医生,既是关于边缘人的电影的热情的受众,又是边缘人的直接的治疗者和研究者,所以对边缘人倾注着更为深厚的人文关怀。这些真挚的感情不断地从字里行间涌现出来,使读者对他的敬意油然而生。

我不知道别的读者在看完了这部著作后会产生什么联想,就我个人而言,它的"引而不发"式的叙事风格深深地震撼了我,引起了我对人的问题的新的思考。实际上,再没有比精神病人这样的边缘人更能引起我们对人的有限性的感叹了。在想象力的灵光圈中,人常常会夸大自己的地位、能力和作用,但事实上,人出生之后,不光在观念上受到种种限制,而且在躯体上也受到种种限制。换言之,人既生活在各种社会界限——政治、法律、宗教、道德、经济、习俗等界限中,也生活在各种躯体界限——人种、遗传、生理、心理等界限中。人生不仅苦短,而且异常脆弱。一个先天的、遗传方面的轻微原因,或一个后天的、来自社会方面的过度刺激,就足以使原来理智健全的人转化为一个边缘人,从而为整个社会所放逐。在这个意义上,我们不妨说人是界限动物,人只是在非常有限的空间和时间中活动着。人类急需从自己的悲剧理性的夸大的热情中解放出来,重新认识自己的真实处境,以便寻求一种新的、喜剧式的生活方式,并把更多的关怀赐予边缘人。

一旦我们的思考超越了传统的话语框架,我们就会认识到,走向边缘也就是返回我们所关注的问题的中心。人类应当以更清醒的方式认识自己的现状、处境和命运。

是为序。

1999年

创造性思维三题议[①]

在知识经济的话语框架中来探讨"创造性思维与知识创新"这一课题，自然是很有意义的。只要稍加考察就会发现，知识创新必定是以创造性思维为前提的。所以，问题的焦点还是在如何进行创造性思维上。不能说哲学只是研究思维问题的，但至少可以说，思维始终是哲学研究的基本内容之一。我们尝试从哲学的角度出发，就创造性思维的问题谈三点看法，以就正于方家。

一、不要轻易言"创造"

历史常常有惊人的相似之处。假如说，在17世纪的欧洲，学者们最喜欢使用的是"新"字，如培根的《新工具》、维柯的《新科学》、莱布尼茨的《人类理智新论》等，那么，在20世纪后半叶，学者们最喜欢使用的字眼恐怕就是"后""新"和"创造"了，如"后现代主义""新自由主义""创造学"等。经验告诉我们，每当人类历史的发展进

[①] 原载《文史哲》，1999年第4期，《新华文摘》1999年第11期全文转载。载《创新科技》2006年第7期。收录于俞吾金：《散沙集》，人民出版社2004年版，第27—34页，题为"也谈创造性思维"。收录于俞吾金：《生活与思考》，复旦大学出版社2011年版，第183—188页。——编者注

入重大的转折关头时,一些意味着与传统的思维方式实行彻底决裂的概念就会非常频繁地被使用。在今天,使用"创造"这个词已经成为一种时尚,甚至任何一种平庸之见都被戴上了"创造"的灵光圈,以致这个词差不多成了"无能"的代名词。由于我们正处在两大世纪交汇的历史时刻,所以这种"创造"情绪的膨胀似乎获得了最为适宜的土壤。其实,以100年作为一个世纪,不过是人为划分的结果,历史并不会故意地把所有重大的事件的发生都安排在两个世纪交替的时候。认为自己负有空前绝后的历史责任和创造使命,乃是当代人的一种自我狂想式的幻觉。这很自然地使我们联想起恩格斯在批判杜林先生时随口说出的一句名言——无责任能力来自夸大狂。

这种幻觉支配着当代人,特别是青年人。就以我个人的经历来说,我就多次收到过青年学生或研究生寄来的文本。这些文本宣称,它们已经把哲学上的难题全部都解决了。然而,只要稍稍浏览一下这类文本,马上就会发现,里面的常识性错误俯拾皆是,这表明作者们至多只读过几本"哲学概论"之类的书,就以为自己有能力创造一个新的哲学体系。仿佛哲学史从来就没有存在过,仿佛哲学不过是一门愚人的艺术。这种对前贤毫无敬畏之心的狂妄简直令人感到愤怒。黑格尔在谈到每个人都想推进康德哲学这一现象时,曾以嘲讽的口气写道:"所谓推进却有两层意义,即向前走或向后走。我们现时许多哲学上的努力,从批判哲学的观点看来,其实除了退回到旧形而上学的窠臼外,并无别的,只不过是照各人的自然倾向,往前作无批判的思考而已。"[①]在许许多多哲学家对哲学的基本问题做过思考之后,任何人试图在哲学上创新都不是一件容易的事情。在哲学研究方面天赋极高的维特根斯坦,在其早期著作《逻辑哲学论》的序言中,曾经骄傲地宣布:"这里所传达的思想的真理性,在我看来是无可辩驳的和确定的。因此我认为,问题从根本上已获

[①] [德]黑格尔:《小逻辑》,贺麟译,商务印书馆1980年版,第118—119页。

致最终的解决。"①既然哲学问题"已经最后解决了",在完成这部著作后,维特根斯坦就放弃了哲学研究。然而,在其晚期著作《哲学研究》的序言中,他却不得不承认,"当十六年前我重新回到哲学思考上来时,我一开始便被迫认识到我在第一本书中犯了严重错误"②。由此足见哲学上的创造是何等艰难。

所以,在人人热衷于谈"创造",并把"创造"理解为像从地上拔起一棵小草那么容易的时候,我倒觉得应该给这股"创造"泼一点冷水。绝不要轻易地使用这个字眼,如果你不想对它加以亵渎的话。

二、创造性思维与思维者的素质

我们主张,不要轻易言"创造",但这并不等于说,创造性思维是不可能的。我们所要强调的是,创造性思维是不容易的,它对思维者的素质提出了很高的要求。我想,以下三方面的素质对于具有原创性的思维者来说是必不可少的。

第一,天赋。一提到天赋,有人就认为我们故意把创造问题神秘化了,甚至把它推入黑暗之中了。其实,明眼人都会承认,人们在天赋方面是存在着差异的,这些差异与他们能否作出创造性的思维存在着一定的关系。比如,许多人都会拉小提琴,但却很少有人具备帕格尼尼式的天赋;许多人都会打篮球,但很难达到乔丹那样的天分。创造性思维也与思维者的天赋有着一定的联系。在某种意义上,创造性思维的天赋就是一种高度的敏感性、感受力或洞察力。也就是说,具有原创性的思维者总是对自己的研究领域保持着高度的敏感性、感受力或洞察力,他就像卓越的探矿者,善于发现并开掘深深地掩埋在地下的矿藏。由于这种

---

① [奥]维特根斯坦:《逻辑哲学论》,贺绍甲译,商务印书馆1996年版,第21页。
② [英]维特根斯坦:《哲学研究》,汤潮、范光棣译,生活·读书·新知三联书店1992年版,第4页。

非凡的洞察力，有天赋的人总是显得与众不同，正如叔本华所说："天才好像一棵棕榈树一样，总是高高地矗立在它生根的土地上面。"①

第二，强烈的兴趣。天赋是创造性思维的自然条件之一，但光凭天赋却不一定能达到这样的思维。另一个重要的因素是：思维者对自己所思考的对象或问题是否有兴趣。一般来说，一个研究者要是对自己的研究对象缺乏强烈的兴趣，他在他所研究的领域里进行创造性思维几乎是不可能的，因为他丧失了达到这样的思维的动力机制。正如猫爪下的夜莺会失去自己的唱歌能力一样，不是发自内心意愿的、强制性的思维活动也难以结出创造性的成果。

第三，顽强的意志力。人们常说天才出于勤奋，而勤奋所确证的正是顽强的意志力。不管一个人有多么高的天分，也不管他对自己思维的对象怀着多么强烈的兴趣，要是他是浮躁的、缺乏意志力的，他不能把自己的注意力长久地、锲而不舍地集中在自己的思维对象上，要作出创造性思维是很困难的。如果他还有滥用自己的聪明的毛病，觉得自己有能力去思索所有的问题，那就会弄得一事无成。记得黑格尔在《逻辑学》的序言中提到柏拉图曾经七次修改自己的国家学说的故事，并这样写道："一本属于现代世界的著作，所要研究的是更深的原理、更难的对象和范围更广的材料，就应该让作者有自由的闲暇作七十七遍的修改才好。"②由此可见，创造性思维是一种极其艰辛的劳作，没有顽强的意志力是什么也做不成的。

三、创造性思维的训练

尽管天赋在创造性思维中起着一定的作用，但在创造性思维的形成

---

① ［德］叔本华：《作为意志和表象的世界》，石冲白译，商务印书馆1982年版，第565页。

② ［德］黑格尔：《逻辑学》上卷，杨一之译，商务印书馆1966年版，第10页。

中，后天的因素却显得更为重要。换言之，创造性思维是可以通过后天的训练而得到提高的。如果我们在这里主要涉及哲学上的创造性思维的话，那么我认为以下的训练途径是必不可少的。

第一，认真研读前人，特别是拥有原创性思维的大思想家的著作。叔本华说过："只有从那些哲学思想的首创人那里，人们才能接受哲学思想。因此，谁要是向往哲学，就得亲自到原著那肃穆的圣地去找永垂不朽的大师。"①只有不断地与具有创造性思想的第一流思想家对话，才能提升并锻炼我们的思维，激发我们的创造热情。比如，康德就是这样的大师。郑昕在讲授康德哲学时曾经说过一句名言："超过康德，可能有新哲学，掠过康德，只能有坏哲学。"②事实上，只要人们不认真研读一位大思想家的著作，他们的思维方式就只能停留在他之前，极端的情况是：作为一个当代人，他的思想方式仍然可能重复着早就被纠正的古代人的错误。所以，歌德形象地指出："谬误和水一样，船分开水，水又在船后立即合拢；精神卓越的人物驱散谬误而为他们自己空出了地位，谬误在这些人物之后也很快地自然地又合拢了。"③只要人们不是满足于自以为是的所谓"创造"，他就得认真研读哲学史，努力使自己站在巨人的肩膀上，这样才有可能作出有效的、创造性的思维。莱布尼茨曾说："遵循一位优秀的作者的线索，比自己完全独立地重起炉灶要省力些。"④这就告诉我们，只有充分尊重并消化前人的研究成果，才能把自己的思维奠定在坚实的基础上。

第二，认真解读生活这本大书。创造性思维的最后源泉不是在文本中，而是在生活中。实际上，文本的价值也就在它们对生活世界的意义

---

① [德]叔本华：《作为意志和表象的世界》，石冲白译，商务印书馆1982年版，第18—19页。
② 郑昕：《康德学述》，商务印书馆1984年版，第1页。
③ 转引自[德]叔本华：《作为意志和表象的世界》，石冲白译，商务印书馆1982年版，第567页。
④ [德]莱布尼茨：《人类理智新论》上册，陈修斋译，商务印书馆1982年版，第1页。

的显示中。只有善于捕捉并反思生活中出现的重大问题,并把它们上升到理论的高度,创造性思维才会获得实质性的内涵。在这个意义上可以说,来自生活的体验(experience)比来自书本的知识(knowledge)显得更为珍贵。

第三,正确地处理好学与思的关系。孔子说:"学而不思则罔,思而不学则殆。"①从一方面看,学能够扩大一个人的知识面;但从另一方面看,学又会使自我迷失乃至消解于所学的知识中。只有把批判性的意识导入学中,学才不会迷失方向。同样地,从一方面看,思能够使一个人对知识的真伪作出鉴别,甚至使他提出创造性的新见解;但从另一方面看,与学相分离的单纯的思也会失去生命力,蜕变为想象力的任意的漫游。只有把学与思紧密地结合起来,以博大的胸怀接纳各种有价值的知识,并以深厚的思的力量不断地去解析、提升这些知识,创造性思维之泉才会源源不断地流淌出来。

---

① 《论语·为政》。

《二十世纪哲学经典文本》总序[1]

20世纪是人类历史上最值得注意的世纪。同样地,20世纪的哲学也是人类哲学发展史上最值得注意的哲学。20世纪的哲学不仅见仁见智,流派纷呈,而且思想深邃,发前人之所未发。诸多哲学大师的著作,读来令人回肠荡气,击节赞叹。一些年来,我们一直有一个愿望,那就是把20世纪哲学家的经典文本编纂出来。一方面,我们可以数册在手,经常重温这些大师的教诲,加深对哲学中的重大问题的理解和领悟;另一方面,我们借此也获得了一把打开新世纪精神世界的钥匙。然而,在20世纪的哲学思想充分展示出来之前,我们至多只能在心中酝酿这个念头。直到世纪末的脚步声临近的时候,这个多年来的愿望才化为真正的现实。

20世纪哲学是20世纪人类现实生活的产物。回顾数千年的人类文明史,也许再也找不到一个世纪比20世纪更大起大落,更富于变故了。在政治上,俄国的十月革命、第二次世界大战的爆发、法西斯主义的兴起和奥斯维辛集中营、第二次世界大战后殖民地的独立、1968年法国的五

---

[1] 原载俞吾金、吴晓明总主编:《二十世纪哲学经典文本》,复旦大学出版社1999年版。——编者注

月风暴、欧洲共同体的建立、苏联解体和东欧剧变、中国的改革开放与市场经济的发展等都是重大的历史事件;在科学技术上,相对论和量子力学理论的创立、"老三论"(系统论、信息论、控制论)与"新三论"(突变论、协同学、耗散结构论)的诞生、航空与航天事业的崛起、电脑与人工智能的兴起、电视与通信事业的发达、遗传工程与无性繁殖(克隆)的冲击、安乐死与试管婴儿的挑战等无不极大地影响并改变着人们的生活。所有这一切都引起了哲学家们的思考,而这些思考又结晶为文本,显示出人类认识世界和认识自我的伟大历史进程。20世纪的生活有多么丰富,它的哲学思想也就有多么丰富。

当我们考察20世纪哲学时,立即可以发现,它具有如下特征。

第一,流派纷呈,风格各异。表现之一是多元的思想发展动力取代了单一的思想发展线索。我们发现,在探讨哲学史时,传统哲学演化的思想线索常常是单一的。如英国经验论哲学可以沿培根、霍布斯、洛克、贝克莱、休谟的思想发展线索进行探究;欧洲大陆唯理论哲学可以沿笛卡尔、马勒伯朗士、斯宾诺莎、莱布尼茨、沃尔夫的思想发展线索进行探究;德国古典哲学可以沿康德、费希特、谢林、黑格尔、费尔巴哈的发展线索进行探究;等等。但在20世纪西方哲学的发展中,思想动力完全多元化了。如果我们撇开20世纪的生活背景不说,光是主要思想动力就有以下几个:马克思主义、尼采的权力意志理论、胡塞尔的现象学、以弗雷格和罗素为肇始人的分析哲学、以克尔凯郭尔为先驱的生存哲学、爱因斯坦的相对论等。这不光使20世纪西方哲学展现为丰富多彩的哲学流派,甚至同一个哲学家也受到多重思想的影响。比如,以反归纳主义著名的科学哲学家波普尔在年轻时就受到爱因斯坦相对论、马克思的历史理论、弗洛伊德的性心理分析学说的影响。表现之二是在学理上分解为兴趣迥然各异的哲学思潮。如20世纪的西方哲学,就其较核心的部分而言,是由以下三大思潮组成的:一是以分析哲学和科学哲学为主线的当代知识论哲学,二是以现象学和存在主义为主线的欧洲大陆人本主义哲学,三是以马克思主义与其他哲学流派的结合为主导的西方马克思主义哲学。如果说,西方马克思主义关注的是西方社会和文化中蕴含的现实问题,因而以"社会批判理论"作为自己的旗帜的话,那么,分析哲学孜孜不倦地加以考察的则是像"奶酪放在桌子上""我的扫帚在屋角里"这样的表述是否在哲学上是正当的;至于存在主义者,如海德格尔虽然对"存在的意义"作了深入的分析,但在现实生活中,他一度又是纳粹主义的积极支持者。这些迥然各异的哲学兴趣显示出 20 世纪西方哲学在内容上的巨大的振幅。这很容易使我们想起叔本华说过的一句话:哲学就像一个长着许多脑袋的怪物,每个脑袋都说着不同的语言。表现之三是同一思想与诸多不同的哲学流派逐一结合,形成了新的派别。这在西方马克思主义哲学中表现得尤为突出。如黑格尔主义的马克思主义、韦伯主义的马克思主义、结构主义的马克思主义、存在主义的马克思主义、现象学的马克思主义、新实证主义的马克思主义、弗洛伊德主义的马克思主义等。它们既显示出马克思主义哲学的强大生命力,也显示出当代西方哲学发展的一个新趋向。

第二,此消彼长,演化迅速。表现之一是:一种哲学思潮流行的时间不长就迅速地被另一种哲学思潮所取代。比如,20 世纪法国哲学的迅速演变就是一个典型的例子。在 20 世纪 40 年代,法国风行的是存在主义哲学,尤以萨特的《存在与虚无》为代表;从 50 年代中期到 60 年代,法国风行的是结构主义哲学,尤以福柯的《词与物》为代表;从 60 年代末起,法国开始流行后结构主义,尤以德里达的《多重立场》为代表。真可谓:哲学思潮变化快,各领风骚数十年。表现之二是:同一种哲学思潮由于不断与新观念碰撞,从而经常改变自己的形式。比如,在 20 世纪中国哲学中,当代新儒学的演化就是一个突出的例子。在 20 世纪 20—40 年代,当代新儒学的第一代学人,如梁漱溟、熊十力等,力图把儒学与柏格森的生命哲学结合起来;在 50—60 年代,当代新儒学的第二代学人,如牟宗三等,力图把儒学与康德哲学贯通起来;在 70—80 年代,当代新儒学的第三代学人,如杜维明等,则强调儒学与存在主义哲学、解释学、弗洛伊德学说的对话。由此而形成了三代学人在发挥儒家学说上的不同倾向。表现之三是：一种学说产生后，后人发挥其中的一个重要的见解，很快又形成一种新的学说。如胡塞尔在20世纪初创立了现象学，他的学生海德格尔随即运用现象学方法在20世纪20年代创立了存在主义哲学；以后，海德格尔的学生伽达默尔又从他老师的"此在解释学"得到启发，在60年代创立了哲学解释学。这些例子表明，与传统哲学流派的演化方式相比，20世纪哲学流派的兴衰周期明显变短。

第三，融会贯通，取长补短。表现之一是欧洲哲学内部的交融。试以德国、奥地利哲学对法国哲学的渗透为例。拉康哲学被称为法国的弗洛伊德主义，阿尔都塞哲学被称为法国的马克思主义，福柯哲学被称为法国的尼采主义，德里达哲学被称为法国的海德格尔主义，等等。表现之二是欧洲大陆哲学与英美哲学的交融。在传统哲学研究的视野中，人们通常认为，英美哲学注重经验，欧洲大陆哲学注重理性，表现为两种不同的研究思路，甚至"两种不同的文化"。但在20世纪哲学的演化中，这两种不同类型的哲学之间的相互渗透也日见频繁。比如，从19世纪末到20世纪初，在英美就产生了以布拉德雷、罗伊斯为代表的新黑格尔主义思潮；法兰克福学派主要代表人物在第二次世界大战期间移居美国，对美国的哲学文化的发展产生了重大的影响；美国当代思想家乔姆斯基、罗尔斯就受到康德哲学很大的启发。反之，英美分析哲学为欧洲大陆的维也纳学派提供了重要的思想武器；美国的实用主义对德国哲学家哈贝马斯的影响更是众所周知。表现之三是西方哲学思潮与发展中国家哲学思想的融合。试以20世纪的中国哲学为例，一些著名的思想家，如梁启超、王国维、胡适、冯友兰、贺麟、金岳霖、熊十力等无一不接受了西方哲学中的一种或数种学说，然后与自己信奉的中国本位哲学融合，提出了新的哲学思想。

上面我们讨论的20世纪哲学的三个特征还是形式上的，因而是比较容易观察到的。如果深入地加以反思的话，我们还会进一步发现20世纪哲学在内容上的重要特征。

第一,从近代哲学对认识论、方法论研究的重视转向对本体论研究的重视。如海德格尔的"此在本体论"、萨特的"现象学本体论"、卢卡奇的"社会存在本体论"、奎因的"本体论承诺"、古尔德的"社会本体论"、哈特曼的"自然本体论学说"等。对本体论研究的重视实际上也就是对重建思想基础的重视。近代哲学思想经过克尔凯郭尔、马克思、尼采等人的冲击,其思想基础已经动摇,20世纪现实生活中出现的一系列新的、重大的问题也急需从新的思想基础出发进行解释。正是这些情况造成了20世纪本体论研究的复兴。

第二,从近代哲学的"心物二元论"转向对一元的哲学起点的探索。众所周知,笛卡尔的"心物二元论"在近代哲学的发展中始终占据着支配性的地位。在20世纪哲学中,这种二元论受到了普遍的挑战。如胡塞尔的"现象"概念、柏格森的"生命"概念、詹姆士的"经验"概念、海德格尔的"存在"概念、怀特海的"过程"概念等,都旨在扬弃这种二元论,为当代哲学提供新的出发点。这种对一元的哲学起点的寻求,即对哲学的阿基米德点的寻求,大大地深化了当代哲学研究的主题,使之呈现出与以往世纪的哲学不同的特点。

第三,从近代的意识哲学转向语言哲学和符号哲学。近代哲学在探讨意识现象时,总是把人的意识活动与语言表达分离开来,没有深究语言、符号在哲学思考中的基础性作用。20世纪的哲学则把自己研究的重心转移到语言和符号上,卡西尔的《符号形式哲学》显示出符号,特别是语言符号在哲学研究中的极端重要性。海德格尔强调"语言是存在之家";晚期维特根斯坦主张语言就是语言游戏,语词的意义是在语言游戏的上下文中呈现出来的;而奥斯汀的言语行为理论则揭示出语言功能的新的维度。所有这些都大大地超越了近代哲学的视域,把哲学研究提高到一个新的水平上。

在探讨了20世纪哲学在形式上和内容上的基本特征以后,有必要再来分析一下它在世纪之交的新的发展趋向。我们认为,有以下新的趋向。

第一,实践理性范围内的哲学,即政治哲学、经济哲学、法哲学、道德哲学和宗教哲学将上升为 21 世纪哲学研究的重点。这一趋向在当代美国哲学的发展中已见端倪。罗尔斯、麦金太尔、诺齐克、桑德尔等人的著作之所以引起了广泛的社会反响,正是这种趋向使然。对于发展中国家,如中国来说,由于政治体制改革的需要,这方面的研究也必然趋热。

第二,科学技术哲学的研究也将上升为 21 世纪哲学研究的焦点。由于近数十年来科学技术的迅猛发展,一系列重大问题,如人工智能、知识经济、安乐死、试管婴儿、无性繁殖、信息处理、可持续发展等都将被提到科学技术哲学研究的议事日程上来,而这方面的研究也必然涉及科学精神与人文精神的关系问题。总之,21 世纪将为哲学思考展示一个更恢宏的视域。

我们编纂的这套《二十世纪哲学经典文本》计有五卷,它们是:《序卷》(二十世纪西方哲学的先驱者)、《欧洲大陆哲学卷》、《英美哲学卷》、《西方马克思主义哲学卷》、《中国哲学卷》。为什么采取这样的编纂方式?主要理由如下。

第一,我们采取的是地域、国家和学派内容相结合的分类方法。如果只考虑地域、国家,像西方马克思主义哲学这一大块的内容就显示不出来;反之,如果只考虑学派,则有些学派跨好几个国家乃至好几个地域,读者会觉得跳跃性太大。把这三种分类方法结合起来,按照人们已习惯的方式来编纂,反倒更易为读者所接受。

第二,为什么要编《序卷》(二十世纪西方哲学的先驱者)?我们的考虑是,如果缺少了这一卷,《二十世纪哲学经典文本》就成了无源之水。事实上,近代哲学向 20 世纪哲学的转折是在 19 世纪完成的。所以,要理解 20 世纪哲学的演化,必须对这些主要生活在 19 世纪而对 20 世纪哲学的发展产生重大影响的先驱者的文献有一个大致的了解。

第三,为什么要单独编一卷《西方马克思主义哲学卷》?我们的考虑是:一方面,在当代西方哲学的研究中,西方马克思主义哲学的影响比较大，且与社会现实的联系最为紧密，对我们以批判的方式理解当代西方哲学有很大的帮助；另一方面，目前哲学学科的分类倾向于把马克思主义哲学与西方哲学割裂开来、对立起来。其实，离开了马克思主义哲学，西方哲学从近代到当代的转折就很难理解；反之，撇开西方哲学，马克思主义哲学的发展史也就变得难以索解了。所以我们认为，把这一卷编进去是很有意义的。

在编纂《二十世纪哲学经典文本》的过程中，我们得到了复旦大学出版社总编辑高若海教授和责任编辑陈士强副教授的热情关心和帮助。我们在此谨表示由衷的感谢。我们希望读者喜欢这套丛书，因为哲学不光是黄昏到来时才起飞的密涅瓦的猫头鹰，而且也常常是迎接新世纪破晓的晨鸡！

2000年

学术领域应该是最圣洁的[1]

在某种意义上,我们这个时代类似于曹雪芹笔下的"贾(假)宝玉"时代,甚至可以说是有过之而无不及。弄虚作假的现象是如此普遍,以致有人开玩笑说:"除了字典中的'假'字是真的,其他都是假的。"这当然是一种夸张的说法,但这种说法所蕴含的意思却值得我们深长思之。最令我们担忧的是学术研究中出现的种种虚假的现象。按理讲,学术研究的领域应当是最圣洁的领地,然而,近年来报刊上披露的大量事实使我们确信,这个领地也被严重地污染了。

众所周知,学术研究的无序和学术规范的缺失是由多方面的原因造成的,但从研究者的主观方面来检讨,治学态度的认真与否应该说是一个根本性的因素。研究者究竟把自己的学术探讨理解为严肃的、追求真理的活动,还是无聊的游戏,抑或牟取种种利益的捷径,直接决定着他在学术研究中的行为方式,换言之,决定着他对学术规范的遵守与否。

应当坦率地承认,在治学态度上,西方的哲圣为我们树立了难以超越的范本。据说,柏拉图

---

[1] 原载《文学报》2000年5月11日。收录于俞吾金:《哲学遐思录》,北京师范大学出版社2016年,第153—157页,题为"治学态度与学术规范"。——编者注

曾经七次修改他的国家学说,这使另一位哲圣——黑格尔感慨不已,以致他在《逻辑学》的第二版序言中这样写道:

> 在提到柏拉图的著述时,任何在近代从事重新建立一座独立的哲学大厦的人,都可以回忆一下柏拉图七次修改他关于国家的著作的故事。假如回忆本身好像就包含着比较,那么这一比较就只会更加激起这样的愿望,即:一本属于现代世界的著作,所要研究的是更深的原理、更难的对象和范围更广的材料,就应该让作者有自由的闲暇作七十七遍的修改才好。①

至于柏拉图的学生——亚里士多德,也许我们只要记住他的名言"吾爱吾师,吾更爱真理"就够了。我们不能设想,一个把学术研究理解为追求真理的人,会违背学术上的良心而去弄虚作假。英国哲学家弗兰西斯·培根强调,学术研究是一项非常严肃的活动,不能听凭想象力的自由驰骋,而应当给思维的翅膀绑上重物。他是这么说的,也是这么做的。事实上,他自己就是在做冷冻实验(在野外把雪塞进鸡肚子里)时受寒去世的。

在群星璀璨的西方思想家中,马克思的严谨的治学态度和他对学术规范的一丝不苟的坚持是最令人瞩目的。众所周知,马克思几乎用了他一生的大部分时间来研究政治经济学,特别是从事《资本论》的写作。据说,为了撰写《资本论》,他至少阅读了1000多种相关的著作。由于他长年累月地坐在大英博物馆阅览室里一个固定的位置上阅读并检索各种资料,以至于在地上磨出了痕迹。马克思治学态度的严谨还表现在以下三点。

第一,他坚决地谴责学术上一切不劳而获的、抄袭的行为。在《资本论》第一版序言的第一个注中,他不无气愤地指出:"斐·拉萨尔经济

---

① [德]黑格尔:《逻辑学》上卷,杨一之译,商务印书馆1966年版,第10页。

著作中所有一般的理论原理，如关于资本的历史性质、关于生产关系和生产方式之间的联系等等，几乎是逐字地——甚至包括我创造的术语——从我的作品中抄去的，而且没有说明出处。"①马克思对拉萨尔的批评很容易使我们联想起恩格斯对杜林的批评。一方面，杜林处处以"一切时代最伟大的天才"自居，把他以前的哲学家，特别是黑格尔说得一无是处；另一方面，他又处处抄袭和模仿黑格尔，他的世界模式论不过是"黑格尔逻辑学的一个肤浅得无以复加的复制品"②。针对杜林的这种极不诚实而又极度狂妄自大的治学态度和治学方式，恩格斯在《反杜林论》的结尾处说出了一句名言："无责任能力来自夸大狂。"③也许我们可以把恩格斯的这句话移过来赠送给当代学术界那些自视很高，但品行又很低下的所谓"学者"。

第二，马克思虽然对整个西方文化怀有深厚的批判意识，但他充分尊重他的前人和同时代人在学术研究上获得的每一个成就，并在自己的著作中加以引证或说明。马克思在学术研究上的这种诚实的态度深深地感动了恩格斯。马克思逝世后，恩格斯在《资本论》第三版序言中这样写道：

> 最后，我说几句关于马克思的不大为人们所了解的引证方法。在单纯叙述和描写事实的地方，引文（例如引用英国蓝皮书）自然是作为简单的例证。而在引证其他经济学家的理论观点的地方，情况就不同了。这种引证只是为了确定：一种在发展过程中产生的经济思想，是什么地方、什么时候、什么人第一次明确地提出的。这里考虑的只是，所提到的经济见解在科学史上是有意义的，能够多少恰当地从理论上表现当时的经济状况。④

---

① 《马克思恩格斯全集》第23卷，人民出版社1972年版，第7页。
② 《马克思恩格斯全集》第20卷，人民出版社1971年版，第157页。
③ 同上书，第351页。
④ 《马克思恩格斯全集》第23卷，人民出版社1972年版，第32页。

恩格斯告诉我们，马克思在《资本论》和其他经济学著作中所做的一部分引证仅仅是从科学史的意义出发的，而当马克思这样做的时候，也就充分肯定了他的前人和同时代人在学术研究中做出的每一个有价值的贡献。我们知道，恩格斯在治学态度上也是同样认真和严谨的。他反复重申，唯物史观和剩余价值这两大发现都是属于马克思的，在《反杜林论》的第二版序言(1885)中，恩格斯指出："本书所阐述的世界观，绝大部分是由马克思所确立和阐发的，而只有极小的部分是属于我的，所以，我的这部著作如果没有他的同意就不会完成，这在我们相互之间是不言而喻的。"①马克思逝世后，恩格斯花了大量的时间去整理《资本论》未完成的手稿，他在《资本论》第三卷序言中这样写道：

> 在我所作的改动或增补已经超出单纯编辑的范围的地方，或在我必须利用马克思提供的实际材料，哪怕尽可能按照马克思的精神而自行得出结论的地方，我都用四角括号括起来，并附上我的姓名的缩写。我加的脚注有时没有用括号；但是，凡是注的末尾有我的姓名的缩写的地方，这个注就全部由我负责。②

借用一句话"上帝的归上帝，恺撒的归恺撒"，这也许正是我们在治学上应取的严谨的态度。治学的大忌是漠视前贤或干脆把他们的学术成就据为己有，仿佛历史就是从自己会思考的那天才开始的。在这个意义上可以说，学术研究中必须遵守的一条基本的规范是：确定自己的研究课题中哪些贡献是由前人或同时代人做出的。不说明这一点，由此而产生的任何"学术成果"在真实性上都将是十分可疑的。

第三，马克思对自己的学术研究和著述的要求是非常严格的。青年

---

① 《马克思恩格斯全集》第20卷，人民出版社1971年版，第11页。
② 《马克思恩格斯全集》第25卷（上册），人民出版社1974年版，第7页。

马克思在撰写他的博士论文《德谟克利特的自然哲学和伊壁鸠鲁的自然哲学的差别》前,单单关于伊壁鸠鲁哲学就做了七个笔记,长达150页。他在政治经济学研究和《资本论》写作中的认真态度更是达到了无可挑剔的程度。马克思自己在《资本论》第二版跋中写道:"没有人会比我本人更严厉地评论《资本论》的文字上的缺点。"① 据恩格斯在《资本论》第四版序言中说,马克思的引文的正确性只有一次被人怀疑过。1872年3月7日,德国工厂主联盟的机关刊物《协和》杂志刊登了一篇匿名作者的文章《卡尔·马克思是怎样引证的》。这篇文章粗暴地指责马克思歪曲地引证了格莱斯顿1863年4月16日预算演说中的话,无中生有地增加了"财富和实力这样令人陶醉的增长……完全限于有产阶级"② 这样一句话。马克思在接到这一期《协和》杂志后马上撰文在《人民国家报》上回答了这个匿名作者。他运用当时的《泰晤士报》关于格莱斯顿演说的报道,证明格莱斯顿在演说中确实说过这句话。这件事情平息后,从英国剑桥大学又传来一些神秘的谣言,说马克思在《资本论》里犯了写作上的大错云云,但无论怎样仔细追究,都得不到任何确实的结果。有趣的是,在二十年后,马克思刚逝世不久,上面提到过的所谓"马克思的引证事件"重又被某些别有用心的人提起,对马克思进行攻击,而这一次出来澄清事实真相的是马克思的女儿爱琳娜。这场风波很快又被平息了,正如恩格斯所说的:"其结果是任何人也不敢再怀疑马克思写作上的认真态度了。"③

西方大哲的治学风范启示我们,一个研究者是否在学术研究中遵守学术规范,这是任何外在的、强制的力量所无法左右的。归根到底,这是一个研究者自身的良知和治学态度的问题。每一个真正的研究者都应当从自己做起,在自己的学术活动中严格地遵守学术规范,而不要像法国谚语所说的那样:人人都乐于在他人身上主持公道。

---

① 《马克思恩格斯全集》第23卷,人民出版社1972年版,第18页。
② 《马克思恩格斯全集》第22卷,人民出版社1965年版,第198页。
③ 同上书,第202—203页。

不在场的在场[①]

从20世纪80年代末到90年代初,随着苏联的解体,"马克思主义已经死亡""历史已经终结"这样的口号成了欧洲各种媒体上最醒目的口号。在这种一风吹的情况下,德里达为什么要冒天下之大不韪,于1993年出版《马克思的幽灵——债务国家、哀悼活动和新国际》一书呢?在这本书的一个注解中,德里达自己对这个问题作出了解答。在他看来,认为"马克思主义已经死亡"的看法早就存在了,而从解构理论出发来论述这一观点的论著可以追溯到简-玛丽·比努斯特于1970年出版的《已故的马克思》一书。德里达认为,尽管这本书的第一部分从标题上看是向马克思表示致敬,但实际上出具的却是马克思的死亡证明书。德里达并不同意比努斯特的观点,为此他做出了如下说明:"本人的这部著作的标题可以看做是对比努斯特的那本书的标题的回应,不论已经过去了多少时间或者说还剩下多少时间,它都可以说是对那一不幸的意外事件的回应——或者说是对那亡魂的回应。"[②]原来,德

[①] 原载《文汇读书周报》2000年5月20日。收录于俞吾金:《哲学随想录》,北京师范大学出版社2016年,第306—310页。——编者注

[②] [法]雅克·德里达:《马克思的幽灵——债务国家、哀悼活动和新国际》,何一译,中国人民大学出版社1999年版,第134—135页。

里达通过自己的著作要向世人传达这样一个观点,即马克思已经去世了,他的形体已经不在场了,但他的观念、精神或幽灵却无处不在场。所以,重要的不是停留在现象上,而是要看到事情的实质,即马克思的在场采取了一种特殊的方式——不在场的在场方式。

一、马克思活在我们的记忆中

马克思和马克思主义活在我们这代人的记忆中,不但活着,而且还牢牢地扎根于我们记忆的深处。德里达这样写道:

> 在我现在不得不加以抵制的所有各种诱惑中,有一种诱惑就是记忆的诱惑,即去叙述我以及我这代人在我们的整个一生中所共同享有的东西:马克思主义的经历,马克思在我们心目中的几乎慈父般的形象,以及我们用来和其他的理论分支、其他的阅读文本和阐释世界方式做斗争的方法,这一方法作为马克思主义的遗产曾经是——而且仍然是并永远是——绝对地和整个地确定的。……我们全都生活在同一个世界上,有些人享有的是同一种文化,这文化在一种不可估量的深度上仍然保留着这一遗产的标记,不论是以直接可见的方式还是以不可见的方式。①

在德里达看来,凡是尊重客观事实的人,不论他是不是一个马克思主义者,都会承认马克思和马克思主义给予他的重要的影响。因为至少在某种意义上可以说,马克思以他那卓越的、原创性的思想改变了我们阅读文本和阐释世界的方式。

---

① [法]雅克·德里达:《马克思的幽灵——债务国家、哀悼活动和新国际》,何一译,中国人民大学出版社 1999 年版,第 21—22 页。

二、历史并没有终结

德里达确信,对于以福山为代表的"历史终结"学派来说,马克思和马克思主义的在场仍然没有被抹去,不如说,这一学派以一种特殊的方式确认了它们的在场。福山在 1992 年出版的《历史的终结和最后的人》中宣告了马克思主义的终结与自由资本主义的胜利。这本书出版后被西方传媒炒得沸沸扬扬。"我们最好还是问一问自己,"德里达写道,"这本书,连同它声称带来的福音一道,为什么成了媒体的时髦玩意儿,为什么它会在忧虑不安的西方世界的意识形态的超级市场上风靡一时,它在那里被抢购的情形,就像是战争爆发的谣传刚开始流行时,人们抢购当时货架上所有的食糖与黄油一样。"[①]在德里达看来,福山的著作之所以一度变得洛阳纸贵,是因为它隐瞒了西方的自由资本主义在当今面临的种种灾难、危机,甚至是死亡的威胁。特别是福山意识到,马克思对自由资本主义进行过透彻的批判,所以通过苏联解体、东欧剧变来宣告马克思和马克思主义的死亡,也就等于为自由资本主义撤销了一份最有力的死亡判决书。

然而,正如德里达所敏锐地指出的那样:

> 由于这样一种密谋今天在一片震耳欲聋的普遍赞成声中坚持认为它所说的确实已经死去的东西实际上将永远死去,因此就引起了人们对它的怀疑。它在想让我们入睡的地方将我们唤醒。因而要警惕:那尸体也许并不像那密谋力图哄骗我们相信的那样已经死去或完全死去。逝者好像还在那里,并且他的显形并不是虚无。它不是

---

① [法]雅克•德里达:《马克思的幽灵——债务国家、哀悼活动和新国际》,何一译,中国人民大学出版社 1999 年版,第 97 页。

毫无作为。①

在德里达看来，福山等人急急忙忙地出来宣告马克思和马克思主义的死亡，恰恰说明，马克思和马克思主义不但没有死亡，而且仍然是现实生活中在场的一种巨大的精神力量。正如马克思和恩格斯在《共产党宣言》中所分析的那样，既然旧欧洲的一切势力都为驱逐共产主义的幽灵而结成了神圣同盟，那就表明："共产主义已经被欧洲的一切势力公认为一种势力。"②在德里达看来，福山的目的是想让人们入睡，但结果反倒是唤醒了人们，使他们清晰地意识到马克思和马克思主义的在场。

三、马克思无处不在

德里达强调，马克思的遗产并不仅仅是对这一代人来说才是有效的，它已像但丁、莎士比亚和歌德一样进入人类文化的血液之中，即使从来不接触、阅读马克思文本的人实际上也是这一遗产的继承人。换言之，马克思和马克思主义对于所有的人来说都是在场的："地球上所有的人，所有的男人和女人，不管他们愿意与否，知道与否，他们今天在某种程度上说都是马克思和马克思主义的继承人。"③在"马克思主义已经死亡"的一片喧嚣声中，德里达敢于发出不同的声音，足见他具有惊人的理论勇气。

既然马克思和马克思主义的在场是不在场的在场或不可见的在场，那么其具体的表现方式又是什么呢？这个问题的解答还要从这本书的书

---

① ［法］雅克·德里达：《马克思的幽灵——债务国家、哀悼活动和新国际》，何一译，中国人民大学出版社 1999 年版，第 138 页。
② 《马克思恩格斯选集》第 1 卷，人民出版社 1995 年版，第 271 页。
③ ［法］雅克·德里达：《马克思的幽灵——债务国家、哀悼活动和新国际》，何一译，中国人民大学出版社 1999 年版，第 127 页。

名 *Specters of Marx* 着手。明眼人一看就知道,这里的 specters(幽灵)是以复数的形式出现的。遗憾的是,中文的"幽灵"是读不出单复数的,如果我们必须在中文的书名中体现出德里达的原意,那么它应该译为"马克思的幽灵们"或"马克思的诸幽灵"。① 为什么德里达要用 specters 这一复数形式?因为在他看来,在场的并不只是一种马克思主义精神,而是各种不同的、异质的马克思主义精神。所以,人们不应该用自然主义的态度对待马克思和马克思主义的在场,人们必须在马克思留下的丰富的遗产中,在异质的马克思主义精神中做出自己的选择。就德里达来说,他作为一个解构主义者,认为最有价值的马克思主义的精神应该是它的批判精神。所以他这样写道:"求助于某种马克思主义的批判精神仍然是当务之急,而且将必定是无限期地必要的。如果人们知道如何使马克思主义的批判适应新的条件,不论是新的生产方式、经济和科学技术的力量与知识的占有,还是国内法或国际法的话语与实践的司法程序,或公民资格和国籍的种种新问题等,那么这种马克思主义的批判就仍然能够结出硕果。"②尽管德里达对马克思主义的诸精神或诸幽灵的理解存在着某种片面性,尽管德里达自恃解构主义包含着比马克思主义的批判精神更丰富的内涵,但他毕竟说出了某种重要的东西,值得我们在研究马克思和马克思主义时认真地加以借鉴。

最后,我们再引证德里达的一段话,以便加深我们对马克思和马克思主义的特殊在场方式——不在场的在场的理解:"不能没有马克思,没有马克思,没有对马克思的记忆,没有马克思的遗产,也就没有将来。"③

---

① 同样地,德里达的另一部著作 *Positions*(《多重立场》)也是以复数的方式出现的,所以不应该译为"立场"或"观点",而应该译为"诸多立场"或"诸多观点",否则人们就有可能曲解德里达的本意。

② [法]雅克·德里达:《马克思的幽灵——债务国家、哀悼活动和新国际》,何一译,中国人民大学出版社 1999 年版,第 122 页。

③ 同上书,第 21 页。

理论探索的一面旗帜[1]

改革开放已经走过了二十多个年头,与改革开放的风风雨雨相伴随的《新论》也走过了二十个年头,迎来了《新论》第1000期的出版!"1000期",这无论如何都是一个不平常的数字:它记录着《新论》编辑追求真理、传承薪火的巨大热情,也记录着《新论》作者披荆斩棘、上下求索的理论勇气。作为《新论》的老读者和老作者,我为《新论》取得的成绩而骄傲,也为《新论》编辑奖掖后学、激励创新的古道热肠所感动。

大约十七年前,我正在复旦大学哲学系攻读西方哲学史的硕士学位。当时,在关于"真理标准"的大讨论的推动下,一场思想解放运动正席卷神州大地。1983年秋,我和系里的其他五位研究生一起参加了一次全国性的学术会议。在会上,我们批评了苏联模式的哲学教科书体系,大胆地提出了一个《关于认识论改革的提纲》。遗憾的是,我们这种勇于探索的精神并没有得到应有的鼓励。

正当我在思想上感到苦闷的时候,《新论》的编辑勉励我继续大胆地进行理论探索,并希望我在从事哲学研究的同时,关心现实,联系实际,

---

[1] 原载《解放日报》2000年7月7日。——编者注

积极地为《新论》撰稿。这种理解和支持，体现了党报编辑的胆识，也坚定了我继续思考理论问题和现实问题的决心。当时的《新论》既有公开发表的版面，又有作为内部刊物的"未定稿"。记得在 1983—1984 年，我先后在"未定稿"上发表了《"设置对立面"考释》《黑格尔对面相学和头盖骨相学的批判》《对黑格尔一句"名言"的质疑》《谈谈哲学的现代化问题》等文章。1985 年初，当理论研究的"大气候"渐渐回暖时，我又与另外两位研究生一起，在《新论》上公开发表《论学术自由》《真理存在于各派学说之中》《论战中的对等原则》等论文，促进了思想解放运动的开展。

在以后的岁月里，随着市场经济和出国潮的冲击，我在读硕士和博士时的大部分同学，出国的出国，下海的下海，工作的工作，大家各奔东西。然而，我却掉臂孤行，无怨无悔地在理论研究的大漠中艰难地跋涉。在清贫而艰苦的理论探索中，《新论》的编辑们一如既往地给我以种种激励和鞭策。在他们的关心和支持下，我在《新论》上发表了《文化密码破译》的系列文章，运用心理分析的方法，对文化观念和社会生活中存在的种种问题进行了批评性的考察。这些文章发表后，社会反响是强烈的，我本人也收到了许多读者的来信。虽然我没有时间对读者的来信一一作答，但我深深地感受到蕴藏在读者心灵中的理论兴趣，也认识到自己作为一个哲学研究者与读者进行沟通的必要性和重要性。与此同时，我也在《新论》上发表了《略论精神文明建设的历史条件》《发展才是硬道理》《世纪之交的哲学文化问题》《超越比较文化研究的无序状态》等学术论文，引起了学界同行的深切关注。

每每忆及这些往事，我的心总是无法平静下来。我不但是《新论》的忠实作者，也是它的忠实读者。联想起二十年来《新论》发表的许多佳作，深为《新论》的编辑们不逐时流、不鹜时尚、勇于追求真理的浩然正气所震撼。更为可贵的是，当追名逐利已经成为这个时代的可怕病症的时候，《新论》的编辑们却甘当无名英雄，默默地传承着自己的事业，热情地开启着青年一代的思绪，为中华民族的振兴贡献出自己的全部力量。

愿《新论》永远保持自己的活力和锋芒，成为理论界的一面不倒的旗帜！

也谈学术规范[①]

近年来，我国的学术事业取得了较大的发展。但与此同时，学术界也暴露出不少问题，如学术研究中的宗派主义和话语霸权、学术论著撰写中的抄袭拼凑和自我克隆、学术评审中的人情关系和弄虚作假、学术交流中的形式主义和功利至上等。有些问题是如此之严重，以致人们干脆称之为"学术腐败"。

所有这些问题和现象都引起了人们的深切关注和思考。为了使学术事业沿着健康的轨道向前发展，人们谈论和探讨的焦点自然而然地集中到学术规范的问题上。围绕着这一问题，人们发表了大量的见解，这些见解在一定程度上启发了我们的思绪，但它们大多停留在就事论事或个案分析的层面上。在某种意义上可以说，正是这种近视的、经验主义的思维方式阻碍着人们对学术事业和学术规范的本质获得深入的认识。所以，本文力图从一个更高的思想层面上来重新审视学术规范问题。

[①] 原载《文汇报》2000年8月26日。载《长江日报》2005年8月25日和9月1日。载《科学中国人》2004年第7期，题为"重新审视学术规范"。收录于俞吾金：《散沙集》，人民出版社2004年版，第62—69页，题为"学术规范刍议"。收录于俞吾金：《哲学沉思录》，北京师范大学出版社2016年，第164—169页，题为"如何谈论学术规范"。——编者注

一、"消极地谈"和"积极地谈"

迄今为止，人们关于学术规范的谈论大致停留在"消极地谈"的层次上。所谓"消极地谈"也就是以被动的、情绪化的、经验主义的方式来谈。在平时，很少有人出来谈学术规范，但当学术界有什么丑事被曝光后，人们便一哄而上，大谈特谈学术规范。我们不能说这些谈论是无意义的，然而与其说它们是积极主动的，还不如说是消极被动的；与其说它们是理智型的，还不如说是情绪化的。有的谈论者只是借此倾泻自己"高尚的义愤"罢了，至于在这种情绪中到底隐藏着多少幸灾乐祸的成分，那就不得而知了。

当然，我们偶尔也会读到一些似乎并不就事论事地谈论学术规范的文章。但细细地体味下去，觉得某些丑事仍然以不在场的方式在场，它们总是在冥冥中制约着谈论者，使他们自然而然地沿着这样的方向进行思考，即人们在从事学术活动时，应该制定出哪些学术规范？或者换一种说法，哪些学术规范是他们必须遵守的？不能说这样的思考是没有价值的，但它把谈论者牢牢地束缚在经验事实的层面上，使他们看不到蕴含在学术事业和学术规范中的更重要的东西。

那么，什么是"积极地谈"呢？所谓"积极地谈"也就是撇开具体的经验事实，以主动的、理性的、应该的方式来谈。一脱离就事论事的经验主义思维方式，我们对学术事业立即获得了完全不同的理解。也就是说，学术事业不是谋生的手段，而是对真理的追求。学者作为学术事业的承担者，他的使命不是不择手段地谋取自己的利益，而是为真理而献身。古希腊哲学家亚里士多德说过："吾爱吾师，吾更爱真理。"这句名言成为历代学者追求真理的伟大的座右铭。德国哲学家费希特在《论学者的使命》的讲座中也指出："我的使命就是论证真理……我是真理的献身者。"①他把追求真理视为学者最高的使命。而德国哲学家叔本华在《作为意志和表象的世界》第二版序中谈到自己所处的沉沦腐败的时代时,也慷慨激昂地写道:"完全严肃地说,只有真理是我的北斗星。"②我们很难设想,一个真正把追求真理作为自己最高使命的学者会在其学术活动中违反学术规范,去做弄虚作假或其他见不得人的事情。

这就启示我们,在谈论学术规范时,"消极地谈"虽然也是必要的,但"积极地谈"比"消极地谈"更重要。"消极地谈"只是出于单纯的警戒意识,提醒学者们不要越轨;而"积极地谈"则体现出学者们对崇高的思想境界的向往和追求,它引导学者们认识自己的伟大使命,从而自觉地在学术活动中遵守各项学术规范。

二、"形式地谈"和"实质地谈"

在大多数场合下,人们谈论学术规范,满足于"形式地谈",而不是"实质地谈"。什么是"形式地谈"呢?所谓"形式地谈"也就是注重学术规范条例的制定,注重学术活动外观上的合规范性。比如,强调学术论文必须有关键词、中英文摘要、注释和参考书目;强调学术研究课题的申请必须有推荐者;强调学术成果的评审有一定的程序,特别是当评审涉及到评审者本人时,本人应当回避;等等。平心而论,在讨论学术规范时,"形式地谈"还是必要的。事实上,完全撇开形式、外观和程序,学术规范也就无法存在了。然而,仅仅停留在"形式地谈"的层面上,我们认为也是不行的。

那么,"实质地谈"又是什么意思呢?所谓"实质地谈"也就是在谈论

---

① [德]费希特:《论学者的使命 人的使命》,梁志学、沈真译,商务印书馆1984年版,第45页。
② [德]叔本华:《作为意志和表象的世界》,石冲白译,商务印书馆1982年版,第14页。

学术规范时,更注重实质性的东西。这里所谓"实质性的东西"有两方面的含义。

一是指学术规范中具有根本性意义的原则。比如,学术论著出版前的匿名评审制度、学术论著必须对前人和同时代人在同一课题研究中有代表性的成果做出必要的回应。显而易见,如果我们撇开这两条根本性的原则来谈论学术规范,"顾左右而言他",学术规范就完全可能被形式化,成为一个空的胡桃壳。当然,有人也许会反驳说,就连上述两条原则也有可能在某些情况下被形式化。诚然,我们也承认这种可能性的存在,正如黑格尔在《小逻辑》第 121 节中所说的:"在我们这富于抽象反思和合理化的论辩的时代,假如一个人不能对于任何事物,即使最坏或最无理的事物说出一些好的理由,那末真可说他的教养还不够高明。"①但无论如何,是否明确地把这两条原则写进学术规范,仍然是一个实质性的问题。

二是学术创新。谁都不会否认,制定学术规范的最根本的目的是鼓励学术创新,促使有学术才华的人脱颖而出。如果单纯地从形式上来强调学术规范的重要性和完整性,把它与学术创新尖锐地对立起来,那岂不是在做"买椟还珠"的蠢事吗?在某种意义上可以说,创新是一切学术活动,尤其是学术研究的灵魂。一旦失去这个灵魂,学术规范就成了无聊的语言游戏。归根到底,注重"实质地谈",就是始终把鼓励学术创新和促使学术新人的成长看作学术规范所要确保的最根本的东西。

三、"他律地谈"和"自律地谈"

所谓"他律地谈"就是把学术规范理解为一种从外面强制我实行的力量,因此我不得不(have to)加以遵守。正如俄国学者赫尔岑所指出的,

---

① [德]黑格尔:《小逻辑》,贺麟译,商务印书馆 1980 年版,第 264 页。

在学术研究中存在着一些华而不实的人,他们"就是只浏览绪言和卷头页的人们,就是在别人用饭时,自己围绕沙锅走来走去的人们"①。毋庸讳言,对这样的人来说,"他律地谈"学术规范仍然是必要的,因为这样做可以逐步提高他们遵守学术规范的自觉性。但仅仅停留在"他律地谈"的层面上又是不够的。事实上,如果一个学者缺乏对学术事业的敬畏之心,头脑里想的老是如何钻学术规范的空子,是不可能在学术活动中,特别是在学术研究中作出有价值的贡献的。

所以我们更注重的是"自律地谈"。所谓"自律地谈"就是既不把学术规范理解为外在强制的东西,也不把它理解为像手电筒一样只照别人的东西,而是从自己的学术良知和学者应有的道德规范出发,自觉地(will)遵守并维护学术规范。费希特甚至认为,学者"应当成为他的时代道德最好的人,他应当代表他的时代可能达到的道德发展的最高水平"②。这就告诉我们,在真正的、道德高尚的学者那里,学术规范已经内化为他们心中的"绝对命令"。他们不但会像维护生命一样维护学术规范,而且会坚持从我做起,哪怕在细小的问题上也严格遵守学术规范,而不仅仅热衷于在他人身上主持公道。在某种意义上,孔子所说的"从心所欲,不逾矩"就蕴含着这样的学术境界。

在坚持严格的治学精神和学术规范方面,大思想家永远是我们学习的榜样。著名传记作家萨弗兰斯基在《海德格尔传——来自德国的大师》中提到了现象学开创者胡塞尔的极其严谨的治学态度:"在谈到自己的时候,他总是说,他是一个'初学者'。他也不断地研究他自己的著作。当他想把以前的手稿定稿,以供发表时,他总是把整个书稿又重写一遍。这使得助手们深感绝望。"③正是这种学术研究上的严格的自律的态

---

① [俄]赫尔岑:《科学中华而不实的作风》,李原译,商务印书馆1962年版,第49页。
② [德]费希特:《论学者的使命 人的使命》,梁志学、沈真译,商务印书馆1984年版,第45页。
③ [德]吕迪格尔·萨弗兰斯基:《海德格尔传——来自德国的大师》,靳希平译,商务印书馆1999年版,第106页。

度，使胡塞尔在生前发表的著作很少，却留下了40000页手稿。这就启示我们，"自律地谈"比"他律地谈"更重要，只有前者才会坚持从自我做起，自觉地遵守并维护学术规范，从而把整个学术事业提高到一个新的水平上。

四、"抽象地谈"和"具体地谈"

所谓"抽象地谈"就是把整个学术活动从人类的全部活动中割裂出来，只在学术圈子内谈论学术规范。不用说，这样做是有其一定的理由的，因为学术活动与人类的其他活动之间存在着重要的差别。何况，在现代社会中，学术的专业化已经成为一个不争的事实。正如马克斯·韦伯在《以学术为业》的讲座中所指出的："今天……学术已达到了空前专业化的阶段，而且这种局面会一直继续下去。无论就表面还是本质而言，个人只有通过最彻底的专业化，才有可能具备信心在知识领域取得一些真正完美的成就……今天，任何真正明确而有价值的成就，肯定也是一项专业成就。"①所以，实际上，在学术圈外，人们很难对学术研究的情况置喙。在这个意义上，在学术圈子内"抽象地谈"学术规范仍然是必要的。但我们也必须看到，仅仅满足于这样的谈论方式又是不够的。

实际上，更重要的是"具体地谈"。所谓"具体地谈"就是不孤立地谈论学术活动，而是把它与人类的其他社会活动联系起来谈。比如，假定我们只是"抽象地谈"学术规范，就很难对当今中国学术界存在的种种虚假现象，特别是所谓"学术腐败"的现象的原因做出深入的分析。只有"具体地谈"，才能使我们看到学术腐败与人们在市场经济中的种种不良行为之间的内在联系，才能使我们看到市场经济中普遍存在的浮躁情绪

---

① ［德］马克斯·韦伯：《学术与政治——韦伯的两篇演说》，冯克利译，生活·读书·新知三联书店1998年版，第23页。

在学术界的严重影响。事实上，在学术论著的出版、评审等过程中，总有大量的非学术因素（如个人的信念、人情关系和小团体利益等）的参与，正是这些因素把学术规范变成了一纸空文，"假作真时真也假"，从而从根本上断送了学术事业。

综上所述，我们不能总是停留在情绪化的或就事论事的、经验主义的层面上来探索学术规范的问题，只有理性地、系统地思索这一问题，把各种"谈"的方式综合起来，包含在这一问题中的真理才会向我们显现出来。

学术创新的前提[1]

一谈论创新问题,我们就不由自主地陷入一个有趣的悖论之中:一方面,"创新"这一概念包含着对新的东西的追求和崇拜;另一方面,"创新"又是一个长久以来被谈论的、缺乏任何新意的题目。要在前人和同时代人的无数高谈阔论的基础上,再就"创新"谈出新意来,实在是难于上青天。但既然谈论创新问题也需要创新意识,这反倒激起了我们"上青天"的决心。

一、以新的思路谈论学术创新

在我看来,谈论创新问题,首先要注意以下几点。

第一,新与旧之间并不存在绝对的界限,它们之间的关系是相对的。如狄奥尼索斯的酒神精神、亚里士多德《尼各马可伦理学》中的美德理论都是旧的东西,但分别在当代哲学家尼采、麦金

---

[1] 原载《文汇报》2000 年 12 月 30 日,转载于《文艺理论研究》2001 年第 1 期。收录于俞吾金:《散沙集》,人民出版社 2004 年版,第 19—26 页。收录于俞吾金:《从康德到马克思——千年之交的哲学沉思》,广西师范大学出版社 2004 年版,第 461—467 页,题为"论哲学创新的前提"。收录于俞吾金:《哲学遐思录》,北京师范大学出版社 2016 年版,第 181—187 页。——编者注

太尔那里获得了新的生命。这就告诉我们,创新并不一定是一味向前地去捕捉什么,它倒常常是回过头去对旧的东西作出新的诠释。换言之,新的东西不一定就是新的,旧的东西也不一定就是旧的。可以肯定的只有一点,即任何新的东西都不是突然地降临到这个世界上来的,只有通过对旧的东西的理解和超越,才可能有新的东西。在这个意义上我们甚至可以说:只有充分地理解旧的东西,才可能创造新的东西。

第二,创新是有界限的,也就是说,并不是在任何时候、任何场合、任何事情上都需要创新。笼统地肯定创新,蕴含着在价值上对所有新的东西的盲目崇拜。这里存在着一个价值上的误区或至少是价值上模糊的区域。如果人们像夸父追日般地不断地追逐新的东西,他们迟早也会饥渴而死。从频度上看,创新总是间歇性的;从范围上看,创新总是有界限的。即使在学术研究的领域里,创新与守成、发散性思维与收敛性思维之间也总是存在着一定的张力。正如人类社会不可能每天都爆发革命一样,学术研究领域也不可能每天都创立新的范式。总之,切不可把政治上的那种"左"的思维方式带入对创新概念的理解中。创新是一件激动人心的事情,但当我们谈论创新的时候,需要的并不是激动人心的态度,而是一种高度理智的、平静的态度。

第三,在学术研究中应当区分两种不同的创新意识。一种是形式化的创新意识,即认为人们只要把一些半生不熟的新名词引入他们的口头语言和书写语言中,就已经在从事创新活动了。在当今中国学术界,这种形式化的创新意识到处泛滥,似乎创新就像伸一个懒腰或打一个喷嚏那么容易。另一种是实质性的创新意识,即创新者不但对传统的和当代的思想观念有深入的了解,而且能够通过自己思维上的艰辛的劳作,对整个学术研究领域或某个具体的学术问题的解答做出实质性的推进。我们要贬斥的是前一种创新意识,要肯定的是后一种创新意识。当然,在实质性的创新意识中,我们还应当进一步区分出两种不同的类型:一种是宏观型的、总体型的创新意识。这种创新意识力图通过哲学上的反思,从宏观上更新人们的观念或信仰体系;另一种是微观型的、局部的创新意识。这种创新意识试图通过对实证科学中的某些问题的批评性思考,对这些问题作出富有创意的新的解答。

二、避免随意地探讨学术创新的机制

在对上述与"创新"概念有关的基本问题做了必要的澄清以后,现在我们似乎有条件来谈论学术创新的问题了。但要系统地、有效地,而不是零星地、不负责任地谈论这个问题,还必须找到一个合适而有效的切入点。众所周知,即使要有创意地来谈论学术创新的问题,我们仍然可以找到许多切入点。比如,我们可以从学术研究者的个人素质——天赋、好奇心、勤奋、学养、气质、性格等各方面来探索学术创新的问题;也可以从外在的环境——时代背景、家学渊源、名师亲炙、团队精神、机遇巧合等方面来揭示学术创新的某些规则性的东西;也可以从新的思维方法的引入和运用的角度来探讨学术创新的具体过程。这就给人们造成了一个普遍性的印象,似乎人们完全可以自由地、随心所欲地谈论学术创新的问题。

我们认为,在这里需要抛弃的正是这种任意的、自然主义的态度。由于人们平时总是以这种自然主义的、朴素的态度来谈论学术创新的问题,他们虽然谈论得头头是道,但实际上不但没有揭示出学术创新的真正机制是什么,相反却把这种机制严严实实地掩盖起来了。换言之,他们的目的是想揭示某种被遮蔽着的东西,结果反倒把应该揭示的东西遮蔽起来了。之所以会发生这种结果与愿望完全相反的事情,一个重要的原因是上面提到的那些切入点都具有很大的偶然性。比如,一个人可能性格很好,同时又具有强烈的创新意识,反之,一个人也可能性格很古怪,甚至很孤僻,但同样也具有卓越的创新意识;又比如,团队精神很可能激发了一个人在学术研究上的巨大的创造性,但也可能束缚了另一个人在学术上的独创性;再如,一种新的思维方法的引入也许会激发起某个学术研究领域中人们的创新热情，但也完全有可能会损害另一个研究领域中人们的创新热情。总之，从上面这些切入点着手去探索学术创新的机制，充满着各种偶然性的因素，从而常常会引申出截然不同的结论来。这些结论之间相互冲突，甚至相互对立，从而把学术创新的机制完全推入神秘主义的黑暗之中。

三、学术创新的前提性因素

我们认为，重要的是揭示出蕴含在创新意识，特别是宏观型的创新意识中的一些前提性的因素。这些因素就是哲学观、语言观、逻辑观、时空观和时代观。不管一个人是否意识到并自觉地反思过这些观念，他作为社会存在物，实际上总是受这些观念的支配的。所以，一个人只要用非批判的态度对待这些观念，他的宏观型的创新意识，特别是在哲学这门学科上的创新意识就必然会受到限制。无数事实表明，对一定的哲学观、语言观、逻辑观、时空观和时代观的反思和批判在学术创新的机制中发挥着更为确定、更为普遍、更为客观的作用。事实上，在讨论学术创新问题时，当我们思考的触角不再停留在那些偶然的、永远会引起分歧的因素上，而是转向每个人都必然置身于其中的重要观念时，我们的思考才会获得可靠的成果。下面我们就来反思这些观念。

一是哲学观。不管一个人承认与否，他事实上总是受一定的信念支配的；也不管他承认与否，在他的信念中，总是自觉地或不自觉地包含着一定的哲学观，而且这种哲学观总是处于他的信念的核心的位置上。正是这种哲学观决定着他的信念，决定着他对人生、社会和世界的看法，也直接或间接地决定着他的行为方式。这种哲学观是他在接受教化、获得社会认同的过程中，以自觉或不自觉的方式形成的。当他戴着这种哲学观的"眼镜"去看待一切、思考一切的时候，他的创造性也就自然而然地被局限在这种哲学观之内，凡是这种哲学观不允许他看到的东西他都会视而不见、听而不闻。在这种情况下,如果他在宏观思维上要有创新意识的话,就一定要反思并突破自己原来的哲学观。这样一来,创新思维的基础就被奠定了。然而,突破或超越一种哲学观是如此之困难,以致罗素告诫我们说:"要想作一个哲学家就必须锻炼得不怕荒谬。"①

二是语言观。人们确信自己生活在真实的世界中,但实际上他们常常生活在一个由自己所熟悉的语言和语词的意义所构成的虚幻的世界中。在他们能够清晰地看到自己所使用的语言与真实的生活世界之间存在的差异之前,通向宏观的创新意识的道路必定是封闭的。比如,在当代中国理论界,有些很有声望的理论家仍然在无批判地沿用"奴隶社会""封建社会"这样流行的概念分析、说明中国传统社会。实际上,在中国历史上既不存在欧洲意义上的奴隶社会,也不存在欧洲意义上的封建社会。中国传统社会是以血缘关系为纽带、以家族制度为本位的宗法等级制社会。即使是专业根底非常扎实的学者,在其思想上突破这样的语言框架以前,也不可能在对中国传统社会的研究中,从宏观上引申出原创性的见解。人们必须清醒地意识到,语言不但不是他们手中可以随意地加以玩弄的魔方,相反,他们自己才真正是被语言玩弄的魔方。事实上,他们并没有脚踏实地地站立在世界上,他们只是飘浮在他们所熟悉的语言中。在他们能够对自己所使用的语言进行批判性的反思之前,他们是找不到自己的真实立足点的。正是在这个意义上,维特根斯坦说:"我们与语言斗争;我们正在卷入与语言的斗争之中。"②

三是逻辑观。正如人们在发明服装之前已经穿着某种东西,人们在建立逻辑学之前也已经以不自觉的方式在使用逻辑。只要人们使用语言相互交流,那么语言除了服从语法规则之外,还必须服从逻辑规则。逻辑规则是运用语言进行思考的任何人都无法逃避的。即使一个人在反对

---

① [英]罗素:《哲学问题》,何兆武译,商务印书馆1999年版,第14页。
② L. Wittgenstein, *Culture and Value*, Chicago, The University of Chicago Press, 1980, p. 11.

逻辑时,他也必须遵守逻辑。否则,他所陈述的思想就没有一个人能明白。当然,存在着不同种类的逻辑,如亚里士多德的形式逻辑、康德的先验逻辑、弗雷格和皮亚诺等人所创立的数理逻辑、胡塞尔的纯粹逻辑等。通过对西方哲学史的研究,我们发现,一种划时代的哲学观念的出现,常常是与新的种类的逻辑联系在一起的。比如,胡塞尔在《逻辑研究》第一卷的前言中曾经写道:"我分析得越深入,便越是意识到:抱有阐明现时科学之使命的当今逻辑学甚至尚未达到现实科学的水平。"①正是通过对传统逻辑学中存在的心理主义倾向的批判,胡塞尔不但改造了逻辑学,而且创立了现象学,对20世纪哲学的发展产生了重大的影响。

四是时空观。我们总是通过一定的时空观去观察并思考外部世界的。在日常生活中,我们总是确信自己控制着时间和空间,但实际上,情形却是倒过来的,即一定的时间和空间的观念支配着我们的思维和行为。正如逻辑有不同的种类一样,时空观也有不同的种类,如亚里士多德和牛顿的物理学时空观、奥古斯丁和海德格尔的主观体验型时空观、康德和胡塞尔的先验论时空观、马克思的社会生产劳动时空观等。众所周知,如果康德不能超越牛顿的时空观,就不能创立自己的先验唯心论体系。同样地,如果爱因斯坦不能超越牛顿的时空观,也不能创立自己的相对论。由此可见,学术研究中的宏观创新意识确立总是与对一定形式的时空观的自觉的反思联系在一起的。

五是时代观。在某种意义上,人是被抛掷到这个世界上来的。因此,不管他是否愿意,他总是从属于一定的时代的。黑格尔甚至认为,人不能超越他的时代,就像不能超越自己的皮肤一样。但这种观点也遭到了许多学者的批判。事实上,学术研究中的创新意识总是与那种超越一定时代的远大眼光、敢于与庸俗的时代精神斗争的卓越识见联系在一起的。比如,胡塞尔就强调自己的《逻辑研究》是"与当时极其活跃的反

---

① [德]埃德蒙德·胡塞尔:《逻辑研究》第1卷,倪梁康译,上海译文出版社1994年版,第1页。

'柏拉图主义'和'逻辑主义'的时代精神对立"①。

综上所述,我们不应当从主观的、偶然的因素出发来探讨学术创新的问题,而应该更着力分析任何真正的学术创新活动都无法绕过去的那些普遍性的因素和前提。事实上,也只有这样做,才能揭示出那些从根本上制约着学术创新机制的前提性因素,并在可能的界限内提高我们的学术创新能力。

---

① 《胡塞尔选集》(上),倪梁康选编,上海三联书店1997年版,第441页。

2001年

传承与创新[①]

也许因为我们过早地把"新世纪"这个术语引入我们的理论探讨之中,所以当新世纪正式"君临"的时候,我们反倒失去了某种新鲜感,仿佛我们早就置身于它的语境中来思考问题了。最近理论界正在开展的关于理论创新的讨论实际上也是以超前的方式在新世纪的语境中展开的。在某种意义上,理论创新是理论研究的一个永恒的话题。然而,在今天重提这个话题却具有特别重要的意义。这不仅因为唯有强烈的创新意识才能使我们适应变幻不定的世界环境,而且我们对理论创新本身已经获得了一种比较成熟的认识。这种认识尤其表现在我们对理论创新和传承之间的关系的深刻的理解上,而正是这种理解为21世纪的理论创新提供了坚实的思想基础。

一、"我注六经"的偏失

传统的理论研究很难脱出"我注六经"的窠臼。所谓"六经",其本义是指儒家的六部经典,

[①] 原载《文汇报》2001年1月1日。载俞吾金:《散沙集》,人民出版社2004年版,第3—9页。——编者注

即《诗》《书》《礼》《乐》《易》《春秋》，其引申义则是指前人留下的经典性文本，也可泛指前人留下的所有文本。在这里，我们是从引申义上使用"我注六经"这个说法的。毋庸讳言，这个说法蕴含着传统的理论研究态度的根本特征，即把前人的理论成果，特别是那些经典性的著作理解为高不可攀的范本，强调后人充其量只能给前人留下的著作做注疏、做评述而已。

由于儒家学说的奠基人孔子也主张"述而不作，信而好古"，所以这种"我注六经"的研究态度在传统社会中拥有深远的影响。于是，泥古崇古、厚古薄今便成了传统社会知识分子的主导性思维方式。① 在当今理论界，这样的研究态度和思维方式不但没有消失，相反仍然拥有不可低估的影响。曾几何时，我们对马克思主义经典著作的解读还停留在"我注六经"式的研究态度上；曾几何时，"两个凡是"的错误观念还迷惑过不少人的思想！

我们认为，作为一种研究态度，"我注六经"的主要偏失如下。一是显露出"文本至上"的观念论倾向。诚然，我们也不否认，今人与前人的典籍之间存在着文化上的传承关系，但这种关系毕竟是"流"的关系，而不是"源"的关系。今人思想之"源"则是当今生活世界中的实践活动。正如德国诗人歌德所说的：理论是灰色的，而生活之树是常青的。唯有生活和实践才能构成今人理论创新的根本性前提。显然"文本至上"是一种十足的书呆子的观念。二是显露出"虚化今人"的怀疑论倾向。所谓"虚化今人"就是怀疑乃至否认今人的理论创新能力，把今人降低为前人典籍的单纯的注释者和叙述者。其实，从历史发展的眼光来看，由于今人站在前人的肩膀上，因而应该比前人站得更高，看得更远；何况，随着科学技术，尤其是通信技术的发展，世界变得越来越小，今人也可以从

---

① 写到这里，我们不禁想起了歌德说过的一段话："每个重要的有才能的剧作家都不能不注意莎士比亚，都不能不研究他。一研究他，就会认识到莎士比亚已把全部人性的各种倾向，无论在高度上还是在深度上，都描写得竭尽无余了，后来的人就无事可做了。只要心悦诚服地认识到已经有一个深不可测、高不可攀的优异作家在那里，谁还有勇气提笔呢？"(参见[德]爱克曼辑录：《歌德谈话录》，朱光潜译，人民文学出版社1978年版，第15页。)或许可以说，正是在这个意义上，西方人常说：伟大和贻害是双生子！

其他文明中汲取自己所需要的养料。所以，今人理应比前人具有更广阔的理论视野和理论创新的条件。这种"虚化今人"的怀疑论倾向，究其实质，不过是厚古薄今的传统观念的当代变种。总之，在当今的理论研究中，"我注六经"乃是一种妄自菲薄的态度，是不可取的。

二、"六经注我"的偏失

与"我注六经"的研究态度比较起来，"六经注我"则滑向另一个极端。宋代哲学家陆九渊就说过"六经皆我注脚"的名言。当然，我们在这里并不讨论陆九渊哲学思想的得失，我们也只是从引申义上使用"六经注我"这个说法，把它理解为这样一种研究态度，即今人完全可以从自己的观念出发，随意地去理解和解释前人的研究成果，特别是那些经典性的文本。这种研究态度的基本特征是：今人成了理论研究和创新的轴心，前人的典籍是围绕今人而旋转的；不是今人为前人的典籍作注，而是前人的典籍为今人的观念作注。这也许可以说是研究态度上的一种"哥白尼式的转折"了。

乍看起来，这种研究态度对今人的理论创新能力做出了充分的肯定，然而，它同样具有严重的偏失。一是对前人的文本或全部传统的研究成果采取虚无主义的态度。诚然，从今人的眼光出发看问题，前人，特别是古人留下的文本或提出的问题有时候是很天真的，但我们能不能出于这样的原因而对他们的文本或见解全盘否定呢？显然不能。马克思在谈到古希腊神话的时候曾说：

> 一个成人不能再变成儿童，否则就变得稚气了。但是，儿童的天真不使成人感到愉快吗？他自己不该努力在一个更高的阶梯上把儿童的真实再现出来吗？每一个时代的固有的性格不是纯真地活跃在儿童的天性中吗？为什么历史上的人类童年时代，在它发展得最

完美的地方，不该作为永不复返的阶段而显示出永久的魅力呢？①

由此可见，把今人思维上的成熟与前人，尤其是古人思维上的天真尖锐地对立起来，不仅是不明智的，而且是愚蠢的。因为在这种虚无主义的观念中，也包含着对今人自己的否定。实际上，今人之为今人，也是非常短暂的，随着历史的发展，今人也会很快地成为"古人"，无声无息地消失在历史的黑洞之中。如果这种对传统的虚无主义的观念是有效的，那么同样的命运岂不也会落到今人的身上！二是完全否认今人对前人研究成果的传承，把今人的主观臆想夸大为理论创新，并对这些臆想采取全盘肯定的态度。这种态度又蕴含着两种危险的倾向。一种是完全不尊重历史事实，任意地附会前人的文本，为自己的观念作论证；另一种是导致唯我独尊的自大狂意识。正如法国哲学家狄德罗在批判英国哲学家贝克莱时所说的："在一个发疯的时刻，有感觉的钢琴曾以为自己是世界上存在的唯一的钢琴，宇宙的全部和谐都发生在它身上。"②这样的自大狂在今天的理论界不是到处可见吗？你要是读了他们的论著，就很容易产生一种幻觉，即整个人类的思想史仿佛就是从他们学会思考的那一天开始的！总而言之，这种"六经注我"的态度也是行不通的。

三、建立必要的张力

通过对"我注六经"和"六经注我"这两种对立的研究态度的反思，我们发现，它们并不能引导我们走向真正的理论创新的道路。真正的理论创新既建基于今人的生活世界和实践活动，又传承了前人的研究成果。前者要求我们留意于生活世界直接提供的新鲜经验，后者则要求我们透

---

① 《马克思恩格斯全集》第46卷（上），人民出版社1979年版，第49页。
② 《狄德罗哲学选集》，陈修斋、王太庆、江天骥译，生活·读书·新知三联书店1957年版，第130页。

彻地研究前人的文本,充分汲取他们的间接经验和合理的思维方法。事实上,只有把这两者有机地统一起来,特别是在传承与创新之间建立必要的张力,真正的理论创新的大门才会向我们敞开。在处理传承与创新的关系时,我们还必须注意以下几点。

第一,新出现的理论见解并不一定是新的,传统的理论见解也不一定是旧的。这是因为理论创新并不能凭空地进行,它常常是以复兴传统的有生命力的观念的方式来进行的。马克思早就告诉我们:"人们自己创造自己的历史,但是他们并不是随心所欲地创造,并不是在他们自己选定的条件下创造,而是在直接碰到的、既定的、从过去承继下来的条件下创造。"①因此,理论上的许多创新活动都是通过改造或转换传统的方式来实现的。如德国哲学家尼采的理论创新是通过复兴古希腊的悲剧精神,特别是酒神狄奥尼索斯的精神的方式来进行的;美国哲学家麦金太尔则是通过对古希腊哲学家亚里士多德的《尼各马可伦理学》的重新阐释来提出自己新的伦理学说的。这样的例子还可以举出许多。它们表明,在理论研究中,"新"与"旧"之间并不存在严格的界限。

第二,在肯定理论创新的前提下,我们也必须清醒地看到,新的见解并不一定等于好的见解,旧的见解也不一定等于坏的见解。无数事实告诉我们,一种新的理论见解完全可能因为缺乏坚实的思想基础而昙花一现,而一种旧的理论见解也完全可能因为触及人类生存中的重大问题而历久弥新,透显出永恒的魅力。绝不能在新的、晚出的理论见解与旧的、先出的理论见解之间做简单的价值评判。正是在这个意义上,德国哲学家海德格尔写道:柏拉图的思想并不比巴门尼德的思想更完满。黑格尔的哲学也并不比康德的哲学更完满。

第三,创新与传承之间的辩证关系充分体现在马克思的一句名言——"人体解剖对于猴体解剖是一把钥匙"②中。马克思告诫我们,只

---

① 《马克思恩格斯选集》第 1 卷,人民出版社 1995 年版,第 585 页。
② 《马克思恩格斯全集》第 46 卷(上),人民出版社 1979 年版,第 43 页。

有充分地理解当今生活世界和实践活动的本质，人们在研究、继承传统的文本时才不会迷失方向；而人们一旦从当今生活世界的本质兴趣出发，准确地理解并借鉴了传统的文本，他们在理论研究上的新见解就会源源不断地喷涌出来。正如古希腊英雄安泰只有站在大地母亲的身上才能焕发出巨大的力量一样，理论创新也只有在批判地传承前人的研究成果的基础上，才不会轻率任意、流于形式，而能保持自己永久的生命力。

新世纪呼唤理论大师[1]

谈论理论创新,当然离不开创新的主体——理论研究者;而提起理论研究者,又会情不自禁地联想起那些对思想理论、学术文化作出重大贡献的大师级人物。人们常说,理论大师是可遇而不可求的,这在一定程度上是对的,然而,毋庸置疑的是,良好的文化传承、活跃的思想氛围和严格的治学风格,无论如何都是理论大师脱颖而出的基本条件。犹如一个民族不能没有自己的守护神一样,像中国这样的泱泱大国也不能没有自己的理论大师。

一、悠久丰厚的文化传统:
理论大师诞生的土壤

"天行健,君子以自强不息。"中华民族具有悠久而内涵丰富的文化传统。早在两千多年前的"轴心时代",孔子、老子、孟子、庄子、墨子、荀子等理论大师已经应运而生,为中华文明的发

---

[1] 原载《文汇报》2001 年 1 月 19 日。收录于俞吾金:《散沙集》,人民出版社 2004 年版,第 35—39 页。收录于俞吾金:《哲学遐思录》,北京师范大学出版社 2016 年,第 221—225 页。——编者注

展奠定了基础。尤其是儒道互补、张弛互动的精神格局使整个文化传统既具有正道直行的进取心，又具有自我调适的凝聚力，从而维系中华民族的精神价值和文化生命于不坠。庄子早就说过："且夫水之积也不厚，则其负大舟也无力。"①正如浅水负不起大舟一样，缺乏文化传统的民族也很难产生理论大师。相反，极为悠久和丰厚的中华民族的文化遗产却为大师级的理论研究人才的产生提供了重要的土壤。20世纪已经尘埃落定，谁又会怀疑王国维、陈寅恪、赵元任、梁漱溟、鲁迅、钱锺书、冯友兰、金岳霖这样的学者是理论大师呢？

今天，我们已经生活在21世纪。"冷战"以后的世界政治格局的重组、科学技术的飞速发展以及社会转型和现代化进程中出现的一系列重大问题，特别是精神和文化价值方面的问题，都呼吁我们进行理论创新，呼唤理论大师的出现。像上海这样的注重文化交流的国际大都市能否在新世纪里为世界贡献出几位理论大师呢？这种期望不也正是某些思想敏锐的西方思想家的期望吗？德国哲学家海德格尔在与《明镜》杂志记者的谈话中指出："美国人还陷在一种思想中，就是实用主义，这种实用主义思想固然推动了技术运转与技术操作，但同时阻塞了对现代技术的根本进行深思的道路……是不是有朝一日一种'思想'的一些古老传统将在俄国和中国醒来，帮助人能够对技术世界有一种自由的关系呢？"②海德格尔没有对自己提出的问题做出肯定的答复，但这段话却表明他对东方文明，特别是中国的思想传统寄予深切的希望。海德格尔的这段话也启示我们，当今的中国理论界只有依托自己的文化传统，熔铸百家，自出机杼，才有可能向世界贡献出自己的理论大师。

---

① 《庄子·逍遥游》。
② 《海德格尔选集》（下），孙周兴选编，生活·读书·新知上海三联书店1996年版，第1312页。

二、迥然各异的学术流派：理论大师活动的舞台

正如我们不能要求人们只穿一种款式的服装、只吃一种类型的水果一样，我们也不能要求人们只接触一种理论，只按照一种理论来思维。如果一定要这样做，那就只能导致思想的僵化和理论的枯萎。历史和实践一再告诫我们，思想、理论和学术，无论是在内容上，还是在风格上，都是无限丰富、无限多样的。一般来说，这种丰富性和多样性总是通过迥然各异的学术流派表现出来的。

众所周知，中国理论学术的繁荣一开始就是与各种学术流派的勃兴联系在一起的。如以孔子和孟子为代表的儒家、以老子和庄子为代表的道家、以惠施和公孙龙子为代表的名家、以墨子为代表的墨家、以韩非子为代表的法家等。同样地，西方理论界的繁荣也是与学术流派的纷呈分不开的。如当代西方哲学中的现象学、存在主义、解释学、分析哲学、实用主义、结构主义、解构主义、后现代主义等。这些文化现象启示我们，一般来说，理论大师总是开创或从属于某一学术流派的，如果他是理论上的集大成者，他就会在传承、融合不同的学术流派的基础上自创新论，自成一家之言。要言之，理论大师不是创建了某个或某些学术流派，就是通过这些流派的舞台才脱颖而出的。在这个意义上，拒绝不同的学术流派的存在和争鸣，也就是拒绝理论大师的降生。在现实生活中，我们常常意识不到这一点。事实上，当我们在理论争鸣中强调"统一观念"，在高校建设中强调"统一教材"，在文化艺术的发展中强调"统一主题"时，我们正在做这样的拒绝工作。

正如马克思指出的，真理是由争论确立的，历史的事实是在矛盾的清理中被陈述出来的。没有理论研讨和学术争鸣的活跃气氛，没有不同的学术流派提供的宽广的舞台，不但理论创新是一句空话，而且理论大师诞生之路也被封闭起来了。事实上，我们倡导的"百花齐放，百家争

鸣"中的"百花"和"百家"不正是纷然杂陈的学术流派的代名词吗？

三、严谨扎实的治学风格：理论大师的成功之路

理论研究，特别是理论创新是极其艰辛的事业。德国哲学家康德的巨著《纯粹理性批判》就是沉默十二年的结晶，而马克思积四十年的时间，生前也未能完成全部《资本论》的写作。严谨扎实的治学风格既是所有理论创新的前提，也是所有理论研究者走向大师的必由之路。

当我们呼吁理论创新，呼唤理论大师出现的时候，应该比任何其他的场合更多地强调严谨扎实的治学风格。因为在当今中国的理论界，当然也包括上海的理论界，浮躁的情绪、形式化的研究动机和急功近利的研究态度正在到处蔓延。我这里说的"形式化的研究动机"的含义是：不少研究者之所以从事理论研究活动，不是出于实质性的动机，即既不是为了追求真理和解决理论上的困惑，也不是为了关注现实和解决实际生活向我们提出的重大问题，而是出于单纯形式上的动机，如获得学位、晋升职称、课题交账等。目前在一些高等院校和科研机构里形成的所谓"教授不上课，研究员不研究"的反常现象，就是形式化的研究动机必然导致的结果。也就是说，一旦形式化的动机被满足了，某些人的研究动力也就自然而然地枯竭了。

很难设想，这种形式化的研究动机和急功近利的研究态度能够提供真正有价值的理论成果，能够造就真正有影响的理论大师。相反，我们经常看到的却是一些主题重复、粗制滥造、缺乏任何思考痕迹的理论垃圾；经常见到的是一些被自己和他人炒作起来的，甚至连理论常识都不具备的所谓"理论明星"。正如黑格尔所批评的：

> 常有人将哲学这一门学问看得太轻易，他们虽从未致力于哲学，然而他们可以高谈哲学，好像非常内行的样子……人人承认要

想制成一双鞋子，必须有鞋匠的技术，虽说每人都有他自己的脚做模型，而且也都有学习制鞋的天赋能力，然而他未经学习，就不敢妄事制作。唯有对于哲学，大家都觉得似乎没有研究、学习和费力从事的必要。①

这里匮乏的正是对哲学和哲学前贤的敬畏之心，仿佛哲学只是一门愚人的艺术，仿佛哲学家们都是一群愚人！

真正的理论创新应该充分地尊重前人和同时代人的研究成果，详细地占有资料，严格地遵守学术规范，深入地研究现实问题或理论问题，并以创造性的方式做出自己的解答。事实上，也只有在严谨扎实的治学风格中，大师级的理论人才才可能脱颖而出。

新世纪呼唤理论大师！

---

① ［德］黑格尔：《小逻辑》，贺麟译，商务印书馆1980年版，第42页。

批评的变质与重建[①]

如果说"文化大革命"中的批评过于"实质化",即动辄上纲上线,欲置批评对象于死地而后快,那么当今的批评则滑向另一个极端,即过于"形式化"了,以致对批评对象缺乏真正搔到痒处的评论。要言之,过去的批评是失之太重,当今的批评却又失之过轻。事实上,当今的批评已经蜕化为一个空的胡桃壳。除了词典中还有"批评"这个词以外,批评本身已经荡然无存了,而这种批评的虚化正是通过批评的变质表现出来的。批评的变质主要表现在以下四个方面。

一是批评的商业化。这里所谓"商业化"指的是把商业上的需要理解为批评的根本出发点。一方面,作者和出版社对写作课题的确定主要基于对商业利润的考虑,而商业利润一旦成为作品诞生的动因,作者和出版社的批评意识也就变质了。另一方面,我们也看到,有些报刊的编辑部不惜以高价征求批评文章。它们的动机或许是好的,却忽视了问题的最重要的方面,即如果一个批评者以获得高稿酬作为自己从事批评的动因,那么他究竟是在追求真理,还是在追求金钱?

[①] 原载《解放日报》2001年2月4日。收录于俞吾金:《哲学沉思录》,北京师范大学出版社2016年版,第135—137页。——编者注

二是批评的媚俗化。这里所谓"媚俗化"是指批评失去了自己应有的目标，蜕变为一种无原则的恭维。一方面，作者在动笔之前，总是自觉地或不自觉地把"迎合读者的需要"作为自己写作的第一原则。这个原则本身就是非批评的、媚俗的，因为作者在写作之前，已把自己的鉴赏力贬低到一些读者的水准上。如果有些读者喜爱色情和暴力，他就去表现色情和暴力吗？另一方面，作者一旦完成了自己的作品，马上就会请熟悉的评论家，或通过自己的关系请稍有名气的学者给自己写书评。显然，这样的批评并不是批评者自觉自愿地撰写出来的，而是以直接的或间接的人情关系为媒介的。所以，批评者在开始自己的批评之前，已经披上了媚俗主义的长袍。除了恭维，他还能做什么呢？如果他指出了批评对象细节上的一些缺陷，那么这并不表示他多么公正地履行了批评的义务，而只是为了表明他的恭维是多么真诚！

三是批评的攀附化。这里所谓"攀附化"指的是批评者借批评名人为名，行攀附名人之实。应当指出，并不是所有向名人挑战的人都在攀附名人，但是我们不无遗憾地发现，有一些王蒙先生称为"黑马"的批评者，专挑名人的"刺"，专找名人进行"商榷"。由于名人已经进入历史，变为不朽，所以批评者也想借此而进入不朽者的行列。也就是说，这种黑马式的批评者之所以诉诸对名人的批评，不是为了追求真理，而是为了进入不朽。然而，他们至多只能成为海涅所嘲讽的、被封闭在琥珀中的可怜的昆虫而已。

四是批评的模糊化。这里所谓的"模糊化"是指批评者和批评对象都处在不清晰的状态下。一方面，批评者常常采用笔名进行写作，而他的笔名又是经常变换，缺乏任何确定性的。这样一来，读者如果想知道究竟哪个人是批评者，他就不得不到十三亿中国人中间去寻找，而这简直是不可能完成的挑战。另一方面，批评对象往往也是不清晰的，因为批评者擅长用不定冠词和不定代词，如"某一本书""某一位作者""一些论著""有些作者"等。除非你是猜谜的行家，否则你就永远不会知道，批评者所批评的对象是什么。这种模糊化的批评简直是测试读者智商的最佳考题。

综上所述，批评的变质和虚化必然导致学术文化的整体衰落。然而，富有讽刺意义的是，人们居然还在兴致勃勃地讨论当代中国文学作品能不能获得诺贝尔奖的问题。试问，没有像尼采、鲁迅、别林斯基、赫尔岑、车尔尼雪夫斯基这样伟大的批评家，会有群众鉴赏力的普遍提升和民族文化的空前繁荣吗？事实上，学术文化界的当务之急是重建真正的批评，再也不能在那些无谓的争论中消磨时间了。真正的批评追求的是真理，注重的是学理，它绝不沾染任何形式的媚俗主义，绝不降低自己的标准去迎合群众中的不健康的文化心态。它独立不倚，卓然孤出，以自己丰厚的学术底蕴和深刻的思想洞见确立起自己的权威，并维系一个民族的伟大的精神价值于不坠。

为理论创新营造良好的环境[①]

不知不觉间，我们已经置身于21世纪之中。事实上，21世纪和已经逝去的20世纪之间并不存在万里长城，因为"世纪"云云，不过是人类自己制定的纪年法，而绵延着的、活生生的生活世界本身是不可切割的，如果我们不想把它肢解为无生命的存在物的话。我们常常陷入一种幻觉，以为我们在与真实世界打交道，实际上，我们与之打交道的，不过是真实世界的语言表现而已。同样地，当我们反思新世纪的理论问题的时候，也常常会陷入这样的幻觉。所以，重要的是，意识到语言和世界、思维和存在的异质性，从而不至于对自己的话语和叙事抱着过高的自信心。

就21世纪的理论创新来说，关键仍然在于营造一个良好的研究环境。事实上，没有良好的环境，任何真正的理论创新都是不可能的。那么，如何才能营造出理论创新的良好环境呢？我们认为，至少可以从以下两个方面做出努力。

一是尊重理论研究者的个性和研究兴趣。

正如在大自然里生长着各种不同颜色的花卉一样，在社会生活的领域里，也存在着各种不同

[①] 原载《探索与争鸣》2001年第10期。收录于俞吾金：《哲学沉思录》，北京师范大学出版社2016年版，第217—220页。——编者注

个性的人。扩而言之，在理论研究的领域里，也存在着具有不同个性的研究者。如果这些有差异的、迥然不同的个性得不到尊重，理论创新也就失去了它应有的丰富的色彩。我们这里说的"个性"主要是指每个理论研究者的独特的研究风格。比如，有的人崇尚严密的逻辑思维，也有的人推崇艺术性的、跳跃式的想象力；有的人喜欢研究重大的现实问题，也有的人热衷于考证思想史上的某个理论命题的真伪；有的人的写作风格是严肃的，也有人的写作风格是调侃型的；等等。有没有必要取消或"统一"这些不同的个性呢？我们认为，完全没有必要。正如马克思所说的："每一特定的生活方式就是本性的一定范围的生活方式。要狮子遵循水螅的生命规律，这难道不是反常的要求吗？"①事实上，只有充分重视每个理论研究者的个性，容忍各种不同的研究风格自由发展，理论创新的激情才能真正地喷涌出来。

同样地，我们也应该尊重理论研究者的不同的兴趣。几乎可以说，每个研究者由于天赋上存在的差异和接受教育过程中出现的差异，自然而然地形成了自己不同的理论兴趣。实际上，理论研究的范围也是无限宽广的，能够容纳各种不同的理论兴趣的存在和展开。然而，在现实生活中，由于我们还没有摆脱计划经济中所蕴含的"计划思想"的思维方式的影响，所以在理论研究中总是片面地倚重"课题指南"，然后由大家来申请。这样做，完全忽略了不同研究者的不同的理论兴趣。从表面上看，轰轰烈烈，大家都一起在做一些重大的课题，实际上，由于这些研究课题无法引起广大研究者的真正的理论兴趣，所以收效甚微。有人也许会辩解说：这些课题不是有许多人在申请吗？我们并不否认这种情况，但关键取决于"第一申请兴趣"究竟是为了获得课题经费，还是出于真正的理论兴趣。从大量粗制滥造的研究成果的出笼可以看出，前面的兴趣似乎占了上风。由此可见，在理论研究中着重个人的兴趣同样具有十分重要的意义。犹如马克思所说的："如果我向一个裁缝定做的是巴

---

① 《马克思恩格斯全集》第1卷，人民出版社1956年版，第85—86页。

黎燕尾服，而他却给我送来一件罗马式的长袍，因为他认为这种长袍更符合美的永恒规律，那该怎么办呵！"①毋庸讳言，应该把尊重研究者的个性和兴趣理解为良好的研究环境的最重要的内容之一。

二是理解理论研究的特点和规律。

长期以来，在理论界存在着一种偏见，即自然科学的理论可以做多次的实验和尝试，而人们却要求哲学社会科学的研究成果一说出来或一写出来就必须是绝对正确的。这种见解可以说完全不懂得理论研究的特点。其实，理论研究只要具有创新的特点，也就永远是探索性的、尝试性的。在这样的探索和尝试中，既有可能提出正确的观点，也有可能提出错误的观点。如果预先规定一定要探索的结果是正确的，才允许人们去探索，那不是很滑稽吗？但在现实生活中，人们就是这样要求哲学社会科学研究者的。如果不抛弃这种不近人情的要求，又有多少人敢进行理论创新呢？

长期以来，理论界存在的另一种偏见是：理论讨论，老是争来争去，耗费时日，究竟有什么意义呢？这种偏见也是完全不懂理论发展的规律所致。其实，马克思早就说过，真理是由争论确立的，历史的事实是在矛盾的清理中被陈述出来的。"百花齐放，百家争鸣"式的讨论本来就是在任何历史条件下学术理论发展的客观规律。没有争论，没有不同思想之间的摩擦，何来理论创新？如果既要人们进行理论创新，又不许不同的观点之间展开深入的理论讨论，那就像要求人们拉着自己的头发离开地球一样，是根本不可能的。其实，马克思早就已经提出了自己的疑问："你们赞美大自然悦人心目的千变万化和无穷无尽的丰富宝藏，你们并不要求玫瑰花和紫罗兰散发出同样的芳香，但你们为什么却要求世界上最丰富的东西——精神只能有一种存在形式呢？"②无数事实表明，哲学社会科学研究中的理论创新是在不同的观点的争论中实现的。

---

① 《马克思恩格斯全集》第1卷，人民出版社1956年版，第87页。
② 同上书，第7页。

反对话语霸权,主张平等的对话和讨论,也是良好的研究环境的重要内容之一。

综上所述,只有积极地为理论研究创造良好的环境,理论研究才会繁荣起来,理论创新才会成为现实。

新世纪的新希望[①]

《论苑》是理论工作者的摇篮和舞台。《论苑》第1000期出版之际,也正是21世纪"君临"之际。这或许是一种巧合,但似乎给了我们更多的理由,来提出对它的新希望。

首先,《论苑》应该密切关注生活世界中出现的重大的现实问题,并经过自己的探索,提出富有理论意义和操作意义的答卷。新世纪伊始,中国即将加入世界贸易组织(WTO),在欣喜之余,我们也必须思索:中国今后的经济、文化和政治生活将会发生哪些变化?哪些问题需要我们未雨绸缪加以考虑?不久前发生在美国的"9·11"事件也应该引起我们的思索:当前新恐怖主义的特征是什么?如何对它加以有效的防范?在当前的国际关系中,哪些普适性的价值应该得到倡导和坚持?等等。要言之,《论苑》的生命和价值就在于对现实问题做出有效的回应。其次,《论苑》也应该高度重视对重大理论问题的探索。在当代自然科学和人文社会科学的发展中,出现了一系列重大的理论问题,如医学伦理、网络法规、宗教信仰、经济全球化、差异政治学、哲学本体论等,需要我们深入地加以探索,以期引申出富有

[①] 原载《文汇报》2001年10月19日。——编者注

原创性的结论来。最后,《论苑》也应该迅速地对国内外兴起的新的文化思潮做出必要的评价和回应,以确保自己的前沿性和敏锐性。而要做到这一点,就需要与国内外的学者建立广泛的联系。总之,我们衷心希望,《论苑》以崭新的面貌出现于新世纪,而新世纪也将因为拥有它而变得更加理智!

2002年

散步与阅读[1]

众所周知,人是有目的的存在物。几乎可以说,人的任何一个行为都是受自己目的支配的。然而,在生活中,人们的行为有时候也会处于无目的的状态下。比如,散步就是这样的行为。当然,有人也许会提出这样的反驳:散步也是有目的的,许多人散步就是为了自己的健康。但在我看来,为了自己的健康而去散步,乃是一种变质的散步。就像一个学生为了考试而去学习也是一种变质的学习一样。真正的散步应该是无目的的散步,在这样的散步中,我体会到一份真正的轻松和洒脱。

我觉得,读书也一样。在大多数情况下,人们是带着一定的功利性的目的去阅读的,其目的无非是想解决自己感到困惑的问题。但在任何情况下都以这种方式读书,未免过于功利,也显得太累了。有时候,人们也需要一种无功利的、"散步式的"阅读,即完全无目的、无心理负担的阅读。这种阅读不但使人们十分轻松,而且常常会使他们有许多意外的收获。这里所说的"意外的收获",不光是指那些在日常思考中百思不得

---

[1] 原载《上海新书报》2002年2月10日。收录于《上海新书报》编辑部编:《书香的故事(续编本)》,学林出版社2003年版,第6—7页。——编者注

其解的问题突然变得豁然开朗了，也指人们对生活意义的顿悟、对自己性格的陶冶等。当然，如果人们把试图获得"意外的收获"的心理预悬在这类阅读活动的前面，也会使这类阅读变质为隐性的功利性的阅读，并使阅读者失去了那份自由的、洒脱的感觉。

　　在阅读中，人们常常有如下错觉：当自己以功利的方式阅读时，自己仿佛成了书的主人；而当自己以"散步式的"方式阅读时，自己则成了书的奴隶。其实，实际情形正好相反。功利性的阅读反而使人们沦为书的奴隶，唯有在"散步式的"阅读中，人们才真正成了书的主人。人们常说：有意栽花花不开，无心插柳柳成荫。唯有在没有任何心理负担的、"散步式的"阅读中，我们才真正地体会到阅读的全幅性的快感。

如何重写西方哲学史[①]

林晖(复旦大学哲学系教师):近年来,重写中国思想史,重写中国文学史,重写西方哲学史成为一种时尚。您如何看待这种时尚?

俞吾金:我觉得,这种时尚的出现是再自然不过的了。自20世纪70年代末的改革开放以来,由于大量西方新思潮的涌入,人们的学术观念发生了重大的变化。显然,当人们用变化了的观念去审视以前写下的各种学术史著作的时候,自然会感到不满足,从而产生重写学术史的强烈愿望。比如,我国以往的思想史著作大多注重于对"短时段",即"革命时期"的研究。在接受了当代法国史学家布罗代尔的研究方法后,有些史学工作者开始把研究的重心移向"长时段",即历史上非革命的、平静的时期。于是,重写中国思想史也就势在必行了。又如,在"以阶级斗争为纲"的观念的指导下,以往的中国文学史几乎就是准中国政治史。现在观念改变了,中国文学史的重写也就提到议事日程上来了。再如,以前的西方哲学史大多被写成唯物主义和唯心主义的斗争史,现在确立了新的观念和视角,不少人也就开始尝试重写西方哲学史了。

[①] 原载《东南学术》2002年第2期,访谈者为林晖。——编者注

林晖：您长期以来从事西方哲学史的研究，是否也有这方面的考虑？

俞吾金：当然有的。据我所知，近年来，国内已经出版了不少西方哲学史的本子，但浏览下来，觉得在内容上都是大同小异的。既缺乏整体架构和布局上的突破，也缺乏局部或细节上的创新。究其原因，写作者的思想还未从传统理论核心观念中摆脱出来，用美国科学哲学家托马斯·库恩的话来说，还未完成思想上的"范式转换"(transformation of paradigm)。所以，我倾向于把"重写"区分为两种不同的类型：一种是"旧范式中的重写"(rewriting in the old paradigm)，另一种是"新范式中的重写"(rewriting in a new paradigm)。毋庸讳言，这两种类型的"重写"之间存在实质性的差别。前一种类型的"重写"只具有外观上的、形式上的意义，而真正具有实质性意义的是后一种类型的"重写"。然而，在现实生活中，普遍存在的却是前一种类型的"重写"。在这种类型的"重写"中，与其说写作者是以自己的思想进行"重写"，不如说是以自己的情绪进行"重写"。也就是说，写作者对旧范式的告别只限于情绪，并没有在开始自己的"重写"活动之前先行地对旧的理论范式做出彻底的分析和批判。这就必定会使写作者把"重写"的活动变形为"抄写"的活动。众所周知，"抄写"或"抄袭"是学术研究中某些人所犯的低级错误。但我觉得，这种错误的普遍性和危害性远远地超出了人们的意料。在我看来，存在着两种类型的"抄写"或"抄袭"：一种是"显性的抄写或抄袭"，也就是人们触目可见、激烈地加以抨击的那类低级错误；另一种是"隐性的抄写或抄袭"，也就是我上面提到的"旧范式中的重写"。其实，"隐性的抄写或抄袭"具有更大的危害性，因为它作为一种合法的形式，在各种教科书和学术专著中一再表现出来，从而使原创性的劳动变形为一种单纯的复写工作。不可思议的是，这类工作在学术界还得到人们的普遍尊重。

林晖：经您这么一分析，"重写"似乎并不是一件轻而易举的事。那么，按照您的看法，如何使西方哲学史的研究成为"新范式中的重写"呢？

俞吾金：首先，我觉得，我们有必要澄清对"哲学史家"这个概念的误用。据说，冯友兰先生有一种广有影响的说法，即现代中国只有哲学史家而无哲学家。按照这种说法，哲学家是一定要有原创性思想的，而哲学史家不过是整理整理材料而已。所以结论自然是：做一个哲学家是很困难的，但做一个哲学史家却是比较容易的。在我看来，这种见解是难以成立的，因为真正的哲学史家和哲学家一样，也需要有原创性的思想，需要有对哲学史的整体框架的宏观上的重新理解和把握。黑格尔就批判过那些只知埋头整理材料的所谓哲学史家："我们并不缺乏卷帙繁多、甚至学问广博的哲学史，在这些哲学史里，他们所费力寻求的关于哲学实质的知识反而没有。这样的哲学史家有点像某些动物，它们听见了音乐中一切的音调，但这些音调的一致性与谐和性，却没有透进它们的头脑。"①所以我认为，要想成为一个真正的哲学史家也是十分困难的。实际上，如果一个哲学史家不同时也是一个哲学家，他就不可能成为真正的哲学史家。道理很简单，因为没有新的观念和视角的引入，也就不可能写出新的哲学史。反之，如果一个哲学家不同时也是一个哲学史家，他的原创性的思想也就失去了基础和理据。要言之，哲学家和哲学史家是一而二、二而一的关系。人所共知，亚里士多德的《形而上学》（书名是由后来的编者加上去的）既是一部原创性的哲学著作，又是西方哲学史上第一部真正的哲学史著作；黑格尔的《小逻辑》既是一部原创性的理论著作，又是一部独创性的哲学史著作②；同样，海德格尔的《存在与时间》既是一部深刻的理论著作，又是一部具有自己独特视角的哲学史著作。在某种意义上我们甚至可以说，如果一个人无望成为真正的哲学家，那么他也不可能成为真正的哲学史家。

林晖：我非常赞同您上面提出的观点。然而，现在我们面临的问题是，一个写作者在开始自己的"重写"活动之前，如何判定自己的思想已经成功地摆脱了旧的范式而进入了新的范式？

俞吾金：这确实是一个有相当难度的问题，但也并不是一个不可解的问题。比如，在西方哲学史的研究和叙述中，传统范式的核心观念是所谓"两个对子"，即唯物主义和唯心主义的对立、辩证法和形而上学的

---

① ［德］黑格尔：《哲学史讲演录》第1卷，贺麟、王太庆译，商务印书馆1959年版，第5页。
② 参阅俞吾金：《作为哲学史纲要和最终归宿的〈小逻辑〉——黑格尔哲学史观新探》，《哲学研究》2001年第11期。

对立。如果一个写作者接受的新观念还不足以消除上述核心观念对他的影响,那么,他的"重写"注定会成为"旧范式中的重写"。我在前几年撰写的论文《哲学史——绝对主义与相对主义互动的历史》①就是在这方面做出的一个新尝试。也就是说,一旦我们摆脱了以"两个对子"为核心的旧范式的核心观念的影响,从相对主义与绝对主义相互依存、相互否定的特殊视角出发进行观察,西方哲学史就将以完全不同的面貌呈现在我们的面前。又如,传统的马克思主义哲学的研究者在极左思潮的影响下,常常把自己的研究领域与西方哲学史的研究领域割裂开来,并尖锐地对立起来。但不少西方哲学史家却不这样看问题。罗素的名著《西方哲学史》共31章,但专门辟出第27章评述马克思的哲学思想;波亨斯基的《现代欧洲哲学》共分八个部分26章,其中第7章专论"辩证唯物主义"。这样的例子还可以举出很多。在批判性地考察了西方学者这方面的新观念之后,我撰写了《对马克思哲学与西方哲学关系的再认识》②《论近代西方哲学与现、当代西方哲学的关系——兼谈近代西方哲学史的分期问题》③《论马克思对西方哲学传统的扬弃——兼论马克思的实践、自由概念与康德的关系》④等一系列论文,提出了自己在"重写"西方哲学史方面的新观点。

林晖:看来,要进入"新范式中的重写",一是对旧的理论观念要有强烈的批判意识,二是对新的理论观念要有敏感的选择和接受的意识。

俞吾金:正如哲学家和哲学史家是一个徽章的两个侧面一样,批判意识和接受意识也是一个徽章的两个侧面。不能设想一个对传统观念缺乏批判意识的人会敏感地接受新观念,也不能设想一个对任何新观念都缺乏接受意识的人会对传统观念具有强烈的批判意识。如果说,在新观念的接受上,一要注意观察生活,从生活中汲取理论创新的灵感,二要善于与当代的思想大师的原创性作品对话,以获得思考问题的新的视角

---

① 参见《复旦学报(社会科学版)》1996年第5期。
② 参见《天津社会科学》1999年第6期。
③ 参见《学术月刊》2001年第1期。
④ 参见《中国社会科学》2001年第3期。

的话;那么,在对旧观念的批判上,特别在对驾驭着西方哲学史研究和叙述的旧观念的批判上,我们尤其需要警惕的是以下"两个观念"……

林晖:您刚才提到了旧理论范式中的"两个对子"的观念,现在又说了,还有"两个观念",究竟是什么意思呢?

俞吾金:你的问题提得非常好。我前面提到的"两个对子"的观念主要是在苏联、东欧和中国这样的有马克思主义哲学背景的写作者通常拥有的先入之见,而西方的哲学史写作者并不会轻易地接受这样的观念,相反,他们还经常对这个观念采取批判的态度。然而,西方的写作者却常常受到以下"两个观念"的影响。一是科学主义或实证主义的观念,即自觉地或不自觉地引入数学和自然科学的概念、方法、思路来研究并叙述西方哲学史,力图使西方哲学史成为自然科学史的一个附庸。在这种观念的指导下,写作者所追求的常常是所谓"客观性"神话,即抽掉写作者的任何主观方面的因素,诉诸对所谓西方哲学史史实的纯客观的叙述。二是唯心主义或文本主义的观念,即撇开每一历史阶段的现实生活对哲学家思想的影响,只从历史上哲学家思想之间、文本之间的关系来研究西方哲学史。在这种观念的指导下,写作者所追求的常常是所谓"内在逻辑"的神话,仿佛哲学史完全可以脱开现实生活,按其"内在逻辑"向前演化。

必须看到,这"两个观念"已经对当代中国的哲学史界产生严重的影响。特别是在"两个对子"的观念渐渐失去了原有的影响力的时候,上面两种观念正在乘虚而入。事实上,许多当代中国的写作者已经无批判地接受了这"两个观念"。在这个意义上可以说,"重写"西方哲学史的难度主要不在"重写"的过程中,而是在"重写"前对自己已然接受的旧观念和新观念的批判性反思中。不久前我撰写的长篇论文《西方哲学史研究中的三个神话》①就是对"重写"的理论前提的深入反思。希望它能引起学术界的关注和讨论。我希望,在条件成熟的情况下,我能写出有自己独特见解的《西方哲学简史》,而我现在所做的许多工作都是为这个目标做准备。

---

① 参见《复旦学报(社会科学版)》2002年第2期。

"诺贝尔情结"之我见
——兼论学术创新的前提[①]

大家可能着重讨论诺贝尔精神,我在此要讨论一下诺贝尔情结。我觉得中国人的诺贝尔情结与诺贝尔精神可能还有差距。我经常听到一些言论,一方面有人为得不到诺贝尔奖感到遗憾,另一方面又有人怀疑颁奖过程是否公正。我们对诺贝尔奖有一种不懈的追求。但是,我认为在中国人的这种情绪化的情结中间,缺乏一种理性的思考。第一个问题是:为什么我们一定要去获诺贝尔奖?法国的萨特给他奖他都不要,我们要想一想为什么一定要拿这个奖。第二个问题是:如果要拿这个奖的话,怎样才能真正拿到这个奖?按照我的看法,诺贝尔奖作为一种激励,它仍然是外在的,与学术研究在本质上毫无关系。我们现在要讨论学术研究上的创新,就要考虑内在的驱动力和条件,当然也包括外在的,但不是把奖项作为一个基本前提。

在这里我想从两个角度谈学术创新的条件。首先从主观上来看,第一个条件是人的天赋和兴趣。我们要承认人的天赋有差别。现在的父母就

---

① 原载《社会科学报》2002 年 2 月 21 日。——编者注

是不承认这一点，每个人都想把自己的小孩培养成出类拔萃的人。每个人都可以唱歌，但你能不能成为帕瓦罗蒂？这是天赋差异。在承认这一点的情况下，我们是否还可以做些工作？没有天赋的情况下还有兴趣——对自己研究的对象有兴趣，不是别人强制我的研究，是"I will"，而不是"have to"。如果没有兴趣，我想任何事情都是做不好的。当然，我们有时要判断一个小孩是不是有兴趣，会面对很多困难。有时天才与平庸、天才的闪光与平庸的憨直是交织在一起的。这在判断时有困难。但我们可以说，没有天赋和兴趣，对一个问题想深入研究是不太可能的。

　　第二个条件是追求真理的热情、激情。现在市场经济搞起来了，它有好处，但人人都讲价格、价值，不谈真理。没有人追求真理，只有人追求价格和价值。对这种情况我感到很担忧。过去亚里士多德有句名言，叫"吾爱吾师，吾更爱真理"，所以他也会批评他的老师。马克思对他女儿说过："我在追求真理的时候，哪怕撞到头破血流，我也不回头。"弗洛伊德在他的书上引用了古代奥古斯丁的一句名言："如果有怀疑，马上去求证。"这些话都透出了追求真理的激情。我在想，如果我们学生研究的第一动机不是什么追求真理，而是为了得到某个奖项，或得到一笔经费；如果他的动机被形式化，被外在的激励机制所左右，那么本质上他就没有把他的追求理解为对真理的追求。实际上诺贝尔奖也是在科学家成功以后授予他的。如果一个科学家在研究的第一天起就想拿诺贝尔奖，我估计他也拿不到这个奖。他的第一动机应该是追求真理，而不是一种外在的奖励。

　　第三个条件，我们必须记住"天才出于勤奋"这句箴言。勤奋本身是在实践中体现出来的。人在一生中往往有无限多的追求，但他又忘记了一点，这一点克尔凯郭尔早就给我们解释过了，他说，人的生命和存在是有限的，去掉人的青年时期和老年时期，中间还有三分之一时间必须休息，不要说还有生病和其他事情了，人的有效时间非常短。人的全部创造活动都必须在实践活动中进行。所以，我对素质教育的说法有保留意见，某种意义上它是对的，但是人的才华必须片面地发展。现在我们好多人容易陷入幻觉之中，觉得他自己既能拉小提琴，又能弹钢琴，又能把化学学好，英语考试还能考得很高，等等，认为他是一个全才，那就错误了。他的成功只能够是片面的。如果守住一个领域，并在这个领域里锲而不舍地研究下去，他才有可能最终获得成功。如果他陷入幻觉之中，觉得自己什么都行，滥用自己的聪明，那么他终将蹉跎岁月，一事无成。歌德晚年在跟他的秘书谈治学经验时讲到，他在《浮士德》上前后花了60年时间。他说如果他不在一些边缘问题上浪费那么多的时间，他早就把珍贵的金刚石拿在手里了。黑格尔在《小逻辑》里面讲，化学、西班牙、诗歌都能引起我们无限多的兴趣，但一个人要想在事业上有所成就，必须限制自己，严格限制在自己的研究领域内。我在几年前就写过文章，一个人在进行学术研究时，必须区分两大领域，即了解领域和研究领域，牢牢地守住自己的研究领域，宽泛地阅读了解领域，但研究领域必须搞好。如果把这两个领域混淆起来，滥用自己的聪明，那么他就忘记了他是一个有限的存在物，时间马上就会提醒它所剩无几了。这使我想起德国诗人席勒笔下的卡尔·莫尔的一句名言："我要终生停留的我在世界上，我就是我的地狱和天堂。"

也谈学术规范、学术民主与学术自由[①]

近年来，学术界暴露出不少丑闻。一些有识之士纷纷撰文呼吁，建立严格的学术规范，以减少乃至杜绝这类丑闻的发生。毋庸讳言，重视学术规范的建设乃是当代中国学人确立自觉的反省意识的一个重要体现，然而，我们也不无遗憾地发现，在这类呼吁中，游荡着一种错误的，但得到普遍认同的见解，即认为只要真正地发扬学术民主，就能克服学术研究中出现的种种弊端。在这种普遍流行的见解中，学术民主这个概念的内涵和局限性并没有得到深入的反思和检讨；这种见解也忽略了学术民主与学术自由这两个概念之间的重大差别以及它们与学术规范之间的关系。一言以蔽之，与其说单纯的学术民主能够拯救学术研究，不如说它将把学术研究推入更痛苦的深渊之中。这听起来有点耸人听闻，但我们在这里展示的正是与学术自由相分离的、单纯的学术民主在逻辑上必然导致的结果。

[①] 原载《学术界》2002年第3期。收录于俞吾金：《哲学沉思录》，北京师范大学出版社2016年版，第148—152页，题为"学术规范、学术民主与学术自由"。——编者注

一、两种不同的学术规范

正如任何一项游戏要顺利地进行就必须建立相应的游戏规则一样，任何学术活动的展开也必须确立相应的学术规范。如果我们不是站在远处张望一下就发表议论，而是深入地加以考察的话，就会发现，人们的学术活动可以分解为两种不同的类型：一种是"学术研究活动"，如学术研究课题的酝酿和提出，学术研究的具体过程，学术讨论的展开和深入，学术成果的言说、发表或出版等；另一种是"非研究性的学术活动"，如学术课题的申报和评审、学术成果的鉴定和评奖、学术组织的建立和相应的学术领导机构的诞生等。虽然这两类学术活动之间存在着密切的联系，但同时也存在着重大的差别。我们既不能用前一种学术活动去取代后一种学术活动，也不能用后一种学术活动去取代前一种学术活动。事实上，这两种活动总是在总体的学术活动的框架中同时展现出来的。

我们不妨把与前一种学术活动相对应的学术规范称作"学术研究中的学术规范"；而把与后一种学术活动相对应的学术规范称作"非学术研究中的学术规范"。显而易见，在奠基于不同的学术活动之上的这两种学术规范之间，既存在着相互联系和互动关系，也存在着重大的差别。在这里，我们更感兴趣的是它们之间的差别。

不用说，"学术研究中的学术规范"只在严格的"学术研究活动"的范围内发生作用；而"非学术研究中的学术规范"并不适应于严格的"学术研究活动"的范围，它只能在这个范围之外，但又在学术活动的其他领域内发生作用。然而，几乎所有谈论学术规范的人都忽略了这种差别。由于这种忽略，不但关于学术规范的探讨无法向纵深发展，而且学术民主与学术自由之间的差异也无法彰显出来，从而必然导致对学术民主作用的片面的张扬和夸大。

二、学术民主的含义和范围

什么是学术民主？最简单的说法是：把民主的原则引入学术活动中。但这种简单的说法立即会引起思想上的混乱。在这里，重要的是，在了解什么是学术民主之前，先应该询问：什么是民主？然而，我们一再发现，台风中心是没有风的。也就是说，人们总是习惯于在最需要思索的地方拒绝进行任何思索。实际上，不管我们从哪个视角出发来理解民主这个概念，都会发现，民主蕴含着投票表决和少数服从多数这一核心的、操作性的原则。换言之，一旦抽掉这个原则，民主这个术语也就失去了实质性的含义。民主的好处是：在存在着不同意见的情况下，它使决策变得可能；而它的局限性则是：以大多数人的意见为基础的决策也可能是错误的。换言之，真理有时候也可能在少数人的手里。马克思就说过这样的俏皮话："有一个时候曾经命令人们相信地球不是围绕太阳运转。伽利略是不是就被驳倒了呢？"①

在把握了民主这一概念的本质含义后，我们再来探讨学术民主这一概念。显然，学术民主的实质也就是把民主的核心原则——投票表决和少数服从多数的原则引入学术活动中。然而，以为学术民主对一切学术活动和学术规范都具有普适性，显然是一种错误。正如我们已经在前面指出过的那样，存在着两种不同类型的学术活动和学术规范。事实上，学术民主并不适合前一种学术活动和学术规范，亦即并不适合"学术研究活动"和"学术研究中的学术规范"。道理很简单，因为"学术研究活动"的本质是自由的而不是民主的，也就是说，人们在"学术研究活动"中完全可以坚持自己的观点，即使在这种观点只有少数人赞同的情况下，也没有必要放弃自己的观点而去认同大多数人的观点。一旦人们把

---

① 《马克思恩格斯全集》第1卷，人民出版社1956年版，第43页。

学术民主的原则引入"学术研究活动"和"学术研究中的学术规范"中，也就必然会导致多数人观点对少数人观点的霸权和暴力。显然，把学术民主引入"学术研究活动"和"学术研究中的学术规范"中去，必定会导致这种研究活动和研究规范的毁灭。这并不是耸人听闻的说教，而是我们曾经体验过的历史事实。

以上的论述表明，学术民主并不适合一切学术活动和学术规范，而只适合"非研究性的学术活动"和"非学术研究中的学术规范"。易言之，只有在需要投票表决和少数服从多数的学术活动中，才需要学术民主。也就是说，只有在我们上面论述到的"非研究性的学术活动"，如学术课题的申报和评审、学术成果的鉴定和评奖、学术组织的建立和相应的学术领导机构的诞生等时，学术民主才找到了自己的用武之地。这就启示我们，用单纯的学术民主，即撇开学术自由的学术民主来指导整个学术活动，必然会导致灾难性的结果。

三、学术自由的作用和界限

同样地，在探讨学术自由之前，我们也有必要先行地对自由这一概念的本质获得一种准确的理解。众所周知，自由并不是一个人想做什么就可以做什么，自由并不是一个人的任性，自由是以法律[①]作为基础的。黑格尔在《精神现象学》中论及法国大革命时，就批判过那种不受任何约束的所谓"绝对自由"的观念和行为，强调这样的观念和行为只能导致任何人类的共同体的解体。所以，自由是在法律许可的范围内做自己想做的任何事情。这正是自由概念的实质之所在。自由与民主的区别在于，民主蕴含着表决和服从的原则，但自由并不需要这样的原则，一个

---

① 当然，为了使问题的讨论简单化，我们假定这里谈论的"法律"是合理的。如果因为法律的不合理而引起人们对法律的批判或行为上的抵制，那就涉及自由和法律之间的更为复杂的关系，而这一关系无法在这篇短文中进行详尽的探讨。

人的自由的界限在于不损害他人的自由。

当我们把自由这一概念引入学术活动中去的时候，自由概念的实质也蕴含在学术自由这一概念中。所以，学术自由并不适合"非研究性的学术活动"和"非学术研究中的学术规范"，因为在这类活动和规范中起作用的是表决和服从，是一个统一性的结果的产生，而表决、服从和统一的结果都是与自由的含义相冲突的。这就告诉我们，学术自由的概念只有在"学术研究活动"和"学术研究中的学术规范"中才是适用的。在这个领域内，人们完全可以保留自己的兴趣、坚持自己的观点，而没有必要去屈从他人的兴趣或服从他人的观点，也没有必要去追求一个总体性的、统一的结论。学术研究乃是一种离散性的状态，也就是说，可以以个人的方式进行研究，也可以以集体的方式进行研究；可以用这种风格或方法进行研究，也可以用那种风格或方法进行研究。这里并没有强求一律的规则。事实上，中国人常说的"百花齐放，百家争鸣"乃是学术研究自由的充分体现。所以，我们在建立"学术研究中的学术规范"时，需要体现的也正是这种学术自由的精神，而不是学术民主的精神。否则，学术规范的建立虽然抵制了抄袭剽窃这类低级的错误，但可能陷入更大的错误之中。

综上所述，只有把握学术规范、学术民主和学术自由这三个概念的确切含义，并用以指导我们的学术活动，我国的学术活动才会沿着健康的轨道向前发展。

不断地超越自我[1]

记得马克思的女儿曾以这样的方式询问她的父亲："你的座右铭是什么？"马克思不假思索地回答道："怀疑一切。"那么，马克思这里说的"怀疑一切"究竟是什么意思呢？按照我们的理解，马克思所倡导的"怀疑"乃是一种有理有据的怀疑，而作为"怀疑"对象的"一切"也包含马克思自己的观念在内。一旦马克思发现，自己原有的观念存在偏差或与实践生活不相适应时，马克思就会毫不犹豫地通过自我怀疑和批判，修正自己的观念。在马克思的座右铭"怀疑一切"中，不仅蕴含着向外、向上（自己的老师）的怀疑精神，而且蕴含着不断地超越自我的、自我批判和自我修正的精神。而这种精神在《关于费尔巴哈的提纲》中得到了充分的展示。

一、追随费尔巴哈

众所周知，在写于1845年的《关于费尔巴哈的提纲》中，马克思简要地批判了费尔巴哈的学

---

[1] 原载《解放日报》2002年3月24日。收录于俞吾金：《哲学随想录》，北京师范大学出版社2016年版，第302—305页。——编者注

说，而这一批判在写于 1845—1846 年的巨著《德意志意识形态》中才得以充分展开。完全可以说，马克思对费尔巴哈的批判，同时也是对自己过去的信念的一种清算。晚年恩格斯在《路德维希·费尔巴哈和德国古典哲学的终结》中曾经提到 19 世纪 40 年代的往事：1841 年，费尔巴哈出版了他的重要著作《基督教的本质》，这部著作直截了当地使唯物主义重新登上了王座。"这部书的解放作用，只有亲身体验过的人才能想象得到。那时大家都很兴奋：我们一时都成为费尔巴哈派了。马克思曾经怎样热烈地欢迎这种新观点，而这种新观点又是如何强烈地影响了他（尽管还有种种批判性的保留意见），这可以从《神圣家族》中看出来。"① 恩格斯的这段论述表明，在 19 世纪 40 年代初，马克思的思想曾深受费尔巴哈的影响。

事实上，马克思自己的手稿和著作也向我们证明了这一点。在《1844 年经济学哲学手稿》中，马克思这样写道："费尔巴哈是唯一对黑格尔辩证法采取严肃的、批判的态度的人；只有他在这个领域内作出了真正的发现，总之他真正克服了旧哲学。"② 马克思不仅赞扬了费尔巴哈哲学的伟大贡献，而且也肯定了他质朴而又谦虚的治学态度。即使是在稍后撰写的《神圣家族》中，虽然马克思对费尔巴哈的某些哲学观点已持保留态度，但当他谈到黑格尔哲学体系的瓦解时，仍然对费尔巴哈的功绩做了高度的评价："然而，到底是谁揭露了'体系'的秘密呢？是费尔巴哈。是谁摧毁了概念的辩证法即仅仅为哲学家们所熟悉的诸神的战争呢？是费尔巴哈。是谁不是用'人的意义'（好像人除了是人之外还有什么其他的意义似的！）而是用'人'本身来代替包括'无限的自我意识'在内的破烂货呢？是费尔巴哈，而且仅仅是费尔巴哈。"③ 这些论述表明，到 1844 年为止，马克思从总体上还是认同费尔巴哈哲学的。换言之，在相当程度上，费尔巴哈的哲学信念也就是马克思的哲学信念。

---

① 《马克思恩格斯选集》第 4 卷，人民出版社 1995 年版，第 222 页。
② 《马克思恩格斯全集》第 42 卷，人民出版社 1979 年版，第 157—158 页。
③ 《马克思恩格斯全集》第 2 卷，人民出版社 1957 年版，第 118 页。

二、超越费尔巴哈

然而，于无声处听惊雷。马克思与费尔巴哈在思想上的裂痕正在渐渐地扩大，或者说，马克思当下的观念与他以前的信念之间的分歧正在慢慢地增大。在这里，促使马克思对自己以前的哲学信念做出自我批判的一个重要的触媒是：1842—1843 年，马克思作为《莱茵报》的记者，第一次遇到要对所谓物质利益问题发表意见的难事。当时莱茵省议会关于林木盗窃和地产析分的讨论，特别是关于自由贸易和保护关税的辩论，成了马克思关注和研究经济问题的最初的动因。马克思退回书房后，进一步发现，法的关系根源于人们的物质生活关系，这种物质生活关系的总和即市民社会，而对市民社会的解剖只能诉诸政治经济学。从此以后，马克思开始潜心于政治经济学的研究。而这方面的研究和马克思所参与的实践斗争，使马克思的思想远远地超越了费尔巴哈，从而也远远地超越了自己以往的信念。

在写于 1845 年的《关于费尔巴哈的提纲》中，马克思以如椽之笔批判了费尔巴哈唯物主义的直观性、非历史性和单纯的解释性。在马克思看来，费尔巴哈不满意黑格尔式的抽象的思维而诉诸直观，但他并没有把人的感性活动理解为实践活动。事实上，他只是从卑污的犹太人的活动方式的意义上去理解实践活动。归根到底，费尔巴哈的唯物主义只是一种静观的、单纯解释型的世界观，它并没有为改造现存世界指出一条明确的道路。马克思也深刻地揭露了费尔巴哈的人本主义学说的局限性："费尔巴哈把宗教的本质归结于人的本质。但是，人的本质不是单个人所固有的抽象物，在其现实性上，它是一切社会关系的总和。"[①] 这些论述表明，马克思不仅超越了外在的费尔巴哈，而且也超越了内在的

---

① 《马克思恩格斯选集》第 1 卷，人民出版社 1995 年版，第 56 页。

费尔巴哈——马克思以前的信念。

三、马克思的启示

在这个意义上,《关于费尔巴哈的提纲》一文显示出另一种独特的理论内涵,即马克思不仅注重理论上的创新和变革,也注重理论上的自我修正和自我超越。记得黑格尔在《法哲学原理》一书中提到人有两种死亡:一是精神的死亡,二是肉体的死亡。在他看来,对于一个人来说,更可怕的是精神上的死亡。当一个人在精神上失去了超越自我和接受新观念的动力的时候,虽然他的肉体还在活动,但他真正的生命已经中止。而马克思的学说之所以显示出无限的生命力,正是因为它自始至终地保持着自我修正、自我超越和不断创新的伟大精神。

《国外马克思主义哲学流派新编（西方马克思主义卷）》第二版序言[①]

本书第一版于1990年问世至今，已经有12年了。在这段时间里，本书以自己独有的研究方式和叙述风格得到了理论界的认可和厚爱。本书不仅获得了上海市优秀教材奖，而且有幸被评为教育部重点教材，并入选"面向21世纪课程教材"系列。据我们所知，不少学校把本书列为本科生和研究生的教材；也有不少研究性的论著、硕士学位论文、博士学位论文和博士后出站报告把本书列为重要参考书；本书的影响也波及境外[②]。这充分表明，国外马克思主义哲学流派始终是国内理论界热切关注的研究领域之一。

此外，令人欣喜的是，经过相关专家的评审，从2000年秋天起，复旦大学当代国外马克思主义研究中心已经被教育部列为普通高校人文社会科学重点研究基地。同年，中心开始创办自己的理论刊物《当代国外马克思主义评论》，以哈贝马斯、德里达、麦克莱伦、罗默为代表的12

[①] 原载俞吾金、陈学明：《国外马克思主义哲学流派新编（西方马克思主义卷）》，复旦大学出版社2002年版，作者俞吾金、陈学明。——编者注

[②] So Wai-chor, "The Adventures of an Ideology: Western Marxism in Post-Mao China", *Bulletin of Concerned Asian Scholars*, 1997, 29(3), p.32.

位驰名国际理论界的外国学者担任了本中心和本刊的学术顾问。德国的哈贝马斯教授为本刊所做的题词是:"马克思主义在过去始终是一条通向未来的道路。我希望,《当代国外马克思主义评论》依然忠于这个宗旨,即严肃地向一切新的和具有挑战意义的事物开放,同时不忘记过去。"法国的德里达教授也热情地为本刊题词:"我始终相信,重申马克思主义的遗产和精神是必要的。当然,这一重申应当是批判的、审慎的和改造性的,真诚地祝愿你们。"显然,他们关心的不光是本中心和本刊的存在和发展,更是马克思主义哲学理论在中国的接受和光大。

不用说,自本书第一版问世以来,无论是国外的马克思主义哲学流派,还是国内对这一领域的研究,都发生了令人瞩目的变化。① 科学技术的重大突破、全球化浪潮的快速发展、后现代主义观念的异军突起,不但改变了当代人的整个生活世界,而且使传统的马克思主义者关心的话题急剧地得到更新。而在 21 世纪初爆发的"9·11"事件,又为这样的理论反思提供了新的思想资源和发展助力。与此同时,国内理论界仍然不辞辛劳地从事着国外马克思主义哲学流派的重要论著的译介工作和研究工作。在这些工作所达成的结果中,虽然不乏信达而典雅的译文、富有理据而又别开生面的论著,但从总体上看,这一肇始于 20 世纪 80 年代初的译介、研究工作依然处在蓄势待发的阶段上。众所周知,国外马克思主义流派的大部分重要哲学论著还没有被翻译进来,即使在已被翻

---

① 必须指出,本书"导论"提出的一个实质性的新见解是:把"西方马克思主义"(Western Marxism)这一概念最初出现的时间从 1955 年提前到 1930 年。也就是说,提前了 25 年! 众所周知,徐崇温先生在《西方马克思主义》一书的第一章中曾经这样写道:"正式给卢卡奇、柯尔施等人所代表的那种'左'的思潮安上'西方马克思主义'名称的,始于法国的现象学—存在主义者梅劳-庞蒂(梅洛-庞蒂——引者注)1955 年发表的《辩证法的历险》一书。"(徐崇温:《西方马克思主义》,天津人民出版社 1982 年版,第 21 页。)本书"导论"则提出,这一概念最早出现于柯尔施 1930 年在重版的《马克思主义和哲学》一书中的一个新增补的材料中,这个材料是《〈马克思主义和哲学〉问题的现状——一个反批评》。(参见俞吾金、陈学明:《国外马克思主义哲学流派》,复旦大学出版社 1990 年版,第 4 页。)这一新见解提出后,得到了学术界的普遍认可,也为徐崇温先生所接受。徐先生在不久前出版的一部著作中这样写道:"西方马克思主义概念首次出现在 1930 年。"(徐崇温:《西方马克思主义理论研究》,海南出版社 2000 年版,第 81 页。)

译进来的论著中，也存在着一些不合格的译本，这就给研究工作造成了巨大的困难。在这样的情况下，准确地理解并译介国外马克思主义哲学论著，做好理论研究的这一基础性的工作，仍然是十分必要的。事实上，本书第一版之所以受到理论界的欢迎，是因为它所从事的正是这样的基础性的工作。历史和实践一再启示我们，浮躁是一切研究工作的大敌，尤其是国外马克思主义哲学流派研究的大敌。诚然，我们对国外马克思主义哲学流派的研究应该努力地向前迈进，但这一迈进却始终必须以我们对它们的重要论著的严格的、准确的解读和译介作为前提。

显然，瞬息万变的生活世界和纷然杂陈的理论思潮为国外马克思主义哲学流派的发展提供了源源不断的推动力。与12年前相比，我们对这一研究领域的内涵获得了远为丰富多彩的理解，而国外马克思主义哲学流派的理论话语的迅速更新，也对本书第一版的内容提出了巨大的挑战。众所周知，本书第一版的书名是《国外马克思主义哲学流派》。这个书名包含着两方面的内容：一方面是西方马克思主义，另一方面是东欧新马克思主义。如果说，在12年之前，本书第一版的内容具有重大的理论冲击力的话，那么，从今天的眼光看来，这两方面的内容都显得相对地陈旧了。为了让读者对国外马克思主义哲学流派的全副内容和最新发展获得更为详尽的了解，我们借本书第一版修订这一难得的机会，把本书第二版的书名改为《国外马克思主义哲学流派新编》，并试图在这一总的书名之下，逐步完成尽管在内容上各自独立，但实际上又有着紧密联系的三大卷著作——《西方马克思主义卷》《东欧新马克思主义卷》和《西方马克思学和其他流派卷》，从而勾勒出当代国外马克思主义哲学流派发展的新的总体上的画面。

不用说，放在我们面前的、经过修订的《西方马克思主义卷》仍然继承了本书第一版的写作风格，即以西方马克思主义者的重要的外文论著作为基础进行相应的评述。我们认为，这种写作风格具有以下四个特征：一是基础性，即立足于解读西方马克思主义者的主要的文本，努力搞清楚这些文本中出现的基本概念及其确切的含义，弄明白这些文本之间的内在联系；二是开放性，即随着研究活动的深入，我们可以不断地调整乃至增补新的外文论著，并把这种开放的心态努力保持下去，从而不使自己的研究成果故步自封；三是前沿性，即可以在修订的过程中不断地把西方马克思主义者的最新的、前卫性的理论文本和见解吸纳进来，从而确保我们的研究工作的时效性；四是对话性，即把我们对这些重要文本的解读理解为我们和这些理论家之间的平等对话。这样一来，我们就不会轻易给这些理论家扣帽子、打棍子，而是心平气和地解读他们的文本，并努力把他们的创新见解发掘出来。

毋庸讳言，在继承本书第一版的写作风格的基础上，我们也对第一版的内容做了较大幅度的修订和增补。本书第二版不但增加了下述新的内容——"第七章　分析的马克思主义""第八章　生态学的马克思主义""第九章　马克思主义批评学派""第十章　后马克思主义"，也对第一版已有的内容进行了增补。在"第一章　西方马克思主义的早期代表人物"中，改写了对卢卡奇的《社会存在本体论》一书的评论，新增了对他的另外两部重要著作——《理性的毁灭》和《审美特征》的评述，还增加了一个附录；在附录中收入了对深受卢卡奇思想影响的戈德曼的两部著作——《隐蔽的上帝》和《卢卡奇和海德格尔》的解读和评论。在"第二章　法兰克福学派"中，内容也有较大的变动：一是新增了对阿多诺的著作《美学理论》和哈贝马斯的两部著作——《交往行为理论》和《在事实与规范之间》的评述；二是新增了法兰克福学派的重要成员班杰明[①]，并对他的四部论著——《德国悲剧的起源》《作为生产者的作者》《机械复制时代的艺术作品》和《巴黎，19世纪的首都》进行了细致的评述。在"第六章：结构主义的马克思主义"中，增加了对晚年阿尔都塞杀死妻子后撰写的重要自传体著作《未来永远会持续下去》的全面评论，也增加了一个附录。在附录中，对阿尔都塞的学生普兰查斯的代表性著作《当代资本主义中的阶级》进行了深入的剖析。综上所述，如果我们把上面提到的新增补

[①] 即"本雅明"。——编者注

的内容综合起来，几乎相当于把本书第一版中的西方马克思主义部分的篇幅扩大了将近一倍。

本书第二版的《西方马克思主义卷》在写作中的具体分工如下：俞吾金和陈学明合写了第一版序言(1989)和第二版序言(2002)；俞吾金撰写了导论、第一章、第四章、第六章和第七章；陈学明撰写了第二章、第三章、第五章和第八章；应我们之邀，中国人民大学曾枝盛教授撰写了第九章和第十章。还须说明的是，本书第一版面世后，我们发现其中存在一些书写错误和印刷错误，借这次修订的机会，一一进行了核对和纠正。同时，为了满足读者进行查询和进一步研究的需要，我们在本书第二版中增列了相关的外文参考书目。

在本书第二版的撰写过程中，尤其是在新增加的第七章、第八章、第九章、第十章的撰写过程中，我们对一些新概念和新观念的理解与译介都带有某种尝试性和探索性。囿于我们的理论视角和理解水平，其中也可能存在误读、误解之处，我们一如既往地希望学界同仁不吝赐教。

必须指出，本书第一版的问世和第二版的修订均得到了复旦大学出版社总编辑高若海教授、社长贺圣遂教授和编辑陈士强教授的热情帮助，在此一并表示感谢。

"与当代学术大师对话丛书"总序[①]

近年来,中国学术界对西方学术大师的著作和思想的译介堪谓不遗余力,这种现象与某些西方人对东方文化的无知和傲慢形成了鲜明的对照。[②] 然而,中国人了解西方学术文化的紧迫感一旦受到急功近利的社会心态的感染,其译介工作的质量就会显著下降。于是,对西方学术著作生吞活剥者有之,对西方学术思想望文生义者也有之。鱼龙混杂,泥沙俱下,使真正有志于学者荷戟彷徨,失其旨归;废卷浩叹,为学术怆然不已!

正是在这样的背景下,"与当代学术大师对

[①] 此为梁永安、虞友谦主编的"与当代学术大师对话丛书"总序(四川人民出版社2002年版)。收录于俞吾金:《哲学遐思录》,北京师范大学出版社2016年版,第192—202页,题为"拓展学术对话的空间"。——编者注

[②] 1997年,笔者率领复旦大学15名学生赴瑞士圣加仑大学参加第27届国际经济管理研讨会。这个会议的规格非常之高,当时的瑞士总统在开幕式上致辞,而当时的德国总统则在闭幕式上致辞。然而,西方人对中国的了解是如此之少,以至于我们的学生经常要回答他们提出的下面这样的问题:Are you Japanese?(你们是日本人吗?)1998年,我在美国的拉斯维加斯入住一家很有名气的旅馆,总台一位小姐问起我在中国的居住地,当我回答 Shanghai(上海)时,她竟一脸茫然,仿佛上海是外星人居住的城市!当然,我的经历或许带有片面性,在西方国家中,偶尔也会碰到"中国通"。记得我曾经读到过下面这样的故事:有一次,两位中国女士在美国一个城市的大街上走,迎面走来一个其貌不扬的美国人,她们用中国话对这个"老外"的容貌进行了刻薄的评论,谁知那位"老外"在与她们擦肩而过时,用非常纯正的中国话回敬了她们:"爹妈给的,有什么办法!"这两位中国女士吓得半晌说不出话来。然而,平心而论,从总体上看,当代西方人了解中国的急切性却不如当代中国人了解西方的急切性。

话丛书"面世了，一股期待已久的清新空气扑面而来。在某种意义上，为歧路亡羊、素缟遭染的学术界注入了新的生机。这套丛书绝不是曲学阿世、心血来潮的产物，而是一批有志于重新振兴学术事业的中青年学者沉潜往复、从容含玩的结晶。每一个关注这套丛书的编者和作者、策划和写作的人，都会发现它具有如下的特征。

其一，从传播学的视角出发遴选欲与之对话的学术大师。

什么是学术大师？如果无前提地、漫无边际地进行讨论，永远也不会有一个人人都可以接受的共识。事实上，在对学术大师的含义的理解上，从来就是见仁见智、迥然各异的。即使人们认同某个遴选的前提，但要是这一前提确定得不合理的话，遴选过程也会是无比艰难的。比如，有人主张，在人文社会科学的不同的领域中，按照均衡的方式来确定学术大师的人选。但这里马上就会产生一个问题，由于人文社会科学的各个领域的发展是不均衡的，大师级的学术人物的出现也是不均衡的。在有的领域里，在某一个时段中，会突如其来地涌现出一批学术大师①；但在另一些领域里，却没有发生任何值得引起人们注意的事情，仿佛把上帝的东西归还给上帝以后，再也没有任何其他的东西可以留给恺撒了。由此可见，试图用均衡的方式在不均衡地发展着的不同的人文社会科学的领域中去遴选大师级的人物，是很难取得成功的。

放在我们面前的这套丛书则巧妙地从传播学的视角出发来遴选学术大师。所谓传播学的视角，即以当代西方学者的思想向当代中国社会传播时影响因子的大小为主要着眼点，来确定欲与之对话的当代西方学术大师的人选。我们这里之所以使用"主要着眼点"这样的表达方式，是因

---

① 记得德国诗人海涅在谈到康德的《纯粹理性批判》的出版所引起的哲学革命时，曾经这样写道："德国被康德引入了哲学的道路，因此哲学变成了一件民族的事业。一群出色的大思想家突然出现在德国的国土上，就像用魔法呼唤出来一样。"（参见《海涅选集》，张玉书编选，人民文学出版社1983年版，第305页。）同样，我们也发现，在胡塞尔的《逻辑研究》问世后，德国涌现出一批大师级的思想家；20世纪50—80年代，法国出现了一批结构主义和后结构主义的大师级人物；罗尔斯的《正义论》面世后，美国政治哲学研究中的一些明星级人物也应运而生。

为影响因子固然是重要的，但它并不是判断一位学者是否是大师级人物的唯一标准。因为有些时候，近视的肤浅的追随者会把二三流的学者吹捧为大师，所谓"黄钟毁弃，瓦釜雷鸣"是也；而在另一些时候，他们又会对一流的学术大师肆意贬低，视若无睹，这使我们很容易联想起黑格尔的那句稍嫌刻薄的评语："侍仆眼中无英雄。"但纵观人类学术史，天平大体上还是平的，一个猥琐卑微的人物试图长期在学术界保持其居高不下的影响因子的可能性是微乎其微的。同样，真正的学术大师长期得不到承认的可能性也是微乎其微的。① 因此，主要以传播学意义上的影响因子，尤其是对当代中国社会的影响因子作为切入点，来确定当代西方学术大师的人选，不失为一种明智而巧妙的做法。所以，这套丛书所确定的主要的西方学术大师，如海德格尔、福柯、德里达、亨廷顿、哈贝马斯、伽达默尔、诺斯、利奥塔、伯林、吉登斯、杰姆逊、萨义德等，无疑都是重量级的人物，给读者留下了取舍得当的印象。

　　传播学视角的重要性还可以在我们的学术研究中得到更宽泛的理解和运用。长期以来，人们经常是以静态的非传播学的方式来探讨学术史或思想史的。也就是说，人们总是自然而然地从当前的理解状况出发，而不是从研究对象的构成因素——文本的实际传播状况出发去描述学术史或思想史，这就大大地降低了各种学术史或思想史著作的可信度。比如，要真实地再现马克思主义在中国的发展史，就特别需要结合马克思

---

① 18世纪的德国哲学家克里斯蒂安·沃尔夫(1679—1754)和19世纪的德国哲学家恩斯特·海克尔(1834—1919)一度声名显赫，但后来的历史表明，他们所接受的学术荣誉要远远大于他们实际上的学识。反之，当叔本华的《作为意志和表象的世界》于1818年问世时，几乎在20多年的时间里无人问津。无怪乎他在该书的第二版(1844年)序中愤懑地写道："不是为了同时代的人们、不是为了同祖国的人们，而是为了人类，我才献出今日终于完成的这本书……谁要是认真对待，认真从事一件不产生物质利益的事情，就不可打算当代人的赞助。"在另一处，他又写道："我若有些想获得当代人的喝彩，我就得删去上二十处和他们的意见全相反的地方，以及部分地他们认为刺眼的地方。但是，为了这种喝彩，只要是牺牲了一个音节，我也认为是罪过。完全严肃地说，只有真理是我的北斗星。"(〔德〕叔本华：《作为意志和表象的世界》，石冲白译，商务印书馆1982年版，第9、14页。)

主义著作的翻译史，深入了解马克思主义的代表性文本的翻译时间和实际上的传播方式、传播过程。又如，在注释中提到的叔本华的著作《作为意志和表象的世界》是在 1818 年出版的，《逻辑学》作为黑格尔的代表著作，是在 1812—1816 年面世的，而体现黑格尔的成熟的哲学体系的《哲学全书》则是在 1817 年出版的。在非传播学的研究方式中，人们通常可以把叔本华像黑格尔一样，划入德国近代哲学家的行列中去，因为他们的主要著作几乎是同时问世的。举例来说，德国学者赫希伯格（Johannes Hirschberger）在其《哲学简史》（*Kleine Philosophie Geschichte*）中就把叔本华和康德、费希特、谢林、黑格尔等一起划入近代哲学（Die Philosophieder Neuzeit）的范围之内。但只要从传播学的视角看问题，人们就会发现，虽然叔本华的《作为意志和表象的世界》问世于 1818 年，但实际上它正式被接受并被广泛地传播开来的时间则是 1844 年左右，即叔本华为它撰写第二版序的时候。也就是说，从传播学的视角来看，这部著作在哲学史和思想上起作用的时间应该是 19 世纪 40 年代。所以，在哲学史的分期上，不应该把叔本华归到近代西方哲学部分，而应该把他归到现代西方哲学的范围内。当然，有不少研究者事实上主张把叔本华归入现代西方哲学的范围内，但由于缺乏理论上和方法上的自觉性，而讲不清这样做其理何在。有人认为，由于叔本华的思想和现代西方哲学家非常接近，所以把他放到现代西方哲学的范围内。如果这个逻辑能够成立的话，是否可因利奥塔曾经说过，17 世纪法国哲学家帕斯卡尔的思想具有现代的性质，人们就应该把他也划到现代西方哲学的范围中来呢？显然，这种解释方式是苍白无力的。实际上，只有运用传播学理论和方法，才能对上面的现象做出合理而又有效的解释。

其二，注重与西方学术大师之间的直接对话。

我们这里说的"直接对话"是相对于"间接对话"而言的。所谓"间接对话"，也就是通过第二手，甚至第三手的资料去了解学术大师的思想。

这样做常常会形成理解上的偏差，甚至误区。① 所谓"直接对话"，有两方面的含义：一方面是直接阅读学术大师的著作，领悟其学说的真谛；另一方面是利用各种学术交流的机会，"面对面地"(face to face)聆听大师的讲座或教诲，感受大师的灵气和魅力。当然，在这两方面的含义中，第一方面的含义起着更为根本性的作用。正如叔本华所指出的："只有从那些哲学思想的首创人那里，人们才能接受哲学思想。因此，谁要是向往哲学，就得亲自到原著那肃穆的圣地去找永垂不朽的大师。每一个这样真正的哲学家，他的主要篇章对他的学说所提供的洞见常什百倍于庸俗头脑在转述这些学说时所作拖沓渺视的报告；何况这些庸才们多半还是深深局限于当时的时髦哲学或个人情意之中。"②他启示我们，只有在与大师的学术著作的"直接对话"中，思想和真理才会向我们显现出来。或许正是在这个意义上，雅斯贝尔斯才会说，任何一个伟大的哲学家都通向哲学本身。也就是说，只有当我们有足够的勇气向大师走去的时候，真正的思想和真理才会向我们走来。

众所周知，对话的根本特征就是"开放性"(openness)。所谓"开放性"，也就是注重探索，注重切磋，注重商谈；不匆忙地下结论，不满足于给对方的思想戴帽子。这里说的"开放性"也具有两方面的含义。

一方面，学术大师的文本在意义上不是封闭的，而是开放的，它们可以被不同时代的读者无穷无尽地解释下去，永远也不会有一个意义枯竭的时候。认识到这一点，就既不会满足于阐释大师们的思想体系，也不会满足于以简单化的方式给他们的思想定位，而是会沿着他们的足迹，

---

① 叔本华写道："这是因为这些卓越人物的思想不能忍受庸俗头脑又加以筛滤。这些思想出生在〔巨人〕高阔、饱满的天庭后面，那下面放着光芒耀眼的眼睛；可是一经误移入〔庸才们〕狭窄的、压紧了的、厚厚的脑盖骨内的斗室之中，矮檐之下，从那儿投射出迟钝的，意在个人目的的鼠目寸光，这些思想就丧失了一切力量和生命，和它们的本来面目也不相象了。是的，人们可以说，这种头脑的作用和哈哈镜的作用一样，在那里面一切都变了形，走了样；一切所具有的匀称的美都失去了，现出来的只是一副鬼脸。"（〔德〕叔本华：《作为意志和表象的世界》，石冲白译，商务印书馆1982年版，第18页。）

② 〔德〕叔本华：《作为意志和表象的世界》，石冲白译，商务印书馆1982年版，第18—19页。

探寻他们的思想之路,追溯他们的成功和失误,体验他们的创意和激情。人所共知,海德格尔的哲学研究就是对思想之路的不停顿的寻觅。在《林中路》的扉页上,他这样写道:"林乃是森林的古名。林中有着许多路。大部分路终止在没有人迹的地方。它们被称作林中路。每个人各自寻觅自己的路,却在同一个森林中。常常看来仿佛相似,实际上不过是仿佛相似而已。林业工人和护林人熟悉这些路,他们知道,在一条林中路上意味着什么。"①这段话是通过一个十分深刻的隐喻表明,海德格尔重视的并不是思想体系的建构或思想结论的确定,而是思想本身不停地在探索,在前进。海德格尔所用的某些表述方式,如"林中路"(Holzwege)、"田间路"(Feldweg)、"路标"(Wegmarken)、"在路上"(Unterwegs)等,无非是表明他的思想始终是敞开的、开放的,是"在路上"的一种探索。这种开放式的探索精神和中国哲学的核心精神——"道"可以说有异曲同工之妙,正如奥托·珀格勒所说:"海德格尔要人们回想一下,在老子的诗意般的思想中的关键的词,即'道'这个词,实际上意味着'道路'。"②东西方思想看起来迥然各异,却在最高的层次上是相通的。开放、敞开和通达,既是路的本义,也是中国哲学传统中的道和海德格尔哲学中的 Sein 的初始含义。

另一方面,与大师对话的这些中国学者的思想也不是封闭的,而是敞开的、充满探索性的。他们既真诚地敬慕大师,但又不盲目地崇拜大师。事实上,他们早已把亚里士多德的名言"吾爱吾师,吾更爱真理"视为自己的座右铭。他们与西方学术大师对话,目的不是对大师的思想做鹦鹉学舌式的转述,而是要对他们的思想做出批判性的考察。这里说的"批判性的考察",既以作者对大师文本的准确的理解为前提,也以作者的深入的建设性的思维为后盾。抽去这些条件,考察就会蜕变为浏览,对话就会蜕变为独白。

其三,在中西文化比较研究上做出了可贵的尝试。

一提起比较文化研究,人们也就自然而然地把它理解为文化研究的一

---

① Martin Heidegger, *Holzwege*, Frankfurt, Vittorio Klostermann, 1980.
② [德]奥托·珀格勒:《海德格尔的思想之路》,宋祖良译,台湾仰哲出版社 1994 年版,第 4 页。

个分支学科。其实,在信息通信技术高度发展、世界变得越来越小的情况下,比较文化研究已不再是一个分支性的学科,可以说,就其实质而言,在当代,任何文化研究本质上都是比较文化研究,因为当代的研究者已经不可能再像传统的研究者一样,在单一的文化框架内从事自己的研究,不管他自己愿意不愿意,实际上总得学习并了解各种不同的文化形态。所以,在当代的文化研究中,非比较的研究方式已经变得不可能了,唯一存在的差别仅在于:是在理性上自觉地运用比较研究的方法,还是并没有意识到这种方法,而实际上却正在运用这种方法。我把前一种比较称为"显性的比较",把后一种比较称为"隐性的比较"。① 所谓"显性的比较",也就是公开地承认自己所从事的某一项研究是比较研究,甚至在其论著的标题中也把"比较"这个词写进去;所谓"隐性的比较",也就是不言比较的比较,其通篇论著可以不出现"比较"这个词,但实际上,在潜意识的引导下,他仍然在进行比较。比如,一个中国学者,他有着中国传统文化的背景,这种背景所蕴含的基本观念已经深入他的潜意识之中,成为他观察和思考任何问题的逻辑起点。所以,当他研究西方学术文化,如美国哲学家杜威的思想时,不管他自己是否意识到,他潜意识中存在的中国文化传统的参照系总会发生作用,对他的杜威研究的选题、方法、过程和结论产生重要的影响。而只要这样的影响存在着,这种研究本质上就是比较研究。

深入的思考表明,任何比较研究都不是闲来无事的诗词,而总是自觉地或不自觉地植根于研究者对自己的生存状态的领悟。为什么人们在比较文化研究中不搞"中索(索马里)比较""中埃(埃塞俄比亚)比较",而要搞"中西比较""中欧比较"或"中美比较"呢?道理很简单,因为索马里和埃塞俄比亚的生存状态比中国还要差,而西方、欧洲、美国的生存状态则比中国要好。所以,中国学者并不是自然而然地把西方文化作为自

---

① 参见俞吾金:《比较文化研究与社会形态时间》,吴立昌主编:《大潮文丛(经济·文化)》第 2 辑,复旦大学出版社 1994 年版,第 94—101 页;俞吾金、汤勤:《比较文化研究的前提性反思》,《复旦学报(社会科学版)》1999 年第 3 期;俞吾金:《超越比较文化研究的无序状态》,《解放日报》2000 年 6 月 18 日。

己的比较研究的对象的,而是有意识或无意识地在生存意向的驱迫下才这么做的。完全可以说,全部比较活动都是以研究者对更好的生存状态的认可(即使这种认可夹杂着批判性的省思)作为前提的。在这个意义上可以说,比较文化研究实质上是研究者自觉或不自觉地在生存论的基础上做出的一种探索。但我们遗憾地注意到,由于大多数从事比较文化研究的人没有自觉深入地反省自己活动的生存论的前提,所以他们总是在一些边缘化的、泡沫化的甚至是极度媚俗的问题或观念上消耗自己的时间,这就有可能使比较文化研究变形为一种无聊的语言游戏。①

"与当代学术大师对话丛书"的作者们,一方面坚持与学术大师对话。其实,大师的最本质的含义也就是善于思索大问题的人。毋庸讳言,一个学者所思索的问题的大小决定着他在学术史或思想史上的地位的高低。在这个意义上可以说,与大师对话,也就是把比较文化研究的注意力集中到一些与人的生存状态密切相关的重大问题上。尽管海德格尔说过,思考大问题的人必定有大迷误②,但他们的思考至少可以使我

---

① 按理讲,比较文化研究的特殊性对研究者的素质提出了很高的要求,即研究者要熟悉两种以上的文化形态,并对它们均有精深的研究。但目前的状况是:一些对任何一个文化形态都不熟悉的研究者闯入了这个领域,他们随心所欲地从不同的文化形态中抽取相应的对象进行所谓"比较研究",试图创造出"不清楚+不清楚=清楚"的神话。这种粗制滥造的神话完全是对语言和文化的亵渎!

② 孙周兴在他选编的两卷本《海德格尔选集》中把这句话译为"有伟大之思者,必有伟大之迷误";陈嘉映在他的《海德格尔哲学概论》中把它译为"运伟大之思者,必行伟大之迷途";倪梁康在他的《会意集》中主张把它译为"运伟大之思者,必持伟大之迷误"。这三种译法,都很雅致,但在我看来,gross 这个词在这里的含义是中性的,它只是一个描述性的词,没有价值的含义在内。把它译为"伟大",就把一种褒扬的意向带进了翻译。然而,译"伟大之思"还可以,译"伟大的迷误"或"伟大的迷途"则欠妥。其实,海德格尔这句话和西方人的谚语 Distinction and danger are twins(卓越和危害是孪生子)在意义上似有某种相近之处。倪梁康也考虑过把它直译为"谁思考得大,谁就必定迷失得大",但我觉得这样译也欠妥,因为"思考得大""迷失很大"这样的表述方式与我们通常的表述方式相矛盾。我建议把海德格尔的话译为"思考大问题的人必定有大迷误"。虽然德文中的疑问代词 Wer(谁)在这里被理解为不定代词 num(人),并增加了名词 Frage(问题),使之成为前半句中的形容词 gross 的修饰对象,但一方面,这里的 gross 既不带褒义,也不带贬义,避免了"伟大的(之)迷误(途)"这样的译法;另一方面,增设 Frage 这个词并没有改变海德格尔的原意。事实上,无论是"有(运)伟大之思者"这样的译法,还是"谁思考得大"这样的译法,实质上都是指思考大问题的人。

们的比较文化研究从当前正越陷越深的边缘化泡沫化的状态中摆脱出来。另一方面坚持从中国当前的实际状况出发来开展东西方哲学文化的比较,这就使整个比较研究不被主观上的偶然的好恶所主宰,而是沿着以普遍性的价值为基础的振兴中华民族的客观价值的方向来进行,从而提升这一研究活动的水准。

其四,对问题意识的深化。

乍看起来,这套丛书中的每一本书都是以某个西方学术大师作为自己的研究对象的,实际上,它真正注重的是问题意识。这里说的"问题意识"也有两方面的含义。一方面,把每一位西方学术大师的思想的形成和发展都理解为他们与他们置身于其中的生活世界所蕴含着的重大问题之间的对话。真正的思想学术大师并不是那些蜗居于自己的书房中,唯恐烧伤自己手指的人,他们总是与周围的现实生活保持着密切的联系,并从那里汲取自己的激情和灵感。在这个意义上可以说,与大师对话,也就是与大师所思考的问题的对话。另一方面,丛书的作者们也置身于当代中国社会中,而当代中国社会正处在从计划经济向市场经济转型的历史过程中。在这一伟大的历史过程中,社会问题、政治问题、经济问题、哲学问题、宗教问题等,一个接一个地冒出来,引起了丛书作者们的思索。实际上,他们正是带着这些问题进入与西方学术大师的对话过程的。所以,我们不妨说,丛书撰写的过程既是作者与其研究对象之间的商谈,也是蕴含在作者思想中的问题与蕴含在西方学术大师思想中的问题之间的碰撞。犹如海涅所说的,不同学者之间的思想交流,乃是钻石之间的摩擦,其结果是大家都发亮。

值得一提的是,丛书的作者们不但为寻求对当代中国社会中的重大问题的解答而思考,而且还竭力捕捉住那些隐藏在潜意识中的深层问题,使之上升到意识的层面上来。所谓"深层问题",在某种意义上也就是美国哲学家塞尔所说的"默认点"。塞尔这样写道:"在大多数重大哲学问题上都存在着一些观点,这些观点,我们可以用计算机语言中的一个比喻来称之为默认点(default positions)。所谓默认点就是那些不假思索就持有的观点,因而任何对这些观点的偏离都要求有意识的努力和令人信服的论证。"①在塞尔看来,正是这些默认点构成了人们全部思维活动的前设,但人们却意识不到。所以,塞尔强调,"哲学史的很大一部分都是由对这些默认点的非难所构成。一些伟大的哲学家往往由于反对别人认为是不言而喻的东西而出名"②。同样地,在对文化-意识形态的比较研究中,人们也发现,只要这种比较研究不触及"深层问题",即潜伏在文化-意识形态深处的"问题框架"(problematic),它就必定流于肤浅。正如法国哲学家阿尔都塞所指出的:"一般来说,问题框架并不是一目了然的,它隐藏在思想的深处,在思想的深处起作用,往往需要不顾思想的否认和反抗,才能把问题框架从思想深处挖掘出来。"③这就对人们通常所说的"问题意识"获得了更为深入的理解,也使整个对话和探索变得内涵深沉,言外有意,新见迭出,回味无穷。

"天行健,君子以自强不息。"愿这套丛书的编者和作者的探索精神感染更多的读者,从而结出更丰硕的果实。

---

① 约翰·塞尔:《心灵、语言和社会——实在世界中的哲学》,李步楼译,上海译文出版社 2001 年版,第 9—10 页。一般来说,default 被理解为法律上的"缺席",李步楼把它译为"默认",有欠妥之处,因为"默认"意味着理性已经意识到这一点,并对这一点表示认可,但实际情况常常是,人们从某个预设的前提出发思考问题,但自己对这个前提却没有任何反思意识;position 通常被理解为"立场",其复数形式 positions 则可被理解为"各种立场",它与 point(点)也是有差别的。所以,在我看来,default-positions 可直译为"一些缺席的立场",也可意译为"一些未明言的立场"。为求译文的一致性,此处仍按李步楼的译文进行引证。

② 约翰·塞尔:《心灵、语言和社会——实在世界中的哲学》,李步楼译,上海译文出版社 2001 年版,第 10 页。

③ Louis Althusser, *For Marx*, London, NLB, 1997, p. 69.

《现代性现象学——与西方马克思主义者的对话》后记[1]

作为复旦大学当代国外马克思主义研究中心（教育部普通高校人文社会科学重点研究基地）的负责人，我于2000年秋起承担了题为"西方马克思主义的现代性理论"的研究课题。从我国学术界目前的情况看，虽然现代性问题已经成了一个热门的话题，并且也已经有相当数量的译著和研究专著问世，然而，对西方马克思主义的现代性理论进行系统研究的论著尚付阙如。

历史和实践一再表明，在当代西方哲学的整个领域中，西方马克思主义者的思想始终是十分活跃的，在现代性现象的探讨上同样如此。显然，当我们结合我国的现实情况，对现代性现象进行深入反思时，是不应该撇开西方马克思主义者在这个领域里所留下的原创性的思想成果的。事实上，这也正是我们下决心研究这一课题的初衷。

在课题组成员的共同参与下，经过近两年的努力，我们终于完成了本课题的研究。这部著作

---

[1] 原载俞吾金等：《现代性现象学——与西方马克思主义者的对话》，上海社会科学院出版社2002年版，第403—404页。——编者注

就是这一研究的一个结晶。在这部著作的撰写过程中,具体的分工如下:汪行福博士(副教授)撰写了第一章、第二章、第三章、第四章;余碧平博士(副教授)撰写了第六章、第七章;张双利(博士候选人、讲师)撰写了第五章、第八章;吴新文博士(副教授)撰写了第九章、第十章;俞吾金撰写了导论,并负责全书的统稿、修改、协调、参考文献的编制和最后定稿的工作。

  本书从西方马克思主义者中选择了对现代性现象有过深入的、独创性的反思的 10 位学者——本雅明、阿多诺、哈贝马斯、韦默尔、列斐伏尔、梅洛-庞蒂、布尔迪厄、鲍德里亚、詹姆逊、吉登斯——作为研究对象,从解读其原著出发,对他们的现代性理论进行了评述。本书还提出了"现代性现象学"的新概念,并从这一新的理论构想出发,力图以更有效的方式与这些西方马克思主义者展开实质性的对话。作为理论上的一种新的尝试和探索,我们关于现代性现象学的思考还非常不成熟,但我们还会继续这方面的思考,并殷切地希望学界同仁不吝赐教。

2003年

一篇"批判者和思想者"的论文[①]
——《理论思维与工程思维》评介

该文从某种新颖的视角出发，继续了哲学史上学者们对思维方式的反思。它使我们联想起康德对理论理性与实践理性的区分、黑格尔对知性与思辨理性的区分、韦伯对工具理性与价值理性的区分、维特根斯坦对可说的和不可说的东西的区分、波普尔和雅斯贝尔斯对哲学与科学之间的界限的思考、哈贝马斯对工具理性与交往理性的区分等。而在日常生活中，人们也常常把"理论层面"和"操作层面"区分开来。这表明，人们已经认识到，这两个层面之间存在着巨大的差异，但如何从思维方式上来厘清这两者之间的关系，人们还缺乏系统的思考。

作者的新思考在于，他试图在现有学科分类——理论学科与工程学科的基础上提出理论思维与工程思维的区别。前者探究的是已然存在的事物的本质，后者探求的则是未来生活的蓝图。在人文社会科学的研究中，由于这两种思维方式相互僭越，形成了一系列思维上的误区。从这两种思维方式的区别出发，作者进一步指出：工程

[①] 原载《学术研究》2003年第2期，第27—28页，作者为高清海等，此处收录俞吾金评介部分。——编者注

思维的对象是个别性的实体及实体的属性之间的联系；理论思维的对象则是虚体，虚体归根到底依附于实体，但这种依附关系并不是简单的。应当指出，作者探讨的思维方式的僭越和划界问题具有重要的理论意义和现实意义。这也表明，作者具有强烈的创新意识，他不满足于对自己所学到的东西进行介绍和描述，而是力图通过自己对现实生活的思考，提出哲学思考必须面对的问题，并用自己的方式加以解答。这种创新意识正是哲学工作者的最可贵的品质。

这篇论文给我的第二个深刻印象是作者对理论观念的自洽性的强调。尽管作者对自己观念的理论前提还缺乏周密的反思，但作者始终有一种明确的意图，即提出一组概念，如"工程""实体""虚体""属性""完形""僭越""划界""乌托邦人格"等，并界定每一个概念的基本含义及相互之间的关系，力图从逻辑上把自己的见解统一起来，不留下任何空白。全书各部分在结构上也比较紧凑，在叙述方法上也比较合理，使读者极易把握住作者的思想脉络。作者在这方面所作出的努力是难能可贵的。

这篇论文给我的第三个深刻的印象是：作者并不是贸然地提出自己的想法的，而是在与生活现实和大思想家的长期对话中形成自己的想法的。作者在论文中对哲学史的回顾、对一些大思想家的观点的阐述、对一些理论误区的澄清，都表明作者具有较强的理解能力、分析能力和综合能力。当然，作者把乌托邦的失败作为判断一种思维是否正确的标准，这实际上把经验证实的原则作为前提加以肯定了，而在经验证实原则的基础上，是不可能引申出普遍必然的结论来的；又如作者把人类的活动分成"心的活动"和"身的活动"，是否有可能返回到笛卡尔的二元论的思路上去？还有，作者对"实体"概念的思考未借鉴康德在《纯粹理性批判》中的研究成果，是否包含着一种朴素实在论的倾向？等等。对于这些问题，作者还可以进一步思考。

综上所述，这是一篇比较优秀的、具有创新意识的博士学位论文。

学术上的推进,还是学术上的应景[1]

我们这个时代在学术上的一个重要的特征是形式和内容的分离。从形式上看,近年来,新的学术刊物、学术论著和译著、学术研究上的新人不断地涌现出来,学术研究的经费也在不断地增加,很容易使人们产生"学术繁荣"的印象。然而,从内容上看,学术界的相当一部分研究成果仍然停留在"低水平重复"的水平上;学者们甚至不得不花相当一部分精力去防范"剽窃"这种低级错误,去批评"学术腐败"的种种表现形式。

笔者认为,判断学术研究的现状是否"繁荣",关键在于,新发表的学术论著是否对前人和同时代人的研究结论作出了实质性的推进。我们这里说的"学术上的推进"主要包括两方面的含义:一是就前人和同时代人已经做出的学术成果,提出新观点、新方法(或新的视角、新的论证方法)和新论据;二是在前人和同时代人研究的基础上,开拓出新的研究领域,提出新的问题和解决问题的思路、方法和结论。总之,"学术上的推进"乃是对前人和同时代人的研究成果的实质性的推进,而绝不是对他们的见解的低水平

---

[1] 原载《学术界》2003 年第 3 期。收录于俞吾金:《哲学沉思录》,北京师范大学出版社 2016 年版,第 141—144 页。——编者注

的重复。当然,这种"推进"并不是胡乱想象和猜测,而应该有充分的理据。

遗憾的是,当我们以"学术上的推进"作为标准去考量当前到处泛滥的所谓"学术成果"时,几乎可以说,绝大部分的"成果"不但对自己所研究的领域和问题缺乏实质性的推进,缺乏哪怕是细节上的创新的意识,而且因为不少研究者本着一种"前无古人",即完全蔑视前人和同时代人的有价值的研究结论的方式来研究问题,所以他们的研究"成果"往往是在原地踏步,甚至是一种倒退。黑格尔在《小逻辑》一书中就批评过那种当时普遍地存在于德国学术界的错误倾向。他在论述康德哲学的主要贡献时,这样写道:

> 现今我们已经超出康德哲学,每个人都想推进他的哲学。但所谓推进却有两层意义,即向前走或向后走。我们现时许多哲学上的努力,从批判哲学的观点看来,其实除了退回到旧形而上学的窠臼外,并无别的,只不过是照各人的自然倾向,往前作无批判的思考而已。①

在黑格尔看来,当时德国的许多康德的研究者自以为在"推进"康德哲学,实际上,在他们的非批判的、自然倾向的引导下,却倒退到"旧形而上学的窠臼"中去了。

为什么在学术研究中会出现内容与形式严重分离的现象?为什么研究者自己对"学术上的推进"的憧憬往往变形为"学术上的原地踏步",甚至"学术上的倒退"?笔者认为,这种现象当然是由各种各样的原因引起的,如果限于学术研究的动机上的分析,我们或许可以说,这种现象乃是"学术上的应景"必然导致的结果。

什么是"学术上的应景"呢?我们这里的意思是:一种学术研究,凡

---

① [德]黑格尔:《小逻辑》,贺麟译,商务印书馆1980年版,第118—119页。

不是出于弄清问题、追求真理的动机,而是由各种各样的非学术的情景所引发的,就可以称作"学术上的应景"或"应景式的学术研究"。这里的所谓"景",既可以理解为研究者出于对自己通过学位或职称评定方面的考虑;也可以理解为一些已经成名的学者对编辑部稿约的回应等。其实,编辑部的稿约乃是对已经成名的学者的尊重,但如果有的学者随随便便地进行回应,甚至不对自己所撰写的问题进行深入研究,满足于发一些人所共知的、常识性的议论的话,那么他们失去的东西就可能多于获得的东西,甚至有可能把自己钉上耻辱柱,任自己的牧师如何祷告也无法解脱下来。

不用说,真正的学术研究是和真正的研究动机——弄清问题、追求真理相匹配的。我们并不是说非学术的动机是不许可的,事实上,任何研究者都不可能完全撇开这些因素,但在学术研究的过程中,这些因素应该处在寂静的、边缘化的状态下。一旦这些因素上升为学术研究的第一动机,而真正的研究动机倒被边缘化了,这样一来,学术研究的"成果"也就会变质,即它们不过是统计表上新增加的数字,虽然它们可以使研究者获得更高的学位和职称,但不能提升学术活动和学术成果的水准。换言之,这样的"成果"只可能是非学术性的,而不可能是学术性的。它们不过是徒有学术研究的外表而已!

写到这里,我不禁想起了海德格尔在《关于人道主义的书信》中写下的那段话:

> 现在是人们切忌把哲学估计过高因而对哲学要求过高的时候了。在现在的世界灾难中必需的是:少谈些哲学,多注意去思;少写些文章,多保护文字。①

---

① 《海德格尔选集》(上),孙周兴选编,生活·读书·新知上海三联书店1996年版,第405页。

或许可以说，作为一个研究者，他的职业道德中至少应该包含这么一条，即当他撰写任何学术论著之前，他应该先行地反省一下，他的论著是否对学术研究中的某些或某个问题提供了实质性的推进。如果回答是否定性的，那他就应该自觉地中止自己的撰写活动，以便使读者有可能继续保持对学术的最低限度的尊重和兴趣。

总之，需要的是"学术上的推进"，而不是"学术上的应景"！

学术平均主义有失公正[①]

不久前,一位杂志社的朋友在闲聊时说起,目前国内不少学术刊物,尤其是质量较高的学术刊物,几乎都有一个不成文的规定,即同一位作者一年之内只能在同一个刊物上发表一篇学术论文。我们不妨把这样的规定称为"四个一规定"。据说这样做也是出于无奈,目的是杜绝作者利用编辑部的人际关系多发文章。显然,这个不成文的规定是针对某些作者和编辑部人员的弱点而制定出来的。然而,为了迁就这些人的弱点,人们就应该牺牲那些优秀学术论文发表的空间吗?

乍看起来,这个不成文的规定是十分公正的,无论是谁,不管他的学术研究和表达能力有多么强,他一年之中只能在同一个刊物上发表一篇学术论文,真可谓"规定面前人人平等"了。然而,细细一想,又觉得这样的规定实质上是不公正的,因为它约束的仅仅是学术研究中的强者,而它保护的又是学术研究中的弱者。换言之,它不过是以改头换面的方式在学术研究领域中倡导平均主义而已。试问,如果某个学术刊物面对的

[①] 原载《解放日报》2003 年 10 月 28 日;摘要转载于《文摘报》2003 年 11 月 2 日。收录于俞吾金:《哲学遐思录》,北京师范大学出版社 2016 年版,第 138—140 页,题为"学术领域里的'平均主义'倾向"。——编者注

是像鲁迅、胡适、冯友兰这样优秀而多产的作者，它该怎么办呢？是固执地实施"四个一规定"，把这些作者的优秀学术论文拒之门外，还是打破这一规定，为他们提供更多的学术论文发表的空间？显而易见，在笔者看来，一篇学术论文能否被一家学术刊物发表，似乎只有一个标准，即它的质量如何，尤其是它是否具有原创性的品格。除此之外，恐怕不应该有第二个标准。否则，学术刊物就失去了自己的本质，蜕变为人际关系的平衡杆了。

一谈起"平均主义"这个词，大家总以为涉及的无非经济领域，尤其是分配领域中的问题。其实不然。平均主义这个词还有很多其他的含义。我们上面提到的"四个一规定"恐怕只是学术研究领域里平均主义的一种表现形态，实际上，平均主义的倾向在学术研究的领域里还有各种各样其他的表现方式。比如，在学术课题评审的过程中，评委们一旦了解到，某个申请者已经获得了其他的课题经费，往往不顾他申请的这一个课题的质量如何，而千方百计地把它"平衡掉"；又如在学术成果的评奖过程中，评审者们总是在不同的单位之间搞平衡。有的单位出了一批质量优秀的论著，但评委们总会以种种借口平衡掉其中的一部分。反之，另一个单位申报的学术成果质量都很差，但评委们也会"矮子里拔长子"，煞费苦心地搞上去几个；再如在职称的评审中，如果某个被评审的对象刚出过国，大家就会觉得，好处不能让一个人全占了，因而倾向于把他拉掉，让别的对象先上去。总之，随处可见的是以平均主义为宗旨的平衡术，而不是学术上的良知和公正！

其实，道理很简单。既然人们的学术才华是参差不齐的，是不平的，用平均主义的方式去对待他们，反而只会助长学术上的不平等或不公正。因此，笔者认为，只有坚持学术论文的质量这个唯一的标准，为学术上的能者提供更多的学术空间，才是在真正的意义上倡导学术的公正。

2004年

以学科建设推动马克思主义研究[①]

2004年1月5日,中共中央发出的《关于进一步繁荣发展哲学社会科学的意见》(以下简称《意见》)明确指出:"学科建设是繁荣发展哲学社会科学的基础。"[②]毋庸讳言,学科建设也是推动马克思主义理论研究向前发展的重要动力。众所周知,在当今中国的哲学社会科学研究机构和高等院校的人文社会科学院系中,拥有大量以研究马克思主义理论为对象的学士点、硕士点和博士点。如何通过学科点的建设,即总体上的学科建设,推动马克思主义理论研究的发展,是我们理论工作面临的一项重要任务。

首先,任何一门学科要保持自己的旺盛生命力,就要与时俱进,适应时代发展的需要,努力关注前沿问题,主动调整自己的知识结构,防止已有知识的僵化和教条化。作为一门学科,马克思主义理论研究也面对着同样的情形。所以,《意见》强调:"要自觉地把思想认识从那些不合时宜的观念、做法和体制的束缚中解放出来。"[③]也就是说,马克思主义理论的研究必须具有前沿

[①] 原载《文汇报》2004年4月19日。——编者注
[②] 中共中央文献研究室编:《十六大以来重要文献选编》(上),中央文献出版社2005年版,第688页。
[③] 同上书,第687页。

性，这里所说的"前沿性"主要有两个含义：一是密切地关注并解答在我国当今的现代化进程和社会主义市场经济的发展中出现的重大现实问题，二是密切地关注并解答当今中国哲学社会科学研究领域中出现的新的重大的问题。显然，缺乏这种密切地关注并成功地回应现实生活和理论研究中出现的前沿问题的能力，马克思主义理论研究就有可能脱离实际，失去自己的生命力。实际上，也只有在对各种前沿问题的积极回应中，马克思主义理论本身才能得到更新和发展。

其次，任何一门学科要以符合规范的方式向前发展，就要不断地反思其基础理论，以确保其科学性。在对马克思主义理论的理解和解释中，一直存在着一种错误的倾向，即片面地重视马克思主义理论在实际生活中的应用，特别是在政治生活中的应用，而忽视了它作为一门学科所具有的科学性。在这种错误倾向的影响下，理论界和社会生活中都出现了把马克思主义理论庸俗化的现象，如以前有人把马克思主义哲学演绎成"卖菜哲学""养猪哲学"，现在又有人把它解释成"证券哲学""营销哲学"等。诚然，我们应当运用马克思主义的理论来指导我们的实际生活，却不能把它庸俗化，使之蜕变成日常生活的管家婆。重要的是，要联系实际，通过对马克思主义的基础理论，尤其是马克思主义哲学的基础理念，如哲学观、世界观、物质观、时空观、实践观、价值观的深入反思，以确保我们对马克思主义基础理论的准确理解和把握，从而使整个马克思主义理论的发展奠立在牢固的基础上。

最后，任何一门学科要获得人们的普遍认同，就要保持开放的心态，扩大国际交流。同样，马克思主义理论的研究也需要有相应的开放心态，要努力引进国外马克思主义理论研究的优秀成果，批判地借鉴国外马克思主义者的研究思路和方法。比如，20世纪70—80年代在西方兴起的"分析的马克思主义"把对西方分析哲学传统的研究与对马克思主义理论的研究紧密地结合起来，形成了一系列重要的成果，并对国际理论界，尤其是马克思主义理论界产生了重大的影响。不用说，中国的马克思主义理论研究要走上新的台阶，就要积极地借鉴"分析的马克思主义"的研究思路和方法,注重对"生产力""生产关系""经济基础""上层建筑"等马克思主义的基本理论术语的分析。事实上,没有对这些基本概念的含义的准确把握,要对马克思主义理论的研究做出实质性的推进是不可能的。

总之,要以学科建设为导向,进一步繁荣对马克思主义理论的研究。

世界中国学研究的重大转折[1]

首届"世界中国学论坛"不久将在上海隆重举行，这不仅是上海乃至整个中国文化生活中的一件大事，也是一个重要的标志，表明世界中国学的研究正处于重大的、实质性的转折过程中。我们这里说的"重大转折"主要包含三层含义。

其一，世界中国学的研究正从边缘走向中心。长期以来，整个世界文化界都处于"西方文化中心主义"，尤其是"欧洲文化中心主义"的影响下。这种影响是如此之巨大，以至于中国文化完全被挤到不起眼的、边缘的位置上。20世纪下半叶，萨义德的东方主义理论的提出乃是世界文化生活中的一个重要事件。从此，"西方文化中心主义"不再是人们思考问题的出发点，而成了人们自觉地进行深层文化反思的对象。随后，柯亨的《中国中心论》的出版表明，中国学的研究者们不但认同萨义德的东方主义理论，而且努力使他的理论发扬光大。有趣的是，这种文化研究上的新思路在现实生活中得到了响应，那就是从20世纪70年代末以来中国在改革开放中的崛起。毋庸讳言，中国的崛起使全世界的目光转向中

---

[1] 原载《文汇报》2004年6月14日。收录于俞吾金：《哲学遐思录》，北京师范大学出版社2016年版，第296—297页。——编者注

国，也使世界中国学的研究从文化舞台的边缘走向中心。

其二，世界中国学研究的内容正从"小文化"走向"大文化"。所谓"小文化"，我们这里主要指中国传统社会的文物及哲学、文学、宗教和伦理等观念；所谓"大文化"则是指中国文化生活的全副内容，包括传统社会和当代社会的全部现实生活和精神生活。很久以来，世界上的中国学研究者是带着猎奇的心态来研究中国的"小文化"的。在他们看来，中国古代文化蕴含着许多宝藏，有待于深入发掘，而现当代的中国，或者甘心于积贫积弱的落后国情，或者游刃于政治运动的胶着状态，实在是乏善可陈。然而，近30年来，发生在当代中国的巨大的变化正在向中国学研究者们的单纯的"考古"热情提出挑战。事实上，近年来已经有越来越多的中国学研究者把目光转向当代中国社会，转向中国的"大文化"，这就使中国学研究的内容发生了实质性的变化。

其三，世界中国学研究的范围正从"地理中国"走向"文化中国"。所谓"地理中国"指的是中国的领土；所谓"文化中国"，则不仅涵盖"地理中国"，而且也包括世界各国的华人文化、华人聚居处和唐人街等。随着当代中国的迅速崛起，中国人正以前所未有的开放心态走向世界各国：或者是旅游和度假，或者是求学和深造，或者是打工和经商，或者是探亲和访友，凡此种种，不一而足。这就使当代中国学的研究范围发生了重大的变化，即它不再局限于"地理中国"的范围之内，而是不断地从"地理中国"向"文化中国"扩展。

在首届世界中国学论坛即将举行之前，我们衷心祝愿世界中国学的研究越来越兴旺发达。

学术规范的灵魂是学术创新[①]

在当今中国学术界，人们对学术规范的重要性已经达成了共识。确实，学术规范是保证任何学术研究活动得以健康地展开的必要条件。然而，有了这样的必要条件，学术创新是否会自然而然地降临呢？我们的回答是否定的。事实上，把学术规范的作用仅仅理解为防止学术活动中不良倾向的出现，乃是对学术规范作用的消极的理解。笔者认为，更重要的是对学术规范的作用作积极的理解，即学术规范的灵魂是学术创新。换言之，只有把学术创新理解为学术规范的本质内涵，这样的学术规范才值得我们加以肯定。

一、两种不同的学术规范

只要我们深入地加以辨析，就会发现，长期以来，学术界存在着两种截然不同的学术规范。

一种是"单纯形式上的学术规范"，即人们在审查学术成果时，不关心这些成果在内容上是否

[①] 原载《中国教育报》2004 年 11 月 14 日。载《中华读书报》2004 年 11 月 24 日。载《科学中国人》2005 年第 1 期。收录于俞吾金：《哲学遐思录》，北京师范大学出版社 2016 年版，第 170—174 页。——编者注

具有原创性，是否对所研究的对象具有实质性的推进，而只关注其形式上是否具有合法性。假如一篇学术论文符合人们通常提到的那些形式上的学术规范——具备中英文标题、摘要和关键词，具备主要参考文献，没有重复发表，没有一稿多投，也没有抄袭、剽窃、作伪注和篡改数据等不良倾向的话，那它就是一篇符合学术规范的论文。笔者认为，在这里，学术规范只具有单纯形式的意义。

另一种是"实质性的学术规范"，即人们在审查学术成果时，不但关心其是否遵守形式上的学术规范，而且更关心其内容是否具有学术上的原创性，是否对所研究的对象具有实质性的推进意义。

人们通常认为，制定学术规范是为了"促进学术创新"。乍看起来，这一见解是无可厚非的，但仔细一想，问题就产生了。因为这一见解蕴含着一个理论上的预设，即把学术规范与学术创新分离开来，仿佛学术创新不是学术规范的本质和内在诉求，而只是学术规范客观上导致的结果。其实，这种见解所坚持的，仍然只是"单纯形式上的学术规范"。

显然，如果我们对学术规范的理解依然停留在"单纯形式上的学术规范"的层面上，甚至把不抄袭、不剽窃、不伪引、不一稿多投等理解为学术规范的同名词，那么，我们完全有可能会陷入另一个困境之中，即必须面对大量低水平重复的、在学术上没有任何积极推进的所谓"学术成果"，"学术"这个词也将失去它原来的意义，蜕变为符合"单纯形式上的学术规范"的文字垃圾。

作为"实质性的学术规范"，它把创新理解为任何学术成果的存在方式，因而也理解为任何学术规范的内在诉求。换言之，学术规范的作用不是"促进学术创新"，而是把创新理解为任何学术成果得以成立的前提。也就是说，不具有创新意向的成果根本就不是学术成果。从事学术活动也就是从事创新活动。简而言之，学术就是创新。

在这个意义上推敲，甚至连"学术创新"这样的提法也是有语病的，因为它假设了学术研究活动的两种不同的存在方式：一种是创新状态的存在方式，另一种是非创新状态的存在方式。按照笔者的看法，学术研究活动的本质就是创新,或者换一种说法,创新本身就是学术研究活动的内在诉求。不是在提到"学术创新"的口号时,人们才执意去创新,而是在不提"学术创新"时,人们也必须创新。一言以蔽之,非创新状态的所谓"学术"根本上就不是学术。

这样看来,我们对学术规范的认识,必须从"单纯形式上的学术规范"的层面提升到"实质性的学术规范"的层面。毋庸讳言,"实质性的学术规范"的第一条款就应该规定,学术规范的灵魂和核心就是创新。也就是说,任何学术研究活动和学术成果,如果不能以创新的方式存在,也就等于从根本上违背了学术规范。说得更明确一些,任何学术形态的存在物,只要不具有创新意义,也就必定是不符合学术规范的。这样的存在物实际上与学术是风马牛不相及的,它们根本上就是文字垃圾。

二、两种不同的学术研究态度

长期以来,学术界也存在着两种截然不同的学术研究态度。

一种研究态度是:我行我素,唯我独尊,漠视前人和同时代人已经做出的研究成果。持有这种研究态度的人常常把博览群书理解为知识积累上的修辞性的行为。他们忘记了,博览群书的首要作用就是了解前人和同时代人已经作出了哪些重要的研究结论,以便当代的研究者在涉猎同一个研究对象时,不重复前人和同时代人已经做出的结论。由此可见,博览群书之重要,完全不是修辞学意义上的,而是实质性的。实际上,它是任何原创性研究活动的前提。当然,我们这里说的"博览群书"并不是漫无目的地读书,而是围绕自己的研究课题来读书。显然,任何研究者如果轻视乃至根本上蔑视前人和同时代人的研究成果,就有可能陷入如下的自大狂的幻觉中,即全部学术研究活动仿佛都是从他自己学会思考的那一天才开始的。任何一个研究者,一旦陷入这样的幻觉之中,就离法国哲学家狄德罗所批评的"发疯的钢琴"不远了。

另一种研究态度是：谦虚谨慎，好学深思，认真对待前人和同时代人已经做出的代表性成果，站在他们的肩膀上来研究学术问题。持有这种研究态度的人常常把对自己关注的课题的研究史的回顾理解为学术创新的前提。事实上，一个当代的研究者，如果不对自己以前的研究史做出必要的回顾，甚至根本就不知道前人和同时代人在这个课题上已经说过哪些重要的话，已经作出过哪些代表性的结论，任何原创性的研究都是不可能的。这里的道理其实很简单，"新"和"旧"始终是相反相成的关系。如果一个人不知道哪些东西是旧的，又怎么可能知道哪些东西是新的呢？而不知道哪些东西是新的，又怎么可能去创新呢？

如前所述，既然"实质性的学术规范"把学术创新理解为自己存在的根本性的理由，因而它必定赞成后一种研究态度，而赞成后一种研究态度，也就意味着必定会把下面这样的条款作为学术规范中的基本规则。这个条款是：任何一种学术研究活动，如果缺乏对它以前的研究史的必要的回应，本质上都是不合法的。换言之，任何一种学术研究成果，如果不包含着对前人和同时代人的代表性研究成果的必要的回应，那么，它根本上就是不合法的，就是不符合学术规范的。

三、两种不同的学术成果评估方式

长期以来，在学术界也存在着两种截然不同的学术成果评估方式。

一种评估方式是：编辑人员说了算。在编辑人员中，只有极少数非常优秀的人才称得上是通才，大部分人的知识结构是十分有限的。而当今学科的分类越来越细，一个编辑人员要成为诸多研究领域的专家几乎是不可能的。在这样的情况下，让编辑人员对各种学术论著的性质作出合情合理的评估几乎也是不可能的。事实上，在这样的评估方式中，学术论著的生杀予夺的大权都交给了编辑人员，而编辑人员对自己评估的对象又缺乏相应的研究，甚至缺乏基本的了解，所以难免会产生"问道于盲"的荒谬结果，不但埋没了一些具有学术独创性的优秀的研究成果，而且也使一些低水平重复的"关系稿"崭露头角，从而给整个学术事业的发展造成严重的影响。

另一种评估方式是：匿名专家说了算。这种评估方式包含着两层意思：第一层意思是，必须相对于各分支学科建立相应的专家人才库，必须确保学术论著的评估者对自己所评估的对象乃至整个研究领域都有十分深入的了解；第二层意思是，不但被评估的学术论著必须是匿名的，而且评估专家也必须是匿名的。也就是说，必须通过这种双重的匿名来清洗"关系稿"，来消除专家可能因为感情因素而产生的评估上的偏差，以确保整个评估工作的公正性和客观性。

尽管第二种评估方式要花费更多的经济成本和时间成本，但它在很大程度上确保了学术评估的公正性和权威性，从而使那些真正具有原创性的学术论著有机会脱颖而出。

既然"实质性的学术规范"把学术创新理解为自己的灵魂，所以也必须把专家匿名评估作为基本条款写进学术规范中。

综上所述，不能泛泛地谈论学术规范，必须超越"单纯形式上的学术规范"，进入"实质性的学术规范"的层面上。舍此，学术创新就只是一句空话！

文科学术期刊建设之我见[①]

近年来，文科学术期刊在数量上和篇幅上都增长得比较快，同时，关于如何建设好文科学术期刊，如何提高其学术质量的讨论也经常见诸报端。这个问题关涉我国人文社会科学能否健康地成长和发展，确实具有非同寻常的意义。笔者认为，建设文科学术期刊需要努力处理好以下三个方面的关系。

一、编辑素质的提高和期刊分科发展之间的关系

毋庸讳言，文科学术期刊的发展对编辑人员的素质提出了越来越高的要求。这些年来，一大批已经获得硕士学位和博士学位的青年人才充实到编辑队伍中，大大地改变了文科学术期刊的办刊思路，提升了编辑人员的总体素质。不用说，编辑人员素质的普遍提高，对文科学术期刊水准的提高起着不可低估的作用。

[①] 原载《文汇报》2004年12月12日。收录于俞吾金：《哲学遐思录》，北京师范大学出版社2016年版，第188—191页。——编者注

然而，我们也必须清醒地意识到，编辑人员素质的提高是有限度的。一方面，这个时代的精神状态有些浮躁，而这种普遍的心态也对青年编辑人员的治学态度和工作态度产生了不可低估的影响；另一方面，目前大量的文科学术期刊是以综合性作为自己的特征的。也就是说，凡属人文社会科学范围内的所有学科的论文，均可在这类刊物上发表。这样就产生了一个矛盾，假如一个编辑人员只熟悉一个二级学科（其实要做到这一点也是十分困难的，他可能至多只能熟悉一个二级学科中的某个研究方向）的话，那么，他又如何去判断来自人文社会科学其他一级学科、二级学科的论文的质量呢？比如，按照目前的分类方法，哲学作为一级学科包含着以下八个二级学科——马克思主义哲学、中国哲学、外国哲学、科学技术哲学、逻辑学、伦理学、美学和宗教学。其中任何一个二级学科又包含着许多不同的研究方向。这就启示我们，任何一个编辑人员，哪怕他再有天赋，也无法通晓整个一级学科，更不要说其他一级学科了。

在这样的态势下，要提高文科学术期刊上发表的论文的学术质量，我国文科学术期刊中大量的综合性期刊就应逐步转化为分科性的期刊，如《哲学研究》，只发表哲学类论文，但如上所述，由于哲学有八个二级学科，所以，《哲学研究》仍然是哲学这个一级学科范围内的综合性期刊。当然，像《外国哲学》，甚至《现代外国哲学》这样的期刊，其分科性才变得比较明确。分科性的文科期刊的发展恐怕是今后文科学术期刊发展的一个根本性的方向。也就是说，只有通过分科的限定方式，编辑人员素质的确定才会获得明确的方向，从而从根本上确保文科学术期刊论文的质量。当然，综合性期刊仍然需要保留一些，但不宜太多太滥。

二、论文初审和双盲评审之间的关系

近年来，通过双盲评审来杜绝关系稿，提高文科学术期刊的质量已经成为学术界的共识。但实际上，任何文科学术期刊在审稿时都不可能做到"完全的双盲评审",而只能做到"不完全的双盲评审"。业内人士都知道,一方面,如果全部来稿都采用双盲评审的方式进行遴选,不仅会大幅度地增加审稿的经济成本,而且也会大幅度地提高审稿的时间成本,从而使刊物在经济上难以维持,也难以按时出版;另一方面,来稿中存在大量质量极低的稿子,如果把这些稿子也纳入到双盲评审中,那编辑人员几乎就无事可做了。因此,每个文科学术期刊实际上都是以如下方式来处理稿子的,即编辑人员先对稿子进行初审,在初审的基础上,再把一些重要的,但在观点上把不准的稿子送给相关的学科专家进行匿名评审。

这样就产生了编辑人员对大量来稿的初审、遴选和匿名专家对少量来稿的再审之间的关系问题。一般来说,匿名专家对匿名稿子的评审是比较公正的,如果说存在着不公正的可能性的话,主要是由以下的因素引起的:第一,稿子在形式上是匿名的,但实际上,在其行文和注释中仍然自觉地或不自觉地透露出作者的相关信息;第二,匿名稿子所涉及的主题并不是某个匿名专家最擅长的研究领域,从而出现识见上和评审上的偏差;第三,匿名专家完全从自己的好恶和观点出发来评审稿子。当然,这些消极因素可以通过编辑部的精益求精的工作减少到最小的程度,但完全避免这些因素的存在恐怕也是比较困难的。

更值得注意的环节是编辑人员对大量来稿的初审。这里可能存在的问题是:第一,把关不严,致使一些质量较差,甚至在学术上有硬伤的稿子被遴选进来;第二,熟人的、质量不高的"关系稿"被引入;第三,由于知识结构和判断失误,未能让真正有价值的稿子得到录用;第四,编辑部出于"创收"的考虑,鼓励编辑人员出卖版面。事实上,据我们所知,有的文科学术刊物有出卖版面的情况,而各个高校制定的硕士生、博士生在校期间一定要发表论文的规定也促使研究生把大量稿子投向这类刊物,从而助长了这类现象的蔓延。所以,只有处理好编辑人员初审和匿名专家再审之间的关系,抓好两次评审中的每个环节,才能使真正优秀的稿子脱颖而出。

三、自来稿和约稿之间的关系

如果对文科学术期刊所收到的稿子做一个结构上的分析，就会发现，它们主要有两个来源：一是自来稿，二是约稿。自来稿即作者自己向编辑部投寄的稿子。应该看到，在通常的情况下，编辑部收到的大部分稿子是自来稿。自来稿的情况比较复杂。其中少数稿子是在作者自己的兴趣和潜心研究的基础上撰写出来的，这些稿子的质量比较高。但平心而论，大部分自来稿的质量是比较差的，作者撰写它们出于各种不同的动机，有人甚至于把自己很粗糙的一些想法写出来寄给编辑部。何况，自来稿的内容也是很分散的，作者们"八仙过海，各显神通"，不管什么样的文科学术期刊，如果完全录用自来稿，其内容上就会成为"一盘散沙"，毫无自己的特色可言。

自来稿的上述特点，就使编辑部的约稿对于任何想办出自己特色来的文科学术期刊来说，变得十分必要。约稿具有如下的好处。第一，编辑部能够根据自己的定位和发展方向，设计出相关的专栏和专题，并组织一流的专家来撰写稿子。一旦相关的专栏和专题出了名，期刊在学术界也就获得了较大的影响。第二，容易形成自己的特色。事实上，优秀的文科学术期刊几乎无例外地拥有自己的特色专栏和专题。当然，编辑部约请专家撰写的稿子也不能在质量上得到绝对的保证。在极少数情况下，个别专家并不爱惜自己的羽毛，可能会趁机把自己写得很差的稿子出手，弄得编辑部啼笑皆非。总而言之，文科学术期刊要努力处理好作者自来稿和编辑部约稿之间的关系，既不疏忽自来稿中少数优秀的稿子，又设计好相应的专栏、专题，以形成自己的特色。

综上所述，文科学术期刊发展的根本方向是分科性，而不是综合性。如果编辑部能积极地协调好上述三方面的关系，将会把文科学术期刊办得更加有声有色。

《从康德到马克思——千年之交的哲学沉思》后记[①]

本书由我近年来撰写的 32 篇论文构成,反映了我在千年之交对哲学本身以及哲学中存在着的一些具体问题的思考。不敢说我对这些问题的思考已经无例外地引申出确定性的结论,只能说我力图从新的视角出发来重新考量这些问题,并为解决这些问题提供新的思路。在所有这些论文中,其中有三篇论文尚未发表:第一篇是《探寻康德哲学的当代意义》,是为纪念康德逝世 200 周年而撰写的;第二篇是《走向黑格尔的马克思》,是我对西方马克思主义发展中的焦点问题之一——马克思和黑格尔关系的一个新的反思;第三篇是《如何翻译恩格斯文本中的 pragmatisch 一词》,目的是强调在对马克思主义经典作家作品的译介中如何尊重他们的原意,如何尊重历史事实本身。

我之所以把本书命名为"从康德到马克思",主要是因为本书中的相当一部分论文的主题都是围绕着对康德、黑格尔和马克思思想的反思而展

[①] 原载俞吾金:《从康德到马克思——千年之交的哲学沉思》,广西师范大学出版社 2004 年版,第 486—487 页。——编者注

开的。这些思考也旨在表明，不应该把近代西方哲学与现代西方哲学简单地割裂开来并对立起来。在相当长的一段时间里，人们对近代西方哲学，尤其是德国古典哲学作出了高度的评价，而对现代西方哲学则采取全盘否定的态度。而最近一段时间以来，人们的观点又滑向另一个极端，即对现代西方哲学作出了高度的评价，而对近代西方哲学则采取全盘否定的态度。这种观点的无原则的滑动，表明人们无论是对近代西方哲学，还是对现代西方哲学，以及对两者之间的内在联系都缺乏认真的、深入的梳理和反思。

从一方面看，现代西方哲学并不是从天上掉下来的，而是在现实生活的基础上，通过对传统西方哲学，特别是近代西方哲学所遗留下来的重大问题的思考而成长并发展起来的。在这个意义上可以说，撇开对传统哲学，特别是近代哲学的深入研究，我们是很难把握现代西方哲学的精神实质的。从另一方面看，正如马克思早已告诉我们的，人体解剖是猴体解剖的先导。没有对现代西方哲学的深入探索，也很难对传统西方哲学，尤其是近代西方哲学作出原创性的、批判性的思考。我们的见解是，无论是对近代西方哲学，还是对现代西方哲学，都不应该采取全盘肯定或全盘否定的态度，而应该在两者的互动关系中，对它们各自的问题域和存在的理由作出批判性的阐释。事实上，本书试图从当今时代的哲学思考出发，重建近代西方哲学和现代西方哲学之间的合理关系。

此外，由于人为的学科划分的影响，人们总是习惯于把对西方哲学的研究和对马克思哲学的研究抽象地对立起来，仿佛马克思哲学只是一种偏执的、意识形态式的言说，它对西方哲学的发展没有任何实质性的意义。众所周知，即使是像海德格尔、伽达默尔、哈贝马斯、德里达这样的哲学大师，也从不敢以蔑视的态度来对待马克思的哲学思考。所以，本书的另一个意图是把这两方面的研究贯通起来，不用说，这也是本书取名为"从康德到马克思"的原因之一。

当然，需要指出的是，本书并没有对从康德到马克思的哲学家的思想作出系统的论述，本书论述的重点是康德、黑格尔、马克思的哲学思想及其相互关系。与此同时,本书中的一些论文也涉及对一般哲学理论问题的思考。实际上,哲学思维与实证科学思维的一个重要的差异正在于哲学思维需要不断地返回对"什么是哲学"的问题的反思中,这也正是哲学的魅力所在。

本书的撰写得到了复旦大学特聘教授配套项目的资助。本书得以顺利出版,要感谢广西师范大学出版社领导的信赖,也要感谢我的学生吴晓妮博士的努力。

《现代科技与哲学思考》推荐序[①]

放在我们面前的这部厚厚的论文集是东华大学张怡、贺善侃等教授在科学技术哲学的领域里长期耕耘的结晶。不用说,在当前,科学技术哲学是整个哲学研究中的显学。然而,正因为它是显学,正因为有不少第一流的学者目光炯炯地注视着这个领域,所以,哪怕要在这个领域里取得点滴的成绩,都必须付出艰辛的劳动。

人们常说,厚积才能薄发。任何人要在现当代的科学技术哲学的研究中自出机杼,发前人之所未发,就必须对"科学思想史和科学方法论"有深入的探索和透彻的领悟。实际上,科学思想史和科学方法论也正是这本论文集涉及的一个基本主题。如张怡的《论科学发展的混沌模式》《中西传统科技文化的非线性比较》,贺善侃的《现代系统科学对辩证思维方法的丰富和发展》,郦全民的《当今人工智能研究的方法论特点》,杨小明的《〈国语〉"武王伐殷"天象检讨》和《朱熹理学之科学观研究》等论文,都从不同的侧面反映出作者在所论述的方向上的独立的、批判性的思考。

毋庸讳言,随着现当代科学技术的迅猛发

[①] 原载张怡、贺善侃主编:《现代科技与哲学思考》,上海人民出版社 2004 年版。——编者注

展,科学技术对人们的日常生活和社会关系也形成了越来越大的影响,而这本论文集的另一个特点就是自觉地把"科学技术与社会发展"列为自己的一个基本主题。贺善侃的《确立"以人为本"的科技价值观》、黄德良的《网络技术的人性面》等论文,都在科学技术与社会发展的关系问题上做出了富有创新意识的探索。

更为可贵的是,这本论文集开辟了"虚拟哲学和科学认识论"这一新的研究方向。张怡的《虚拟实在论》《数字化时代的认识论走向》,陈敬全的《虚拟现实技术与人类认识能力的提高》,郦全民的《虚拟技术正在改变哲学》等论文都敏锐地意识到虚拟技术的重要性,并先声夺人地阐述了这种技术的普遍化对哲学,尤其是认识论的发展所产生的巨大的影响。

总之,这本论文集不但显现出东华大学的哲学教授们在科学技术哲学领域内艰苦跋涉时留下的脚印,也从一个侧面反映出他们从中国的具体国情出发,对现当代科学技术的本质、意义和未来发展所做出的可贵的探索与诊断。作为这本论文集的最早的读者之一,我衷心地希望有更多这样的论著问世,以引导人们正确地认识现当代科学技术的本质,并与之结伴而行。

是为序。

2005年

如何写好毛泽东[1]

一

拙著《毛泽东智慧》撰写于1992年，初版于1993年。当时，朋友们拿到我的赠书都流露出困惑不解的神情。在他们看来，我主要是研究西方哲学，尤其是德国哲学的，怎么写起毛泽东来了。其实，我当时的想法也很简单。

一方面，在20世纪90年代初，国内学术界的空气还十分沉闷，真有点"万马齐喑"的味道。当时，我刚从德国法兰克福大学留学回来，深切地感受到研究西方哲学的困难。因为人们常常简单地把西方哲学思潮的引进与所谓"自由化"，甚至与政治上的"和平演变"扯在一起，真是"剪不断，理还乱"。在这种瞻前顾后、如履薄冰的精神氛围中，我不得不对自己的研究计划作出相应的调整。事实上，在此之前，我内心一直有一个强烈的愿望，那就是对现代中国思想史的两个侧面（一个是主流性的侧面，即毛泽东和邓小平的

---

[1] 原载《毛泽东邓小平理论研究》2005年第2期。收录于俞吾金：《生活与思考》，复旦大学出版社2011年版，第233—237页。收录于俞吾金：《哲学遐思录》，北京师范大学出版社2016年版，第298—303页。——编者注

思想；另一个是非主流性的侧面，即熊十力、冯友兰、牟宗三等人的思想)进行研究和总结。然而，这个研究计划本来准备放在将来实施的，现在却只好把它提前了。① 尽管这个研究计划并未完全实现，但至少已经实施了一部分。继《毛泽东智慧》于1993年出版后，我又于1994年出版了《邓小平：在历史的天平上》一书，从而大致上为现代中国思想史的主流方面的研究画上了句号。而我对现代中国思想史的非主流方面的研究之所以没有展开，是因为随着1992年邓小平南方谈话的发表，一个新的思想解放运动和一轮新的改革开放的设想又开始实施了。于是，我不得不再度调整自己的研究计划，把研究的重点重新放回到西方哲学上去。当然，这并不等于说我取消了中国哲学研究方面的计划，只不过是把这个计划再往后挪罢了。

另一方面，我总有一种感觉，当然，或许它不过是一种错觉，即只有我们这一代人才能写好毛泽东。对于我们上一代人来说，由于种种历史的原因，他们已经对毛泽东形成了一种定见，似乎很难再从这种定见中摆脱出来了，因为他们已经无法像我们这一代人一样去接受新的观念和新的思潮了；而对于我们下一代人来说，由于真正的历史意识的匮乏和文化虚无主义的侵蚀，他们与毛泽东之间几乎可以说是隔着一道万里长城了。与他们谈论毛泽东，不免有"与夏虫语冰"之嫌。比较起来，唯独我们这一代人，既亲身经历过"文化大革命"的疯狂和信念的破灭，又置身于改革开放的大潮中，接受了新的思想范式的熏陶。唯有我们这一代人，才能在理解毛泽东的同时也超越毛泽东，才能站在新时代的高度上对毛泽东作出比较公正的评价。

---

① 在此之前，我已为复旦大学的本科生开设了"当代新儒学"的选修课。毋庸讳言，开设这门课也是为这一研究计划做准备的。当然，必须指出的是，我对中国哲学研究的设想并不限于这个计划。事实上，多年来，我一直计划着下面两部著作的写作：一部是站在当今时代的高度，对中国哲学的核心精神和概念——"道"重新进行阐释的著作；另一部是关于个性如何从中国传统社会和文化中走出来的著作。我希望，这两部著作的写作都能超越单纯的中国哲学史资料的束缚，体现出对民族精神的内在本质和历史演化的更丰富的认识和更具穿透力的把握。

《毛泽东智慧》出版后，一晃十一年过去了。在这十一年中，毛泽东生前鲜为人知的一些新材料被披露出来了，他的神秘性正在逐渐消失。在某种意义上，这并不是一件坏事，因为人们开始把毛泽东理解为一个人，而不是一个神。况且，与十一年前相比，学术界的思想氛围也好多了。① 在这样的情况下，重读《毛泽东智慧》，又别有一番滋味。不用说，如果现在再有充分的余暇来重写这部著作，或许会写得更好。然而，为了尊重历史起见，我已经无权对它进行大幅度的改动了。趁这次修订再版的机会，我对第一版的内容，尤其是书中第三章，即"毛泽东的政治智慧"作了重点省察和部分改写，并订正了第一版文字上的一些错讹之处。

　　其实，不管我们这一代人具有什么样的优势，通过文字来再现毛泽东的人格、风采和智慧绝非易事。正如菲力普·肖特所指出的：

> 　　对于任何一个作者来说，要记述毛泽东的一生，都是一项十分艰巨的任务。无论是在中国还是国外，毛都是一位远比他同时代的人卓越和杰出的人物，从某种意义上说，他是迄今为止人类历史上为数不多的领袖人物之一。他多姿多彩和复杂多变的个性注定了他是一个非凡的、集多种才干于一身的人：毛是一个理想家、政治家、政治与军事战略天才、哲学家和诗人。……要写毛，就要写中国的一个世纪。这对于一个传记作者来说是一个极富吸引力的题目，也是一个极具挑战性的题目。②

---

① 当然，说到学术界的气氛，这里必须做一个说明。从受意识形态约束这个角度来看，现在比十一年前要宽松多了。然而，从另外一个角度，比如说，做学问的普遍心态来看，现在却比以前浮躁得多了。在我看来，偌大一个中国，已经放不平一张书桌了！要是当代中国学人不能治好这个时代病，中国学术是难以走向世界的。

② ［英］菲力普·肖特：《毛泽东传》，仝小秋、杨小兰、张爱茹译，中国青年出版社2004年版，第11页。

二

在我看来,要写好毛泽东,无论如何要避免以下两种心态。

一是以崇拜者的心态来写毛泽东。不用说,只要崇拜在场,理性也就被放逐了。在某种意义上,作者也就失去了自我,失去了判断能力,只能像鹦鹉学舌那样,人云亦云了。① 也就是说,很难再对毛泽东的思想和活动作出客观的评价了。

二是以小人的心态来写毛泽东。我们这里说的"小人"乃是指那些斤斤计较、目光短浅的庸人。正如马克思所说的:

> 愚蠢庸俗、斤斤计较、贪图私利的粗人总是看到自以为吃亏的事情;譬如,一个毫无教养的粗人常常只是因为一个过路人踩了他的鸡眼,就把这个人看做世界上最可恶和最卑鄙的坏蛋。他把自己的鸡眼当做评价人的行为的标准。他把过路人和自己接触的一点变成这个人的真正实质和世界的唯一接触点。②

显然,小人的生活方式和思维方式本身就蕴含着独有的评价方式。对于这一点,马克思也有深刻的理解。他这样写道:

> 我们看到,自私自利用两种尺度和两种天平来评价人,它具有两种世界观和两付眼镜,一付把一切都染成黑色,另一付把一切都

---

① 写到这里,我们便自然而然地联想起狄德罗以调侃的口气说出来的一句名言:"如果有一只鹦鹉对什么都能回答,我将毫不动摇地宣布这是一个有思想的东西。"(《狄德罗哲学选集》,陈修斋、王太庆、江天骥译,生活·读书·新知三联书店1957年版,第10页。)事实上,这样的鹦鹉在世界上是找不到的。

② 《马克思恩格斯全集》第1卷,人民出版社1956年版,第148—149页。

染成粉红色。当需要别人充当自己工具的牺牲品时，当问题是要粉饰自己的两面手法时，自私自利就带上粉红色的眼镜，这样一来，它的工具和手段就呈现出一种非凡的色彩；它就用轻信而温柔的人所具有的那种渺茫、甜蜜的幻想来给自己和别人催眠。它脸上的每一条皱纹都闪耀着善良的微笑。它把自己敌人的手握得发痛，但这是出于信任。然而突然情况变了：现在已经是关于本身利益的问题，关于在后台（这里，舞台的幻影已经消失）谨慎地检查工具和手段的效用问题。这时，精明而世故的自私自利便小心翼翼而疑虑重重地带上深谋远虑的黑色眼镜，实际的眼镜。自私自利像老练的马贩子一样，把人们细细地从上到下打量一遍，并且认为别人也像它一样渺小、卑鄙和肮脏。①

这就启示我们，小人的眼光也就是自私自利的眼光。当小人的利益得到肯定和实现时，他作评价时就戴上了粉红色的眼镜，从而被评价的对象也就被提升到天堂中；反之，当小人的利益被否定而无法实现时，他做评价时就戴上了黑色的眼镜，而被评价的对象也就被贬入到地狱中去了。众所周知，在通常的情况下，伟大人物之所以为伟大人物，是因为他们总是远远地高于小人，总是无情地蔑视小人的一己私利和一孔之见。于是，伟大人物总是与小人处于结怨的状态中。因此，伟大人物一落到小人的手里，就被捏成了碎片。换言之，小人的眼光乃是一个硫酸池，它会把一切伟大的东西都销蚀殆尽。所以，从小人的心态出发来写毛泽东，也是不可能对他作出公正评价的。由此可见，写毛泽东的困难主要不在于如何收集浩如烟海的资料，而在于如何超越上面提到的这两种不健康的心态。

---

① 《马克思恩格斯全集》第 1 卷，人民出版社 1956 年版，第 156 页。

三

从上述考虑出发,作者在写作中应当努力处理好以下两个方面的关系。

一是形而下和形而上的关系。这里所谓"形而下"也就是日常生活中的毛泽东。毛泽东不是神而是人,作为人,他也有七情六欲,也要吃喝拉撒。这个方面必须写透。事实上,只有把这个方面写透了,笼罩在他身上的神秘光环才会消失。所谓"形而上"也就是精神生活中的毛泽东。作为伟大人物,毛泽东不同于他人的地方正体现在这个方面。不用说,只有把这个方面写透了,才能写出毛泽东的高度,毛泽东才不会在作者的笔下"坠落"下去。总之,这里有一个度的问题:"形而下"的部分写过头了,会把毛泽东写成一个浑浑噩噩的庸人;反之,"形而上"的部分写过头了,又有可能把毛泽东神化。显然,在这两个层面之间应该建立必要的张力。

二是功和过的关系。这里所谓"功"也就是毛泽东的功绩,"过"也就是毛泽东的过失。事实上,在写毛泽东的过程中,试图避免对他的功过作出适当的评价,几乎是完全不可能的。菲力普·肖特说:"毛是一个伟人——任何伟人都有大功和大过。否则,他们怎么会是伟人呢?了解毛,这两点都很重要。低估一方面或掩饰另一方面都会使人误入歧途,因为毛是一个独特的整体:偏见反而会降低他的声誉。"[1]肖特的这一见解无疑是卓有见地的。也就是说,在写毛泽东的时候,我们既不能"为尊者讳",通过所谓"技术性的处理"为毛泽东的种种过失辩护;也不能"一叶障目",对毛泽东的功绩采取全盘否定的态度。在这里,也需要建

---

[1] [英]菲力普·肖特:《毛泽东传》,仝小秋、杨小兰、张爱茹译,中国青年出版社2004年版,第12页。

立一种必要的张力,以便从总体上重新塑造出毛泽东的形象来。

综上所述,写毛泽东确实是一件吃力不讨好的事情。然而,笔者强调这一点,并不是为自己作品中可能存在的缺陷辩护。正如狄德罗所说的:"人常常有机会提供的一个伟大的教训,就是承认自己的不足。老老实实地说一声:'我对这点什么也不知道',以取得旁人的信任,比之勉强要想解释一切,弄得讷讷不能出口,使自己显出一副可怜相,不是要好得多吗?"① 笔者殷切地期待着读者的批评。

---

① 《狄德罗哲学选集》,陈修斋、王太庆、江天骥译,生活·读书·新知三联书店 1957年版,第58页。

学术创新和学术规范中的历史意识[①]

一

在进入本文的论述前,有必要先澄清以下三个术语的含义。

一是"学术创新"。这个术语在其过分频繁的使用中正在失去其原初的含义。有鉴于此,我们也不得不区分出两种不同的"学术创新"。一种是"形式上的学术创新",即试图运用新的时髦的术语来阐述旧的问题。在这里,改变的只是表述问题的外在形式,而并没有实质性的新见解被提出来。或许我们可以把这种现象称为"新瓶装旧酒"。另一种是"实质上的学术创新",即通过新的论点、新的视角的引入,或通过对新的论证方法、新的论据的采纳,实质性地推进、推翻或更正前人和同时代人的研究结论。或许我们可以把这种现象称为"洗干净的旧瓶装新酒"或"新瓶装新酒"。本文是在"实质上的学术创新"的意义上使用"学术创新"这个术语的。

二是"学术规范"。虽然人们经常使用"学术

[①] 原载《浙江学刊》2005年第3期。收录于俞吾金:《哲学沉思录》,北京师范大学出版社2016年版,第175—180页。——编者注

规范"这个术语，但却很少对它的含义作深刻的反思与辨析。按照我们的看法，存在着两种不同类型的"学术规范"：一种可以称之为"消极的学术规范"，主要对付抄袭、剽窃、伪注、一稿多投等这些低级错误，以及保证学术论著在形式上的完整性，如作者姓名和简介、投稿时间、中英文标题、中英文内容简介或摘要、中英文关键词、主要参考文献等不能缺失。之所以把这种学术规范称为"消极的学术规范"，是因为这种规范只强调学术作品和作者之间的真实关系，只考虑它们在形式上的完整性，而从未把学术创新理解为学术规范的根本内容。另一种可以称为"积极的学术规范"，主要预防学术研究中出现的低水平重复这种普遍现象。这种学术规范实际上蕴含"消极的学术规范"于自身之内，但又不止于"消极的学术规范"，而是把学术创新理解为学术规范的基础和灵魂。也就是说，按照"积极的学术规范"，任何学术作品，如果在其论点、视角、论证方法或论据等方面比起前人和同时代人没有提供任何新的东西，那么这样的学术作品就是不符合学术规范的。显而易见，"积极的学术规范"比"消极的学术规范"更为重要，因为它触及学术研究得以存在和发展的本质。本文是在"积极的学术规范"的意义上使用"学术规范"这个词的。

三是"历史意识"。人们对这个术语也存在着两种截然不同的理解：一种是"历史主义的历史意识"，其口号是"不懂得过去就不能理解现在"，其基本特征是把历史偶像化，尤其表现在对历史起点和过程的崇拜上。这种意识的错误是，假定存在着一个未受现在视野影响的、纯粹的过去。显然，这种与现在视野相割裂的、纯粹的过去是不可能存在的，这样的过去也是回不去的。实际上，过去只可能通过现在视野的媒介而被认识。由此可见，"不懂得过去就不能理解现在"的口号乃是一个虚假的口号。另一种是"本体论解释学的历史意识"，其口号是"不理解现在就不能正确地解释过去"，其基本特征是把一切历史理解为当代史，主张以批判的眼光对现在的视野先行做出反省，从而在正确的现在视野的基础上解读并解释过去。借用解释学的术语来说，就是以批判的、自觉的方式进入"解释学循环"。本文是在"本体论解释学的历史意识"的意义上来使用"历史意识"这一术语的。

二

澄清了上述三个术语的主要含义后，现在我们可以来探讨学术创新和学术规范中的历史意识问题了。

首先，为什么要提出学术创新和学术规范中的历史意识问题呢？因为这个问题无论是对学术创新来说，还是对学术规范来说，都具有根本性的意义。一方面，任何一个当代的研究者，如果缺乏自觉的历史意识，如果在进入任何研究活动之前，不能先行地对自己当前的视野进行批判性的考察，从而以正确的方式进入"解释学循环"，那就不可能在自己的研究活动中获得正确的立场；另一方面，也不可能以历史的眼光考察自己的研究对象，从而对对象做出富有创新意识的结论来。所以，历史意识对于学术创新和学术规范来说，并不是边缘性的、可有可无的因素，而是它们得以可能的必要条件。

其次，学术创新和学术规范中的历史意识究竟是指什么呢？我们认为，这种历史意识主要表现为以下两个不同的层面。

第一个层面是当代研究者对自己的历史性的先行反思。我们常常发现，不少当代的研究者，在确定了自己的研究对象后，就开始收集资料，进入研究过程。其实，他们忽略了一个基础性的工作，即没有先行地反思：自己作为研究者是否是合法的？换言之，没有在展开对对象的研究之前，先行地澄明：自己将把何种先入之见带入对对象的研究中去？只要这个基础性的问题没有得到澄明，也就是说，只要研究者没有先行地对自己的历史性进行批判性的反思，整个研究的合法性就是十分可疑的，因为所有的研究过程都是在一种未经批判的反省的先入之见的指导下进行的。海德格尔在《存在与时间》一书中主张的以正确的方式进入解释学循环，目的也就是澄清当代研究者自身的历史性。这也是我们所说的学术创新和学术规范中的历史意识的最根本的内容。

那么，当代研究者的历史性如何得到批判性的澄明呢？换一种说法，如何使当代研究者的主观的先入之见通过批判性的自我省察而与他置身于其中的历史时期的本质性的价值导向相一致呢？比如，对于当代中国的研究者来说，他们置身于其中的这个时期的最本质的历史事件乃是计划经济向市场经济的转型和政治制度的转型。显然，蕴含在这些转型过程中的基本价值导向是：公民意识、独立人格、人权、平等、自由、民主和公正等。按照本体论解释学的理论，对于任何一个当代的研究者来说，完全抹去自己的先入之见，去坚持一种所谓"价值中立"的立场是根本不可能的，问题只在于，如何通过对自己的主观的先入之见的批判性反思，使之与当代的基本价值导向一致起来。也就是说，任何一个当代的研究者，如果没有这种自觉的批判和认同，也就等于没有历史意识。即使他的研究课题是历史上的课题，即使他整天都与历史的叙事形式打交道，这也不能证明他是有历史意识的，只要他在进入研究过程前没有自觉地省察自己的历史性的话。

第二个层面是，当代的研究者在进入具体的研究过程时，如何使研究对象的历史内涵得到充分的显现。众所周知，就人文社会科学来说，其研究对象涉及历史人物、观念、问题、社会现象、历史事件等。如果把这些研究对象综合起来，无非是历史人物的观念和行动，简言之，就是历史人物。从学术研究、学术创新和学术规范的角度看问题，研究者必须努力使研究对象的历史内涵充分地显现出来。这里说的"充分显现"蕴含着以下三个维度。

一是对象的研究史。任何研究对象，只要不是当代学者率先开始研究的，就总是存在着一个研究史。也就是说，当代学者不应该直接奔向研究对象，而应该先考察前人和同时代人在对同一个对象的研究中已经取得的学术成果。也就是说，在进入对对象的研究之前，必须对对象已经拥有的研究史进行认真的考察。撇开对对象的研究史的考察而直接去研究对象，我们完全有理由说，这样的研究方式不但包含着对前贤和同时代人的不敬，而且也是违背学术规范的。当然，更谈不上学术上的创新。因为一个研究者在学术上要创新，就必须先知道什么是旧的观点。如果他对对象的研究史一无所知，他又怎么去创新呢？

二是对象的发生史。任何研究对象，如某个问题或观念、某个历史人物的学说，就其形成过程来说，总有一个发生史。比如，德国哲学家叔本华声称，他的思想有三个来源：柏拉图、康德和印度的《奥义书》。如果我们要对叔本华的思想进行透彻的研究，就不可不同时研究柏拉图、康德和印度的《奥义书》。也就是说，只有通过对对象的发生史的考察，才能把握对象的历史来源，从而更深刻地理解它。

三是对象本身的演化史。假如研究对象是一个历史人物，他的思想本身也处于演化的过程中，那就有必要研究他的思想发展的各个阶段，当然也包括各个阶段中他的思想与同时代的其他思想家和社会现实生活之间的互动关系。也就是说，不应该把对象理解为一个不变的、抽象的点，而应该理解为一个动态的、发展着的过程。

把我们上面提到的对象的研究史、对象的发生史和对象本身的演化史综合起来，就构成了对象本身的历史内涵的"充分显现"，而这种"充分显现"正是历史意识的第二个层面。

最后，学术创新和学术规范中的历史意识究竟有什么限度呢？这个限度就体现在当代研究者的基本价值导向与历史对象的真实性之间的张力上。肯定当代的研究者应该通过批判的反思的路径，先行地获得当前历史时期的基本的价值导向的认同，并不等于说，可以从当代的想象出发，任意地改铸研究对象的历史内涵。相反，真正的历史意识处处体现为对历史事实的尊重，它注重的只是，自觉地站在当今历史时期的基本价值导向上来解释历史事实，而绝不是歪曲或改铸历史事实。

综上所述，只有把我们上面阐述的自觉的历史意识植根于学术创新和学术规范中，学术创新和学术规范才能获得自己的真正的生命力。

"做学问"与"找差异"[①]

记不清在什么地方曾经看到过下面这个有趣的故事。一位小学老师要求同学们就"发现"和"发明"这两个动词各造一个句子,以彰显它们之间在含义上的差异。有个机敏的小学生回答道:"我爸爸发现了我妈妈,我爸爸和我妈妈发明了我。"这个出人意料的回答引来了笑声,但仔细一想,它确实别出心裁地道出了这两个动词在含义上的差异:"发现"就是把原来已经存在着的事物对象化,"发明"就是把原来不存在的事物创造出来。

我们可以从这个有趣的故事联想到"做学问"。实际上,从某种意义上说,做学问也就是像那个小学生一样"找差异"。众所周知,任何一门学问都要使用语言,哲学社会科学更是如此。在语词中,尤其是名词、动词、形容词的含义并不十分清晰。举例来说,在交通工具上,人们常常见到身强力壮的青年人坐在"老、弱、病、残、孕专座"上,这里虽然有一个思想境界的问题,但确实也有一个语词本身的含糊性问题。乍看起来,"老、弱、病、残、孕"这五个字的含义是非

[①] 原载《社会观察》2005年第3期。收录于俞吾金:《哲学遐思录》,北京师范大学出版社2016年版,第304—306页。——编者注

常明晰的,但仔细一想,并非如此。比如,"残"字,某人的小手指伤残了,有资格坐这个专座吗?又如"弱"字,某人看上去很瘦,有资格坐这个专座吗?再如"病"字,某人牙痛,有资格坐这个专座吗?

也许有人会反驳道:"日常用语确实是含糊的,但学问是在严格的专业术语的基础上做出来的。"言下之意,在专业领域里似乎不存在语词含义的模糊性问题。其实,专业领域也没有这方面的豁免权。就拿"哲学"这个争论了几千年的词来说,至今仍然没有统一的含义。据说"文化"这个词有三百个定义,人们进行文化讨论的严格性又何在呢?何况,专业术语从来不可能与日常用语完全分离开来。任何一种学术理论的叙述,必定会借用大量的日常用语,甚至连以"严格科学"自诩的现象学也不例外。那么,语词的含义,能否像后期维特根斯坦的著作所说的,在具体语境的使用中被清晰化呢?对此,我们仍然是有保留的。限于题旨,我们下面且分析语词使用中常常出现的三种差异。

第一种是不同语词,尤其是人们认为意义相近的语词之间的差异。1998年,有家电视台的一个编导为了庆祝改革开放20周年,决定做一个"跨越20年"的节目,来征求我的意见。显然,他之所以用"跨越"这个动词是为了说明20年来变化很大,但我告诉他:"跨越20年"的意思是,什么都谈,就是不谈20年。因为20年被一步跨过去了;要谈20年,节目名称就应改为"走过20年"。那个编导显然不理解"跨越"和"走过"这两个动词之间的差异。

第二种是同一个语词所包含的有差异的含义。比如,一提起"自然辩证法"这个词,人们总是习惯于把它的含义理解为"关于自然界的辩证法"。我在《论两种不同的自然辩证法的概念——兼论康德哲学的一个理论贡献》①一文中提出:自然(nature)有两义:一为本性,一为自然界,因而自然辩证法也有两义:一为"理性自然倾向(本性)的辩证法",一为

---

① 俞吾金:《论两种不同的自然辩证法的概念——兼论康德哲学的一个理论贡献》,《哲学动态》2003年第3期。

"自然界的辩证法",而前一种自然辩证法的提出正是康德哲学的伟大贡献之一。

第三种是语词和它所指称的对象之间的差异。我在《"全球化"问题的哲学反思》①一文中指出:"反全球化"并不能准确地指称生活中出现的任何现象,因为任何人实际上都不可能反全球化,即使在他高喊"反全球化"的口号时,也不可能真正地反全球化,因为互联网、国际电话、国际传真、国际航班这些现象都属于全球化这一总体现象。在一般情况下,谁会反对这些呢?这里的差异在于:"反全球化"这个词的含义应该是反对全球化的一切现象,而实际上人们赋予"反全球化"这个词的真正含义是:反对全球化过程中损害他们实际利益的某些现象。所以,"反全球化"这个词的理想含义与它在实际使用中的现实含义之间存在着巨大的差异。重要的是看出并理解这种差异,而不是跟在别人后面,无批判地使用"反全球化"这个"有概念而无对象"的语词。总之,做学问不能归结为在语词上找差异,但学会在语词上找差异却能使学问做得更为深入。

---

① 俞吾金:《"全球化"问题的哲学反思》,《学术月刊》2002年第5期。

关键词与潜台词[①]

自从学术规范受到人们普遍重视以来,"内容提要""关键词""参考文献"等,渐渐地成了人们耳熟能详的术语。不用说,在这些术语中,"关键词"(key words)特别引人注目,因为它们负载着论文中最重要、最基本的内容。在一般的情况下,如果关键词有新意,给人耳目一新的感觉,那么,读者阅读这篇论文的兴趣就会极大地被激发起来。当然,也有个别作者撰写论文,好用新名词,但食洋不化,对新名词的实质缺乏真正的了解,只是喜欢玩弄新名词而已。读者遇到这样的作品,很容易产生"受欺骗"的印象。反之,如果在关键词上看不出什么新意来,读者的阅读兴趣就会受挫。所以,在某种意义上,关键词是论文的窗口。窗口开得不好,人们就会远远一望即转身走开,失去了登堂入室的兴趣和热情。

然而,从国内学术论文中出现的关键词来看,问题还是不少的。其一,关键词边缘化,即有些作者不是把自己论文中最重要、最基本的概念抉出来做关键词,而是顾左右而言他,找出一

[①] 原载《社会观察》2005年第5期。收录于俞吾金:《哲学随感录》,北京师范大学出版社2016年版,第217—219页。——编者注

些边缘性的语词来充当关键词。在这样的情况下，读者很难从这些名不副实的关键词上判断出论文的真正意向和价值。其二，关键词形式化。有些作者把论文标题中的概念简单地搬用到关键词中。其实，这样做在相当大的程度上是浪费资源，因为在通常的情况下，人们不可能先看论文的关键词，再去看论文的标题，而总是先看论文的标题，产生兴趣后再去浏览其关键词。因此，在关键词中把标题中已经出现的概念再重复一次，实际上是资源的浪费。

当然，这并不意味着论文的关键词绝对不能重复标题中出现的概念，而是表明，人们应该利用书写关键词的可贵空间，把自己论文中最重要的、最富有创新意义的概念凸显出来。也有的作者甚至把一些专有名词(如人名、书名、地名、国名等)写入关键词中，同样把关键词的作用形式化了。仿佛写上这些词，只是为了填满一个无意义的空间！其实，写入这个空间的文字是如此重要，以致我们可以这样说，假如论文的标题是论文给读者的第一印象，那么关键词就是论文给读者的第二印象。所以，作者应该利用关键词的空间，把自己的论文的主要思想和原创性充分地表达出来。

从上面的论述中或许可以引申出这样的共识，即对于撰写学术论文的作者来说，应该尽量避免以随随便便的态度对待关键词的做法。但是，仅仅认识到这一点还不够，事实上，对于相当一部分论文来说，光考察其"关键词"还不行，还得考察其"潜台词"(upspoken words in a play left to the understanding of audiences or readers)。这个词的英文表达比较冗长，如果加以简化的话，可以写成 upspoken words in a play。当然，"潜台词"中的"台"是相对于"戏剧"(a play)而言的，而我们这里使用的"潜台词"是指论文中蕴含着，但又没有说出来的言辞。中国古代文人在撰写文本时，提出了"意在言外""言不尽意""得意忘言"等见解，强调的是文字的含蓄。在某些情况下，作者不应该把自己想说的东西直白地说出来，而应该暗示读者去思考，从而为读者打开足够大的空间。

无独有偶。在当代西方学者中，法国哲学家阿尔都塞倡导的"根据症候阅读"（lecture symptomale）恐怕也有着类似的含义。阿尔都塞所说的"症候"，通常是指文本中的"沉默""遗漏""空白""省略"等。他希望人们在阅读文本时，不但要读出文中直截了当地告诉读者的东西，而且也要读出作者有意回避，甚至故意加以掩饰的东西，这样才能达到对文本内涵的深入把握。

实际上，在某些场合下，"潜台词"确实起着比"关键词"更重要的作用。比如，绝大多数老干部是好的，但也存在着个别言行不一致的老干部，这部分人在公开场合上说"我要为党的事业鞠躬尽瘁，死而后已"，这里的关键词仿佛是"鞠躬尽瘁，死而后已"，听起来十分感人。但假如我们结合他的实际行为思索一下，就会发现，这里的所谓"关键词"乃是虚假的，他要表达的真正意思是："党应该给我终身制，在我的儿子、孙子的职务被解决以前，我是不愿意从工作岗位上退下来的。"也就是说，他的潜台词是"终身制"。

综上所述，"关键词"和"潜台词"都是重要的。对于作者来说，只有更深刻地领悟这两者之间的关系，才能更有效地表达自己的思想。对于读者来说，只有全面地了解这两者之间的关系，才能对论文的本质倾向和价值获得批判性的见解。

告别"自说自话"的时代
——社会转型与学术研究方式的嬗变

每个有识之士都会发现，当代中国社会正由高度集中的、封闭的计划经济社会向以市场经济为基础的、自由选择的、开放的社会转型。这一社会转型蕴含着千百年来从未有过的社会大变动，它不仅引起了社会物质生活的巨大变化，也引起了社会精神生活，包括我们这里要重点讨论的人文社会科学学术研究活动的巨大变化。下面，我们主要从三个方面出发来考察社会转型时期学术研究方式的嬗变。

一、学术场景：从封闭到开放

不知不觉间，我们赖以开展学术研究活动的场景已经发生了巨大的变化。在社会转型前，我们的学术研究活动大致上可以用"自说自话"这个词来表达。之所以出现这样的现象，是因为当时的社会基本上处于封闭的状态下，因而其学术活

---

① 原载《探索与争鸣》2005年第11期。收录于俞吾金：《生活与思考》，复旦大学出版社2011年版，第244—248页。收录于俞吾金：《哲学遐思录》，北京师范大学出版社2016年版，第129—134页。——编者注

动也是在交流者和对话者缺席的背景下展开的。既然这种学术研究活动是在没有交流者和对话者的情形下进行的，它不是"自说自话"又是什么呢？

也许有人会驳斥说：社会转型前的中国社会不也发生了多次重大的学术讨论活动吗？是的，我们并不否认这种现象的存在，然而，只要我们不停留于现象的表面，而是深入到它的本质中去加以考察，就会发现，这种封闭状态中的很多对话或讨论并不是真正的对话或讨论，而是"虚假的对话或讨论"，因为这些对话或讨论只具有意识形态上的、情绪化的意义，并没有真正的学术上的含金量。事实上，今天，当我们回首并检视以往发生过的很多所谓"学术争论"时，我们看到的是什么呢？只是一堆意识形态化的、缺乏思考痕迹的武断的语词，而这些语词绝不可能引导人们走向庄严的学术殿堂。

学术研究的历史和实践一再表明，真理是在争论中确立的，历史的事实是在矛盾的清理中被陈述出来的。真正的学术活动只能奠基于开放的、自由的、平等的对话或讨论之上。也就是说，在缺乏这样的场景的地方，是不可能有真正的学术研究活动的。实际上，正是在社会转型的过程中，以往学术研究中"自说自话"的封闭状态被"平等对话"的开放状态所取代了。所谓"平等对话"就是不但自己言说，也在国际学术交流的背景下充分地倾听他人言说。这种倾听和对话永远是平等的、开放的、自由的，它对过程的尊重甚至多于对结论的尊重。

当然，我们也应该清醒地看到，当前中国的学术界在某些领域乃至某些问题上并未完全走出"自说自话"的状态。经常见诸大众传媒的所谓"零的突破""填补空白""达到世界先进水平""处于世界领先地位"等表达方式，大部分都是开放状态下的"自说自话"的产物。然而，真正的学术研究活动会向每个研究者提出如下的要求。第一，必须学会倾听，即先倾听前人和同时代人的言说。既听明白他们言说的本质和长处，也听明白他们言说的失误与问题，然后才出来言说。这样的言说才可能是有学术基础的、有创新意识的。第二，必须抛弃"自说自话"的治学态度，把自己的言说奠基于充分开放的、自由的、平等的对话或讨论之上。对话或讨论不是学术研究的外在形式，而是其内在生命。

在这个意义上可以说，在社会转型的过程中，一个理想的学术研究场景也正在形成过程中，而中国学术必须彻底告别这种"自说自话"的封闭状态，在开放的、平等的讨论的基础上重新启动自己的学术思维，并取得真正的、原创性的成果。

二、学术观念：从一尊到多元

与社会转型同步的是，人们的学术观念也正在经历巨大的变化。对于社会转型前的中国社会，完全可以说，其整个思想学术是定于一尊的。所谓"定于一尊"，也就是在思想学术上确立唯一的、最高的判别标准。比如，在哲学观念上，人们过去习惯于把"唯物主义＋政治进步"与"唯心主义＋政治反动"尖锐地对立起来，作为判断一切学术是非的最高标准。

其实，这种把思想学术定于一尊的做法根本上是站不住脚的。首先，在唯物主义与政治进步、唯心主义与政治反动之间并不存在着必然的联系。思想史的研究启示我们，有些学者信奉唯物主义学说，但其政治倾向却是保守的，乃至反动的；也有些学者信奉唯心主义学说，但其政治倾向却是进步的乃至革命的。这就启示我们，实际生活远比思想学术上的简单划界要复杂得多。其次，在思想学术史上，不少历史人物观念的演化是比较复杂的。有些人一生经历过几个不同的发展阶段：在有些阶段上，他们的思想学术呈现出唯物主义的特征；在另一些阶段上，他们的思想学术又显露出唯心主义的特征。同样地，他们的政治倾向也可能随客观政治形势的变化而发生变化。一旦出现这样错综复杂的局面，任何简单的定于一尊的判断都是无效的。最后，在唯物主义学说中，也存在着迥然各异的各种发展路向。比如，马克思曾经指出，霍布斯的唯物主义学说由于具有机械性的特征，因而变得敌视人了。相反，费尔巴哈的唯物主义学说则具有人本主义的倾向。也就是说，从一种哲学观念如何对待人的角度来看，并不是所有的唯物主义学说都是值得加以肯定的。同样，唯心主义学说也不是可以简单地加以否定的。相反，人们对思想学术史的研究越深入，就越会发现，唯心主义学说的重要贡献是充分肯定并弘扬了人的主观能动性。

在社会转型中，这种试图把整个社会的思想学术定于一尊的观念已成为明日黄花。众所周知，在任何文明及文明发展的任何历史阶段上，学术发展和繁荣的前提都是思想自由。换言之，只有当人们可以自由地选择或坚持不同观念时，学术讨论和对话才能得到充分的展开，从而学术研究活动才能真正地发展和繁荣起来。在这个意义上可以说，学术观念存在的方式本来就是多元的。打个比方，学术观念就像水果，它表现为各种不同的存在样态——苹果、橘子、梨、葡萄等。如果有人异想天开地试图把水果的味道定格在苹果上，否认水果还有任何其他的存在样态，这样的想法一定是很滑稽的。同样地，把思想学术定于一尊的想法也是很可笑的。

尽管如此，我们发现，在现实生活中仍然存在着一种顽强的思想惯性，即有些人一见到多元的观念中夹杂着某些不健康的观念，就又开始追恋"埃及的肉锅"，试图退回到过去的、定于一尊的思想老路上去。诚然，我们也同意，应该对不健康的思想学术观念进行批判和遏制，但这并不等于说，在学术研究活动中，我们必须选择那种定于一尊的传统思维模式。

三、学术方法：从简单到复杂

每一个不存偏见的人都会发现，在社会转型的过程中，学术研究方法也正在发生深刻的变化。以前，人们习惯于从辩证法与形而上学思维方法(独立的、静止的、非此即彼的思维方法)的对立出发去理解方法，因而把辩证法理解为唯一正确的学术研究方法。

显然，把辩证法理解为唯一正确的学术研究方法，无疑是对整个方法论思想的简单化和庸俗化。其实，只要我们怀着开放的心态去理解并选择方法，就会发现，学术方法同学术观念一样是多元的。易言之，多元性构成方法论思想的灵魂。比如，在当代人文社会科学的研究中，就存在着各种不同的方法，如现象学方法、结构主义方法、解构主义方法、解释学方法、分析哲学方法、精神分析方法、发生学方法等。就是在辩证法研究的范围内，也存在着以前很少为人们所关注的各种不同的表现形式，如科西克的"具体辩证法"、霍克海默和阿多诺的"启蒙辩证法"、萨特的"人类学辩证法"、科莱蒂的"科学辩证法"、阿多诺的"否定辩证法"等。

在社会转型的过程中，学术研究的方法之所以会发生深刻的变化，主要是由以下两方面的原因造成的。一方面，社会转型意味着不同阶层利益关系的重新调整。在这样的调整过程中，社会生活的复杂性、社会矛盾的尖锐性都会一波接一波地涌现出来，从而使任何现实问题都变得扑朔迷离，真所谓"牵一发而动全身"。现实生活的复杂性使我们在观察、思索、解决任何实际问题时，也必须运用相应的复杂的方法，否则，就会顾此失彼，不但解决不好实际问题，甚至还可能使原来的问题变得更为错综复杂。另一方面，在改革开放和社会转型的过程中，人们的视野普遍地拓宽了，他们越来越意识到，完全可以通过不同的视角去观察、思索和解决同一个问题。事实上，当人们把奠基于不同视角基础上的方法综合起来时，常常能够对复杂的现实问题做出更为合理的处置，对艰深的理论问题做出更为全面的探讨。

当然，强调方法上的复杂性和多元性，并不意味着我们对辩证法采取简单排斥的态度。相反，在一定的研究范围内，辩证法仍然具有某种不可替代的作用。但问题的关键在于以下两点。一是要坚持从生存论本体论的角度去理解并确定辩证法的载体。历史和实践一再证明，与生存论本体论意义上的载体相分离，辩证法只能遁入黑格尔式的概念辩证法的老路，从而导致诡辩。二是形式逻辑奠基于事物的质的相对稳定性，因而永远有其存在的理由，试图以辩证法去取消形式逻辑的做法是站不住脚的，这样做也只能导致相对主义和诡辩的蔓延。

总之，我们可以预言，通过社会转型的"炼狱"，整个中国学术研究的场景、观念、方法、内涵和主题都将发生巨大的变化。

我的哲思天空[1]

我是 1966 届高中毕业生，7 岁就开始读书，年龄一直是班里最小的。高中时，我在上海市黄浦区的光明中学就读，学校位于淮海路和人民路相交的地方。1966 年 6 月，在高三年级教室的走廊上，贴满了各个大学的招生广告。实际上，我们已经在填报高考志愿了。就在那个时候，"文化大革命"突然爆发了。不管我们是否愿意，也不管我们有没有精神上的准备，也没有人来征求我们的意见，我们一下子被抛进了一场长达十年的内乱之中。

1968 年 8 月之前，按照学校的安排，我们这一届学生暂不毕业，留在学校里参加"文化大革命"。但渐渐地，我就对这场所谓的"革命"产生了怀疑。我成了"逍遥派"，不是躲在家里读书，就是外出"串联"。在我们的理解中，所谓"串联"也就是参观祖国的大好河山。1968 年 9 月，我被分配到上海电力建设公司工作。一进公司，就被派到四川金沙江边上的攀枝花钢铁基地，去建造代号为"502"的火力发电厂。我们住的宿舍是用芦苇秆临时搭建起来的简易棚子。那里的气温高

---

[1] 原载燕爽主编：《复旦改变人生——近思录》，复旦大学出版社 2005 年版，第 201—208 页。——编者注

达40度，吃的东西都是运进去的，常吃的东西就是两样：一是当地种植的包菜；二是从外面运进去的海带，我们戏称其为"揩台布"。

在那里，不要说图书馆或资料室，连书味儿都闻不到。我身边只有自己带去的两本字典：一本是《新华字典》，一本是《康熙字典》。除了字典，竟然无书可读。在攀枝花工作一年后，我回到了上海，继续参加上海高桥地下热电厂的建设。有一次工作时，右手因工伤而骨折，我在家里休息了差不多四个月。由于我家就在繁华的南京路背后的黄河路，离上海图书馆老馆非常近，所以我天天在图书馆里读书。但当时由于"批判封、资、修"，书架上几乎没有什么书，只有《马克思恩格斯全集》是完整的。因为我在高中期间就读过李致远先生撰写的《马克思和列宁的学习方法》一书，对马克思深邃的思想和优美的文字心仪已久。所以，在四个月的时间里，竟不知不觉地把《马克思恩格斯全集》读了一遍。当然，当时的阅读还是十分粗糙的，对马克思的许多见解也是似懂非懂的。

直到"四人帮"被粉碎、"文化大革命"结束后，在邓小平的建议下，高考招生制度才得以恢复。1977年12月，我考取了复旦大学哲学系，成了"文化大革命"后的首届大学生。从1966年到1977年的12年中，我一直幻想着有一天能进入大学学习，能圆自己的大学梦。想不到，我的梦终于化为现实，而且又是到复旦大学这样的一流大学就读，那时候的喜悦之情是无法用语言来表达的。

由于我们那代人被抛进了一个十分荒谬的时代中，浪费了生命中最宝贵的时间，所以，在我最渴望读书，也是最能读书的12年中，我竟然无书可读。这种阅读的空白对我们这一代人的精神生活造成了灾难性的影响。

所以，一进大学，我就拼命读书，这是很自然的。当然，那个时候的大学生不像现在的大学生会面对那么多的诱惑、挑战和选择。但我不明白，为什么现在的大学生对古典的作品会那么冷漠和疏远。其实，古典作品作为古代人生命和激情的积淀，为当代人的生活道路提供了极为重要的启示。或许我们这一代人有种说不清楚的理想主义和使命感吧。从那时起,我就养成了这样的习惯,即挤出一切可能的时间来读书。比如在火车上,在飞机上,在会场里,在医院里,甚至在出租车上,都带着书,一有空闲就读书,绝对不会轻易浪费一分一秒的时间。记得鲁迅先生说过:"浪费他人的时间就是谋财害命,浪费自己的时间就是自杀。"

事实上,人的生命就是在时间和空间中展开的,而时间对人来说是非常有限的。如果说,一个人在 16 岁之前和 60 岁之后都要被养起来,那么中间的 44 年是非常有限的。何况,其中三分之一的时间是在床上睡觉,另外三分之二的时间,还有许多事情要做,比如读书、获得各种学位、出国留学、找工作等,还有生活上的许多事情,比如恋爱、结婚、生小孩等。扣除所有这些时间以后,一个人究竟还有多少时间做其他事情呢?所以,在短暂的人生道路上,如果一个人希望自己有所成就,就得抓紧时间,做出自己的努力。中国人说,"谋事在人,成事在天",或者说,"不问收获,只问耕耘",关键不在于实际上取得了什么成就,关键在于自己没有虚掷生命,做出了应有的努力。

在 1977 年考进复旦大学之后,我们读书都是很用功的。那时走进文科阅览室,看到满架满架都是自己想读的书,真有一种如饥似渴的感觉。书籍在我的面前打开了一个全新的世界,我置身其中,就像刘姥姥进大观园,阿里巴巴进藏宝洞,除了埋头阅读外,不知道还能做什么。那时候,复旦大学的学风是非常好的。大家每天去文科阅览室,都得提前很长时间去占位子,因为去晚了,就根本没位子了。我们往往是先放一个书包或一本书去占位子,然后匆匆忙忙去吃饭,再匆匆忙忙赶过来,看书一直看到闭馆,管理员把我们"赶"出来为止。还有校内"南京路"两边,陈列着各系制作的黑板报。当时的黑板报文化是十分盛行的。同学们来自工农兵各个领域,有的同学还干过公社的党委书记,大家的生活阅历都十分丰富,所以黑板报出得图文并茂,吸引了许多人驻足阅读。另外,当时在 3108 教室,我们哲学系开了一系列讲座,去听的人非常多，经常连窗户外面的走廊上都站满了人。当时，同学们都如饥似渴地学习专业知识，不仅因为大家觉得"文化大革命"耽搁了自己的学习，还因为"文化大革命"后的"真理标准"问题的大讨论触到了理想主义这根敏感的神经。至今仍能清晰地回忆起来，当时，学习人文社会科学专业的同学们经常坐在草地上，就这个重大的问题进行讨论。

我不仅喜欢读哲学书，也喜欢读古典文学作品，比如，埃斯库罗斯、索福克勒斯、欧里庇德斯、阿里斯托芬、但丁、莫里哀、歌德、狄更斯、巴尔扎克等，我都喜欢，一直读到当代的小说和戏剧。不过，那个时候我上课并不太认真，桌子底下经常藏着我从图书馆里借出来的书。经常是老师在上面讲，我在下面看自己的书。除了借书外，我自己也买了很多书。现在，家里有很多书，差不多可以开图书馆了。这些书都是多年工作、读书积累下来的。1988—1990年，我作为联合培养博士生到德国法兰克福大学进修，先后买了39箱德文的哲学著作。1997—1998年，我在哈佛大学做访问教授，也在哈佛大学附近的书店里买了很多书。

当年，我在复旦大学读书的时候，虽然复旦大学的社团活动不少，但相对于现在来说，不算很多。更主要的是，那时的社团活动都比较严肃，都是学术探讨性质的，缺乏娱乐和商业性质。虽然当时已经开始强调解放思想，但国门刚刚打开，国外的东西也刚刚传入，因此较多的社团都是读书会什么的，主要是探讨原著和各类学术著作。学校有演讲比赛，但也不是特别活跃。那时的讲座也很多，主要是各个院系的一些名教授，还有一些访问学者，以及国外的一些学者、教授。那时讲座主要是介绍国外的新思潮、新观点。现在的讲座就不同了，内容也丰富得多了，主要是介绍自己的研究成果，宣传自己的观点。

我在复旦大学读了四年本科，虽然被称为"77级"，但入学时间实际上是1978年2月，毕业时间是1982年1月。毕业后，我又考取了本系的外国哲学专业硕士生，并于1984年12月获得硕士学位，同时留系，在现代西方哲学教研室任教。1986年9月开始在职攻读博士学位，因为当时外国哲学的博士生导师全增嘏教授去世了,所以我成了当时的系主任——胡曲园教授的博士生,主攻马克思主义哲学。作为联合培养博士生,由于中间出国两年,所以直到1992年1月才正式获得哲学博士学位。

1993年的狮城舌战,大家大概都知道了吧。那时我是总教练兼领队,因为要训练辩论队员,经学校同意,就临时脱出来参与这项工作。在训练的过程中,和同学们结下了深厚的友谊。皇天不负苦心人,在那届国际大专辩论赛上,我们终于夺得了团体冠军,蒋昌建还成了那次比赛的最佳辩手。那次辩论会中的很多故事和经历都已经写在了《狮城舌战——首届国际大专辩论会纪实与评析》和《狮城舌战启示录——怎样造就优秀的辩才》中。现在,那些队员都有了自己理想的工作和稳定的生活。

1997年5月,因为我已经有过一次带队经历,所以学校又派我做领队,带领复旦大学的15名同学(他们的英文论文均入选),去瑞士圣加仑大学参加第27届世界经济管理研讨会,其中有一位同学获得大奖。回来后,我主编了《跨越边界——复旦学子走向国际学术舞台纪实》一书,把大家瑞士之行的经历和体会都记录下来了。这本书由复旦大学出版社于1998年出版。

我先后两次访问美国。第一次是1997—1998年,应哈佛大学哲学系主任的邀请,我在那里做访问学者。同时,也参加了燕京学社的儒学讨论班。第二次是在2000年4月,我作为富布赖特(Fulbright)研究学者到美国夏威夷大学等七所大学做演讲,还和学生、教授、系主任、学校领导等一起座谈,向他们介绍中国改革开放的现状,并探讨大家共同关心的问题。说起国外演讲,我就想起英语来了,因为这些演讲都是用英语做的。实际上,我的第一外语是俄语,我在中学里学了六年,但由于长久未用,现在差不多都忘了。2003年我到复旦大学外文系听课,试图把俄语恢复起来,但由于教学、科研和社会工作都比较繁重,恢复工作并没有达到预想的效果。我的英语是进入复旦大学后才开始学的,现在已经成了我的第一外语。在攻读硕士期间，我开始学习德语，后来在德国法兰克福大学待了两年，在那里也听了一年德语课，当时的口语也可以，但回国后十多年来未讲，现在也只能看专业资料了。我也自学过一年法语，但用的机会太少，也是不甚了了。进了大学，我才深刻地意识到外语的重要性，特别对于研究外国哲学的学生和老师来说，更是如此。多学一门外语，也就等于多打开一个空间。

关于学风，我想谈两个问题：一个问题是，不知大家注意到没有，现在的学风和以前有很大的差距。在我上大学的时候，确实有一种如饥似渴的学习热情，而现在的大学生面临的情况比我们复杂。我认为，现在的大学生有优点，那就是思想都很活跃，对电脑、网络、MP3这类高科技的东西运用自如，这是我们那一代大学生望尘莫及的。但在现在的大学生中，愿意坐冷板凳读书的人似乎并不多，尤其对古典的作品，仿佛有一种黑格尔所说的"理性恨"。当然，我对现在的大学生的情况并没有做过调查，只是在我接触到的一些学生或考生中，很少发现有人读过大量的古代文献。我在讲座中也经常提到，现在有少数大学生，比较喜欢追求外在的形式和表面上的包装，但读书不多，对传统文化的了解也不多，缺乏一种历史含量和纵深度。

记得古代哲学家奥古斯丁曾经说过：人真是一个深渊。人的精神世界之所以很丰富，是因为其中蕴含着历史的积淀。在我看来，要把中国文化的道统和学统继续下去，就要认真地解读老庄、孔孟、荀韩、二程、朱熹、陆王等伟大的思想家留下的文本，尤其是庄子的书，汪洋恣肆，寓意深刻，是中国传统文化中的奇峰和瑰宝。连外国人，如耗散结构理论的创始人普利高津都十分重视，而我们自己反倒茫然无知，岂不有遗珠之憾！然而，现在有些学生不喜欢读古典的作品，只读很通俗的或白话文的，只读电脑上有的文字。就此而言，学风上确实存在着差距。所以，大家一定要好好珍惜在校的时间，学到更多的东西。我在国外参观过很多大学，也参观过很多地方。一般来说，后来能够出类拔萃、脱颖而出的，原先并不一定是班里功课最好的学生，倒可能是那些按照自己的兴趣认真读书，从不死记硬背课堂笔记的学生。

另一个问题是，复旦大学(南方)和北京大学(北方)比较，在学风上也有差异。上海是个商业化的城市，思想和学风都比较灵活，北京则是首都，是政治中心，容易形成"京兆心态"，即喜欢谈论、参与政治。这些差异也在治学上反映出来。所谓"京派"和"海派"之争也涉及学风上的差别。一般来说，"京派"做学问比较扎实，但与政治牵连甚多；而"海派"的特点是思想比较活跃，但由于受商业上浮躁心理的影响，坐冷板凳的功夫要差一些。当然，"京派"和"海派"的划分也不是绝对的。在"海派"中也有以"京派"的方式做学问的人，反之亦然。

事实上，在近代思想史上，文史哲方面的一流专家几乎都有两个活动中心，一个是北京，一个是上海，像鲁迅、茅盾、郭沫若、钱锺书等都是如此。不久前，我在北京做了几场讲座(其中六场在北大)，在做讲座的过程中，我发现，前来听讲座的学生们还是比较认真的，他们提出的问题也是有质量的。比如，北大哲学系比较重视翻译，就是对专业资料的系统的翻译。他们不太主张学生写文章，他们强调的是打好基础，厚积薄发。其实，还没有学多少东西就去写作，大脑里一片空白，能写出好东西来吗？这一点我也是很怀疑的。但我们现在的评价系统出了问题，片面地提倡学生，尤其是研究生写文章。其实，以这样的方式"做表面文章"，对学风、对个人的发展来说，都不是什么好事。

我进入复旦大学已经有 28 年了。在这段时间里，复旦大学的整体面貌发生了不小的变化。现在社会转型，在市场经济的负面因素的影响下，很多人都很浮躁。显然，这样的态度是不利于做学问的。以前，复旦大学人文社会科学拥有一批很有影响力的大师级人物和著作，现在，我们要借百年校庆的机会，下大力气，弘扬优秀的传统，发扬良好的学风，克服浮躁的心理，以普罗米修斯的献身精神追求真理，扎扎实实做好学问。"文章千古事，得失寸心知。"每个做学问的人都应该珍惜自己的声誉。

近年来，哲学系也发生了很大的变化。我在 1995—1999 年曾经担任过哲学系系主任的工作。以前的系主任都是由德高望重的老教授担任的，我算是比较年轻的了。在我看来，要办好哲学系，就要坚持"两条腿走路"。第一条腿，就是积极争取国家下达的各种资源，比如二级学科博士点、一级学科、重点学科、博士后流动站、重点研究基地、国家级创新平台等。显然，没有这些资源，学生就无法在系里深造，教师也容易流失，尤其是那些非常优秀的教师。经过好几代人的努力，目前，上面提到的这些资源，复旦大学哲学系都已经具备了。第二条腿，就是向国外一流的哲学系学习，尤其是了解它们的课程体系，并结合我们的具体情况，改革自己的课程体系，全面提高哲学系教师和学生的素质。

　　以前我曾经写过一篇关于复旦精神的文章，在我看来，复旦精神就是有容乃大，因为复旦是很自由、很开放的，而思想自由和学术宽容乃是学术思想繁荣的必要条件。在这里，我希望，复旦大学的学生能发扬这种精神，同时，我也希望，更多的勤奋治学的学生能够涌现出来。希望同学们珍惜在校的宝贵时间，静下心来，告别浮躁的情绪，怀着追求真理的勇气和毅力，凭着不折不挠的探索精神，做出新的成绩来。江山代有才人出，复旦的希望正在你们的身上，希望你们好好努力。

《重新理解马克思——对马克思哲学的基础理论和当代意义的反思》后记[①]

本书是在近十年来撰写的关于马克思哲学的研究论文的基础上编写出来的。有趣的是,在哲学研究上,我最初感兴趣的是外国哲学,后来却阴差阳错,走上了马克思哲学研究的道路,且一发而不可收。

说来话长。1984年12月,我从复旦大学哲学系外国哲学专业获得硕士学位后,留在哲学系现代西方哲学教研室任教,不久,担任了新成立的西方马克思主义教研室主任。1986年,我打算攻读博士学位,但事不凑巧,由于全增嘏教授去世,当时外国哲学专业还没有第二位博士生导师,我就想转而攻读中国哲学的博士学位,且私下里已经和当时担任中国哲学专业的博士生导师严北溟教授说妥,他也很希望我今后能从事中国哲学方面的研究。但我的这个想法没有得到当时的系领导的支持,由于我担任着西方马克思主义教研室主任的工作,他们建议我还是报考马克思主义哲学专业。

[①] 原载俞吾金:《重新理解马克思——对马克思哲学的基础理论和当代意义的反思》,北京师范大学出版社2005年版,第463—465页。——编者注

当时我心里很矛盾，但考虑到马克思主义哲学中也有许多富有挑战性的问题需要进行研究，而我正在从事的西方马克思主义的研究又直接是与传统的马克思主义研究领域有关的。何况，马克思主义哲学博士点的导师是德高望重的胡曲园教授。他是复旦大学哲学系的老系主任，是我心仪已久的前辈学人。经过这样的考虑，我决定把中国哲学的研究计划推到将来，先报考马克思主义哲学专业。

不久，我就成了胡曲园教授麾下的一名博士生。胡老是与艾思奇同辈的学人，他学养深厚，思想敏锐，在马克思哲学、中国哲学和逻辑学等研究领域中均有很深的造诣和独到的见解。当时胡老住在复旦大学的第九宿舍，离学校很近，我经常去看望他，聆听他的教诲。无论是在为人还是为学方面，胡老都耳提面命，循循善诱。对我提出的学术上的疑问，他总是十分耐心地予以解答，令我十分感动。

其实，当我还在上海市光明中学读高中的时候，已对马克思主义哲学萌发了兴趣，并已读了一些哲学入门方面的著作。"文化大革命"期间，在上海电力建设公司工作时，有一次我的右手因工伤而骨折。在四个月的病假中，我在上海图书馆里通读了《马克思恩格斯全集》。尽管当时读得很粗心，许多内容一知半解，但马克思深邃的思想、严密的论证、渊博的知识和优美的文字却使我如醉如痴。在胡老的悉心指导下，我学习、研究马克思哲学的热情重新被激发起来了。

随着我对马克思文本解读的深入，我逐步发现，马克思的一系列重要的思想还没有得到阐发，也有一些思想为传统的哲学教科书体系所误解和误导，亟须加以澄清。所以，从那个时候起直到现在，我经常结合国外马克思主义和外国哲学的研究，乐此不疲地撰写马克思哲学基础理论方面的研究论文，既为自己弄清问题而思索、写作，也为努力塑造一个完整的马克思的理论形象而尽自己的一点微薄的力量。

1999年12月，我们依托外国哲学和马克思主义哲学博士点，在原来的西方马克思主义教研室的基础上，成立了复旦大学当代国外马克思主义研究中心，我担任了中心主任的工作。2000年9月，中心成为教育部人文社会科学重点研究基地。这就为我在研究当代国外马克思主义哲学流派和外国哲学的同时,深入反思马克思哲学的基础理论和当代意义提供了新的思想动力。

本书由38篇研究论文组成,按照重新理解马克思的总体思路,对它们进行了编排。全书分为三篇。上篇是"马克思哲学的思想定位",主要论述了马克思哲学思想的来源、马克思和恩格斯哲学思想之间的差异、马克思哲学的本质,肯定马克思哲学就是历史唯物主义、成熟时期的马克思没有提出过历史唯物主义以外的任何其他的哲学理论。中篇是"马克思哲学的基本概念",主要探讨了马克思关于本体论、人、实践、时间、空间、异化、辩证法等基本概念,力图超越传统哲学教科书的理解和解释模式,按照马克思的本意,对这些基本概念作出新的阐释。下篇是"马克思哲学的当代意义",主要探索了马克思哲学在全球化和后现代主义的背景下面临的新的挑战,展示了马克思哲学思想资源在新的历史条件下的巨大的发展潜力。

在本书编写的过程中,笔者不但订正了原来文字上的一些错讹和脱漏之处,并根据马克思著作的最新版本,对原来的注释进行了修正,而且也对其中一些论文的标题和内容进行了适当的改写,努力使全书的内容一气呵成,为此而付出的劳动不亚于重新撰写一部学术著作。何况,本书编写时正值酷暑,其中甘苦,也就只有自己知道了。

本书得以顺利结集出版,首先得感谢北京师范大学出版社总编辑杨耕教授的关心,也感谢饶涛先生为此而付出的艰辛劳动。同时,作者对教育部人文社会科学重点研究基地项目"西方马克思主义的意识形态理论及其最新发展趋势研究"(批准号:02JAZJD720005)和教育部哲学社会科学研究重大课题攻关项目"马克思主义基础理论若干重大问题研究"(批准号:03JZD002)的支持表示由衷的谢意。

《西方哲学通史》总序[①]

由中国学者从自己的研究视角出发，吸取国内外西方哲学研究的成果，编写出一套多卷本的西方哲学通史，以此总结和促进我国的西方哲学研究，这是一些前辈专家从20世纪50年代起就已有过的设想。"文化大革命"结束后，随着极左思潮禁锢的解除，我国西方哲学研究进入了可以有组织、有规划进行的新阶段，许多专家纷纷要求把原来的设想纳入现实日程。1983年在福州举行的第一届国家社科基金哲学学科项目规划会就曾决定，集中国内有关单位的专业力量，共同编撰多卷本的西方哲学通史，并把通史的编写作为课题正式列入国家规划之中。然而，由于参与单位多、观点分歧大等原因，这一课题后来未能按规划执行。原来分工负责编写古希腊罗马哲学、唯理论和经验论哲学、德国古典哲学等阶段的专家，在从事专题研究和资料编译、整理等方面做了大量的工作。这些研究成果和资料的出版对推动我国西方哲学研究的发展起了重要的作用，但整体性的西方哲学通史终究未能问世，毕竟是一件遗憾的事情。事实上，当我们需要查阅

[①] 此为刘放桐、俞吾金主编的丛书《西方哲学通史》（人民出版社）的总序，作者刘放桐、俞吾金。——编者注

较为详细的西方哲学史读物时，还只能利用考普尔斯顿（F. Copleston）等西方学者撰写的通史。

"九五"初期，复旦大学把外国哲学学科确定为国家"211工程"重点建设学科，要求学科提出大型的研究课题，我们就考虑是否可以利用复旦大学西方哲学学科成员较多、同一单位易于配合等有利条件，独立地编写多卷本的西方哲学通史。当然，我们知道，这样做会面临很多困难。比如，我们在某些方面的研究基础还不厚实，教学任务也比较繁重，主要成员均承担着多项研究课题，学术观点上也互有差异。但我们还是有信心的，因为我们编写过《西方哲学史》（上海人民出版社）和《现代西方哲学》（人民出版社）这样的著作，学科的中青年成员思想活跃，学术上有潜力，凝聚力也比较好，还可以借鉴国内外前辈专家和同行们的研究成果。只要我们作出最大努力，上述困难还是可以克服的，而且克服困难也是我们更好地取得进步的有效途径。如果复旦大学外国哲学学科能独立完成这个课题，就不光适应了我国哲学研究发展的客观需要，也将使自己在西方哲学学科建设上更加全面和扎实。学校领导和国家"211工程"建设项目立项评审专家支持并批准了这个课题。经过多次讨论，我们决定将《西方哲学通史》分为如下十卷：《古希腊哲学》《中世纪文艺复兴时期哲学》《十七世纪形而上学》《十八世纪启蒙哲学》《德国古典哲学》《西方近现代过渡时期哲学》《二十世纪英美哲学》《二十世纪德国哲学》《二十世纪法国哲学》《二十世纪西方马克思主义哲学》。

我们编写多卷本《西方哲学通史》的计划早已公之于众，得到了许多同行的鼓励。但在具体的编写过程中，我们遇到的困难比原来想象的还要多。其中最突出的困难是，编写组主要成员在教学、科研和社会工作方面负荷太重，难以集中精力投入编写工作。有些人也怀疑我们能否进行下去。但我们一直没有动摇。尽管各卷预定的成稿时间有所延迟，但大家都十分努力，估计总体上的时间框架也不会被延误。

下面，就《西方哲学通史》编写中出现的三个全局性问题的处理做一些说明。

一、通史在学术品格上如何定位的问题

众所周知,通史的写作应该有别于西方哲学的教材,它不仅应该把西方哲学史和现代西方哲学的内容贯通起来,而且应该体现当代西方哲学研究的新资料、新观点和新成果,应该有自己学术研究上的高度和深度。另外,通史也应该异于断代史和专题性著作的编写方式。后者对局部的对象可以做深入的探讨,甚至可以就某些细节进行反复的辨析和讨论。然而,通史的时间跨度大,涉及的国家、哲学流派和哲学家多,难以进行深入细致的推敲,倒是更应该重点阐释西方哲学发展的主要脉络。编写组成员对此均无异议,但是,由于各卷的情况存在着很大的差异,具体处理的方式也难以完全一致。总的来说,我们要求各卷都从"破""通""新"三个方面作出努力。所谓"破",就是打破历年来西方哲学教科书的传统框架;所谓"通",就是抓住主要思想脉络,把西方哲学演化的不同历史时期贯通起来;所谓"新",就是结合当代哲学研究的新成果和新方法,尽可能对西方哲学研究中的一些重大理论问题作出新的阐释。

二、通史各卷如何保持一致性的问题

起先,我们试图在对西方哲学本质特征和研究方法等方面的理解上确立起共识,但是经过多次讨论,我们发现,确立这类实质性的共识是十分勉强的。因为编写组成员在对上述问题的理解上见仁见智,迥然各异,很难达到观点上的一致。何况,各卷在写作中涉及的是不同历史时期的不同对象,这些对象之间存在着巨大的差异。比如《古希腊哲学》和《中世纪文艺复兴时期哲学》涉及的人物很多,内容也很散,《西方近现

代过渡时期哲学》也涉及许多国家、许多哲学流派和许多哲学家,内容显得更为庞杂。相反,《十七世纪形而上学》和《德国古典哲学》涉及的人物就比较少,思想发展的线索也比较清晰。因此,在实质性的观点和方法上达成一致是不现实的,甚至在阐释方式和安排上,各卷也难以达到完全的统一。本来,我们打算撰写一篇数万字的"总序"来阐明我们的哲学史观、哲学史研究方法及对一系列有争议的重大问题的理解。但考虑到上面的因素,只好放弃原来的计划。

现在这个简短的"总序"只是对编写《西方哲学通史》的缘起以及编写中存在的一些技术性问题作出必要的说明。我们主张并鼓励各卷在写作上可以有自己的观点和风格,但考虑到它们毕竟是通史的组成部分,因而要求各卷的编写者应该尽可能关注通史在整体上的一致性。除了力求做到上面提到的"破""通""新"外,在写作体例上也要求尽可能接近。比如,除"总序"外,每卷再设"分卷序",对本卷的写作背景、主要写作内容和研究方法等要作出相应的说明。我们还对各卷之间的"衔接问题"逐一进行研究和讨论,尽可能做到"思路上不冲突,内容上不重复"。有的哲学家的理论具有跨越时代和派别的意义,在相关的分卷中都应当提到,但也要注意不同的角度和详略上的差异。

三、通史各卷如何布局、如何厘定各卷之间相互关系的问题

对从古希腊罗马哲学到德国古典哲学这一长段时间的西方哲学发展史的分期,虽然国内外哲学界也有不同的理解和划分,但对其历史发展线索的处理大多比较相近。我们所做的改动主要是对17—18世纪哲学的分期和叙述方式作出了不同的处理,即不采用"经验论、唯理论、18世纪法国唯物主义"这类传统的划分方式,而是把这个时期划分为"以17世纪为主的形而上学和以18世纪为主的启蒙哲学"这两大块。至于从19

世纪40年代起,马克思主义哲学诞生以来的西方哲学的新发展,过去曾因人所共知的原因而遭到简单的否定。实际上,每个不存偏见的人都会承认,这个部分乃是整个西方哲学发展史上最为丰富也最有现实意义的组成部分。出于这样的考虑,我们安排了一半篇幅即五卷的篇幅来阐释马克思主义哲学诞生以来的西方哲学的新发展。

值得指出的是,在以往的西方哲学的研究中,人们总是简单地把西方哲学与马克思主义哲学割裂开来并对立起来。这样做的结果是,不但整个西方哲学史的叙述体系变得残缺不全,而且马克思主义哲学也被诠释成无源之水、无本之木,从而变得难以索解了。为了恢复历史的真实面貌,我们在《西方哲学通史》的编写过程中考虑到了马克思主义哲学的权重,并努力把马克思主义哲学从诞生到当代的新发展纳入西方哲学通史的整体架构中去。正是基于这样的见解,在《西方近现代过渡时期哲学》这一卷中,我们对马克思实现哲学的划时代革命的过程与西方哲学由近代到现代转型的过程进行了比较研究;在《二十世纪西方马克思主义哲学》这一卷中则对西方马克思主义的产生、发展、危机和新的走向做了全面的论述。

综上所述,《西方哲学通史》(十卷本)是复旦大学外国哲学学科十多位教师多年来共同努力的结晶,也是我们向哲学界所做的一个学术汇报,向复旦大学百年校庆献上的一份精神礼物。毋庸讳言,在目前的情况下,《西方哲学通史》的编写依然是一项尝试性的工作。由于各种主客观条件的限制,其中疏漏、处理不周甚至错误之处都在所难免,希望学界同仁不吝赐教。

《维特根斯坦哲学转型期中的"现象学"之谜》推荐序[①]

作为徐英瑾的硕士生导师和博士生导师,本不该赞扬自己的学生,但我还是忍不住想说,他的博士学位论文《维特根斯坦哲学转型期中的"现象学"之谜》是一篇近年来不多见的优秀博士学位论文。在我看来,徐英瑾的博士论文主要具有以下三个显著的特点。

特点之一,扎实的专业基础。应当看到,虽然徐英瑾的博士论文探讨的是维特根斯坦版本的"现象学",而不是以胡塞尔为代表的欧洲大陆现象学,但这个选题已经暗含着欧洲大陆现象学传统与分析哲学传统中出现的"现象学"理论之间的比较。也就是说,对欧洲大陆现象学的把握在某种意义上就成了本课题研究的一个必不可少的背景。正如业内人士所了解的,欧洲大陆现象学是现代西方哲学研究中的一个难题。现象学研究之难,不仅在于它所使用的术语晦涩难懂,也不仅在于它所拥有的一大批现象学家提出了彼此迥然各异的现象学观念,而且还在于该学派的肇始人

[①] 原载徐英瑾:《维特根斯坦哲学转型期中的"现象学"之谜》,复旦大学出版社2005年版。——编者注

胡塞尔总是出于其严格的科学精神而不断地修正、改变自己的看法，从而大大地增加了人们研究他和了解他的难度。诚如萨弗兰斯基在谈到胡塞尔时所说的："在谈到他自己的时候，他总是说，他是一个'初学者'。他也不断地研究他自己的著作。当他想把以前的手稿定稿，以供发表时，他总是把整个书稿又重写一遍。这使得助手们深感绝望。他总是重新从头开始思考。他很难简单地承认他以前写的东西。"①

如果说，理解和掌握以胡塞尔为代表的欧洲大陆现象学的基本思想乃是这篇博士学位论文在写作过程中必须面对的第一个困难的话，那么，理解和掌握维特根斯坦哲学的发展和其前、后期思想之间的差异与联系则构成了这篇博士学位论文在写作上的第二个困难。它不仅要求作者对分析哲学的发展脉络有一个深入的了解，而且也要求作者在数理逻辑方面具有一定的知识准备，并有足够的耐心和思辨能力去解读维特根斯坦格言式的、汗牛充栋的论著和笔记。

此外，我们也不应忽略这篇博士学位论文在写作中必定会面对的第三个困难：既然"现象学"的概念出现在维特根斯坦思想最神秘的"转型期"中，既然它的消失和它的出现同样突然，那么，如何对维特根斯坦思想发展史上出现的这种现象作出合理的解释，就成为我们在深化维特根斯坦哲学思想研究时所必须面对的一个关节点。然而，直到2000年，维特根斯坦反省其"现象学"观念的主要思想材料《大打字稿》才作为"维也纳版本"（Wiener Ausgabe）的第十一卷在海外出版，而且除了德文原文以外，目前在国际上还只有意大利文译本可资参考。也就是说，作者只能通过德文、意大利文这两种文字来解读《大打字稿》。对于第一外语为英语的徐英瑾来说，这的确是一个挑战。好在除了具备一定的德语阅读能力以外，徐英瑾在赴意大利学习期间还突击进修了意大利语的基础课程。他不但在意大利文译本的帮助下仔细比照、研读了德文版的《大

---

① ［德］吕迪格尔·萨弗兰斯基：《海德格尔传——来自德国的大师》，靳希平译，商务印书馆1999年版，第106页。

打字稿》和其他相关的德文著作,而且为了读者的便利,还译出了《大打字稿》的目录结构与部分章节,作为其博士学位论文的第一个附录。凡此种种,无不表明,没有扎实的专业基础知识,是很难写好这篇博士学位论文的。

特点之二,敏锐的问题意识。与我十多年来所指导过和接触过的其他博士生比较起来,徐英瑾在治学上具有较强的问题意识。众所周知,在原创性的哲学研究中,问题意识具有极为重要的意义。许多哲学家,如文德尔班、克洛纳、波普尔、杜威等,在这方面都留下了重要的论述。作为杜威的学生,胡适也非常重视问题意识在学术研究中的作用。他在日记中谈到王云五勤奋自修、读书甚博,每天光是外文著作就要读100页以上,但在治学上却抓不住中心,陷入了歧路亡羊的窘境。胡适在1921年7月24日的日记中写道:"我昨天劝他提出一个中心问题来做专门的研究(最好是历史的研究),自然会有一个系统出来。有一个研究问题作中心,则一切学问,一切材料都有所附丽。"①在胡适看来,如果一个研究者没有问题作为引导,无论是读书还是研究,都会迷失在浩如烟海的资料堆里;同时,没有问题的引导,资料就会变成死的东西,变成一堆无意义的断简残篇。

据我所知,徐英瑾之所以对维特根斯坦哲学情有独钟,一个重要的原因就是他一直受到维特根斯坦哲学研究中一些悬而未决的问题的困扰。他的硕士学位论文探讨的是《逻辑哲学论》中的"颜色不相容问题"。而在解读关于维特根斯坦哲学的研究性论著时,他又接触到著名的现象学史家斯皮格伯格的论文《维特根斯坦的"现象学"之谜(1929—?)》,并敏锐地发现,这是当前维特根斯坦哲学,尤其是其转型期哲学研究中的一个前沿性问题。其实,这个问题包含着极为丰富的含义,它又可以进一步分解为以下的问题:维特根斯坦使用"现象学"概念的具体时段是什

---

① 《胡适的日记》上册,中国社会科学院近代史研究所中华民国史研究室编,中华书局1985年版,第158页。

么？维特根斯坦"现象学"概念的确切含义是什么？它与欧洲大陆现象学的关系如何？为什么维特根斯坦很快就放弃了"现象学"概念？"现象学"概念在维特根斯坦哲学发展中有着什么样的地位和作用？维特根斯坦"现象学"理论的意义和价值何在？正是这些问题引导着徐英瑾深入地探索维特根斯坦的哲学思想宝库，而他于2002年6月至2003年6月在意大利进修期间，更是废寝忘食地收集、研读海外新出版的关于维特根斯坦思想研究的一、二手资料。作为他博士学位论文的第二个附录的《维特根斯坦对于经验的现象学再现》就是他译出的意大利学者罗撒丽娅·艾姬蒂撰写的重要论文。这篇论文对于我们解读维特根斯坦的"现象学"问题有着直接的启发作用。

特点之三，细致入微的分析精神。记得胡适曾把治学的方法分为两类：一类是"拿斧头的"，只管粗线条地、大刀阔斧地砍下去，比如，哲学史的写作就是这样；另一类是"拿绣花针的"，需要的是细致入微的分析精神，比如，研究某个哲学家的年谱，就需要对资料进行认真的甄别和细致的分析。目前，在国内学术界，不少人治学是"拿斧头的"，心浮气躁，一路砍下去，对研究对象缺乏细致深入的分析，所以做学问总是深不下去。记得海涅曾经这样评价康德："康德把思想放在自己面前，解剖它，并且把它分解成为最细致的纤维。所以他的《纯粹理性批判》可以说是一个精神的解剖学的课堂。他本人在那里始终保持冷静，像一个真正的外科医生那样无动于衷。"[①]完全可以说，在哲学研究中，这种细致入微的分析精神蕴含着极为难得的素质和潜能。显然，徐英瑾有志于分析哲学的研究，而分析哲学的治学方法也对他产生了很大的影响。从他的博士学位论文的各章次序上就可以看出，他对维特根斯坦"现象学"之谜的破解，就像剥葱一样，一层层地分析下去，从而引申出令人信服的、富有创新意识的结论：一方面，他指出，维特根斯坦在《大打字稿》中使用的"现象学"概念实质上就是维特根斯坦在转型期使用的"语法"概

---

① 《海涅选集》，张玉书编选，人民文学出版社1983年版，第306页。

念；另一方面，他主张，唯有深入了解维特根斯坦在转型期结束时是如何放弃"现象学"概念的，才能获得对他后期著作《哲学研究》中关于"私人语言"的批判性论述的透彻理解。不用说，在以粗枝大叶为基本特征的研究方法——经验主义和心理主义泛滥成灾的中国学术界，这种注重分析的治学方式尤其显得难能可贵。

作为复旦大学文科基地班的第一届毕业生，徐英瑾对外国哲学、中国哲学和马克思主义哲学均有一定的涉猎，他的思想也十分活跃。他留系后，主要从事现代西方哲学的研究和教学工作。我建议他要继续打好西方哲学史研究方面的基础；同时，在现代西方哲学的研究上，也要进一步熟悉欧洲大陆人本主义哲学和西方马克思主义，由博返约，集中精力治好维特根斯坦哲学和当代分析哲学。希望徐英瑾在今后的治学道路上谦虚谨慎，厚积薄发，写出更多更好的学术作品来。

是为序。

《理解之思——诠释学初论》推荐序[①]

彭启福教授的新著《理解之思——诠释学初论》是我近年来见到的研究深入而又有自己独立见解的学术作品之一。在这个浮躁的急功近利的时代,见到这样的作品,难掩喜悦之情。

据我所知,作者从1991年开始对诠释学(解释学)产生兴趣。十四年来,他在教学之余,刻苦地研读了大量关于诠释学的第一手资料和第二手资料,深入地探讨了诠释学的历史流变、基本理论、问题意识和最新发展态势,发表了一系列相关的研究论文,引起了学术界的重视。

这部新著正是在这样的基础上撰写出来的,它具有以下三个鲜明的特征:

一是研究深入。在充分占有外文资料和中文资料的情况下,作者不但对西方诠释学史进行了细致的梳理,抉择出那些对诠释学发展具有决定性意义的关节点,着重进行了论述;而且以敏锐的眼光捕捉到诠释学研究中的若干重大的理论问题,通过对这些问题的探讨和解析,加深了读者对诠释学发展的前沿理论信息的了解和把握。此外,作者还深入地探索了诠释学在拓展自己的研究范围时引发出来的问题,即它与科学哲学、社

[①] 原载彭启福:《理解之思——诠释学初论》,安徽人民出版社2005年版。——编者注

会科学哲学和马克思主义哲学之间的关系等。

二是见解新颖。在伽达默尔的《真理与方法》(1960年)面世后，哲学诠释学逐渐成为国际学术界的热门话题。但与此同时，围绕着传统、先入之见、语言、文本、时间距离、效果历史、相对主义、诠释学循环等问题，仁者见仁，智者见智，引申出迥然各异的见解。在纷然杂陈的意见面前，作者既没有迷失方向，也没有满足于浅尝辄止式的介绍，更没有停留在折中主义的阴影里，而是以独到的批判的眼光，表达出自己的新观点。比如，作者独辟蹊径地把西方诠释学演化的重心转移概括为"从'作者中心'到'读者中心'再到'文本中心'"的发展过程；又如，作者力排众议，否认在伽达默尔中、晚期哲学中存在着所谓"实践哲学转向"，强调伽达默尔晚期的实践哲学不过是其中期诠释学中实践哲学维度的合理拓展，因此，不应称之为"实践哲学转向"，而应称之为"实践哲学走向"；再如，人们常常简单地指责伽达默尔的诠释学具有相对主义的倾向，作者则认为，不应该把伽达默尔的生存论相对主义与传统的知识论相对主义等同起来，应该看到伽达默尔诠释学中蕴含的相对主义的积极作用。总之，在叙述诠释学所遭遇到的一切重大的争论问题时，作者都试图表明自己的独到的批判性的见解。从这些见解可以看出，作者不但具有扎实的哲学专业基础知识，而且具有原创性的意识。

三是深入浅出。凡是读过诠释学著作的人都知道，诠释学发展中出现的诸多问题都具有相当的难度，因而使读者对这些问题获得清晰的认识并不是一件容易的事。作者在书写策略上的难能可贵之处在于，对自己所论及的问题，能够做到深入浅出，条分缕析，说理明晰，结论简洁，真堪谓"把上帝的还给上帝，把恺撒的还给恺撒"。从这种流畅的行文风格也可见出作者丰厚的学养及对诠释学理论和历史的深入把握。

当然，这部新著也有一些可供商榷的地方。比如，对诠释学与马克思哲学之间关系的研究，早在美国学者詹姆逊的《政治无意识》(1981年)一书中就开始了，詹姆逊甚至使用了"马克思主义诠释学""马克思的否定的诠释学"等概念。也就是说，把马克思哲学理解为诠释学并不是国内学者的首创。又如，在讨论真理问题时，作者主张把认识论意义上的真理与本体论意义上的真理区分开来，但在叙述卡尔·波普尔关于"理论先于观察"的观点时，又认为它与海德格尔的"理解的前结构"、伽达默尔的"先入之见"有异曲同工之妙。事实上，波普尔是从认识论的语境出发来谈论"理论先于观察"的，而海德格尔和伽达默尔则是从生存论本体论的语境出发来谈论"理解的前结构"和"先入之见"的。这里存在着被比较的对象在层次和视角上的重大差异。再如，作者也许没有注意到笔者的另一篇论文《马克思的权力诠释学及其当代意义》（载《天津社会科学》2001年第5期）。正是在那篇论文中，笔者提出了作为诠释者和诠释活动背景的"权力场"在诠释过程中的作用问题，并把它理解为诠释学，尤其是马克思诠释学研究中的一个新方向。当然，笔者的观点并不一定是正确的，之所以在这里提到这篇论文，只是表明，它反映出国内诠释学研究的一种新的趋向。

其实，瑕不掩瑜，上面提到的一些问题只是表明，诠释学的研究是一个无限宽阔的领域，还有许多问题有待于我们去研究，而彭启福教授的近著乃是这个新开启的领域中的一颗明珠。希望有更多更好的著作问世，以便使中国这个具有悠久的文本诠释史的国家成为世界诠释学研究界的重镇。

是为序。

2006年

百尺竿头,更进一步[①]

《社会科学报》已经出版了1000期,欣喜之余,不免感慨系之。人人都说办报难,不用说,办社会科学方面的报纸更难。明眼人一看就知道,每周要把数万汉字印到白纸上,这些汉字不但不能出差错,还必须吸引人们的眼球。显然,《社会科学报》自创办以来,已经发表了数千万字。无论是关于社会科学研究中各类学术活动的信息报道,还是关于人文社会科学发展中种种热点问题的评述;无论是对学术规范的呼吁和维持,还是对国外新思潮的介绍与评价;无论是作为后起之秀的青年学者撰写的富有原创性见解的学术论文,还是资深研究者写下的学术随笔,都给人耳目一新的感觉。换言之,《社会科学报》始终以切合自己角色的方式,言说着理论界最关切的事情。它已经成了我们精神生活中的一个组成部分,以至于每周如果不读它的话,总觉得欠缺了什么。

我们衷心地感谢《社会科学报》的同仁们为繁荣发展中国的理论事业所作出的卓越贡献,希望他们百尺竿头,更进一步,取得更引人注目的成就。

[①] 原载《社会科学报》2006年1月5日。——编者注

美学应该追问有关美的讨论对人的生活存在具有什么意义[①]

对于美学来说不应该是寻问什么是美的本质,而应该追问有关美的讨论对人的生活存在具有什么意义。由于长期以来受到悲剧精神的影响,导致我们对意义的理解无限夸大,意义本身在自我消解。美学研究长期热衷于在自身框架中的争论,没有关注时代精神的根本性转变。悲剧分为不健康的和健康的两种:不健康的悲剧是指表面上严肃但理念上不可能实现的悲剧,其实是一种闹剧;健康的悲剧设定的理念和英雄人物则有可能实现。喜剧也可以区分为两种:一种是不健康的、庸俗的、没有思想内涵的,多出现在相声中的;另一种是健康的,即有思想含量的,表面调侃滑稽实质严肃的喜剧,能对人性作出一些引导。从过去来看,我们的文化传统和所接受的西方传统,使我们很长一段时间一直处在悲剧美学的阴影当中。但我们当今世界面临的问题一波接一波,促使我们走出悲剧理念。第二次世界大战后,西方出现了意识形态终结理论,以致后来

[①] 原载赵剑英、衣俊卿、俞吾金等:《哲学研究要有强烈的批判意识和问题意识——"当前哲学研究的问题"学术研讨会观点摘要》,《学术界》2006年第4期。——编者注

又出现了哲学的终结、科学的终结等，这些可以称为"漂浮的能指"，能指大于所指。其实哲学不可能终结，确切地说，在这种表述中哲学的能指太大了，说话的人说终结时真正的所指是某些哲学观念、哲学学派、哲学家的思想终结，但在表述时却将其提升到一个普遍化的能指上，缺乏所指上的精确表述。漂浮的能指讨论得越多，可能离真理越远。意识形态的终结当时就隐含着喜剧精神的兴起，这种形态在美学上消解了过去人们所崇拜的理念，发现它们是无意义的。感觉的自我夸大是悲剧精神纵容我们做出的思考，一旦发现我们坚持的理念是个虚假的东西，出现在悲剧之后的喜剧精神就把理念消解为虚假的非实体，理念和意义本身被化解为等于零的东西。因此当今时代的美学精神，如果从和我们生命意义有关的角度来考察就进入了一种喜剧精神。在喜剧精神中，人的笑，我们的轻松、幽默、滑稽、调侃应该成为我们在美学研究中非常重要的范畴。

2007年

走向自觉反思阶段的人文社会科学[1]

在我们看来，人文社会科学的研究仍然停留在前反思的阶段上。什么是"前反思"呢？也就是说，研究者只知道不断地向外开拓研究领域，却很少反躬自问：我们在研究活动中运用的那些概念和方法是不是正确的、有效的？我认为，我们的研究活动应该进入一个新的阶段，即自觉的反思的阶段。什么是"自觉的反思"呢？"自觉的反思"实际上也就是自觉的自我批评意识，即经常反身向内探索：我们在研究活动开始之前欲带入研究过程中的理解的前结构是合理的吗？我们在研究活动中用来描述对象及其各种关系的基本概念是含混的吗？我们打算在研究活动中加以运用的方法是有效的吗？显然，经常进行这样的反思，会使我们的研究活动获得实质性的进展。

一

我们先来看看，在人文社会科学研究中经常出现的那些概念，如"科学""自然科学""人文科

---

[1] 原载《浙江社会科学》2007年第4期。收录于俞吾金：《哲学沉思录》，北京师范大学出版社2016年版，第290—295页，题为"朝着反思性的人文社会科学"。——编者注

学""社会科学""哲学社会科学""人文社会科学"等,尽管我们天天都在使用它们,但它们的含义在我们心中是明晰的吗?其实并不是明晰的。比如,人们常常在"自然科学"的含义上使用"科学"概念,也常常在"社会科学"的含义上使用"人文科学"的概念,也常常把"哲学社会科学"与"人文社会科学"这两个不同的概念简单地等同起来。举例来说,人们常常把哲学理解为"对自然科学和社会科学成果的概括与总结"。但这样的表述马上就会遭到质疑:自然科学和社会科学的总和就是全部科学吗?如果是,那么既不能列入自然科学,也不能列入社会科学的数学、语言学、修辞学、逻辑学、语法学等学科究竟算不算科学呢?在讲英语的国家中,science 这个词一般指称实证科学,其核心的指称对象则是自然科学;而在讲德语的国家中,Wissenschaft 这个词既可以用来指称一般的实证科学,也可以用来指称哲学、逻辑学。一般来说,"人文科学"包括以下的学科:语言学、文学、哲学、宗教学、历史学、艺术和美学,所以"人文社会科学"这个词的含义明显地不同于"哲学社会科学"。人们在使用这些概念时也很少注意到它们在语境上的差异。

众所周知,在当代中国理论界的语境中,哲学拥有 8 个二级学科——马克思主义哲学、中国哲学、外国哲学、科学技术哲学、逻辑学、伦理学、美学、宗教学。从事哲学研究的人们常常在这 8 个二级学科中的某一个上做学问,但几乎从来不去询问,这样的分类方式是否合理。我们认为,至少它在以下几个方面是不合理的。第一,为什么"科学技术哲学"可以纳入哲学研究的框架之中,而"经济哲学""政治哲学""法哲学"这样的学科就不行呢?第二,为什么"美学"可以纳入哲学研究的框架之中,而语言学或修辞学必须置于哲学之外呢?第三,"马克思主义哲学"是以学派进行命名的,与之对应的应该是"孔子哲学""笛卡尔主义哲学""黑格尔主义哲学"等,而"中国哲学""外国哲学"这样的概念却不能与之并列。我们认为,在哲学的 8 个二级学科之间,缺乏统一的分类原则。第四,像"中国哲学"的提法本身就是不严格的,因为它的前提是:有一个国家,便会有一种相应的哲学。其实,哲学往往是跨国家的,是以区域性的文明为背景的。英国历史学家汤因比就主张把跨国家的文明作为历史研究的基本单位。此外,像"中国哲学"这样的表述在逻辑上也会有困难,因为它预设了哲学的复数形式,似乎世界上存在着许多哲学。其实,作为一门学科,哲学像数学或其他科学一样是唯一的,即只能是单数。因此,金岳霖先生主张把"中国哲学"改写为"哲学在中国",以确保哲学这门学科的单数形式。当然,哲学只能是单数,但"哲学家""哲学流派""哲学观念""哲学见解""哲学观点"等可以是复数。举例来说,我们不能说"张三有张三的哲学,李四有李四的哲学",但我们可以说"张三有张三的哲学观点,李四有李四的哲学观点"。

二

在某种意义上,当代中国的人文社会科学研究受到传统的经验主义和心理主义的影响,几乎完全不重视语言和概念上的分析工作。阅读当代中国学者撰写的研究性论著,常常发现,他们没有对论著中涉及的基本概念的含义做出明确的界定和阐释。他们的论著试图创造一个"不清楚+不清楚=清楚"的神话,但这样的神话是永远不可能触及所论述的对象和关系的本质的。

众所周知,虽然人文社会科学领域中的每门学科都有自己的专门术语,但当研究者们运用论著的形式,系统地表述自己的思想的时候,他们是不可能完全不借用日常语言(包括日常使用的概念)的。人们通常使用的概念有以下三种不同的类型:一是旧概念旧内容,二是旧概念新内容,三是作者自己创造出来的新概念。人文社会科学的研究文本通常是由这三种不同的概念"编织"而成的。当任何一个作者使用这三种不同的概念的时候,他是否对它们的真实含义都有确定无疑的了解和把握呢?如果没有,就很难想象作者可能撰写出意义明确的论著来,也很难想象作者可能把自己的观点阐述得十分清楚。道理很简单,一旦研究文本中的概念都成了后现代主义者所说的"漂浮的能指",即其意义和指向都不明确的语词,那么它们又如何向我们传递某种确定性的思想呢?

比如,"封建主义"(feudalism)这个概念在当代中国学者的学术论著中频频出现。其实,这个概念用在对中国社会性质的说明上是完全不合适的。在中国社会的发展史上,既没有存在过欧洲意义上的奴隶社会,也没有存在过欧洲意义上的封建社会。作为亚细亚生产方式的经典表现形式,传统中国社会乃是一个以血缘关系和地域关系为基础的宗法等级制社会,这个社会的基本生产方式是农村公社。人所共知,在欧洲,作为封建主义基础的封建领主拥有自己的法庭、法律和雇佣军队,而在传统的中国社会中,尤其是在秦始皇统一中国后,人们对土地只有使用权、占有权,而无所有权。单单是这一点已经表明,用适合于欧洲社会的"封建主义"这样的概念来规范和阐释传统的中国社会是完全错误的。

三

在当代中国学术界,人文社会科学研究中普遍存在着的另一种倾向是 idealism。这个术语通常被译为"理想主义"或"唯心主义"。显然,这两种译法都不妥当。既然人人心中或多或少地都存在着理想,那么"理想主义"就是一个意义不明确的概念,甚至无法判定它是贬义的,还是褒义的。至于"唯心主义"的译法源自佛教"万物唯心"的见解,且意识形态的气味太重。所以,我们在这里把这个词译为"观念主义"。从字面上看,"观念主义"这个表达式也有其局限性,因此,我们必须对它的内涵做出明确的规定,以便人们使用这个术语时不至于产生含义上的混淆。在我们看来,所谓"观念主义",也就是撇开现实生活,单纯用观念或文本之间的关系以及人们对它们的接受、传播或怀疑、抛弃来阐释现实生活及其发展历史。

比如,不少研究生撰写学位论文,探讨某位思想家或作家的思想来源,他们很少分析这位思想家或作家的思想与现实生活的关系,而只热衷于分析前人和同时代人的哪些观念或文本影响了他。举例来说,德国哲学家叔本华在阐释自己思想的来源时,就有过一个典型的观念主义式的表述,即他认为,他的思想来源于康德、柏拉图和印度的《奥义书》。显然,这个表述完全忽略了他自己的思想与当时德国现实生活之间的互动关系。由此可见,任何一篇学位论文或理论论著,如果受到观念主义思想的影响,势必不能对自己的研究对象做出合理的分析和阐释。也就是说,它们只满足于停留在对某个思想家或作家的思想之"流",即他的思想受到影响的观念或文本的分析上,而不打算对其思想之"源",即他的思想受到根本影响的现实生活作出深入的分析。

事实上,真正伟大的思想家或作家都主要是从现实生活中汲取自己的灵感的。他们总是努力把现实生活中出现的重大问题提升为理论问题。比如,在19世纪的德国诞生的、以黑格尔为代表人物的"同一哲学"(philosophy of identity)主要是在始于1789年的法国大革命的影响下形成起来的。在黑格尔看来,法国大革命又是在17—18世纪的法国启蒙运动的影响下发生的。思维的东西(启蒙思想)在一定的条件下可以转化为存在的东西(法国大革命)。正是在这个意义上,黑格尔提出了"思维与存在同一"的著名命题,并在此基础上建立了同一哲学。同样地,像胡塞尔、海德格尔、普鲁斯特、萨特、加缪、卡夫卡等人的思想主要都源自对现实生活的反思。马克思甚至告诉我们:

> 道德、宗教、形而上学和其他意识形态,以及与它们相适应的意识形式便失去独立性的外观。它们没有历史,没有发展;那些发展着自己的物质生产和物质交往的人们,在改变自己的这个现实的同时也改变着自己的思维和思维的产物。不是意识决定生活,而是生活决定意识。[①]

---

① 《马克思恩格斯全集》第3卷,人民出版社1960年版,第30页。

当然，马克思这段话的意思并不是说，哲学、宗教、形而上学和其他意识形式都是"没有历史"的，而是强调它们没有完全独立的、自足的历史。归根到底，所有的意识形式的内容都源于当下的现实生活。

改革开放以来，确立了"从实际出发，实事求是，理论联系实际"的新的思想路线，而这条思想路线的实质就是要从观念主义中解放出来，退回到现实生活中去。人文社会科学的研究方法也应该改弦更张，告别那种"概念来，概念去"或"文本来，文本去"的研究方法，真正面向现实生活，从现实生活中提炼出重大的理论问题。这才是人文社会科学研究的根本出路。总之，人文社会科学的研究再也不能停留在自发的、盲目的阶段上了。研究者们应该自觉地行动起来，使自己的全部研究活动奠基于批评性反思的基础之上。

问题意识：创新的内在动力[1]

众所周知，人是一个有目的的存在物，而创新则是人的行为（既包括实际的行为，也包括理论上的、思维上的行为）。显然，创新的行为总是在某些动力的支配下发生的，而动力则可能是多方面的。它们大致上可以分为两种类型：一是外在的动力，如经济利益、职称晋升、学术荣誉等；二是内在的动力，我们不妨把它称作"问题意识"。从根本上看，创新行为是在问题意识的引导下发生的。我们甚至可以说，没有问题意识，也就没有真正意义上的创新行为。

一、什么是问题意识？

从字面上看，"问题意识"是由"问题"和"意识"这两个不同的词构成的。所谓"问题"，也就是"疑问"，提问者觉得某个现象不合常理，自己不明白或无法理解，因而把自己的疑虑提出来了。于是，提问者心中的疑问也就发展为问题。所谓"意识"，也就是人在观念上达到的某种程度

---

[1] 原载《浙江日报》2007年6月18日。收录于俞吾金：《哲学遐思录》，北京师范大学出版社2016年版，第255—261页。——编者注

的自觉。由此可见,所谓"问题意识",也就是人对自己周围的各种现象,尤其是在自己研究的领域里,不采取轻信的态度,而总是自觉地抱着一种怀疑的、思索的、弄清楚问题的积极态度。

在日常生活中,尽管人们总是在做什么或从事着什么,但人们很少把自己的行为置于问题意识之下。举例来说,某个人住在四楼,他在楼梯上上上下下走了 30 年。如果你问他:"从底楼到你家门口的楼梯共有多少级?"他多半回答不出来。因为这个问题从来没有作为一个问题进入他的大脑之中。假如他意识到了这个问题,那么,他只要走一次并数一下楼梯的档数就行了。在这个意义上可以说,假如人们缺乏问题意识,即使他们实践了 30 年,也不如带着问题实践一次来得有效。当然,我们举这个例子并不意味着要大家回去数楼梯,而只是为了说明,一个人有没有问题意识,对于他的创新行为来说,至关重要。实际上,没有这样的意识,任何创新的行为都会失去其基础。

不少有识之士都十分重视问题意识在创新行为中的作用。比如,德国哲学家克罗纳主张运用"问题史的方法"考察并研究哲学史。在他看来,哲学史也就是"问题史"。正是问题的不断提出和解答,构成了一代又一代的哲学家们的连贯思考,从而使哲学史成为可能。哲学家波普尔提出了著名的"P1—TT—EE—P2"公式来说明科学家的思维和科学史的发展逻辑。这个公式中的"P1"和"P2"表示不同的问题,"TT"表示解答"P1"的尝试性理论,"EE"表示有待消除的错误见解。这个经典性的公式表明,科学家们的思索几乎无例外地是从问题开始的:第一个问题被提出后,得到了尝试性的解答,但也许这种解答是错误的,通过对这种错误见解的清理,新的问题又应运而生,从而带动了新的探索过程。美国哲学家杜威在《我们如何思维》这部著作中也强调,任何富有创新意义的思索总是发端于思索者的怀疑精神和问题意识。

毋庸讳言,在当代哲学、科学的发展中,问题意识作为创新行为的内在动力的作用表现得更为突出了。我们知道,传统科学的发展是在 17 世纪以来的学科分类,即分门别类的研究方式中得以实现的。随着大量跨学科研究领域的出现，学科之间的传统壁垒被打破了。于是，"学科导向"的传统研究方式让位于"问题导向"的新的研究方式。与传统学科视域内的问题比较起来，现在的问题更具综合性和跨学科性，从而更需要以多学科专家联合攻关的方式去解决问题。

从上面的论述可以看出，不管是学科内的问题，还是跨学科的问题；不管是理论上的问题，还是现实生活中的问题；不管是重大的、核心的问题，还是具体的、边缘的问题；问题的发现才是关键性的。因为任何问题只有被意识到并被提出来，才可能引起人们的思索并得到合理的解决。而任何一个问题的解决，或多或少地意味着思想上的创新。当然，人们关注的问题越是重大，在思索问题、解决问题时所蕴含的创新度也就越大。一言以蔽之，问题乃是任何性质的创新活动的内在推动力。

二、问题来自何处？

既然问题意识构成创新的出发点和内在的推动力，那么，问题究竟来自何处呢？在现实生活中，我们发现，有些人才思敏捷，脑海里不断涌现问题，通过自己的思索又不断地提出解决问题的答案，从而做出了技术上的发明，或出版了原创性的学术论著，其创新能力引起了学术界的普遍肯定和赞叹。然而，也有些人，虽然脑袋里装满了知识和经验，却提不出什么真正有价值的问题来。之所以发生后一种现象，既与他们容易认同环境、缺乏怀疑精神的思想惰性有关，也与他们不清楚问题得以产生的机理有关。在通常的情况下，即使他们朦朦胧胧地意识到了某些问题，也不善于把这些问题提炼成合理的表达方式。这就启示我们，自觉地了解并把握问题产生的机理具有极为重要的意义。在我们看来，问题主要来自以下两个方面。

一方面，问题来自生活世界。正如歌德在《浮士德》中所说的：理论是灰色的，而生活之树是常青的。法国哲学家柏格森甚至把实在世界理解为"生命之流"。也就是说,生活世界是瞬息万变的,新事物也是层出不穷的,而任何理论、任何文本,一经形成,也就成了灰色的东西,因为它已经失去了生活世界的鲜活的、丰富的色彩。有人也许会反驳说:那些科幻小说是描写未来人类生活的,作为文本,它们不但不落后于生活世界,反倒是先于生活世界的。诚然,我们并不否认,科幻小说有一个指向未来的维度,而某些科幻小说中出现的新见解、新事物对生活世界中的人们也产生过重大的影响。但从总体上看,科幻小说中的见解也是在理解当时实际生活的基础上提出来的,而只要产生科幻作品的实际生活已经消失在历史的"黑洞"中,那么,我们完全可以断言,即使是科学幻想,也必定会变成灰色的。总之,灰色调乃是任何理论和文本所无法逃避的命运。只要我们像安泰依靠大地母亲一样地依靠着生活世界,问题就会在我们的大脑中涌现出来。举例来说,假如我们手中有一本叙述当代中国社会转型时期经济问题的著作,假如这部著作在逻辑思维上是严格的,无可挑剔的,那么,我们在阅读它时,似乎很难产生疑虑和问题。其实,在我们看来,这种很难产生疑虑和问题的感觉不过是一种错觉。只要我们关注生活世界,把生活世界的实际情况与文本进行比较,立即就会发现文本中存在的问题:或者是文本忽略了生活世界中的某些重要的现象,或者是文本错误地理解了生活世界中的某些现象。一旦观察到文本与生活世界之间的差异和错位,我们也就获得了质疑文本、批判文本的制高点。在这个意义上可以说,问题来自生活世界。换言之,只有自觉地关注生活世界的人,才能持久地拥有问题意识。

另一方面,问题来自原始的文本。众所周知,人们的知识有两种不同的类型:一种是直接知识,在直接与生活世界打交道的过程中形成;另一种是间接知识,即来自口头传说或各种文本。其实,人们的大部分知识是间接知识,甚至是"间接知识的间接知识"。比如,假定希腊文版的《理想国》是一个原始文本,那么,译自希腊文的英文版的《理想国》就是间接的文本了,而译自英文的中文版的《理想国》就更是间接的文本了。同样地,一本介绍柏拉图思想的英文著作是第二手资料,但如果有人根据这样的第二手资料写出中文版的介绍柏拉图思想的著作，那么，这样的著作作为第三手的资料，离开柏拉图原始文本的距离就更远了。这就启示我们，只要我们不满足于与第二手或第三手的文本打交道，就得返回原始文本上，并把它与第二手、第三手的文本加以比较。这样一来，我们就很容易发现第二、三手文本中存在的问题。一般来说，只要人们以原始文本作为自己的基础去解读第二、三手的文本，不管这类文本是对原始文本的翻译，还是对原始文本的解释，它们存在的问题很快就会暴露出来。当然，原始文本自身也可能存在问题，我们在解读它的时候，不但要考察它自身在逻辑上是否是融贯的，而且要对照相应的生活世界，考量它可能存在的缺失与问题。

总之，问题来自我们每日每时都与之打交道的生活世界。所以，理论上的重大问题归根到底来自生活世界。在这个意义上可以说，只有热爱生活、关注生活、思索生活的人才能保持其源源不断的问题意识。

三、如何解答问题？

在任何一个研究领域里，一旦问题被发现了，接下去要做的事情就是提出问题、解答问题。正如我们在前面已经指出过的那样，尽管问题的发现是关键性的，但问题的提出和解答也起着重要的作用。

一方面，在发现问题以后，一定要以准确的方式提出问题。在大多数场合下，人们注意到了问题和问题意识的重要性，却忽略了准确地提出问题的必要性。事实上，只有准确的提问方式才能使问题本身得到合理的解答。比如，当我们询问"人与动物的根本区别是什么？"时，这个问题的提法已经蕴含着这样的前提，即人是动物之外的某种存在物。也就是说，这种提问方式把人与动物之间的本质联系割裂开来了。事实上，不管人们如何给人下定义，人总是属于动物这个种概念的。如"人是理性动物""人是政治动物""人是制造工具的动物""人是意识形态的动物"等。显然，人作为高等动物不可能脱离动物这个种概念，就像任何人都无法拉着自己的头发离开地球一样。由此可见，"人与动物的根本区别是什么？"这一问题的提法就是错误的，它会把人们的思想引入歧路。准确的提法应该是："人与人以外的其他动物的根本区别是什么？"毋庸讳言，这一提法蕴含着一个准确的前提，即人也是从属于动物这个种概念的。这个例子表明，光有问题意识是不够的，还得学会准确地提出问题。实际上，只有当问题被准确地表达出来的时候，解答它才是可能的。

另一方面，当问题已经被准确地提出来，但仍然很难进行解答的时候，我们应该倒过来反省自己观察问题、理解问题的视角（perspective），看看它是否合理，看看它是否能容纳这样的问题，或者是否必须通过对自己视角的改变，对问题作出合理的解答。比如，牛顿的经典物理学对以后的物理学家产生了巨大的影响，以至于成了他们观察、思索一切物理现象的确定无疑的视角。然而，当物体运动的速度接近光速时，许多与经典物理学的结论发生冲突的现象出现了。当越来越多的问题被提出来，但无法在经典物理学的视角内得到合理说明的时候，在奥地利哲学家和物理学家马赫的怀疑论的影响下，爱因斯坦深入地反省并超越了牛顿经典物理学的视角和框架，通过确立新的时间、空间观念的方式，创造性地提出了狭义相对论的学说，从而使经典物理学视角内一筹莫展的问题得到了合理的解答。无数事实告诉我们，人们总是从一定的视角出发去发现问题并提出问题的，而一定的视角也决定了拥有这一视角的人可能提出的问题的范围、提问的方式和解答问题的途径。一旦这样的问题无法得到合理的解决，出问题的就可能是自己的视角和思维结构了。在这样的情况下，就应该以自我批判的眼光反省自己的视角和思维结构，以便创造性地解答问题。

综上所述，问题意识乃是任何创新行为的内在动力。一个没有问题意识的人是绝对不可能有创新行为的。但值得我们注意的是，一定的问题总是出现在一定的视角中。当这一视角无法容纳新问题时，我们又应该果断地反省它并超越它。

经典解读中的内在张力①

谁都不会否认,经典是无法通过当今社会通行的量化标准加以确定的,因而在任何一个文化共同体中,关于哪些文本属于经典的争论,总是永无休止的。然而,在我的心目中,经典这个概念却不应该被滥用,它或者指称那些拥有巨大的原创性和思想影响力的文本,如康德的《纯粹理性批判》,或者指称那些在文化或文明的塑造中具有决定性意义的文本,如《圣经》。在我看来,只有保持经典指涉的精神高度,使其不坠落下来,对经典解读的倡导才是有意义的。犹如德国哲学家叔本华在《作为意志和表象的世界》的"第二版序"中所说的:"只有从那些哲学思想的首创人那里,人们才能接受哲学思想。因此,谁要是向往哲学,就得亲自到原著那肃穆的圣地去找永垂不朽的大师。"②毋庸讳言,真正的经典解读应该成为读者与思想大师之间展开的开放性的、创造性的对话。

显然,采用"一百句"的形式,由专家引导读

---

① 原载《文汇读书周报》2007 年 10 月 12 日。收录于俞吾金:《生活与思考》,复旦大学出版社 2011 年版,第 260—262 页。收录于俞吾金:《哲学沉思录》,北京师范大学出版社 2016 年版,第 343—346 页。——编者注

② [德]叔本华:《作为意志和表象的世界》,石冲白译,商务印书馆 1982 年版,第 18—19 页。

者解读经典，不失为明智之举。然而，我认为，无论是专家还是读者，无论是对经典的理解、辑录还是阐释、传播，似乎都应该在下面这些有差异的，甚至是对立的端点之间建立必要的张力。

一是客观性与历史性之间的张力。假定有十位专家，在相互不了解的情况下，各自从同一部经典中辑录出一百句话，我们完全可以断定，他们辑录的结果将是不一样的：其中小部分最有影响力的句子可能发生重叠，而大部分句子将是见仁见智，迥然各异的。实际上，当任何一个专家对经典进行解读和辑录时，都会无例外地受到自己视角的影响。在这个意义上可以说，并不存在着超越一切视角的所谓"客观性"，客观性总是奠基于特定的视角之上的。一位专家越是下决心清除自己视角中隐含着的单纯主观的、偶然的因素，使之聚焦于经典的本质，作为选家，他对经典文本中句子的辑录就越具有客观性。

然而，正如法国哲学家阿尔都塞所指出的，单纯的客观性体现为理论上麻木的中立性，这并不是专家追求的真正目的。作为选家，专家需要清除的，只是自己视角中隐含着的主观的、偶然性的因素，而需要加以坚持并凸显的则是自己置身于其中的时代所蕴含的历史性。这种自觉的历史性体现为不同历史时期的专家对自己时代的生活本质和主导价值的领悟。显然，这种领悟应该体现在对经典的理解、辑录、阐释和接受的整个过程中。否则，这一过程必定是外在的、漂浮的、无根基的。由此可见，不管是专家还是读者，在与经典对话的过程中，都应该把客观性（真实）与历史性（价值）紧密地结合起来。

二是部分与整体之间的张力。众所周知，解释学循环的一个基本内容是：要了解整体，必须先把握部分；反之，要把握部分，又必须先了解整体。在这里，部分与整体这两个端点之间的互动体现为以下两种具体关系。其一，词和句子的循环关系。人所共知，句子是由词构成的，假定句子是一个整体，那么构成这个句子的词就是部分。在这个意义上，要把握整个句子，必须先对其中的每个词，尤其是那些关键词的含义获得准确的理解；反之，只有先把握了整个句子，才能对其中每个词的含义做出确切的阐释。其二,句子和文本的循环关系。假定经典文本是一个整体,那么构成这一文本的每个句子就是部分。显而易见,要透彻地把握整个文本,必须先准确地理解每个句子;反之,要准确地理解每个句子,又必须先把握整个文本。这就启示我们,要对经典中辑录出来的每个句子进行准确的理解和阐释,就必须兼顾蕴含在上述两个方面中的部分与整体的循环关系,在互动性的理解和阐释的过程中,不断地深化我们对经典本身的认识。

三是历史意义与当代意义之间的张力。我们知道,任何经典都源于特定的文化共同体发展中的特定历史阶段,而特定历史阶段又构成特定的语境。经典文本总是从它所从属的历史语境中获得自己的历史意义的。然而,一旦生活于当今时代的专家或读者去阅读、辑录或接受经典文本时,他们对其意义的理解和阐释又常常是以当代语境作为依据和出发点的。由于他们不自觉地混淆了当代语境和历史语境之间的界限,从而也必定会混淆经典文本的当代意义与历史意义之间的界限。

众所周知,在《家庭、私有制和国家的起源》一书中,恩格斯就曾批评过他同时代的人类学家试图以当代语境取代历史语境的简单做法:"如果戴着妓院眼镜去观察原始状态,那便不可能对它有任何理解。"① 这就启示我们,经典所蕴含的历史语境不同于阐释者所带入的当代语境;同样,经典的历史意义也不同于阐释者试图赋予它的当代意义。事实上,在阅读、阐释和接受经典的过程中,人们必须在经典的历史语境与阐释者的当代语境、经典的历史意义与阐释者赋予它的当代意义之间建立相应的张力。经典的历史意义指涉的是历史上曾经存在过的生活世界,而经典的当代意义指涉的则是当今的生活世界。在一般的情况下,历史意义和当代意义之间存在着重大的差异,但它们的共同点在于,它们都奠基于作为生活世界构成者的生存实践活动的根本意向。应该在领悟这种根本意向的基础上,合理地阐发经典文本的当代意义与其历史意

---

① 《马克思恩格斯全集》第 21 卷,人民出版社 1965 年版,第 47 页。

义之间的关系。当意大利哲学家克罗齐说"一切历史都是当代史"的时候，他既肯定了经典在意义阐释上的无限的开放性，也肯定了对经典的当代意义阐释的优先性，但这种优先性绝不应该以漠视、误解或牺牲经典的历史意义为前提。

还须注意的是，在关于经典的叙事中，我们也不应该忘记西方人的那句谚语——伟大与贻害是孪生子。伟大人物和经典文本既能激发读者的创造热情，也会窒息他们的创造意识。因为一方面，伟大人物和经典文本是以巨大的创造性为标志的，普通人要超越这种创造性是异常困难的，这容易造成一种普遍的沮丧情绪；另一方面，伟大人物和经典文本极易染上神化和教条化的病症。比如，德国诗人海涅曾在《论浪漫派》一书中批评过伟大的歌德："令人反感的是，歌德对每一个有独创性的作家都感到害怕，而对一切微不足道的小作家却赞赏不已；他甚至弄到这步田地，结果受到歌德称赞，竟变成才能平庸的证明。"①同样地，在习惯于以本本主义的方式理解并阐释经典的人们那里，经典的悲剧性命运也只能是自身的教条化。

面对这种局面，我们该怎么办？一方面，我们需要本本，即经典；另一方面，我们又拒斥本本主义，主张把对经典的阅读与对当下生活世界的考察紧密地结合起来。事实上，只有通过每个历史时期的阐释者的努力，不断地从生活世界中汲取养料，经典才能保持其恒久的生命力。于是，我们又返回到《浮士德》的重要教诲面前：理论是灰色的，而生活之树是常青的。

---

① 《海涅文集》批评卷，张玉书选编，人民文学出版社 2002 年版，第 48 页。

《杜威、实用主义与现代哲学》前言[①]

从20世纪80年代初以来,《现代外国哲学》这份研究性的刊物已经在学术界产生了一定的影响。这份刊物原名为《现代外国哲学论集》,由中国现代外国哲学学会主编、生活·读书·新知三联书店出版。不久,《现代外国哲学论集》改名为《现代外国哲学》,由现代外国哲学编辑组主编、人民出版社出版。《现代外国哲学》出版十余辑后,也由于各种原因而停刊了。我们认为,这份有影响的学术刊物的停刊,对于现代外国哲学的研究来说,无疑是一种损失。经过多方面的协商,决定改由复旦大学现代哲学研究所主办、中国现代外国哲学学会协办,并继续由人民出版社出版。

新版的《现代外国哲学》在内容上将继续发扬旧版的优良传统,在形式上将以论丛的面貌出现,每年将出版一至二本,每本书突出一个主题。我们将努力争取海内外高质量的稿件,既注重基础理论的探索,也注重最新动态的介绍;既注重学界前辈的扛鼎之作,也注重青年后学的创新之思。本论丛尤其注重问题意识,每本书发表的论文将围绕某个或某些重大问题来展开,通过

[①] 原载俞吾金主编:《杜威、实用主义与现代哲学》,人民出版社2007年版。——编者注

组织和接受专题论文的方式，把现代外国哲学的研究引向深入。

同时，我们还将设立评论（包括书评）和资讯两类内容，对现代外国哲学范围内的最新学术思潮、代表人物、重要论著和学术出版动态进行介绍和评论，并设立学科史回顾方面的内容，认真梳理西学东渐以来本学科在现代中国学术史背景下的发展脉络和问题意识。索隐钩沉，阐幽发微，努力发掘出被历史的尘埃和时代的偏见所埋没的某些传统、思潮、学说、流派与人物的现代价值。

此外，我们也将相继推出访谈、译文等内容。

总之，通过与人民出版社的长期合作，我们将努力把本论丛建设成本学科研究领域中的一个门户。

《国外马克思主义研究报告2007》主编的话[①]

在兄弟院校和相关研究机构的支持下,经过国内外学者的共同努力,《国外马克思主义研究报告2007》终于完稿了。这个报告的诞生不仅为今后国外马克思主义研究年度报告的编写提供了范例,也表明我们对国外马克思主义的研究走上了更加系统化、规范化的道路。

从全国范围来看,复旦大学在国外马克思主义研究方面起步较早。1985年,哲学系成立了国外马克思主义教研室,其主要学术研究成果之一——《国外马克思主义哲学流派》于1990年问世后,被不少高等院校列为必修课教材。1999年,复旦大学国外马克思主义研究中心宣告成立。次年,该中心被评为教育部重点研究基地。当时基地成员就曾设想:能否每年推出一部国外马克思主义研究的年度报告,以便为实质性地推进这方面的研究工作尽绵薄之力。2005年,在教育部人文社科重点研究基地和哲学系两个全国重点学科——外国哲学和马克思主义哲学的博士

[①] 原载俞吾金主编:《国外马克思主义研究报告2007》,人民出版社2007年版。——编者注

点基础上，又成立了全国"985工程"国家哲学社会科学创新基地——国外马克思主义与国外思潮研究基地，哲学系也于2006年升格为哲学学院。研究队伍扩大了，科研经费增加了，这就为我们实现这一设想提供了有力的保证。

我国是一个以马克思主义为指导思想的国家，而要坚持和发展马克思主义，就要认真地探索和总结国外马克思主义，尤其是当代国外马克思主义的历史、现状和研究成果，因此，关于国外马克思主义研究的年度报告的编写就具有特别重要的理论意义和现实意义。此外，谁都不会否认，国外马克思主义研究也是近年来兴起的、具有巨大发展潜力的交叉学科，而这一学科自身的发展也迫切需要编写出相应的年度报告。

其一，它使我们对国外马克思主义的研究从放任自流的散漫状态转向主动"盘点"的规范状态。事实上，我国对国外马克思主义的传播和研究已有近一个世纪的历史，而对以卢卡奇为肇始人的当代国外马克思主义的探索也有近三十年的历史了。然而，必须看到，国内不同高校和研究机构对国外马克思主义的探讨偏重各自的学思传统和研究领域，给人以"一盘散沙"的印象。编写年度报告，就必须对国外马克思主义每年的发展情况和探索重点做出主动的分析和认真的总结，从而引导这一领域的研究活动不断地向纵深发展。

其二，它使我们对国外马克思主义的研究从盲目的、前反思性的阶段转向自觉的、反思性的阶段。为什么说以往的研究活动是"盲目的、前反思性的"？因为这些研究活动只是不断地向外扩展，开拓新的研究领域，但却缺乏对研究活动本身存在的问题进行系统的、创造性的反思，而年度报告所拥有的责无旁贷的任务之一，就是对每年研究活动中存在的问题做出自觉的、批评性的反思，从而不断地提高我们的研究水准和思想境界。

其三，它使我们在对国外马克思主义的研究中始终保持前沿意识与理论自觉。在年度报告中，我们不但要梳理出国外马克思主义者每年讨论的热点问题或焦点问题，就像"重点热点问题前沿研究"这一栏目所做的那样,也要花相当的篇幅来探索新动态、新论著、新观点、新思潮和新学派,就像"流派、人物及其观点""重要刊物跟踪""新著评介"等栏目所做的那样,还要特别关注和把握国外对马克思主义原著、文献及其基本理论的研究动向。总之,我们的研究一定要覆盖到最前沿的问题上,而年度报告则促使我们去关注前沿问题,从而努力更新我们的研究活动的内涵,并对国内哲学社会科学研究,特别是马克思主义理论的研究及其创新产生积极的影响和推动作用。

其四,它使我们在对国外马克思主义的研究中,以更积极、更有效的方式进入与国际学术界,尤其是西方学术界的对话中。比如,在编写各地区、各国家关于马克思主义研究的年度报告时,我们尽可能联系相关国家的外籍专家,让他们亲自撰稿,以确保这些地区或国家年度报告的权威性。比如,澳大利亚马克思主义发展的历史与现状,就是由该国专家伊恩·亨特撰稿,日本有关新 MEGA 版的情况,也是由资深专家平子友长先生撰稿。今后我们希望有更多的外籍专家能够参与这一工作。同时,在"名家论坛"这一栏目中,我们也刊登了 G. A. 科亨和雅克·比岱的文章。显然,这样做的目的都是加强与国际学术界的实质性对话和交流。不用说,在一个全球化的时代,"独白式的"或"自说自话式的"研究是没有多大出路的。

我们深知,国外马克思主义研究的年度报告的编写并非易事,要持之以恒地把这项工作做下去更非易事。因为这项任务不仅涉及对浩如烟海的研究资料的梳理、概括和提炼,也涉及我们自己如何以创造性的、批评性的眼光去看待这项任务,在每年一次的年度报告的编写中逐步形成自己的思想观点、学术风格和学术流派。

凡事开头难,但不管如何,第一步已经迈出去了。当然,我们不能因为这是第一步而降低对自己的要求。我们热烈地欢迎学界同仁不吝赐教,也欢迎大家踊跃投稿,共同编写好国外马克思主义研究的年度报告,把我国对国外马克思主义研究的整体水平提升到一个崭新的层面。

2008年

我们也需要这样的西方哲学著作[①]

在西方哲学研究中,既需要有像考普尔斯顿(F. Copleston, S. J.)主编的九卷本的《哲学史》那样的鸿篇巨制,也需要有像全增嘏先生撰写的《西洋哲学小史》那样的短小精悍之作。当然,这样的作品并没有穷尽西方哲学写作的形式。现在摆在我们面前的、由陈卫平教授主编的《西方哲学十二讲》,这本小册子就是一个别具风格的"他者"。这本小册子之所以特别能吸引读者的眼球,因为它具有如下的特征。

其一,全书共十二讲,全部由对话构成。这些对话既紧扣主题,反复论辩,使所要叙述的观点明晰地得以展开,又旁征博引,汪洋恣肆,使读者的思想萌生出丰富的联想。事实上,对话一直是论述哲学思想的最好的体裁之一。无论是柏拉图,还是贝克莱或狄德罗,他们的对话都是脍炙人口的佳品。为什么人们不能把对话的体裁引入哲学历史叙事的领域中去呢?在这个意义上可以说,《西方哲学十二讲》这本小册子做出了创造性的尝试。

其二,对西方哲学的叙事打破了"西方哲学史"和"现代西方哲学"之间的分野。按照传统的

[①] 原载《文汇读书周报》2008年1月11日。——编者注

观点，人们常常把从泰勒斯到费尔巴哈的西方哲学的发展理解为"西方哲学史"，而把叔本华以后的哲学称为"现代西方哲学"。其实，这个分野并不是明确的，也许我们只要指出一点就可以了：费尔巴哈的《基督教的本质》出版于1841年，而叔本华的代表作《作为意志和表象的世界》反倒问世于1818年。这本小册子则大胆地取消了这个分野，其第八讲"面向事物本身：舍勒与胡塞尔现象学的不同道路"、第九讲"'解释'何以可能：从伽达默尔到维特根斯坦"、第十讲"人类文化的守护：卡西勒的符号哲学"、第十一讲"理性的算计：现代社会对价值的数量化"和第十二讲"从同一走向差异：现代性与后现代性"都涉及对现代西方哲学，甚至对当代西方哲学的探索。这种对哲学历史发展的连贯性的重视，保持了西方哲学精神的"全牛"状态。

其三，具有深厚的比较哲学研究的背景。比如在第一讲"哲学的使命：认识你自己"中，作者在探讨哲学概念如何在西方形成的同时，也探索了中国哲学的合法性问题；在第二讲"万物的本原和统一：巴门尼德的'存在'"中，作者对几乎是同时代的巴门尼德和老子的哲学思想进行了比较，阐述了其异同之处。这种比较式的论述方式，贯通在全书之中，不但使读者感到亲切，也深化了对西方哲学家思想的认识。

其四，新见迭出，引而不发，为读者的想象力留下了巨大的空间。无论是作者对"什么是哲学？"这一根本性问题的解答，还是对舍勒与胡塞尔关系、维特根斯坦和伽达默尔关系的探究；无论是对同一与差异的辩证关系的反思，还是对现代性与后现代性的复杂关系的解析，无一不体现出作者的独立思考和真知灼见，令读者有耳目一新的感觉。

总之，在西方哲学研究的百花园中，我们非常希望有像《西方哲学十二讲》这样生命力顽强的小草破土而出。正如印度诗人泰戈尔所说的："小草呀，你的足步虽小，但你拥有你脚下的土地。"

复旦学思传统的真实写照[①]
——《光华文存——〈复旦学报〉(社会科学版) 复刊30周年论文精选》序

记得德国哲学家康德曾经说过:有两样东西,我们越深入地加以思索,敬畏之情就越增长,那就是头上的星空和心中的道德法则。其实,在阅读那些经天纬地、笔力千钧的学术论著时,也会油然而生"高山仰止,景行行止"的感受。

当五大卷厚厚的纪念文集摆放在眼前时,我们的内心受到了巨大的震撼。从内容上看,这些文集涉及文学、史学、哲学、经济学、政治学、法学、管理学、社会学等诸多学科,几乎涵盖了复旦大学人文社会科学研究的全部领域。其中既有以"为往圣继绝学"自况的前辈大师留下的畛域广泛、烛隐发微的珍贵文字,也有以"守护思想"自期的中青年学者写下的返本开新、自出机杼的扛鼎之作。其气象之恢宏,犹如黄河之水天上来,奔流到海不复回;其说理之缜密,宛如水银之泻地,雕琢之无痕。庄子云:"且夫水之积也

[①] 原载《人民日报》2008年6月3日,题为"积萃真品传后世——《光华之存》简评"。载《文汇读书周报》2008年7月16日。收录于俞吾金:《生活与思考》,复旦大学出版社2011年版,第266—268页。——编者注

不厚,则其负大舟也无力……风之积也不厚,则其负大翼也无力。"①这五大卷的纪念文集不正是复旦大学深厚久远的学思传统的一个真实写照吗?

当我们逐卷浏览文集中的篇篇杰作时,一阵阵新观念的热浪迎面向我们扑来。从风格上看,这些佳构包罗宏富,色彩纷呈:或考证精审,微言大义;或征事数典,抉发详备;或放言高谈,臧否人物;或独造精微,自成体系。似乎思想的会饮在此岸举行,仿佛精神的百花在这里盛开。从内涵上看,它们的主要特征可以概括如下。

一是正本清源。众所周知,20世纪70年代后期,人们还没有完全从"文化大革命"的阴影中走出来,"以阶级斗争为纲"的传统观念仍然梦魇般地支配着人们的大脑,而"两个凡是"的错误观念又为思想戴上了新的桎梏。于是,解放思想、正本清源就成了学术界义不容辞的责任。曾几何时,当《光明日报》特约评论员的文章《实践是检验真理的唯一标准》发出第一声狮吼的时候,复旦学人紧随其后,在思想学术领域里擎起了拨乱反正的大旗。夏征农先生的《没有民主就没有社会主义》、漆琪生先生的《马克思的劳动价值学说过时了吗?》、全增嘏先生的《坚持马克思主义哲学史观》、王中先生的《论评论文写作和新闻学上的几个问题——评〈解放日报〉一九五七年六月十六日社论》等雄文,高屋建瓴,振聋发聩,别伪求真,发隐举疑,堪称这方面的开山之作,积极地推进了当时的思想解放运动。

二是接续传统。人所共知,"文化大革命"中流行的思想观念常常是以文化虚无主义的方式表现出来的。在这种表现方式中,传统被推进了硫酸池,消失得无影无踪,而当代中国人的思想似乎像智慧女神雅典娜一样,突然从宙斯的脑袋里蹦跳出来。不用说,这是一个十足的现代神话。历史和实践一再启示我们,即使当某些人以"反传统"自诩时,他们实际上仍然是从属于传统的,因为传统内部本来就蕴含着"反传统"的要

---

① 《庄子·逍遥游》。

素。要言之,"反传统"本身也是一种传统,因而当代人对传统的抗衡,犹如婴儿对母腹、麦子对镰刀的反抗,注定是苍白无力的。当然,肯定传统的重要作用并不等于说它是固定不变的。诚如德国哲学家黑格尔所言:"这种传统并不是一尊不动的石像,而是生命洋溢的,有如一道洪流,离开它的源头愈远,它就膨胀得愈大。"①既然我们始终置身于传统之中,那么试图抹掉传统,就像拉着自己的头发离开地球那样,必定是荒谬之举。正确的做法是,从当代生活世界的本质出发,对传统进行创造性的转化。在这方面,王蘧常先生的《顾亭林逝世三百周年祭》、周谷城先生的《儒学别解》、陈子展先生的《〈桔颂〉解》、郭绍虞先生的《提倡一些文体分类学》、蔡尚思先生的《朱熹的书院教育与礼教思想》、严北溟先生的《论佛教的美学思想》等大文,持论平允,见解深邃,取精用宏,含英咀华,在对传统的接续和反思上,真可谓功不在禹下!

三是融贯中西。与改革开放同步的是,西学东渐又形成了新的高潮。与闭关自守时期百花凋零的学术窘境相对峙的是改革开放时期思想文化上的繁荣昌盛。即便在风雨如磐,素缟遭染,人人谈西学而色变的日子里,复旦学人仍然不骛时尚,不逐时流,孜孜不倦地埋首于对西学经典和最新思潮的探索中。贾植芳先生的《中国比较文学研究的过去、现在与将来》、汪熙先生的《从汉冶萍公司看旧中国引进外资的经验教训》、刘星汉先生的《国际人权保障与美国人权外交》、刘放桐先生的《杜威哲学的现代意义》、金重远先生的《戴高乐的五月十三日》等佳作,陶铸百家,钳锤中外,天姿神迈,独标悬解,无人能出其右。

四是戛戛独造。在披阅文集时,感受最深的是复旦学人老吏断狱般的治学态度和发前人之所未发的创新精神。他们既不泥古崇古,唯前人马首是瞻,也不矫情鸣高,奉西学定论为圭臬,而是泛滥百家,首创山林,融贯中西,自造新境。顾颉刚、谭其骧先生的《关于汉武帝的十三

---

① [德]黑格尔:《哲学史讲演录》第1卷,贺麟、王太庆译,商务印书馆2009年版,第8页。

州问题讨论》、周予同先生的《"六经"与孔子的关系问题》、胡曲园先生的《从〈老子〉说到中国古代社会》、朱东润先生的《论传记文学》、蒋学模先生的《开展社会主义宏观经济学的研究》、章培恒先生的《关于〈古诗为焦仲卿妻作〉的形成过程与写作年代》等巨制,提挈纲维,开示蕴奥,大音希声,震古烁今,犹如空谷石崩,留下了经久不息的回音。

  阅毕文集,如坐春风,掩卷而思,感慨良久。最令人欣慰的是,江山代有才人出,复旦青年才俊也远绍前贤,近取同志,寂寞孤怀,卓然颖出,成绩斐然,难分轩轾。限于序言的篇幅,在这里就不一一列举了。然而,他们不迷信古人,不趋附时相,沉潜往复,从容含玩,守定身心,厚积薄发的治学精神表明,复旦学思传统的血脉已经贯通下来,足见斯道不孤矣!尽管浮躁情绪不绝如缕,像靡菲斯特菲勒斯一样纠缠着中国人,但复旦学人却愿意不徇流俗,不囿旧说,掉背孤行,心无旁骛地浸淫于学术之中,并把德国诗人歌德在《浮士德》中的箴言引为同调:

    浮光只图炫耀一时,
    真品才能传诸后世。

中国学者应有的使命和担当意识[①]

胡锦涛总书记在中国共产党第十七次全国代表大会上所作的报告《高举中国特色社会主义伟大旗帜 为夺取全面建设小康社会新胜利而奋斗》的问世，不仅是我国人民政治生活中的大事，也是我国理论界的大事。在中国特色社会主义理论的总体框架中，十七大报告提出了一系列与我国现实生活密切相关的重大理论问题，值得引起高度重视。

然而，除了在报刊上经常可以读到一些理论文章外，相当一部分理论工作者对这些重大的理论问题往往采取漠然置之的态度。在他们看来，真正的理论问题似乎都出自国外学者撰写的大部头著作，甚至连那些名不见经传的国外小人物发表的言论，他们也视为圭臬，争先恐后地进行介绍和评论。这种盲目崇外的心态不禁使我们联想起67年前毛泽东同志在延安干部会议上所作的题为《改造我们的学习》的报告。正是在这份重要的报告中，毛泽东激烈地批评了那种"言必称希腊"，却对中国的历史和现实的面目漆黑一团的

[①] 原载《解放日报》2008年7月16日。收录于俞吾金：《哲学随感录》，北京师范大学出版社2016年版，第72—76页，题为"理论工作者的担当意识"。作为俞吾金主编的"理论新视野丛书"的总序，载《科学发展观》（重庆出版社2008年版）等书。——编者注

错误思想倾向，并语重心长地告诫我们："不但要懂得外国革命史，还要懂得中国革命史；不但要懂得中国的今天，还要懂得中国的昨天和前天。"①新问题、新观念和新理论层出不穷，作为理论工作者，怎么能够漠然置之呢？其实，理论工作者当前面临的不可推卸的重要使命，是认真地学习、领会并阐释十七大政治报告中提出的一系列重大的理论问题和理论观念。

正是基于对这种使命感的认同，复旦大学国外马克思主义与国外思潮研究中心（"985 工程"国家哲学社会科学创新基地）、复旦大学当代国外马克思主义研究中心（教育部人文社科重点研究基地）和复旦大学哲学学院共同组织并主编了理论小丛书"理论新视野丛书"。丛书第一辑包含以下 6 个理论主题：科学发展观、文化软实力、社会公正、社会主义与资本、资本与和谐社会、生态文明。一个理论主题一本书，每本书 5 万字左右，以浅显易懂、生动精辟的话语对所论主题进行阐释和论述，以帮助广大读者去认真学习和领会十七大报告的精神实质。

对于那些热衷于探索国外理论问题，而对中国社会主义的现实生活和理论问题还没有给予足够重视的理论工作者，最合适不过的是把《伊索寓言》中的下述箴言赠送给他们：

　　这里是罗陀斯，就在这里跳跃吧；
　　这里有玫瑰花，就在这里跳跃吧。

---

① 《毛泽东选集》第 3 卷，人民出版社 1991 年版，第 801 页。

学术论著如何提升自己的质量?[1]

强调学术论著要提升自己的质量,这个说法本身已蕴含着一个前提,即承认目前出版的大部分学术论著质量较低,甚至根本没有质量。那么,一部(篇)学术论著质量高低的判据是什么呢?在我看来,真正的判据只有一个,即它有否提出新的学术见解。假如它在学术上只是前人或同时代人研究成果的低水平重复,那么它不但没有学术质量,甚至也不符合学术规范。学术研究的灵魂是创新,唯有创新才能确保学术论著的质量。当然,我们这里说的"创新"并不是向壁虚构,创新必须有充分的依据。问题的关键在于,如何使学术论著既具有创新的观念,又具有充分的理据?我认为,学术论著要达到这样的要求,作为研究主体的学者必须做到以下三点。

首先,要熟悉自己所探讨的问题的"研究前史"。一般来说,学术论著总是以某个问题作为自己的研究对象的。只要这个学者不是首次对这个问题进行研究,那么在他动手研究这个问题以前,它必定已有研究前史,即已有前人或同时代人对这个问题进行了研究。在这样的情况下,后

---

[1] 原载《文汇读书周报》2008年12月12日。收录于俞吾金:《哲学遐思录》,北京师范大学出版社2016年版,第145—147页。——编者注

来的研究者就必须对已有的研究成果有充分的了解。有的研究者不认真探讨问题的研究前史，就夸耀自己提出了新观点。其实，"新"是相对于"旧"而言的。假如一个研究者不了解关于这个问题的旧观点是什么，他又怎么能够判定，他现在提出的观点是新的呢？由此可见，只有认真地阅读前人和同时代人在这个问题的研究上已经提出过的旧观点，后来的研究者才可能提出与他们不同的新观点。要言之，创新研究的前提是熟悉自己所探讨的问题的研究前史。假如没有这个前提，创新就是一句空话。

其次，创新是极其艰苦的思维劳作。研究者不但要对自己的研究所涉及的问题和材料有一个去伪存真、去粗取精、由表及里、由浅入深的探索过程，也要对前人和同时代人留下的代表性的成果做出批判性的考察。这两方面的批判性考察的结果会显示，研究者究竟能否提出与前人或同时代人的旧见解不同的新见解。如果前人或同时代所持有的某种见解大致上是合理的，那么后来的研究者能做的工作或许就是认同这一见解，同时在论证方法或论据上提供新的、补充性的材料。从逻辑可能性上来分析，研究性论著的创新主要表现在以下三个方面：观点创新、论证方法创新、为旧观点提供新论据。事实上，研究者对自己的研究成果有否价值也很容易做出判断，即在上述三个方面是否提供新的东西。如果没有，那就是低水平的重复。正如所罗门王所说的："太阳底下无新事。"

最后，即使一个研究者在对某个问题的探索上形成了自己的新见解，但如何通过论文或著作的形式把自己的新见解明晰地表达出来，使读者理解，仍然是一个容易忽略的环节。比如，有一本书的名字叫《中国人学史》。这个名字就给读者留下了模糊不清的印象，因为它既可以被解读为"中国人（类）学（研究）史"，也可以被解读为"中国人学（习）（历）史"。又如，另一本书的名字叫《我的人生哲学》，而书的封面上又赫然写着："某某自述。"岂不是同义反复？既然是"我的"，当然是"自述"，反过来也一样。只要写"某某著"就可以了。何必画蛇添足！假如一个研究者连自己的书名也写不清楚,读者怎么敢奢望他能把自己的书的内容写清楚!总而言之,认真地对待学术研究这一崇高的事业,或许应该对自己提出如下的要求:绝不允许任何无新意的所谓"学术成果"转化为出版物。

《国外马克思主义研究报告2008》主编的话[①]

《国外马克思主义研究报告2007》出版后,得到了学术界的好评。其实,我们心里清楚,这类好评主要是针对研究的形式而发的。也就是说,在国外马克思主义研究这么一个重要的领域中,年度报告这种形式似乎是不可或缺的,而既然我们在国内最先采用这种研究形式,大家也就难免会做出这类鼓励性的评价。当然,就年度报告的内容来说,我们也听到了很多肯定性的评价和积极的建议,而所有这一切,也正是我们决定把年度报告这种研究形式坚持下去,并努力做得更好的动力。

经过大家的辛勤劳动,《国外马克思主义研究报告2008》也已经完稿了。细心的读者可以看到,今年的报告,不仅进一步在广度、视野、资讯方面有所加强,而且在深度与专题研究方面也有相当大的提升。同时,我们也较为注重集中报道本年度国外马克思主义研究的主题,比如,2008年度的主题或者是近年来国外马克思主义

---

① 载俞吾金主编:《国外马克思主义研究报告2008》,人民出版社2008年版。——编者注

主题在2008年的反响及进展情况，即新自由主义、新帝国主义以及帝国现象批判，包括由这一主题带动的对马克思主义理论传统及其问题的解读及探讨。我们努力做到视域、深度以及主题相结合，全面而深入地把握国外马克思主义研究的年度情况。随着项目的推进，我们正在形成一种国外马克思主义研究年度报告的研究与编写模式或风格。

当然，在整体结构上，今年的年度报告与去年基本上是一致的，事实上，这种整体结构上的一致性也正是我们所刻意追求的。不难想象，年度报告一旦失去这种结构上的一致性，也就不能成为年度报告了。但必须指出的是，这种整体性不是静止的整体性，而是流动的整体性，其结构随着研究对象每年显现出来的情况的不同而发生相应的变化。

比如，就"各主要国家及地区马克思主义研究年度报告"这一栏目来说，去年的报告对越南、古巴、朝鲜有所论列，但对日本的马克思主义研究状况，只在"原著及史料研究"栏目中有所涉及，而在今年的报告中，不但日本的研究状况得到了系统的介绍，而且也辟出专门的篇幅探讨了西班牙马克思主义的研究现状。这不光是因为日本的马克思主义研究工作做得非常细致、非常深入，而且也因为西班牙的研究思路异军突起，极大地影响了拉丁美洲各国马克思主义研究活动的开展。显然，从国外马克思主义分布的地区结构上看，这种研究的侧重点的变化是非常必要的。我们的想法是，对于马克思主义理论研究活跃的国家及地区，我们的年度报告争取每年都进行报道，而对于那些虽有马克思主义传统但相对沉寂的国家及地区，则可能采取隔年或几年进行报道，以真实地反映国外马克思主义理论研究方面的现状及走向。

又如，就"流派、人物及其观点"这一栏目来说，去年着重介绍了哈贝马斯的后世俗社会理论、霍耐特的承认理论、阿格里塔的消费社会批判理论和列斐伏尔的空间生产理论，而在今年的报告中，则侧重介绍了西方马克思主义与现象学运动的联姻、赫勒思想对布达佩斯学派的后继者的影响、恩斯特·布洛赫的乌托邦主义的马克思主义和阿多诺著作中隐藏着的马克思主义的"后现代转向"的种种要素。值得注意的是，今年的报告在"流派、人物及其观点"的栏目中又辟出了一个"纪念"专栏,对刚去世的著名学者罗蒂、鲍德里亚和高兹进行追思。不用说,从国外马克思主义思潮的流派和代表人物的结构上看,这种关注点的"流动"也是十分自然的。

再如,去年报告中的"名家论坛"的栏目今年被易名为"年度论文"。之所以这样做,因为"名家"这个概念侧重的是"论坛"作者的地位和影响,而"年度论文"则强调在一个确定的年份中"论文"本身的重要性及其影响力。一个有趣的比较是:去年的"名家论坛"刊登的是 G. A. 柯亨和雅克·比岱的研究性论文,而今年的"年度论文"选登的则是齐泽克和大卫·哈维在本年度内发表的研究性论文,因而更具有前沿性,也更契合年度报告本身所蕴含的意向。

在今年年度报告的编写中,除了努力保持其"流动的整体性"外,我们还有以下四点新感受。

第一,"年度报告",顾名思义,是以一年作为报告的计量单位的。然而,在国外马克思主义思潮的发展中出现的各种理论事件,有的是在以小时、天、周或月为计量单位的短时段中发生的,有的则要延续几年、几十年,甚至更长的时间。无疑,在年度报告的框架中,对前一类理论事件的描述不但是可能的,而且也可以描述得很细致,但对后一类理论事件的叙述就会变得相当困难。实际上,"年度"这种计量方法奠基于人类自己制定的纪年法,而国外马克思主义发展中出现的理论事件并不是按照某种纪年法的节奏来进行的。此外,当"年度报告"关涉到像国外马克思主义这样的研究对象时,还会受到资料出版和发行上的时间差的影响。举例来说,去年12月份出版的外国杂志往往要到今年3、4月份,甚至更晚的时间才能到达中国研究者的手中。正是这样的时间差实际上解构了"年度报告",使其转化为"跨年度报告"。也就是说,在理想状态中,我们希望写出某年1—12月的年度报告,但在实际状况中,我们写出来的可能是从某年9月到第二年9月的跨年度报告。当然,意识到"年度报告"所受的时间限制,并不会导致对这种研究形式和体裁的否弃，反而会启发我们以更合理的方式来分配年度报告的篇幅，即在一般的情况下，以详写的方式来描述短时段的理论事件，而以略写的方式来描述长时段的理论事件。

第二，在年度报告的编写中，编写者如何确保自己在资料选择上的客观性，这也是一个无法回避的问题。我们知道，国外马克思主义者们每年都会出版浩如烟海的论著，而年度报告的编写者们受到自己的主观兴趣和知识结构的影响，会自然而然地把自己的主观因素带入对这些论著的选择和评价上，这就会直接地或间接地影响到年度报告本身的客观性和真实性。我们并不对这样的主观因素取全盘否定的态度，而是主张以批判的态度对待之。这里所说的批判的态度，就是通过编写者们深入的自我反省和集体讨论，一方面竭力剔除那些任意的、表面的、肤浅的见解，另一方面则努力保留、扩大，甚至加强报道通过对诸多理论事件的深刻反省所达到的富有个性和特色的真知灼见，从而既使年度报告的资料选择具有客观性，又使其始终保持着编写者群体所固有的那种理论风格。

第三，在今年年度报告的编写中，我们对国外马克思主义者们常常加以使用的差异分析法获得了更清晰的认识。在中国传统文化的语境中，由于数学和逻辑得不到长足的发展，因而模糊性成了中国人思维的普遍特征，而这种模糊性则集中表现在对不同的研究对象的差异性的漠视上。其实，在差异得不到重视的地方，任何研究都是无法深入下去的。比如，认为马克思与恩格斯之间存在着思想差异，这几乎是国外马克思主义者们的共识，而这种共识也得到了常识的支持。试想，就马克思一个人而言，他的思想还有"青年时期"与"成熟时期"的差异，对于有着不同的生活经历的马克思和恩格斯来说，他们的思想怎么可能像国内理论界的某些人所认为的那样，是"完全一致"的呢？事实上，只有承认差异，即既看到马克思和恩格斯思想的共同点，又看到他们之间存在的差异点，才能深入把握他们各自的思想，并对他们之间的关系做出合理的阐释。当然，按照辩证法的本真精神，差异不仅存在于不同的人物身上，而且是无处不在的。众所周知，后现代理论思维尤其重视对差异的探索。由此可见，自觉地借鉴这种理论思维的合理之处，正是为了把国外马克思主义的研究不断地推向深入。

第四，在今年年度报告的编写中，我们在"重点热点问题前沿研究"栏目中，增加了一份新的研究报告——《近年来国外学者关于中国特色社会主义理论的研究》。这份报告表明，在我们关注国外马克思主义发展新动向的时候，国外马克思主义者们也以同样热切的态度关注着中国特色社会主义理论和现实的发展。事实上，中国自改革开放以来取得的举世瞩目的成就本身就是一个重大的历史事件，而获得这一成就的指导思想——中国特色社会主义的提出本身就是一个重大的理论事件，必定会引起国外马克思主义者们的关注和探索。这也间接地表明了，在马克思主义学说的发展史上，中国的实践地位和理论地位正在上升。在年度报告的编写中，不断地感受到这份喜悦，难道不正是对我们这份辛勤劳动的最高嘉奖吗？

"当代国外马克思主义研究丛书"总序[①]

对国外马克思主义的研究滥觞于20世纪70年代末和80年代初的"西方马克思主义热"。经过20多年来的发展,今天我们完全有把握说:国外马克思主义研究,尤其是当代国外马克思主义研究,已经成为一门显学。

国外马克思主义研究之所以成为显学,原因是多方面的。首先,马克思主义本身显示出强大的生命力。几乎可以说,在马克思以后,国际上出现的任何重大的社会思潮,都会自觉地或不自觉地从马克思主义那里借鉴思想资源,甚至直接地或间接地用马克思主义来命名相关的思潮或学派。在这个意义上可以说,马克思仍然是我们的同时代人。其次,国内的马克思主义研究,特别是马克思主义基础理论研究,必须借鉴国外马克思主义研究的最新成果。作为发展中的国家,我国在现代化进程中尚未经历过的事情,许多国家已经经历过了。它们的经验教训是什么?这些经验教训蕴含着哪些重大的理论问题?这些问题是否会导致我们对马克思主义基础理论理解上的重大突破?事实上,国外马克思主义者一系列原创

[①] 此为俞吾金主编的"当代国外马克思主义研究丛书"(重庆出版社)总序,作者俞吾金、陈学明、吴晓明。——编者注

性的研究成果，早已引起国内理论研究者的深切关注和巨大兴趣。最后，作为社会主义国家，我国是以马克思主义作为自己的指导思想的，当然应该比任何其他国家都更多地致力于对国外马克思主义的探索，以便确保我国的精神生活始终站在马克思主义理论的制高点上。

作为国外马克思主义研究领域中的长期的耕耘者，我们也深切地体会到这一研究领域20多年来发生的重大变化。复旦大学哲学系于1985年建立国外马克思主义研究室，1999年升格为复旦大学当代国外马克思主义研究中心，2000年成为教育部人文社科重点研究基地（该研究领域中唯一的教育部重点研究基地，简称"小基地"），2004年，在小基地之外，建立了复旦大学国外马克思主义与国外思潮"985工程"国家哲学社会科学创新基地（该研究领域中唯一的国家级重点研究基地，简称"大基地"）；2005年又建立了国内第一个国外马克思主义自设博士点。2006年全国建立了21个马克思主义理论一级学科学科点，下设5个二级学科，其中包括国外马克思主义研究。所以，从学科建设的角度来看，国外马克思主义已经从马克思主义哲学史或外国哲学史的一个研究方向上升为独立的二级学科，而小基地和大基地的相继建立也表明，国外马克思主义的研究已经受到高度的重视。

我们之所以要策划并出版"当代国外马克思主义研究丛书"，其直接的起因是：通过投标和竞标，我们获得了2004年度教育部哲学社会科学研究重大课题攻关项目"当代国外马克思主义思潮的现状、发展态势和基本理论研究"。这个课题促使我们凝聚大、小基地的全部学术力量，及博士后和博士生中的佼佼者，对当代国外马克思主义做出全方位的、有穿透力的研究。这套丛书具有以下三个特征。

其一，系统性。本丛书试图通过三种不同的研究进路，即"区域研究""流派研究"和"问题研究"来构建这种系统性。"区域研究"重点探讨亚洲、非洲、拉丁美洲（包括一些社会主义国家，如越南、老挝、朝鲜、古巴）的马克思主义发展现状；"流派研究"主要探索国外最新的马克思主义流派，如"后马克思主义""解构主义的马克思主义""女性主义的马克思主义""解放神学"等;"问题研究"侧重于反思当代国外马克思主义者探索的一系列重大的理论问题,如"全球化背景下的现代性""市场社会主义""当代资本主义的最新发展"等。通过这三条不同的研究路径,这套丛书将全面而又有重点地勾勒出当代国外马克思主义发展的整体面貌。

其二,前沿性。本丛书对"前沿性"的理解是,把研究的焦点放在20世纪80年代和90年代初以来国外马克思主义的最新发展上。也就是说,重点考察在最近20年左右的时间里,国外马克思主义发展的最新态势是什么?国外马克思主义者发表了哪些有影响力的著作和论述?他们正在思考哪些重大的社会问题和理论问题?当然,为了把前沿问题叙述清楚,也需要做一些历史的铺垫,但探讨的重心始终落在国外马克思主义者所面对的最前沿的问题上。

其三,思想性。纳入本丛书出版规划的著作,除译著外,都充分体现出对思想性的倚重。也就是说,这些著作不仅是"描述性的",更是"反思性的""研究性的"。它们不仅要弄清新的现象和资料,而且要深入地反省,这些新的现象和资料可能给传统的理论,尤其是基础理论造成怎样的挑战?如何在挑战与应战的互动中丰富并推进马克思主义基础理论的发展?总之,它们不是材料的堆砌,而是思想的贯通。这也正是这套丛书不同于其他丛书的最显著的特点之一。

我们感到庆幸的是,这套丛书在策划的过程中就得到了重庆出版社总编辑陈兴芜和该社重点图书编辑室主任吴立平的热情支持。本丛书的出版也得到了2004年度教育部哲学社会科学研究重大课题攻关项目"当代国外马克思主义思潮的现状、发展态势和基本理论研究"(批准号:04JZD002)的资助,在此一并表示感谢。

2009年

对学术要有敬畏之心[1]

学术规范问题,学术界已经讨论了好多年。现在,市场经济成为许多人生活中的导向,在这个过程中,每个人的利益和欲望也被市场经济所唤醒,那种商业动机、理财意识、急功近利的思想方法全面渗透到社会生活中,也包括学术活动中。市场经济机制总的来说是积极的,市场经济的引入对于学科本身的调整、学术结构的发展、学术研究焕发新的生机都有很大推动作用。但市场经济也有负面作用,比如说弄虚作假,就使学术公信度下降很多。现在在学术上,大概我们发表的论文在全世界已经是数量领先了。如果大量论文都是低水平重复,数量叠加起来,相当于零相加仍然等于零。这些东西可以解决人们的学位、职称,但不能实质性地推进学术研究。

关于学术诚信,我想谈三个问题。

一、关于第一动机

就研究活动来说,比如写作出版一本书,可

---

[1] 原载《文汇报》2009年4月25日。以"学术诚信之我见"为题,部分收录于俞吾金:《哲学遐思录》,北京师范大学出版社2016年版,第158—160页。——编者注

能有很多动机。一是写作者有长期困惑的问题,通过一部书,研究解决了问题,这是学术贡献。但是,写作者也可能有通过这本书解决学位和职称问题的动机。第三个动机,可能通过书的出版拿到稿费。第四个动机,借出版炫耀一下自己。在市场经济背景下,一个人在研究活动中有众多动机是可以理解的。但是,要做到学术诚信,第一动机必须是追求真理、弄清问题、确保学术质量。当所有那些动机发生矛盾的时候,其他所有动机都必须让位于第一动机。否则,如果把其他动机作为第一动机,那么学术就完了,就变成一种形式主义的东西。

所以,避免学术研究过程中的形式主义倾向,我们希望学术的第一动机在于弄清问题、追求真理、确保学术质量。所有其他动机与之发生矛盾的时候,都要绝对服从第一动机。

二、对学术要有敬畏之心

如何让一个行为主体始终把追求真理、确保学术质量放在第一位?这里有一个前提,就是研究者对自己的研究,或者有关的学术研究,要有敬畏之心。现在学术界有不少人对学术缺乏敬畏之心,学术不是其崇敬的职业,而是手中玩弄的魔方。黑格尔在《小逻辑》里说过:有些人根本不懂哲学,只读了一点书就到处高谈哲学;一个人也许不敢说他能做好一双鞋子,但是他却敢大言不惭地说自己能谈哲学,能谈哲理。这也就意味着这个人对学术没有任何敬畏之心。我们知道,学医大概需要7年时间,但是学哲学,如果要讲出一点新意,大概需要埋头寒窗苦读10年才行。现在有很多人随意地讲哲理,好像哲学是世界上最容易的东西。我觉得这是对学术毫无敬畏之心。没有敬畏之心的地方,就有可能出现弄虚作假,粗制滥造。只有当一个人对某个东西非常崇敬,他在学术研究中才会非常谨慎,绝不敢拿粗制滥造的东西去糊弄。

三、关于人文社会科学本身的资质问题

人文社会科学的科学资质长期以来得不到承认，人文社会科学的地位和自然科学的地位依然还不平等。比如，自然科学设有院士，人文社会科学至今没有院士，甚至连一级教授都处在拉锯状况中。如果我们对人文社会科学是否具有科学资质这一点都不肯定，那么，我们对学术腐败、学术造假还有什么可说的呢？实际上，人文社会科学的资质以及它本身的意义，我觉得非常大。十一届三中全会，因为观念转变，由阶级斗争为纲转变为以经济建设为中心，后 30 年中国才有翻天覆地的变化。所以，一个人文社会科学的观念，经济学、社会科学等都包含在内，观念对了，整个世界都要为之一变。反过来，在美国，尽管芝加哥大学有很多人得过诺贝尔经济学奖，但是一旦社会科学的决策错了，金融海啸就危及全世界。正反两方面的例子表明，人文社会科学在某些方面比自然科学远为重要。自然科学的一个专利值几千万乃至几亿，而人文社会科学的一个观点可以改变一个民族，也可以从负面把世界推向谷底。奇怪的是，我们的人文社会科学的资质似乎还没有得到很好的承认。如果现在大学里仍然只重视自然科学而对人文社会科学边缘化，如果人文社会科学本身的资质受到怀疑，那么我们如何从学术规范上去否定假冒伪劣商品？所以，我认为首要的是要承认人文社会科学是科学，它的作用丝毫不亚于自然科学，它在某些方面的成就甚至远远超过自然科学。

我们要认可人文社会科学的资质问题，然后才能对科学有敬畏之心。有了敬畏之心，才能确保我们的第一动机和学术诚信。

动力与平衡机制・哲学对话・马克思主义政治哲学①

《中国社会科学报》设立"专家荐文"栏目,确实是一个很好的想法。一方面,在当前中国人文社会科学研究领域中,学术著作比起学术论文来,无疑拥有更大的权重。也就是说,学术论文的重要性得不到应有的重视。另一方面,由于相关的论文评价机制的匮乏,学术论文的良莠又常常得不到准确的甄别,从而处于见仁见智的状态下。当然,对于优秀论文的推举人来说,也会受到自己观察问题、思索问题的"视角"(perspective)的影响,因而推举人应该尽量淡化自己的主观价值判断,努力顺应客观价值关系。

一、李忠杰:《论社会发展的动力与平衡机制》②

一辆自行车,假如停在那里,又不使用撑脚架,必定会倒下来。假如自行车要往前运动的

---

① 原载《中国社会科学报》2009年7月9日。——编者注
② 载《中国社会科学》2007年第1期。

话，又必定会涉及以下两个问题。一个是动力机制的问题，即自行车要往前走，骑车者就必须通过自己的脚，提供源源不断的动力。一旦先前的动力导致的惯性消失了，又没有新的动力补充上去，自行车也就无法再向前运动了；另一个是平衡机制的问题，即自行车在向前运动时，必须保持好自己的平衡。在通常的情况下，假如骑车者是新手，缺乏良好的平衡技术，他的自行车就有可能在行驶的过程中倒下来；反之，假如骑车者是老手，具有熟练的平衡技术，他的自行车的行驶就会既快又稳。

李忠杰的论文启示我们，一个国家、一个地区的发展，就像人们骑自行车一样，停滞不前是没有出路的，而如果要向前发展，就必须建立良好的动力机制和平衡机制。在这个意义上可以说，动力和平衡是决定社会发展状态的两种最根本的机制。这就暗示我们，任何社会要健康地向前发展，人们所制定的政治、经济、文化和社会制度就必须符合以下两个条件：一是不但不弱化社会向前发展的动力，还要努力地维护并提升这种动力；二是不但不弱化社会向前发展时所需要的平衡机制，还要努力使这种机制变得更健全、更灵活。在作者看来，一个理想的社会应当是动力强劲、活力勃发，同时又平衡有序、稳定和谐的社会，而只有把这种理想作为目标，并坚定不移地向这一目标前进，当今中国社会的体制改革才会获得明确的方向。显然，这篇论文的基本观点为中国特色社会主义的建设提供了极有价值的参考意见。

二、谢地坤：《中国的哲学现状、问题和任务》[①]

改革开放已经走过了 30 个年头。当代中国哲学将何去何从？这篇论文没有纠缠在细节问题上，而是从中国的具体国情出发，大刀阔斧地

---

① 载《中国社会科学》2008 年第 5 期。

从哲学的八个二级学科中择出以下三个主干学科，即马克思主义哲学、中国哲学和外国哲学。接着对这三个学科的现状、面临的主要问题和历史使命进行了提纲挈领式的论述。然后，在这些具有充分理据的论述的基础上，作者提出了自己关于哲学研究思路转变的新见解。一是从"体系意识"转变为"问题意识"。既不要被传统的体系架构牵着鼻子走，也不要沉湎于新体系的建构，而要自觉地从对当代中国人的生存状态的反思出发，抽绎出重大的理论问题，并提出相应的解决办法，从而引领时代精神的发展方向。二是从"本土视域"转变为"世界视域"。作者认为，哲学是特殊性和普遍性的统一，在当今这个全球化的时代，应该有海纳百川、有容乃大的思想境界，不断更新自己的思维方式和研究方式，从而在世界哲学的研究中占有自己的一席之地。三是从中国哲学、西方哲学、马克思主义哲学相互分离的研究方式转变为"视域融合"，逐步确立"大哲学"的观念，真正做到综合创新。

这篇论文主题突出，思路明晰，观点新颖，不但反映出作者在马克思主义哲学、西方哲学和中国哲学研究方面的良好的学养，也显示出作者对中国哲学未来走向的卓越的判断力。

三、王南湜、王新生：《从理想性到现实性——当代中国马克思主义政治哲学建构之路》①

南开大学哲学系是政治哲学、社会哲学研究的重镇之一。近年来，王南湜、王新生在这两个领域里发表了一系列富有新意的学术论文，引起了学术界的注意。这篇论文主张，当代中国马克思主义政治哲学发展的一个重要的趋势是从理想性到现实性。众所周知，德国社会学家马克

---

① 载《中国社会科学》2007 年第 1 期。

斯·韦伯曾经提出过"理想型"这个重要的概念,事实上,当人们在人文社会科学的不同领域中探索各种对象时,会有两条截然不同的进路:一条进路是从"理想型"对象,即符合概念的对象出发,批评现实生活中的实际对象;另一条进路是从对现实生活中的实际对象,即不符合理想状态的甚至残缺不全的对象的反思出发,努力把对象提升到"理想型"的状态中。

从理想性转向现实性,也就是说,在当代中国马克思主义政治哲学的研究领域中,人们不再满足于空谈理想状态中的政治哲学的一般理论或规则,而是努力结合当代中国社会的具体情况,对政治哲学的理论和原则做出批评性的、建构性的思索。

作者认为,这一重大的转变主要体现在以下三个不同的层面上:一是对政治哲学的探讨发生了"身份移位",即从旁观者的身份转变为当事人的身份;二是对政治哲学的探讨发生了"空间移位",即从泛泛而谈国外理论家们关于"公共领域""市民社会"的理论,转向对当代中国社会政治结构发展趋向的探索,换言之,把"公共领域""市民社会"这样的理论问题放在中国政治哲学的语境中来探讨;三是对政治哲学的探讨发生了"问题移位",即不是站在国外理论家们的立场上来提出政治哲学问题,而是从中国实际政治生活出发来提出理论问题,从而使政治哲学中的抽象理论打上了中国社会的鲜明印记。

总之,这篇论文对当代中国马克思主义政治哲学中的这一重大转变的诊断是卓有见地的,反映出作者在这个研究领域中的长期探索和创新精神。

我的西方哲学研究之路[①]

在对西方哲学的研究中,我的想法主要经历了以下三个不同的发展阶段。

第一阶段是单纯对西方哲学产生兴趣。作为1977级大学生,考入了复旦大学哲学系后,我的主要兴趣集中在西方文化,尤其是西方文学上。我从埃斯库罗斯、索福克勒斯、欧里庇德斯、阿里斯托芬等古希腊剧作家的作品往下读,经过但丁、莎士比亚、莫里哀、歌德等,再到陀思妥耶夫斯基、卡夫卡、乔伊斯、普鲁斯特等。只要抓在手中的古典文学作品,几乎无所不读。从大学三年级开始,我较多地涉猎西方古典哲学著作,如《理想国》、《巴门尼德篇》、《形而上学》、《尼各马可伦理学》、《忏悔录》(奥古斯丁)、《人性论》、《纯粹理性批判》等,我的主要兴趣集中在古希腊哲学上。我在西方哲学研究上的第一篇习作是《"蜡块说"小考》,发表于《国内哲学动态》1980年第9期。当时学术界普遍认为,把人的心灵比喻为"蜡块"是亚里士多德最先提出来的,而按照我的考证,柏拉图在《泰阿泰德篇》中已经使用这个比喻。有趣的是,这一小小的考证结果得到了武汉大学陈修斋教授的肯定,他在其

[①] 原载《社会科学战线》2009年第12期。——编者注

译著的"译名对照表"中提到了拙文①,这对我以后的学术生涯来说是一个不小的鼓舞。我的学士学位论文是《试论柏拉图哲学的基本特征》,全文发表于《复旦学报(社会科学版)》1982年第2期。本科生阶段结束后,我下决心从事西方哲学史的研究。

从1982年春季学期起,我开始在尹大贻教授的指导下攻读西方哲学史硕士学位。由于尹大贻教授的主要研究领域是德国古典哲学,尤其是黑格尔哲学,所以我决定把《黑格尔的理性概念》作为我的硕士学位论文的主题。这篇论文约5万字,其中有些部分在《复旦学报》等刊物上发表,后来全文收录于《俞吾金集》(1995,黑龙江教育出版社)。

1984年12月,在获得硕士学位以后,经刘放桐教授推荐,我留系(哲学系现代西方哲学教研室)任教,又开始系统地研读现代西方哲学家的著作,如维特根斯坦的《逻辑哲学论》和《哲学研究》、索绪尔的《普通语言学教程》、胡塞尔的《逻辑研究》和《纯粹现象学通论》、弗洛伊德的《梦的解析》、詹姆士的《实用主义》、海德格尔的《存在与时间》、伽达默尔的《真理与方法》、萨特的《存在与虚无》、罗蒂的《哲学与自然之镜》等。稍后,我出版了试笔之作——《问题域外的问题——现代西方哲学方法论探要》(上海人民出版社,1988年)。当时,我对整个西方哲学(西方哲学史和现代西方哲学)都产生了强烈的兴趣。在我看来,哲学探索中最有创发性的观点几乎都集中在西方哲学中。

第二阶段是把西方哲学和马克思主义哲学的研究紧密地结合起来。考虑到西方马克思主义在整个西方哲学研究中正处于异军突起的位置,从1985年5月起,哲学系建立了西方马克思主义教研室,由我担任主任。1986年,我开始在职攻读博士学位。由于西方哲学学科的博士生导师全增嘏教授遽归道山,当时这个学科又没有其他的博士生导师,我转而投到哲学系老主任、马克思主义哲学博士点胡曲园教授的麾下。

---

① 参阅[德]莱布尼茨:《人类理智新论》下册,陈修斋译,商务印书馆1982年版,第643页。

我不但系统地研读了马克思本人的著作、手稿和笔记，而且也系统地研讨了以卢卡奇作为肇始人的西方马克思主义的重要著作，如卢卡奇的《历史与阶级意识》和《社会存在本体论》、葛兰西的《狱中札记》和《狱中书简》、柯尔施的《马克思主义和哲学》、霍克海默的《传统理论与批判理论》、阿多诺的《否定的辩证法》、马尔库塞的《单向度的人》、哈贝马斯的《交往行为理论》、科莱蒂的《马克思主义和黑格尔》、阿尔都塞的《保卫马克思》和《读〈资本论〉》等。通过"地毯式的阅读"，我与陈学明合著了《国外马克思主义哲学流派》(复旦大学出版社，1990年初版，2002年再版)。

显然，对马克思及西方马克思主义者著作的系统的解读为我开启了一个全新的研究领域。由于理论界常常把西方哲学与马克思主义哲学分离开来，甚至对立起来，往往使两个学科中的许多重要的问题无法得到深入的研究。其实，一方面，马克思主义哲学本身就是西方哲学的一个重要组成部分，只有熟悉西方哲学，才能准确地理解并把握马克思主义哲学。另一方面，只有熟悉马克思主义哲学，才能对西方哲学作出批判性的、别开生面的阐释。明眼人一看就知道，西方马克思主义思潮中的任何一个流派，如黑格尔主义的马克思主义、存在主义的马克思主义、弗洛伊德主义的马克思主义、新实证主义的马克思主义、结构主义的马克思主义、分析的马克思主义、现象学的马克思主义等，无非都是当代西方哲学流派与马克思主义结合的产物。由于熟悉了马克思本人和西方马克思主义的代表性人物的思想，我对西方哲学的认识也获得了新的视角，并在自己的研究论著中努力打通这两个领域。

比如，拙著《意识形态论》(上海人民出版社，1993年；人民出版社，2009年修订版)把西方哲学与西方马克思主义结合起来，探索了意识形态概念的发生和发展史；拙著《生存的困惑——西方哲学文化精神探要》(上海文化出版社，1993年)在叙述西方哲学文化时，融入了马克思的异化理论；拙文《存在、自然存在和社会存在——海德格尔、卢卡奇和马克思本体论思想的比较研究》(《中国社会科学》2001年第2期)对海德格尔、卢卡奇和马克思的存在论学说进行了比较研究；拙文《论马克思对西方哲学传统的扬弃——兼论马克思的实践、自由概念与康德的关系》(《中国社会科学》2001年第3期)对康德和马克思的实践自由观进行了比较研究；拙文《从科学技术的双重功能看历史唯物主义叙述方式的改变》(《中国社会科学》2004年第1期)通过对海德格尔、哈贝马斯关于科学技术思想的探索，提出了历史唯物主义的当代叙述方式的问题。总之，把西方哲学的研究与马克思主义哲学的研究结合起来，深化了对整个西方哲学的认识。

第三阶段是进一步把西方哲学(西)和马克思主义哲学(马)、中国哲学(中)的研究融合起来。其实，在治学上打通马、中、西，一直是我内心的一个愿望。在我担任复旦大学哲学系主任(1995—1999年)期间，曾经发起了教学改革，确立了"哲学系公共必修课"：硕士生不管读哪个二级学科，必须修习《纯粹理性批判》《周易》和《1844年经济学哲学手稿》；博士生不管读哪个二级学科，也必须修习《精神现象学》《传习录》和《1857—1858年经济学手稿》，其宗旨就是要努力把研究生培养为打通马、中、西的通才。

在这个阶段中，我努力尝试，自觉地从当代中国的具体国情和中国人的价值取向出发，以批判的态度研究西方哲学。我与刘放桐教授一起主编了《西方哲学通史》(10卷本，人民出版社已出7卷，其中包括我作为第一作者的《德国古典哲学》，还有3卷正在出版的过程中)，不但坚持以马克思的历史唯物主义理论作为指导思想，而且充分考虑到了中国读者作为受众群体对这套书的接受问题；拙著《问题域的转换——对马克思和黑格尔关系的当代解读》(人民出版社，2007年)在反思马克思与黑格尔的理论关系时，批判性地考察了当代中国哲学界对马克思与黑格尔关系的各种代表性的见解；拙文《黑格尔——一个再批判》(《中国哲学年鉴2009》)深入批判了黑格尔思维方式对中国哲学界的影响；拙文《康德是通向马克思的桥梁》(《复旦学报(社会科学版)》2009年第4期)针对中国哲学界忽略马克思与康德关系的偏失，强调了康德的思想遗产在马克思哲学形成中的重要地位和作用;拙文《人在天中,天由人成——对"天人关系"含义及其流变的新反思》(《学术月刊》2009年第1期)努力把海德格尔的"在世存在"(In-der-Welt-sein)的观念、马克思的"人化自然"(die vermenschlichteNatur)的观念和对中国文字源流的考辨结合起来,对中国传统的"天人关系"做了颠覆性的阐释。

回眸自己在西方哲学研究中走过的道路,我的主要感受如下。

其一,真正的哲学史家必须同时也是哲学家。冯友兰先生认为,当代中国只有哲学史家而无哲学家。显然,他的这个说法降低了哲学史家的标准,似乎哲学史家所做的工作就是"剪刀+浆糊",很容易。其实,哲学史家要写出一流的哲学史著作,他首先就必须是一个哲学家,即拥有自己独立的哲学观。时下学术界到处传来的喧嚣是"重写哲学史""重写文学史""重写历史"等,但在我看来,"重写"(re-write)的前提是作者必须拥有自己独立的哲学观念,如果没有这样的观念,"重写"必定会变形为"重复"(repeat)。总之,如果一个哲学史家同时不是一个哲学家,他是没有希望写出一流的哲学史著作来的。比如,黑格尔就集哲学家与哲学史家于一身,他的《哲学史讲演录》同时也是他的哲学著作;再如,海德格尔也集哲学家与哲学史家于一身,他的《存在与时间》既是伟大的哲学著作,又是一流的哲学史著作,在这部著作中,我们几乎能够找到海德格尔对整个西方哲学史的批判性考察和评论。

其二,注重分析的方法在西方哲学研究中的作用。长期以来,中国哲学界对西方哲学的研究偏向于欧洲大陆哲学,而忽视对英美分析哲学的研究。某些介绍西方哲学的论著也常常误导中国的读者,似乎分析哲学在英美已经处于衰微的状态中。其实,值得注意的是相反的倾向,即英美的分析方法越来越成为国际上通行的哲学研究的基础性方法。

当然,我们应该把"分析哲学"与"分析的方法"区分开来。分析哲学把全部哲学的使命理解为语言分析和逻辑分析运动,忽视了哲学的社会批判功能,这是我们所不能苟同的,但整个分析哲学运动所蕴含的分析的方法却应该受到我们的高度重视。也就是说,我们不应该把洗澡水和小孩一起倒掉。我们可以倒掉洗澡水，但应该把小孩抱在怀里。

分析的方法为什么重要，举一个简单的例子就会明白。假定我们面前放着一篇关于西方哲学的研究性论文，假定它有三个关键词，而作者对每个关键词的含义都不清楚，从而也不可能对它们的含义做出严格的界定，我们怎么可能指望他会创造出下面的奇迹，即"不清楚＋不清楚＋不清楚＝（整篇论文）清楚"。分析的方法要求我们对自己在文本中所使用的概念、命题的含义能够有明晰的理解，并进行清晰的表述。显而易见，如果连这样基本的要求也达不到，当代中国学者撰写的学术论文就无法与国际学术界进行有效的、实质性的对话。

近年来，我在西方哲学的研究中努力运用分析的方法，觉得很有收获。比如，拙文《如何理解马克思的实践概念——兼答杨学功先生》（《哲学研究》2002 年第 11 期）、《Aufheben 的翻译和启示》（《世界哲学》2002 年增刊）、《究竟如何理解尼采的话"上帝死了"》（《哲学研究》2006 年第 9 期）、《康德两种因果性概念探析》（《中国社会科学》2007 年第 6 期）、《究竟如何理解并翻译贝克莱的命题 esse is percipi》（《哲学动态》2009 年第 5 期）等，都无例外地采用了分析的方法，对概念或命题的确切含义加以澄清。

其三，在西方哲学的研究中，比较研究的方法不是可以用或可以不用的方法，而是无法回避的根本性的研究方法。道理很简单，因为我们是东方人，确切地说是中国人。当我们研究西方哲学时，会自觉地或不自觉地把自己作为当代中国人的理解前结构带入对西方哲学文本的解读中。也就是说，在当代中国学者对西方哲学的研究中，已经不存在"比较研究"与"非比较研究"的差别。确切地说，一切研究都是比较研究，区别只在于是"显性的比较研究"，还是"隐性的比较研究"。所谓"显性的比较研究"就是在论著中，甚至在论著的标题上明确表示，自己在做中西方哲学的比较，比如，对中国哲学家庄子与德国哲学家海德格尔的哲学思想进行比较研究。所谓"隐性的比较研究"，乍看起来，其论著的研究主题似乎不是比较性的，甚至在论著中也从未出现"比较"这个词，但这并不等于说这样的研究就是"非比较研究"或"超比较研究"。实际上，研究者早已把自己作为当代中国人的先入之见，融入对西方哲学中的某个研究对象的叙述和评论中。当然，仅仅认识到比较研究方法在当代哲学研究中的普遍性和不可超越性还是不够的，需要进一步加以反思的是比较研究中存在的、触目可见的"无政府主义状态"。这里所说的"无政府主义状态"只是一个隐喻，并没有政治方面的含义。它的意思是：研究者们完全是随意地从中国哲学和西方哲学中抽取出不同的对象加以比较。

如前所述，有的学者对中国古代哲学家庄子和当代德国哲学家海德格尔的哲学思想进行了比较研究。在这里，我们需要加以追问的是，这种研究方式的正当性何在，即为什么是在庄子和海德格尔之间，而不是在孔子与海德格尔之间，或在柏拉图与冯友兰之间？如果人们把被比较的两个对象在思想上的某种相似性作为比较研究的理由，那么，一方面，这等于先引入比较研究的结果作为进行比较研究的理由，从而陷入循环论证；另一方面，这种相似性往往是表面上的，极易导致整个比较研究停留在表面上而无法深入下去，而这样的研究方式就与游谈无根的"闲聊"没有什么区别了。

比如，人们常常喜欢对中国哲学家朱熹和德国哲学家黑格尔的哲学思想进行比较研究。因为朱熹肯定"理"的作用，而黑格尔肯定"绝对理念"的作用，而"理"与"绝对理念"似乎有某种相似之处。其实，这两个概念只具有表面上的相似性，而在内涵上存在着根本性的差异。就朱熹而言，他的"理"是以中国传统社会的"君臣父子"社会秩序为背景的，而黑格尔的"绝对精神"则是以18世纪欧洲的启蒙运动为背景的，因而蕴含着对任何等级秩序观念的排除和对启蒙的主导性价值观念——平等、自由、民主的认同。也就是说，"理"与"绝对精神"只有形似关系，而无神似关系，实际上它们之间根本就缺乏可比性。

在我看来，要超越比较研究中的这种"无政府主义状态"，就应该借鉴斯宾格勒和汤因比的"形态学时间观念"，结合马克思的"三大社会形态"理论，确立新的"社会形态时间观念"，并在这一时间观念的基础上，形成"比较研究的正当性"和"比较研究的科学性"的观念，以便使比较哲学超越"无政府主义状态"，真正上升为一门科学。

上面是我在西方哲学研究中的一些粗浅的体会，祈望学界同行不吝赐教。

《国外马克思主义研究论丛》第一辑主编的话[①]

经过复旦大学"国外马克思主义研究"上海市重点学科学术团队的共同努力,酝酿已久的《国外马克思主义研究论丛》第一辑即将问世。这个论丛既是上海市重点学科建设项目阶段性成果的展示,也表明我们的国外马克思主义研究又多了一个学术平台。到目前为止,我们已经拥有《当代国外马克思主义评论》(CSSCI来源期刊)、《国外马克思主义研究报告》(年度系列报告)、《国外马克思主义研究论丛》(研究集刊)、《现代外国哲学》(研究集刊)、《国外马克思主义与国外思潮译丛》(研究集刊)等学术期刊和集刊。这些期刊和集刊在国内外学者的支持下,已经或者将要为全国的国外马克思主义与国外思潮研究作出贡献。

从全国范围看,复旦大学的国外马克思主义研究起步较早。1985年,复旦大学哲学系率先成立了国外马克思主义教研室,其主要学术成果之一——《国外马克思主义哲学流派》于1990年问世后,被不少高校列为必修课教材。《西方马

[①] 原载复旦大学当代国外马克思主义研究中心、复旦大学国外马克思主义与国外思潮研究国家创新基地编:《国外马克思主义研究论丛》第一辑,人民出版社2009年版。——编者注

克思主义教程》也被教育部列为研究生推荐教材。1999年，复旦大学当代国外马克思主义研究中心宣告成立。2000年，该中心被评为教育部人文社科重点研究基地（简称"小基地"）。2005年，在"小基地"和哲学系原有的两个重点学科——外国哲学学科和马克思主义哲学学科的基础上，又成立了复旦大学国外马克思主义与国外思潮研究"985工程"国家哲学社会科学创新基地（简称"大基地"）。2006年，哲学系改建为哲学学院。2007年，复旦大学哲学一级学科被评选为国家重点学科，同时，"国外马克思主义研究"学科被评选为上海市重点学科。

本学科组建了以俞吾金教授为学科负责人，以俞吾金、陈学明、吴晓明等教授为学科方向带头人，由15名研究人员组成的学术团队。该团队研究人员不仅理论功底深厚、专业基础扎实、学术视野广阔，而且外语语种较全（英语、德语、法语等），能充分利用外文原著从事学术研究。这是一支有研究热情、有思想活力、团结向上、实力雄厚、水平较高的优秀学术团队。

本学科始终以"国外马克思主义研究"为主线，围绕着全球化和现代性等重大理论问题和现实问题，进行跨学科、全方位、开放性的研究，确定了三个研究方向，即国外马克思主义流派（个案研究）、国外马克思主义最新动态（前沿研究）、国外马克思主义基本理论（问题研究）。采取"三个侧重、三个拓展"的发展战略，即从侧重于西方马克思主义，逐步拓展到对国外马克思主义的全方位研究；从侧重于哲学研究，逐步拓展到对国外马克思主义的政治、经济、社会学、美学、伦理、宗教等思想的综合研究；从侧重于复旦大学的研究力量，逐步拓展到国内国际上的合作研究。形成了"四个注重"的研究特色，即注重文本的深入解读，注重对重大问题的系统研究，注重学科之间的对话合作，注重国际学术交流。

《国外马克思主义研究论丛》第一辑共收入论文17篇，译文2篇，有些文章是第一次公开发表，有些文章已经在有关学术刊物上发表过。从内容上看，这些论文可以分为几个部分："马克思与西方马克思主义"

"现象学与现象学马克思主义""历史与历史唯物主义""资本与当代资本主义""现代性与后现代叙事"。通观这些论文，可以看出它们有如下几个特点。

第一，基础理论与前沿问题相结合。这是我们的国外马克思主义研究的重要特色。这里的"基础理论"既包括马克思哲学的基础理论，又包括西方马克思主义哲学的基础理论。前者如对历史唯物主义决定论、唯物史观与启蒙、社会权力的性质与起源等问题的分析，后者如对西方马克思主义哲学观点、宗教观点，以及西方马克思主义存在论视域的探讨。这里的"前沿问题"主要是指国外马克思主义与国外思潮的前沿问题，如法兰克福学派批判理论的第三期发展、现象学与现象学马克思主义、《帝国》的"后革命宣言"、詹姆逊与后现代转向、P. 安德森对历史唯物主义的反思与重构等。

第二，文本解读与现实反思相结合。注重对文本，尤其是经典文本的深入解读，是我们复旦大学哲学学科，当然也是国外马克思主义学科最重要的研究特色。

我们的所有这些研究都是在解读文本的基础上进行的，这里既有对大量外文文本的解读，也有对中文文本的解读。但是，注重对经典文本的深入解读，并不意味着对现实问题的忽视或者不重视，相反，注重对重大问题的系统研究也是我们的研究特色之一。例如，关于"资本与当代资本主义"一组文章，基本上都是关于现实问题的理论反思。而其他文章虽说是理论研究，但也都有着现实的指向，至少有着现实的考虑。例如，"朝向事物本身"与"实事求是"等。

第三，整体研究与个案研究相结合。这是我们的研究特色，从这些文章中也可以看得出来。这些文章有不少是关于国外马克思主义，尤其是西方马克思主义的整体研究，例如，西方马克思主义存在论视域的初始定向，早期西方马克思主义者对马克思哲学的重新探索，如何看待当代资本主义，资本与社会和谐，价值哲学的重建，等等；但更多的是专题研究或个案研究，例如，柯亨功能解释理论的背景、宗旨和局限，法兰克福学派批判理论的中国研究范式，后期海德格尔论马克思，曼海姆意识形态理论中的"傲慢"与"偏见"，等等。当然，也有些论文属于比较研究，例如，杜威的"经验"概念与马克思的"实践"概念，卢卡奇、布洛赫等早期西方马克思主义者宗教思想初探，等等。

另外，该论丛还选登了柯尔施的《改变世界——马克思的〈关于费尔巴哈的提纲〉》、阿尔都塞的《给法国共产党中央委员会的一封信》。

《国外马克思主义研究论丛》将集中反映我们在"国外马克思主义研究"上海市重点学科建设方面的学术成果，我们希望在上海市重点学科建设项目的支持下将这个论丛一直办下去，也希望国内外同仁多提宝贵意见，以促使我们的《国外马克思主义研究论丛》越办越好。

2010年

《生活与思考》自序[①]

我出生在浙江省萧山县临浦附近的下门村（今浙江省杭州市萧山区河上镇下门村）。10岁时随母亲搬迁到上海，住在离南京路和西藏路都很近的牯岭路103弄22号。父亲年轻时只身到上海闯天下，在南京西路的中国照相馆工作。当时，我有一个姐姐、一个弟弟。一家团聚后，又添了两个弟弟。我从凤阳路的第三小学毕业后，考入成都路附近的第六十二中学。初中一、二年级时，十分贪玩，初三时才把心收起来，考取了淮海路附近的光明中学。

1966年5月，高中毕业时，史无前例的"文化大革命"开始了，我的大学梦破灭了。1968年9月，我被分配到上海电力建设公司第一工程处工作。一个月后，我随大部队支援四川渡口攀枝花502电站建设，住在金沙江边的简易宿舍里，四周都是连绵不绝的大山，真正可以说是"开门见山"。502电站建成后，我于1969年10月返回上海，先后参加了高桥地下热电站、江苏望亭电站、闵行发电厂和金山热电厂的建设。

1977年，高考招生制度恢复后，我考入复旦大学哲学系，终于圆了期盼已久的大学梦。然

[①] 原载俞吾金：《生活与思考》，复旦大学出版社2011年版。——编者注

而，当时我的主要兴趣在文学上，哲学是我的第三志愿。大约两年后，我开始意识到，我擅长的不是文学上的形象思维，而是哲学上的逻辑思维。在本科三、四年级，我的兴趣逐渐转移到古希腊哲学上。我的学士论文是《试论柏拉图哲学的基本特征》(载《复旦学报(社会科学版)》1982年第2期)。1982年春，在尹大贻教授的指导下，我开始攻读外国哲学硕士学位。由于尹大贻教授主攻德国古典哲学，我的研究方向也转向德国古典哲学，硕士学位论文是《黑格尔的理性概念》〔全文收录于《俞吾金集》(1995，黑龙江教育出版社)〕。

1984年12月，我获得了外国哲学硕士学位，并留在复旦大学哲学系现代西方哲学教研室任教。1986年9月，我开始攻读博士学位。由于当时外国哲学专业的博士生导师全增嘏教授遽归道山，我转而投到哲学系老系主任胡曲园教授的门下，攻读马克思主义哲学专业的博士学位。1987年4月，我从助教破格晋升为副教授；1988年10月到1990年9月，我作为联合培养博士生赴德国法兰克福大学哲学系留学，在伊林·费切尔教授(Prof. Dr. Iring Fetscher)的指导下，我认真阅读了法兰克福学派的代表作品，期间，差不多经历了两德合并的全过程。

1992年1月，我在复旦大学获得哲学博士学位；1993年4月，晋升为教授，并被国务院学位办批准为外国哲学专业博士生导师。从这个时候起，我就给自己发出了一个康德式的"绝对命令"：绝不发表没有新见的学术论文。1995—1999年，我担任复旦大学哲学系主任，并于1997—1998年应邀访问哈佛大学哲学系；1999年6月，我应邀赴台湾辅仁大学、台湾大学和台湾清华大学讲学；2000年4月，作为富布赖特(Fulbright)资深教授应邀赴美国夏威夷大学等7所大学用英文讲学，同年被评为复旦大学特聘教授；2005年3月，被评为教育部首届"长江学者"特聘教授。

回眸30年来的思路历程，我发现，我的哲学思考主要是围绕着现实生活中出现的重大问题而展开的。1983年6月，哲学系的六位研究生(三位博士生：谢遐龄、陈奎德、周义澄；三位硕士生：俞吾金、安延明、吴晓明)共同起草了一份以现行的哲学教科书为批判对象的《认识论改革提纲》。在1983年6月的桂林会议(现代自然科学与马克思主义认识论讨论会)上，该提纲遭到了中国人民大学教授萧前等的批判，有些别有用心的人还把它与"精神污染"联系起来，从而使学术讨论变形为政治批判。这就是当时哲学界著名的"六君子事件"。从1995年起，在我担任系主任期间，我提出了"以改革开放的大思路，促进哲学系的大发展"的口号，由我起草的《复旦大学哲学系课程体系改革方案》经历届系主任的实施，使哲学系的面貌发生了重大的变化，该方案荣获第五届全国高等学校优秀教学成果奖一等奖。从2005年起，作为复旦大学学术委员会副主任，我又兼任复旦大学学术规范委员会主任。为了端正学风，根据举报信件，我们认真进行调查核实，处理了一些学术剽窃事件。这不但得到了教育部的肯定，也得到了学术界的好评。

我对现实生活的思考也表现在对学生活动的积极参与中。1993年3月，我受命担任复旦大学辩论队教练兼领队。经过5个月左右的训练，在8月于新加坡举行的首届国际大专辩论赛中，复旦大学辩论队荣获团体冠军，蒋昌建荣获最佳辩手。回国后，我和王沪宁教授一起主编了《狮城舌战——首届国际大专辩论会纪实与评析》(复旦大学出版社1993年版)和《狮城舌战启示录——怎样造就优秀的辩才》(上海人民出版社1994年版)，在全国范围内掀起了大学生辩论的热潮。1997年5月，作为领队，我带领复旦大学15位学生(因英文论文入选)赴瑞士圣加仑大学参加第27届国际经济管理研讨会，一位同学荣获论文大奖。回国后，我主编了《跨越边界——复旦学子走向国际学术舞台纪实》(复旦大学出版社1998年版)，记录了当时的感受。这本书成了以后参加同类国际会议的指南。

事实上，我的哲学思考主要是沿着以下两条不同的线索展开的：一条是对重大现实生活中重大问题的探索，侧重于思想性；另一条是对重大学术问题的探索，侧重于学术性。为了让读者更全面地了解我的思想发展轨迹，也为了使文集更具有可读性，我在本书每年的"纪事"栏里会简要地提及我当年出版的学术著作、发表的有影响力的学术论文，而每年列出的代表性论文的内容则侧重于思想性，即侧重于对现实生活的考察和反思。

在我看来，归根到底，一切思想和学术问题均源于现实生活。回顾30年来的学习、研究生涯，我最深切的感受是：绝不能简单地用逻辑去规范生活、裁剪生活。事实上，2001年的"9·11"事件、2003年流行的SARS、2004年的印度洋海啸、2008年的汶川地震、2010年舟曲的泥石流，又有哪个人从逻辑上预见到了？生活是敞开的，充满偶然性和可能性的，也是灰色的理论和逻辑永远无法包裹起来的。只有不断地从生活中汲取灵感的人，才有可能站在思想的制高点上，在理论、学术研究中自出机杼，发前人之所未发。

生活永远在逻辑之外。

《俞吾金讲演录》前言[1]

作为"文化大革命"后的第一届大学生,即1977级大学生,我于1978年初进入复旦大学哲学系,1984年12月获得硕士学位并留系任教,又在职攻读了博士学位。我在读研时期就开始作学术讲演,至今作过的学术讲演或报告已经数不清了。收入本书的15篇讲稿,都是21世纪初以来,即近10年来我在不同的场合下所作的讲演。

在编写本书时,我给自己确定的第一条原则是可读性。也正是出于这个方面的考虑,我曾经作过的不少学术上的专题讲演都没有收录进来。即使是非学术专题的讲演,有时也会遭遇到一些晦涩的理论问题,我尽量作深入浅出的阐释,使读者易于领会其中的奥妙。

我给自己确定的第二条原则是思想性。在非学术专题的讲演稿中,我选择的是偏重思想性的稿子。在某种意义上,一次讲演是否成功,关键取决于是否有新的思想被表述出来。思想性之于讲演,就像盐之于汤,绝不能用老生常谈去浪费读者的时间。

我给自己确定的第三条原则是主题的多样化。我把15篇讲演稿分置于哲学篇、思想篇、

---

[1] 原载俞吾金:《俞吾金讲演录》,长春出版社2011年版。——编者注

历史篇、文化篇和反思篇这五个不同的篇目中,当然,这并不表明这些篇目各自完全是独立的,只是表明它们的侧重点有所不同。我在这里特别要提到反思篇,置于这一篇目下的三篇讲演都涉及对自我的反思。在这个快速转型的社会中,对自我的反思之所以具有特别重要的意义,是因为只有能够战胜自我、超越自我的人,才能成为这个社会的成功的弄潮儿。

  本书附录是一篇对我的采访录,目的是让读者了解我的学术经历、我近年来的思考以及我将来的研究计划,欢迎读者不吝赐教。

2011年

思想家究竟到哪里去了[1]

支玲琳：由英国《外交政策》杂志评选的2010年度"全球百大思想家"名单于近日出炉。但是占据榜单前列的，并不是以思想闻名的学者，而是以比尔·盖茨、巴菲特、奥巴马为代表的"行动派"名人。即便因学术思考而上榜的学者，似乎也难以让人留下深刻的印象，更遑论与达尔文、马克思等比肩的人物了。属于这个时代的思想家究竟到哪里去了？这是一个值得思考的话题。

俞吾金：理智健全的人都会有自己的思想，但只有极少数人有资格被称为思想家。按照我的看法，如果有人在重大的现实问题或理论问题上发表了原创性的见解，而这些见解对人类社会及精神生活的发展产生了巨大的影响，这样的人才就可以被称为思想家。

从上述标准出发，就会发现，"全球百大思想家"的评选似乎是名不副实的。比如，称美国总统、巴西外长为政治家，称比尔·盖茨、巴菲特为理财专家或巨富，称有些在专业上取得一定成就的人为物理学家、化学家或生物学家等，就已经很到位了，何必一定要给他们戴上"思想家"的桂冠呢？当然，像达尔文、弗洛伊德这样的人

---

[1] 原载《解放日报》2011年3月1日，作者支玲琳、俞吾金。——编者注

之所以有资格被称为思想家,不仅因为他们各自在生物学、心理学领域里实现了重大的突破,而且其理论对人类的思想进程产生了重大的影响。然而,今天这些上榜者,显然没有达到这样的影响力。

在某种意义上,思想家是人类群体中的极品,是可遇而不可求的,不是每年都可以批量生产的小商品。何况,不少思想家的命运十分坎坷,甚至到死后才获得巨大的哀荣。比如,丹麦神学家索伦·克尔凯郭尔,生前的影响几乎没有超出自己的国家,但半个多世纪以后,却获得了巨大的哀荣,被西方人尊为与黑格尔并肩的"19世纪最伟大的思想家之一"。要言之,思想家不是通过简单的投票或对影响因子的计算就可以识别出来的。尽管我并不赞成以《外交政策》杂志这样的方式来评选全球的思想家,但我认为,评选的结果——我们这个时代缺乏公认的伟大的思想家——作为一个文化事件值得我们深长思之。

支玲琳:仅仅就这份名单来看,与历史上的名家相比,现在的思想家们的确逊色很多。您认为我们究竟丢失了什么?

俞吾金:我认为,思想家之思想,应该兼具以下两种素质:一是对传统观念拥有不同寻常的、深厚的批判能力,苏格拉底、康德、马克思、尼采、维特根斯坦就是这样的人物;二是在提倡新观念方面拥有巨大的、令人叹为观止的原创能力,如老子、庄子、朱熹、柏拉图、亚里士多德、黑格尔、达尔文、弗洛伊德、爱因斯坦、胡塞尔、海德格尔这样的人物。

就批判能力来说,康德的"三大批判"(《纯粹理性批判》《实践理性批判》《判断力批判》)就是明证。深受康德影响的马克思的大部分著作的标题或副标题,都有"批判"这个词。比如,马克思倾注毕生心血写成的《资本论》的副标题就是"政治经济学批判"。我们还可以追问:为什么现代俄罗斯文学会出现大家辈出的繁荣局面?其中一个重要的推动力来自俄罗斯的四大批判家——别林斯基、赫尔岑、车尔尼雪夫斯基和杜勃罗留波夫。由于他们的批评,才会孕育出像托尔斯泰、陀思妥耶夫斯基、莱蒙托夫这样的文学巨匠。

一般来说，真正的思想家都拥有高度自觉的批判意识，绝不会成为对前人观念亦步亦趋的"应声虫"。德国哲学家马尔库塞在 1964 年出版了一本广有影响的著作《单向度的人》，批评发达工业社会的人在思想上只剩下了与实际生活相认同的向度，即把存在着的一切都理解为合理的，而失去了第二个更重要的向度——批判的向度，即对实际生活进行质疑、提问和批评的能力。看看今天这个商业社会，广告铺天盖地。在这种环境的浸润下，人们很容易丧失独立思考和怀疑的能力。也许，这就是工业文明的代价吧。

所谓原创能力，乃是在批判旧观念的基础上，构建新观念和新观念体系的能力。老子写下的《道德经》不过 5000 字，但其思想上的原创性却为全球的学者所公认。据我所知，光在德国，《道德经》已有 70 多个德译本。又如，古希腊哲学家柏拉图，尤其是他的理念论，对西方思想发展史的影响，无人能出其右，甚至有人认为，西方思想史不过是"柏拉图思想的注脚"。这些例子表明，思想家同时也是思想上的伟大的建设者。

支玲琳：但无论从国内还是国际的形势来看，现在都是一个大变革的年代，是一个出思想家也呼唤思想家的年代。

俞吾金：当今确实应该是一个出大思想家的时代。随着科学技术，尤其是航空、电脑和通信技术的迅猛发展，地球已经变为村落。无论是当代人所了解、所经历的东西，还是他们所思考探索的问题，都比以前的任何世代都要多得多，也要深刻得多。无疑，丰富多彩、瞬息万变的当代生活为伟大思想家的诞生提供了合适的土壤。但在我看来，思想家的诞生仍然需要一些重要的助力。我这里主要强调以下两点。

一是学术探讨需要自由探索。德国诗人海涅曾经说过，从 1780—1820 年这 40 年，德国出现了以康德、歌德、费希特、谢林、黑格尔等人为代表的一大批思想家。为什么德国的天空突然间群星灿烂？在海涅看来，正是学术探讨上的自由空气使然。思想上的重大突破，不仅在时间上要付出重要的代价，而且也需要对探索中可能出现的错误采取宽容的心态。马克思之所以把"怀疑一切"作为自己的座右铭，因为他意识到，唯有在大胆的探索和深入的讨论中，新思想、新真理才可能应运而生。

二是学会与寂寞结伴。思想家们巨大的原创性从来都是与寂寞结伴而行的。只有在寂寞中，才有可能透彻地、系统地思考，并构建起背后的思想体系。释迦牟尼在创立佛教时，在菩提树下深思了6年；康德在撰写《纯粹理性批判》前，沉默了12年；歌德创作《浮士德》，前后花了60年时间；而马克思撰写《资本论》则参考了1500种著作，前后花了40年时间，而最终完成的也只有第一卷。所有这一切都表明，真正的思想和思想家都不可能在急功近利的浮躁情绪中产生。

《共识与冲突》推荐序[1]

放在我们面前的这部著作是当代政治社会学领域中的一部重要著作,它是紧紧围绕共识与冲突这个当代政治社会学的中心课题来展开的,它为我们了解当代西方社会的结构和运作,了解当代西方政治社会学中各派思潮的争论提供了一把钥匙。

著者西摩·马丁·李普塞特是当代美国著名的社会学家和教育家。他出生于纽约,1949年于哥伦比亚大学获得哲学博士学位,1950年至1956年留在该校任教,由助教升为副教授;1956年至1966年在加利福尼亚大学伯克利分校担任社会学教授,1962年至1966年兼任该校国际研究学院主任;1965年至1966年任哈佛大学客座教授,开设"政府与社会关系"讲座,并于1966年至1975年担任国际事务中心执行委员会委员;1975年至今任斯坦福大学政治科学与社会学教授并兼任胡佛研究所高级研究员。1980年至1982年担任美国政治学会主席。李普塞特勤于笔耕,著述颇丰,已出版的主要著作有:《农业社会主义》(1950)、《工会民主》(1956)、《工业社

---

[1] 原载[美]西摩·马丁·李普塞特:《共识与冲突》,张华青等译,上海人民出版社2011年版。——编者注

会中的社会流动》(1959)、《政治人》(1960 年出版，1981 年再版)、《第一个新国家》(1963 年出版，1979 年再版)、《革命和反革命》(1968)、《非理性政治》(1970 年出版，1978 年再版)、《大学中的造反》(1972)、《学术与 1972 年的选举》(1973)、《教授、学生俱乐部与美国高等教育》(1973)、《分裂的学术界》(1975)、《哈佛大学的教育与政治学》(1975)、《关于美国政治的对话》(1978)、《信仰的裂痕》(1982)等。与他人合编的主要著作有：《阶级、地位与权力》(1953)、《劳动和工会主义》(1960)、《社会学：近十年的进展》(1961)、《文化和社会性格》(1961)、《社会结构、流动和经济发展》(1966)、《政党制度与选民联盟》(1967)、《一个梦的失败？关于美国社会主义史的论文》(1974)、《第三世纪》(1979)、《80 年代的党派联合》(1981)等。由于李普塞特在社会学，尤其是政治社会学方面的创造性贡献，美国社会学学会早在 1962 年就向他颁发了麦基佛奖。今天，李普塞特的社会学理论不仅在美国，而且在世界范围内都有广泛的影响。

  本书是李普塞特从已发表的论文中挑选并集中起来的第二本论文集。第一本论文集《革命和反革命》主要探讨了民主社会的社会结构、价值取向和政党冲突；本书则主要着力于对当代西方社会的政治制度、社会制度和价值体系的内在冲突及共识性关系的探索。在这本论文集出版之前，托马斯·伯纳德已出版了《冲突与共识之纷争》(1983)一书，对马克思主义者和从孔德、涂尔干到帕森斯的主流社会学家之间在研究冲突与共识问题上的趋同的倾向作了详尽的分析，强调他们之间的共识要多于分歧。然而，伯纳德未对产生这种现象的原因作出令人信服的说明。李普塞特的这本论文集则对共识与冲突这一主题作了更为深入的思考和探索。

  第一，李普塞特论述了社会结构与社会变革之间的关系。他认为，从表面上看，马克思主义与以涂尔干为代表的功能主义在这个问题上是对立的，马克思主义注重的是社会内部不同阶级、阶层的利益，以及由利益的冲突必然引起的社会变革；相反，功能主义注重的是整个社会的价值观及对社会结构的静态分析,因而似乎会不可避免地导致对社会冲突和社会变革的忽视。事实上,在李普塞特看来,在如何对待社会结构和社会变革的关系上,马克思主义和功能主义有许多趋同之处,甚至有相互重叠的地方。其一,马克思主义和功能主义都假设社会制度经常力求保持平衡,因而都十分重视对社会制度的结构及各要素之间的均衡关系的分析。马克思主义在分析中运用了"经济基础""上层建筑"这样的概念来描述不同形态的社会结构;功能主义则运用了以"结构—功能"为轴心的系统方法来分析社会结构的不同要素及相互之间的关系。其二,马克思主义强调,任何社会结构或制度都不可能是永恒的,其内在矛盾的发展必然导致社会冲突的产生及社会变革的来临;功能主义虽然注重对社会结构的静态分析,但也不否认社会内部的结构矛盾以及由此必然引发的社会规范的失衡和社会冲突的发生。所不同的是,马克思主义把阶级斗争看作社会变革的根本动力,而功能主义则把科学技术的发展、精英人物对自我价值实现的追求看作社会变革的基本缘由。其三,马克思主义分析了社会变革的条件,特别是马克思强调,无论哪一个社会形态,在它所能容纳的全部生产力发挥出来之前,是绝不会灭亡的;功能主义也用"结构紧张""社会控制失灵""权力资源流失"等不同的概念论述了社会变革的必要前提。其四,在社会分层的问题上,虽然马克思主义主要通过对经济关系的分析引申出"阶级地位"的概念,功能主义则通过对经济、政治权力等多种因素的分析,引申出"身份地位"的概念,但这两种方法也自有其接近之处,即都探索了社会制度中的等级关系。李普塞特认为,在后工业社会中,一方面是社会制度的一体化和官僚主义体系的稳步发展;另一方面则是随着高等教育的普及化,越来越多的人对自由、民主和参与的追求。所以,研究共识与冲突的关系也是发达工业社会的社会学理论所无法回避的,因此,认识马克思主义与功能主义在这一问题上的共同点具有重要的意义。

第二,李普塞特论述了各种不同的意识形态相互融合和相互冲突的关系。这一问题的起因是这样的:在20世纪50年代,李普塞特和丹尼尔·贝尔、爱德华·希尔斯、雷蒙·阿隆等人提出了"意识形态终结"的口号，到 60 年代末及 70 年代初，由于左翼政治和"新左派"的兴起，"意识形态终结"的口号受到了强烈的抨击。李普塞特认为，这样的抨击是没有理由的，"意识形态终结"这一思潮的出现是有其历史和理论渊源的。这方面的论述最早出现在恩格斯的《路德维希·费尔巴哈和德国古典哲学的终结》一书中，在恩格斯看来，一旦人们认识到意识形态的现实的物质基础，所有的意识形态也就终结了。马克斯·韦伯也认为，随着"实质理性"（追求最高价值）向"功能理性"（注重实现目标的有效手段）的转变，意识形态的整体衰落乃是必然的结果。曼海姆在《意识形态与乌托邦》一书中，也从知识社会学的角度出发，揭示了意识形态衰落的现象。20 世纪 50 年代的"意识形态终结"正是在这样的思想基础上形成的。李普塞特辩解说，"意识形态终结"并不意味着完整的政治思想体系的终结，也不意味着乌托邦式的幻想、阶级斗争及不同利益集团的政治立场的终结，而是指一整套支持工人阶级反对现行政府斗争的革命学说的终结。李普塞特同意希尔斯的看法，认为这种革命学说就是"维多利亚时代马克思主义的遗产"。他还认为，尽管这种学说在不发达国家依然存在，但在发达工业社会中，它已经衰落并终结了。李普塞特还辩解说，肯定意识形态的终结，并不等于否定激进运动，尤其是学生和知识分子运动在发达工业社会中存在和发展的可能性。在他看来，在发达工业社会中，既有各种意识形态在功能理性基础上的相互融合和相互渗透，又有各种新见解、新思潮（新的意识形态）之间的对立和冲突。扩而言之，在现代社会中，可能消失的是某一种意识形态，而不是整个意识形态，只要意识形态延续下去，其中各个成分之间的融合和冲突就是题中应有之义。

第三，李普塞特论述了社会生活中不同政治力量的整合与分裂之间的关系。在现代社会的政治生活中，政党起着越来越重要的作用。最初，政党是由某些名人和具有共同思想倾向的人创立起来的，随着其成员的增加，它们把一些地方性社团整合到自己的内部，然后在国家中发挥重要的作用。在具有竞争性的政党制度中，每个政党都建立了跨地区的沟通网络，在此基础上，形成了全国性的政党体系。政府作为权力机构，体现了各个政党、各种政治力量之间的整合和协调的关系，然而，由于各个政党在它们所代表的利益与宗旨上的差别，它们之间常常会发生分裂乃至冲突，即使在同一个政党中，也可能形成不同的派别和分裂。引起不同政党或政治力量之间的分裂和冲突的原因是多种多样的，或起因于对传统宗教和文化的不同的理解和信仰，或起因于经济发展或工业革命中的利益错位，或起因于地方利益与国家利益的冲突，或起因于民族关系中的对抗，等等。李普塞特详尽地考察了西方各国的政党制度及不同政党之间的整合关系和分裂关系，从而表明，共识与冲突的并存也是我们理解西方社会政治生活，尤其是政党关系的一把钥匙。

第四，李普塞特论述了保守主义与现代主义的关系。现代主义思潮从19世纪60—70年代起便开始酝酿，从20世纪20年代起广泛地渗透到社会生活的各个方面。它意味着教会影响力和传统道德观念的式微，意味着世俗化和更自由或"更放荡的"个人主义道德观念和性解放观念的兴起。第二次世界大战后发达工业社会体系的形成，在家庭与性行为、平等与参与、环境保护主义等各个方面进一步推进了现代主义的发展，从而与传统的工业社会的价值观构成尖锐的冲突。保守主义作为右翼运动，认为以现代主义为导向的政治、文化和社会的发展是腐败的，力图复兴传统的民族文化与社会结构。保守主义的表现形式是不同的，欧洲的保守主义通常支持国家权力的增强，美国的保守主义则强调地方权力、个人主义和自由放任，甚至把自己的意识形态标榜为自由主义。在欧洲，法西斯主义就是保守主义的一种极端的形式；在美国，原教旨主义、三K党、麦卡锡主义等也都属于保守主义之列。在发达工业社会的背景中形成起来的新左派，从外观上看是激进的，实质上也具有反现代主义（尤其是反对现代社会的精神压抑）的保守主义倾向。在西方国家的不少政党中，现代主义和保守主义或交织在一起，或发生冲突和分裂，表明了西方社会在价值取向上的多元化状态。

第五，李普塞特论述了美国社会中的道德主义和暴力主义的关系。

道德主义是美国人从以往的新教传统中继承下来的一种思想倾向。它主张人性的完美，谴责罪恶的行为。作为政治运动，它一直延续到今天，如反对种族隔离、保护自然资源、禁酒禁毒、维护妇女选举权等。但是在美国，道德主义也是暴力主义的来源之一，因为一些乌托邦式的道德主义者强调用暴力惩恶扬善，把暴力行为作为道德游戏的手段，对约翰·肯尼迪、梅德加·埃弗斯、马丁·路德·金和罗伯特·肯尼迪的枪杀就是这种暴力主义的典型表现方式。道德主义和暴力主义的互渗和对峙也是当代西方社会中共识与冲突关系的一个缩影。

综上所述，李普塞特从各个不同的侧面描述了西方政治社会生活的主题——共识与冲突的关系，从而表明，当代社会学中的各种理论虽然见仁见智，迥然各异，然而在对这一关系的认识上却有不少共同之处。事实上，共识与冲突的关系是任何社会学理论都无法回避的问题。当然，李普塞特在强调趋同性的一面时，忽视了对差异性，尤其是对马克思主义和功能主义的本质差异的深入分析，这显然是不合适的。另外，他也没有准确地理解恩格斯关于"意识形态终结"这一论述的确切含义。在恩格斯看来，意识形态乃是一种虚假的意识，意识形态家们通常认为，每一种意识形态都是在以前意识形态所提供的思维材料的基础上形成起来的，一旦人们认识到每一历史时期的意识形态不过根源于该时代的物质生活条件，那么意识形态也就终结了。这个意思是说，意识形态的虚假的神话也就结束了。恩格斯并没有说意识形态从此就不存在了。至于李普塞特用"意识形态的终结"来说明马克思主义的终结，那就更是错误的了。事实表明，社会主义运动虽然遭到了一定的挫折，但这并不是马克思主义之过，而是由于不准确地理解马克思主义引起的，只要我们坚持马克思主义的本真精神，社会主义的事业一定会兴旺起来。另外，只要深入领会马克思的历史唯物主义学说，我们就会发现，共识与冲突的关系已蕴含在马克思的辩证法，尤其是矛盾学说中。这就告诉我们，维护马克思主义的基本立场和方法，仍然是我们今天准确地理解共识与冲突关系的前提。

2012年

用自荐和专家推荐推选原创作品[①]

学术原创有很多要求：第一，在理论上批判或突破理论规范；第二，在某个基础型的重大学术问题上提出自己的新见解；第三，在长期学术积累上形成新的体系化的理论见解；第四，在跨学科领域中发现新的增长点；第五，在某个领域或重大问题上进行了开创性的填补空白式的研究。

如何激励原创，我给两个意见。第一个意见，任何学术原创要产生，就要保持学术自由。学术自由的存在方式就叫百花齐放、百家争鸣。另外，还要理清学术自由与学术民主之间的关系，以学术民主来解决很多问题，可能要出大问题。因为民主的核心原则就是投票表决，少数人服从多数人。我在学术上提出的观点，是少数派也可以坚持，如果通过民主的方式统一在多数人的观点中，这样必定造成学术自由的流失。学术自由一流失，原创也就丧失了。

第二个意见，学术原创的动力跟学术公平有关。目前学术界通用的评奖，我把它称为申报性的评奖，这样的评奖活动，前提是作者自己要提出申报。有一些偶然的原因，比如说具有原创性

[①] 原载《光明日报》2012年5月23日。——编者注

的作者正好在国外，或者他不知道有关的信息等，就无法参加，这样，评奖的结果很难公平。

"思勉原创奖"的评价方法，我把它称为专家推荐性的评奖，这类评奖活动主要依赖的是专家本身的公信力和实践，它的长处是可以避免像前面讲的申报型评奖，阻止大量低水平的学术成果进入评价过程，因为专家评价基础比较高。而需要进一步完善的地方，也是在专家推荐上。我们假定大部分推荐专家拥有较高的公信力，但是我们无法确保所有专家都不会受到其他非学术关系的影响；即便所有专家都有公信力，但是由于受到专家的知识、兴趣、读书范围的制约，有一些好的作品仍然无法进入他们的视野。

如果有自荐和专家推荐两条渠道，基本上就可以把原创作品网罗进来。我希望"思勉原创奖"不断完善，在推动鼓励原创上作出更大的贡献。

"代表作"制度改变了什么

最近,复旦大学在文科青年教师职称晋升中,采用的"代表作"制度引发了不少关注。有人猜测,这是不是另一种形式的破格晋升?实际上,两者之间还是差别很大的。因为以前的破格晋升重视的是青年教师的综合素质和发展潜力,破格的名额非常少,也没有强调"代表作"。而目前的"代表作"制度,主要是用来纠正以往只重视申请者在 CSSCI(中文社会科学引文索引)来源期刊(C 刊)上,发表一定数量论文的简单化做法。

复旦大学的文科,讲师任职五年后申请副教授,副教授任职五年后申请正教授,属于常规晋升。按照常规的晋升条件,副教授在五年任职期间应该在 C 刊上发表 10 篇论文。这样的晋升条件只看重论文的数量,不看重论文的质量。相反,"代表作"制度注重的则是论文的质量,即不论是常规晋升,还是破格晋升,申请者都应该挑选出自己的代表作,供外审专家审定,而不是单纯地凑足论文的数量就可以了。当然,这个制度对于破格晋升的申请者来说,显得尤为重要。比如,某位副教授任职只有三年,但他的代表作的水平表明,他实际上已经达到正教授的水平。如

---

① 原载《解放日报》2012 年 6 月 9 日。——编者注

果在整个评审过程中,专家们都达成了这样的共识,这位副教授就很容易破格晋升。显然,"代表作"制度的实行,能够更有效地鼓励更多的文科青年教师发扬"坐冷板凳"的精神,潜心从事学术研究,从而为更多的优秀人才脱颖而出提供更广阔的空间。

在我看来,这一评价制度的核心是如何看待"代表作"。学术成果可以区分为两种不同的类型:一类是研究性的,另一类是非研究性的。对于研究性的学术成果来说,真正的代表作应该在相应的研究领域里,对前人和同时代人已有的研究成果做出实质性的推进。所谓"实质性的推进",或者是提出新观点,或者是提供新论据,或者是引入新的观察视角或论证方法,或者是提出前人和同时代人尚未意识到的新的重大理论问题,或者是解决前人和同时代尚未解决的某个关键问题等。

总之,研究性代表作的灵魂是创新。至于评价制度的科学性与公平性,一方面取决于评审程序的合理性和严格性;另一方面也取决于评审专家,尤其是外审专家在学术评审上的公信力和责任心。

通常情况下,外审专家库是这样形成的:先由各院系二级学科的教师进行推荐,一般都会推荐国内该专业中具有顶尖学术水准和公信力的专家,院系做初步遴选后,最后由学校调整和认定。在一般情况下,尽管专家是按照对口的原则进行评审的,但由于目前学科的分支很细,"内行""外行"这样的称谓只具有相对的意义。比如,一位专家研究外国哲学史,但他最擅长的是古希腊哲学,如果把德国古典哲学方面的材料让他评审,也算得上是专业对口,但他对评审对象的熟悉程度,与专门研究德国古典哲学的专家存在很大差距。

在我看来,"代表作"评价制度的主要意义如下。第一,倡导并传递了这样一个新观念,即在学术研究中,学术成果的质量比它的数量远为重要。第二,它启示我们,应该逐步取消硕士生、博士生在校期间必须在C刊上发表论文的硬性要求。事实上,这一硬性要求的结果是,不少硕士生和博士生通过向某些刊物买版面来发表论文,再用已经发表的论文到学校里去争取奖学金。这样一来,问题的实质就转化为:学校成了某些刊物版面的间接购买者。更何况，这些通过购买版面而发表的论文几乎都是粗制滥造的，无学术质量可言。第三，可逐渐减少在学术论文的写作中出现的剽窃或干脆雇枪手写作的现象。当然，代表作也需要在学术刊物上发表出来，关键仍是作者应该确立自己的学术良知和高度的责任心，而我们的整个教育制度也不应以"应试"和"分数"为目标，而应该以努力培养具有道德责任心和创新能力的优秀人才为目标。

当然，任何一种评价制度都不可能是十全十美的，应该在实践的过程中不断完善。首先，对外审专家库的成员应该逐步进行结构上的调整，增加国外一流大学的评审专家，从而进一步提高外审的质量。其次，在目前的外审制度中，被评审者是署名的，如能逐步采用匿名的评审方式，评审的结果就会更公正，更具有说服力。最后，要努力避免"外行评审"现象，从根本上提升评审的准确性和合理性。

文化大发展要求我们提升理论研究质量①

关于文化问题,我们似乎又走到了历史进程中新的重复点上。近代中国从洋务运动对西方科学技术的引进,到康有为、梁启超的戊戌变法转向对经济和政治体制的关注,再到新文化运动对文化的重视,我们走过了一条从学习科技到体制改造再到文化反思的心路历程。20世纪70年代以来,在新的起点上,中国历史又呈现出惊人的相似性:"文化大革命"后期,周恩来总理提出要实现中国的"四个现代化";"文化大革命"结束后,邓小平提出改革开放,进行经济体制和政治体制改革;十七届六中全会提出了文化大发展大繁荣的宏伟战略。

如何看待现在提出的文化战略呢?一种理解角度是,按照毛泽东新民主主义论的思路,把政治与经济排除在文化之外;另一种理解角度是,用文化概念把政治、经济都囊括进去,使政治、经济都融进文化这一酸性溶液当中。但是,发生在政治和经济领域的很多社会问题,单靠文化是不能解决的。文化大发展大繁荣,尽管不能脱离政治与经济,但不能代替和掩盖政治、经济在解决社会现实问题上的应有作用。因此,文化大发

---

① 原载《社会科学报》2012年8月9日。——编者注

展大繁荣要求我们更加有创造性地开展马克思主义理论研究，不断提升理论研究质量。

当前，马克思主义理论学科建设有三个关键点。第一，不断重温马克思主义经典作家的原著。马克思主义研究首先是关于原著的考订和文献学的研究，即对马克思主义原著的研究要回到原文的层次上，并且在原文的层次上考虑不同版本之间的差别，同时还要对原著之间的关系进行研究。在原著研究上，还要注意对被理解的对象与对对象的理解进行区分，不能用我自己对马克思的理解取代被我理解的马克思。第二，认真借鉴国外马克思主义研究成果。之所以要借鉴国外马克思主义，特别是西方马克思主义，是因为西方马克思主义所面对的问题就是我们将来要碰到的问题。如果我们对国外马克思主义，特别是西方马克思主义的成果，不能论证和驾驭，实际上就等于是关起门来研究马克思主义。只有认真研究和消化国外马克思主义，特别是西方马克思主义的成果，我们才能站在一个比较前沿的立场上和他们对话。第三，始终坚持把马克思主义普遍真理和中国的国情结合起来。历史上，教条主义坚持马克思主义普遍真理，不考虑具体国情是错误的；相反的情况同样也是错误的。正确路线的起点就是承认思维的东西和生活的东西具有一致性。唯心主义在同质性思维上强调它们的统一性。但是，统一性的真正建立，不是用现有的一种思维推及生活之中，而是要通过对生活的研究和总结，得出新的与生活相一致的理论来指导生活。因此，如果要认识真正的现实生活和历史，我们的思想就必须对它敞开。

中国学术走向世界正当其时[①]

最近30多年来，借助于改革开放的伟大力量，中国学术正在恢复元气，重建信心，并为走向世界做着准备。审视中国学术发展的历史、现状和前景，我们欣喜地发现，中国学术走向世界正当其时，中国学术再创辉煌的历史时刻正在逼近。

一方面，中国的崛起已成为不争的事实。勤劳的中国人在30多年的时间里创造出一个伟大的经济奇迹，使中国升格为世界上第二大经济体。以前，一些人是通过魔化中国的哈哈镜——西方传媒来看待中国的；现在，只要他们踏上中国这块充满活力的土地，立即就会发现，他们过去对这个东方大国的认识是多么肤浅，多么不近人情！他们会思考：为什么中国会在如此短暂的时间内发生翻天覆地的变化？为什么不断有人诅咒中国社会崩溃，它反而迅猛地向前发展，与债务缠身、暮气沉沉的西方社会形成了鲜明的对照？不管如何，中国总是做对了什么，不然，它是不可能取得如此瞩目的伟大成就的。这也会促使他们追问：究竟什么是中国模式？究竟什么是中国经验？应该在哪些方面向中国学习？他们由

[①] 原载《中国社会科学报》2012年11月2日。——编者注

此而转向对中国学术的关切。

我亲身经历的两件事就很能说明问题:一是2000年应美国政府的邀请,教育部派出五位中国学者〔作为富布赖特(Fulbright)讲座教授〕前往美国各大学做关于中国政治、经济、社会、文化和教育方面的(英语)讲座,我当时承担了做文化讲座的任务,21天时间内在美国七所大学做了讲座,从当时师生们的踊跃提问可以看出,他们热切地关注中国问题;二是我作为国际价值与哲学学会(RVP)亚洲地区的顾问,多次与该学会联合主办国际性学术研讨会,共同编纂英文论文集。RVP的负责人多次表示,希望在复旦大学建立中国问题研究中心,以便把中国学者撰写的优秀学术论文译成英文,介绍到国外去。目前,复旦大学已成立中国文明研究中心,吸引了不少国外学者到复旦进行短期研究。当代国外学者了解中国学术的迫切心情,不禁使我们联想起17—18世纪欧洲学者对中国学术的向往。这些现象表明,中国学术走向世界的客观条件正趋于成熟。

另一方面,经过30多年的恢复和积累、开放和交流,中国学术正在重新焕发自己的青春。如果说,经过"体用之争""本位学术"与"外来学术"关系的讨论及对各种学术上不规范现象的批判,当代中国学术重新端正了自己的态度,那么,通过出国学习、交流和讲学及对国外学术思潮的全面了解和探索,当代中国学术正在逼近国际学术研究的前沿,并开启了与国际一流学者进行实质性学术对话的可能性。就我亲身感受来说,改革开放初期的那种大范围的国际学术会议正逐步让位于小型的学术讨论会(workshop)。比如,2010年,我和其他三位教授曾到芝加哥德保罗大学,与该校哲学系四位教授举行以现代性为主题的workshop。2011年,德保罗大学哲学系也派出五位教授,来复旦大学与我们进行对谈会。这些workshop的成果将在国内外刊物上发表出来。现在,随着中国经济的发展、教育预算的扩大和科研经费的大幅度上升,越来越多的国际会议在中国举行,而在不同的国际会议上,中国学者的地位也由边缘走向中心,许多国外学者都希望在一些重大学术问题上"听到中国的声音"。国外的不少学术刊物也向中国学者约稿。所有这些现象都表明,中国学术走向世界的主观条件也正趋于成熟。

  27年前,我在《书林》杂志1985年第3期上曾经发表了《我们要使哲学讲汉语——谈改革与哲学的使命》这篇文章,当时就殷切地期望中国学术走向世界,以重现中国古代学术的辉煌。今天,这个历史性的时刻已经逼近,时不我待,让我们共同努力吧!

狂飙为我从天落[1]
——写在《被遮蔽的马克思》出版之际

如果有人说，理论研究不但需要识见，也需要勇气，那么，我肯定是完全赞成的。因为理论研究的课题可以被划分为两种不同的类型：一种是不需要勇气就可以研究的，比如中国的茶文化、方言文化等；另一种是需要勇气才能进行研究的，比如马克思和恩格斯思想的差异性。拙著《被遮蔽的马克思》触及的正是后一类研究课题，因而不仅需要有识见，也需要有勇气去面对。诚然，我们丝毫也不否认，恩格斯是马克思的最忠诚的战友。当马克思迁居伦敦时，全家都没有工作，尽管马克思作为数家报纸的撰稿人，有一定的收入，但这些收入是极不稳定的，经常遭遇债主临门的窘境，全靠恩格斯经常加以救济，而恩格斯为了支持马克思的研究，甚至牺牲了自己的爱好，去从事自己并不喜欢的商业事务。1867年8月16日，马克思在完成了对《资本论》第一卷清样的校对后写信给恩格斯："这本书能够完成，完全要归功于你！没有你为我所作的牺牲，我是不可能完成这三卷书的繁重工作的。我满怀

---

[1] 原载《文汇读书周报》2012年12月28日。——编者注

感激的心情拥抱你!"①尽管马克思和恩格斯之间有着非常亲密的战友关系,但友谊和感情是一回事,思想上的差异又是另一回事,绝不能把它们混同起来。

长期以来,马克思与恩格斯的思想关系不仅是一个理论问题,更是一个意识形态问题。只要一提到他们两个人的思想关系,研究者们或者噤若寒蝉,或者干脆告诉我们,他们两个人的思想是"完全一致的",第一个理由是:他们经常通信,交换自己的看法。其实,两个人通过通信而交换看法这一事实,非但不能证明他们在思想上是完全一致的,反而表明,在许多问题上他们之间存在着不同的观点。假如马克思和恩格斯思想完全一致,又何须交换意见呢?事实上,马克思和恩格斯之间的全部通信表明,他们在不少具体的问题上存在着不同的看法。第二个理由是:他们一起合著了《神圣家族》《德意志意识形态》《共产党宣言》等著作。显然,这个理由也是苍白无力的。两个人合作撰写了一些著作,就能证明他们的思想是完全一致的吗?其实,这类现象至多只能证明,他们在这些著作涉及的具体问题上见解是一致的或相近的。第三个理由涉及恩格斯单独署名的著作《反杜林论》。在第二版序言(1885)中谈到这部著作的撰写和出版时,恩格斯写道:"在付印之前,我曾把全部原稿念给他(指马克思——引者注)听,而且经济学那一编的第十章(《〈批判史〉论述》)就是马克思写的,只是由于外部的原因,我才不得不很遗憾地把它稍加缩短。"②在这段话中,恩格斯并没有说明,当他把这部书稿念给马克思听时,马克思是否在某些地方提出过不同的意见。即使马克思没有提出任何不同的意见,甚至还参与了这本书的写作,仍然不能证明,他们两个人的思想是完全一致的,因为"完全一致的"意谓他们在所有问题的见解上都是同样的。这显然是违背常理的。

按照常理,非但两个人的思想不可能是完全一致的,甚至连一个人

---

① 《马克思恩格斯文集》第5卷,人民出版社2009年版,第4页。
② 《马克思恩格斯文集》第9卷,人民出版社2009年版,第11页。

的思想也不可能是完全一致的。因为马克思不可能一生下来就是一个思想家，他的思想也经历过从不成熟到成熟的发展。理论界所谓"两个马克思"的讨论至少表明，青年时期的马克思与成熟时期的马克思在思想上存在着重大的差异。由此可见，只要人们诉诸理论探索，而不是寻求意识形态上的认同，他们就不得不承认，马克思与恩格斯之间存在着思想上的差异。如果不承认这种思想上的差异，对他们的理论进行深入的探讨根本上是不可能的。国外不少学者，如卢卡奇、洛克莫尔、卡弗等早已涉足这个主题，并提出了富有影响力的见解。更何况，马克思、恩格斯留下的文本本身已经显示出他们思想上的差异，甚至在某些重大理论问题上的差异。

比如，长期以来，人们在理解马克思思想的来源及其实质时，接受了下面这条占统治地位的阐释路线提供的结论：马克思和恩格斯批判地继承了黑格尔哲学的"合理内核"（辩证法），又批判地继承了费尔巴哈哲学的"基本内核"（唯物主义），并把这两个内核紧密地结合起来，创立了"唯物主义辩证法"或"辩证唯物主义"，又把辩证唯物主义推广并应用到历史研究领域，从而创立了历史唯物主义。也就是说，马克思哲学就是辩证唯物主义和历史唯物主义，其基础和核心部分则是辩证唯物主义。只要人们追溯这条阐释路线的起源，立即就会发现，所有的线索最后都会聚到恩格斯那里：其一，"合理内核＋基本内核＝唯物主义辩证法"这一对马克思哲学的阐释路线正源自恩格斯，唯物主义辩证法这个概念就出现在恩格斯的《路德维希·费尔巴哈和德国古典哲学的终结》一书中。其二，由于在恩格斯那里，自然与社会历史是相互分离的，而唯物主义辩证法的研究对象是自然，所以需要一个被推广出来的理论——历史唯物主义去研究社会历史。其三，恩格斯创立的是唯物主义辩证法或辩证唯物主义，马克思创立的是历史唯物主义，而前者是后者的基础。也就是说，恩格斯才是马克思哲学的真正奠基人。

由此可见，作为马克思哲学思想的第一个，也是最重要的阐释者，恩格斯从一开始就误解了马克思的哲学思想。以恩格斯为出发点的这条阐释路线既遮蔽了马克思本人思想的演化过程，也遮蔽了马克思哲学的实质。我们的主要理由如下。第一，马克思的研究进路并不是先研究自然，形成自己的哲学理论，再推广到历史领域。相反，从一开始马克思关注的就是社会历史，在他的理论视野中，自然并不是社会历史之外的东西，自然作为"人化自然"从来就是社会历史的有机的组成部分。第二，在对黑格尔哲学的批判中，重要的并不是孤零零地抽取出辩证法，而是把辩证法安放在什么样的载体上。众所周知，黑格尔坚持的是历史唯心主义理论，在他那里，辩证法的载体是绝对精神，而马克思在改造黑格尔辩证法时，并不是像恩格斯所做的那样，把它颠倒过来，安放到自然或物质的载体上，从而建立"自然辩证法"或"唯物主义辩证法"，而是把它颠倒过来，安放到社会历史的载体上，从而建立了社会历史辩证法，其中则蕴含着人化自然辩证法。所以，马克思哲学的实质是历史唯物主义，由于历史唯物主义已蕴含着对人化自然的研究，因而根本不需要另外再设定唯物主义辩证法或辩证唯物主义。其三，在对费尔巴哈的批判中，马克思注重的并不是他的唯物主义，而是他的人本学思想。总之，拙著《被遮蔽的马克思》所要恢复的正是被恩格斯以来的正统阐释者们所遮蔽的马克思原初的理论形象。

2013年

西方文明出路何在

尼采关于"上帝已死"的呼喊，正是对基督教理论内蕴的"原罪说"和"救赎说"之间无法解决的矛盾的深刻洞见。

不管当代西方人作出什么样的选择，其结果都是基督教本身的终结。

基督教的危机内在于它自己的理论之中。在基督教的理论中，两个基础性的理论是"原罪说"和"救赎说"，而恰恰是这两个理论之间存在着无法调和的矛盾。

众所周知，按照"原罪说"，人生下来就是有罪的。教父哲学家奥古斯丁在《忏悔录》中这样写道："谁能告诉我幼时的罪恶？因为在你的面前没有一人是纯洁无罪的，即使是出生一天的婴孩亦然如此。"②在奥古斯丁看来，人从出生的第一天起就是有罪的，而且没有一个人是纯洁无罪的，这实际上等于肯定了人性本恶，即人性本身已具有某种作恶的倾向。黑格尔把这个观念说得更为直白。在《小逻辑》第 24 节的"附释三"中，黑格尔告诉我们："教会上有一熟知的信条，认为人的本性是恶的，并称本性之恶为原始的罪

---

① 原载《社会科学报》2013 年 4 月 11 日。——编者注
② [古罗马]奥古斯丁：《忏悔录》，周士良译，商务印书馆 2009 年版，第 8 页。

恶。依这个说法，我们必须放弃一种肤浅的观念，即认原始罪恶只是基于最初的人的一种偶然行为。其实由精神的概念即可表明本性是恶的，我们无法想象除认人性为恶之外尚有别种看法。"①黑格尔不仅把"原罪说"和"人性本恶的学说"理解为同一个东西，而且在提出这一主张的同时，还激烈地抨击了启蒙时期兴起的"人性本善"的学说。

一、"原罪说"和"救赎说"成为许多哲学家和神学家为之苦恼的主题

按照《圣经》，上帝的使命是创造世界，当然也包含创造自然万物和人类。当上帝完成这个任务以后，他本来可以高枕无忧了，然而，在化身为蛇的魔鬼撒旦的引诱下，通过亚当的肋骨产生的、作为人类祖先的夏娃却偷尝了知善恶树上的禁果。显然，这种行为源于原罪。于是，夏娃和亚当被上帝逐出了伊甸园。这样一来，上帝在完成了创造世界的使命之后，不得不面对着一个新的任务，即救赎堕落的人类。于是，"救赎说"成了基督教理论，特别是《圣经》中的一个重要的组成部分，而"原罪说"和"救赎说"之间的关系也就成了许多神学家和哲学家为之苦恼的主题。

在叔本华看来，这两种学说之间似乎并不存在什么矛盾，但他暗示我们，原罪源于人的生命意志，上帝救赎人类是否成功，完全取决于人类自身对意志的认识及从意志中解脱。在《作为意志和表象的世界》中，他这样写道：

> 实际上原罪（意志的肯定）和解脱（意志的否定）之说就是构成基督教的内核的巨大真理，而其他的一切大半只是〔这内核的〕包皮和

---

① ［德］黑格尔：《小逻辑》，贺麟译，商务印书馆1980年版，第91页。

外壳或附件。据此，人们就该永远在普遍性中理解耶稣基督，就该作为生命意志之否定的象征或人格化来理解〔他〕；而不是按福音书里有关他的神秘故事或按这些故事所本的、臆想中号称的真史把他作为个体来理解。①

显然，在这段重要的论述中，叔本华主张把上帝理解为"生命意志之否定的象征或人格化"，也就是说，救赎是通过每个人对自己的生命意志的否定的方式得以实现的。遗憾的是，作为深邃的思想家，叔本华却没看出这两种学说之间存在着无法调和的矛盾。

然而，受益于叔本华思想而又与之决裂的尼采却洞见了这两种学说关系的真相。在尼采看来，如果基督教坚持把"原罪说"作为不可动摇的出发点，那么"救赎说"就成了一张永远无法兑现的期票。从《快乐的科学》这部著作开始，尼采就发出了"Gott ist tot"（上帝已死）的绝望呼喊。为什么尼采会发出"上帝已死"的诅咒呢？在他看来，这正是基督教坚持其"原罪说"的逻辑结果。道理很简单，假定人性本恶，换言之，假定罪恶内在于人性，作恶是人的本能，那么上帝的救赎必定会陷于失败，因为无论是未来地狱的威胁，还是上帝的道德说教，都不可能改变人之为人的作恶的本性。既然上帝的救赎必定陷于失败，于是，人们突然发现，上帝已经蜕变为连田里的麻雀都不会害怕的"稻草人"，甚至完全成了一个多余的存在物。事实上，每天生活中涌现出来的大量的罪恶都在证明上帝的无能和救赎的失败。一旦上帝在人们的意识中成了一个多余的、无意义的存在物，宣判"上帝已死"（尼采）或"上帝退隐"（歌德）也就只是个时间问题了。由此可见，尼采关于"上帝已死"的呼喊，正是对基督教理论内蕴的"原罪说"和"救赎说"之间的无法解决的矛盾的深刻洞见。

---

① ［德］叔本华：《作为意志和表象的世界》，石冲白译，商务印书馆1982年版，第556页。

二、上帝已蜕变为轻飘飘的符号

实际上，在尼采思想的洪水泛滥过后，上帝在当代人的心目中已经蜕变为一个纯粹外在的、轻飘飘的符号。上帝之于西方人，如同雨伞或小刀之于"马大哈"，走到哪里，丢到哪里。众所周知，在西方文明的整体结构中，基督教处于背景性的、基础性的层面上。如果基督教因为其学说的内在矛盾而陷入危机，西方文明的发展必定会受到严重的威胁。在这种情况下，西方文明的出路何在？如果冷静下来加以思索的话，我们发现，面对这样的危机，基督教只可能作出如下的选择。

或者抛弃"原罪说"，比如，像中国古代哲学家告子那样，选择"人性无善无恶说"。一旦人性在其起点上是无善无恶的，实质性的引导和救赎就成为可能，于是，"救赎说"就获得了存在和发展的空间。也就是说，上帝对人类的救赎非但是可能的，而且也是可行的，至少有部分成功的可能性。这样一来，"救赎说"就不可能被否定，上帝也不可能死亡，无论是死于谋杀，还是死于自然原因。或者是使"原罪说"得以维持下去，然而，既然人性中有原罪，那么任何救赎活动必定陷于失败，从而上帝也必定一次又一次地被证明是无能的。这样一来，其逻辑结果就是："救赎说"不得不被抛弃，上帝不得不被宣布死亡。

我们发现，不管当代西方人作出什么样的选择，其结果都是基督教本身的终结，因为无论是"原罪说"缺席的基督教，还是上帝和"救赎说"缺席的基督教，都不再是原来意义上的基督教了。当然，可以想见，最大的可能性是：当代西方人以不作选择的方式进行选择，即听之任之，让现状继续维持下去。其实，这里所谓的"不作选择"仍然是一种确定无疑的选择，即保留"原罪说"，让上帝死去，让"救赎说"彻底丧失自己的公信力。然而，对于当代西方文明来说，上帝死后留下的精神空间又由什么东西来填补呢？从历史上看，已有以下三种填补的方法。一是康德提出的主张，即把基督教理性化，也就是把基督教转化为单纯理性范围内的宗教，即道德学说。在青年黑格尔的宗教批判的著作中，我们也能发现这种类似的意向。二是蒂利希所倡导的"终极关怀"，即试图通过满足一个人的临终愿望的方式来淡化他无法得到救赎的遗憾。三是像麦金太尔一样，竭力复兴亚里士多德在《尼各马可伦理学》中倡导的古代城邦生活中的美德，但由于这些美德是先于基督教的道德观念而被阐述出来的，因而它会进一步导致基督教文化的衰微。

总之，在上帝缺席或退隐的后现代语境中，西方文明的出路究竟何在？这是一个有待深思的问题。

开马克思主义哲学与西方哲学对话的先河[①]

刘放桐老师对哲学研究有一种独特的眼光。刘老师向来力主马克思主义哲学(马哲)与西学哲学(西哲)进行经常性的对话,建立了极为融洽的合作研究关系。作为西哲研究专家,刘老师一直在思考马哲的本质问题,试图用"实践"概念来贯通对整个马哲的理解,并从马克思的哲学观出发,梳理了西方哲学史的流变,从而排除了意识形态的种种偏见,给现代西方哲学作出了公允的评价。

我认为,刘老师的学术贡献主要有以下三点。

第一,他对现代西方哲学学科的建设作出了开创性的贡献。刘老师几乎是在当时国内一片空白的情况下,搭建起现代西方哲学这门学科的主要架构。其主编的《现代西方哲学》于1981年出版以后,1990年又出了修订本,2000年再次修订,刘老师不断地补充新材料加以完善。除了学术认识不断深化的原因外,他一直对第一版具有较为明显的"左"的痕迹耿耿于怀,努力消除这些痕迹,尽可能客观地阐释现代西方哲学的历史地位和作用。这种追求真理的锲而不舍的精神,促

[①] 原载《社会科学报》2013年7月4日。——编者注

成了一本经典教材的诞生。正是在它的基础上，刘老师又领衔编写了《西方哲学通史》。

第二，他使马哲和西哲的对话成了复旦大学哲学系的特色，在全国哲学界形成了良好的口碑。其实，从时间上看，如果说，作为现代西方哲学开端的孔德的实证主义哲学产生于19世纪40年代的话，那么，马克思主义哲学观的形成也是在同一个历史时期。作为哲学博士，马克思不但熟悉整个西方哲学史，而且他本人的思想也从属于现代西方哲学，甚至是它的开创者之一。刘老师总是告诫我们：不懂西方哲学，无法深入地理解马克思主义哲学；反之，不懂马克思主义哲学，也无法对西方哲学，尤其是现代西方哲学作出合理的阐释。1985年，我留系后不久，刘老师就建议，在现代西方哲学研究领域中开辟出一个新的方向，即西方马克思主义的研究方向，从而把马哲和西哲贯通起来。今天，我们的国外马克思主义作为上海市重点学科、教育部人文社科重点研究基地和"985工程"国家哲学社会科学创新基地，与现代西方哲学一样，在全国居于领先的地位。

第三，刘老师对实用主义，特别是杜威思想有深入研究。刘老师不但出版过这方面的个人研究专著，而且发起并主持了《杜威全集》的翻译出版工作，这是迄今为止我国规模最大的西方哲学经典的翻译工程。有感于刘老师的这份诚意，美国南伊利诺伊大学杜威研究中心主任拉里·希克曼（Larry Hickman）教授提供了电子版的杜威全集。相信这一翻译工程的完成能使我们对美国传统的实用主义思潮有更全面的了解，也会进一步促成中西哲学文化之间的交流。总之，作为前辈学人，刘老师的哲学思想是我们的宝贵财富，也是激励我们深入研究现代西方哲学的强大动力。

新时期更需要"理想型编辑"[①]

一般情况下,当一家学术期刊发表了一篇富有影响力的原创性学术论文时,人们总是将关注集中在期刊和作者的名字上,编辑则通常是默默地充当着"无名英雄"的角色。

这种忽略了编辑的作用和价值的评价机制需要作出改变。笔者认为,应该充分重视编辑在学术发展和学术创新中的重要作用。事实上,只有编辑才是著名学术期刊和知名作者的生产者和制造者。

一、称职编辑要比作者站得高看得远

毋庸置疑,像任何其他职业一样,编辑也可以被区分为称职的与不称职的、经验老到的与没有经验的、内向型与外向型的等。那么,什么是称职的编辑呢?借用马克斯·韦伯的话来说,称职的编辑就是"理想型"(ideal type)编辑,即理想状态中的编辑。

[①] 原载《社会科学报》2013年7月12日。——编者注

理想状态中的编辑需要具备以下三方面的基本素质：一是专业知识扎实，思想活跃。编辑不但要对自己从事的专业的基础理论和前沿问题了如指掌，而且还要对毗邻专业的主要研究领域和探讨的焦点问题有一定了解。二是热爱编辑工作，把办好学术期刊视为自己终生追求的目标。编辑不仅要对自己为之工作的学术期刊的发展方向和办刊宗旨了解透彻，而且还要在自己的周围形成一个富有学术创新意识的作者群体，并与这一作者群体建立良好的思想互动关系。三是思想独立、批判意识深刻。人们常片面地认为，学术创新是作者思维劳作的结果，与编辑风马牛不相及。然而，实际上，即使某个作者撰写的论文具有创新意识，但作者自己不一定清楚地意识到了这一点。创新之处往往需要通过编辑的慧眼去发现。另外，即使某个作者提供的论文蕴含着新见解，但它在形式上或许很粗糙，作者也未必清楚如何把自己的新见解合乎逻辑地表达出来，这就需要编辑为作者提供明确的修改意见。在某些情况下，甚至需要编辑自己动手进行修改。因此，如果编辑缺乏独立的思想和深刻的批判意识，就很难比作者站得更高、看得更远，也就无法指导作者对论文作进一步提升和润色。

二、始终追求真理和学术创新

理想状态中的编辑在学术期刊的建设、学术创新的推进方面都发挥着极其重要的作用。

首先，编辑不会满足于以"反映论"的方式去接受自然来稿。尽管自然来稿中有一些优秀的稿件，但大部分质量不佳，同时也不一定切合期刊自身的办刊宗旨。因此，如果一家学术期刊只寄希望于自然来稿，那么其出版的刊物就会成为一堆思想的碎片。称职的编辑不会满足于"守株待兔"的工作方式，而是会以"控制论"的方式，主动出去组稿，从自己熟悉的人脉关系中找出最合适的作者委以重任，以确保每期出版的

"重头"文章都具有无可争议的专业性和创新性。

其次，编辑会有一种永远开放的、永不满足的学习精神和交往精神，不断关注现实生活中出现的重大问题，不断了解本专业范围内的前沿思想动向，不断学习其他刊物的先进经验，不断结交学术圈里出现的后起之秀，从而不断地把新思想、新经验和新人物融入自己的刊物中，使刊物在学术上永葆青春。

最后，编辑在工作中始终会把追求真理和学术创新放在首位。这样，他们就获得了巨大力量以抵御市场经济背景下不良因素对期刊发展的影响，同时也能确保自己编辑的学术期刊始终牢牢地占据思想制高点，在学术界产生经久不衰的影响。

2014年

构建实践哲学的中国话语体系[①]

亚里士多德在《尼各马可伦理学》第 6 卷中提出了灵魂把握事物的 5 种能力，其中最重要的是实践智慧。这个新概念的提出，其意义不仅在于批判了柏拉图的理念论，更重要的是在西方哲学中引入了一种新的、不同于柏拉图的哲学观。然而，历来的哲学史家们都低估了这一点。

近年来，在中国哲学的研究中掀起了一股研究实践哲学的热潮。由于中国人的理性本质上是实用理性和经验理性，所以中国人比较重视践行，但却缺乏进行抽象的理论思辨的动力和兴趣，尤其是像柏拉图那样，建立抽象的理念世界的兴趣。相反，中国人满足于混沌的经验，只要这些经验可以应付周围的环境就满足了。但中国人重视践行的思想倾向为今后建立实践哲学的理论体系奠定了基础。从中国理论界的发展情况来看，以前的理论家们注重的都是如何把西方的实践哲学观念介绍到中国来。也就是说，主要追求从理论上如何去把握西方的实践哲学，把它介绍到中国来，并进一步开掘出中国哲学中关于实践哲学的思想资源。要言之，过去主要满足于理论上的转向。其实，理论上的转向要真正地落实下

[①] 原载《湖北日报》2014 年 6 月 10 日。——编者注

来，就应完成话语上的转向。所以，现在提出的中国实践和中国话语的口号之所以十分重要，是因为只有话语上的转向才能最后把理论上的研究成果确定下来。

  实践哲学的中国话语可以用以下三组概念来表示。第一组概念是"道"与"谋"。这里的道是中国哲学的根本精神，也可转义为政治上的旗帜、政治上的道路的问题。中国人在自己实践活动中面临的根本性问题，就是对道的选择的问题。所谓"道不同不相为谋"，因为道具有本体论或存在论的意义，是中国行为必须遵循的出发点。谋是参与的意思，只有在道相同的情况下才会参与其中。第二组概念是"知"与"行"的关系，即主张知行合一，知在行中，行在知中，这种内蕴于中国传统哲学中的基本思想充分体现出中国人在认识论上的独特见解。第三组概念是"经"与"权"的关系。这里的经主要是作为人们指导思想的信念或通常讲的做人的原则，尤其是指行为者信奉的道德观念。不信奉任何理论观念包括道德观念的人，显然是机会主义者。反之，权是指一个人在具体情境下的变通，即灵活性。在这个意义上，经与权的关系，也就是原则性与灵活性的关系。经与权的关系大致对应于西方人的方法论，也体现出中国人处世既有原则，也有高度的灵活性。

这个时代没有超越马克思①

在当代英国历史学家中,霍布斯鲍姆(Eric Hobsbawm,1917—2012)是和马克思主义最具有亲和性的知识分子之一。《如何改变世界——马克思和马克思主义的传奇》②是他生前出版的最后一部重要著作,刚问世就引起了国际学术界的普遍关注。

与同类著作比较起来,这部著作具有如下特点。

首先,它体现出一位世纪老人对历史,尤其是马克思主义思想史的深刻洞察力。马克思主义诞生后,尽管屡经挫折和沧桑,但它在当今思想界的地位仍然是无与伦比的。正如霍布斯鲍姆所指出的:"如果说有一位思想家在20世纪留下了不可磨灭的痕迹,那么他就是马克思。"③其次,从时间上看,它反映出西方学者对马克思主义历史命运的最切近的关怀和最前沿的思索;此外,它在文字上浅显易懂,说理上透彻生动,易于读者和作者之间进行有效、深入的交流。

这部著作也为我们今天更全面、深入地理解

---

① 原载《解放日报》2014年7月25日。——编者注
② [英]埃里克·霍布斯鲍姆:《如何改变世界——马克思和马克思主义的传奇》,吕增奎译,中央编译出版社2014年版。
③ 同上书,第1页。

并把握马克思主义的思想实质和时代脉搏提供了极其重要的启示。马克思主义所拥有的历久弥新的生命力表明,我们这个时代仍然没有超越马克思提出的那些重大理论问题以及相应的问题框架。正如霍布斯鲍姆早已观察到的:"我们无法预见 21 世纪世界所面临的问题的解决方案,但是,倘若这些解决方案要获得成功的机会,它们就必须提出马克思所提出的问题,即便它们不愿意接受马克思的各类信徒所给出的答案。"①在这个意义上,马克思仍然是我们的同时代人,马克思主义的思想资源仍然是当代最重要的思想资源之一。

毋庸讳言,要把握这个时代的本质,仍然需要研读马克思主义。霍布斯鲍姆提到了马克思的《资本论》《政治经济学批判大纲》(《1857—1858 年经济学手稿》)、马克思和恩格斯合著的《共产党宣言》、恩格斯的《英国工人阶级状况》等。当然,《资本论》的篇幅很大,可重点阅读其第一卷第一章,即讨论商品与价值的一章。此外,如果希望对马克思和马克思主义有更多的了解,也可进一步阅读马克思的《〈黑格尔法哲学批判〉导言》《1844 年经济学哲学手稿》《关于费尔巴哈的提纲》《哲学的贫困》等。

霍布斯鲍姆启示我们:"马克思主义一直是现代世界思想乐章的重要主题之一。"②这也是他的《如何改变世界——马克思和马克思主义的传奇》一书的最大亮点之一。

然而,这部著作也有自己的局限性。一方面,从广度上看,作者对马克思关注的某些重要的主题还缺乏认真的反思。比如,作者提到晚年马克思中止了《资本论》的写作,但他并没有深入追问马克思这样做的原因。其实,马克思的注意力之所以转向对民族学(如俄国农村公社、斯拉夫公社、亚细亚生产方式等)的研究,是因为他敏锐地发现,革命的中心正从欧洲转向俄国。另一方面,从深度上来看,作为历史学家,作

---

① [英]埃里克·霍布斯鲍姆:《如何改变世界——马克思和马克思主义的传奇》,吕增奎译,中央编译出版社 2014 年版,第 13 页。
② 同上书,第 2 页。

者也未能深入地反思马克思和恩格斯在哲学、经济学和其他理论上存在的分歧。而了解并探索这些分歧，对于坚持马克思的本真精神来说，是绝对必要的。

哲学家之怪有圣人之质①

哲学赋予了人们一种"Choice"的眼光，使得你能够站在制高点上，可以看见别人看不见的东西，在人生的三岔路口更有把握。

人类出现后，为了活下去而吃饭。但并没有太多人意识到：活下去并不仅仅为了吃饭。

黑格尔《美学讲演录》提到狮身人面的斯芬克斯。在古希腊神话中，它向过往的来人提出了"斯芬克斯之谜"："早上四个脚，中午两个脚，晚上三个脚是什么东西？"

由此我们思考：人的高度是什么？人的高度应该既包括人的身高又包括人的思想高度。虽然应该既追求身高，更追求思想高度，但是两者毕竟是不同的事。历史上有许多人，长得虽然不高，但是其思想高度高。以思想的高度征服了阿尔卑斯山，拿破仑所谓"我比阿尔卑斯山高"便在于此。康德这个一米六的"贵族"，亦凭借其思想高度真正地把哲学领入科学的殿堂。

之前说到，人为了获得别的动物看不到的高度，开始直立行走。但是这也是有代价的——现代人的高血压、颈椎病、心脏病随之而来。而要纠正这些病症，就需要进行养生。养生的方式不

---

① 原载《上海科技报》2014年11月7日。——编者注

一而足,但也多是在地上爬或是操行五禽戏。有趣的是,人为了尊严而直立行走,却为了养生在地上爬。所以可以说,只有放弃过有尊严的生活才能真正养生,才能真正求得生存。

当然,关于生存的另一面——死亡,我也希望大家能多做阅读和思考。

涂尔干在《论自杀》中说:人为什么自杀?人可不可以自杀?加缪在有关自杀的讨论中也提出:真正严肃的哲学问题只有一个,那就是自杀。在当代,尽管物质生活被充实,精神的空虚却并未能解决。因此我们不能回避上述问题。

康德在《实践理性批判》中提出,世上"有两种东西,我们愈时常、愈反复加以思维,它们就给人心灌注了时时在翻新、有加无已的赞叹和敬畏:头上的星空和内心的道德准则"①。这种震撼其实能促使人们追寻幸福。

康德说:"幸福是个很不确定的概念。"②幸福其实就是幸福感,一种几乎无法讨论、无法许诺的主观感受。我们还可以这样解读,即幸福就是能带来心中幸福的客观条件。所以祝你幸福,实际上是在用生活来许诺。拿破仑曾经发问:"你们知道王冠有多少重量吗?"他当时复杂的情绪莫不如是。

古老的民族如今都在面临挑战。在印度的马路上,牛、羊都还在走;宗教、派别之争仍然牵动着人民的神经。阿富汗、伊拉克、伊朗等国家也各受困扰。与此相似,哲学这门古老的科学也处境堪忧。哲学被许多人误解为一门脱离实际、只研究抽象事物的学问。

有人认为哲学家只知想入非非、不食人间烟火——古希腊喜剧诗人阿里斯托芬在剧本《云》中嘲笑苏格拉底(苏格拉底为剧中主角之一)是一个无用荒诞的朝天哲学家。可是未经反思的生活是不值得过的。后印象

---

① [德]康德:《实践理性批判》,关文运译,商务印书馆1960年版,第164页。
② [德]康德:《道德形而上学原理》,苗力田译,上海人民出版社1986年版,第69页。

派画家高更1898年用一幅油画的名字提出了三个问题——《我们从哪里来？我们是谁？我们到哪里去》。莫里哀也曾在剧本《贵人迷》中嘲笑一位哲学教师。当然，还有汝尔丹等人的例子。

还有人认为哲学家是怪人，其实，"怪"才是通向正确生活的。因为怪人有"圣人之心"。"圣"字的甲骨文从其结构上看表达的意思是"多听少说"，恰如圣人的特征，先倾听。大家都听过"你可以反对我，但我坚决维护你反对我的权利"这句名言。相似地，《道德经》中提出了"大音希声"①，《论语》里亦有"六十而耳顺"②一说，表示六十岁之后可倾听不同意见。

可是现代社会，却越来越缺乏倾听。有多少人还记得常回家看看，与父母交流？卡耐基讲过一个"姑妈与侄子"的故事：侄子去看望姑妈，姑妈表示只要能听她讲话三个小时，就送侄子一辆轿车。大仲马在《基度山伯爵》中甚至写道："若有人能与他说几句话，他哪怕立刻死了也可以。"

观世界的诸多学问，可以发现，对于涉及哲学、音乐、艺术，其研究者极可能变为精神病。但是有时精神病人的作品更真实地反映了这个世界，比如梵高变疯之后的作品仍有其意义。这是因为精神病人说的是真话。除了精神病人之外，喝酒的人也会说真话。事实上每个民族需要两种饮料，饮酒用以消除理性，饮茶或咖啡用以提高理性。酒可以用来瓦解成人的面具，如果人一直生活在理性中，会很痛苦。

回到之前的问题：哲学家为何是怪人？哲学家是通过自己的研究，进入孤独的境地。而孤独分两种：一种是有如鲁滨孙式的肤浅的孤独；另一种是在人群中的深层的孤独，即使每天与人交流，却依旧孤独。所以才有了萨特言"他人犹如地狱"，屈原语"众人皆醉我独醒"。而这种哲学上的孤独多是因为哲学家多为先知，觉察到了同时代人未发现的真

---

① 《老子·四十一章》。
② 《论语·为政》。

相。尼采说他的哲学是为两百年后的人讲的,这也是一种疯,他在书上署名:the Crossed man(被钉上十字架的人)。而荷尔德林《塔楼之诗》中的主人喜欢别人称他为陛下。由此可见,疯狂之前长期孤独,疯狂之后追求尊重。

叔本华认为,这种孤独即一种伟大的情感,是哲学家经历伟大创作的必须经历。因此,作为一个创造家,必须体验孤独。如果一个人从未孤独,则其不会有什么创造性。在哲学上,入乡随俗是危险的。人应有两种精神:一是适应环境,二是独立于环境。人应该保持自己的理想,同时适应规则。在其二者中达到均衡。

所以我们总结之前所说,可以得出一个结论:哲学家之怪有圣人之质。

《当代哲学经典·西方哲学卷》总序与本卷选编说明[①]

一、总序

在这个信息化的时代,人们的阅读策略正在发生重大变化。我们发现,"平面化的阅读方式"越来越占据主导性的地位,即人们把越来越多的阅读时间和空间投放到互联网、手机短信或快餐式的纸质读物上,这些阅读对象使他们快速地了解各种当下发生的事件、现象和问题。而当他们的思想满足于在这类浅显的、平面化的信息中穿梭往来时,另外一种阅读方式,即通过对纸质经典文本的深入解读,努力提升自己的思想境界和观察、分析问题能力的"纵深的阅读方式"却被边缘化了。

借用中国宋代思想家张载的概念来表达,如果人们想把自己的认识从平面化的阅读方式所达成的"闻见之知"提升到纵深的阅读方式所达成的"德性之知",就有必要重新调整自己的阅读策

[①] 原载俞吾金、徐英瑾主编:《当代哲学经典·西方哲学卷》(全二册),北京师范大学出版社2014年版。——编者注

略，给经典阅读留下足够的时间和空间。在某种意义上，任何一个活生生的文化传统都是由一连串的经典构成的，就像珍珠项链是由一连串熠熠生辉的珍珠所构成的一样。与普通的著作比较起来，经典的不同凡响之处在于，它们是一个个睿智的大脑独立探索事物真相的结晶，它们蕴含着深邃的智慧和启迪人的思绪的伟大精神力量。一个人的思想要变得高尚，思维要变得敏锐，就必须通过对经典的眷顾与阅读，去朝拜那些隐藏在经典背后的永垂不朽的哲学大师。

编纂一套《当代哲学经典》，是我们由来已久的想法，因为这个肤浅的、吵吵嚷嚷的时代需要某种深邃的、宁静的思维来均衡，就像轻浮的船体需要用压舱石来均衡一样。毋庸置疑，《当代哲学经典》收录的都是当代哲学大师们对自己置身其中的这个时代的重大现实问题和理论问题的思索。一方面，这些经典性的选文具有敏锐的洞察力和穿透性的批判力，它们能让当代人的注意力从琐碎无聊的东西中摆脱出来，聚焦于精神自身的实质性的嬗变；另一方面，这些经典性的选文也为在思想上处于歧路亡羊状态的当代人指明了未来的走势和运思的方向。如果说，在21世纪的第一个十年内我们经历了"9·11"事件和席卷全球的"金融危机"，在第二个十年的开端处正在经历北非的"茉莉花革命"和朝鲜半岛的军事危机，那么，今后我们还会遭遇到什么？毋庸讳言，我们应该从这些经典选文中汲取思索和解决问题的灵感。

从时间跨度上看，我们所理解的"当代"（contemporary）是指1945年以来直迄今天的这个时段。众所周知，1945年是第二次世界大战结束的年份，引入这个年份作为界定当代哲学经典的起始点，并不是意味着我们把哲学发展中的分期问题挂在政治学或军事学的腰带上，而是表明这是一个哲学演化新过程的起点。借用当代科学哲学家托马斯·库恩的概念来表达，20世纪40—60年代确实表现为从现代西方哲学到当代西方哲学的思想范式转换期。1945年不仅是世界政治史、军事史上的一个重要年份，也是世界哲学发展史上的一个标志性年份。当然，哲学不同于数学，哲学思想的发展有其自身的连续性，不能简单地用一个年份加以分割，因而《当代哲学经典》的各卷在编纂时都会不同程度地收录一两篇或若干篇 1945 年前出版的哲学经典，以表明当代哲学经典与现代哲学经典在思想上的连贯性。当然，既然称为"当代哲学经典"，各卷编纂的重点始终落在 1945 年迄今这个时段内。

从哲学经典分类的角度看，我们采用了地域分类、学科分类和内涵分类相结合的方法。如果说，《当代哲学经典》中的《西方哲学卷》和《中国哲学卷》体现的是地域分类的原则，那么，《科学哲学卷》《宗教哲学卷》《逻辑学卷》《伦理学卷》和《美学卷》体现的则是学科分类的原则，而《马克思主义哲学卷》体现的则是内涵分类的原则。通过这种互补的、部分重叠的分类方法，各卷的选文既保持了自己的独立性，又获得了相应的灵活性。总之，多种分类方法的运用既确保了选家的独特眼光，又确保了选文的灵活性和互补性，从而比较客观地呈现出当代哲学经典的全幅画面。

为了使读者方便阅读《当代哲学经典》，各卷的卷首处都有"本卷选编说明"，而每篇选文前都有"作者简介"和"文本简介"，目的是使读者在阅读前准确地了解这些选文的出处、内容、价值和意义，以便迅捷地进入相应的阅读语境中。

经典之所以为经典，就是因为经典具有经久不衰的魅力。只有经典能使我们告别浮躁和轻浮，回归深邃和宁静。让我们一起来阅读经典吧！

二、本卷选编说明

20 世纪中叶以来的西方哲学的发展，既承载了古希腊以来的悠久的哲学传统，又开启了当代西方人的哲学思绪，不仅在外观上经天纬地、汪洋恣肆，而且在内涵上新见迭出、精彩纷呈。要用有限篇幅的选文把这个时段中出现的迥然各异的哲学流派、戛戛独造的哲学文本彰显出来,不免有"蜀道难,难于上青天"之感。为了能够将现代西方哲学不同流派的主要特征都予以相对全面的展示,我们决定将《西方哲学卷》再分为两卷:上卷的内容为欧洲大陆哲学,下卷的内容为英美分析哲学。

那么到底什么叫"欧洲大陆哲学",什么叫"英美分析哲学"呢?

从字面意义上看,"欧洲大陆哲学"指的乃是发源并活跃在欧洲大陆的哲学思想和流派,而"英美分析哲学"则指的是发源于英语世界(主要包括美国以及英联邦国家)的哲学思想和流派。但这种看法还是有不够确切之处。严格地说,英美分析哲学和欧洲大陆哲学之间的区分主要体现在研究方法和研究态度上,而未必就和研究者自身所处的地理位置有着必然的联系(尽管由于种种偶然的历史因素,欧洲大陆哲学家的确大多是活跃在欧洲大陆,而分析哲学家则主要活跃于英语世界①)。

那么,这两类哲学之间又有什么实质性的差异呢?

先来看欧洲大陆哲学。从"外延"的角度看,一般意义上的欧洲大陆哲学包括如下流派:德国唯心主义的某些后续思想、现象学、存在主义、解释学、结构主义、后结构主义、后现代主义、女性主义、精神分析流派以及法兰克福学派的社会批判理论等。这些流派虽然彼此之间思想差异很大,但和下面所要提到的"分析哲学"相比,倒也分享了这样几个共通的特征。

第一,这些哲学流派大都试图和实证科学的思想方式保持一定的距离,并试图对其进行一定程度的批判。相比较而言,它们和文学(或其他艺术形式)之间的关系则显得比较"友好",或说得通俗点,比较具有所谓的"文艺气质"(比如在美国,研究欧洲大陆哲学的学者往往会在文

---

① 说得更具体一点,不仅在今天的美国和英联邦国家的哲学界,分析哲学乃是主流的哲学流派,而且,甚至欧洲大陆的哲学界,目前也有着明显的"分析化"倾向(譬如,芬兰、丹麦、瑞典、挪威、荷兰的分析哲学研究都处于主流地位;在德国分析哲学的力量大约占半壁江山;在意大利,分析哲学在该国中北部大学有一定势力;苏联解体、东欧剧变后,分析哲学在立陶宛、克罗地亚等新兴国家得到复兴,甚至在苏联解体、东欧剧变之前,分析哲学在波兰这样的东欧国家也得到了很好的发展,唯独在法国和俄罗斯,分析哲学还没有成为真正的学界主流。

学系或者政治科学系工作，而未必能在哲学系找到教职）。

第二，也正因为如此，这些哲学流派的思想家的行文都带有比较明显的个人色彩，各个流派所使用的哲学术语彼此都不太好通约，且论说的组织形式未必具有明晰可辨的论证形式。换言之，这些思想家中的大多数，都不太重视形式逻辑和哲学论说方式的相互结合，就像他们有意疏远实证科学的说话方式一样。

第三，这些哲学流派大都比较重视人类生存的相关历史条件和文化土壤，试图在某种历史总体性中对人的存在进行把握，而不愿意在某种非历史的抽象角度对人进行研究（比如，经济学通过博弈论模型对于"经济人"所做的那类抽象研究）。这或许可以被称为某种"历史主义"的倾向。

第四，这些哲学流派大都不太愿意在理论哲学（如形而上学和知识论）以及实践哲学（如伦理学和政治哲学）之间画出一条清晰的界线来，并一般不太愿意接受对于哲学分支的断片化研究。

第五，这些哲学流派大都对"何为哲学"这个元哲学问题抱有特殊的兴趣，并愿意在这个问题上花费大量的笔墨。

第六，欧洲大陆哲学的圈子比较推崇"学术明星制"，相关的知识节点亦按照个别著名哲学家的名字来加以组织，而相关的学术活动也主要围绕着对于这些"明星"的微言大义的解读来进行。学界后辈和前辈"明星"之间的关系往往是诠释者和被诠释者之间的关系，而不是批判者和被批判者之间的关系。

第七，欧洲大陆哲学家的主要表达形式是大部头的著作，而不是论文。

第八，由于欧洲大陆哲学的"欧洲大陆"特征，德语、法语等小语种哲学家往往具有抵抗英语霸权的自觉意识。不难想见，对于欧洲大陆哲学的研究者来说，对于这些语言的掌握也相应地成为了基本的学术门槛。

通过上面的简单介绍，读者恐怕也就不难猜测出分析哲学所具有的大致特征了。

第一，在大多数分析哲学家看来，哲学研究应当和科学研究保持一定的连续性，至少要对逻辑学的研究成果保持起码的敬意。一些分析哲学家甚至为哲学无法达到科学所具有的严格性而感到耻辱，并致力于使之尽量"科学化"。

第二，也正因为如此，大多数分析哲学家都不倾向于在学术表达中过多显露学者自身的个性，而倾向于使用共通的学术术语，并在写作中严格遵循逻辑论证的规范性要求。在这个过程中，对于形式化工具（如数理逻辑和概率论）的利用甚至依赖成为分析哲学区别于欧洲大陆哲学的重要表面特征。

第三，大多数分析哲学家对历史主义倾向抱有或显或隐的敌意，认为这可能会导向某种相对主义立场，而更倾向于以一种更接近于古希腊哲学和中世纪经院哲学的方式来把握确定性的哲学知识。或说得更清楚一点，以柏拉图研究为例，分析哲学家更关心的是柏拉图的某段论证是否成立（就像柏拉图本人可能更关心的是其论敌的某个论证是否成立一样），而不是柏拉图的这段评论所处的历史环境是什么。

第四，分析哲学家大都更倾向于在一种明确的二级学科分类原则下，耕耘"学术井田制"中的某块边界相对明确的"责任田"，而不愿意以某种大而化之的方式去研究"人的存在"这样的大问题。这些"责任田"包括：形而上学、知识论、心灵哲学、科学哲学、语言哲学等。与之相配套，对于分析哲学家的学术成就的评价，主要也着眼于其研究的"专业性"，而不是"广博性"。

第五，大多数分析哲学家都不会花费太多的笔墨去讨论"哲学为何"这样的大问题，而更愿意去讨论一个具体的哲学问题。

第六，分析哲学家基本不推崇"学术明星制"：无论是多有名的专家，向哲学刊物投稿时都必须接受双盲审稿，并遭受被退稿的风险。相对年轻的学者在论文上批驳著名哲学家观点的事例，亦多得不胜枚举，颇具"吾爱吾师，吾更爱真理"之古风。

第七，分析哲学家的主要表达方式是学术论文，而不是学术著作（在英语国家，一位学者是否在一流哲学刊物上积累了足够数量的论文发表记录，乃是得到升迁机会的关键性指标）。英语世界一流学术出版机构（如牛津大学出版社、剑桥大学出版社）对于哲学著作的出版申请的审查，在相当程度上也会顾及相关的前期成果是否已经在一流哲学刊物上得到了发表。

第八，英语是分析哲学的通用国际语言（这一点类似于自然科学），因此，其他的欧洲"小语种"都在分析哲学圈中遭到不同程度的打压。

有了上面这番鲜明对比之后，我们也就不难理解了，为何我们必须在上、下两卷中分别处理当代欧洲大陆哲学和分析哲学。毋宁说，欧洲大陆哲学和分析哲学代表了两种截然不同的哲学文化和哲学论述方式，它们之间的分野乃是现代西方哲学最重要的宏观特征之一。若要忠实地再现这种"分野"，我们也必须在上、下卷的选编内容上有相应的体现。

下面我们再来谈谈上、下两卷内容的选编原则。

先来看上卷。

经过反复的考量和斟酌，上卷共选择了 18 位哲学家的 20 篇文章。这些文章或是著作中的一部分，或是纲要性的文本，或是对话性的采访记录，或是单篇论文。它们以不同的形式展示出当代欧洲大陆哲学家们的思想轨迹。对这些篇目的选择主要是基于下述原则。

其一，原创性。这是我们选择这些篇目的根本原则。比如海德格尔《关于人道主义的书信》一文，显示出他对人道主义思潮的深厚的批判力。在海德格尔看来，人道主义是以传统的形而上学作为思想基础的，而传统形而上学的根本特征是把"存在者"误认作"存在"，从而在根本上遮蔽了追问存在意义的道路。海德格尔认为，马克思关于劳动和异化的理论触及历史的维度，因而其思想意义要比胡塞尔的现象学和萨特的存在主义远为深刻。又如拉康的《"我"之功能形成的镜子阶段》一文，展示出了拉康心理学中最富原创性的"镜像"理论。按照这种理论，婴儿在 6—18 个月中会出现心理发展上的镜像阶段，即把镜像中出现的自我作为理想化的自我加以认同，这个阶段对婴儿乃至成人心理的后续发展有着至关重要的影响，这也正是拉康推进弗洛伊德深度心理学理论的一个重要的贡献。再如布迪厄的《文化资本与社会资本》一文，把马克思提出的经济学意义上的"资本"概念推广到社会和文化的层面上，赋予资本概念以全新的内涵，从而为当代社会学和文化理论的研究提供了重要的思想资源。

其二，影响性。这也是我们选择哲学篇目的重要依据。比如，海德格尔的《走向语言之途》一文开启了当代欧洲大陆哲学研究语言问题的一个重要思想路向，其影响力之巨大，无文能出其右。又如，卡西尔的《以人类文化为依据的人的定义》是他的名著《人论》中的一章，他把文化理解并阐释为人性展开的圆周，对当代的文化研究产生了重大影响。再如雅斯贝尔斯在《历史的起源与目标》一文中提出了著名的"轴心时代"理论，这一理论对历史哲学和历史学研究的影响一直经久不衰。

其三，承上启下性。当代哲学经典（第二次世界大战以后的经典）与现代哲学经典（20世纪前半叶的经典）之间既存在着差异性，又存在着连贯性。如果说对差异性的考量主要是通过对当代哲学经典的原创性的注重而体现出来的话，那么，对连贯性的考察则主要通过对思想发展的承上启下性的注重而体现出来。具体而言，上卷之所以收录了胡塞尔的两个文本，乃是因为：胡塞尔的现象学理论，尤其是他晚年的"生活世界"概念，为当代哲学的发展和繁荣提供了极为重要的思想动力和资源，而利奥塔的《后现代状态——关于知识的报告》一文则是今天方兴未艾的后现代主义思潮的滥觞之作。

在上卷的内容排列次序方面，我们努力按照"思想相关性"的原则，将前后具有彼此关联的思想家邻近排列。比如，胡塞尔的现象学开启了梅洛-庞蒂和海德格尔的哲学，而列维纳斯的哲学又导源于对海德格尔的反思，因此，这四位哲学家就被安排到了一起。考虑到海德格尔的解释学思想启发了伽达默尔和利科，因此，此二公的文选就紧跟其后。当然，因为思想史诠释可能的多样性，我们对于这些思想家出场次序的排列未必是合理的，而且肯定不是唯一的，这一点希望读者注意。

再来看下卷对于英美分析哲学内容的选编原则。

若用最简洁的话来概括英美分析哲学发展在20世纪的大趋势，恐怕可用两个"转向"来加以描述。第一个转向就是"语言转向"（the linguistic turn），其大致意思是：传统的哲学研究，慢慢转变为对于表达传统哲学问题的语言研究，由此，哲学批判也就变成了哲学语言批判。所谓的"语言哲学"（philosophy of language），就是这一转向后得到全面繁荣的哲学分支。直到今天，很多人还将分析哲学和语言哲学并提。第二个转向则是"认知转向"（the cognitive turn），也就是说，很多哲学家渐渐意识到，对于语言哲学的研究还是肤浅的，因为很多语言现象背后其实是心智活动在起作用，是认知架构的信息加工活动在起作用。由此，第二次世界大战后，分析哲学的研究重点便从语言哲学慢慢转变为心灵哲学（philosophy of mind），或是心理学哲学（philosophy of psychology），以及作为其最新衍生物的认知科学哲学（philosophy of cognitive science）和人工智能哲学（philosophy of artificial intelligence）。大家之所以有这种认识上的转变，一是因为语言哲学的研究从理想语言转向日常语言之后，日趋琐碎和断片化，似乎已经陷入了某种瓶颈，而认知转向则似乎让研究者们看到了某种另辟蹊径的新希望。另一方面，认知科学和人工智能科学等新兴交叉学科的兴起，使得一些和思维本性相关的传统哲学问题被激活，而这些新兴学科自身的新话语方式也为哲学思维提供了新的话语框架。这自然就使得方法论略显老旧的语言哲学研究失去了往日的吸引力。

当然，在第二次世界大战之后，认知转向并非分析哲学界所发生的唯一大事。传统的知识论研究、形而上学研究、伦理学研究也都在分析哲学的语境中重新崛起，目前这些分支在西方也有着数量众多的研究者，相关出版物亦非常丰富。下卷之所以没有涵盖这些内容，其一自然是由于篇幅限制，其二则是基于如下考虑：对于分析哲学的初学者来说，最重要的是通过阅读一些经典文献来对分析哲学的大致样貌有所把握,而不必贪多求快。在选编者看来,语言哲学和心灵哲学的文献兼顾专业性、通用性和趣味性,因此,更适合被用作入门文本。

另外,也有一些非常重要的语言哲学家的作品没有被收入下卷。比如,我们没有选到分析哲学的奠基者弗雷格(Gottlob Frege),没有选到大名鼎鼎的维特根斯坦(Ludwig Wittgenstein)的《逻辑哲学论》(尽管选入了其晚期哲学论著《哲学研究》片段),也没有提到普特南(Hilary Putnam)和戴维森(Donald Davidson)。这到底又是为何呢?

做出这种取舍,当然不是因为这些哲学家或文本不重要,而是基于一些技术上的或是教学法方面的考虑。从原则上看,本书所选编的哲学文本一般都取自于20世纪后半叶,因此,本书选入罗素发表于1919年的《摹状词》已属"擦边球"行为,遑论更早时候发表的弗雷格的著作。基于同样的理由,我们也无法选入在20世纪20年代发表的维特根斯坦的名著《逻辑哲学论》。之所以不选普特南和戴维森,则是因为选编者更愿意将有限的篇幅留给达米特、克里普克和刘易斯。具体而言,达米特对于意义问题的研究实际上已经初具"认知转向"的意蕴,而且按照选编者自己的"学术私心",他对于戴维森所代表的真值条件语义学的批评,似乎代表了一条更有希望的学术进路。之所以选入克里普克和刘易斯,则是希望读者多了解一些关于可能世界语义学的相关讨论,因为这一讨论目前已经成为理解当代西方分析哲学诸多论证的重要背景。

和上卷一样,在下卷的每篇选文之前,都附有一篇或长或短的导读。选编者尽量在导读中压缩对于作者生平的介绍,因为过多的名人八卦陈列,对于理解其哲学思想并无太大帮助。需要注意的是,考虑到分析哲学重视论证的学术风格,在为收入下卷的一些文本编写导读性文字的时候,选编者还写下了自己对于选文中论点的批驳意见,以便促进读者对于选本内容的更深入思考。

上卷的选编工作由俞吾金负责,下卷的选编工作由徐英瑾负责,另外徐英瑾也参与了上卷的选文导读撰写工作。

2016年

应该重视学术规范的建设[1]

近年来，一系列有损学术尊严的现象的发生，使人们越来越清楚地认识到学术规范的重要性。事实上，没有严格的学术规范，也就不可能有真正的学术繁荣。那么，究竟如何加强学术规范的建设呢？我的看法有三点。

第一，应该尊重前人和同时代人的学术研究成果。任何真正的学术研究都不是凭空发生的，而是在前人和同时代人已有的研究成果的基础上展开的。对于任何研究者来说，认识到这一点，至关重要。然而，现在不少人从事研究工作，心态却十分浮躁。他们对前人和同时代人的研究成果往往采取不屑一顾的态度，仿佛人类学术史是从他们学会思考的那一刻开始的。这种自大狂的心态，不禁使我们联想起法国唯物主义哲学家狄德罗对英国唯心主义哲学家贝克莱的嘲讽："在一个发疯的时刻，有感觉的钢琴曾以为自己是世界上存在的唯一的钢琴，宇宙的全部和谐都发生在它的身上。"[2]其实，这种"自说自话式的"研究绝不可能形成富有创新意义的成果，而只可能导

---

[1] 原载俞吾金：《哲学沉思录》，北京师范大学出版社 2016 年版，第 161—163 页。——编者注

[2] 《狄德罗哲学选集》，陈修斋、王太庆、江天骥译，生活·读书·新知三联书店 1957 年版，第 130 页。

致低水平的重复。在这个意义上可以说，真正的学术研究的出发点乃是对前人和同时代人的劳动成果的尊重。当然，尊重前人和同时代人的学术研究成果，并不等于谨小慎微，不敢越雷池一步，而是要把自己的思考奠基于坚实的基础上。否则，任何关于"创造"的言谈，都不过是空话而已。

第二，应该尊重学术自身的发展规律。众所周知，尽管学术本身不能完全脱离生活，但学术发展却具有自己的相对独立性。一方面，任何学术史的演化都可以区分出两种不同的状态：一是常态的发展，二是革命性的变动。美国科学哲学家托马斯·库恩(Thomas Kuhn)曾用"科学革命"这个术语来表达学术史的后一种发展状态。也就是说，学术发展史上的创新或"革命"并不是每时每刻都会发生的。目前学术界十分流行的"不断创新"的口号本身就违反了学术发展的规律。其实，通过革命性的变动形成新的学术规范以后，学术研究会在一个相当长的时段内以稳定的方式向前推进。在这样的时段中，更需要的是"收敛式的思维"。因此，不分场合地谈论创新并不符合学术自身的发展规律。另一方面，任何学术的发展都是以严肃的批评作为前提的。正如马克思所说，真理是由争论确立的，历史的事实是在矛盾的清理中被陈述出来的。没有真正的批评，也就不会有学术本身的进步。以俄国文学为例。如果没有那些伟大的批评家，如赫尔岑、别林斯基、杜勃罗留波夫和车尔尼雪夫斯基，也就不可能有俄罗斯文学的真正繁荣。然而，在当今中国学术界，匮乏的不正是严肃的学术批评和伟大的批评家吗？事实上，没有严肃认真的批评，思想学术的繁荣是根本不可能的。

第三，应该确立合理的评价观念。目前学术界流行的评价观念至少存在着三个误区。一是在学术评价中，人们把学术论著的数量看得很重。诚然，一定的数量能够反映出作者的努力，但关键仍然在于，这些学术论著究竟是低水平的重复，还是原创性的成果。当然，即使是原创性的成果，也必须言之成理，言之有据。二是在对课题组的评价中，管理者们的心态也普遍处于浮躁的状态。一个课题立项后，管理者就希望在半年、一年内拿出重大的成果。我把这种心态称为"自动售货机心态"：人们往自动售货机放进硬币后，就眼巴巴地等着下面的金属槽滚出一卷糖果来。显然，这种心态对学术研究有百弊而无一利。必须认识到，学术研究是十分艰辛的，出有创意的成果也是不容易的。应该有"十年磨一剑"的思想准备。三是学术成果一出版就参加评奖。其实，学术成果出版后，也应有一个接受社会实践检验的过程。事实上，有的成果被炒作得很厉害，但不久，人们发现它竟是从别处抄袭来的。

综上所述，只有高度重视学术规范的建设，才能为我国思想学术的繁荣打下扎实的基础。

严谨治学立身,自主创新报国[①]

在中国历史上,2006年是一个特殊的年份。全国科技大会的召开、建设创新型国家的宏伟目标的确立,使未来15年跃升为中国最重要的战略发展时期,也使全国高等学校成为实施科教兴国和人才强国战略的重镇。8年前,为延揽海内外学界精英,培养和造就一大批学科领军人物,教育部和香港李嘉诚基金会共同拟就了"长江学者"奖励计划。这一计划的实施,是中国高等教育发展史上的一件大事,体现出党和政府对高等学校的高层次人才队伍的亲切关怀。

感时思报国,拔剑起蒿莱。站在新世纪的地平线上,聆听着新时代的脉搏,我们为2020年中国将进入创新型国家行列、实现全面建设小康社会目标的宏伟蓝图而热血沸腾。强烈的使命感和责任感汇聚在我们的胸腔中,炽热的创新激情和奉献之志颉颃在我们的脑海里。在传承文明、培养人才、自主创新、勇攀高峰的过程中,我们愿意像爱护自己的眼睛一样爱护"长江学者"的声誉,愿意倾注自己的全部生命、热情和智慧,铸就引领时代风范的长江精神。为此,我们向全体

[①] 写于2006年3月,发表于俞吾金:《哲学沉思录》,北京师范大学出版社2016年版,第283—285页。——编者注

长江学者发出如下倡议。

第一，爱国为民，无私奉献。涓涓不断的水滴凝聚成浩渺东去的长江。同样地，每个人的行为关联着国家的兴衰和人民的荣辱。作为长江学者，一定要志存高远，淡泊名利，勤于报国，拙于谋生，时时刻刻把国家的需要、人民的利益放在心中，确立起"先天下之忧而忧"的爱国情怀和"春蚕到死丝方尽"的奉献精神。

第二，求真务实，严谨治学。为学之道，犹如长江之水，宽阔中见细密，奔放中见深邃。在学术研究中，我们一定要拒斥急功近利，抵御浮躁之风，净化研究空气，确立起追求真理、献身科学、甘于寂寞、敢超前人的学术理念。同时，一定要恪守学术道德和规范，尊重他人的劳动成果和权益。

第三，学为人师，行为世范。长江前浪携后浪，江山代有才人出。作为长江学者，既要注重师德，率先垂范，身传言教，敬业尽责，又要热爱教育，自觉地肩负起"传道解惑"的重任，教书育人，奖掖后学，传承薪火，甘为人梯，培养数以千万计的高素质专门人才。

第四，开拓创新，追求卓越。长江之水，日新月异，奔腾向前。创新构成长江精神的灵魂。我们一定要瞄准世界科技、人文发展的前沿，面向国家战略需求和经济社会发展主战场，艰苦创业，奋力拼搏，发前人之所未发，努力创造出更多高质量、高水平的研究成果，增强国家的创新能力，实现自身的人生价值。

第五，团结协作，有容乃大。长江，吸纳百川而成大江。作为长江学者，一定要有"会当凌绝顶，一览众山小"的远大目光和宽阔胸襟。放眼世界，学科的交叉融合已成为不争的事实。任何重大的理论问题、现实问题和技术问题的破解都需要团队攻关。我们一定要发扬团队精神，不为名累，不以物喜，求同存异，彼此信任，共同创造出无愧于这个时代的伟大业绩。

"天行健，君子以自强不息。"我们一定要确立高度的历史责任感、强烈的忧患意识和宽广的世界眼光。高瞻远瞩，脚踏实地；筚路蓝缕，勇于创新；培育英才，服务社会，为实现中华民族伟大复兴而贡献出自己的全部力量。

创建新的精神家园[1]

记得法国哲学家帕斯卡尔曾经把人比喻为"芦苇",而另一位法国哲学家拉美特利则在更宽泛的意义上把人比喻为"植物"。这两个隐喻向我们昭示的真理是:正如植物必须扎根于土壤一样,人也必须扎根于文化,文化是人的根基,是人的家园。人一旦失去了自己的精神家园,就成了无根的浮萍,成了"漂泊的荷兰人"。

然而,我们不无担忧地看到,近几十年来,随着科学技术的发展、市场经济的扩展和大众文化的蔓延,人类正在失去自己的精神家园。德国哲学家海德格尔惊呼,现代技术"已经把人连根拔起";而市场经济则驱除了古代的精神幽灵,把一切都淹没在世俗化的、利己主义的冰水之中;与此同时,以现代技术和市场经济为媒介的大众文化正在不断地销蚀着各种文化传统的生命力,把人降低为一个无根基的、单纯的文化消费者。好莱坞电影、麦当劳快餐和可口可乐饮料正以不可阻挡之势席卷全世界,一切高雅的、经典的文化作品都面临着灭顶之灾。就当代中国的青年人而言,除了三四千个汉字,几十首流行歌

---

[1] 原载俞吾金:《哲学遐思录》,北京师范大学出版社 2016 年版,第 354—356 页。——编者注

曲，若干个崇拜的明星之外，还剩下什么呢？他们甚至连几十年前中国发生的重大历史事件是怎么一回事都搞不清楚，遑论中国的传统文化！也许可以说，正是有感于文化危机的降临，牟宗三等四位学者早在1958年就发表了《为中国文化敬告世界人士宣言》，慷慨陈词："如果中国文化不被了解，中国文化没有将来，则这四分之一的人类生命与精神，将得不到正当的寄托和安顿。"美国哲学家麦金太尔则在1981年出版的《追寻美德》中试图通过对古希腊哲学家亚里士多德所倡导的城邦式的美德的复兴，走出现代人所面对的道德文化上的困境。

当我们从这样的角度出发去看问题的时候，就会发现，李德顺等人撰写的、不久前由黑龙江教育出版社出版的《家园——文化建设论纲》一书就具有某种特殊的意义。显然，该书的作者是怀着一种厚重的忧患意识来思考新世纪所面临的文化问题的。他们对当前文化研究中出现的泡沫化趋向深恶痛绝，因而始终牢牢地扣住文化问题的核心，即作为人类家园的文化在当前的困境和出路来展开自己的论述，从而给人以高屋建瓴的感觉。全书提纲挈领，先纵论文化的本质与形态、"多"与"一"、"品"与"位"、"命"与"运"，并进而阐明了自己的见解："从哲学上说，文化即'人化'，包括世界的'人化'和人的'人化'，即'化人'"；继而反观中国传统文化，对其价值取向、本质特征和得失互补的复杂状态做了深入的考究和解析；最后，从对现代化的挑战所做的回应出发，既批判了"向外看"的"西化论"，也批判了"向后看"的"传统论"，主张确立"向前看"的"创建论"，即从现代化的基本价值导向出发，创建新的精神家园。

创建新的精神家园并不是对传统文化采取虚无主义的态度，而是从现代化的价值导向出发，去除传统文化的糟粕，吸取其精华，使自强不息的中国文化精神获得新的形式；创建新的精神家园也不是对外来的文化采取虚无主义的态度，而是认真地学习其他一切文化的长处，丰富我们的文化精神的内涵。记得奥古斯丁曾经说过："人真是一个无底的深渊！"或许我们可以补充说：作为人的精神家园的文化也是一个无底的深渊！只有不断地从这个深渊中汲取灵感和力量，我们的人生才会有深度，人类的文明才会有活力。这就是《家园——文化建设论纲》一书所要传达给我们的真理之声。

《哲学遐思录》前言[①]

在某种意义上,我们这个时代是大众传媒的时代。报刊图书、广播音像、网络信息、电视电影和铺天盖地的广告无一例外地渗透到每个人的生活中。人们几乎只凭感觉、不需要思想就可以轻轻松松地生活在这个世界上,因为大众传媒会指导人们如何去投资、经营、消费、休闲、娱乐,甚至会指导人们如何去学习、工作、恋爱、成家、保健等。总之,在市场经济的背景下,当代人的感觉突然变得敏锐了,他们能够鉴别出不同品牌的烟、酒、香水之间的极细微的差异;但与此同时,他们的思想却变得空前肤浅了,以致我们竟看不出成年人的文化读本与儿童的文化读本之间究竟存在着什么样的差别。

思想的缺位导致了生活世界的畸变。于是,现象取代了本质,模仿取代了创造,矫情取代了质朴,恭维取代了批评。可是,人们仍然仅满足于在浴缸中戏水,在杯子里观察风暴,在摄影棚中欣赏雷电,在艺术赝品上锻炼鉴赏力,在武侠小说中学习历史,在影视作品中品味人生。最具讽刺意味的是,居然还有人称我们这个时代是"思考的时代"。多么近视的远见!多么无知的骄

[①] 原载俞吾金:《哲学遐思录》,北京师范大学出版社2016年版。——编者注

傲！如果人生可以被还原为单纯的感觉，那么人类和其他动物之间又有什么区别呢？如果无思想的生活是最美好的生活，那么人类的大脑又有什么用处呢？

记得法国哲学家帕斯卡尔(Blaise Pascal)曾经说过，"人是会思想的芦苇"。按照他的看法，在浩渺无垠的宇宙中，人是非常渺小的，但人却可以把整个宇宙纳入自己的思想中。思想才是人类真正的骄傲。事实上，离开了思想，连感觉本身也会显得肤浅。谁都不会怀疑，只有被理解了的东西，才能更深刻地被感受。所以，在这个思想缺位的时代，没有什么事情比召唤思想的归来更为重要了；而思想既不在远处，也不在高处，它就在日常生活中。它会随时从人们不屑一顾的生活细节中喷发出来，使人们感受到它的神奇力量。

限于题旨，本书的内容，并不涉及法国哲学家利奥塔所谓"宏大叙事"，而只关涉对日常生活中的琐事和观念的反思。然而，庄子早就告诉我们："厉与西施……道通为一。"①借助于对隐藏在日常生活深处的思想的激发和召唤，我们的目的也正是领悟"道"之深义，从而进入更高的精神境界中去。

毋庸讳言，写作是极其艰辛的劳动，但唯其艰辛，作者在收获时才会经验到更多的喜悦。诚如古代史学家塔西陀(Tacitus)所说的："当你能够感觉你愿意感觉的东西，能够说出你所感觉到的东西的时候，这是非常幸福的时候。"②

---

① 《庄子·齐物论》。
② 转引自《马克思恩格斯全集》第1卷，人民出版社1956年版，第31页。

附 录

1987年

江山代有才人出
——访青年学者俞吾金[①]

在上海市社科"七五"重点课题审议会上,记者认识了最近被评为副教授的俞吾金,他是这次会议专家评审组成员中最年轻的代表之一。

这位青年学者生于1948年,论条件,不比别人优越,主要靠锲而不舍的苦学。早在中学时代,他对哲学就产生了浓厚的兴趣,可是高中毕业,却碰上了"文化大革命",当了十年工人。繁重的工作,并未使他丢弃勤奋学习的习惯,即便手臂骨折,也不肯让时间溜走,把为期4个月的工伤病假,全都泡在图书馆里,通读了《马克思恩格斯全集》。他的知识面很广,不唯书,不唯上,善思索。粉碎"四人帮"后,他考进复旦大学哲学系,毕业论文《试论柏拉图哲学的基本特征》,曾被《中国哲学年鉴(1983)》介绍。1984年12月又取得硕士学位。1986年9月起,在导师胡曲园教授的指导下,攻读博士学位。1986年出版了他的哲学对话录《思考与超越——哲学对话录》,把深邃的哲理,浅显而娓娓动听地告诉读者,是当前颇受欢迎的热门书。目前他正在写

[①] 原载《中国社会科学报》1987年9月24日,记者李岭。——编者注

《"思维"：在新的高度上》（暂定名），着重阐发现代西方哲学家的方法论思想。还准备与其他同志合作，完成上海市"七五"重点项目"当代国外的马克思主义哲学"。

俞吾金现在是复旦大学马克思主义哲学研究室负责人，与西方哲学接触较多，我们的话题就在这里展开了。

他说，在我国改革开放形势下，对现代西方哲学思潮应该了解并加以深入研究。尽管现代西方哲学大多是唯心主义和形而上学的东西，但它们并非胡话的堆积，而是对现实自然界和社会的片面的认真的思考和解答。尽管他们的理论从总体上说是错误的，但在某些局部方面作出了不少有意义的探索，是对这个社会好多重大问题的反思。如科学技术高度发展后出现的异化、精神危机、人与自然的关系等。

他接着说，哲学是时代精神的精华，要适应改革开放的形势。我们要建设有时代精神的、以马克思主义为指导的当代中国哲学，对西方哲学也要加强了解研究。通过导师的教诲和自己的研究，深深认识到马克思哲学在整个人类史上的地位，这特别可以从西方马克思主义的演变中感受到。西方马克思主义有四个主要流派——结构主义的马克思主义、存在主义的马克思主义、新实证主义的马克思主义、弗洛伊德主义的马克思主义。结构主义、存在主义、新实证主义、弗洛伊德主义都搞不下去了，所以竭力和马克思主义结合起来。特别是存在主义的马克思主义者萨特承认，马克思主义本身是不可超越的。他认为当代西方哲学如不接触研究马克思主义，就很难站住脚。匈牙利哲学家卢卡奇晚年反复强调说，在当代哲学研究中，如不深入领会马克思主义哲学，就不可能写出第一流的哲学著作来。过去我们由于受到苏联模式较大的影响，对马克思主义哲学的理解存在不少问题，所以有必要对马克思哲学著作、基本思想进行深入研究，在研究的基础上，形成对马克思主义理论的完整正确的看法，以便在马克思主义哲学的指引下，正确解答当前中国改革中出现的实际问题。

1997年

俞吾金博士访谈录[1]

十几年来，俞吾金博士研究的主要方向是现代西方哲学、西方马克思主义、德国古典哲学。在这些领域，他的主要研究成果有《问题域外的问题——现代西方哲学方法论探要》、《国外马克思主义哲学流派》、《意识形态论》(博士学位论文)、《生存的困惑——西方哲学文化精神探要》等10部个人专著，和在国内外学术刊物上发表的200多篇论文。其中在哲学界颇有影响的见解有以下四个方面：①对哲学基本理论的反思，如哲学的元问题、哲学的世界概念、存在问题等；②对马克思主义哲学的基本概念的反思，如物质、实体、时空、自然、劳动、异化、自由、意识形态等；③对西方马克思主义的研究；④对当代中国文化的内在结构和冲突的探讨等。

俞吾金在哲学研究中的许多颇具独创性与启发意义的新见解，使他在中国哲学界赢得了热切与广泛的关注。1993年，由俞吾金做教练的复旦大学辩论队，在新加坡国际大专辩论赛中取得辉煌成就；大学生们，尤其是辩论的爱好者为复旦大学辩论队精彩辩论中的哲学思辨而倾倒。哲学的力量以世俗化的形式得到了人们的深刻认

---

[1] 原载《学术研究》1997年第4期，作者为冯平。——编者注

同，而作为哲学家的俞吾金成了人们心目中的明星。1997年初，笔者就他的哲学研究的历程，他对哲学及哲学功能的理解，他对我国马克思主义哲学研究的看法，他对21世纪中国哲学的展望，以及他的哲学研究计划等，采访了他。

自1977年至今，已经20年过去了。这20年是我国哲学飞速发展的20年，是哲学观念飞速变化的20年。哲学研究者的知识背景和研究参照系都发生了巨大的变化。俞吾金说，他在大学本科学习时，接受的主要是苏联模式的哲学框架。而这个框架，在俞吾金看来，是以认识论和方法论为核心的。在那个时期，他思考的一切问题都是以此为出发点的。在攻读硕士和博士期间，他接触到一些新的思想。这些新的思想的主要来源如下：一是在20世纪出版的马克思遗著和手稿，特别是《黑格尔法哲学批判》《1844年经济学哲学手稿》《德意志意识形态》《1857—1858年经济学手稿》等对他产生了重要的影响；二是西方马克思主义者的一些代表作，如卢卡奇的《历史与阶级意识》《社会存在本体论》，阿尔都塞的《保卫马克思》，科莱蒂的《马克思主义与黑格尔》，霍克海默的《启蒙辩证法》，阿多诺的《否定的辩证法》，哈贝马斯的《交往行为理论》等；三是当代西方哲学家的著作，如胡塞尔的《逻辑研究》、尼采的《查拉图斯特拉如是说》、海德格尔的《存在与时间》、维特根斯坦的《哲学研究》、伽达默尔的《真理与方法》等。通过对这些著作的研究，逐渐摆脱了苏联模式的哲学框架，对哲学有了新的见解。

在谈到对哲学研究的见解时，俞吾金说，从他进入大学系统地学习哲学至今，这种见解发生了很大的变化。这一变化主要表现在三个方面。

一是从对哲学的方法论和认识论的关注转向对哲学本体论的关注。他认为，从完整的哲学视野看来，方法论、认识论和本体论是不可分割地联系在一起的，然而，相比较而言，本体论的先行澄明对于哲学研究来说，却是根本性的前提。俞吾金说，过去我们的哲学研究大多着眼于认识论和方法论，这是因为我们预设了一个前提，即本体论的问题已经解决。然而这种所谓的解决，其实是通过单纯否定的方式来实现的。在哲学研究中，我们永远无法逃避本体论承诺。如果我们从不去思索哲学本身的基础和前提，而只在哲学的枝叶上消耗时间，就不会有真正的哲学。俞吾金认为，现当代我国哲学研究的失误，从某种意义上说，正是因为我们没有认真研究本体论。没有哲学本体论的研究，哲学就成了无根的浮萍，就会堕落为诡辩。因此，我国目前哲学研究的当务之急并不是在细节上进行铺张，而是需要认真反观哲学自身，从哲学和生活世界以及世界精神的新发展的本质联系中澄明哲学的本体论前提，从而把整个哲学思维（包括认识论和方法论研究）提高到一个新的水平。

二是从对哲学学理的抽象关注转向具体关注。所谓"抽象关注"，就是仅仅就学理来探讨学理；所谓"具体关注"，就是从意识的意向性出发，既关注学理的逻辑层面，又关注学理所指的社会历史层面。"抽象关注"的缘由，是我们竭力逃避却又不自觉地依赖了抽象的本体论。这种抽象的本体论或者表现为抽象的唯物主义，即满足于世界统一为物质的空谈，抽去一切物质东西的社会历史内涵；或者表现为抽象的唯心主义，即满足于精神是世界的本原和基础的说教，抽去一切精神和观念的社会历史内涵。在当今世界，前者必然导致"拜物教"，后者必然导致"观念崇拜"。而"具体关注"的根基在于具体的本体论。这种具体的本体论，俞吾金称其为生存论的本体论。这种本体论的基本原则是历史性，它要求我们在对经验世界的一切现象的探究中，先行地澄明这些现象的社会历史条件，从历史性出发去透视一切现象，而不仅仅满足于在抽象学理争论的圈子里打转。

三是从对主体性的探讨转向对主体间性的探讨。按照马克思的见解，人的本质并不是人本身，而是人的社会。依海德格尔所说，人生在世的基本事实是"共在"。俞吾金认为，学者们常常无批判地谈论康德的道德哲学，而康德的道德哲学恰是从理想状态的个体主体出发的，因此这种道德哲学本质上是抽象的、非现实的。与康德不同，注重社会现实的黑格尔喜欢谈论伦理，并把伦理视为抽象法与道德的统一。黑格尔不是从个体主体,而是从家庭、市民社会和国家所必然蕴含的主体间性出发来谈论道德观念的,因而他谈论的不是抽象的、应然的东西,而是具体的、现实的东西。胡塞尔晚年对主体间性的强调和哈贝马斯的交往理论对主体间性的倚重,都从某种意义上表明,从对主体性研究转向对主体间性研究,从而转化为对市民社会及法律、伦理、宗教、政治等主体间性的游戏规则的研究的必然性。

谈到对哲学任务的理解,俞吾金首先对以往的哲学家进行了分类。他认为,依据哲学家们对哲学学科的不同见解可以将哲学家分成四类:第一类哲学家把哲学看得最高,认为唯有哲学的概念思维才能把握实在的本质,如黑格尔;第二类哲学家把宗教看得最高,强调只有在人与上帝的交流中,实在的真理才会显示出来,克尔凯郭尔和雅斯贝尔斯属于这类哲学家;第三类哲学家把美学看得最高,认为只有在艺术创造中,人才能理解实在并获得真正的自由,谢林、卢卡奇是这样主张的;第四类哲学家把伦理学看得最高,强调只有在一定的伦理秩序中人才能与实在和睦相处,孔子是这类哲学家的典型。在此基础上,俞吾金阐述了他自己对哲学学科的见解。俞吾金认为,哲学无疑是地位最高的学科。然而,他不主张把哲学仅仅理解为单纯的求知的学问,也不主张把它仅仅理解为一种灵活的思维方式。他认为,哲学所要研究的根本问题是人类的生存方式及其意义。只有思考清楚了这一问题,我们对其他问题的探索才会获得坚实的基础。俞吾金说,在他刚接触哲学时,他认为哲学的根本任务是追求真理,但是随着哲学研究的深入,他认识到在哲学中,最深刻的不是单向度的真理,而是双向度的悖论。正是哲学的悖论,把我们的思考引向基础性的重大的关系。而哲学的根本任务是发现并把握这些基本的关系。

关于哲学的功能,俞吾金认为,对于个人来说,哲学是安身立命的基础。哲学使人的思想超越日常琐事之上,达到一种高尚的道德境界,并以此指导自己的行为。哲学不是使人变得精明,而是使人变得高明。对于社会来说,哲学能够对现实生活提供积极的指导。事实上,也只有站在哲学的高度，人们才能认清现状并找到通向未来的路径。一个缺乏哲学家和思想家的民族是很难自立于世界民族之林的。对于人类知识体系而言，哲学是为各门实证学科提供思想基础的。虽然哲学需要了解自然科学和社会科学的研究成果，但是哲学不是事后才对自然科学和社会科学的研究成果进行概括和总结的"密涅瓦的猫头鹰"，哲学是以逻辑在先的方式为自然科学和社会科学的研究提供理论前提的。俞吾金认为，哲学作为最精深的概念思维，还拥有两方面的巨大力量：一是批判、超越、消解旧的观念体系的力量，正如怀特海所说，哲学能使一座精神建筑在片刻之间趋于瓦解。在阅读休谟的著作时，我们特别明显地感受到这种力量。二是建构新的观念体系的力量，在阅读康德、黑格尔的著作时，这种感受总是伴随着我们。

在俞吾金的研究中，对马克思主义哲学的研究是其重要的组成部分。他认为在研究马克思主义时，我们一定要正视解释学的几个误区：①把自己理解的马克思主义学说文本僭越为马克思主义的文本本身，进而拒斥他人对马克思的理解；②对马克思理解模式的僵化与教条化。俞吾金认为，只有克服了这种僵化与教条化，才能努力接近马克思学说的本真精神。"回到马克思那里去"，从表层意义看，我们正走向马克思，而从深层意义看，是我们使马克思走向我们，以便我们对今日世界的兴趣能通过对马克思学说的叙述而得到叙述。我们要重新理解马克思，不仅要理解马克思的全部文本，而且要深入地领悟理解者置于其中的生活世界的本质。

目前俞吾金的研究正集中于以下两个方面：其一是对哲学，尤其是对马克思主义哲学的基础理论进行研究。他认为，只有把人们平时从来不加以思考的前提性问题搞清楚，整个哲学才有可能出现新的面貌。他目前正在撰写《物与时间》和《走向黑格尔的马克思》。撰写《物与时间》一书的目的是对马克思的著作作出新的理解，《走向黑格尔的马克思》一书是为了厘清马克思哲学与德国古典哲学之间的关系。其二是对重大现实问题进行研究。俞吾金说，哲学源于生活世界，不愿花时间去探讨生活世界的人是不可能在哲学中真正有什么创造的。因此，他目前正在研究经济学与法学，力求由此而把握生活世界。

谈到将来的学术研究，俞吾金说他将分几步走。第一步，通过对海德格尔和哈贝马斯哲学的研究返回到康德哲学。其成果是完成两本著作：一是关于康德本体论研究的，二是关于海德格尔本体论研究的。第二步，返回中国哲学，主要通过对"道"这一核心概念的反思，对中国的哲学文化史作出新的阐释，对个性在中国文化中的发展史作出新的探索。第三步，是美学研究。他认为我们已经进入后悲剧美学阶段，喜剧性将构成当代美学的本质特征。最后一步，回归到对生活世界的纯哲学反思，以形成自己的哲学思想。谈到此，俞吾金幽默地套用拿破仑的话说，不想成为哲学家的哲学研究者不会是一个好的哲学研究者。

关于21世纪的中国哲学，俞吾金认为目前有两种片面的见解。其一是以为21世纪是中国的世纪，也是中国哲学的世纪。他觉得这种见解带有过多的浪漫主义色彩。我们应该努力继承并发扬中国哲学中有价值的一面，同时也应该正视中国哲学存在的问题与弱点。21世纪是世界的21世纪，而不仅是中国的21世纪，中国哲学只有批判地汲取其他一切文明的优秀哲学思想，才能获得更强大的生命力，夜郎自大是不行的。另一种看法认为，在强大的西方文化的冲击下，全球一体化的进程正在加快进行。在这样的态势下，21世纪的中国哲学不会有什么大的作为。其实，全球经济的一体化与文化的多元化是同一个过程的两个侧面，所以中国的哲学文化还有广阔的生存空间；另外，正是在中国哲学中，存在着一些与西方文化可以互补的重要因素，这一点连西方学者也不否认了，所以我们没有必要妄自菲薄。最后，俞吾金乐观地说，时势造英雄，古代中国曾出过像老子、孔子、庄子这样伟大的哲学家，或许我们可以期望，在21世纪的中国，这样伟大的哲学家也会产生出来，从而对世界文明史产生重大的影响。

1988年

寻求马克思主义哲学之根
——访中年学者俞吾金[①]

记者： 您怎么看待我国哲学研究的现状？

俞吾金： 我认为，当前我国的哲学研究正处在一个痛苦的转型过程中。一方面西方的许多新的哲学思潮和见解被介绍进来了；另一方面，一些陈旧的、不适合当今生活的哲学观念仍然牢牢地规约着人们的思想。在某种意义上，新旧观念只是和平共处，并未发生真正的冲突和碰撞。整个形势看起来很繁荣，其实并不令人感到乐观。

记者： 您认为问题的症结在哪里呢？

俞吾金： 研究哲学的人都喜欢使用 reflection（反思）这个概念，但实际上，人们对哲学的反思大多停留在一些具体的、低层次的问题上，很少去反思哲学的元问题，即"什么是哲学？"的问题。我认为，哲学思维如果不触及这个最高的问题，在一些基本理论的研究中是不可能有重大的突破的，要想建构新的哲学体系也是不可能的。

记者： 您所说的哲学的元问题和哲学基本问题是什么关系呢？

[①] 原载《哲学动态》1988年第10期，署名为本刊记者。收录于俞吾金：《寻找新的价值坐标——世纪之交的哲学文化反思》，复旦大学出版社1995年版，第487—494页。——编者注

俞吾金：在这个问题上有许多误解，当然，要解释清楚还是可能的。人们通常把思维与存在的关系问题视为哲学的最高问题，这样一来，一方面，把"什么是哲学？"的元问题给取消掉了；另一方面，把思维与存在的关系问题这一哲学基本问题唯一化、绝对化了。比较起来，"什么是哲学？"的问题才是哲学的最高问题。只有对这个问题作出明确的回答之后，才能确定相应的哲学基本问题。哲学的元问题的提问方式是唯一的，即永远以"什么是哲学？"的方式提问，但对这一问题的答复却是多种多样的，与这种答复的多样性相适应的，则是哲学基本问题的多样性。所以，思维与存在的关系问题绝不是一切哲学的基本问题，而只是某一种哲学的基本问题。这种哲学就是在西方思想史中长期居于统治地位的知识论哲学。这种哲学肇始于苏格拉底、柏拉图和亚里士多德，在黑格尔那里达到了辉煌的顶点。这种哲学主张，哲学是研究存在的本质的，而存在的本质只有思维才能把握。因而，它必然把思维与存在的关系问题作为它的基本问题。但如果对哲学的元问题作出了不同的回答，那也就有了完全不同的哲学基本问题。

记者：您能举一些例子吗？

俞吾金：当然可以。比如，当代的分析哲学家把哲学理解为语言、逻辑上的分析活动。对于这种特定的哲学来说，其基本问题很可能是语言的性质和句子的句法结构的问题。又如，有的哲学家认为，哲学的根本使命是提高人的道德境界。对于这种特定的哲学来说，其基本问题很可能是人性善恶的问题。可见，思维与存在的关系问题并不是唯一的哲学基本问题，而只是诸多哲学基本问题中的一种。

记者：我明白您的意思了。您认为我们的许多讨论都是在认可思维与存在关系是唯一的哲学基本问题的前提下进行的，因而，我们实际上已先入为主地替自己选择了一种知识论哲学的哲学观，即认为哲学是研究存在的本质的。我们之所以在一些基本理论的研究上没有重大的创获，正是因为我们没有真正把握马克思主义哲学的真精神，对哲学的元问题没有作出新的回答。那么，按您的看法，我们应该确立一种什么样的新哲学观呢？

俞吾金：这个问题必须由思想史本身来加以解答。从西方思想史来看，知识论哲学一直是占主导地位的。黑格尔逝世之后，这种哲学也随之陨落了。西方出现了三股大的哲学思潮，这些思潮通过不同的寻根方式，对哲学的元问题作出了新的理解和解释，从而确立了不同的哲学观，对当代精神生活产生了巨大而深远的影响。

记者：您说的是哪三股大的哲学思潮呢？

俞吾金：第一股思潮是由法国哲学家孔德开创的实证主义思潮。这一思潮师承了康德哲学中的一些基本观点，主张只研究现象范围内的知识，发展到马赫那里，得出了一些比贝克莱更为彻底的结论。在马赫看来，一切东西（包括自我在内）都可以分解为感觉要素。弗雷格、罗素和维特根斯坦引入符号逻辑的成果来研究哲学，从而确立了一种把哲学理解为语言、逻辑上的分析批判活动的新的哲学观。尤其是维特根斯坦强调，许多形而上学的假问题都是由于误解语言的性质而引起的。

这种哲学观的契入，直接改变了实证主义发展的方向，使它不再像马赫那样，潜入主观感觉中去寻求哲学之根，而是转向对知识的客观形式——语言和逻辑的研究，试图在这一研究中揭示出哲学的真正的根基。逻辑实证主义便代表了这一新的转向。

当然，关心语言和逻辑问题的，并不只是分析哲学家和一些实证主义者。胡塞尔和海德格尔也十分重视对逻辑问题的研究，海德格尔对哲学解释学的形成和发展产生了重大的影响。

记者：第二股大的思潮呢？

俞吾金：那就是由德国哲学家叔本华和丹麦哲学家克尔凯郭尔开创的人本主义思潮。这一思潮的发展在海德格尔、雅斯贝尔斯、萨特等存在主义哲学家那里表现得最为典型。这一思潮与费尔巴哈创立的人本主义哲学之间存在着很大的差异。后者从理性与情感和谐一致的角度去理解人性；前者则力图撇开冷静的理智，主要从情感、意志、欲望的角度去理解人性，去寻求哲学之根。如果说，弗洛伊德的心理分析学说从人的诸多欲望中抉出性欲的话,那么,海德格尔和雅斯贝尔斯则以悲观主义的目光来看待人的生存问题,因而特别注意烦、畏、死、痛苦、罪过等现象。总的来说,这一思潮也以自己独特的方式解答了哲学的元问题,从而远远地超越了知识论哲学。

记者:您说的第三股大的思潮是什么呢?

俞吾金:那就是马克思创立的实践唯物主义。马克思主义哲学以更彻底的方式超越了传统的知识论哲学。这尤其表现在马克思的下述论述中:"哲学家们只是用不同的方式解释世界,而问题在于改变世界。"①马克思主义哲学的根本使命是改变世界,因而它与静观的旧唯物主义哲学也不同,它是一种实践哲学,亦即实践唯物主义。实践唯物主义的根本目的是解放全人类,形成一个以每个人的全面而自由的发展为基础的新的社会共同体,即共产主义社会。从马克思主义学说的根本宗旨,即消灭私有制,扬弃异化劳动,实现人性复归的论断来看,实践唯物主义也可以说是一种特殊的人道主义,即马克思主义的人道主义。

记者:您认为马克思主义哲学之根究竟是什么呢?

俞吾金:那就是马克思主义的人道主义。在马克思的学说中,人拥有至高无上的地位。早在青年时期关于职业选择的短文中,马克思已表明了自己献身于全人类的远大志向。马克思一生贫困潦倒,历尽磨难,为无产阶级乃至全人类的解放无私地奉献出了自己的一切。要从理论上把握马克思主义哲学之根,必须借助于本体论的眼光。但这里说的本体论既不是旧唯物主义的物质本体论,也不是旧唯心主义的精神本体论。这里说的是马克思哲学的独特本体论,即社会存在本体论。

在这方面,卢卡奇的卓越贡献是不容抹杀的。他在晚年写就的《社会存在本体论》一书中,明确地把马克思主义哲学理解为社会存在本体论。遗憾的是,在他的著作中,社会存在是一个含义比较模糊的概念,它既包括社会物质生活方面的内容,也包括社会精神生活方面的内容。

---

① 《马克思恩格斯全集》第3卷,人民出版社1960年版,第6页。

尽管如此，卢卡奇在分析社会存在的诸多形式时，却紧紧地抓住了它的基本形式——劳动。在我看来，马克思主义哲学的本体论也就是劳动本体论。马克思主义的人道主义的见解尤其体现在他对现代资本主义社会的异化劳动的深刻的分析中。这也正是马克思主义的人道主义不同于其他形形色色的人道主义的地方。

记者： 您把马克思主义哲学之根归结为一种独特的人道主义，这是有新意的。问题在于，对马克思的思想作如是解，能否引导人们，尤其是青年人克服对马克思的学说所产生的"信念危机"呢？

俞吾金： 这个问题提得好极了。实际上，寻求马克思主义哲学之根，一个重要的目的就是重建对马克思主义哲学的信念。长期以来，我们的哲学教科书照搬苏联模式，在很大程度上曲解了马克思主义哲学的真精神，从而把马克思主义的人道主义这条根给埋没了。于是，马克思主义哲学成了无根的浮萍，"信念危机"正是从这里产生出来的。

记者： 您能谈得具体一点吗？

俞吾金： 根据我的看法，否定马克思主义哲学的本体论，把马克思主义哲学变为无根的浮萍，大致上有以下四种途径。

第一种途径是把马克思主义哲学归结为单纯的方法论。诚然，马克思主义哲学也具有方法的职能，但如果把它仅仅归结为方法论，归结为理智上的机巧和权变，或革命斗争中的策略和计谋，那它的本体论之根就被埋没了。这种把马克思主义哲学归结为单纯的方法论的见解最早见诸恩格斯的著作中。马克思和恩格斯曾合作研究过不少问题，但他们也有分工，恩格斯曾比较深入地钻研过各门自然科学，写下了《反杜林论》《自然辩证法》等著作。这方面的钻研实际上已影响到恩格斯的哲学观。在《路德维希·费尔巴哈和德国古典哲学的终结》一书中，恩格斯写道："这样，对于已经从自然界和历史中被驱逐出去的哲学来说，要是还留下什么的话，那就只留下一个纯粹思想的领域：关于思维过程本身的规律的学说，即逻辑和辩证法。"①在这里，哲学已被归结为单纯的思维方式和思维规律。显然，如果用这样的目光去看待马克思主义哲学的话，作为马克思主义哲学之根的独特的人道主义内涵必然遭到忽视。长期以来，苏联哲学界和中国哲学界之所以特别热衷于逻辑、辩证法、认识论三者一致性问题的讨论，而把人的问题弃置一旁，正是受上述见解影响的结果。近年来，苏联和中国哲学界关于马克思主义的人道主义问题讨论的复兴表明，绝不能把马克思主义哲学归结为单纯的方法论，否则，我们将在理论上和实践上付出惨重的代价。

记者：第二种途径呢？

俞吾金：第二种途径是把马克思主义哲学归结为单纯的认识论。毋庸讳言，马克思主义哲学也具有认识的职能，但如果把它仅仅归结为认识论，同样会失去本体论上的根。认识论主要探讨认识的起源和本质问题，如前所述，马克思主义哲学作为实践唯物主义，其根本使命是改造现存世界，当然，创造世界也蕴含着一个认识世界的问题，但却不能仅仅归结为认识世界的问题，否则，就把马克思主义哲学与旧哲学之间的差异给磨平了。我们的哲学教科书通常把实践概念放在认识论范围内，从而疏略了实践概念的本体论含义，沿着这样的思路下去，当然很难把握马克思主义哲学的真精神了。马克思主义的唯物史观早就告诉我们，人们只有首先解决吃、喝、穿、住的问题，然后才能去从事精神活动（包括认识活动）。人并不是以头脑立地，而是以脚立地的，因而首要的是本体论问题，是人的生存问题，其次才是认识论问题。撇开唯物史观，撇开社会存在本体论来讨论认识论，认识论就成了无根的浮萍，成了轻飘飘的东西。

记者：第三种途径又是什么呢？

俞吾金：第三种途径是，我们的哲学教科书在解释马克思主义哲学时，较多注意的是它与以前的旧唯物主义哲学的连续性和共同性，忽略

---

① 《马克思恩格斯选集》第4卷，人民出版社1995年版，第257页。

了中断性和差异性。这样一来，实际上就否定了马克思主义哲学的特殊性，从马克思的社会存在本体论退回到旧唯物主义的物质本体论上去了。这尤其表现在从苏联传入的"辩证唯物主义与历史唯物主义"的二元化体系中。在这里，辩证唯物主义是基础，历史唯物主义则成了派生的、从属的部分，这恰恰把马克思主义哲学的划时代的贡献给抹杀了。辩证唯物主义虽然把辩证法引入唯物主义的学说中，但它并未改变旧唯物主义的物质本体论的基本立场。从物质本体论的旧前提出发，必然会清洗掉马克思主义哲学中的人道主义内容。

马克思本人在《关于费尔巴哈的提纲》第一条中早就告诉我们："从前的一切唯物主义——包括费尔巴哈的唯物主义——的主要缺点是：对事物、现实、感性，只是从客体的或者直观的形式去理解，而不是把它们当作人的感性活动，当作实践去理解，不是从主观方面去理解。"①只要我们无批判地把旧唯物主义的直观的物质本体论转过来作为马克思主义哲学的基础，马克思主义哲学之根必然会蔽而不明。

记者：您说的第四种途径又是什么呢？

俞吾金：那就是科学主义的思潮侵入对马克思主义哲学的解释之中。所谓科学主义，就是把自然科学的方法和成果简单地搬用到社会生活领域中。众所周知，自然科学的研究对象是自然界，自然规律可以撇开人的因素而起作用，但社会生活却是人类自己创造的，社会发展的法则正体现在人自己的活动中。人类史与自然史是判然不同的，把后者的研究方法引入前者之中，必然会排除历史过程，否认人的主体性及其创造作用。从历史上看，17、18世纪的唯物主义由于受到机械力学的影响而牺牲了自己的人文主义的情感。所以，马克思在谈到霍布斯时说："唯物主义变得敌视人了。"②20世纪60年代，法国的结构主义的马克思主义者由于把巴士拉研究自然科学史的方法简单地引入到对社会历史的

---

① 《马克思恩格斯全集》第3卷，人民出版社1960年版，第3页。
② 《马克思恩格斯全集》第2卷，人民出版社1957年版，第164页。

研究中，竟然把历史理解为无主体的过程。

马克思在《资本论》第一版序言中曾强调指出，分析经济形式，既不能用显微镜，也不能用化学试剂，而只能用抽象力。马克思在《资本论》第一卷中还写道："那种排除历史过程的、抽象的自然科学的唯物主义的缺点，每当它的代表越出自己的专业范围时，就在他们的抽象的和唯心主义的观念中立刻显露出来。"[1]所以，只有遏制科学主义思潮的泛滥，马克思主义哲学之根——一种独特的人道主义精神才不至于被埋没。

记者：您的见解是颇有新意的。看来，您是认为哲学研究若要取得长足的进步，亟须重新把握马克思主义哲学的真精神。

俞吾金：正是这样。但需要补充说明的是，我们的意思并不是要固守马克思的每一个个别结论。随着生活和时代的发展，马克思学说中的某些结论是会过时的。需要坚持的是马克思主义哲学中真正本质的、基础性的东西。我们所谓的"寻根"，正是为了重新发现马克思，从而重建我们对马克思主义学说的信念。在经历了一连串历史和理论的劫难之后，这样做是绝对必要的。

---

[1] 《马克思恩格斯全集》第23卷，人民出版社1972年版，第410页。

1994年

走向历史与现实的纵深处
——俞吾金教授访谈录①

1994年10月上旬,在无锡召开的"当代国外马克思主义学术研讨会"上,本刊记者薛晓源采访了国内知名学者、复旦大学哲学系博士生导师俞吾金教授,俞教授就当代马克思主义的研究及发展等学术问题回答了记者的提问。

薛晓源: 俞教授,根据目前国内马克思主义研究的现状,您认为应如何研究国外马克思主义思潮?

俞吾金: 我认为国内马克思主义和国外马克思主义的研究不应该人为地分离开,而应有机地结合在一起。目前,国内学术界对马克思主义,尤其是国外马克思主义的研究总是以政治影响域或国度为单位进行划分,因而有西方的马克思主义,也有苏联、东欧和中国的马克思主义。其实按东西方划分,是"冷战"对峙的产物,是政治概念,不是人文地理的概念。这种东、西方马克思主义概念划分有以下弊端:一是涵盖比较笼统、模糊;二是没有真正概括出马克思主义在各地发展的内在特点;三是随着"冷战"结束,苏联解体

---

① 原载《马克思主义与现实》1994年第4期,采访者为薛晓源。收录于俞吾金:《文化密码破译》,上海远东出版社1995年版,第250—259页。——编者注

与东欧剧变，东西方的对话与相互渗透在逐渐加强，这种划分的可行性更令人质疑。我比较倾向于斯宾格勒、汤因比以及亨廷顿最近发表的著名论文《文明的冲突》中的划分方式，即以文明为单位，依据不同的宗教文化背景，划分出不同的文化（文明）圈。如汤因比在《历史研究》中列举了26种文明，以文明为切入点，根据宗教、文化、心理、语言等相近的特点，把世界的文明大体划分为东亚文明圈、伊斯兰文明圈、基督教文明圈（欧美国家等）、东正教文明圈（俄罗斯和东欧）、拉丁美洲文明圈等。这样我们就可以审视出马克思主义是如何进入各自的文明圈，如何和本土文化相互渗透、影响和交融的，从而发展出特点各异的马克思主义的理论和思潮。这样从整体上把当代马克思主义的主要思潮和流派都囊括进来对于我们研究者更为便利。

薛晓源：俞教授，如果说上面您对如何划分马克思主义作了概括性论述，那么您能否谈一下，应该采取怎样的具体研究方法对当代国外马克思主义进行研究？

俞吾金：目前国内学术界对当代国外马克思主义的研究是从不同的学科出发，按照较为严格的学科分野进行的。我认为应采取一种较新的方法，以重大的课题为导向，对当代国外马克思主义进行跨学科、多角度、多层次的探究。重大的课题应根据对西方社会现实的影响和震撼予以确定，如对第二次世界大战及法西斯主义的反思，对大众文化的讨论，对科学技术和意识形态关系的讨论，对生态、环境问题的反思，等等。比如对科学技术与意识形态关系的反思，国内学术界对哈贝马斯思想的传播就有问题，只讲科学技术是第一生产力，忽略哈贝马斯这个思想的第二层含义，即科学技术是意识形态。上述这些都是十分重大的社会现实问题，我们在研究中也一定要抓住这些问题并向纵深处拓展。

薛晓源：俞教授，在此我想追问一句，马克思主义及当代国外马克思主义研究如何向纵深处拓展？

俞吾金：要向纵深处拓展，就要求研究者从广度、深度上不断地开拓新的领域、新的层次。这里我首先谈谈深度研究。深度研究对研究者来说存在着一个双向互动的问题。第一个向度是要深入系统地研究国外马克思主义思潮的来龙去脉及基本观点；第二个向度是通过对国外马克思主义的深入研究，对马克思学说本身再反省的问题。这两个向度双向互动，动态地向马克思主义纵深处拓展。举个例子，我本人正在积极从事本体论研究，以期重新审视马克思哲学体系，这就是一个双向互动的过程。其次我再谈谈广度研究。我认为研究者应以比较冷静、开放、宽容的心胸对待各种新思潮的兴起和涌入，以客观的、审慎的、实事求是的态度去研究各种新方法、新思潮，不断地拓展自己的研究领域。国外马克思主义在当代呈现一种新的发展趋势，新思潮和马克思主义合流得很快。后现代主义、解构主义、生态学、现象学、解释学和分析哲学同马克思主义的结合已成为当代国外马克思主义发展的重要趋势。如果我们的介绍和研究还停留在存在主义马克思主义、结构主义马克思主义、实证主义马克思主义等流派和思潮上，岂不是太落后于时代了？！

薛晓源：谈到解释学和马克思主义的结合，我想问一下，前一段时间，国内学界有人提出建构马克思主义解释学，您对此有何评价？这种建构有没有可能性和现实性？

俞吾金：我认为解释学和马克思主义的结合不仅有可能性而且有现实性。马克思在《关于费尔巴哈的提纲》中说："凡是把理论引到神秘主义方面去的神秘东西，都能在人的实践中以及对这个实践的理解中得到合理的解决。"[①]我认为这就是一个佐证，马克思哲学中蕴含着解释学的某些原则和方法；因而在《学术月刊》两年前的一个会议上，我就提出了"作为实践解释学的马克思哲学"问题，后来还有些影响，还有人写文章引证这段话。马克思有一句非常著名的话："哲学家们只是用不同的方式解释世界，问题在于改变世界。"[②]因而就有不少人认为在马克思那里只有改造体系，而没有解释体系。其实这是对这句话的误解，马克思的

---

① 《马克思恩格斯全集》第3卷，人民出版社1960年版，第8页。
② 同上书，第8页。

原意是说不能仅仅去解释世界,还要在此基础上去改造世界。这些人的偏颇之处就是把解释和改造任务人为地肢解、对立起来了。其实马克思的体系首先是一个解释体系,因为任何一个有价值的理论体系都不可能不对整个世界做出自己的解释。马克思体系的伟大之处就在于并不停留在解释的功能上,还强调改造功能。如果说海德格尔、伽达默尔实现了解释学从一种方法论和技巧向人的生存本体论的转换,从而给解释学注入新的生机的话,那么把解释学纳入实践范围,这是否可以说,作为实践的解释学才真正实现了解释学的真正意义的变革?

薛晓源:俞教授,是否可以谈谈您现在所从事的当代国外马克思主义研究的情况以及对今后研究的设想?

俞吾金:在上海我们有一个"八五"项目,是集中研究当代国外马克思主义的。我和别的学者一起搞,计划写四部著作,约200万字。第一本书已经写出来,书名叫《国外马克思主义哲学流派》,主要是研究西方马克思主义及东欧的马克思主义。因时间仓促,这本书写得比较粗糙。第二本书准备写"西方马克思学",想侧重于分析原著,比较完整地、客观地进行介绍和研究,力争资料性和有力度的批判性相结合。第三本书准备写民主社会主义、现代托洛茨基主义、欧洲共产主义等方面的理论和思潮。第四本书进一步研究苏联及东欧马克思主义的主要流派和思潮。

薛晓源:您多年来从事西方哲学和国外马克思主义研究,又在国外从事研究好几年,对西方的文化思潮是比较了解的,您认为当代西方有哪几种思潮占主流地位或影响比较大?

俞吾金:我认为有三种思潮在西方影响比较大,可以说代表了主流趋势。一是后现代主义思潮,代表人物是利奥塔、德里达。其影响、覆盖面较大,已从哲学向文学批评、美学、政治、艺术等领域扩展,大本营已从欧洲转向美国,如美国"耶鲁四人帮"的影响就比较大。根据利奥塔的解释,后现代不是一个时代概念,而是指在西方有后现代那样一股思潮,其特点是批判工业文明、工业社会对人的压抑、摧残,从而与原有的主流思潮相抗衡。后现代主义思潮和现代派思潮没有明确的、严格的分野，它们都是对现代化、现代文明进行解构与批判。当然也有一点区别，那就是后现代主义比现代派走得更远、更为激进。二是美国学者亨廷顿在最新发表的论文《文明的冲突》中提出的文明冲突论，这在西方引起轰动，赞扬和反对的人都不少，国内也有学者撰文评价此文。亨廷顿认为，随着"冷战"的结束，代替东西方对立的是相互对话和渗透，今后世界的冲突将是在不同宗教文化背景下的文明之间的抗衡和冲突。三是各种现代哲学文化思潮与马克思主义的结合和汇流。现在影响比较大的有生态学马克思主义、现象学马克思主义、分析的马克思主义、解释学马克思主义等思潮。

薛晓源：在当代中国社会里，有哪几种文化板块最具影响力？这几种文化板块之间有什么样的整合关系？

俞吾金：我认为在当代中国社会里，有三大文化板块最具影响力，它们之间相互渗透、整合，构成了当代中国文化的网络结构。第一块就是以儒、道为代表的传统的本位文化；第二块就是从苏联、日本传播过来的马克思主义思想；第三块就是西方近现代自由主义思潮。这三大文化板块的整合关系也是比较复杂的，恐怕一两句话难以涵括，但目前从总体而言，马克思主义仍占主导地位。20世纪80年代末、90年代初，国学复兴、回潮已成为势之所然，国学引起学术界极大的兴趣和关注。西方近现代自由主义思潮在20世纪80年代呈上升趋势，现在影响力有所削减，强劲势头已过。另外随着中国传统文化的回潮，新儒家思想再次冲击中国学术界，已引起学术界的普遍关注。从台湾、香港等地及美国反馈回来的新儒家思想，具有影响力的已不只是新儒家第一代、第二代人的思想，而是第三代人的思想。

薛晓源：俞教授，新儒家第一代、第二代，国内学界谈得比较多了，您能否从比较的角度出发，指出第三代和前两代在学术观点上的异同？应该怎样评价他们的学术活动？

俞吾金：新儒家第一代代表人物是梁漱溟、冯友兰、金岳霖、熊十力等人。虽然他们也主张在东西方更为广阔的文化氛围中,重新认识中国的传统文化,但是对传统文化(尤其是儒家思想)还是持比较坚决的维护态度的。如梁漱溟先生一到北京大学演讲,就说"我是为孔子和释家来说话的"。新儒家第二代代表人物是牟宗三、方东美、徐复观等人,他们在传统文化、西方近现代文化方面都有着较深的功底。与第一代相比,他们西学的文化和语言功底更为深厚,能在一个比较系统、比较深入的层面上审视中国传统文化(尤其是儒学)现代化的问题。牟宗三先生还翻译过康德的《纯粹理性批判》和《实践理性批判》。较第一代而言,他们把握的西方文化知识比较新,开掘层次也比较深。第三代代表人物是成中英、余英时、杜维明、张浩、傅伟勋等人,他们大多是在欧美长大,深受西方文化的熏陶,对西方文化(包括宗教、伦理、社会心理)有着比较系统的研究,大多数人都在欧美名学府拿到博士学位。与第一代、第二代相比,他们的西学功底更为扎实,能以比较客观公正的态度去解释中国传统文化。另外,他们的社会处境比较安定,不像第一代、第二代那样饱受战乱和政治风波之苦,因而他们能在较为宽松的氛围内,对中国传统文化及现代化进行纯学理层面的挖掘和探究。值得重视的是,他们超越了第二代人对五四运动的意识形态及情绪化的对立,能够较为理性、客观地评价五四运动。他们还积极倡导儒学要走向现代化,就要以海纳百川的心胸去和马克思主义、弗洛伊德主义、宗教对话。

薛晓源:俞教授,请您谈谈社会科学工作者(尤其是研习马克思主义的)在当代社会的转型过程中,应当如何看待个人定位与社会角色转换问题?

俞吾金:在社会转型时期,知识分子确实面临着这些问题。我首先谈谈个人定位问题。在此,我想借用美国哲学家费耶阿本德在其名著《反对方法》中的一句名言"Anything goes",译成中文就是"干什么都行"。在社会主义市场经济运行中,价值观已经多元化了,不能以一元价值观去评判知识分子的多元选择和职业转换。因而我认为知识分子搞学问也好，下海经商也好，当干部也好，都是无可厚非的。这是一种社会历史的进步，说明社会提供机会的多样性和个人选择的多元性。在商品经济的大潮中，知识分子要根据自己的实际情况，把握住社会提供的机遇和自身的多元选择性，积极投身到改革的洪流中去。其次，我想谈谈社会转型时期，知识分子角色转换的客观原因。在改革开放以前，我国是以政治为本位、以阶级斗争为纲的，社会科学中大多数学科都处在斗争最前沿，需要的人员也比较多。随着改革大潮的兴起，随着社会主义商品经济的兴起，以政治为本位转换成以经济建设为中心，顺应市场经济的发展，法学、医学、经济学、商学迅速兴起，而社会科学的某些学科相对缩小，研究人员的结构也正处在一场大的变动之中。这符合历史发展的潮流，是历史的进步，社会科学工作者要以正确的心态对待社会结构的调整和变动，摆正自己的位置。社会科学工作者，尤其是马克思主义的研究者，对此要有两点比较清醒的认识：一是当代中国的社会转型正在完成着一个社会科学由中心向边缘转化的过程；二是要冷静反思社会、反思自己。反思社会就是反思社会历史现实的重大变革和发展；反思自己就是要看到自身的劣根性，增强自己研究的科学性和现实性。在这两点基础上，捕捉重大的社会现实问题，进行理性和系统的研究。我想这样研究成果绝对不会没有影响，绝对不会没有说服力和学术地位。立足于这种坚实的阿基米德点，就会完成由边缘重返中心的过程。

薛晓源：在社会转型过程中，我们应该怎样建构新的价值体系？

俞吾金：我认为要以理性客观的态度走向历史与现实的纵深处，分析和把握当今生活世界的最本真的特点。我们现在所从事的是社会主义市场经济，因而具有一般市场经济的内在特点和价值模式。一般市场经济是契约式的经济，是以个人为本位的，平等交往、自由、公正、健全的法律也是市场经济发展的内在需要，这些价值模式、取向是应该提倡和褒扬的。第二，我们的社会主义市场经济是从计划经济中脱胎而来的，一些痼疾、毛病还不时地显露出来，例如运用权力干预经济等。在建构新的价值体系中，我们要着力批判贪污、腐败、金钱至上等不健康的负面价值观念。为此我们要走向历史与现实的纵深处，建构起不以主观意志为转移的客观价值体系，以客观价值体系为参照系去审视和评判一切社会现象。

薛晓源：您曾区分过追求金钱与金钱至上这两种不同的价值取向，在此您能否详细谈谈？

俞吾金：我认为要严格地区分追求金钱与金钱至上这两种不同的现象。历史就是在扭曲和负面效应的张力中向纵深处发展的。追求金钱可以说是一个历史的进步。金钱本身的作用是在完成着一个平等化的过程，因为金钱作为最一般的等价物，一切东西都可以还原为金钱，金钱完成着扫除特权及不平等的历史使命：在一切方面，所有的人在金钱面前都是平等的。纵观资本主义的发展史及巴尔扎克的《人间喜剧》中的描写，我们可以非常清楚地看到这一点。有人只看到追求金钱撕开了人与人之间温情脉脉的面纱，而没有看到问题的另一面，即追求金钱所带来的巨大历史进步，因而是单面性的思维方式。至于崇拜金钱、金钱至上的观点，是任何一个时代、国家都要无情地加以批判和鞭挞的。那些不择手段、铤而走险、杀人越货，以身试法地追求金钱更是任何社会、法律所不容许的。因此对待金钱这个问题，我认为应该严格区分这两种不同的价值取向。

薛晓源：在社会转型时期，哲学在建构新的价值体系中应起什么作用？

俞吾金：黑格尔有句名言：哲学是时代精神的精华。我认为哲学能够反思和捕捉时代精神最本质的东西，在其他的意识反映形式中，如宗教、道德、艺术等也能捕捉住时代精神的某些维度和侧面，但与哲学相比，它们缺乏整体的透视和深度的挖掘，因而哲学在建构新的价值体系中起着非常重要的作用。再说价值系统的探究也是哲学研究的核心问题。每一个时代都有一个核心的价值体系，虽然从道德和其他实证科学也可以研究价值体系的某些维度、层面，但整体的纵深层面的研究只能由哲学承担，它的功能是其他学科所不能替代的。人的生活世界、人和世界的关系、人的生存意义及价值，这些都是哲学所应关注的重大问题。一种严肃的哲学体系不应该也不能回避这些重大的问题。有些人认为哲学太抽象、太空泛，主张抛弃哲学，殊不知哲学在社会转型中，在建构新的价值体系、价值坐标中起着核心的基础作用，就像一座大厦的地基一样，地基打好了，整个大厦才会建立起来，否则，大厦就不会拔地而起。

薛晓源：在社会转型时期，学术界应该出现的百家争鸣的局面却没有真正来临，其原因是什么？应采取什么补救措施？

俞吾金：我个人认为原因主要有两点：一是没有建立一种超功利的学术批评系统。一部著作出版以后，往往是相互恭维，或者是学术界保持冷漠、缄默不语的态度，缺乏真正意义的学术交锋和学术批评，像尼采对瓦格纳、鲁迅对中国国民性的批判那样。二是当前的文化繁荣，如孔子和霹雳舞、摇滚乐和古典音乐并存，已成为纯粹形式主义的文化多元化状态。要改变这种状态，我认为除了要尽快健全和发展一种批评系统外，还要开创和建立一种更为平等、自由的气氛，促进各种学术流派的形成和发展。对每一个学术研究者来说，一是要以理性、宽容的态度对待各种批判、争鸣；二是研究者要把这种理性、宽容的态度与追求真理的热情结合在一起。这就犹如一枚硬币的两个面，缺任何一面都会失之偏颇。

薛晓源：我看过您的简历，知道您从小在农村长大，又当了10年工人，请您结合自己丰富的人生体验，谈谈您的治学过程及经验。

俞吾金：我从小在浙江农村长大，不过中学是在上海读的，高中毕业以后在上海电力公司当了近10年的工人，其间跑了许多地方，工作也很辛苦。早年比较喜爱文学，曾尝试写小说，也发表过一些，后来看到李致远的一本书叫《马克思和列宁的学习方法》，遂对哲学产生了兴趣，后来就一发不可收了。因酷爱读书，就考入复旦大学哲学系。在大学期间我主要研究的是古希腊哲学。我的第一篇论文就是考证古希腊的

"蜡块说"。我通过考证认为,"蜡块说"最早的提出者不是学术界普遍认为的亚里士多德,而是由柏拉图在《泰阿泰德篇》提出的。读硕士研究生期间,跟从尹大贻老师研究德国古典哲学,硕士学位论文是《黑格尔的理性概念》,论文大部分章节都已发表。过了两年考取胡曲园先生的博士生,读博期间被破格提拔为副教授。1988年10月至1990年10月在德国学习,1992年获得博士学位学位,1993年被评为教授,不久又被评为博士生导师。我在教学和研究过程中,这些年陆续出版了以下著作:1986年出版了《思考与超越——哲学对话录》,1988年出版了《问题域外的问题——现代西方哲学方法论探要》,1990年出版了和陈学明合著的《国外马克思主义的哲学流派》,1993年出版了三本书:《意识形态论》(博士学位论文)、《生存的困惑——西方哲学文化精神探要》、《毛泽东智慧》,1994年出版了《邓小平——在历史的天平上》。今后打算写一本《物与时间》,在新的视角上重新反省马克思的理论体系。我认为社会、历史、现实是一本比较大的文本,丰富的个人经历和体验有助于对这个文本的理解和解读,大文本的理解又有助于你对其他学科(小文本)的解读,促使你走向历史与现实的纵深处。

1997年

行为方式的深层思考
——俞吾金教授访谈[①]

张子良：俞教授，听说您在哲学研究中采取的是"两条腿走路"的方针，一方面您很重视对哲学的基础理论和基本概念的反思；另一方面您也很重视对现实生活中出现的问题作哲学的思考和阐释。我对您后一方面的研究比较关注，也拜读过不少您写的文章，觉得很有启发。我很想了解，您最近正在思索什么问题。

俞吾金：在从计划经济向市场经济转型的过程中，人的行为、行为方式和行为规范的问题引起了人们越来越多的关注。比如，人们关于精神文明和道德观念的讨论也都是围绕人的行为来进行的。这样的讨论自然是很有益处的，但我总觉得，不少人在探讨行为问题时忽略了下面两个重要的因素：一是把"行为"仅仅理解为个人的行为，无疑地使这一概念的内涵窄化了。在我看来，一个团体、一个单位，甚至一个政府的决策和活动都可以理解为"行为"。我想，如果人们接受我的这种理解方式，关于行为问题的探讨就获得了更为重要的理论意义和现实意义。二是在行

[①] 原载《公共行政与人力资源》1997年第1期，访谈人为张子良。——编者注

为问题的讨论中，人们比较重视的是个人的行为规范，如社会公德、家庭道德、职业道德等，却忽略了对行为方式的探讨，尤其是忽略了对行为方式的可操作性、可接受性和可传播性的思考。应当指出，这是人们关于精神文明和道德观念讨论中的一块未经触及的处女地。在我看来，即使一个团体或个人的行为符合我们所倡导的行为规范，即健康的道德观念，仍然还存在着一个行为方式的可操作性、可接受性和可传播性的问题。如果人们对行为方式不重视，行为规范就会落不到实处，就有成为空中楼阁的危险。所以，我觉得，行为方式的可操作性、可接受性和可传播性实在是摆在我们面前的一个很重要的问题。

张子良：我觉得您提出的问题很新鲜，也引发了我的兴趣，但我对您刚才提到的这三个新概念还缺乏了解，希望您能做一些具体的解释。比如，您说的"可操作性"究竟指的是什么呢？在我的理解中，行为已经蕴含着操作的意思在内，为什么还要谈行为方式的"可操作性"呢？

俞吾金：您的问题提得很好。虽然行为中已经蕴含着操作的意思，但行为毕竟不同于操作，而操作不同于"可操作性"。我们这里说的"可操作性"有两方面的含义。一是指行为在内容上的合法性。一种行为，即使具有很普遍的理解度和认同度，但并不一定是合法的。举例来说，在马路上，一个骑车者违反了交通规则，交通警把他留下来，一直要等他发现下一个违章者的时候才让他走。这从道理上看起来似乎也没有什么错，但却是违法的，因为那个骑车者一度失去了人身自由。又如，丧偶的父亲或母亲考虑再婚时，常常会遭到子女的反对，其实这种反对也是不合法的，因为父亲或母亲在丧偶后完全有再婚的权利。同样地，对于一个单位或一个团体来说，其行为也有一个"可操作性"的问题，如果它签下了一个合同而又不遵守合同上的条款，它的行为就是违法的。二是指行为在形式上的程序性。一个极好的行为要是缺乏程序性，也完全可能会陷于失败。比如一个人在一个小时内要完成烧饭、炒菜、洗衣服的工作，他就必须为自己的行为设计出最佳的程序。众所周知，这也正是运筹学所要讨论的问题。不考虑这样的程序，他的行为就失去了可操作性。对于一个单位或团体来说，它所有的行为也都有一个程序的问题，如它要从事经济活动，就必须遵循经济活动的程序；它要进行人事上的任免工作，也必须遵循人事工作的程序；等等。重视行为方式的可操作性，人们或一个团体对行为的设计才不会停留在浪漫主义的水平上。有时候，人们可以设想出一种非常美妙的行为方式，但一旦它缺乏可操作性，它也就成了空中楼阁。

张子良：哲学家的思维方式确实与众不同。您关于可操作性的解释实际上涉及一个重要的理论问题，即人们关于行为模式的设计必须从实际出发，而不是从一厢情愿的主观臆想出发。现在，我想进一步了解您所说的"可接受性"的含义究竟是什么。

俞吾金：所谓"可接受性"这个概念实际上是在近年来西方流行的"接受美学"的启发下提出来的。"接受美学"的创新之处在于，它不是从主体出发去研究人的审美活动，比如康德就是这样做的，而是从艺术品如何被人们接受的过程出发来探讨审美机制。我们这里所说的"可接受性"指的是一种行为方式能否为他人或者人们所普遍地接受这一特征。比如，一个人在批评另一个人时，如果他不考虑自己的批评方式能否被另一个人所接受，他的批评是很难获得效果的。同样地，当一个推销员向一家公司推销商品时，如果他的推销方式不能被那家公司所接受的话，他的推销活动是不可能取得成功的。所谓"设身处地"就是要克服行为中的自我中心主义倾向，努力从行为的接受方出发来考虑问题。因此，"设身处地"这个说法已经蕴含着对"可接受性"的认可。又如，当任何一个单位打算就某个大家关心的问题进行决策时，它就必须考虑到大家对这一决策和决策方式的可接受性。否则，这样的决策就会招致一片反对声。再如，当我们把计划经济体制理解为行为主体的时候，我们就会发现，这一主体的行为方式的一个致命的弱点是缺乏可接受性。由于计划经济脱离了市场的导向，从来不考虑人们需要什么，愿意接受什么，于是就形成了一种比自由经济更离谱的无政府主义状态，即人们不愿意接受的商品堆满了市场的库房，而人们需要的东西却到处找不到。

反之，市场经济为什么得到人们的普遍的认同，因为它始终把人们最愿意接受的商品作为自己的"第一乐章"。

张子良：您的分析很有说服力，您对"可接受性"的阐释实际上已经考虑到读者的"可接受性"了。行为方式的"可接受性"确实是一个十分重要的问题。即使人们的行为是合法的和合乎理性的，但如果不注意行为方式的可接受性，这样的行为也是不容易获得成功的。那么，您说的"可传播性"的具体内涵又是什么呢？是不是行为或行为方式可以像信息一样地加以传播呢？

俞吾金：在某种意义上，行为和行为方式就是一种特殊的信息，它们也具有极强的传播性，而其传播载体通常是大众传媒，如电视、电影、广播、报刊、图片、录音带、图书等。比如影视明星、体育明星的行为方式常常成为"追星族"模仿的对象，具有非常快的传播速度。当然，这样的传播方式是自发的，也是无可厚非的。但某些行为和行为方式是否具有可传播性，却是需要通过思考才能作出回答的。除了某些十分明显的不健康的行为和行为方式不应当在大众传媒上进行传播外，我们还必须注意到一种"隐性传播"的现象。荷兰哲学家斯宾诺莎说过一句名言"规定就是否定"，这恐怕也应该成为传播学的座右铭。举例来说，有些影视片或报刊、书籍等在报道一些犯罪案件时，把罪犯的违法行为和行为方式描绘得十分细致，这就容易产生负面的、隐性传播的现象，即有些人模仿罪犯的手法去犯罪。这种情况在国内外都有，已经引起研究者们的广泛重视。总之，我觉得，我们对行为和行为方式的可操作性、可接受性和可传播性还不够重视。显然，加强这方面的研究也是精神文明建设的一个重要的组成部分。

2000年

重视对哲学基础理论的研究
——俞吾金教授访谈①

欣文：俞吾金教授，您是国内哲学界著名的中青年学者，20世纪80年代中期已在哲学界崭露头角，对哲学基础理论、西方哲学、马克思哲学、新马克思主义和当代中国文化等均有深入的研究，并提出了一系列富有原创性的哲学见解，尤其是在哲学基础理论研究方面获得的新成果在理论界激起了强烈的反响。作为本刊多年来的老作者，我们想请您比较系统地介绍一下您在哲学基础理论研究方面所取得的成果。请您先谈一下您治学的背景和学术上的传承情况。

俞吾金：我对哲学的兴趣萌发于高中时期，而我的治学道路则始于复旦大学。复旦大学哲学系虽然不是一个大系，却汇聚了一批学术造诣深、富于创新意识的老专家，具有扎实的学思传统。在马克思主义哲学博士点上，老系主任胡曲园教授早年就读于北京大学，与艾思奇、胡绳同为地下党组织的哲学研究小组成员，他在马克思

---

① 原载《学术月刊》2000年第1期，访谈人署名"欣文"。收录于俞吾金：《重新理解马克思——对马克思哲学的基础理论和当代意义的反思》，北京师范大学出版社2005年版。收录于俞吾金：《哲学随想录》，北京师范大学出版社2016年版，第145—148页，题为"重视对马克思主义哲学基础理论的研究"。——编者注

主义哲学、中国哲学、西方哲学和逻辑学方面均有精深的研究。在西方哲学博士点上，全增嘏教授早年就读于哈佛大学，他在国内最早开设现代西方哲学方面的课程，他主编的《西方哲学史》和刘放桐教授主编的《现代西方哲学》在学术界拥有广泛影响。在中国哲学博士点上，王蘧常教授素有国学大师之称，他著作宏富，且在书法上独创章草；严北溟教授则以其佛学研究上的精深造诣为学界所称道。在科技哲学博士点上，陈珪如教授建立了国内第一个自然辩证法教研室，她编译的《自然辩证法》是科学技术哲学领域最早的启蒙读物之一。特别是胡曲园教授，作为复旦大学哲学系的奠基人，一直主张把马克思主义哲学(马)、中国哲学(中)、西方哲学(西)贯通起来，由博返约，对哲学基础理论作出新的探索，复旦大学哲学系的学思传统也由此而形成。我在担任系主任期间，之所以把《周易》《纯粹理性批判》《1844年经济学哲学手稿》和《传习录》《精神现象学》《1857—1858年经济学手稿》分别作为硕士生和博士生的公共必修课，目的正是把胡曲园教授开创的这一学思传统承续下来，发扬光大。

欣文：您是胡曲园教授的博士生，他的治学方式毫无疑义对您产生了重要的影响。

俞吾金：是的。胡曲园教授的治学方式，除了上面提到的主张贯通马、中、西，打下扎实的专业基础外，还有下面两点给我留下了深刻的印象：一是在学术研究上不因循守旧，敢于自出机杼，发前人之所未发。比如，他运用马克思的亚细亚生产方式的理论对中国古代社会进行了深入研究，大胆地提出了中国既不存在封建社会，也不存在奴隶社会的设想，在理论界引起了巨大的反响。二是把理论研究与现实生活紧密地结合起来，不作蹈空之论。比如，针对"文化大革命"后理论界存在的诡辩现象，他主张把知性形而上学与形式逻辑区分开来，强调形式逻辑的基础性作用。这一见解提出后，理论界好评如潮。我觉得，胡曲园教授治学方式的主旨是：结合现实生活，对哲学的一系列基本概念和理论作出新的反思。正是这一点对我的研究活动产生了重要的影响。

欣文：在哲学基础理论的研究中，您觉得什么问题是一开始就必须提出来加以反思的？

俞吾金：人们通常认为，这个问题应该是："什么是哲学（What is philosophy）？"我不赞成人们把研究这个问题的学问称为"元哲学"（metaphilosophy），因为这样做似乎是把问题引到哲学之外去了。我曾主张把这个问题称为"哲学的元问题"（the metaquestion of philosophy），目的是把它引回到哲学内部来讨论。现在看来这一提法也欠妥，因为"元"（meta-）这一前缀的通常含义是"在……之后"或"超越……"，也可引申出"最高的"含义，但实际上，"什么是哲学"这一问题是在哲学研究之前，在逻辑上必须先行加以澄清的前提性的问题，它不在高处，而在根基处。所以我觉得应该把它划到"哲学的第一问题"（the first question of philosophy）所要讨论的范围之内。

在我看来，"What is philosophy?"这一提问方式，源自日常生活中的"What is this?"（这是什么？）而在"What is this?"这种设问方式中通常蕴含着两个前提：一是提问的对象已然在场（如一个杯子）；二是提问者、听者和对象之间的关系纯粹是知识的关系，这种关系特别通过what这个词而显现出来。事实上，父母和教师都是通过这样的设问方式向小孩展示一个知识世界的。把日常生活中的这种提问方式转移到哲学中，哲学就成了一种纯粹的求知活动，周围世界只是作为冷漠的知识对象进入提问者和听者的眼帘，而人的生存和生活的意义问题则完全被这种提问方式严密地遮盖起来了。也就是说，当提问者提出"什么是哲学"的问题时，他已先于提问而选择了以苏格拉底和柏拉图为代表的知识论哲学的立场。

按照我的看法，我们应该站在生存论本体论哲学的立场上，对哲学的第一问题重新进行反思。既然生存在逻辑上先于认知，一个更始源的问题——"为什么人类需要哲学？"（Why does the human being need philosophy?）开始呈现在我们的面前。这里的why与what不同，它关注的是人与哲学及周围世界的意义关系。当然，"为什么人类需要哲学？"这个问题也不能孤立地加以解答,因为要解答这个问题,又必须搞清楚"什么是哲学?"反之,如果撇开"为什么人类需要哲学?"而只询问"什么是哲学?"又必然会陷入知识论哲学的窠臼。所以我主张,哲学的第一问题不应该是单个的问题,而应该是"问题间性"(inter question),即 Why does human being need philosophy—What is philosophy? 这样一来,生存论本体论的立场就作为逻辑前提契入人类的所有求知活动中,哲学重新返回到生活世界的轨道上。

欣文:俞教授,据说您在《北京大学学报》发表的《关于哲学基本问题的再认识》一文(1997)曾在学术界引起广泛的重视。您能谈谈这方面的想法吗?

俞吾金:当然可以。哲学基本问题即人们通常认为的思维与存在的关系问题,一直是哲学基础理论讨论中的一个禁区。我对这个问题的认识也有一个过程。十几年前,我和另两位作者曾在《中国社会科学》杂志上发表了《哲学基本问题所蕴含的方法论问题》一文(1986),当时对哲学基本问题还是采取肯定态度的,但是随着思考的深入,我发现思维与存在的关系不是哲学基本问题,而是哲学中的一种类型——以苏格拉底和柏拉图为代表的知识论哲学的基本问题。知识论哲学认为,只有思维才能把握世界的本质,所以必然把思维与存在的关系理解为哲学的基本问题。对于另一些类型的哲学,如认为哲学是探讨人生意义的学科、哲学是语言上的分析批判活动等见解来说,思维与存在的关系并不是它们的基本问题。就是对于以实践为根本特征的马克思哲学来说,其基本问题也不像传统教科书所认为的,是思维与存在的关系问题,而是人与自然和人与人之间的关系问题。澄清了这一点,人们就不会把所谓"回避哲学基本问题""抹杀哲学基本问题"等帽子简单地套用到对现代西方哲学和中国哲学的评价上去。

欣文:重新诠释哲学基本问题确实意义重大。一方面,它使我们从苏联的哲学教科书模式中解放出来;另一方面,它改变了哲学研究特别是马克思哲学研究的基本话语。俞教授,您对哲学学科的分类也有自己的看法，请介绍一下。

俞吾金：我在《哲学研究与哲学学科分类》一文(《光明日报》1995年5月4日)中曾提出了自己的看法。我认为，在哲学(一级学科)中划分出马克思主义哲学、西方哲学和中国哲学等二级学科，这在分类上是不严格的，因为马克思主义哲学是按学派的方式界定的，中国哲学是按国家的方式界定的，西方哲学是按地域的方式界定的。事实上，我国大学里的哲学系和研究院中的哲学所都是按照这样的分类方式来建立博士点或硕士点的。这种不规则的分类方式引起了哲学世界图景的破碎。比如，在这样的分类方式中，我们找不到印度哲学、日本哲学、韩国哲学、犹太哲学、埃及哲学和巴西哲学的位置。在我们的哲学研究中，这些哲学的"他者"实际上也一直不受重视。另外，这种分类方式从表面上看突出了马克思主义的哲学的地位，但由于把马克思主义哲学与西方哲学割裂开来并对立起来，马克思主义哲学成了无源之水，而西方哲学史由于挖去了马克思主义哲学这一块，其演化史，尤其是当代西方哲学的许多文本也变得无法解读了，西方哲学史成了残缺不全的思想史。我认为，分类虽然是形式问题，但既然它已阻碍哲学研究的深入，因此就到了非改革不可的地步了。

欣文：这个问题确实也是哲学基础理论研究方面的重大课题。在我的印象中，您不仅重视对本体论问题的探讨，而且对哲学研究的方法论也特别关切。请您介绍一下您在这方面的新思考。

俞吾金：好的。记得康德对学生说过："我不是教你们哲学，而是教你们哲学地思考。"在哲学研究中，方法论的作用是不可低估的。我在1988年出版的著作《问题域外的问题——现代西方哲学方法论探要》就是专门探讨现代西方哲学的方法论思想的。近年来，我在这方面做的主要工作，是对以下三种理论界十分流行的思维方法进行批评。第一种是历史主义的方法。这种方法强调逻辑与历史一致，其实质是把逻辑还原为历史，把历史研究还原为对历史过程的追溯和对历史起点的崇拜。我国学术界出版的大部分理论著作，甚至不少博士生撰写的学位论文都深受历史主义的影响。这些专著的大部分篇幅都在做历史的回顾，上下几千年，架子搭得很大，但真正的理论思索几乎找不到。正如一句谚语所说的："大山分娩，生出来的却是老鼠。"我认为，阻止这种历史主义泛滥的最好方法，是返回到作为历史主义前提的历史性上去。历史性是研究者对自己置身于其中的历史境遇的先行澄明，其口号是：只有理解现在，才能解释过去。也就是说，理论思索的重点是研究者对自己的历史境遇的反思和把握。研究者一旦达到了这一点，历史主义的泛滥就被中止了。第二种是观念主义的方法。其典型表现是人们无批判地引入了马克斯·韦伯关于新教伦理推动资本主义社会发展的分析模式，用以分析中国社会。比如，当代新儒家认为，只要把儒家伦理的权威确立起来，当代中国社会的发展就会进入有序状态，仿佛观念是历史中的决定性因素，只要输入或恢复一个观念，社会现实生活就会随之而发生变化。这种以观念的被运用、被抛弃或被复兴的方式来解释历史的方法，显然是马克思早就批判过的历史唯心主义的方法。事实上，任何一种新的观念，如新教伦理，都不是从天而降的，而是在现实生活的基础上形成并发展起来的。所以，韦伯的分析如果想要彻底的话，他还必须阐明新教伦理又是如何在宗教改革和当时社会生活的基础上产生出来的，然后才谈得上它对社会现实生活的一定的影响。显然，雅斯贝尔斯提出的"轴心时代"的理论也犯了同样的观念主义的毛病。在我看来，要克服观念主义顽症，就要重新返回马克思的历史唯物主义的立场上，不是用观念来解释实践，而是用实践来解释观念的兴衰起落。第三种是自然主义的方法。这种方法看不到哲学思维方法与日常生活中朴素的思维方法之间存在的本质差异。比如，在认识论研究中，他们认为人认识的不是对象向自己显现出来的现象，而是对象本身；认为人自然而然就可以认识外部世界，不需要先行地对自己认识的前结构进行批判性的反思；认为外部世界与我们的思维是同构的，看不到两者的异质性。凡此种种，都是自然主义方法在哲学研究领域中的表现。要克服自然主义的方法，就要认真学习并消化康德哲学的遗产，从而避免用前康德的方式思考任何哲学问题。

欣文：您对这三种流行的思维方法的批判发人深省，由此我联想到您在博士学位论文《意识形态论》中提到的"元批判"的方法。您的博士学位论文是国内第一部系统地研究意识形态问题的专著，这部专著出版后得到了理论界的普遍好评。能否谈谈您为什么会对这个问题感兴趣？

俞吾金：我之所以对意识形态问题感兴趣，因为它也是哲学基础理论中的一个重大的问题。过去人们片面地把意识形态理解为一个政治术语，从而掩蔽了它在哲学理论上的极端重要性。1988年当我在法兰克福大学进修时，我的导师伊林·费切尔（Iring Fetscher）教授和阿尔弗雷德·施密特（Alfred Schmidt）教授联合举办了题为"意识形态概念史"的讨论班，从而使我萌发了撰写博士学位论文的念头。在意识形态研究上，我主要提出了如下新见解。第一，人本质上是意识形态动物，人是通过意识形态的教化才成为社会存在物，并确立其所谓"主体性"和"独立思考能力"的。只要人还没有意识到自己置身于某种意识形态之中，他的所谓主体性和独立思考能力都只具有形式化的意义，也就是说，真正的主体仍然是意识形态。第二，意识形态批判是一种"元批判"（metacriticism），它要求人们从历史唯物主义的基本立场出发，通过对意识形态所蕴含的"问题框架"（problematic）的反思，达到去意识形态之蔽的目的。要言之，意识形态批判是其他一切批判活动的前提。这样一来，传统哲学教科书所倡导的抽象的认识论就让位于意识形态批判，即认识论的本质不再是无批判地向外去捕捉认识对象，并把对象饱餐一顿，而是在开始任何认识活动之前，必须先行地、批判地反思自己作为认识主体已接受的意识形态的问题框架。只有当认识者能够批判这一问题框架时，他才可能把握认识对象的真正的本质。第三，哲学就是意识形态，哲学史就是意识形态的历史。换言之，只有当人们把隐藏于潜意识领域中的意识形态问题框架拖到意识的层面上时，他们才能获得真理性的认识，而哲学和哲学史研究所追求的正是这样的境界。在这个意义上，马克思的意识形态批判学说揭示了哲学和哲学史研究的全副意义。

欣文：您在 20 世纪 80 年代中期时就提出了"哲学发生学"的新设想，请简要介绍一下您在这方面的研究情况。

俞吾金：我在这方面的研究主要受到瑞士心理学家皮亚杰的影响，但我没有停留在他所作出的结论上，而是把他的思路引申到一般哲学史的研究上，从而提出了哲学发生学的新设想。我认为，在哲学史研究中，至今仍然存在着两大空白：一是对哲学史的史前史，即哲学的发生史或形成史缺乏研究。众所周知，在迄今为止的人类历史中，有文字记载的历史只占很小的一部分，而人类的史前史，即原始社会史是漫长而久远的。在这一漫长的时期中，人类思维的特点和方法是什么？它与文明时代的思维有何区别与联系？原始思维是如何过渡到以后的哲学思维的，或者说，哲学究竟是如何发生的？二是对具体的哲学家或哲学流派思想的发生或形成史缺乏研究。我们习惯于把一个哲学家或哲学流派的思想理解为一个结果、一种状态、一个抽象的点，而没有把它理解为一个过程、一种发展、一条线索，其结果往往是重视哲学家的晚期著作或哲学流派的代表著作，忽视了对他们的早期著作或边缘著作的研究。要填补上述空白，就有必要建立一门新的学科——哲学发生学。它应当有两个分支：一是宏观哲学发生学，即通过对原始文化特别是原始思维的研究，揭示哲学的史前内容的特征、它与历史时期的哲学思维之间的区别和联系，以及它是如何过渡到真正的哲学思维的；二是微观哲学发生学，即通过对哲学史上有影响的哲学家和哲学流派思想的发生史的研究，揭示出哲学家或哲学流派思想发生和演化的普遍性规则。我撰写的《论哲学发生学》（《复旦学报（社会科学版）》1986 年第 1 期）和《要重视对哲学发生学的研究》（《光明日报》1986 年 5 月 12 日）发表后，在理论界得到了广泛的响应。

欣文：您关于哲学发生学的提法丰富了哲学史研究的内涵。我们都知道，您又长期从事西方哲学史的研究，能否谈谈如何在这个领域的研究中突破传统观念的影响？

俞吾金：这个问题提得非常好。在我国，西方哲学史已有很多读本,但之所以在内容上大同小异,其根本原因在于这些读本都是依据日丹诺夫的模式,即唯物主义和唯心主义的简单二分来写的。人们一旦突破了知识论哲学的视野,也就从根本上跳出了日丹诺夫的哲学史撰写模式,从而哲学史将以全新的景观展现在人们的眼前。其实,哲学史有多种多样的撰写方式。一旦确立起一种哲学观,也就有了这种哲学观视野中的独特的哲学史。比如,海德格尔的《存在与时间》既是一部哲学专著,也是一部基本本体论视野中的哲学史著作。我在《哲学史——绝对主义与相对主义互动的历史》一文(《复旦学报(社会科学版)》1996 年第 5 期)中就引入了一种新的哲学史观,即把绝对主义与相对主义的交替运动作为透视整个哲学史的特殊的视角。从这样的视角出发,西方哲学史就以全新的面貌呈现在我们的面前。

我在哲学史研究方面还有一些新的想法,比如,我认为,把泰勒斯作为西方哲学史的起点,乃是不自觉地引入了科学主义的哲学史观的结果,而西方哲学史的真正的起点应该是古希腊神话。在古希腊神话中,人类最初的思维活动与生存意向息息相关。又如,我认为,德国古典哲学不应按照"康德—费希特—谢林—黑格尔"这样注重理性的单线索的方式来写,应该把歌德对常识和情感的重视作为德国古典哲学的一个重要的侧面写进去,否则我们就无法理解叔本华和尼采的思想是如何产生的。我在《生存的困惑——西方哲学文化精神探要》一书中论述了这些新的想法。

欣文:理论界的不少朋友都说您除了对一般哲学理论有深入思考外,对马克思哲学的基础理论和概念也有深切的关注和研究。记得您在我刊曾发表过《马克思主义的第四个来源和第四个组成部分——纪念马克思逝世 110 周年》的论文,在理论界颇有影响,能否作一简要的介绍?

俞吾金:列宁曾在 1913 年 3 月出版的《启蒙》杂志上发表了《马克思主义的三个来源和三个组成部分》的著名论文。在这篇论文中,列宁指出,德国古典哲学、英国古典政治经济学和法国社会主义构成了马克思主义的三个来源。基于这样的思考,哲学、政治经济学和科学社会主义也就成了马克思主义的三个组成部分。列宁的这一见解的影响是如此之深远，以致迄今为止大部分马克思主义的教科书和研究专著都沿用了这种说法。然而20世纪初以来，随着马克思的大量手稿，特别是晚年人类学手稿的问世，列宁的上述见解已显出局限性。三个来源和三个组成部分的说法从根本上没有摆脱从"欧洲中心论"出发来理解马克思主义的视角，而这样的视角也必然会忽视马克思通过人类学研究，就非欧洲社会尤其是东方社会所引申出来的一些极为重要的理论结论。因此，我认为有必要阐明马克思主义的第四个来源和第四个组成部分，那就是英、美、德、俄的人类学思想。虽然马克思所阅读的人类学著作的作者大部分是欧洲人、美国人，但这些作者所关注的主要对象是非欧洲社会，特别是东方社会。马克思留下的大量的人类学笔记表明，他不仅仅是一个欧洲主义者，更是一个世界主义者。他关于亚细亚生产方式的理论、关于跨过卡夫丁峡谷的著名论断等，为东方社会的发展提供了重要的思想指导，而在三个来源和三个组成部分的传统理解框架中，这些理论是找不到相应位置的。

欣文：这确是发前人之所未发。在我的印象中，您同时也是国内最早探索马克思的本体论思想的学者。我还记得，您在我们的刊物上发表过一篇很有新意的论文，题目是《马克思哲学本体论思路历程》。

俞吾金：是的，发表在贵刊1991年第11期上。在这篇论文中，我批评了那种认为在马克思哲学中不存在本体论学说的流行观念，第一次对马克思本体论学说的历史发展作出了认真的考察。我认为，马克思的本体论思想经历了以下五个发展阶段——自我意识本体论、情欲本体论、实践本体论、生产劳动本体论和社会存在本体论。这篇论文发表后引起了广泛的讨论。后来我又撰写了《再论马克思的哲学本体论》一文（《哲学战线》1995年第1期）进行回应。

欣文：我觉得，您探讨马克思哲学的一个重要特点是引入了当代西方哲学的新观点，因此总是见解新颖，视角独特，大家都很爱读。我还留意到，您在《光明日报》上发表过一篇讨论马克思哲学与解释学（释义学)关系的论文。

俞吾金：那篇论文的篇幅很小。我关于这个问题的思考主要体现在《马克思的实践释义学初探》一文(《复旦学报(社会科学版)》1995年第3期)中。在西方哲学领域中，研究解释学发展史的学者一般都认为，解释学的本体论转折是由海德格尔完成的。我通过自己的研究发现，马克思虽然没有使用过"解释学"这个术语，但他实际上创立了一种实践解释学，即从实践活动出发，去探索一切文本的起源和内涵的学说，从而先于海德格尔完成了解释学的本体论转折。同时，把马克思哲学理解为实践解释学，也有利于人们重新认识实践概念在马克思哲学中的重要地位，重新认识马克思哲学在功能上的新的维度。

欣文："实践解释学"的概念提出后已得到理论界的认同，我已经注意到有的青年学者特别是马克思主义哲学专业的博士生正在继续这方面的研究。听说您对马克思哲学体系也有自己见解，下面请您谈谈这方面的想法。

俞吾金：我在这方面的系统的思考，见诸《论两种不同的历史唯物主义概念》一文(《中国社会科学》1995年第6期)。传统的哲学教科书坚持，马克思哲学的基础是辩证唯物主义，把辩证唯物主义推广到历史领域，就是历史唯物主义。所以，马克思哲学就是辩证唯物主义与历史唯物主义。改革开放以来，这种斯大林式的教科书体系受到质疑，从而产生了关于马克思哲学体系的第二种有影响的见解，即把历史唯物主义理解为马克思哲学的基础和核心，在这一基础和核心上再来探讨原来在辩证唯物主义范围内讨论的问题。与第一种见解比较起来，这种见解无疑更接近马克思的本意。然而它是不彻底的，因为它仍然保留了辩证唯物主义部分，并使这部分内容游离于历史唯物主义之外。尽管人们力图从历史唯物主义出发去探讨辩证唯物主义部分的内容，但对于这部分内容来说，历史性仍然是一种可以剥去的、外在的东西。

拙文则提出了第三种见解，即马克思哲学就是历史唯物主义，马克思并没有提出过历史唯物主义以外的任何哲学学说。如果一定要保留辩证唯物主义这个名称的话,那么这个名称只能是历史唯物主义的别称,而不能有任何其他的实质性的意义。也就是说,原来在辩证唯物主义范围内讨论的东西,现在全部都归属到历史唯物主义的范围内。我认为,只有以这样的方式理解马克思哲学体系,前两种理解方式导入的二元性才能彻底地被消除。我还认为,对马克思哲学体系的理解与对马克思和黑格尔关系的理解是紧密联系在一起的。传统教科书之所以把辩证唯物主义理解为马克思哲学的基础部分,是因为它把马克思与黑格尔的关系理解为马克思与黑格尔的逻辑学的关系。所以列宁有一个影响久远的说法,即不读黑格尔的《逻辑学》,就不能理解马克思的《资本论》。我在《重新认识马克思的哲学与黑格尔哲学的关系》一文(《哲学研究》1995年第3期)中提出了不同的看法,即认为马克思与黑格尔的关系本质上是马克思与黑格尔的法哲学和精神现象学的关系。由于法哲学和精神现象学都是研究社会历史的,所以深受黑格尔这两部著作影响的马克思的哲学才是历史唯物主义而不是辩证唯物主义。在这个意义上可以说,不读黑格尔的法哲学和精神现象学,也就不能理解马克思的《资本论》乃至整个哲学体系。

欣文:这些见解确实是振聋发聩的。俞教授,我还听说您在"重新理解马克思"的口号下,对马克思哲学的一系列基本概念提出了自己的新见解。请对您在这方面的工作做一个简要的介绍。

俞吾金:从对马克思哲学的本质和体系的新的理解出发,我重新反思了被传统的哲学教科书扭曲了的一些基本概念。首先是"世界"概念。传统教科书把世界理解为"自然、社会和思维"构成的综合体。这一理解模式存在着两个根本性的缺陷:一是必然造成自然、社会与思维之间的二元对立,从而把马克思哲学近代化,拉回到笛卡尔主义的话语之中;二是把自然置于社会之前,实际上蕴含着这样一种倾向,那就是脱离社会对自然进行考察。在这样的考察方式下,自然必然成为马克思所批评的、与人的社会历史活动相分离的抽象的自然。我认为,马克思哲学作为历史唯物主义,是以社会历史性作为根本特征的。这种社会历史特征既贯穿在对自然的考察中,也贯穿在对人的思维活动的认识中。所以在马克思那里,"一切社会生活"才是他的世界概念的真正含义。这种新的理解模式既消除了世界概念的二元性,又使自然与思维消融在"一切社会生活"中,从而不丧失其社会历史特征。

其次是"物质"概念。传统教科书的见解是:世界统一于物质,物质是运动的,运动着的物质是有规律的,等等。按照这种理解模式,我们根本就找不到马克思的物质观与狄德罗、费尔巴哈等旧唯物主义哲学家的物质观之间的根本差异。何况,这种理解模式把马克思的物质观变成了一种在课堂上讲授的、纯粹知识性的学问。我认为,这样的理解模式完全阉割了马克思物质观的革命内容,把它变为一种毫无生气、毫无现实意义的高头讲章。事实上,在马克思看来,社会生活本质上是实践的,而生产劳动是实践的最基本的方式,在生产劳动的视野里,抽象的物质并不存在,存在着的只是实践的对象、原料、工具、产品、排泄物等。在资本主义生产方式中,物质的具体样态——物变成了商品,而在商品拜物教扭曲了的表现形态中,人与人之间的关系取得了物与物之间关系的表现形式,与物的主体化相对应的是人的客体化。马克思主张批判商品拜物教,从物与物之间的关系背后揭示出人与人之间的关系,从而对资本主义的生产方式进行革命性的改造。所以在马克思那里,物质观绝不是闲来无事的诗词,绝不是课堂里的高头讲章,而是马克思批判商品拜物教(揭露异化意义上的物化),揭示资本主义生产方式本质的入手处。

再次是时间、空间概念。传统的教科书把时间、空间理解为运动着的物质的存在方式,这种理解模式也很难使马克思的时空观与传统哲学的时空观,特别是牛顿的绝对时空观严格地区分开来。我在《马克思时空观新论》一文(《哲学研究》1996年第3期)中提出了不同的看法。我认为,时空观念是在人的感性实践活动,尤其是生产劳动的基础上形成并发展起来的。在资本主义生产活动中,劳动时间可以划分为必要劳动时间和剩余劳动时间,剩余劳动时间为资本家创造剩余价值,而商品的价值是由社会必要劳动时间决定的。劳动者要在劳动之余争取更多的自由发展的时间，就得为缩短工作日开展斗争，而时间是空间的真理。从上面的论述可以看出，马克思的时空观像他的物质观一样，也不是闲来无事的诗词，而是他的革命思想的组成部分，直接构成了他的自由理论的基础。

最后是自由概念。传统的教科书把自由解释为对必然的理解和改造。如果一个人在行为中犹豫不决，那就表明他还处在无知的状态下。我在《论两种不同的自由观》一文(《光明日报》1988年5月2日)中提出了不同的见解。在我看来，一个人在行为中犹豫不决，并不一定是由于他对对象的无知而引起的。当他的行为涉及生命、价值、情感、责任时，即使他对对象知道得清清楚楚，他还是会犹豫不决。为此我提出了两种不同的自由观：一种是上面提到的认识论意义上的自由，这种自由是对必然的理解与改造；另一种是本体论意义上的自由，它关涉人作为道德实践主体和法权人格在行为中所负的责任问题。后一种自由比前一种自由更为根本。两种自由观的提出澄清了不少困惑，得到了理论界的广泛认同。

欣文：俞教授，听了您上面的介绍，我们对您在哲学基础理论研究方面所做的工作有了一个大致的了解。能否请您再谈谈今后的研究计划。

俞吾金：我从1995年起已开始撰写《物与时间——马克思哲学新探》一书，但由于当时行政工作比较忙，时写时断，终于搁了笔。现在卸了任，首先要偿还的是这笔宿债。这部专著将以"物—价值—时间—自由"为主线，以全新的方式叙述马克思哲学体系。第二本计划撰写的著作是《走向黑格尔的马克思》。由于黑格尔和马克思的关系一直是理论界聚讼纷纭的问题，不搞清这个问题，对马克思哲学本质的理解就会被误导。本书将从当代新马克思主义者提供的新见解、新素材出发，围绕马克思对黑格尔的《法哲学》和《精神现象学》的解读，对这种关系作出新的说明。在写完这两部著作以后，我将转向对德国哲学，特别是对康德、胡塞尔和海德格尔哲学的研究。最后，我将回归到对哲学本身的研究上，争取写出我自己对哲学的系统化的见解。总之，哲学基础理论研究的道路是十分艰辛的，但唯其艰辛，在收获时才会有更多的欢乐。

2004年

寻找自我，实现自我[①]

——俞吾金教授的治学道路

一、走上哲学研究的道路

吾人：俞教授，您好。还是在20世纪80年代中期，您就在学术界崭露头角。从那个时候到现在，近20年过去了，您已经成为哲学界最有影响力的中青年学者之一。您能谈谈自己是怎样走上哲学研究道路的吗？

俞吾金：真是一言难尽。当我在上海市光明中学读高中的时候，我从一位同班同学那里借到一本书，就是李致远先生撰写的小册子——《马克思和列宁的学习方法》。这本书叙述问题深入浅出，故事多多，我读后有一种爱不释手的感觉，也渐渐地萌发出对哲学的兴趣。然而，当时这种朦胧的兴趣还远远没有上升到把它作为自己终生职业的程度。作为1966届高中毕业生，我决定报考医科大学。其实，我对医学的兴趣并不大，只是想今后能够找到一份比较可靠的工作，为家里分忧。然而，"文化大革命"的爆发改变了

[①] 原载《社会观察》2004年第9期，作者署名"吾人"。——编者注

一切，也改变了我的人生道路。1968年9月，我被分配到上海电力建设公司第一工程处工作。作为电力建设工人，第一年是在金沙江畔——四川攀枝花度过的，后来回上海后，仍然没有一个稳定的工作环境。一次，在上海高桥热电厂施工时，我因右手工伤休息四个月。在此期间，我在附近的上海图书馆里通读了《马克思恩格斯全集》，因为当时书架上只有这样的书。这次阅读，重新燃起了我对哲学的兴趣。随后，我调到政宣组工作，接触较多的是新闻宣传方面的工作。1977年年底，当高考招生制度恢复的消息传来时，我心中一阵狂喜，但冷静下来一想，心里就发愁了：究竟报考什么专业呢？如果报考理工科专业或医学专业的话，连教科书都找不到。于是，对于我来说，只剩下一条路，就是报考人文社会科学。事实上，在政宣组工作的几年中，我对人文社会科学，尤其是新闻学和文学的兴趣变得越来越浓了。于是，我报考了文科，志愿书上填着复旦大学的四个系，它们的次序是新闻、中文、哲学、历史。结果，我被录取在第三个系——哲学系中。当我走进复旦大学文科阅览室时，就像刘姥姥走进大观园一样，立即被它丰富的藏书迷住了。要知道，在上海电力建设公司工作时，没有一个像样的阅览室，我在工余时间只能读《新华字典》和《康熙字典》！而现在，我就像阿里巴巴面对着山洞里的巨大财富一样，显得不知所措了。我如饥似渴地开始了我的"阅读之旅"。但当时，我的主要兴趣是文学。我从埃斯库罗斯、索福克勒斯和欧里庇德斯的作品开始往下读，经过但丁、莎士比亚、莫里哀、弥尔顿、雨果、歌德、席勒、狄更斯、托尔斯泰、陀思妥耶夫斯基等，一直到当代的德莱塞、卡夫卡等。在阅读中，我做了大量的札记，拓宽了自己的思想和思路。然而，随着哲学学习的深入，我逐步认识到，我的思维更适合于哲学，而且我特别感兴趣的是西方哲学。我的学士论文撰写的是柏拉图的辩证法思想，硕士学位论文探讨的是黑格尔的理性概念。1984年，我留在哲学系现代西方哲学教研室任教。不久，又担任了西方马克思主义教研室主任。1986年，由于西方哲学博士生导师全增嘏教授逝世，我报考了马克思主义哲学，成了老系主任胡曲园教授的博士生。同年，我出版了自己的处女作《思考与超越——哲学对话录》。1987年从助教破格晋升为副教授。1988年10月至1990年10月，我赴德国法兰克福大学留学，师从伊林·费切尔教授。1992年获得博士学位，1993年出版了博士学位论文《意识形态论》。从此，便毅然决然地走上了哲学研究的道路。

二、治学道路上的体会

吾人： 学术研究的道路总是充满艰辛，尤其是在外人看来十分玄奥的哲学领域。您在这一领域辛勤耕耘多年，对于如何治学肯定有诸多的体会吧？

俞吾金： 我对于治学主要有以下四点体会。

第一，始终把追求真理、弄清问题理解为哲学研究的第一动机。我之所以强调这一点，是因为在市场经济的背景下，各种其他的动机，如为了解决学位问题、职称问题等，会自觉地或不自觉地渗透到哲学研究中来。一旦其他的动机上升为第一动机，哲学研究就会变质。当然，在现实的哲学研究活动中，完全撇开其他动机是不可能的，问题在于，必须牢牢地守住追求真理这个第一动机，才能确保哲学研究沿着健康的轨道向前进展。

第二，哲学研究要有自己的问题意识，特别是要关注一些重大的理论问题。哲学研究贵在问题意识。一个心中没有任何疑问、不善于提问的人，是不可能成为出色的哲学研究者的。而任何一个哲学研究者要保持自己的思想高度，就应该不断地与大思想家展开理论上的对话，通过对他们的文本的深入解读，保持自己的思想不坠落下来。

第三，与理工科的线性的知识比较，哲学知识的积累具有一种金字塔的形式。哲学研究要求我们打破知识分类的界限，尤其是打破中国哲学（中）、马克思主义哲学（马）和西方哲学（西）之间的界限，把知识的基础拓宽。厚积才能薄发，才能写出真正有思想深度的论著来。

在国内哲学界，常常有人这样问我："俞老师，您究竟研究什么方向？"这个问题听起来更像是对我的治学方法的一种批评。但我自己坚信，不打通马、中、西，不把中外哲学贯通起来，要写出真正能体现这个时代的学术作品是十分困难的。我记得在哲学系读书时，有的老师知识面非常狭窄，甚至只能讲一本著作中的一个部分。除了这个部分，就一无所知了。这样的治学方法和教学方法，一方面不可能使教师本人达到较高的学术造诣，另一方面也不可能使学生对课程本身产生真正的兴趣。事实上，哲学本身就是一门广博的学问，没有宽泛的知识基础，思想本身也会缺乏高度和深度。

第四，在哲学研究上要善于限制自己。如果说，我上面提到的第三点要求治学必须有一个宽泛的阅读面的话，那么，第四点强调的则是研究面要窄。也就是说，治学一定要由博返约，严格地限定自己的研究范围。如果研究者滥用自己的聪明，在任何领域或问题上都想发表自己的见解，那么，他就必定会失败。其实，道理很简单，多中心就是无中心。每个研究者的精力都是十分有限的，在这个信息爆炸的时代中，假如一个人试图无所不知，结果就可能是一无所知。在这个意义上可以说，治学的最高技巧就是限制自己，把有限的时间用到自己最感兴趣的、最容易出学术成果的领域里。我们甚至可以说，一个人能否在学术上有造就，归根到底就看他能否把自己的主要精力以最有效的方式用到自己最可能出成果的领域里。

三、目前正思索的理论问题

吾人：俞教授，您已经发表了一系列有自己独立见解的论著，产生了广泛的学术影响。我们很希望了解，目前您正在思索哪些问题？

俞吾金：我的研究计划是比较大的，我甚至觉得它无法完全地被实现出来。然而，计划大一些，对自己的约束力也会大一些。目前我正在思索的重大问题如下。

其一，元哲学的问题，亦即"什么是哲学"的问题。正是这个问题规定着哲学研究中一切具体问题的解答方式。必须经常返回到这个问题上，我们的思维才不会沦落为无前提的思维。尽管我已经把哲学理解为对人类生存方式及其意义的探究，但这种理解方式必须以体系的方式表达出来，并且必须批判地借鉴现象学已经取得的成就。事实上，只要我们保持着对"什么是哲学？"的问题的询问和解答，我们在哲学研究中就始终站在高处。

其二，对康德哲学革命的重新评价问题。传统的理解方式是以认识论作为出发点的，但从海德格尔的《康德与形而上学疑难》问世以来，《纯粹理性批判》应该从为形而上学（包括本体论）奠基的角度重新得到理解和诠释。必须以此为切入点，重新研究康德哲学，阐明其哲学革命的实质所在。

其三，对马克思哲学革命的定性问题。马克思在哲学史上的伟大贡献是创立了历史唯物主义学说，而历史唯物主义的本质特征是什么？是阶级斗争学说，人的学说，还是社会存在本体论（说得更明确些，是社会生产关系本体论）？我们必须对这些问题做出明确的解答。

其四，中国哲学中的核心概念——"道"的确切含义。从中国古代以来，论"道"的书可以说是汗牛充栋。但"道"的根本性的、已经被掩蔽起来的本质究竟是什么？其实，对这个问题的解读乃是创造性地推进中国哲学研究的关键。毋庸讳言，我们将结合当代生活和当代哲学研究的最新成果，对"道"的概念做出新的解释。

总之，哲学研究的道路是漫长的，理论思维的艰辛也是不言而喻的，但当我们以原创性的方式获得对某个重大理论问题的理解时，我们的喜悦也是无法用语言来表达的。而这种崭新的理解从来也离不开我们对自我的反省、实现和超越。实际上，哪怕我们一生只有一次反省过自我，只有一次以刨根究底的方式思索过某个重大的理论问题，我们都会像古希腊哲学家赫拉克利特一样自豪地说：我寻找过我自己。

2007年

俞吾金：我的读书之路[①]

每个爱书之人都有自己与书结缘的故事以及对于书的感悟。千人千色，不尽相同。我们与俞吾金教授这次采访的缘分亦源于书——来自文科图书馆的一批20世纪70—80年代的借书卡，它们依旧保存完好，清晰地记录着学者们在学生时代不为人知的努力与辛勤。

如今的俞吾金教授担任着很多社会工作，但他对于书籍的热爱丝毫不减，访谈中他侃侃而谈自己的读书经历，对于身处纷繁环境下的当代学子的人文知识储备，也提出了自己的殷切期望和建议。

一、荒芜中求书

俞吾金出生在浙江省萧山县（今浙江省杭州市萧山区），6岁开始上学，10岁时随母亲搬迁到上海并定居。他是1966届高中毕业生，高中毕业时正值"文化大革命"爆发。

1968年9月，俞吾金被分配到上海电力建设公司第一工程处工作，一个月后即随大部队来到四川渡口攀枝花，支援502电站建设。住在金沙

[①] 原载《复旦人》第10期（试刊，2007年）。——编者注

江边的简易宿舍里,四周都是连绵不断的大山,真可谓"开门见山"。但是,除了《渡口日报》,这里几乎见不到任何其他的报纸,见不到像样的图书,更不用说图书馆了。一本书都借不到,精神上一片荒芜,俞吾金只好一遍又一遍地"啃"自己带去的《新华字典》。翻完《新华字典》,又好不容易从一位出身书香门第的朋友处借到一本《康熙字典》。

俞吾金坦承,当时这样埋头于两部字典之中,一是因为无书可看,二是因为本来就喜欢看书。这段荒芜中求书的经历在今天看来恐怕很多人难以理解,但是正是对字典的研读,使俞吾金对文字学,即小学产生了浓厚的兴趣,对于甲骨文、金文、小篆的研究自然而然有一种关注。说到自己对文字进行的考证、发表的论文,俞吾金更是打开了话匣子,滔滔不绝。比如,"天人合一"是中国哲学的核心观念之一,但究竟如何理解这个观念,他提出了自己的不同的看法。

说"天人合一"等于肯定,天、人在合一之前是相互分离、相互外在的。但从字源上来考察,情形并不是如此。许慎在《说文解字》中指出:"天,颠也。至高无上,从一、大。"那么,"大"字又是什么意思呢?《说文解字》告诉我们:"大,天大、地大、人亦大,故大象人形。"实际上,"大"字就是一个人张开双手、分开双脚站在那里。由此看来,人并不在天的外面,而是在天的里面。也就是说,天与人不是"合一"的外在关系,相反,人从来就是天的一个有机的组成部分。俞吾金得出的结论是:人与天是内在关系,人在天中,天由人成。

众所周知,在中国哲学中,"天"通常有两种不同的含义:一是指自然(如荀子的《天论》);二是指神秘化的、超自然的力量,如天命、天志等。那么,天的第一个含义"自然"究竟是什么意思?俞吾金认为,以前的研究者们解释了"自",也解释了"然",但没有对这两个字的联结做出合理的解释。众所周知,"自"在甲骨文中已经出现,指(人的)鼻子,而"然"字在金文中才出现。《说文解字》云:"然,烧也。"从"然"的字形上看,就是烹调狗(犬)肉。但是,人们并没有沿着这样的思路去探索"然"字的意义,更没有借此揭示"然"与"自"之间的关系。俞吾金提出的大胆假设是：狗肉在被烹调的时候产生香味，而香味进入周围人的鼻子。"自"与"然"两个字的联系就是这么建立起来的。自然的第一个引申含义是"自然而然"，即本该如此，就像这里烹调狗肉，下风的鼻子就会闻到香味一样；第二个引申含义是"自然界"，因为每个人出生时，自然已经以如此这般的方式存在在他的周围。

仿佛是站在讲台上，面对着莘莘学子，俞吾金很细致地表达出自己对文字考证的认真与热爱。同时，他还把自己对字源学的兴趣扩展到对外语的研究上。他告诉我们，在英语中，interest（单数）解释"兴趣"，interests（复数）解释"利益"。这两方面的意思合起来就是：人只对与自己利益有关的东西产生兴趣。在德语中，Schuld 既可解释为"债务"，又可解释为"罪责"。这两重含义表明，最早的有罪感起源于欠债不还。如果人们去阅读古代的《巴比伦法典》、印度的《摩奴法典》和《罗马十二铜表法》，就会发现，其中大量的法律条文涉及债权人与债务人的关系。事实上，汉语中的"债"也是由"人"与"责"两个字组成的，表明人有责任偿还欠别人的钱物。在俞吾金看来，不论哪种文字都隐藏着人类的秘密，因而文字研究是最有意义的活动之一。

二、我的大学

在错过了单位给的保送浙江大学的名额之后，俞吾金本以为就此与大学擦肩而过，不料峰回路转，高考招生制度于 1977 年被恢复。虽然参加了考试，但俞吾金也经历了一番心理挣扎。因为当时他已经被抽调到上海电力建设公司的小班子里去工作，很多人都说他放弃了这么好的工作去上学不值得，他自己也有些担心，毕业后会不会把自己分配到外地去工作？但是想要读书的心愿还是压倒了其他世俗功利的考量。在填报志愿的时候，拥有复旦情结的俞吾金在志愿栏里依次填写了复旦大学的四个系——新闻系、中文系、哲学系、历史系，并在备注栏里写上：

放弃被调剂到其他学校和专业的机会。俞吾金笑着解释说，这不是因为心高气傲，而是因为对自己是否能考进这所大学没有把握，如果考不进自己喜欢的大学和喜欢的专业，宁可继续回去当工人，幸而最后顺利地进入了复旦大学哲学系。

谈到当时校园里的读书风气，俞吾金反复强调了两个词："非常好"和"如饥似渴"。他说，当时考进来的同学都是人才。现在的光华路过去叫"南京路"，两边都是黑板报，各院系相互竞争，把黑板报办得图文并茂，非常漂亮。同学们自己写的小说都可以贴上去，供大家阅读、批评。大学初期，俞吾金的兴趣并没有集中在哲学上，其中也有些缘由。"文化大革命"初期，作为高中生，他读了林彪为《毛主席语录》撰写的前言，里面把毛泽东思想称作"顶峰"，已读过艾思奇主编的《辩证唯物主义　历史唯物主义》的他心生疑惑：既然真理是相对的，怎么会有"顶峰"呢？他在班里的学习会上说出了自己的疑惑，结果遭到了工作组的打击，说他有观点问题。当时他心里很不是滋味，觉得哲学和政治过于接近，因而暂时放下了对哲学的探索，转向了文学。在进大学之前，他已经在文学上小有成绩，发表过报告文学和小说，所以刚进大学时，他的兴趣还聚焦在文学上。

进入大学后，大家都如饥似渴地读书。"当时的文科阅览室就是现在的理科阅览室，我们通常白天把书包搁在那里占位子，晚上吃饭后就去看书，顺着书架一排排地往下读。我形容自己的心情，就像刘姥姥进了大观园。"俞吾金说，"'文化大革命'期间我也千方百计找书看，但是那个时候图书馆里的书都被封存起来了，整个上海图书馆能够被阅读的只有马、恩、列、斯、毛的著作和工具书。"在复旦大学的文科阅览室里，俞吾金从古希腊的悲剧诗人埃斯库罗斯、索福克勒斯、欧里庇得斯，喜剧诗人阿里斯托芬往下读，从但丁的《神曲》、塞万提斯的《堂吉诃德》、乔叟的《坎特伯雷故事集》、《莎士比亚全集》、《莫里哀选集》、歌德的《浮士德》，一直读到俄国的普希金、莱蒙托夫、果戈理、陀思妥耶夫斯基、托尔斯泰、冈察洛夫；当然，也包括赫尔岑、别林斯基、车尔尼雪夫斯基、杜勃罗留波夫等。"那时，只要同学手里有一本书，我还没有读过这本书,即使晚上不睡觉也会把它读掉。彼此之间在读书方面都不甘心被对方超过。"

很多文学作品中都蕴含着深厚的人文精神,甚至本身就是哲学著作,如法国启蒙学者狄德罗的《拉摩的侄儿》、歌德的《亲和力》、车尔尼雪夫斯基的《怎么办?》、黑塞的《内与外》等。黑格尔在《精神现象学》中把索福克勒斯的《安提戈涅》和狄德罗的《拉摩的侄儿》当作精神发展的不同阶段的象征。在俞吾金看来,学哲学的人,多看文学作品会对哲学有着更深刻的理解。俞吾金表示,自己也喜欢读当代的文学作品,如卡夫卡、普鲁斯特、乔伊斯、艾略特、庞德、梅特林克、贝克特、尤涅斯科、金斯堡、纪德、黑塞等,同时,他也迷恋中国从传统到当代的文学作品,如鲁迅的作品、老舍的小说、周作人的散文、萧红的《呼兰河传》、冯至的《十四行诗》等。

文学作品往往是时代精神的一种体现。"钱锺书的《围城》1947年出版,法国小说家加缪的《鼠疫》也在1947年出版。钱锺书的主题是:城外的人想进去,城内的人想出来,双方的行为都是无意义的。加缪的主题是:城内的不让出来,城外的不让进去。因为当时城内正在流行鼠疫,整个城市都被封闭起来了。这两部小说反映出两位不同的作者对类似的主题的思索。"

俞吾金说:"20世纪90年代初,我在《复旦学报》上发表过一篇论文《〈围城〉与喜剧精神的兴起》,论文发表后我把它寄给钱锺书先生,他在回信中肯定了我的论文,并把它推荐给陆文虎先生主编的《钱锺书研究采辑》。他另外还给我写了一封信,我一直珍藏着。为什么《围城》在20世纪90年代会那么热?还有《编辑部的故事》、王朔的'痞子文学'等,也是如此。因为,在我看来,喜剧精神正是这个时代的主导性精神。正如黑格尔所说的,喜剧使悲剧精神蕴含的宏大理念失去了实体性,它把幽默、滑稽、调侃、轻松理解为生命的更重要的显现方式。"

1982年,俞吾金报考了外国哲学硕士生,这在他那个年龄段的毕业生中也是比较少见的。读硕士的时候,他对书籍的兴趣已经从文学转到了哲学,在研究生宿舍里经常和同学们在一起讨论、切磋。在研究学问的过程中,还发生了当时著名的"六君子事件"。1983年6月,哲学系的六位研究生(博士生谢遐龄、陈奎德、周义澄,硕士生俞吾金、安延民、吴晓明)共同起草了一份以当时的哲学教科书为批判对象的《认识论改革提纲》,在桂林召开的"现代自然科学与马克思主义认识论讨论会"上,该提纲遭到了中国人民大学教授萧前等老先生的批判,有些别有用心的人还把它与"精神污染"联系起来,使学术讨论变形为政治批判。虽然有这样一个轰轰烈烈的小插曲,但是俞吾金回忆起研究生(硕士生和博士生)岁月,还是非常怀念当时热烈的理论讨论氛围的。

三、在德国

1986年,俞吾金开始攻读博士。1988年,他获得了去德国法兰克福大学留学的机会。德国的读书风格和国内的很不一样。对于俞吾金来说,这也是他一生中的一个读书高峰,同时也是他努力发展自己兴趣爱好的一个契机。

在德国留学时,俞吾金第一阶段的主要兴趣是摄影。他节衣缩食,买了一台尼康相机,利用外出旅游的机会,拍下了大量的照片。其中既有柏林墙倒塌前留下的照片,也有在海德堡的著名的"哲学家小路"上散步时留下的照片,弥足珍贵。摄影瘾过去之后,俞吾金第二个阶段的兴趣是音乐,特别是古典音乐。他买了大量的CD,置了一套音响,听马勒,赏贝多芬,品柴可夫斯基,寻找音乐中的哲学意蕴。渐渐地,他对同宿舍的德国同学喜欢的流行音乐也开始理解并接受了。"德国学生宿舍的玻璃都有两层,他们的门锁也是全世界做得最好的,绝对隔音。平时大家各自都在房间里,整个宿舍楼几乎寂静无声,但是一到周末,学生们用红布把走廊上的灯泡都包起来,音响开始播放节奏感很强的爵士乐,在震耳欲聋的音乐声中,大家开始跳舞。许多同学跳得精疲力竭。对这样的现象起先我不太了解,后来我明白了。大家都需要用这种方式进行发泄，以便从精神和肉体的压力中恢复过来。"在买了70多盒CD后，他听说中国海关可能会没收CD，也就不敢再买了。第三阶段的兴趣开始转到逛旧书店和买书上。"每天中午，法兰克福大学学生餐厅下都会临时摆出许多旧书摊。午餐后，逛书摊和书店就成了我的习惯。最吸引我的是舒康出版社出版的袖珍版的哲学著作，不但装帧好，而且价格便宜。像康德、黑格尔、谢林、叔本华、尼采、霍克海默、阿多诺等哲学家的书，我都买了全集。"俞吾金说，他记得，12卷的《康德著作集》是临回国前买的，当时还差一点钱，考虑到去飞机场还要车费，书店老板慷慨地以最低价把书卖给了他。从德国回来，俞吾金运回了39箱德语的哲学书籍……后来养成习惯，包括去哈佛大学、剑桥大学或其他大学访问时，俞吾金也喜欢逛书店。如今，这些数量巨大的漂洋过海而来的书籍，在他的家里占了一间屋子，成为一个专门的外文图书室。

不过俞吾金选择书时并不拘泥于形式，他笑称自己也经常从网上下载电子书，主张对读书要有更宽泛的理解。"现在，'人'实际上已经转变成了'人-机'，在某种意义上，电脑、移动硬盘已经成了我们大脑的一个补充部分了，因为你不可能记住这么多信息。我自己现在写东西的时候也同时会将网络打开，如果需要引用古代的一句诗，输入电脑它就出来了，这样在引用时就避免了错误。所以我现在对读书的概念有一个更广泛的认识。我也有新浪的博客和微博，在学生的帮助下，也就自己弄起来了，我觉得，我们应该跟上文明发展的步伐。"他说道，"另外，作为对读书最好的补充，我也很喜欢旅游。我主张亲历，还是司马迁的老话：行万里路，读万卷书。在我看来，experience（经历）往往比knowledge（知识）更重要。"

四、感悟读书

在近年来浮躁的社会风气下，有人说"读书无用"，有人说"没空读书"。上班的人以工作很忙为由放弃读书，学生也因忙于实习和应考而

不能静心读书。对此,俞吾金的见解令人很受启发:

> 我们批评读书无用蕴含着一个观点就是读书有用。其实,有两种读书方式:一种是带着目的去阅读,我称之为功利性的阅读。比如你要做一篇博士学位论文,就要去找相应的资料。你要解决问题,就会围绕这个问题进行阅读。另一种不带目的,我称之为非功利的阅读或"散步式"阅读。兴之所至,随意看看翻翻,有时会有意想不到的收获。有目的地去阅读总会受到既定的视野的限制,看不到另一些有价值的东西。这几年我开始写中国哲学的东西,有了过去"散步式"阅读中国哲学的基础,并不觉得特别困难。我现在做学问就比过去自由多了,觉得很多研究主题都是可以打通的。学科的界限是人为划定的。你现在称呼这个领域是物理,那个领域是化学,实际上都是人自己设定的。所以,并没有什么"跨学科",不如说,人们只是突破了自己以前规定的学科界限,仅此而已。

对于哲学在当下中国的意义,他如是说:

> 当下中国社会正处于转型过程中,更需要有哲学的眼光,高瞻远瞩地看问题。就国家来说,当今缺乏的正是思想和理论。比较一下,欧洲18世纪的启蒙时期就出了多少思想家!按照德国诗人海涅的说法,从1780—1820年,一大批思想家从德国冒了出来,堪谓群星灿烂。就个人来说,生活是由一系列三岔路口和选择构成的,选择需要眼光,而眼光则来自哲学!

2009年

如何看待马克思主义的当代意义
——复旦大学"长江学者"俞吾金教授访谈[①]

金瑶梅：俞老师，今天能有机会对您这样一位著名学者进行访谈，我深感荣幸。多年来您一直孜孜不倦地在哲学领域中从事研究与教学工作，取得了令人瞩目的成就。您涉猎广泛，在哲学基础理论、马克思哲学基础理论、国外马克思主义、西方哲学史、现代西方哲学及美学等领域都提出了一系列富有原创性的见解。您最近出版的几本新书，比如《传统重估与思想移位》和《问题域的转换——对马克思和黑格尔关系的当代解读》等，都在学术界产生了震撼效果。我知道您经常出国访学和讲学，因此对国外学术信息及时政等各个层面的最新发展动态把握得非常清楚。最近很多人都在谈论美国的金融风暴，它不但对美国本土产生了极大的影响，而且波及了世界的整个经济体系，您从马克思主义的角度如何看待这次金融危机？

俞吾金：我也很关注这次美国的金融海啸。在1929—1933年，西方国家曾经遭遇过经济危机，但目前发生的经济衰退主要表现在金融领

[①] 原载《社会科学家》2009年第1期，作者俞吾金、金瑶梅。——编者注

域。最近西方一些报刊竞相报道股票价格下挫,甚至卖不出去,但是马克思的《资本论》却销售一空。股票市场的"冷"、《资本论》的"火"和马克思主义的"热",表明马克思主义仍然具有强大的生命力,马克思对资本主义的诊断和批判并没有过时。我高中毕业后曾有十年时间在上海电力建设公司做工人,当时正处于"文化大革命"中,无书可读。有一次我受了工伤,休息四个月,我在上海图书馆里浏览了《马克思恩格斯全集》,其中包括《资本论》。在这部著作中,马克思已经指出了资本主义经济危机的必然性。一方面,政府发行的纸币与国家银行中的黄金储备是相匹配的,一旦纸币超出比例被发行的话,它本身就会贬值,并引起经济生活中的连锁反应。另一方面,资本主义信用业的发展,尤其是债券、支票等信用票证的发展,也预示出一种可能性,即一旦支付链中的某一个环节发生问题,就可能出现"多米诺骨牌效应"。同时,一旦出现信用危机,人们就会一起到银行里挤兑,从而极易导致银行倒闭,并引发金融恐慌和海啸。尽管当代资本主义的发展出现了许多新的东西,尤其是以消费社会自居,并采用了信用上的大量新的措施(如分期付款、次贷、信用卡、证券、期货等)来刺激消费。这样一来,经济生活中的虚拟成分和符号化的倾向越来越引人注目,而实体经济却遭到了人们的普遍的忽视。以至于法国后现代主义者鲍德里亚认为马克思的生产经济学已经过时,取而代之的则是他所主张的"符号经济学"。事实上,不管当代西方资本主义符号化和虚拟化的程度有多高,其运作仍然未能超越马克思早已揭示的资本主义周期性危机这一客观规律。所以,我早已在自己撰写的论文中指出,马克思仍然是我们的同时代人,马克思的学说仍然富有当代意义。

我在德国访问时,看到很多商品都可以分期付款,包括住房、汽车和电视机等。分期付款的实质是刺激消费,把将来才可以享用的物品提前到现在就享用起来,但一旦分期付款者因为失去工作或其他偶然的情况,导致付款链的中断,许多问题就会产生。我在美国访问时,曾经乘火车周游美国,曾到当地一些朋友的家中去拜访过,他们的房子一般都是30年贷款。美国去年开始的次贷危机主要有两个方面的原因。一方面，银行贷款给信用度不高的人，这类人偿还能力相对较低，一旦失业的话就无力承担银行的欠款，这样势必增加了银行的风险。另一方面，作为一个国家来讲，美国的实体经济和虚拟经济比例失调。由于世界上的大部分经济活动都用美元加以结算，美国的印钞机大量地印制美元，一张面值一百的美元印刷成本只有三美分。一旦纸币的发行量超过了黄金储备量，就贬值成了一堆泡沫。由于"超前消费"的理念，不但美国的居民欠了大量的债务，整个美国在国际上也欠了其他国家很高的债务。美国又大量发行债券，如此一来，它的金融危机就对世界产生了很大影响，其中包括对中国经济的影响。据说，国内不少大公司买了美国政府发行的债券，等于把资金投到美国，帮助美国发展经济。另外，一旦美国的某些银行倒闭，经济衰退，也会直接冲击我们的市场。从我国的出口贸易情况来看，一些企业将商品出口到西方国家，付出的是实物，但是收回来的却是符号、债券、纸币。总的来说，资本主义最近的运作也没有超出马克思早已揭示的资本主义发展规律，美国金融海啸的出现有其必然性。

金瑶梅：美国政府采取了一系列有目共睹的措施来积极救市，包括7000亿美元的金融救助计划等，这是否意味着资本主义制度向社会主义制度的一定程度的靠拢呢？

俞吾金：关于这一点，邓小平过去早就讲过，计划经济和市场经济并不是完全对立的。市场经济也需要计划，西方的凯恩斯主义就主张政府干预经济。同样道理，计划经济中也要有市场，因为计划经济如果没有市场经济的调节到后来就会演变成无政府状态。比如过去国内生产的书包总是"老面孔"，三十年不变。假设全国有十家制作书包的工厂，它们每年根据计划生产而从不过问市场，最后书包在仓库里堆积如山，无人问津。这样的书包生产出来有什么用？必定会导致资金周转不灵，所以我认为，计划经济同样会导致无政府主义。另外，所谓"救市"也是有前提的，即必须遵守市场经济的客观规律。否则，有可能引发更多的问题。

金瑶梅：是的，您分析得很有道理，计划经济同样会导致无政府主义，这个结论非常精彩！

俞吾金：迄今为止，市场是一种最活的分配、协调资源的手段，而计划经济是根据等级来分配各种资源的。可以说，最优的配置应该是市场对资源的配置而不是等级制度对资源的配置，等级或者说权力对资源的配置对经济的发展是不利的。对于美国这次的金融危机，有些专家认为没什么大不了的，不需要大惊小怪，另外一些专家则在思考如何救市的问题。我认为现在任何判断都为时过早，结果还没出现，应当再观察一段时间。比如一个人生病，医生要进行医治，有些毛病是可以救治的，有些则是无法救治的。同样道理，经济疾病如果可以医治那还好，如果不能挽救只能让它倒退到谷底再经过一段时间来复苏，也许这个复苏的过程比较漫长。当然，这次金融危机启示我们，马克思的很多见解仍然有效。虚拟经济、超前消费都不能搞得太出格，虚拟经济和实体经济的比例要恰当。此外，我们还是应当重视实体经济，重视生产劳动。类似的道理在马克思的学说中都说得很清楚。

金瑶梅：您刚才说这次金融危机给我们的一个重要启示是马克思的很多见解在当代依然有重要的价值，那么我们当代人应该如何恰当地来理解马克思主义呢？

俞吾金：毫无疑问，从经济学的角度来看，马克思关于商品、资本、货币等理论在今天仍然是有很大价值的。我国改革开放三十年来所创造的辉煌成绩很好地说明了这一点。融入外资对于国内的经济发展是极为重要的，像印度吸引不了外资，经济发展速度就放慢。而我们三十年来吸引了大量外资，还有港台的一些资金，这些对于我们的经济发展具有很大的推动作用。资本是很灵活的，它有积极方面也有消极方面，因此我们要根据马克思的相关学说正确地看待它，理解它。当然，这里面涉及的一些东西超出了马克思当时研究的历史背景，那就需要结合我们的实际情况来理解。我们不能抽空自己，返回到纯粹的、不受任何认识"污染"的马克思那里去,而是应该自觉地运用马克思的话语和思想,回应当代引发我们兴趣的、有待解决的问题,从而阐明马克思主义的当代意义。此外,我们在理解马克思主义的理论时也可能会出现一些偏差,对此我也写过相关的文章来进行探讨。比如马克思关于人的全面发展的问题,事实上马克思没有讲过"人的全面发展",他所讲的是"个人的全面发展"。"人"和"个人"这两个概念是有差别的,任何时代的人我们都可以称为"人",但是"个人"这个概念是在18世纪的市民社会中形成起来的。我们把"个人"改成了"人",反映了我们这里启蒙的缺失,我们没有正确地理解"个人"。在我看来,极端个人主义在任何社会中都会受到批判,但个人主义是不应当批判的,因为个人主义界定的是个人的义务和权利,这是现代文明社会的基础。我们不能动摇基础性的东西,当然对于极端个人主义我们应当反对。我们现在提倡国家利益、集体利益和个人利益三者都要考虑,但是过去是完全不讲个人利益的,提倡的是个人要具有献身精神,要考虑国家利益和集体利益,这样就把个人抽空了。正因为像"文化大革命"这样的政治运动对个人的人性和人格进行抽空,个人成了一个虚幻的影子,他的一切东西都应该贡献给集体,所以当市场经济一来,个人的自我意识一开始苏醒,个人就超越了法律。个人会觉得,我的是我的,你的是我的,他的也是我的,这样就造成了市场经济中很多乱七八糟的事情。按照我的看法,这根源于对个人的权利和义务缺乏严格的界定。因为过去把个人全部抽空,全部贡献给了集体,现在突然看到个人利益就会出现把集体的东西全部放到个人的腰包中的现象。我们说,一切献给集体是不对的,一切都捞进自己的腰包也是不对的,个人的权利规定了什么东西是应得的,什么事情是应尽的义务。

金瑶梅:的确,启蒙解决的是观念问题,而观念问题能否解决好是很关键的。

俞吾金:新中国成立以来我们谈道德、政治等问题,其核心就是集体主义。从某种角度而言,集体主义的前提就是取消启蒙对个人本位、个体差异的肯定，要把这些个人的东西消融在集体主义之中。我们曾经搞过的人民公社、人才单位所有制就是和启蒙思想相对立的。这么长时间以来我们一直都在谈集体主义，一直避谈个人主义，这表明我们一直没有考虑启蒙问题和个性的差异，一直耽搁启蒙问题。我认为我们应当先来考虑启蒙强调的人格、个性，再来强调集体的美德。亚里士多德在他的《尼各马可伦理学》一书中讲一种 Virtue，即美德，麦金太尔也写过一本著名的书叫 *After Virtue*，即《追寻美德》。在共同体里我们确实要提倡一个人如何为集体服务，但是集体主义的前提是个人本位。每个人的个体权利都是神圣不可侵犯的，都应该受到尊重，在此基础上才可以来谈集体主义。马克思谈的是"个人的全面发展"，但为什么到我们这里就变成了"人的全面发展"了呢？这个修改不是故意的，它表明我们的文化有一种潜在的力量，它是反启蒙、反个人的。实际上，在现代社会中，人总是处于个人状态的。比如一个农民到城里打工，这个时候就是个体本位，他所考虑的是他如何来处理个人的事情。又比如，这个进城务工人员一旦失业了，他也就相应地离开了一个集体。当然，现在我们正处在历史大错位中，要防止由一个极端走向另一个极端。尽管现在西方有很多学者在反省启蒙和现代性的负面效应，但是与此同时，我们也应当看到启蒙和现代性所具有的积极的一面，我们现在连现代性的成果都还没享受到就来批判现代性，越批判，个人的人格、人性就越会丧失！西方一些哲学家，比如海德格尔和维特根斯坦，他们写文章呼吁要返回西方文化的家园，也有一些中国学者搞形式主义，跟着写返回家园。我认为他们弄错了，中国人现在需要的是走出家园而不是返回家园。农村有些人到城市来打工，城市有些人到国外去打工，这难道不是走出家园吗？西方人在几个世纪之前就经历了生产关系的历史性变革，比如，英国农民在"羊吃人"运动的背景下不得不走出家园，又如雨果《巴黎圣母院》和莎士比亚戏剧中的流浪汉，都是从农村走出来的。他们走了几个世纪现在要返回，我们还没走出去怎么就要返回呢？我们现在的处境和易卜生《玩偶之家》中的娜拉差不多，我们需要走出去，而不能搞形式主义，跟着西方返回家园。在形态学看来，今天的中国和今天的美国在时间上是不一致的，今天的中国等同于16—19世纪的欧洲，因为他们那时候的需求和我们现在的需求大致一样。我们要善于引入形态学的时间观念来理解这些现象，否则就会导致形式主义。西方搞什么我们不能盲目地跟从，说不定我们要做的正是相反的事情。我已经写过文章批评类似的形式主义了。

金瑶梅： 对于这样的形式主义，您的批判可谓一针见血。您在《重新理解马克思——对马克思哲学的基础理论和当代意义的反思》一书中提到过，马克思主义的批判精神、革命精神和后现代主义有某种相通之处，您能否具体地谈一谈？

俞吾金： 好的。我的意思也不是说两者就是相符的，确切的表述是：在马克思的思想中蕴含着和后现代主义的某些追求相一致的思想酵素。后现代的理论家们一方面把具有合法形式的马克思主义视为"宏大叙事"，加以拒斥，另外一方面，他们又从马克思主义的学说中所蕴含的否定性的叙事方式、反权力话语的批判精神和自觉地消解传统的确定性的反思意识中汲取精神养料。在某种意义上，研究后现代主义与马克思主义之间的关系，就是对马克思主义的当代意义作出的新探索。我将于近期在《学术月刊》发表一篇文章，主标题是"差异分析"，副标题是"马克思文本中的后现代思想酵素之一"。我认为，在马克思的文本中既有维护现代性和启蒙的一面，又有反省现代性的一面，这两种东西相互矛盾地交织在一起。马克思有时会反省整个资本主义社会，也就是反省现代性的产物，比如他在《资本论》中说资本主义的丧钟已经敲响。有时他又肯定资本主义制度在替代封建专制方面的正面效应，比如他在《共产党宣言》有关资产者和无产者的一节中，提出资产阶级在历史上曾经起过非常革命的作用。这就如同孔子的思想一样，其本身的思想酵素为后人开辟了很多解读路向。如果有一千个人读孔子的思想就会有一千种理解。比如孔子认为"君子喻于义，小人喻于利"，根据这套理论市场经济就无法发展，也就导致了马克斯·韦伯所主张的儒教和道教不能促进资本主义和工业化的发展的观点。但是孔子的思想中又有另外一种追求经世致用的倾向，比如他鼓励学生去做官，他也愿意接受学生送的腊肉，体现在《论语》里有这样一句："自行束脩以上，吾未尝无诲焉。"孔子本身也是矛盾的，有些东西这么主张，有些东西又那么主张。他有的时候认为可以追逐正当的利益，有的时候又严格区分"君子"和"小人"。无论是孔子还是马克思，后人都可以从不同角度去解读他们。解释学启示我们，任何历史的文本，在被以后的世代不断地进行诠释的过程中，其意义总是开放的。那么如何去解读？归根到底是解读者在现在的语境中需要何种价值，也就是说，我们可以到相应的文本中去摘取和我们现在的价值需要相一致的东西来进行解读。

金瑶梅：现在有很多文章谈"后现代性"，有学者提出我国目前的地区差异性很大，有些地方已经步入"后现代化"阶段，有些地方正在实施现代化，还有些地方仍然是"前现代化"时期，您如何看待这一说法？

俞吾金：我对你刚才所讲的那些学者的说法有一定保留。在我看来，地区差异是客观存在的，比如东南沿海和西北地区就存在着较大的差距，有人开玩笑说过去是"孔雀东南飞"，现在是"麻雀也东南飞"。然而，关于后现代性问题在我国却不宜过多地强调。在文学领域曾有人提出当代中国人的"伪后现代性"问题并予以批判。我们现在还处在一个转型期，正在进行现代化建设，而一些文人模仿西方的后现代风格来写东西就给人一种虚假的感觉。当然我们也不必使用"伪后现代性"这么大的字眼。比如在道德上就有"道德分层"的说法，我们不应当只提倡一种道德，如果只提倡雷锋式的道德，大家义务劳动，就和市场经济的原则背道而驰了。有一点很关键，我们必须要从自己的国情出发，一方面坚持现代化和现代性，另一方面也要借助后现代主义的眼光，对正在实施的现代化方案作出合理的调整。

金瑶梅：现在年轻一代对马克思列宁主义似乎有一种逆反心理，对于这一点您如何看待？

俞吾金：我倒有不同的看法，我觉得他们对马克思列宁主义没什么叛逆心理,因为他们如果有什么不同意见的话,首先必须要看马列的原著。即使他们有什么叛逆心理的话,也会受到生活的自动矫正。我曾经写过一些文章来评论"80后"和"90后",他们在"5·12"地震后显示了极大的热情,很多人成了志愿者,积极奔赴灾区。据我分析,我认为不是这些"80后"和"90后"改变了,似乎他们原来不好而通过地震就变好了,他们实质上没有改变,变化的只是我们对于他们的观念。那么,为什么我们对于他们的观念会发生变化?因为我们忽视了一点,那就是人生活中有两个方面,一个方面展现在日常生活中,另一个方面展现在重大事件中。平时我们和年轻一代打交道基本上体现在生活中的一些琐事方面,在这些小事上他们往往具有叛逆倾向,经常和长辈对着干。在一般的情况下,也很少发生重大的事件来提供我们检验他们的机会。我们不能凭借日常生活中的这些小事,因为两代人互相看着不顺眼就来评价他们这一代人怎么越来越差了,正如鲁迅先生批评的"九斤老太,八斤老太,七斤老太,一代不如一代"的观念。当然这是一种很自然的感慨,但是,我们不能忘记,人的生活还有重大的一面,否则就会作出片面的评价。人平时都在熟悉的事情里处理各种事情,比如一个出租车司机为了五毛钱或者一块钱和别人吵架。在汶川地震以后,我们看到有几百辆出租车的司机免费运送人员,这就表明:一个重大的事件可以提升人们的精神境界。日常生活小事只是展示个体精神的为人所熟悉的一面,没有展示人的精神中所隐藏着的宏大的一面,因为没有"宏大事件"来进行检验,所以我们不能只看日常小事来评价一个人。这就像黑格尔所说的那样:"仆人眼中无英雄。"即使做拿破仑的仆人,看到的也只是他的吃、喝、拉、撒、发脾气、不遵守规则。是不是可以依据这些就此判断拿破仑是个很差劲的人?当然不是。拿破仑毕竟是个英雄,仆人只是缺少机会看到他展示伟大才华的一面。我有篇文章在《中国教育报》上发表,讲的就是同样的道理。对于年轻人,我们不要只看他们卿卿我我、斤斤计较、格格不入的一面,还要看到他们有待开发的一面,特别是在"宏大事件"中表现出来的人性的光辉一面。

金瑶梅：的确如此，对于年轻人而言，也许被长辈视为缺点的恰恰正是他们的个性。老一代人的个性往往由于特殊的历史原因被泯灭了，而新一代人的个性没有遭遇障碍，迸发了出来。

俞吾金：是的。

金瑶梅：最后，我想请问您一下，您对我们这些从事马克思主义研究和教学的青年教师和青年学者有什么期望呢？

俞吾金：我觉得你们从事马克思主义的研究和教学，非常重要的一点就是如何来具备英美分析哲学的基础。我在带自己的研究生时也一直强调这一点。你们要通过读这方面的书把这样的方法引入对马克思主义哲学本身的研究中去，要弄清所有这些概念自身。大概是 2005 年的时候，我在中国人民大学开会，当时讨论到中国哲学的合法性问题，我作了一个报告，题目是《一个虚假而有意义的问题》。后来这个报告被比利时鲁汶大学翻译成英文收录到他们的一个刊物中，这个刊物叫作 *Contemporary Chinese Thought*，即《当代中国思想》。我当时提出的一个观点和你刚才提出的问题有关。我觉得"中国哲学学科是否具有合法性"这是一个假问题。任何文明都有四大块内容：实证科学、艺术、宗教、哲学。至于哲学，西方人称"Philosophy"，中国人称"元学""玄学""理学""道学"，这里没有一个合法不合法的问题。举一个水的例子，中国人叫"水"，德国人叫"Wasser"，法国人叫"Eau"，英国人叫"Water"。这么多叫法，能说哪一个是不合法，哪一个是合法的吗？"Philosophy"这个词由日本最早的西方哲学传播者西周在 19 世纪 70 年代，借用古汉语译作"哲学"，又由康有为等人在 1896 年前后将日本的译称引入中国。"哲"一词在中国起源很早，中国最早的诗歌总集《诗经》中就有"哲"这个字。此外，又有"孔门十哲""古圣先哲"等说法。我认为中国人用"元学""玄学""理学""道学"的概念和西方人所运用的这些概念没有多少差别，根本不存在合法不合法的问题。所以我判定"中国哲学学科的合法性问题"是个假问题，但是我又认为这是一个有意义的问题。合法性问题仍然存在，但体现在当代中国学术论著的存在方式上。什么是存在方式？我的意思是说，如果当代中国哲学研究的论文、著作出版以后要具有合法性，那就必须要符合国际通行的学术规范。比如一个人要写一本研究王阳明的书，如果学术界公认研究王阳明要参考三十种二手资料才可以，但这个人只参考了十种，这样写出来的书是合法的吗？我认为是不合法的，因为没有尊重前人和同时代的人已有的研究王阳明的代表性成果。我们在做研究工作的时候，一般都要阅读过前人优秀的研究成果才能来谈自己的看法，如果没看就来写相关东西的话当然就是不合法的。合法性的第二个意思是，如果你已经符合了国际通行的学术规范，那么还有一个更高的要求，即在你发表的论著中间你有没有对那些概念，特别是对那些关键词的含义都作出明确的界定和区分。现在很多论著都出现"一锅粥"的现象。比如很多人研究王阳明的"心"，那么就要弄清楚王阳明的"心"到底是什么意思。王阳明的著作中关于"心"大概有十一种以上的含义，那就要弄清楚是在哪一种含义上研究它。举个例子，如果我们两个人一起讨论文化，我们就要取得关于文化的一个共识，因为"文化"有三百个定义，我们必须先要搞明白你是怎么理解"文化"的，而我又是如何理解"文化"的，彼此达成共识才能展开讨论。再举个例子，一个人对"文化"的概念不清楚，他居然发表了关于文化的博士学位论文，这样的博士学位论文能经得起推敲吗？当然不能，说句不客气的话，那就是垃圾化的东西。我个人认为中国现在发表和出版的大量论著，最大的一个不足之处就是没有明确的概念界定和分析。英国牛津大学道德和政治理论教授G. A. 柯亨是一个分析的马克思主义学者，分析的马克思主义就对相关概念作了很细致的分析。有些概念是经不起分析的，缺乏相应的限定。比如马克思提出"人是首要的劳动力"，那我就有一个疑问：难道说一个躺在床上的80岁老人或者说3岁的婴儿也是首要的劳动力吗？毫无疑问，他们都是"人"，但却不是首要的劳动力。如果让我来表述这一思想，我就会表述成：进入生产过程的劳动者是首要劳动力。又比如哈贝马斯说"科学技术是第一生产力"，这样的表述也是有问题的，正确的表述形式是：进入生产过程的科学技术是第一生产力。因为科学技术如果还没有转化为生产力,还只能放在桌子上讨论,怎么就是第一生产力呢?这些语言表述都是宽泛、缺乏严谨性的。中国哲学如果要提升自己,如果没有小学的基础,如果没有对概念作出严格的界定,特别是对关键词缺少深入的分析,那就不可能有很大的进步。总之,我认为,具备一个分析哲学的扎实基础,无论是对于马克思主义的研究还是对于其他学说的研究,都是大有裨益的。

金瑶梅: 您的很多观点令人耳目一新,今天与您的一席谈话让我受益匪浅。非常感谢您在百忙中接受我的访谈!也非常高兴能借此机会再次聆听您的教诲!

综合、创造与启蒙
——俞吾金教授访谈录[①]

刘景钊： 俞教授，首先感谢您在百忙中能抽时间接受我们的访谈。

俞吾金： 谢谢！也感谢《晋阳学刊》提供这样一个机会。

刘景钊： 今年正好是改革开放三十周年，而从您1977年考入复旦大学哲学系算起，您在哲学领域里的耕耘也三十多年了。我知道，您是"文化大革命"前的高中毕业生，又是"文化大革命"后恢复高考后的首届大学生，你们这批人被称作"老三届"，是改革开放的最早受益者，也是推动改革开放的中坚力量。可以不夸张地说，你们这一代人中在政治、经济、文化、教育等几乎所有领域都涌现出佼佼者，而以您在哲学领域里的学术成就和贡献，您无疑是哲学界的翘楚。

俞吾金： 您的溢美之词，我愧不敢当，但说到我们那一代人，确实是时代给了我们机会，也是时代造就了我们。

刘景钊： 2004年我在中国人民大学曾有幸听过您的一次学术报告，留下了深刻的记忆。在

[①] 原载《晋阳学刊》2009年第3期，作者刘景钊、金瑶梅。收录于俞吾金：《俞吾金讲演录》，长春出版社2011年版，第222—249页。——编者注

此之前，我也曾拜读过您的一些著作和论文，据我有限的阅读所得到的印象，从20世纪80年代开始，您的论著涉及的范围几乎包括了哲学的各个领域：从元哲学、外国哲学史、当代西方哲学到马克思哲学、国外马克思主义，从美学、伦理学、政治哲学到当代中国文化和中国古代哲学等，并且都不是人云亦云的一般论述，而是常常就重大理论问题提出自己独到的、深刻的见解；不仅如此，您的许多学术随笔也非常精彩，读后常有醍醐灌顶、振聋发聩的印象。而在专业研究领域之外，无论是担任系主任还是从事其他组织领导工作，您也做得非常出色。所以，我们希望能对您的学术经历进行一次全景式的采访，以便使读者对您的学术背景、学术思想和理论观点有一个更全面、更系统的了解。我知道，以前也有人做过您的访谈，但好像都只涉及您的某一个领域，甚至某一个研究方向，今天能否请您结合您的个人经历，比较全面地谈谈您的学术研究思想和成果？现在请您先从您的成长背景和学术经历谈起，您看如何？

俞吾金：好的。我也想趁这个机会把我学术思想发展的脉络和整体研究计划说一说。下面我就按照您的提议，先从我的成长经历谈起。正如您所了解的，我是上海光明中学1966届高中毕业生，当时正好赶上"文化大革命"。

刘景钊：光明中学好像是一所很著名的学校。

俞吾金：光明中学当时是上海市黄浦区的重点中学。它的文科教学水平很高，特别是在语文教学上，有一些资深教师是很优秀的，对我以后在人文研究领域中的发展产生了一定的影响。顺便说起，前一段时间，《复旦学报》为庆祝改革开放三十周年，编纂了一套五卷本的文集，取名《光华文存》。"文存"这个书名就是我建议的，他们采纳了我的意见。这套"文存"的"总序一"是章培恒先生撰写的，"总序二"是我撰写的。在"总序二"中我引用了一些中外典故……

刘景钊：我知道您的文学功底很好，您的哲学论文的文笔也很优美，读来引人遐思。这么说，您的文学基础就是在光明中学时打下的吧？

俞吾金：是的，我的文学底子有一部分是在读中学时打下的。那个时候我很喜欢文学，阅读了一些古典文学作品，当时的语文老师也非常注重让我们学习古典作品，常要求我们在规定时间里背诵一篇篇古文，甚至卡着手表记录背诵的时间。至今，《古文观止》中的一些篇章还能背诵，如《左传》中的《郑伯克段于鄢》《曹刿论战》，《战国策》中的《邹忌讽齐王纳谏》，孟子的"鱼我所欲也"章，庄子的《庖丁解牛》，荀子的《劝学》，贾谊的《过秦论》，司马迁的《报任安书》，王羲之的《兰亭集序》，陶渊明的《桃花源记》和《归去来兮辞》，王勃的《滕王阁序》，韩愈的《师说》，柳宗元的《小石潭记》，刘禹锡的《陋室铭》，范仲淹的《岳阳楼记》，欧阳修的《醉翁亭记》，等等。除了对文学的兴趣外，我对美学、历史，特别是哲学等学科的兴趣也是那个时候培养起来的。

1968年，我被分配到上海电力建设公司工作。先到四川攀枝花参加当地发电厂建设，一年以后返回上海。后来又相继参加了高桥热电厂、江苏望亭发电站和金山发电站等电力工程的建设。我在上海电力建设公司先后工作了十年，前五六年在一线当安装工人，后来因为我喜欢写作，被调到公司宣传部门工作。1977年，即高考招生制度恢复后的第一年，我考入了复旦大学哲学系。有意思的是，我既是1966届高中毕业生，又是1977级大学生，其间相隔了十一年。如果说我对哲学的兴趣在光明中学读书时就被培养起来了，那么我的哲学治学道路则是从进入复旦大学以后开始的。

金瑶梅：当时您填的第一志愿就是哲学系吗？

俞吾金：这个问题提得好，事实上，我当时报的第一志愿不是哲学。我填的志愿依次是复旦大学新闻系、中文系、哲学系、历史系。我还在表格的备注栏中写上：除了复旦大学，其他学校和其他系都不去。为什么写得那么"牛"？倒不是我对自己的考试有什么把握，而是觉得当时自己的工作也不错，考不取也没有什么关系。那么，为什么把新闻系填在前面呢？我前面说了，因为我在上海电力建设公司时曾经做过四五年宣传工作，对新闻工作相对要熟悉一些，又了解一点摄影技术，觉得自己在这方面还有点基础。为什么第二志愿填中文系呢？因为在进大学之前，我就开始搞文学创作了，也发表过小说和报告文学。当然，从现在的目光来看，这些作品都很幼稚。第三志愿填的是哲学系，因为我对哲学有兴趣。高中时我就常发怪论，同学们都认为我在哲学上"有感觉"。记得高中时我曾读过李致远先生的一本书，书名叫《马克思和列宁的学习方法》，这本书使我深受启发，觉得哲学看问题有深度。当时，我常和几个讲得拢的同学一起去逛福州路旧书店，用少得可怜的零用钱去买哲学类的旧书，如列宁的《哲学笔记》、艾思奇的《辩证唯物主义历史唯物主义》等。后来到上海电力建设公司工作，多数时间在外地，找不到书读，只好休假时回上海找书来读。非常幸运的是，我家当时在国际饭店后面，离上海图书馆非常近。

这样就给我去上海图书馆看书提供了极大便利。有一次，我因手腕工伤休息了四个月，天天去泡上海图书馆。当时是"文化大革命"期间，书架上只有《马克思恩格斯全集》。于是，我把它通读了一遍，做了很多笔记。那个时候大概就二十出头吧。

金瑶梅：就是说，在进大学以前，您已经通读了《马克思恩格斯全集》。那么您的志愿中为什么还要选择历史系呢？

俞吾金：因为文科也就是这么几个系，总是要填满的，所以就填了历史系。实际上我对历史也非常感兴趣。目前，我正打算写一本书，是关于历史唯物主义和历史学的。今年《历史研究》第一期上发表的第一篇文章是我的论文，题目是《历史事实、客观规律和当代意义》[①]。遗憾的是，在发表时，由于篇幅过大，第三部分被删掉了，只能在今后出版论文集时再增补进去。

刘景钊：作为一位哲学家，能在历史学最权威的杂志上发文章，说明您在历史学领域中也有一定的影响。因为即使是专门搞史学研究的

---

① 该文前两节以《历史事实和客观规律》为题发表于《历史研究》2008年第1期；完整版首次发表于俞吾金：《实践与自由》，武汉大学出版社2010年版，第187—208页；收录于本全集《俞吾金全集》第九卷。——编者注

人，要在《历史研究》上发表论文也有一定的难度。您的哲学职业生涯就是从考上复旦大学哲学系后开始的吧？

俞吾金：我刚上大学时，仍然放不下对文学的热爱。当时哲学系有两个班，我是一班的班长，二班的班长叫顾家靖，现在是《文汇报》党委副书记。在"文化大革命"期间，除了马列著作，其他的书都不容易读到，进入大学后，我开始如饥似渴地阅读起这些著作来。除了历史上著名的哲学著作，我读得最多的是文学作品，如小说、诗歌、剧本。上课时，觉得教师讲的东西太简单了，就把从图书馆借来的小说藏在课本下，偷偷地读。临近考试了，花上一周左右的时间，把各门课突击温习一下，考试的成绩都还不错。在本科时，除了"政治经济学"考了85分，其他各科成绩都在90分以上。我当时的想法是，要想多学一点东西，就不应该花太多的精力去对付考试，而应该把时间花在自己有兴趣阅读的书籍上。在本科期间，我阅读了很多外国文学名著，从古希腊的三大悲剧诗人——埃斯库罗斯、索福克勒斯、欧里庇得斯的作品，到喜剧作家阿里斯托芬的作品；从莎士比亚的悲剧、莫里哀的喜剧到薄伽丘、塞万提斯、但丁、歌德、席勒的作品；从普希金、莱蒙托夫、托尔斯泰、陀思妥耶夫斯基、果戈理的作品，到赫尔岑、杜勃罗留波夫、车尔尼雪夫斯基、冈察洛夫、高尔基的作品；从司汤达、梅里美、小仲马、大仲马、莫泊桑、都德的作品，到勃朗特姐妹、白朗宁、柯南道尔等人的作品；从德莱塞、马克·吐温、海明威的作品，到尤涅斯库、卡夫卡、加缪、萨特、乔伊斯、普鲁斯特等人的作品。

当时读书，真像一个饿坏了的人，抓到什么就读什么；只要见到同学或朋友手中的好书，一定要借过来读掉，还做了很多札记。1986年，我出版了第一部著作《思考与超越——哲学对话录》，其中运用了大量文学上的典故，而这些典故大多出自我当时做的札记。由于这本书可读性比较强，第一版印了好几万册，当时被《书讯报》评为理论著作中的第一畅销书，还获得了1986年度全国图书评比"金钥匙奖"(《光明日报》刊登了评比的结果)。现在人民出版社要再版这本书，我正在抓紧时间进行修订。

说来惭愧,在本科一年级时我还热衷于写小说,写出来后就钉在墙报上供大家阅读。直到大二和大三的时候,我才开始把精力集中到哲学上。因为我学的毕竟是哲学专业,到了该"改邪归正"的时候了。当然,我始终保持着对文学作品的浓厚的兴趣,家里藏有大量文学方面的著作。在我看来,人生最快意的事情莫过于在下雨天坐在窗前,听着窗外沥沥的雨声,伴着桌上飘来的茶香,阅读情节曲折的文学作品。

刘景钊:本科时您在哲学上偏重哪个方面?

俞吾金:本科时,我最感兴趣的是外国哲学。从柏拉图、亚里士多德一直到现当代的哲学著作,只要图书馆里能够找到的,或从朋友那里可以借到的,我都读。记得我的第一篇哲学论文发表在《国内哲学动态》1980年第9期上,标题是《"蜡块说"小考》。按照亚里士多德的说法,人的感官就像蜡块,感官接受来自外部世界的印象,就像在蜡块上打下印记。列宁在《哲学笔记》中也谈到亚里士多德的"蜡块说",所以学术界普遍认为,"蜡块说"是由亚里士多德最先提出来的。后来,我在阅读柏拉图著作时发现,"蜡块说"并不是亚里士多德最先提出来的,而是柏拉图在《泰阿泰德篇》中率先提出来的。这篇考证性论文在《国内哲学动态》发表后得到了学术界的承认,武汉大学陈修斋教授在其翻译的莱布尼茨的《人类理智新论》一书中附有一个"译名对照表",其中在解释"白板,空白板"这个词条时写道:"并参看:蜡块说小考,见《国内哲学动态》(1980.9)第17页。"①这篇论文的发表确立了我研究外国哲学的信心。

我的学士学位论文写的是《试论柏拉图哲学的基本特征》,全文发表在《复旦学报》1982年第2期上。当时我的兴趣主要集中在对古希腊哲学的研究上。在攻读硕士学位时,我师从尹大贻教授,他主要研究德国哲学,尤其是黑格尔哲学。所以,我的硕士学位论文写的是《黑格尔的理性

---

① [德]莱布尼茨:《人类理智新论》下册,陈修斋译,商务印书馆1982年版,第643页。

概念》,这篇硕士学位论文曾经分为几篇论文发表在《复旦学报》《江淮论坛》等刊物上。后来又全文收入《俞吾金集》(1995,黑龙江教育出版社)中。

1984年12月,硕士毕业,我留在复旦大学现代西方哲学教研室任教。当时,现代西方哲学教研室有三个研究方向:外国哲学史、现代西方哲学、西方马克思主义。后来,西方马克思主义的研究越来越"热",刘放桐教授就建议我重点研究西方马克思主义。1985年,哲学系成立了西方马克思主义教研室(后来改名为国外马克思主义教研室),由我担任教研室主任。1986年9月,由于外国哲学专业的全增嘏教授去世,暂时没有博士生导师,我打算考严北溟教授主持的中国哲学专业,但系里不同意,认为我专业跨得太厉害了。何况,我又是国外马克思主义教研室主任!幸而天无绝人之路,系里同意我报考老系主任胡曲园教授主持的马克思主义哲学专业。

这样一来,我就投到了胡老的麾下。胡老早年就读于北京大学德语系,当年和艾思奇、胡绳等都是地下党组织的哲学研究小组成员。他在马克思主义哲学、中国哲学、外国哲学和逻辑学研究方面都有很深的造诣。拜在他的门下,我自然十分高兴,因为我对马克思哲学也有兴趣。前面提到,我在二十岁出头时,已把《马克思恩格斯全集》通读了一遍,尽管读得十分浮浅,但毕竟留下了难忘的印象。在《马克思恩格斯全集》中,我最心仪的是《资本论》。在这部著作中,马克思先孤立地考察商品本身,再把它放到普遍联系中进行考察的研究方法对我产生了重要的影响。当然,那时我对《马克思恩格斯全集》中的不少论述还似懂非懂,不甚了了。在胡老的悉心指导下,我又重读了《马克思恩格斯全集》,发现马克思的不少哲学观点被阐释者们误解了,其中既有理解上的问题,也有翻译上的问题。此外,我也发现,马克思和恩格斯在哲学见解上存在着分歧。发现这些问题后,我一直在撰写论文厘清这些问题,但遗憾的是,写到现在,还有一些问题没有被触及。事实上,这方面的研究也是我整体研究规划中的一个重要组成部分,待会儿我再详细谈我的研究规划。

作为复旦大学与德国法兰克福大学联合培养的博士生,在攻读博士学位期间,我到德国法兰克福大学哲学系做了两年访问学者。当时我的指导教师伊林·费切尔教授与阿尔弗雷德·施密特教授一起开设了题为"意识形态概念史"的讨论班,引起了我对这个问题的兴趣,决定把这个问题作为我的博士学位论文的主题。本来打算在德国做完博士学位论文,但是考虑到还得花四五年的时间,而德国又是非移民的国家,家属很难出去,所以我决定回国做博士学位论文。回国后不久,我完成了题为《意识形态论》的博士学位论文,费切尔教授写了长篇序言,我把它翻译出来,放在书前。令人始料不及的是,这部著作不但获得了上海市哲学社会科学优秀成果奖(1986—1993)一等奖,而且还获得了国家教委首届人文社科优秀学术著作一等奖。目前,我正在对这部著作进行修订,修订版将由人民出版社于明年出版。

金瑶梅:据我所知,国内最早系统地研究意识形态问题的就是您这本书了,后来研究这方面问题的不少博士学位论文或研究著作都把您这本书作为主要参考文献。

俞吾金:是的。当时国内还没有人从哲学的角度来系统地研究意识形态这个概念,但是在国外已经有这方面的研究了,所以我回国时就带回来不少资料,有德文的,也有英文的。这些资料对我的研究工作是很有帮助的。

金瑶梅:俞老师,我在这里读博士时,听说您留校不久就破格晋升为副教授,有这回事吗?

俞吾金:我是1987年被破格晋升为副教授的,当时破格晋升的难度很高,我那时候又是助教、在职博士生。那年哲学系只有我一个人获得破格晋升的机会。

刘景钊:也就是说,您刚开始读博,就晋升为副教授了。

俞吾金:是的。我这一辈子没有做过讲师,是从助教直接晋升到副教授的。这完全得益于我们这个改革开放的时代。举个例子,复旦大学经济系的老教授蒋学模,在经济学界名头非常大,年轻时也是大仲马的小说《基督山恩仇记》的译者。他曾经做过28年讲师，因为在一个接一个的政治运动中，甚至连职称晋升也停了下来。我是1984年12月留校的，后来又出国2年，到1993年晋升为正教授并被国务院学位办批准为博士生导师，前后共用了9年时间。如果把国外留学的两年去掉，实际上在7年时间里解决了所有的职称。尽管"文化大革命"使我虚掷了11年的时间，但想到自己能够在这么短的时间里解决所有的职称，心里也感到十分欣慰。

刘景钊：当年轰动哲学界的"六君子事件"是在您留校以后发生的吗？

俞吾金：不，那时我还是硕士研究生。1983年秋天，一个全国性研讨会——"现代自然科学与马克思主义认识论讨论会"在桂林举行。当时，哲学系副主任李继宗副教授和我们六位研究生（三位硕士生是安延民、吴晓明和我，三位博士生是谢遐龄、陈奎德和周义澄）一起参加了会议。与会前，我们按照分工，集体起草了一个《认识论改革提纲》，对当时国内流行的哲学教科书体系提出了尖锐的批评。在桂林会议上，陈奎德代表大家发言，宣读了这份提纲，当即遭到了与会者中的保守分子的批评。会后还有人打小报告给中宣部，中宣部立即下达了一个文件，批评我们的提纲"全面否定马克思主义基本理论"。这样一来，学术探讨竟然变成了政治风波。当时，全国正在搞所谓"反精神污染"运动，我们自然也就成了"精神污染"的源头之一。校党委书记把我们六个人都找去了，要我们做深刻的检讨。学校里的一些保守分子也趁机扩大事态，甚至扬言要开除我们的学籍。当时，这个事件在哲学界搞得沸沸扬扬，成了著名的"六君子事件"。

刘景钊：这个事件在当代中国哲学发展史上应该算是一个重要事件，可惜关于这方面的资料在现有的文献中反映得不多。现在如果写三十年来中国哲学发展史的话，应该把这个事件写进去。

俞吾金：出了这个事件后，学校党委书记几乎每周都找我们谈话，要我们认识自己的问题，其实也想借此保护我们。因为我是研究生班班长兼党支部书记,所以首当其冲。当时面临的压力确实很大,学校里还专门出题目,对三位博士生重新进行考试,理由是我们的马列水平不够。过了一段时间,政治空气渐渐好转了,我们也都到了毕业的时间。有趣的是,除了安延民是北京人,愿意回北京到中国社科院哲学研究所工作外,其余五人都被学校里留了下来,理由是人才难得。现在,我们六个人,三个在美国(陈奎德、安延民和周义澄),三个在复旦大学(谢遐龄、吴晓明和我)。

我留系后,在现代西方哲学教研室任教,并于1995—1999年担任系主任。其中也有一段时间兼任复旦大学发展研究院常务副院长,当时的院长是杨福家教授,我替他处理一些日常工作。现任中央书记处书记的王沪宁、现任中国人民大学党委书记的程天权、现任复旦大学党委书记秦绍德,包括谢遐龄在内,当时都是发展研究院的成员。谢遐龄后来转到社会学系担任系主任,由于年龄关系,现在已从系主任的岗位上退下来了。吴晓明目前还在担任哲学学院院长。我目前的主要工作是负责复旦大学当代国外马克思主义研究中心(教育部人文社科重点研究基地)和复旦大学国外马克思主义与国外思潮研究中心("985工程"国家哲学社会科学创新基地)。本来,我们共同起草的《认识论改革提纲》打算修改后放在《中国社会科学》杂志上发表,但由于某些历史的原因,未能刊出,多少有点遗憾。

金瑶梅:那么你们怎么会想到要写这么一个提纲呢?

俞吾金:这主要是对当时哲学教科书体系的不满。其实,我们不过是比别人早几年看出了这些教科书中的问题,但过早说出真理的人,命运通常是悲剧性的。其实,当时提纲中提出来的观点后来都被大家接受了。我获得博士学位后一直在哲学系任教,1997年应哈佛大学哲学系主任克里斯蒂·柯斯佳的邀请,到哈佛大学去访问了七个月。1999年,又应邀到台湾辅仁大学讲课一个月,其间,也到台湾大学和台湾清华大学各做了一次讲座。2000年4月,我又作为富布赖特高级讲座教授,赴美国夏威夷大学等七所大学讲课。我用英语讲了两个主题:一个是中国文化的内在冲突与出路，另一个是前现代性、现代性和后现代性的关系问题。根据美国方面制定的时间表，我在美国逗留了三周，共乘了十九次飞机，除公开演讲外，还参加各种讨论班，与系主任会谈，与各校的学生交流等。此外，我与台湾辅仁大学哲学系陈福滨教授签订了教授互访和学术交流的合同，与加拿大英属哥伦比亚大学（UBC）维真学院（Regent College）的许志伟教授签订了联合培养博士生的计划。至今，系里已派出博士生二十余人。大陆与台湾、国内与国外学术交流的展开，大大地拓宽了我们的学术视野。

金瑶梅：好像有一年国际大专辩论赛是您作为领队和教练的吧？

俞吾金：这件事也是我人生中的一个重要的插曲。那是1993年，杨福家教授刚担任复旦大学校长，正好学校要组建一支辩论队，前去参加新加坡举办的首届国际大专辩论赛。现在的秦绍德书记，当时还是副书记，来敲我家的门，问我是否愿意出来担任辩论队的教练兼领队，考虑到我当时承担的繁重的教学任务和科研任务，我婉拒了。谁知道，一周后，他又来找我，说学校领导经过反复考虑，觉得我做这个工作比较合适，希望我能以大局为重，出来挑这个重担。我对秦书记说，既然你第二次来找我，我也不好意思再推辞了。他问我有什么要求，我说没有什么要求，我会尽最大努力做好这件事。他说，王沪宁教授会做辩论队的顾问，会给我们出主意。王沪宁教授是我的老朋友，我们经常聚在复旦大学发展研究院的会议室里讨论改革开放中出现的理论问题和现实问题。1988年，他曾经作为教练与另一位教授（作为领队）合作，组队参加了新加坡举行的亚洲华语大专辩论赛，在决赛中战胜了台湾大学队，夺得了冠军。1990年，南京大学副校长冯致光带队参加了新加坡的亚洲华语大专辩论赛，结果在决赛中输给了台湾大学队。1993年，我担任领队和教练的那次比赛，已经从"亚洲华语大专辩论赛"升格为"首届国际大专辩论赛"。

金瑶梅：是不是就是蒋昌建获得了最佳辩手的那次？

俞吾金：正是。在那次辩论赛中，复旦大学辩论队获得了团体冠军，蒋昌建获得了最佳辩手。在一般情况下，最佳辩手是平衡奖，意思就是：如果哪个队获得了团体冠军，那么最佳辩手就会平衡给其他辩论队，但这一次，组委会破例地把两个奖都给了我们，因为我们三场比赛的比分分别是5∶0、4∶1、5∶0，可以说是绝对优势。辩论赛结束后的第二天，我带着队员们去新加坡街头参观，看到各大报纸上都刊登着复旦大学辩论队的彩色照片，我们走在街上，新加坡的市民几乎都认得我们。当时我们住在新加坡最繁华的乌节路上的一家五星级宾馆里，记得辩论赛获胜的当天晚上，我们乘电梯到宾馆的33层咖啡厅里喝咖啡。当时大家的心情都很好。辩论队员严嘉递给我一支烟，尽管我已有十多年没有抽烟了，还是破例抽了一支。

回到上海，我和王沪宁教授一起主编了《狮城舌战——首届国际大专辩论会纪实与评析》（复旦大学出版社，1993年），记录了辩论赛前后的花絮，从而引发了全国高校的辩论热潮。稍后，我又与王沪宁教授一起主编了《狮城舌战启示录——怎样造就优秀的辩才》（上海人民出版社，1994年），总结了我们在整个训练和辩论过程中的经验教训。

说到这里，我又想起了另一次做领队的经历。在瑞士北部有所大学，叫圣加仑大学，它的管理学院非常出名，每年该院的学生都会出面组织国际经济研讨会，全世界的大学生都可以通过递交英语论文（但必须被专家委员会审查通过）的方式参加该会。除了学生，参加年会的还有两部分人：一部分是各国政要，另一部分是跨国公司、大公司和大银行的总裁。年会被称作"五月里的三天"（Three Days in May）。1997年，年会的主题是"跨越边界"（Crossing Boundaries），复旦大学有17名学生递交了英文论文，其中有15篇通过了审查，这是国内高校第一次派出那么多学生参加这个年会。有一次学校里开会，杨福家校长拍拍我的肩膀说："俞吾金，你是常胜将军，这个任务交给你，再去当一回领队吧。"

当时中国学者参加国际会议的还不多，学生参加国际会议的机会就更少了。外国人对中国人，尤其是中国学生感到十分陌生。我们到瑞士后，经常有人问我们队员："Are you Japanese?"（你们是日本人吗？）我们的队员们总是自豪地回答："No, We are Chinese."（不，我们是中国人。）1997年，在开幕式上发言的是瑞士总统，在闭幕式上发言的是德国总统。为大会做基调报告（Keynote Report）的则是哈佛大学教授亨廷顿，他的报告内容涉及文明的冲突和国际政治秩序的重建。在这次年会论文竞赛中，复旦大学一个学生获得了大奖，但这位学生不是中国人，而是西班牙留学生。能够参加这样的学术盛会，无论对学生来说，还是对我本人来说，都是一次难忘的经历。回国后，我主编了一本书，书名叫《跨越边界——复旦学子走向国际学术舞台纪实》（复旦大学出版社，1998年），把与会学生的论文全部收了进去，每个人也写了这次瑞士之行的感受。以后，凡是国内去瑞士参加这个年会的学生，都会找这本书来读。

金瑶梅：学校先后两次委派您作为领队，也说明您和学生的关系很好。我知道，您在复旦大学学生心目中是非常受尊敬的老师。1999年和2004年，您两次入选复旦大学研究生会评选的"复旦大学最受欢迎的十大教授"就说明了这一点。

俞吾金：我与同学们的关系的确很融洽，能被评选为最受欢迎的十大教授，也是同学们对我的肯定、鼓励和鞭策。还有一件事情对我来说也是记忆犹新的。我在前面曾经提到，杨福家教授于1993年担任复旦大学校长后，成立了复旦大学发展研究院。这个研究院汇集了当时复旦大学人文社会科学各学科中最有原创思想和研究能力的一批中青年教师，发展研究院连着数年出版了我们集体编写的《中国发展年度报告》。由于工作头绪比较多，有一段时间我担任了发展研究院的常务副院长。1997年9月，我应邀访问哈佛大学，就主动打报告辞去了这个职务，但杨校长也没有任命其他人继续担任这个职务。后来，学校领导换届，发展研究院无疾而终，《中国发展年度报告》也不了了之。现在回想起来，心里很不是滋味。

金瑶梅：我读博士的时候，选过您的"精神现象学"这门课，当时听课的同学都说您很儒雅。上您的课我们到得最齐，大家老早就在那里等了。您上课特别守时，准时上课，准时下课，给学生们印象特别好。

俞吾金：说到"精神现象学"这门课，还是我当系主任时期（1995—1999）提出来的研究生课程体系改革方案中的一部分内容。我一担任系主任，就提出了"以改革开放的大思路，促进哲学系的大发展"的新想法。我在学校大会上发言后，复旦校刊全文刊登了我的发言稿，杨福家校长还发文要各文、理科系向哲学系学习。

当时，我和副系主任孙承叔教授在大量调查研究的基础上，对本科生和研究生的课程体系进行了全面的改革。在研究生教学中，考虑到他们的知识面太窄，我们设置了"系公共必修课"，规定硕士生一定要修读下面三本书：《周易》、康德的《纯粹理性批判》、马克思的《1844年经济学哲学手稿》。博士生一定要修读下面三本书：王阳明的《传习录》、马克思的《1857—1858年经济学手稿》、黑格尔的《精神现象学》。我们还提出了哲学系本科生课程体系改革的方案。这两个体系合在一起就构成了一个完整的从本科生到博士生的课程体系改革系统。这个改革成果于2005年获得了第五届全国优秀教学成果奖一等奖。

事实上，复旦大学哲学系的课程体系改革就是从那个时候开始的。当时的改革主要着眼于哲学系如何求生存、求发展。到今天为止，经过历届系主任（院长）的努力，复旦大学哲学系（2006年升格为哲学学院）的发展还是比较快的。在全国范围内，哲学被评为"一级学科国家重点学科"的只有三所大学：北京大学、中国人民大学和复旦大学。

刘景钊：您丰富多彩的人生经历构成了您学术之路的重要背景。那么您的学术研究是如何展开的呢？

俞吾金：这正是我接下来要重点谈的。正如您所说的，刚才谈的一些经历主要是介绍我在大学里从事教学和科研工作的背景。下边谈谈我本人的学术研究计划。前面我谈到了，我的本科和硕士阶段的主要研究兴趣是外国哲学，博士生阶段因为师从胡曲园教授，研究了马克思哲学。留校任教后，先在刘放桐教授负责的外国哲学教研室从事西方马克思主义的研究工作。在全国范围内，复旦大学对国外马克思主义的研究是起步较早的。1985 年，从现代西方哲学教研室中独立出西方马克思主义教研室，后来改名为国外马克思主义教研室。1999 年，以这个教研室为主，加上马克思主义哲学和外国哲学博士点的一些教师，成立了复旦大学当代国外马克思主义研究中心，由我担任中心主任。2000 年，这个中心被评为教育部人文社科重点研究基地（"小基地"）。在国外马克思主义研究领域，这个中心在全国是唯一的教育部重点研究基地。在这个基地的基础上，2004 年我们又成立了"复旦大学国外马克思主义与国外思潮研究中心"，这个基地是"985 工程"国家哲学社会科学创新基地（"大基地"），也由我担任主任。2005 年，我们又设立了国外马克思主义自设博士点。过去国外马克思主义研究只是外国哲学学科点下面的一个研究方向，现在升格为全国最早的自设博士点。2006 年，全国建立了 21 个马克思主义理论一级学科博士点，下设 5 个二级学科，其中一个就是"国外马克思主义研究"。由于马克思主义理论一级学科点设在复旦大学社科部，学校里希望我们的研究工作既要在哲学系发挥作用，也要在社科部发挥作用。于是，基地同时又成了马克思主义理论一级学科点下的一个二级学科。2007 年，国外马克思主义研究又被评为上海市重点学科。这样，我们可以说是"集三个重点于一身"了。确实，在国外马克思主义研究领域里，我们在全国处于领先地位。

就我个人来说，还兼任了哲学学院学位委员会主任的工作，负责硕士生、博士生学位申请审核和教师中的硕士生导师、博士生导师资格审核。此外，刘放桐教授年龄大了，从一线工作岗位上退了下来，他建议我兼任外国哲学学科的负责人。目前，在复旦大学哲学学院，吴晓明主要负责马克思主义哲学学科点，张汝伦主要负责中国哲学学科点，我则负责外国哲学学科点。这是三个大学科点的分工。

下面再说说我个人的研究状况。就我个人的研究计划来说，可以说是比较庞大的。它包括四个研究阶段，但至今连第一个研究阶段也没有完成，因为我的教学、科研和社会工作实在太多。我希望渐渐地从工作岗位上退下来，让青年人承担更多的工作，从而有足够时间来实现我自己的研究计划。我的研究工作的第一个阶段主要是马克思哲学。这个阶段我计划出版四本书，但至今只出版了一本书……

金瑶梅： 您说的就是北京师范大学出版社出版的《重新理解马克思——对马克思哲学的基础理论和当代意义的反思》吗？好像是获了奖的。您的好几部著作都获过奖。

俞吾金： 这本书确实获过奖。迄今为止，我在教学和科研上已获得10项省部级以上（含省部级）一等奖。但我上面说的是另一部著作，即2007年由人民出版社出版的《问题域的转换——对马克思和黑格尔关系的当代解读》。有趣的是，这部著作不久前获得了上海市第九届哲学社会科学优秀成果奖一等奖。这部著作的任务是厘清马克思哲学与传统哲学之间的关系，而在传统哲学中，对马克思影响最大的是黑格尔哲学，因而这部著作是对马克思与黑格尔之间的理论关系的重新阐释。事实上，早在20世纪90年代，我已在《哲学研究》上发表过讨论马克思和黑格尔关系的论文。我计划写的第二部著作是《物与时间》，这部著作将以全新的方式叙述马克思哲学的体系。我在20世纪90年代中期就开始撰写这部著作，但由于1995年出来担任系主任，这部著作就一直耽搁下来了。我希望在这些年中能够完成这部著作。虽然预定的写作时间拖下来了，但其好处是我对马克思哲学的理解更为深入了。我在《哲学研究》2004年第11期上发表的论文《物、价值、时间和自由——马克思哲学体系核心概念探析》或许可以反映出我在这方面做的一些新的思考。

金瑶梅： 在学术界，您率先提出了"重新理解马克思"的口号，我想知道，您所说的"重新理解"究竟是什么意思？

俞吾金： 我一直认为，我国的马克思哲学研究深受苏联哲学教科书体系的影响，人们习惯于把马克思主义划分为以下三个部分——哲学、政治经济学和科学社会主义。其实，这种划分方式已经阻碍我们正确地去理解马克思哲学。在我看来，马克思哲学的特异性在于，它是一种经济哲学。如果人们把经济学与哲学分离开来，单独地考察马克思的哲学，也就永远无法正确地理解并把握马克思哲学了。《1844年经济学哲学手稿》《1857—1858年经济学手稿》《资本论》等著作表明，马克思的哲学思想通常是在论述经济问题中表述出来的，而马克思的经济思想也蕴含着深刻的哲学思维。无论如何，不能把马克思的经济思想与其哲学思想分离开来讨论，否则，对马克思的误解是不可避免的。比如，当马克思谈到"物质"概念的时候，他并不满足于像传统的哲学家那样，侈谈世界的"物质性"，马克思注重的是物质的具体样态，即物品；而物品在一定的历史条件，如在资本主义经济方式中，就是"商品"；而商品正是经济学探讨的基础性问题。我对马克思的重新理解正是沿着经济哲学的思路切入的。

此外，在《重新理解马克思——对马克思哲学的基础理论和当代意义的反思》这部著作中，我还对马克思哲学中的一些基本概念，如劳动、异化、实践、人、自然、物质、世界等重新进行了阐释。虽然我并不赞成英美分析哲学家的哲学观，但我非常重视他们所倡导的分析的方法。比如，目前理论界还有许多学者在谈论"马克思的劳动价值理论"，其实，劳动价值理论是英国古典政治经济学家提出来的，而马克思提出的是"劳动力价值理论"，因为唯有"劳动力"才可以在市场上被出卖，从而成为剩余价值生产的基础，而"劳动"只是一个过程，根本无法透显出剩余价值的来源。"劳动力"和"劳动"，虽然只有一字之差，却表明了马克思价值理论与英国古典政治经济学价值理论之间的根本差别。显然，对这样的概念如果不深入地进行分析，人们就无法正确地阐释马克思的思想。

就我本人来说，在我的论文中很少使用"马克思主义"这个概念，因为在我看来，它在含义上太含混了。从马克思本人到欧洲共产主义，许多派别或个人自称是"马克思主义"，但实际上并不一定是。何况，马克思本人针对当时他在法国的追随者就说过这样的话："我只知道我自己不是马克思主义者。"①所以，我从"马克思主义"这个含混的概念退到

---

① 《马克思恩格斯全集》第37卷，人民出版社1971年版，第432页。

"马克思主义创始人的思想"这个新概念上,但仔细一分析,发现这个新概念在含义上也是含混的,因为马克思主义的创始人就是马克思和恩格斯,而在马克思和恩格斯之间存在着重要的思想差异。于是,我不得不退到第三个概念,即"马克思"上。但我发现,甚至连这个概念也是含混的,因为在"青年马克思"和"中老年马克思"之间同样存在着重大的思想差异。所以,在通常的情况下,当我使用"马克思"这个专名时,我指的是中老年马克思,但如果我提到的是青年马克思,我就会做出专门的说明。总之,分析的方法启示我们,我们对自己使用的基本概念的含义必须十分明确,不要试图去创造"不清楚+不清楚=清楚"的神话。事实上,只有这些基本概念的含义都明确了,我们才可能把马克思本人的思想准确地叙述出来。

我再接着上面的思路来讲。我在第一个研究阶段计划写的第三部著作是《马克思的当代意义》,第四部则是《后现代视野中的马克思》。这或许可以算作是马克思哲学研究的"四部曲"吧。重点是第二部《物与时间》,我可能会在近年先完成第三部和第四部,然后才集中精力撰写第二部。如果这四部著作都完成了,我的第一个研究阶段也就结束了。

刘景钊:那么,您的第二个研究阶段是什么呢?

俞吾金:我的第二个研究阶段主要集中在外国哲学的研究上。在外国哲学史上,康德是最重要的哲学家。我对康德已经做了一些初步的研究,有几篇论文收录在我的著作《从康德到马克思——千年之交的哲学沉思》(广西师范大学出版社,2004年)中。据说,这部著作在网上被列入到"30年来最好的30本书"之中。我对休谟、贝克莱、维特根斯坦、叔本华、尼采、海德格尔和胡塞尔这些哲学家也心仪已久,今后会逐渐推出关于他们的研究性论文。我觉得,在我的有生之年里,只有与这些重要的哲学家展开不懈的对话,哲学思索才能达到自己的高度。

我之所以特别心仪康德和胡塞尔,还有一个重要的原因,因为他们都是对英国经验论和欧洲大陆唯理论进行综合性思考的哲学家。我一直认为,人们在考察英国经验论哲学时,休谟的光芒遮蔽了贝克莱。毫无疑问，休谟是一位非常重要的哲学家，但我认为，贝克莱的重要性并不逊于他。其实，康德《纯粹理性批判》的第一版就深受贝克莱的影响，而康德本人则试图在第二版中抹掉贝克莱的影响，罗森克朗茨和叔本华在这一点上批评了康德。犹如叔本华是马克思和尼采的秘密一样，贝克莱则是康德和叔本华的秘密。在哲学史上还有许多"结"需要解开。最近我完成了一篇重新考证贝克莱哲学命题（Esse is Percipi）的论文，即将发表在《哲学动态》上。总之，在外国哲学研究的领域里，我一直在积累资料，也把自己的一些新的想法逐步写出来。我希望在这个领域里能够出版四五部著作，把我的想法系统地表达出来。如果有条件的话，我还想单独撰写一本《外国哲学简史》。在这个研究阶段结束以后，我将转向对中国哲学的研究，对中国哲学的研究将成为我的第三个研究阶段。最近，我正在撰写中国哲学研究方面的论文。

刘景钊：您的研究领域主要是外国哲学和马克思主义哲学，为什么还要涉及中国哲学？

俞吾金：在我看来，马克思主义哲学、中国哲学、外国哲学都是人们在学科分类中人为地设定的，哲学问题并不是按国界来划分的。作为中国人，本土哲学也是我长期以来关注的一个领域。事实上，我不光关注中国哲学，也关注印度哲学、阿拉伯哲学和犹太哲学，但限于精力和时间，不可能对这些领域都加以研究。然而，从学养的角度来看，老一辈学者，如王国维、陈寅恪、梁漱溟、赵元任、金岳霖等，至少都通晓中、印、希三个研究领域，值得我们认真学习。毋庸讳言，不打通这些领域，就无法达到很高的哲学境界。不过，我也记住了古希腊哲人的告诫：试图无所不能，结果只能一无所能。我不会轻易进入其他研究领域，但在中国哲学的范围内，我有一些心得，想把它们写出来。我计划写两本著作，一本书叫《论道》，探讨的是中国哲学的核心概念"道"的原初含义。如果你读过我的论文集《寻找新的价值坐标——世纪之交的哲学文化百思》（复旦大学出版社，1995年），就会发现，书中收录了我访问德国时的两篇随感，一篇是《路与道》，另一篇是《理与欲》。在这些文章中，我已经初步提出了我对道的含义的新的理解。在我看来，道的始源性含义是路，而路的含义则是通达，即畅通无阻。就以人体为例，无论是气不通、大小便不通，还是血不通、神经不通，人的生命就处于危险之中。人的生命是这样，整个社会的运作也是这样。我希望站在今天时代的高度上，对道的概念作出新的解释。我甚至认为，在老子那里，对道的阐释已经出现了偏差。比较起来，海德格尔更深刻地领悟了中国哲学中"道"的含义。海德格尔的晚期著作，如《林中路》《路标》《田野小路》等都反映出他在这方面的思想轨迹。总而言之，我希望自己有时间对体现中国哲学根本精神的"道"的含义重新作出阐释。

金瑶梅：您的中国哲学的功底也是进入复旦大学哲学系以后才培养起来的吗？

俞吾金：应该说是在读哲学系之前就有了这方面的基础，这还要追溯到"文化大革命"期间。那时候我实在找不到书读，只好读《新华字典》《康熙字典》等工具书，从而产生了对"小学"（文字学）的兴趣。尽管我对小学没有什么研究，但我把它与英美分析哲学的方法结合起来了。

您看我的论文，在许多地方都运用了概念分析。不久前，我写了一篇中国哲学研究方面的论文，标题是《人在天中，天由人成——对"天人关系"含义及其流变的新反思》，实际上颠覆了"天人关系""天人合一"这样传统的提法。我从文字源流上考察了"天""人""大""自然"这些概念，指出："天人合一"这样的提法实际上已把天与人的关系外在化了，事实上，"天"字就是在"人"字的基础上构成的。许慎在《说文解字》中说："天，颠也，至高无上。从一、大。"而"大"字在甲骨文中就指张开手脚站着的人。可见，人在天中，天由人成。这篇论文将发表在《学术月刊》2009年第1期上。由于"天人关系"是中国哲学研究中的核心问题之一，所以我觉得有点心得，就应该把它写出来。目前，我正在考虑以《重思中国哲学史》为题，写一组对中国传统哲学观念进行颠覆的论文。在中国哲学研究的领域里，我打算写的第二部著作是《个性的足迹》。

刘景钊：关于个性的研究？这是一个很有意思的问题，那么您怎么会在中国哲学研究中涉及这个问题呢？或者说，为什么要研究个性问题呢？

俞吾金：我认为，除了"道"这个概念以外，在中国精神生活中最值得加以弘扬的正是"个人"和"个性"的概念。中国传统社会既没有经历过罗马意义上的奴隶社会，也没有经历过欧洲中世纪意义上的封建社会，它是一个以血缘关系为纽带、以地域性的农村公社为基础的宗法等级制社会。在这一东方专制主义社会中，共同体是至上的，个体和个性则是没有任何地位的。唤起个性本来应该是启蒙运动的事，但在中国，由于近代以来外患频仍，从而把启蒙运动挤压到边缘性的位置上去了。

其实，20世纪初，中国知识分子在讨论挪威作家易卜生的剧本《玩偶之家》时，曾经涉及一个有趣的问题，即娜拉出走后怎么办？这个问题正是启蒙运动必然会涉及的核心问题。至于巴金的小说《家》《春》《秋》同样涉及启蒙主题。然而，民族独立和解放运动需要的却是相反的东西，即集体主义或共同体至上主义。于是，启蒙的主题被耽搁下来了，而对马克思主义的误解又加剧了启蒙的边缘化。人们把马克思主义理解为排斥任何个性和个人的集体主义，其实，马克思主义是经过启蒙运动的洗礼的，马克思看到了启蒙所带来的价值的极端重要性，所以在马克思的著作中经常谈论"每个人的自由"和"个性自由"。然而，我们却是从传统的、东方专制主义文化的角度出发来解读马克思的，所以马克思谈论的"个人全面发展"在我们这里蜕变为"人的全面发展"。其实，"人"（Mensch）这个概念可以指称任何社会形态中的人，而"个人"（Individuum）这个概念只能指称18世纪以来在市民社会的背景下形成的现代人，即处于法权状态中的、独立的个人。而在中国传统文化的语境中，根本没有"个人"，尤其是"普通个人"的地位。中国人常常无法区分"个人主义"与"极端个人主义"这两个用语之间的差异。20世纪60年代以来兴起的"后现代主义"思潮又把现代性和启蒙作为自己反思和批判的对象，这就进一步加剧了当代中国人对启蒙的排拒。中国人还没有享受过启蒙的积极成果，就已经跟在别人后面批评起启蒙的消极成果来了。

在现代中国，由于启蒙的缺失，不存在可以维护个人权益的、真正意义上的市民社会。当下，物权法才刚刚出台，民法还没有被制订出来。在这样的背景下，中国人的人权意识和个性意识都非常薄弱。举例来说，作家王蒙在《我的人生哲学》这部著作中谈到"人权"时，首先把人权理解为人的生存权和发展权。他的这本书在《文汇报》举行新书发布会的时候，我曾面对面地批评他不懂什么是人权。如果人权仅仅被归结为生存权和发展权，那么奴隶社会也可以宣布自己是合理的了，因为奴隶主不是也让奴隶生存和发展下去吗？我对王蒙说："人权就是人在政治上、生命上有尊严地活在这个世界上。如果活着就是人权，关在动物园里的动物岂不也有人权了？"我计划写的《个性的足迹》既体现我对中国传统文化的批判，也体现我对启蒙精神的新的理解。

我的第四个研究阶段计划写的是叙述我自己的哲学思想的著作。我的研究思路与黑格尔的正好相反。黑格尔先完成逻辑学，即纯粹哲学，再下降到作为应用逻辑学的具体学科中。而我的打算是：先完成对具体问题的研究，然后再完成纯粹哲学方面的著作。而我前面的研究都是为最后的研究做准备的。假如在这个思考、写作的过程中还有时间的话，作为插曲，我还准备写一部美学著作。

刘景钊：我在《中国社会科学》2006年第5期上曾读过您关于喜剧美学的论文《喜剧美学宣言》。我很好奇，您为什么会把研究的视角又投射到美学领域，而且要用"宣言"这样的方式提出喜剧美学问题？

俞吾金：其实，关于喜剧美学的研究也是我早已设想的一个计划，因为我对文学、艺术和美学一直很有兴趣，所以搜集了不少有关中国和国外喜剧方面的资料。在《中国社会科学》上发表的那篇论文，我故意用了个大概念"宣言"，其用意是强调我重点研究的不是悲剧（tragedy）而是喜剧（comedy），也意在强调喜剧精神在将来美学发展中的重要意义。我的基本观点是，在我们这个时代，悲剧仍然有它的意义，但是更重要的是喜剧。为什么？因为悲剧总是悬着一个伟大的理想，并努力通过剧中的英雄人物而把它实现出来，但由于英雄人物本身在性格上的缺陷（比如哈姆雷特的优柔寡断）或各种偶然因素，最后陷于失败。所以，按照亚里士多德在《诗学》里的说法，人们在观赏悲剧的时候，会对英雄人物产生怜悯，也会对他的失败感到恐惧，从而使自己的精神达到净化和升华。尼采于1872年出版的《悲剧的诞生》中已经考察了悲剧诞生和发展的整个过程。在他看来，悲剧精神早已被欧里庇得斯败坏了，直到尼采生活的时代，才被瓦格纳重新赋予活力。但不久，尼采就意识到，正如苏格拉底败坏了欧里庇得斯的审美趣味一样，叔本华也败坏了瓦格纳的审美趣味。于是，尼采提出了"权力意志"和"超人"的新观念，试图确立新的审美趣味。然而，尼采没有意识到，在现代社会中，喜剧已经成了更为重要的艺术形式。由于现代社会高度紧张，主客体之间的异化非常厉害，如果再用悲剧精神来主导社会，人们就会在越来越紧张的精神状态中陷于崩溃，而喜剧精神所蕴含的轻松、幽默、调侃和滑稽，正是我们这个时代所需要的。实际上，喜剧精神的本质就是消解悲剧精神所确立的伟大理想，用黑格尔的话来说，就是"它使理想非实体化了"。既然将来消失了，而过去也已消失，现代人就只剩下现在了，如果在紧张的现代生活中，不使自己感到轻松，那就只有得精神忧郁症的份了。从20世纪90年代以来，为什么钱锺书先生的《围城》会重新走俏？为什么《编辑部的故事》这样的作品会得到人们的青睐？为什么王朔的作品会引起人们的共鸣？为什么手机中的滑稽短信会传播得这么快？所有这些现象都表明，在现代社会中，悲剧精神正在失去它的主导性位置，而喜剧精神正在冉冉升起。事实上，只有深入领悟当今时代的时代精神，才能正确地理解美学发展的方向。我们这个时代的美学研究看起来十分热闹，其实，研究者们并没有把握住它真正的发展趋向。所以，他们谈得越多，越表明自己的无知和浅薄！

刘景钊：您在美学研究上的视角确实很新颖。

俞吾金：我的美学观点，同国内多数美学研究者的观点不同，他们提出的是审美共同心理，而我提出来的是审美光谱，光谱是有差异的。就是说，我更主张研究审美差异。比如，一个普通人和一个研究贝多芬音乐的专家都在倾听贝多芬第六交响乐《田园》,难道他们在美感上不存在差异吗?那种只主张研究审美共同心理的主张恰恰抹杀了这种差异性,把什么都一锅煮进去。我主张把美感上的差异彰显出来。实际上,西方后现代主义思潮的基本特点就是注重对差异性的研究。不久前我完成了一篇论文《马克思的差异分析理论》,肯定马克思的第一部哲学著作,即他的博士学位论文《德谟克利特的自然哲学和伊壁鸠鲁的自然哲学的差别》就是谈差异的。你看,马克思首先关注的就是差异问题。有趣的是,马克思是学黑格尔的,而黑格尔在耶拿撰写的第一篇哲学论文《费希特与谢林哲学体系的差别》也是谈差异的。现代哲学就更不用说了,德里达的"延异"(deferance)就来自"差异"(difference)概念,德勒兹倡导的"差异哲学"(philosophy of difference)把差异视为哲学的核心问题。即使是罗尔斯《正义论》中提出的第二条原则,也叫"差异原则"(difference principle)。他们全都是谈差异的,差异又和我前面讲的启蒙中追求的个性联系在一起,因为只有允许个性存在,差异才会得到尊重。

金瑶梅:我们长期以来灌输的就是消灭差异、定于一尊的观念。张扬个性,重视差异,这才是启蒙最重要的内容。

俞吾金:我们过去的哲学研究就是讲统一,抹杀差异,后现代理论就是要唤醒差异。这样分析,启蒙的哲学就同差异思想连在一起了。所以现在要做的工作,就是阐明差异的重要性,从而给个性以支援意识,等于倡导新的启蒙运动,重新塑造中国人的国民性。过去,鲁迅对中国的国民性有很多批评,它们也是我们今天追求新启蒙的重要的思想资源。

刘景钊:说到这里,我想到你刚才反复提到的启蒙问题,启蒙实际上首先是解决观念问题。比如,我们前不久通过的《中华人民共和国物权法》,在通过之前曾经多次反复讨论,而且遭到一些人的激烈反对,其中就有对个人、集体和国家利益关系问题的激烈争论。有人认为,《中华人民共和国物权法》保护的是个人利益,而忽视了国家利益和集体利益。

俞吾金:新中国成立以来,一直提倡的是集体主义,而不是个性和个人的权利。事实上，直到现在，人们还在批判"个人主义"。其实，个人主义肯定的是个人的权利和义务，它与"极端个人主义"具有完全不同的含义。我们并不笼统地反对集体主义，但我们反对那种把集体与个人尖锐地对立起来的集体主义，我们主张的是充分人性化的、尊重每个普通个人的集体主义。假如一味地主张个人要无条件地牺牲自己，把自己贡献给一个集体，那么我们不禁要问：这个集体存在的理由又是什么呢？如果一个集体不能维护每个个人的权利，那么它存在的合法性又在哪里呢？从"文化大革命"中鼓吹的"献身精神"到改革开放以来提倡的"兼顾个人、集体和国家的利益"，表明人们已经开始容纳合法的"个人利益"了，但要做到尊重每个普通人的人权和个性，我们还需要经过新启蒙的洗礼。

刘景钊：启蒙最重要的是提倡个性本位。

俞吾金：其实，启蒙也有两重性。比如，西方知识分子就在反省：为什么西方近代社会以来提倡的启蒙竟然会导致法西斯主义的出现？霍克海默和阿多诺合著的《启蒙辩证法》(1947)就是在这样的背景下出版的。这充分表明，启蒙也有其负面的价值因素。当然，启蒙的主要价值是正面的，启蒙所倡导的个性、人权、自由、民主、平等、公正等价值，在现代社会中仍然是主导性的价值，而人们之所以最终战胜了法西斯主义，实际上依靠的也正是启蒙所倡导的这些正面价值。

这就启示我们，当我们今天追随西方后现代主义理论的代表人物，批判启蒙的负面价值时，仍然应该清醒地意识到，启蒙的正面价值是主要的，而当代中国人还没有真正享受过启蒙带来的正面价值。对我们来说，启蒙的洗礼仍然是必要的。事实上，不确立启蒙所带来的正面价值，现代中国社会就会失去自己的精神基础。当代西方有些哲学家主张"返回家园"，有些肤浅的中国学者也跟在后面叫嚷要"返回家园"。其实，我们现在面临的迫切任务还不是如何"返回家园"，而是如何"走出家园"。每年不是有那么多的进城务工人员在"走出家园"吗？在这方面，不能搞形式主义，作为发展中国家，我们必须从自己的具体国情出发，学会独立思考。西方人已经经历了"出走",正如娜拉的出走,才有"返回"的问题,而中国人尚未"出走",遑论"返回"?

刘景钊:西方人是在外头转了一圈才提出要回家。我们还没有出去,就说要回家,岂不荒唐?

金瑶梅:我们等于误解了人家本来的意思,这表明我们没有认真地去研究人家的东西。

俞吾金:这就是形式主义的思维方式。其实,从斯宾格勒所主张的形态学时间观念来看,今天的中国和今天的欧洲并不是同时代的,而是处于不同的形态学的时间中。按照这种时间观念,今天的中国与16—19世纪的欧洲才真正是"同时代的",因为它们处于相同的社会形态中。在这个意义上,只要人们了解一下16—19世纪期间欧洲发生了什么,也就会知道,在中国将会发生什么。比如,欧洲在这个时段里发生的核心故事就是完成资本的原始积累。这个故事也正在当代中国社会中重演。虽然故事中的人物发生了变化,但故事的主题——资本吸吮活劳动的贪婪却始终是同样的。

刘景钊:这是一个很重要的问题,自然时间上的同时代,在形态学看来并不是同时代。我们虽然生活在21世纪,但是我们的很多观念恐怕还是19世纪以前的。

俞吾金:当然,我们不能跟着西方人走,他们搞什么,我们也搞什么,我们必须学会独立思考。16—19世纪的欧洲,不也和当今的中国一样,农民不断地"走出家园",向城里流动吗?英国历史上发生的"羊吃人运动",罗宾汉的故事,莎士比亚和莫里哀作品中的"流浪汉",雨果笔下的"乞丐王国",描写的都是农民如何从家里出走,如何进入城市,成为无产阶级的最早代表。乍看上去,这些农民"走出家园",只是兴之所至,实际上,他们正在完成生产关系上的一个重大的变革,正在创造一种新的社会形式。形态学的时间观念启示我们,在当代中国社会,农民"走出家园"也会延续很长一个历史时期。总有一天,我们会意识到蕴含在进城务工潮中的巨大历史意义。

金瑶梅：读了您的《重新理解马克思——对马克思哲学的基础理论和当代意义的反思》，我理解您的观点是：马克思的批评精神跟后现代精神有某种相似之处。

俞吾金：确实有某种相似性。我认为，在马克思的思想中，包含着不同的思想酵素，主要有两种：一种是如何建设一门新的政治经济学；另一种是如何批判资本主义。马克思逝世一百多年来，政治经济学作为一门学科已经有了许多新的发展。在现代经济学中，边际效用理论的确立、要素分配论的形成、博弈方法的引入及计量方法的采纳等，都使马克思当时形成的政治经济学理论体系显得过于简单。然而，从另一方面来看，马克思对资本主义的批判却是十分深刻的。而从20世纪60年代开始兴起的后现代主义思潮的一个核心思想是对现代性（包括资本主义）的批判。在这个意义上，我们甚至可以说，在马克思的思想中蕴含着某些后现代思维的酵素。有趣的是，后现代主义阵营中的大部分学者都引证马克思，尤其是马克思和恩格斯在《共产党宣言》中对资本主义历史及其本质特征的批判性表述。尽管在对资本主义的批判上具有相似性，但马克思的出发点是确立一种更完善的社会形态——共产主义来取代资本主义，而后现代主义则是从维护资本主义的根本利益出发去批判资本主义的。

金瑶梅：现在有很多文章谈"后现代性"，有学者提出我国目前的地区差异性很大，有些地方已经步入"后现代化"阶段，有些地方正在实施现代化，还有些地方仍然是"前现代化"时期，您如何看待这一说法？

俞吾金：从总体上看，中国仍然在追求现代性。当然，在中国的发展中也存在着地区差异，沿海地区发展得快一些，内地则发展得慢一些。但说有些地方已经步入"后现代化"阶段，我认为是不可能的。在文学领域中人们批评过所谓"伪后现代性"。在我看来，无论是讨论"前现代性""现代性"，还是"后现代性"，都要从整个社会着眼，不能因为个别人对"后现代性"有了新的领悟，就断言整个社会或整个地区都是如此了。其实，在生活中，我们也不必老是用这些大字眼。谁都不会否认，我国的地区差别很大，比如说东南沿海一带发展非常快，而西北等地方的发展与东南沿海差距就比较大，有人开玩笑地说，过去是"孔雀东南飞"，现在是"麻雀东南飞"了。毫无疑问，地区差异一定要看到，也要采取相应的措施，做出结构上的调整，但我认为，总的看来，中国在今后一个很长的时期里仍然是追求现代化和现代性。当然，我们也要关心后现代主义者对现代性的批判，要借用他们的思想，对现代化道路做出必要的修正，尽可能少走弯路。

金瑶梅：现在年轻一代对马克思主义似乎有一种逆反心理，对于这一点您如何看待？

俞吾金：这种逆反心理也是整个人类的特征。《圣经·旧约》早已告诉我们，夏娃之所以去摘取"知善恶树"上的禁果，正是出于一种逆反心理。同样地，当人们致力于把马克思主义转化为意识形态，即绝对权威的化身时，常常会在社会上激起某种逆反心理。可是，在我看来，年轻一代的逆反心理是缺乏思想基础的，为什么？因为他们没有认真地读过马克思的著作。没有读过马克思的著作，就表示逆反，这缺乏学理上的基础，也是一种不负责任的做法。学术上真正负责任的做法是独立思考，让自己的理性做出判断，而不是人云亦云。当然，从总体上看，我认为，"80后"和"90后"在独立思考方面做得并不差，与以前世代的人相比，他们更具有主体意识和权利意识。我曾经写过一些文章来评论"80后"和"90后"。"5·12"地震后，他们中的很多人成了志愿者，积极奔赴灾区。有人说，是地震使这些"80后""90后"改变了，但我认为不是这样。其实，他们并没有什么改变，改变的只是我们关于他们的观念。为什么我们关于他们的观念会发生变化？因为我们忽略了，生活是由两个方面组成的：一个方面展现在日常生活中，另一个方面展现在重大事件中。平时人们与年轻一代打交道，是在日常生活中，体现在各种琐事上。显然，在这些琐事上，年轻一代往往具有叛逆倾向。我们不能凭借日常生活中的观察，就对他们做出判断。只有同时观察到年轻一代面对重大事件时的态度，才能对他们做出全面的判断。在通常的情况下，一位出租车司机也许会为了五毛钱而与乘客吵架，而在汶川地震后，他们却用自己的车免费运送救援人员。一个重大的事件往往会使人性中潜藏着的伟大一面显露出来。这表明，人们过去对年轻一代的评价是有片面性的。

金瑶梅：的确如此，对于年轻人而言，也许被长辈视为缺点的恰恰正是他们的个性。老一代人的个性往往由于特殊的历史原因被压抑，甚至被泯灭了，而新一代人的个性没有遭遇障碍，迸发出来了。

俞吾金：是的。这就像黑格尔所说的那样："仆人眼中无英雄。"比如，在拿破仑的一个仆人的眼中，看到的只是拿破仑的吃、喝、拉、撒、发脾气、不遵守规则。是不是可以依据这些细节判断拿破仑是一个小人呢？恐怕不能这么看。无论如何，拿破仑不失为伟大的历史人物，而仆人之所以看不到拿破仑身上伟大的一面，是因为仆人永远是仆人，他们无法超越自己卑微的眼光。中国人的谚语"狗眼看人低"也正是这个意思。总之，我们应该正确地看待年轻一代，不要老是从细节上去评判他们。马克思曾经批评过一个蠢汉，他从别人是否踩着他脚上的鸡眼来判断身边走过的人的好坏。这是很可笑的。

金瑶梅：您前边强调要借鉴分析哲学的方法来研究马克思哲学，就这个问题您能再深入谈谈吗？因为我觉得这个观点对我们这些从事马克思主义研究和教学的青年教师很有价值。

俞吾金：我认为，从事马克思哲学研究和教学的人，一定要重视对英美分析哲学方法的借鉴。我总是反复对自己的学生强调这一点。2005年，我在中国人民大学参加了一个关于中国哲学学科合法性问题的讨论会，我在会上做了一个报告，题目是《一个虚假而有意义的问题》，后来这个报告被比利时鲁汶大学翻译成英文收录到他们的刊物《当代中国思想》（*Contemporary Chinese Thought*）中。我当时提出的一个观点和你刚才提出的问题有关。首先，我认为，"中国哲学学科是否具有合法性"的问题是一个假问题。因为任何文明都有四大板块：科学、艺术、宗教和哲学。把前三块去掉后，余下来的一块究竟如何称谓？西方人称之为

Philosophy，中国人称之为"元学""玄学""理学""道学"等，这里并不存在合法或不合法的问题。举例来说，面对着我们每天都要喝的液体，中国人叫水，德国人叫 Wasser，法国人叫 eau，英国人叫 Water。这么多叫法，能说哪个是不合法，哪个是合法的吗？把 Philosophy 译为"哲学"，是日本人西周首创的。我认为，中国人用"元学""玄学""理学""道学"等概念来称谓文明中的第四个板块，根本与"合法性"无涉。所以我判定"中国哲学学科的合法性问题"是个假问题，但是我又认为它是一个有意义的问题。为什么？因为当这个问题被转化为形式上的问题时，它是我们必须正视的问题。我这里说的形式上的合法性有两层意思。第一层意思：现代中国出版的学术论著是否符合通行的学术规范？如果不符合，就是不合法的。比如，有个人撰写了一篇关于王阳明哲学思想的研究性论文。假如学术界公认，有二十部论著是研究王阳明必须参考的，但这位作者只参考了其中的十种，那么，我们可以断言，他的论文的撰写是不合法的。第二层意思：现代中国出版的研究性学术论著的通病是对基本概念的含义缺乏明确的界定。显然，在基本概念的含义不明确的情况下写成的学术论著，在理论上是不合法的。据说"文化"有三百个不同的定义，如果有两个人想就文化问题展开讨论，就先得界定他们对文化含义的理解是否有共同之处，如果没有的话，讨论怎么可能？现在不少人在电视上谈文化，就属于这种类型。

刘景钊：您说的这一点对哲学的研究和发展来说，是极为重要的，因为许多搞哲学的人自己都是糊涂的，讨论的问题常常不是在同一个语境下、同一个问题域中。有时候概念本身就没有搞清楚，所以讨论来，讨论去，都是自说自话，互相打口水仗，打来打去都不知道互相在说什么。

俞吾金：所以我主张研究马克思哲学，应该借鉴分析的马克思主义的方法。分析的马克思主义对马克思文本中的概念都做了很细致的分析。运用这种方法进行研究，你会发现，有些表达方式是经不起推敲的。比如，马克思说，"人是首要的劳动力"，但一个刚出生的婴儿或一个躺在床上的 80 岁的老人是人吗？回答是肯定的，是人，但他们是首要的劳动力吗？显然不是。所以，马克思的上述见解应该用更准确的语言表达出来，即"进入生产过程的劳动者是首要的劳动力"。再如，哈贝马斯说"科学技术是第一生产力"，这种表述也是有问题的。正确的表述应该是"进入生产过程的科学技术是第一生产力"，因为一项科学技术如果还没有转化为生产技术，怎么可能成为第一生产力呢？事实上，日常语言中的许多表述是不严格的，所以中国哲学要提升自己，使自己的研究成果真正具有国际上认可的合法性，就必须解决这些形式问题。

刘景钊：您今天谈的这四大部分研究计划，或者叫四部曲，是您在三十多年的耕耘过程中逐渐成熟起来的一个哲学框架。先分别对马克思主义哲学、外国哲学和中国哲学三大领域进行重新解读、深入分析、跨界综合和理论重构，最后又落脚到自己的纯哲学研究上，这就构成了一个独立而完整的哲学体系。以前读过您的不少论著，但是今天能面对面地听您谈论自己的整个思想体系和研究计划，得到的印象还是比只读著作而不见其人来得深入得多。通过您今天的讲述，我这里力图扼要概括一下您的整体思想脉络，您看是否恰当。您三十年来在哲学领域里的耕耘，是不是可以用"综合""创造"和"启蒙"这几个词来概括一下？您前面谈到了四个阶段的研究计划，就是几大综合，包括马克思主义哲学与外国哲学的综合、马克思主义哲学与当代中国问题研究的综合、现象学与英国经验论哲学的综合、西方哲学和中国哲学的综合等。再一个就是创造，您的研究计划，最后落脚在系统表达自己的哲学思想上，显然是一种体系化的哲学创造。因为我在阅读中发现，您的很多研究工作都有自己的一套概念体系，然后在这套概念体系的框架下进行分析、说明、阐释和综合，并由此提出自己独创性的见解和理论。比如您在《问题域的转换——对马克思和黑格尔关系的当代解读》一书中，提出了"思想酵素""问题域""问题域的认同""问题域的转换""转换起始点""术语更新""含义差异"七个阐释性概念，然后运用这些概念来对马克思和黑格尔的理论关系进行总体上的、非比喻性的说明，从而得出了"成熟时期马克思的哲学问题域与黑格尔的哲学问题域之间存在着根本性的区别"的结论。这种自觉的体系化的理论建构工作是艰巨而又复杂的，它需要经年累月的学术积累、高屋建瓴的学术视野、广博丰厚的思想资源、独立思考的学术见解、宏观驾驭的理论框架、深刻敏锐的思维视角和严谨有效的研究方法，远非一时心血来潮或急功近利就能完成。

俞吾金：您很善于概括。我刚才讲的也的确是我经过深思熟虑之后考虑出来的一个宏观理论框架。不过完成这个体系需要时间，我也不知道在有生之年能否完成这个计划，但我十分赞成中国人的这句谚语"谋事在人，成事在天"，我会努力去实现自己的目标。

刘景钊：目前很多学者还缺乏"综合"和"创造"这两方面的自觉意识，而您恰恰在这两个方面做了大量的工作，树立了典范。我读了您的论著，有一个很强烈的感觉，就是几乎每篇论文都想别人所未想，言别人所未言，都有自己独立的见解和观点。这也启示我们，不能总跟在人家后边，要么倒腾古人的家底，要么贩卖外国人的资源，哲学家应该努力表达自己原创性的思想，多产生一些能真正推进学术的东西，而不是不断地制造以低水平重复为特征的文字垃圾。

俞吾金：学术垃圾化的现象非常严重。垃圾化的东西，能解决职称，解决学位，但绝不能推进学术。1993年，我晋升正教授后，就给自己立了一条规矩：没有新观点，绝不写东西。我很同意海德格尔的观点，应该多看少写，维护文字的纯洁性。

刘景钊：您做的另一项重要的工作就是启蒙再造，我觉得您的很多文章就是在对读者进行观念上、心智上的启蒙。比如您的许多关于语言诊断的学术随笔，往往从大家习以为常的日常生活用语中分析出它的误用和错讹之处，点明这种误用的弊端和危害。这种启蒙还包括在哲学学术层面上对传统思维方式、传统阐释路线和传统观念的分析批判上和对大量被误解误用的概念的厘清上。今天占用了您不少宝贵时间，非常感谢您精彩而深入的讲述，让我们有机会比较全面地了解您的整个思想和理论体系。再次谢谢！

俞吾金：谢谢你们！

2010年

时代的哲学沉思与学术创造
——访俞吾金教授[①]

一、学术·人生

1. 马克思就像一艘升火待发的军舰

陈静：从1977级大学生到今天成为一位著名学者，您是怎么走上哲学研究道路的？

俞吾金：我本来是1966届高中毕业生，打算考医科大学，以尽早在经济上独立，为父母分忧。"文化大革命"爆发后，1968年我被分配到上海电力建设公司做安装工人。直到1977年高考招生制度恢复，我才考入复旦大学哲学系。

之所以选择哲学系，一是因为我的母校上海市光明中学偏向文科，高中时我就萌发了对哲学的兴趣，当时在福州路旧书店买了不少哲学书籍，似懂非懂地阅读。二是因为在上海电力建设公司做工人时，有一次右手工伤，在家休息了四个月，当时我在离家很近的上海图书馆浏览了《马克思恩格斯全集》，非常佩服马克思百科全书般的知识积累。记得李卜克内西在谈到马克思的

---

① 原载《中国社会科学报》2010年4月15日，采访者为该报记者陈静。收录于俞吾金：《生活与思考》，复旦大学出版社2011年版，第295—302页。——编者注

渊博知识时指出，马克思就像一艘升火待发的军舰，接到指令后可以驶向任何一个海域。这个生动的比喻一直印在我的脑海里。三是在上海电力建设公司做了五年工人后，我被抽调到公司的宣传部门工作，有机会阅读更多的哲学著作，从而进一步引发了我对哲学的兴趣。

陈静：您报考复旦大学时，哲学是您的第一志愿吗？

俞吾金：不是。现在回想起来很有趣，当时我在表上填写了四个志愿：复旦大学新闻系、中文系、哲学系和历史系，并在附注栏里写道："除了复旦大学这四个系，其他学校、其他系一概不去。"当时我的工作环境也不错，我想，假如进不了这四个系，我就不读大学了。

为什么我把新闻系、中文系作为第一、第二志愿呢？如前所述，因为当时我在公司的宣传部门工作，我的具体任务是采写新闻报道和摄影。就工作的性质来说，与新闻系学的课程最接近；就当时我的兴趣来说，我对文学的兴趣压倒了对哲学的兴趣。一方面，虽然我喜欢读哲学著作，但由于哲学与政治的关系过于紧密，我在"文化大革命"初期时因为在言谈中表示不同意林彪的"顶峰论"而在光明中学被工作组内定为"现行反革命"，这大大挫伤了我学习哲学的热情；另一方面，我在公司宣传部门工作时，结交了一些朋友，他们都喜欢文学创作，这也在相当程度上影响了我，所以把中文系作为第二志愿。结果我被哲学系录取了。当时我觉得很遗憾，自己"大门"进对了，"小门"却走错了。在大学本科的前两年，我的主要努力仍然是在阅读文学作品和撰写小说上。然而，在阅读古希腊剧作家埃斯库罗斯、索福克勒斯、欧里庇得斯和阿里斯托芬作品的时候，我对古希腊哲学的兴趣与日俱增。

我撰写的第一篇学术考证性的论文《"蜡块说"小考》被刊登在《国内哲学动态》上，这时我才发现，我的思维方式更适宜做哲学研究。从大三开始，我的注意力完全转到哲学，尤其是外国哲学上去了。这大致上奠定了我以后的研究方向和学术道路。

2. 为什么人类需要哲学？

陈静：我在读您主编的《国外马克思主义研究报告2009》时，发现您在"主编的话"中将金融危机置于哲学的视野中进行解读，很受启发。怎样才能把哲学研究与现实问题紧密结合起来呢？

俞吾金：您的问题的提法包含着对问题本身的遮蔽。因为当您试图把"哲学研究"与"现实问题""紧密结合起来"时，实际上认可了两者原本处于分离的状态中这一前提。如同走进一家咖啡馆，当侍者问您：Coffee or tea(要咖啡，还是要茶)？这一提问方式反映了侍者已经形成的思维定式。其实，您还拥有其他多种选择方式：或只要一杯其他饮料，或咖啡和茶都要，或要一杯开水，等等。而您上面的提问方式反映出您的思维定式，即把"哲学研究"与"现实问题"理解为两个相互外在的、完全不同的东西。

实际上，按照我的看法，"哲学研究"本身就是"现实问题"中的一个侧面，而"现实问题"本身也是"哲学研究"中的一个有机组成部分。为了使"哲学研究"与"现实问题"不至于在提问中被分离开来，或许我们应该这样提问：怎样理解哲学研究中的现实问题与现实问题中的哲学研究之间的关系？当然，在意识到"哲学研究"与"现实问题"之间的内在关系基础上，为了表述简洁化，您前面的提问方式仍可保留，关键在于不要割裂两者间的内在联系。

在传统的哲学研究中，人们常常询问：What is philosophy(什么是哲学)？而这种提问方式已经蕴含着一个前提，即把哲学理解为现成的、像一只杯子那样摆放着的东西。这种提问方式往往忽略了提问者与提问对象之间的意义关系，它实际上是一种冷漠的知识论哲学的提问方式。其实，现实性(包括现实问题)正隐藏在这种意义关系中。因此，更重要的是下面这种提问方式：Why does human being need philosophy(为什么人类需要哲学)？正是这种提问方式把注意力转向作为提问者的"人类"与作为提问对象的"哲学"之间的意义关系上。在我看来，只有在哲学研究中始终铭记"Why does human being need philosophy?"这一提问方式的人，才不会陷入"为研究哲学而研究哲学"的观念主义和本本主义，才会密切地关注研究者和研究对象之间的意义联络，从而敏锐地觉察到"哲学研究"与"现实问题"之间的内在关系。比如，1978年关于真理标准问题的大讨论并不是一场单纯的理论讨论，它要解决重大的现实问题。

二、思想·情趣

1. 培养思想型学者要从小做起

陈静：有人把学者分为专家型学者和思想型学者。在当前高等教育体制屡遭诟病的背景下，思想型学者显得尤为重要。您认为，当代思想型学者具有哪些特点？肩负怎样的重任？如何培养？

俞吾金：俄国思想家赫尔岑在《科学中华而不实的作风》一书中就区分过这两种类型的学者，并且对思想型学者作出了更高的评价。然而，在我国应试教育制度的背景下，思想型学者的出现更为困难。因为在应试教育制度的语境中，善于考试的学生就是好学生，而考题又通常是按照类似托福(TOFEL)的形式框架来设计的，标准答案也是事先确定的。虽然这种考试方式在某些方面具有合理性，但它不但不能培育学生思想上的独创性，反而是对这种独创性的拒斥。在考分至上的环境中，思想性完全处于边缘的状态中。我认为，教育制度的改革，就是要把学生的素质教育，尤其是把鼓励学生独立思考的教育放在核心的位置上。

在我看来，思想型学者具有三个主要特征：第一，具有知识分子应有的良知和责任感，始终关注学术研究与现实生活之间的密切关系，不走"为学术而学术"的学究式的道路；第二，具有深厚的批判意识，而这种批判意识又有扎实的学理基础，绝不是突发奇想的标新立异；第三，具有独立的、建设性的思想观念，但又能以宽容的态度对待其他不同的思想见解。

当代中国，前现代、现代和后现代价值体系纷然杂陈，而20世纪最后25年内发生的政治格局上的大变化和全球化进程的加剧，使整个哲学研究转向实践哲学，尤其是转向政治哲学、法哲学、道德哲学(包括应用伦理学）、历史哲学、文化哲学和宗教哲学。而对于当代中国哲学界来说，在这些领域里，还有许多开拓性的工作要做，也有许多新的法规和规则需要加以确立。与此同时，科学技术的高度发展又把人与自然的关系和生态哲学凸显出来。而所有这些重大变化反过来又促使哲学必须在自我反思中重新确立自己的理论形象。毋庸讳言，上面谈到的这些方面，正是青年学者大有作为的领域。

至于思想型学者的培养，在我看来，一定要从小做起。只要我们仍然把"听话"作为自己潜意识中判断他人行为的最高道德标准，把"满堂灌"作为教学活动的主导性方式，思想上的独立和思想型的学者就很难产生。我认为，研究生教学中的讨论班是一种很好的形式，应该在更多的教学方式中使用这种形式，鼓励学生表达不同的意见。当然，从根本上看，应该对应试教育制度和评价制度进行改革，提倡思想独立和学术自由，从而为更多的思想型学者的产生创造条件。

陈静：俞老师，据我所知，除了关注学术话题，您也在报纸上发表了不少文章，讨论各种社会问题。您认为，学者的眼光在看待这些问题上有什么独到之处？

俞吾金：由于学者有长久的知识积累和独特的理论视角，他们在观察、分析社会现象时，常常比普通人更深入，也更容易提出新的见解。实际上，只有理解了的东西才能更深刻地感受它。比如，在日常生活中，人们常常使用"恐高症"这个术语，但在我看来，这个术语是不准确的。假如你站在地球上，看见一架飞机在万米高空飞行，你害怕了吗？当然不会害怕。可见，世界上根本没有"恐高症"，而只有"恐低症"，因为当你站在悬崖或高楼上往下看时你会害怕。又如，人们在形容某处气候好时，常常会使用"四季如春"这个词语。其实，这个词语在逻辑上就是矛盾的，因为在"四季"中包含着春季，说春季"如春"岂不可笑！所以在我看来，准确的说法应该是"三季（夏、秋、冬）如春"。

再如，人们喜欢说"近水楼台先得月"，意即离利益近的单位和个人能先得到实际上的好处。但在我看来，人们把这句话的含义正好理解反了，为什么？因为月亮只有一个，挂在空中，而近水楼台所得的月亮并不是空中之月，而是空中之月在水中的倒影，即虚假的月亮。不是有过猴子徒然无功地捞月亮的故事吗？由此可见，"近水楼台先得月"的准确含义应该是：离利益近的单位和个人反而得不到实际上的好处。这样的例子还有很多，我在这里就不一一列举了。

正因为学者有自己观察问题的眼光，所以常常可以看到普通人看不到的问题。比如，正如我们在前面已经谈及的，人们习惯于把2009年滥觞于美国的危机理解为单纯的"金融危机"，但在我看来，这却是由经济危机、政治危机、治理危机、文化危机等共同构成的"综合性危机"。我认为，哲学工作者不应该以"旁观者"的方式去反思这次危机，而应以"当事人"的方式去探索这次危机。

2. 要提倡"非功利性的阅读"

陈静：俞老师，您的业余爱好是什么？您认为学者应该有怎样的品位和情趣？

俞吾金：司马迁说："读万卷书，行万里路。"这句话已经说出了我的两个爱好，即读书和旅游。就读书而言，我认为，大部分人一生中的大部分阅读都是"功利性的阅读"，即为了解决什么问题或做论文而去读书，这当然是必要的，我自己也不能免俗，但我也提倡"非功利性的阅读"。这种阅读方式常常会使我们获得意外的、充满惊喜的东西，以至于可能改变我们的治学道路，甚至改变我们的整个人生道路。

据说，喜欢数学和音乐的格林斯潘，由于偶尔翻阅经济学的著作，最后竟走上了经济学探索之路。就旅游而言，我特别希望到拥有不同文明的地区或国家去看看，以扩大自己的眼界。我曾经三次去印度，三次去意大利，或许就是为了满足这样的愿望。此外，我还爱好听古典音乐，爱好游泳。音乐是生命意志的流动，倾听伟大的乐曲，也就是倾听一颗伟大心灵的跳动。同样地，游泳，特别是在大海、大江中游泳，不但能够锻炼一个人的意志，也能够洗涤一个人的灵魂。

我个人认为，一个学者应该有"先天下之忧而忧，后天下之乐而乐"

这样的思想境界和道德情怀；应该领悟哲学，了解宗教，热爱艺术，学会宽容。同时，学者并不是感情贫乏的人，无论是在工作上，还是在生活中，他都应该充满激情。总之，一个学者应该努力地、创造性地工作，也应该尽情地感受生活，他应该努力成为有境界、有品位而又全面发展的人。

三、治学·研究

临渊羡鱼，不如退而结网

陈静：在您看来，当代中国人文社会科学的发展面临怎样的机遇和挑战？

俞吾金：就机遇来说，应该说非常好。无论在科技进步、经济发展全球化方面，还是在政治变动、社会运动多样化方面；无论在知识积累、信息转换的瞬时化方面，还是在文化碰撞、生活形式的丰富化方面，我们面临的都是前所未有的大变局。与两千多年前的先秦时期相比较，我们这个时代在内涵上要丰富得多。现实的丰富性为思想上的丰富性提供了可能的条件。如果说，先秦时期出现了老子、孔子等伟大的思想家，那么，我们这个时代更应该出现融贯古今中外的伟大的思想家、理论家和科学家，应该拿出无愧于这个时代的伟大的思想作品。在这个意义上，我们面对的是前所未有的机遇。

然而，我们同时也面临着严峻的挑战。在打开国门、推动市场经济发展的背景下，浮躁像病毒一样在当代中国学者的身上蔓延开来，而同样浮躁的评价系统又进一步强化了这种浮躁情绪。有些学者不愿"坐冷板凳"，想走捷径，甚至不惜剽窃抄袭、伪造数据，一夜之间就"暴得大名"。

历史和实践都表明，浮躁是学术研究之大忌。临渊羡鱼，不如退而结网。要拿出无愧于这个时代的伟大的思想作品来，就必须克服浮躁情绪，确立合理的评价系统和价值导向，努力贯彻"双百方针"，真正引导学者们自由地、潜心进行研究。

陈静：您如何看待"文化软实力"的问题？

俞吾金：这个问题早已引起国外理论家们的重视，近年来，我国理论界也开始讨论这个问题，并已引起政府领导人的高度重视。显然，这是一个好现象。其实，早在《新民主主义论》中，毛泽东就深入地探讨了"政治""经济"和"文化"三者之间的关系，把新民主主义文化建设置于十分重要的地位，并在《在延安文艺座谈会上的讲话》等论著中对这一文化的本质和发展方向作出了全面的论述。在社会主义历史阶段，理论界进一步认识到，现代化归根到底是人的素质的现代化，而人的素质正是在特定的文化氛围中形成并发展起来的，传统文化热或国学热的兴起，反映出理论工作者的普遍心态，而国家领导人提出的关于"两个文明一起抓""以德治国""依法治国"等口号，也充分体现出他们对"文化软实力"问题的重视。

近年来，随着中国经济社会的快速发展，中国在硬件建设方面已经不逊色于西方发达国家，但在软件，即软实力建设方面，如教育的普及、素质的提高、交易的诚信化、服务的优质化、制度的人性化等，均存在着较大距离。毋庸讳言，随着我国综合国力的发展，文化软实力的提升已经迫在眉睫。在我们看来，哲学既是文明或文化的活的灵魂，也是民族精神的精华。作为理论工作者，我们理应为文化软实力的提升贡献自己的力量。事实上，在我主编的"理论新视野丛书"中就收入了童世骏教授撰写的《文化软实力》一书。这也从一个侧面反映出我们对这个问题的高度关注。

陈静：您能就自己的治学经验为青年人提一些建议吗？

俞吾金：孔子说："学而不思则罔，思而不学则殆。"光学习不思考，学到的就是一堆死知识。反之，光思考而不学习，思考的东西就会失去基础。在我看来，在"学"和"思"之外，还可以加上一个"写"字。不但学与思之间存在着飞跃，思与写之间也存在着飞跃。思考得清楚的东西未必能写清楚，但反过来可以说，写得清楚的东西必定已经思考得非常清楚了。所以，在学与思之外，也应该重视写。如何准确地、简洁地表达自己的思想，这是非常重要的。任何科学都是通过语言表达出来的。比如，康德在出版《纯粹理性批判》前沉默了12年，其中相当一部分时间在探索如何把自己的思想准确无误地叙述出来。不少青年学者以为自己天生就能写作，这是一种错觉。

此外，治学贵在创新，而创新的前提就是博览群书。对于研究者来说，博览群书的真正意义不是扩充自己的知识，而是了解前人和时贤的观点，以便不在自己的论著中重复他们的观点。这个道理很简单，"新"与"旧"是相比较而存在的，如果在对某个问题的研究上，你连旧的观点都不了解，又怎么知道自己提出的观点是新的呢？当然，创新是非常艰巨的劳动，只有不断地从现实生活和历史上伟大思想家的著作中汲取灵感的人，才能保持自己旺盛的创造力。

还有，我认为，当代中国的人文社会科学学者对英美分析哲学，尤其是分析的方法缺乏兴趣和认同。实际上，当代中国学者要与国际学术界进行有效而深入的对话，就必须认真研究并借鉴这种分析方法，把可以说清楚的东西说清楚。据说，"文化"概念有300个左右不同的定义，假如两个人讨论文化问题，而对文化概念的含义都没有确定认识的话，怎么可能产生有效的讨论结果？应该指出，我们传统的研究方法过度重视辩证法，却忽略了辩证法的前提是知性的确定性。没有对知性的确定性的追求作为前提，辩证法必定会流于诡辩，而分析的方法是有助于建立知识的确定性的。

四、上海·上海人·上海事

世博会既要算好政治账，也要算好经济账

陈静：上海是一个现代大都市，长期以来的发展形成了独特的海派文化。请您谈谈对海派文化的看法。

俞吾金：所谓"海派文化"是相对于"京派文化"来说的。由于北京在皇城根下，一直是政治的中心，所以，"京派文化"始终保持着政治上的敏感性和意向性。与此同时，由于文化传承与科举制度的关系，历朝历代的知识精英都像受磁石吸附的铁屑一样，集中在京城，因而"京派文化"堪称博大精深，全国其他城市均无法望其项背。

然而，"京派文化"也由于片面注重其传承功能而具有文化保守主义的倾向，从而缺乏某种灵动性。至于上海，自开埠以来，尤其是自近代以降，不断吸纳国际国内的移民，逐渐形成国际性的大都市和斑杂的文化布局，而晚清政府的腐败和无能，又造成了上海碎片式的租界和殖民化的心态。所以，"海派文化"既因其融贯中西而具有开放性、灵动性和实验性，也间或杂有崇洋媚外的噪声；既因远离京城而彰显出更多生活上的细腻性和经济上的，特别是商业性的特征，也难以避免某种急功近利的浮躁心态。或许可以说，张爱玲的文学作品正是"海派文化"标志性的结晶。总之，"京派文化"和"海派文化"各有特色，应该相互取长补短。

陈静：您在2002年的《解放日报》上曾就"新上海人"和"'新上海人'的生活观念"作过探讨。上海每天都在发生着变化，您认为，近几年这种外在变化又带来"新上海人"怎样的观念变化？

俞吾金：我认为，近年来，"新上海人"及其观念上的变化主要表现在三个方面。第一，"新上海人"的内涵正在发生变化。随着世界性金融危机的蔓延和中国经济发展的"一枝独秀"，越来越多的境外人士到上海就业或从事经济、商业、金融和文化方面的工作，从而使"新上海人"的国际化含义不断增长，而即将举行的世界博览会又成了这方面的助推器。第二，近年来，随着上海房价的不断攀升，"新上海人"中出现了一种向简朴性的生活方式回归的倾向。有的新郎不再用豪华的礼车，而是踩着自行车去迎娶新娘；更多的青年人则采用了取消婚宴、蜜月旅行的简朴方式，大大地提高了生活质量和情趣。第三，近年来，越来越多的"新上海人"觉得自己的生活节奏太快，不但造成了身体上的"亚健康状态",也造成了文化上、心灵上的"亚健康状态",因而倾向于在周末或假期里逛街、泡吧,过一种有滋有味的"慢生活"。

陈静:不久,世界博览会就要举行,这是我国继2008年北京奥运会后的又一大盛事。很多人将之看作中华民族复兴的又一个重要机遇和展现平台,对此您怎么看?

俞吾金:世界博览会在上海举行,既是一个挑战,也是一个机遇。就"挑战"而言,因为世界博览会首次在发展中国家举行,我们缺乏这方面的直接经验;就"机遇"而言,它为中国展现自己、走向世界创造了条件。中国人说:"谋事在人,成事在天。"关键在于我们一定要努力做好世界博览会的准备工作。我很赞同上海市委书记俞正声所说的,要全力以赴,把世界博览会搞好。但历史和实践一再告诫我们,搞好世界博览会,既要算好政治账,也要算好经济账,这就需要我们确立高超的理财意识,以我们的实际行动为子孙后代谋福利。

学术如何大众化[①]

——对话复旦大学学术委员会副主任、哲学学院教授俞吾金

吕林荫："理论新视野丛书"是一套理论性很强的书籍，但却被很多普通民众关注、喜爱。您怎么看待丛书引来大众关心社会重大理论问题这个有趣现象？

俞吾金：这套书是从学者的角度来理解十七大报告中提出的重大问题。学者的视野与大众、政府官员都有所不同，由于学者们知识积累丰厚，注重说理，又熟悉国际上相应的理论研究情况，因此写出来的东西与政府的报告有所不同，可以娓娓道来，深入浅出。

吕林荫：这套书问世已有两年多时间，但它至今仍受各界瞩目，凡谈到学术大众化议题的研讨会，常常会提及它。作为主编，您觉得意外吗？

俞吾金：可以说，有意外，但又在期待之中。这套书说起来并不是什么鸿篇巨制，更像是一本本"小书"。

吕林荫：就如书的腰封上所说，"大学者写小书，大道理通俗化"。

[①] 原载《解放日报》2010 年 12 月 17 日，采写人为该报记者吕林荫。——编者注

俞吾金：我们就说"学者写小书"吧。你可以翻翻看，每本书的字数都在六七万字上下，作者都是上海和浙江理论界的中青年知名学者，因为写书的初衷就是深入浅出地阐释十七大报告中的重大理论问题，是写给老百姓看的，所以阅读起来并不费力。这些议题看起来很沉重，但其实从学术的角度完全可以谈得很有趣。《科学发展观》是我写的，开篇就涉及对"科学"这个概念的理解，科学这个概念来自西方，英语和法语中的"science"通常指称自然科学，但在德语中，"Wissenschaft"这个概念不但涵盖了自然科学，也涵盖了人文社会科学。那么当我们把"科学"作为"发展观"的修饰词时，究竟应该取哪个词的含义呢？

不难发现，当代中国人的思维倾向是从"science"而不是"Wissenschaft"的含义上来理解"科学"的内涵的。当人们谈论"科学性""科教兴国""科学技术是第一生产力"这样的话题时，这个"科学"无疑是自然科学的代名词。但是当"科学"用来修饰"发展观"时，把自然科学所蕴含的合理性和确定性导入到发展理论中，它仅仅是其中一个层面。显然，如果我们要让"以人为本"的理念在科学发展观中安顿下来，我们就应该从"Wissenschaft"这个词的含义上来理解"科学"，因为"以人为本"是种价值观念，而自然科学是只讲事实，不问价值的。

吕林荫：听起来简单易懂，但其实是在阐释重要的理论基础，使人从起点上理解"科学发展观"，而且充满了开阔视野、获取新知的趣味。

俞吾金：这正是我们希望达到的效果。学术要想亲近大众，首先自己要变得可爱起来。《科学发展观》出版之后，我还应邀为复旦大学党委理论学习中心组讲了一课。我当时打比方说：一辆自行车如果停在那儿，不支撑脚架，车子就会倒在地上。要想车不倒，就得往前走，而往前走就需要动力。

吕林荫：关键是如何获得动力。

俞吾金：一个国家就如同一辆自行车，不前进、不发展是肯定不行的，因为自行车不前进就会倒掉，那么动力来自何方？直接的动力来自改革开放，把前进的束缚解开了。更深层地讲，就是在民众中唤起以合法的方式追求幸福的欲望。社会有差异才会有动力，过去吃大锅饭，一刀切，哪来动力？一旦动起来，就会产生第二个问题，即在动的过程中如何保持结构平衡，不让车子倒？这就关系到宏观调控或结构上的平衡。在社会发展的过程中，社会公平是必须加以坚持的，公平与效率之间则一定要协调好。

吕林荫： 除了书籍，大众传媒是学术大众化一个极为重要的载体，我发现您很早就开始在报纸上发表各类学术普及文章了。

俞吾金： 我给报纸写过大量的文章，大概从1980年就开始了。1988年5月12日那天，《人民日报》理论版和《光明日报》理论版同时刊登了我的两篇理论文章。当天有位朋友开玩笑说："你想占领北京的理论界吗？"

吕林荫： 您切身经历了大众传媒这几十年来的巨变，您认为这种变化对学术大众化产生了什么影响？

俞吾金： 影响可以说是极为深刻的。举例说吧，假如我在《复旦学报》上发表了一篇论文，就算《复旦学报》每期发行3000份，每份有10个人阅读，那就只有3万人看过这篇论文。与此不同的是，假如我在凤凰卫视做一个演讲，全世界可能同时有1亿人在收看。受众数量上的巨大差别表明，新闻传播方式正在发生翻天覆地的变化，显然，参与了这样的变化，经历了这种变化带来的触动，这是当代学者之幸。

吕林荫： 这种"幸"同时也对学者提出了更高的要求。因为在以往的时代里，学术与大众之间存在着明确的等级秩序，学术居于教育和启蒙的主导地位。而在当今社会，大众获取知识与信息的渠道越来越广阔、便捷，学术与大众之间的等级界限似乎已经模糊，对此您怎么看？

俞吾金： 这种变化其实是非常显而易见的，我感觉到现在两者之间呈现出了一种相互渗透、互相学习的新型关系。在这样的时代，公众可以自我表达，但公众的自我表达往往是不充分的，仍然需要专家的"指点"和"建议"，他们会比以往更加热切期盼学术话语的通俗易懂和明白晓畅。与此同时，学者与大众交流时会发现，从民众当中可以获得的火花和激荡越来越多，他们也同样在教化、启示我们这些学者，尤其是当学者走到民众中，可以及时获得新鲜的民间观点和真实想法，要知道，很多重大的时代哲学命题就是从社会生活中来的。在这个意义上，学者与大众之间的关系已由单向的"输出"和"接受"转化为"互动"和"双赢"关系了。

吕林荫：很想知道，30年来您始终坚持做学术普及工作，动力是什么？

俞吾金：开始其实也是无意识的，到后来渐渐觉得这是自己的分内事，是一种责任。就如同在"罗陀斯岛"上的"跳跃"，这是学者应有的文化担当。我们国家发展至今，有许多涌动的思潮有待辨析，有许多大众的现实疑问需要权威解答。

吕林荫：学者的担当，在当今这个时代尤为重要。

俞吾金：我们需要一批拥有"自觉精神"的学者或者说文化人。"自觉精神"是钱穆在《国史大纲》中用来形容北宋士大夫的，就像范仲淹和胡瑗式的文化人。他说："那辈读书人渐渐自己从内心深处涌现出一种感觉，觉得他们应该起来担负着天下的重任。"[①]

换一个角度看，学者、学术机构的研究工作，也离不开社会大众的供养，"反哺"本来就是义不容辞的。可以说，学者致力于学术大众化，其实是对社会、对民众的报恩。

吕林荫：近两年来，通过传媒走向大众的学者越来越多，各类学术普及类电视节目层出不穷、参差不齐，也因此塑造了一批广为受众知晓的"学术明星"。您怎么看学者"明星化"？

俞吾金：这个问题众说纷纭，我是这么看的：作为知识载体的学术必须同时具备探索、考查知识和传播现有知识这两大功能，而学者也应努力具备并发挥这两方面的功能。

我把学者分为三类。一类是"传媒型学者"，几乎把全部精力放在传

---

① 钱穆：《国史大纲》，商务印书馆1996年版，第558页。

媒上，不是发表文章就是到处演讲，在专业领域却没有非凡的作为，他们更像明星而不像学者，从而在学术界常常受到非议。第二类学者在专业领域中声望很高，研究成果卓著，却视新闻媒体为"洪水猛兽"，避之唯恐不及。这类学者在专业领域内很有影响，但在社会上却几乎不为人知。我比较赞同的是做第三类学者，把百分之七八十的精力放在学术研究上，努力在权威刊物和一流出版社发表、出版自己的研究成果，但同时并不拒斥新闻媒体，而是努力运用媒体资源，把自己的学术思想深入浅出地介绍给大众。这类学者既在专业领域里拥有较高的知名度，也在社会上具有不凡的影响力。

吕林荫：这其中是否有一个"度"的把握问题？

俞吾金：是的。一方面，学者要摆正自己的位置，需要被大众化的是学术，而不是学者本人。在学术大众化的过程中，学者扮演的是往来于学术与大众文化之间的桥梁式的角色，学者从来不是主角。

吕林荫：您始终保持着对社会热点问题、重大问题的敏感，时刻准备把自己从学术出发做出的判断传递给大众，您觉得这么做的意义何在？

俞吾金：你问的其实也正是学术大众化的意义。有人认为，学术大众化的目的是普及学术知识，但在我看来，这只是一个方面，"大众化"是方式，而"化大众"才是最终目的。

吕林荫：怎么理解您说的"化大众"？

俞吾金："化"字有教化、感化的意思，是一种潜移默化的融入、化入。学者在普及学术知识和观点时，其实是在为公众提供一种思考的向度、一种文化的引导。

吕林荫："化大众"是一个很高的要求，首先要求学者不能一味迎合受众。

俞吾金：这是非常重要的一条。不是说学术要大众化，要贴近群众，就要跟着某些受众的低级趣味走。学者要做的不是"庸俗化"而是"通俗化"，不是迎合受众，而是提升受众的鉴赏水平和文化格调，要把学术上辨别是非的能力、批判思维的能力和思想上的敏感性赋予受众。

吕林荫："化"是一个有掌控的过程。

俞吾金：我认为，在这方面做得非常杰出的有三个人。在中国是鲁迅，他批评中国国民性的时候，哀其不幸，怒其不争，批得狠，但是恰到好处，用这种批判唤醒了民众。在德国是尼采，尼采对德国人的批评也是够厉害的，但是德国人还是非常拥戴尊敬他。在意大利则是葛兰西，《狱中札记》的作者，他通过文学批评促发了整个民族素养的提升。

评论应真刀真枪，不管是什么名人的作品，写得不好应照样批评。这种严肃的批评家在当今中国很是缺乏。要知道，一个民族的鉴赏力和趣味，在一定程度上是通过一流的文艺、文化批评来提升的。

吕林荫：这也正是学者的任务，在"化"的过程中，判断文化的等级，使大众摆脱纯自然形态的接受或低级趣味的纠缠，把自己的精神提升到更高的境界上。

俞吾金：提升艺术鉴赏力和文化品位是一个方面，而更为重要的是塑造民众辨别是非、鉴别各种思潮、把握客观价值的能力。

吕林荫：就是要培养民众独立思考的能力？

俞吾金：是的。独立思考能力对一个民族、一个群体而言，太重要了。如果一个人缺乏独立思考能力，他也必定是缺乏创造力的。可惜，这种批判性思维的能力、独立思考的能力，即使在现在的博士生群体中也显得匮乏。我们发现，有的博士生研究尼采就变成尼采主义者，研究康德就变成康德主义者，只看见他们走进去，没看见他们再走出来了。显然，这样搞研究是不行的。

吕林荫：因为匮乏，所以才显得更为紧迫和重要。

俞吾金：是的。有太多的社会问题一直得不到深入研究和认真解决，正是缘于这种独立思考能力的缺席。比如，我们集体的文化失忆症、对自然缺少节制的伤害、唯利是图的商业行为等，很大程度上是因为人们在选择自己行为的时候缺少一种清醒的辨别意识。人们习惯于人云亦云，而不是作出自己独立的判断。因此，我们绝不要把学术大众化单单理解为让学术走出象牙塔,把学术观点讲得通俗易懂一点。它最为重要的任务是要让一种正确的、与时代发展相契合的价值观进入大众的心灵,不但使大众获得安身立命之道,提升自己的思想水平和精神境界,而且使他们在现代化建设中努力发挥各自的积极作用。

编者说明

(一)本卷收录了俞吾金先生1979年至2014年发表的读书治学方面的文章116篇,以及在俞先生去世后面世的相关文章4篇,共计120篇,按首次发表时间排序。本卷另收入12篇访谈作为附录。

(二)各篇文章的版本选择,以完整性和修改时间为标准。即:如不同版本差别较大,则收录内容最完整的版本;如各版本主体内容大致一致,不过有小的差别,则收录时间上靠后的修订版本;如各版本基本相同,则收录最初发表的版本。

(三)各篇文章的格式按照《俞吾金全集》的统一体例进行了相应调整。

(四)各篇文章的版本信息以及注释等方面的调整,都以编者注的形式予以标注。编者对原文文字进行了校订。

(五)本卷由钟锦、李欣、李革新编校。

《俞吾金全集》编委会
2022年2月

图书在版编目（CIP）数据

散论集.Ⅰ，读书治学/俞吾金著.—北京：北京师范大学出版社，2024.9
（俞吾金全集）
ISBN 978-7-303-29585-2

Ⅰ.①散… Ⅱ.①俞… Ⅲ.①读书方法－文集 ②治学方法－文集 Ⅳ.①C53②G79-53

中国国家版本馆CIP数据核字（2023）第226412号

营 销 中 心 电 话 010-58805385
北京师范大学出版社
主题出版与重大项目策划部

SANLUNJI（Ⅰ）:DUSHU ZHIXUE

出版发行：北京师范大学出版社　www.bnupg.com
　　　　　北京市西城区新街口外大街12-3号
　　　　　邮政编码：100088
印　　刷：北京盛通印刷股份有限公司
经　　销：全国新华书店
开　　本：730 mm×980 mm　1/16
印　　张：46.25
字　　数：665千字
版　　次：2024年9月第1版
印　　次：2024年9月第1次印刷
定　　价：188.00元

策划编辑：祁传华　　　　　责任编辑：刘　溪
美术编辑：王齐云　　　　　装帧设计：王齐云
责任校对：郑淑莉　王志远　责任印制：马　洁　赵　龙

版权所有　侵权必究

反盗版、侵权举报电话：010-58800697
北京读者服务部电话：010-58808104
外埠邮购电话：010-58808083
本书如有印装质量问题，请与印制管理部联系调换。
印制管理部电话：010-58808284